Patentschutz in den am wenigsten entwickelten Mitgliedstaaten der WTO

Europäische Hochschulschriften

European University Studies

Publications Universitaires Européennes

Reihe II **Rechtswissenschaft**

Series II Law

Série II Droit

Band/ Volume **5937**

Theresa Wegener

Patentschutz in den am wenigsten entwickelten Mitgliedstaaten der WTO

PL ACADEMIC RESEARCH

Bibliografische Information der Deutschen Nationalbibliothek
Die Deutsche Nationalbibliothek verzeichnet diese Publikation in der Deutschen Nationalbibliografie; detaillierte bibliografische Daten sind im Internet über http://dnb.d-nb.de abrufbar.

Zugl.: Frankfurt (Main), Univ., Diss., 2016

Diese Publikation geht hervor aus dem DFG-geförderten Exzellenzcluster „Die Herausbildung normativer Ordnungen" an der Goethe-Universität Frankfurt am Main.

D 30
ISSN 0531-7312
ISBN 978-3-631-72549-8 (Print)
E-ISBN 978-3-631-72737-9 (E-PDF)
E-ISBN 978-3-631-72738-6 (EPUB)
E-ISBN 978-3-631-72739-3 (MOBI)
DOI 10.3726/b11386

PL Academic Research ist ein Imprint der Peter Lang GmbH.
Peter Lang – Frankfurt am Main · Bern · Bruxelles · New York · Oxford · Warszawa · Wien

Diese Publikation wurde begutachtet.

www.peterlang.com

Vorwort

Die vorliegende Untersuchung wurde im Sommersemester 2016 als Dissertation am Fachbereich Rechtswissenschaft an der Goethe-Universität Frankfurt am Main angenommen. Der Stand der Gesetzgebung der untersuchten Länder wurde bis März 2017 berücksichtigt. Die zum 23. Januar 2017 in Kraft getretene Änderung des TRIPS-Übereinkommens hinsichtlich Art. 31*bis* konnte nicht mehr berücksichtigt werden.

Mein erster und besonderer Dank gilt meinem Doktorvater, Prof. Dr. Alexander Peukert, der die Bearbeitung des Themas angeregt und mich dadurch darin unterstützt hat, meine Interessensschwerpunkte sowohl im Patentrecht als auch im Welthandelsrecht zu vereinen und vertiefen zu können. Für seine hervorragende Betreuung während der Erstellung der Dissertation, die gewährten Freiräume sowie die zügige Erstellung des Erstgutachtens bedanke ich mich. Darüber hinaus danke ich Prof. Dr. Dr. Rainer Hofmann für die ebenfalls zügige Erstellung des Zweitgutachtens. Herrn Wali Mohammad Naseh danke ich für die Unterstützung bei der Untersuchung des afghanischen Patentrechts.

Meinen guten und langjährigen Freundinnen Frau Verena Rassow und Frau Isabel Ziegler danke ich für die kritische Durchsicht des Manuskripts.

Herrn Dr. Arian Nazari-Khanachayi, Frau Nora Hesse, Frau Karolina Zawada und Frau Rebecca Dücker danke ich für die schöne gemeinsame Zeit am Lehrstuhl.

Zuletzt gebührt mein aufrichtiger und herzlichster Dank meinen Eltern, Hannelore Wegener und Jochen Vielhauer, die mich nicht nur bei der Erstellung dieser Arbeit stets unterstützt haben, sondern auf die ich mich in allen Lebenslagen bedingungslos verlassen kann. Ihnen ist diese Arbeit gewidmet.

Frankfurt am Main im März 2017

Inhaltsverzeichnis

Einleitung

Im Dezember 2015 wurde auf der Ministerkonferenz in Nairobi die Aufnahme Afghanistans und Liberias – zwei der am wenigsten entwickelten Länder der Welt – in die Welthandelsorganisation (*World Trade Organization* – WTO) beschlossen. Zugleich feiert die WTO im Jahre 2015 ihr zwanzigjähriges Bestehen.

Afghanistan und Liberia sind nun, wie alle WTO-Mitgliedstaaten, an die Vorgaben der zahlreichen WTO-Übereinkommen gebunden. Eines dieser Abkommen ist das mit Abschluss der Uruguay Runde 1994 in das Gefüge des Welthandelsrechts aufgenommene Übereinkommen über handelsbezogene Aspekte der Rechte des geistigen Eigentums (*Agreement on Trade Related Aspects of Intellectual Property Rights* – TRIPS[1]). Wie die Gründung der WTO selbst, war die Verabschiedung des TRIPS-Übereinkommens von zahlreichen Auseinandersetzungen zwischen den Entwicklungsländern auf der einen und den Industriestaaten auf der anderen Seite aber auch durch Meinungsverschiedenheiten der Industriestaaten untereinander geprägt.[2]

Neben dem Vorwurf, das geistige Eigentum passe nicht in das Gefüge der WTO,[3] wurde insbesondere kritisiert, der europäische Ursprung des Rechts am geistigen

---

1 Anhang 1 C des Übereinkommens zur Errichtung der Welthandelsorganisation v. 15.04.1994, BGBl. II 1730.

2 *Ricupero*, in: Bhagwati/Hirsch (Hrsg.), The Uruguay Round and Beyond, S. 9 (14 f.); *Watal*, in: dies./Taubman (Hrsg.), The Making of the TRIPS Agreement, S. 295 (301); vgl. auch *Croome*, Reshaping the World Trading System, S. 218. Angenommen wird, die Entwicklungsländer hätten das TRIPS-Übereinkommen nur angenommen, um im Gegenzug Zugeständnisse im Rahmen des Textilabkommens zu erhalten; vgl. *Filippetti/Archibugi*, in: dies (Hrsg.), The Global Handbook of Science, Technology and Innovation, S. 421 (426 u. 428). Als weitere Gründe werden das bilaterale Vorgehen gegen Verletzungen des geistigen Eigentums insb. durch die USA sowie die Möglichkeit, den Streitbeilegungsmechanismus in Anspruch zu nehmen, genannt; vgl. *Watal*, in: Bermann/Mavroidis (Hrsg.), WTO Law and Developing Countries, S. 129 (130); *Pretorius*, in: Drahos/Mayne (Hrsg.), Global Intellectual Property Rights, S. 183 (188); *Straus*, AIPLA Q J 40 (2012) 4, 633 (644); *Hoekman/Kostecki*, The Political Economy of the World Trading System, S. 379; *Bender/Michaelis*, in: Hilf/Oeter (Hrsg.), WTO-Recht, § 22 Rn. 14. Auch das Gewähren der Übergangsfristen wird als Grund genannt; vgl. *Hold/Mercurio*, NCCR Working Paper No. 2012/37, S. 6. Als weitere Gründe werden zum einen die fehlende Kenntnis über die Materie und zum anderen die Erwartung, höherer Schutz würde die Investitionstätigkeit fördern, genannt; vgl. *Rahmatian*, J.W.I.P 12 (2009) 1, 40 (54).

3 *Pretorius*, in: Drahos/Mayne (Hrsg.), Global Intellectual Property Rights, S. 183 (184); *Khor*, in: Drahos/Mayne (Hrsg.), Global Intellectual Property Rights, S. 201 (212); *Croome*, Reshaping the World Trading System, S. 111 f.; *Matthews*, Globalising Intellectual Property Rights, S. 31 m.w.N.; *'t Hoen*, The Global Politics of Pharmaceutical

Eigentum[4] entspreche nicht dem Interesse der Entwicklungsländer.[5] Noch heute sieht sich die WTO – wie bereits das Allgemeine Zoll- und Handelsabkommen (*General Agreement on Tariffs and Trade 1947* – GATT 1947)[6] – dem Vorwurf ausgesetzt, maßgeblich die Interessen der Industrienationen auf Kosten der weniger

---

Monopoly Power, S. 9. Die Integration in das Welthandelsrecht ist insb. deswegen problematisch, da durch exklusive Rechte Monopole geschaffen werden und der freie Handel beeinträchtigt wird; vgl. *Löser*, Die Zusammenarbeit und Koordination internationaler Organisationen, S. 325 m.w.N.; *Bender/Michaelis*, in: Hilf/Oeter (Hrsg.), WTO-Recht, § 22 Rn. 4. Sie werden demnach auch als nicht-tarifäre Handelshemmnisse betrachtet, die aber ausnahmsweise gem. Art. XX lit. d) GATT gerechtfertigt sein können; vgl. *Lamping*, in: Hilty/Jaeger/Lamping (Hrsg.), Herausforderung Innovation, S. 119 (123).

4 Die Verwendung des Begriffs ist nicht unproblematisch. Erst durch die Verabschiedung internationaler Abkommen – und insb. durch die Verabschiedung des TRIPS-Übereinkommens – fand er Einzug in die deutsche Sprache. Treffender ist die Bezeichnung „Immaterialgüterrecht“; vgl. *Peukert*, in: Basedow/Hopt/Zimmermann (Hrsg.), Handwörterbuch des Europäischen Privatrechts, Bd. I, S. 648 (650); *ders.*, in: Dann/Kadelbach/Kaltenborn (Hrsg.), Entwicklung und Recht, S. 189 (190). Nichtsdestotrotz ist auch die Bezeichnung „geistiges Eigentum“ anerkannt; vgl. *Ohly*, JZ 11/2003, 545 (554); *Pahlow*, UFITA 2006, 705 (706). Da die vorliegende Arbeit vielfach internationale Abkommen, die von „*intellectual property*“ sprechen, zitiert, werden die Begriffe „geistiges Eigentum“ und „Immaterialgüterrecht“ synonym verwendet.

5 *Adusei*, Patenting of Pharmaceuticals and Development in Sub-Saharan Africa, S. 59; *de Vylder*, The LDC and World Trade, S. 159; *Primo Braga*, Vand. J. Transnat'l L. 22 (1989) 1, 243 (253 ff.); *Endeshaw*, in: Antons/Blakeney/Heath (Hrsg.), IP Harmonisation within ASEAN and APEC, S. 139 (141); *Pretorius*, in: Drahos/Mayne (Hrsg.), Global Intellectual Property Rights, S. 183 (185); *Rahmatian*, J.W.I.P. 12 (2009) 1, 40 (43 ff.). Die Initiative für die Aufnahme geistiger Eigentumsrechte in das Welthandelssystem ging insbesondere von amerikanischen Konzernen aus, da sie Gewinnverluste auf Grund protektionistischer Maßnahmen in Entwicklungsländern verzeichneten; vgl. *Drahos/Braithwaite*, Information Feudalism, S. 65 ff. (am Bsp. der Einflussnahme Pfizers); *Sell*, Private Power, Public Law, S. 96 ff.; *Lamping*, in: Hilty/Jaeger/Lamping (Hrsg.), Herausforderung Innovation, S. 119 (122 f. m.w.N.). Auch die EU, Japan und die Schweiz waren für die Aufnahme; vgl. *Watal*, in: dies./Taubman (Hrsg.), The Making of the TRIPS Agreement, S. 295 (298).

6 Es wird angenommen, die WTO sei nicht die Rechtsnachfolgerin des GATT; das GATT sei lediglich Bestandteil der WTO geworden; vgl. *Jansen*, EuZW 1994, 333 (334).

entwickelten Staaten zu verfolgen.[7] Dennoch wird inzwischen ein wachsendes Interesse an der Rolle der *least developed countries* (LDC[8]) im Welthandel beobachtet.[9]

Als LDC nehmen Afghanistan und Liberia sowie 34 weitere WTO-Mitgliedstaaten eine besondere Stellung im Welthandelssystem ein. Bereits im GATT 1947 wurden Regelungen getroffen, mit denen der Situation wirtschaftlich schwacher Staaten Rechnung getragen werden sollte. Auch die WTO-Abkommen enthalten eine Vielzahl solcher Regelungen. So auch das TRIPS-Übereinkommen, in dessen fünften Abschnitt Übergangsregelungen zugunsten der Entwicklungs- und am wenigsten entwickelten Mitgliedstaaten zu finden sind. Die WTO-Mitgliedstaaten waren nach Art. 65 Abs. 1 TRIPS verpflichtet, die TRIPS-Vorgaben innerhalb eines Jahres nach Inkrafttreten des Übereinkommens zur Errichtung der WTO (WTO-Übereinkommen) in ihr nationales Recht umzusetzen. Für die Entwicklungsländer galt eine Frist von weiteren vier Jahren, in Bezug auf Patente in Bereichen der Technik, die bislang im nationalen Recht nicht vorgesehen waren, wurde eine weitere Frist von fünf Jahren vorgesehen. Spätestens seit 2005 sind die Entwicklungsland-Mitglieder zur umfassenden Anwendung der TRIPS-Vorgaben verpflichtet. Anders die am wenigsten entwickelten Mitgliedstaaten: Ihnen wurde in Art. 66 Abs. 1 TRIPS eine zehnjährige Übergangsfrist gewährt, die inzwischen bis zum 1. Juli 2021 verlängert wurde.[10] Für Patente auf Arzneimittel läuft zudem eine Übergangsfrist bis 2033.[11] Die LDC sind daher noch nicht verpflichtet, die Mindeststandards des TRIPS-Übereinkommens umzusetzen. Besonders relevant ist der Ausschluss der Verpflichtung im Bereich des Patentrechts. Durch Patente erhöhen sich die Preise für Arznei- und Lebensmittel. Auch die Nutzung innovativer umweltfreundlicher Technologien wird durch Patente erschwert.[12] Es verwundert daher nicht, dass bereits bei der Ausgestaltung des TRIPS-Übereinkommens der Umfang des Patentrechts am umstrittensten war.[13]

---

7 *Rodrigues*, The General Exception Clause of the TRIPS, S. 41, der aber betont, dass Entwicklungsziele ebenfalls verfolgt würden; *Adusei*, Patenting of Pharmaceuticals and Development in Sub-Saharan Africa, S. 81, wonach nur ein geringer Anteil der Vorschläge während der Uruguay Runde wurde bspw. von afrikanischen Staaten gemacht.

8 Teilweise ist auch die Abkürzung "LLDC" zu finden, um die Abgrenzung der Begriffe *„least developed countries"* und *„less developed countries"* deutlich zu machen. Letzterer beschreibt nicht die am wenigsten entwickelten Länder, sondern die Entwicklungsländer allgemein. Für die vorliegende Arbeit steht die Abkürzung „LDC" aber für die *least developed countries* – also die am wenigsten entwickelten – Länder. Die Abkürzung „LDC" wird von *Jessen*, WTO-Recht und Entwicklungsländer, S. 54 auf Grund des Verwirrungspotentials kritisiert.

9 *Hawthorne*, LDC and the WTO, S. 1.

10 WTO Doc. IP/C/64 v. 12.06.2013.

11 WTO Doc. IP/C/73 v. 06.11.2015.

12 *Ondhowe/Owens/Osterwalder/Karachalios*, Patents and clean energy technologies in Africa, S. 10.

13 *Gervais*, TRIPS, Art. 27, Rn. 2.357; *Correa*, TRIPS, S. 271.

In den meisten der am wenigsten entwickelten Staaten existieren dennoch bereits jetzt Patentgesetze.[14] Sie sind unter anderem Teil des kolonialen Erbes und daher häufig der Kritik ausgesetzt, sie entsprächen nicht dem jeweiligen nationalen Interesse.[15] Die ersten Patentgesetze wurden durch die Ausweitung des Patentrechts der Kolonialmächte eingeführt.[16] Nach Erlangen der Unabhängigkeit wurden in zahlreichen Staaten eigene Patentgesetze – zum Teil nach dem Vorbild des Modellgesetzes der *World Intellectual Property Organization* (WIPO) für Entwicklungsländer – verabschiedet, die sich aber weiterhin an den Gesetzen der Industriestaaten orientierten.[17] Bereits vor Verabschiedung des TRIPS-Übereinkommens gab es daher in zahlreichen Staaten Patentgesetze.[18] Viele Staaten verabschiedeten auch nach Inkrafttreten des TRIPS-Übereinkommens Gesetze und setzten sich damit über die Übergangsregelung hinweg.[19]

Nicht geklärt ist, ob die Gesetze den Mindeststandards des TRIPS-Übereinkommens entsprechen. Einerseits wird argumentiert, die LDC seien ihrer Umsetzungsverpflichtung in keinerlei Weise nachgekommen und es sei auch nicht absehbar, dass sie bereit wären, ihrer Verpflichtung nachzukommen.[20] Anerkannt sei daher

---

14 *Thorpe*, Study on the Implementation of the TRIPS Agreement, S. 10; *Peukert*, in: Dann/Kadelbach/Kaltenborn (Hrsg.), Entwicklung und Recht, S. 189 (204); *ders.*, in: Röschenthaler/Diawara (Hrsg.), Copyright Africa, S. 37 (38); *Ondhowe/Owens/Osterwalder/Karachalios*, Patents and clean energy technologies in Africa, S. 8 u. 32; *Merso*, ICTSD Policy Brief No. 16, June 2013, S. 2.

15 Auch wird durch die teilweise Fortgeltung an der Souveränität der unabhängigen Staaten gezweifelt; vgl. *Zikonda*, Lesotho L. J. 4 (1988) 1, 1 (4).

16 *Dreier*, GRUR Int. 1996, 205 (215); *Peukert*, in: Dann/Kadelbach/Kaltenborn (Hrsg.), Entwicklung und Recht, S. 189 (195); *ders.*, in: Drahos/Ghidini/Ullrich (Hrsg.), Kritika – Essays on Intellectual Property, Vol. 1, S. 114 (121 f.); zumindest in Bezug auf das Urheberrecht *ders.*, in: Röschenthaler/Diawara (Hrsg.), Copyright Africa, S. 37 (39 ff.); *Okediji*, Singapore J. Int'l & Comp. L. 7 (2003) 2, 315 (323 m.w.N.); *Deere*, The Implementation Game, S. 34 ff.; *Adusei*, Patenting of Pharmaceuticals and Development in Sub-Saharan Africa, S. 63 f. m.w.N.; *Nwauche*, GRUR Int. 2000, 829 (830 f. m.w.N.); *Mgbeoji*, in: Iriye/Saunier (Hrgs.), The Palgrave Dictionary of Transnational History, S. 812 (813).

17 *Adusei*, Patenting of Pharmaceuticals and Development in Sub-Saharan Africa, S. 63 f. m.w.N.; *Saana Consulting*, Factual overview on technical & financial cooperation for LDCs, S. 13 f.

18 *Watal*, in: Bermann/Mavroidis (Hrsg.), WTO Law and Developing Countries, S. 129 (131); *dies.*, IPR in the WTO, S. 87. 1987 gab es nur 9 afrikanische Staaten, die keinen Schutz des geistigen Eigentums vorsahen, was zu einem daran lag, dass die Staaten Mitglieder der PVÜ oder RBÜ waren oder der OAPI oder der ARIPO angehörten; vgl. *Yusuf*, Int'l J. Technol. Manag. 10 (1995) 2/3, 269 (270).

19 Vgl. auch *Ondhowe/Owens/Osterwalder/Karachalios*, Patents and clean energy technologies in Africa, S. 32; *World Bank*, Bangladesh Development Series, Paper No. 23, March 2008, S. 16.

20 *Hold/Mercurio*, NCCR Working Paper No. 2012/37, S. 4, 14, 17 u. 25; nicht ganz so harsch in Bezug auf afrikanische LDC vgl. *Merso*, ICTSD Policy Brief No. 16,

mittlerweile, dass das TRIPS-Übereinkommen keinerlei Einfluss auf die am wenigsten entwickelten Mitgliedstaaten ausübe.[21] Andererseits wird vorgetragen, in vielen LDC bestünde bereits ein den TRIPS-Vorgaben entsprechender Patentschutz.[22]

All dies führt dazu, dass der Erfolg der Übergangsregelung in Frage gestellt werden kann. Vielfach wird unterstellt, die besondere Behandlung, die den Entwicklungs- und am wenigsten entwickelten Ländern zugesprochen wird, sei eine bloße Farce.[23] Dem schließt sich die Frage an, wieso es zu mehrfachen Verlängerungen der Übergangsfrist kam. Im ersten Teil der Arbeit ist daher zu untersuchen, welche Rolle die Übergangsfrist hinsichtlich der Umsetzung des TRIPS-Übereinkommens einnimmt. Dabei ist zunächst allgemein die besondere Behandlung der am wenigsten entwickelten Mitgliedstaaten in der WTO zu untersuchen, bevor ihre bevorzugte Behandlung im TRIPS-Übereinkommen näher beleuchtet wird.

Im zweiten Teil der Arbeit werden die bestehenden Patentgesetze der LDC in Hinblick auf ihre Vereinbarkeit mit den TRIPS-Vorgaben überprüft, um herauszufinden, ob sie ihrer Umsetzungsverpflichtung bereits nachgekommen sind.

Nach Art. 63 Abs. 2 TRIPS sind die Mitgliedstaaten der WTO verpflichtet, den TRIPS-Rat über die Implementierung des TRIPS-Übereinkommens zu informieren. Zugriff auf die Gesetze, über die der TRIPS-Rat informiert wurde, bietet die Gesetzessammlung der WIPO.[24] Zwischen der WTO und der WIPO wurde 1996 ein Kooperationsabkommen geschlossen,[25] womit die Umsetzung der Rechte des

---

June 2013, S. 3; sehr allgemein *Love*, in: Drahos/Mayne (Hrsg.), Global Intellectual Property Rights, S. 74 (77).

21 *Hold/Mercurio*, NCCR Working Paper No. 2012/37, S. 3; *Filippetti/Archibugi*, in: dies. (Hrsg.) The Global Handbook of Science, Technology and Innovation, S. 421 (438); *Cloatre*, Pills for the Poorest, S. 61, wonach auch bei vollständiger Implementierung die Wirkung gering bleiben würde. Diese These kann damit gestützt werden, dass die Anzahl der Patentanmeldungen in den LDC gering ist; vgl. *de Carvalho*, The Trips Regime of Patent Rights, 3. Auflage, Rn. 27.57.

22 *Mgbeoji*, in: Gervais (Hrsg.), IP, Trade and Development, S. 180 (207), mit Verweis auf *Thorpe*, Study on the Implementation of the TRIPS Agreement verweist; *La Croix/Liu*, in: Maskus (Hrsg.), IP, Growth and Trade, 423 (439); *Adusei*, Patenting of Pharmaceuticals and Development in Sub-Saharan Africa, S. 164; *Latif*, ICTSD Information Note No. 19, April 2011, S. 3.

23 *Grynberg/Joy*, J. World Trade 34 (2000) 6, 159 (172); *Hawthorne*, HJD 4 (2009) 1, 7 (28).

24 Diese steht online zur Verfügung und kann unter *www.wipo.int/wipolex/en* abgerufen werden (zuletzt 10.03.2017); *May*, The Global Political Economy, S. 99.

25 *Otten/Wager*, Vand. J. Transnat'l L. 29 (1996) 3, 391 (410). Das Abkommen ist abrufbar unter: *www.wto.org/english/tratop_e/trips_e/wtowip_e.htm* (zuletzt 10.03.2017). Siehe auch Art. 68 Satz 4 TRIPS, worin der TRIPS-Rat angehalten wird, mit der WIPO zusammenzuarbeiten; vgl. *Bender/Michaelis*, in: Hilf/Oeter (Hrsg.), WTO-Recht, § 22 Rn. 103.

geistigen Eigentums überprüft und Transparenz geschaffen werden soll.[26] Nach Art. 2 Abs. 4 lit. a) WTO-WIPO Kooperationsabkommen ist die WTO verpflichtet, dem Sekretariat der WIPO Kopien der Gesetze zukommen zu lassen, über die der TRIPS-Rat im Rahmen der Notifikationspflicht der Mitgliedstaaten informiert wurde.[27] Darüber hinaus wird die WIPO im zweiten Satz verpflichtet, die Gesetze in ihre Datenbank aufzunehmen. Die Datenbank der WIPO umfasst somit neben den Abkommen, die von der WIPO organisiert werden, auch Abkommen und Gesetze der WTO und der Vereinten Nationen (*United Nations* – UN).[28] Darüber hinaus bedient sich die Datenbank der WIPO weiterer Quellen. So sind die WIPO-Mitglieder selbst dazu angehalten, über ihre nationalen Gesetze nach den Maßgaben des Art. 15 Abs. 2 Pariser Verbandsübereinkunft (PVÜ) zu informieren. Auch werden die Informationen über die bestehenden und geplanten Gesetze teilweise direkt durch die Mitgliedstaaten an das Sekretariat der WIPO übermittelt. Zu guter Letzt werden aber auch die Informationen, die auf den Websites der jeweiligen Institute zu finden sind, in die Datenbank aufgenommen.[29] Bei dieser Ausarbeitung wird sie daher ebenfalls zugrunde gelegt. Für die Vollständigkeit und Richtigkeit der Datenbank kann dabei keine Garantie übernommen werden.[30]

Anhaltspunkte über den Stand der Gesetzgebung bieten zudem die *Trade Policy Reviews*, die in regelmäßigen Abständen durchgeführt werden.[31] Auch die Beitrittsprotokolle der nach der Gründung der WTO beigetretenen Mitgliedstaaten

---

26 *Bender/Michaelis*, in: Hilf/Oeter (Hrsg.), WTO-Recht, § 22 Rn. 104.

27 Im Mai 2010 wurde zudem das sog. „*WIPO-WTO Common Portal*" eingerichtet, das es ermöglicht, beide Organisationen gleichzeitig über den Erlass und die Änderung von Gesetzen zu unterrichten. Dieses Verfahren wird zusätzlich zu dem regulären Notifikationsverfahren angeboten; vgl. *www.wto.org/english/tratop_e/trips_e/trips_notif2_art63-2_e.htm* (zuletzt 10.03.2017).

28 In den Erläuterungen über die jeweiligen Quellen, aus denen die Gesetzesmaterialien geschöpft werden, wird explizit auf die Notifikationen an den TRIPS-Rat gem. Art. 63 Abs. 2 TRIPS Bezug genommen; vgl. *www.wipo.int/wipolex/en/about.html* (zuletzt 10.03.2017).

29 Vgl. *www.wipo.int/wipolex/en/about.html* (zuletzt 10.03.2017). Auch in einer von der WTO und der WIPO in Auftrag gegeben Studie stimmen die Gesetze mit den in der Datenbank verfügbaren Gesetze überein; vgl. *Saana Consulting*, Factual overview on technical & financial cooperation for LDCs, S. 17 u. Annex E.

30 Festgestellt wurde, dass die Datenbank lange ein Patentgesetz für Dschibuti aufgelistet hatte, obwohl ein solches nicht existierte; vgl. *Cloatre*, Pills for the Poorest, S. 49. Auch enthält sie nicht das aktuelle Patentgesetz Afghanistans.

31 Aufgabe des *Trade Policy Review Mechanism* ist es, die Handelspolitik der Mitgliedstaaten zu überprüfen. Eine Überprüfung der vier führenden Handelsnationen findet dabei alle zwei Jahre statt. Die übrigen Mitgliedstaaten – mit Ausnahme der LDC – werden alle vier bis sechs Jahre einer Überprüfung unterzogen; vgl. *Borrmann/Koopmann*, Anpassung der Trade Policy Reviews, S. 39 ff.; *Hoekman/Kostecki*, The Political Economy of the World Trading System, S. 73.

liefern Hinweise über den Stand der Gesetzgebung.[32] Schließlich wurden die LDC angehalten, Berichte über ihre Umsetzungsschwierigkeiten zu liefern.[33] Zwar sind nicht alle LDC-Mitglieder der Aufforderung nachgekommen, die abgegebenen Berichte konnten aber zur Untersuchung herangezogen werden.

---

32 So auch *Saana Consulting*, Factual overview on technical & financial cooperation for LDCs, S. 9.

33 WTO Doc. IP/C/40 v. 30.11.2005, Rn. 2; *Correa*, TRIPS, S. 503.

Teil 1: Besondere Behandlung der LDC

Die am wenigsten entwickelten Länder bedürfen besonderer Beachtung in den internationalen Beziehungen. Insbesondere in den wirtschaftlichen Verflechtungen zeigt sich ein Ungleichgewicht zwischen den sog. Industriestaaten auf der einen und den sog. Entwicklungsländern auf der anderen Seite. Der Unterschied äußert sich gerade in Hinblick auf die am wenigsten entwickelten unter den Entwicklungsländern, was ihre besondere Behandlung erforderlich macht. Im Welthandelsrecht wurden daher sog. *special and differential treatment*-Regelungen für die LDC erlassen.

§ 1 Abgrenzung der LDC zu den Entwicklungsländern

Im Mittelpunkt der Arbeit steht der Begriff der am wenigsten entwickelten Länder. Dieser wird für die Bezeichnung einer Untergruppe der Entwicklungsländer[34] verwendet und kann nur in Zusammenhang mit dem Konzept von Entwicklung verstanden werden.

A. Begriffsbestimmung: Entwicklung

Der Begriff „Entwicklung" beruht hauptsächlich auf dem durch die Modernisierungs- bzw. Industrialisierungstheorie geprägten Verständnis, die Entstehungsgeschichte der Industriestaaten habe Vorbildcharakter für die restliche Welt.[35] Dabei

34 In Nr. 2 des GATT 1994 wird klargestellt, dass unter einer „wenig entwickelten Vertragspartei" ein „Entwicklungsland-Mitglied" und unter einer „entwickelten Vertragspartei" ein „Industrieland-Mitglied" zu verstehen ist.

35 *Dann*, in: ders./Kadelbach/Kaltenborn (Hrsg.), Entwicklung und Recht, S. 19 (21 u. 37); *Löser*, Die Zusammenarbeit und Koordination internationaler Organisationen, S. 11; *Kadelbach*, in: Dann/Kadelbach/Kaltenborn (Hrsg.), Entwicklung und Recht, S. 49 (51 f.); *Jessen*, WTO-Recht und Entwicklungsländer, S. 158 m.w.N.; *Menzel*, Das Ende der Dritten Welt, S. 98 f.; *Thiel*, in: ders. (Hrsg.), Neue Ansätze zur Entwicklungstheorie, S. 9 (11). Als Gegenpol zur Modernisierungstheorie entwickelte sich in den 1960er Jahren die sog. Dependenztheorie. *Kadelbach*, in: Dann/Kadelbach/Kaltenborn (Hrsg.), Entwicklung und Recht, S. 49 (55); *Menzel*, Das Ende der Dritten Welt, S. 18 f. u. 103 ff.; *Jessen*, WTO-Recht und Entwicklungsländer, S. 169. Diese Theorie baut auf dem Gedanken auf, die Unterentwicklung sei auf die wirtschaftliche Abhängigkeit der Entwicklungsländer von den Industriestaaten zurückzuführen; vgl. *Dann*, in: ders./Kadelbach/Kaltenborn (Hrsg.), Entwicklung und Recht, S. 19 (24); *Menzel*, Das Ende der Dritten Welt, S. 18 u. 106. Entwicklung könne daher nur durch die Abkoppelung der Entwicklungsländer vom Weltmarkt erreicht werden; vgl. *Löser*, Die Zusammenarbeit und Koordination internationaler Organisationen, S. 11 f.; *Thiel*, in: ders. (Hrsg.), Neue Ansätze zur Entwicklungstheorie, S. 9 (11); *Menzel*, Das Ende der Dritten Welt, S. 19; *Jessen*, WTO-Recht und Entwicklungsländer,

soll die Bezeichnung nicht als Abwertung von Staaten verstanden werden, deren Position innerhalb der Welthandelsordnung nicht mit der wirtschaftlichen Situation der sog. Industriestaaten vergleichbar ist.[36]

Die nach dem Ende des Zweiten Weltkriegs vorgenommene Unterteilung der Welt wurde nach dem Zusammenbruch der Sowjetunion weitestgehend aufgehoben.[37] Zugleich führte der Zerfall der Sowjetunion zu einem erneuten Aufschwung des Neoliberalismus.[38] Durch die Gründung der WTO und der Ausweitung des

---

S. 171. Es entstand die Forderung nach einer „Weltrevolution"; vgl. *Whalley*, The World Economy 22 (1999) 8, 1065 (1067); *Menzel*, Das Ende der Dritten Welt, S. 19 f.; *Jessen*, WTO-Recht und Entwicklungsländer, S. 172; *Kadelbach*, in: Dann/Kadelbach/Kaltenborn (Hrsg.), Entwicklung und Recht, S. 49 (54); *Dann*, in: ders./Kadelbach/Kaltenborn (Hrsg.), Entwicklung und Recht, S. 19 (24). Die Dependenztheorie gilt aber inzwischen als überkommen; vgl. *Jessen*, WTO-Recht und Entwicklungsländer, S. 157.

36 Die Verwendung des Begriffs „Entwicklung" wird häufig wegen seiner negativen Konnotation kritisiert, mit dem Argument, dem Begriff wohne eine rassistische Weltansicht inne. Eine Ersetzung des Begriffs ist aber wegen der Etablierung und Verbreitung im internationalen Kontext bislang nicht erfolgt. Eingehender zu der Begrifflichkeit: *Hemmer*, Wirtschaftsprobleme der Entwicklungsländer, S. 6 f.; *Dann*, in: ders./Kadelbach/Kaltenborn (Hrsg.), Entwicklung und Recht, S. 19 (36 ff.) m.w.N. Ebenso wie viele andere internationale Organisationen den Begriff „Entwicklung" verwenden, ist er in den Vertrags- und Verhandlungstexten der WTO zu finden, weshalb an dem Begriff für das Verständnis der Untersuchung festgehalten wird.

37 *Wagner/Kaiser*, Ökonomie der Entwicklungsländer, S. 17. Danach standen auf der obersten Stufe die Industriestaaten (die sog. erste Welt), auf der darauffolgenden Stufe standen die kommunistischen Staaten Osteuropas und Ostasiens (die sog. zweite Welt) und auf der untersten Stufe fand sich die Gruppe der Entwicklungsländer (die sog. dritte Welt); vgl. ebd., S. 4. Eine Unterteilung findet mithin nur noch zwischen Industrie- und Entwicklungsländern statt; vgl. *Hemmer*, Wirtschaftsprobleme der Entwicklungsländer, S. 42 f.; *Neumair*, in: Haas/Neumair (Hrsg.), Internationale Wirtschaft, S. 103 (115). Auch wenn die Kategorisierung daher offiziell nicht mehr vorgenommen wird, findet sich der Begriff „Dritte Welt" noch im allgemeinen Sprachgebrauch; vgl. *Jessen*, WTO-Recht und Entwicklungsländer, S. 51; *Menzel*, Das Ende der Dritten Welt, 39.

38 Bereits in Folge der Schuldenkrise in den 1980er Jahren wurde auch in der Entwicklungspolitik der Schwerpunkt auf den Freihandel und die Öffnung der Märkte gesetzt (Stichwort „*Washington Consensus*" – Der Begriff wurde 1989 von dem Wirtschaftswissenschaftler *John Williamson* verwendet, um die Wirtschafts- und Finanzberatung lateinamerikanischer Länder durch in Washington ansässige Institutionen zu beschreiben, vgl. *Williamson*, The World Bank Research Observer 15 (2000) 2, 251; *Herdegen*, Internationales Wirtschaftsrecht, § 6 Rn. 7. Vgl. auch *Dann*, in: ders./Kadelbach/Kaltenborn (Hrsg.), Entwicklung und Recht, S. 19 (27); *Peukert*, in: Dann/Kadelbach/Kaltenborn (Hrsg.), Entwicklung und Recht, S. 189 (200); *Jessen*, WTO-Recht und Entwicklungsländer, S. 178. *Williamson* selbst wollte den Begriff nicht

Welthandelsrechts auf die Bereiche Dienstleistung und Immaterialgüterrecht wurden die Entwicklungsländer in den Prozess der Marktliberalisierung miteinbezogen.[39] Ende der 1990er Jahre erlangte zudem die bereits Mitte der 1980er Jahre entwickelte Grundbedürfnistheorie[40] wieder an Bedeutung, wonach nicht bloß das wirtschaftliche Wachstum der Entwicklungsländer von Bedeutung sei,[41] sondern sich auch die Lebensbedingungen unter Einhaltung der Menschenrechte sowie der Gewährleistung ökologischer Nachhaltigkeit verbessert werden sollen.[42] So ging bereits aus den sog. Millennium Entwicklungszielen der UN hervor, dass auch andere als bloße wirtschaftliche Aspekte in die Entwicklungspolitik miteinfließen sollen.[43] Im September 2015 verabschiedete die UN-Generalversammlung insgesamt

---

nutzen, um die Verbreitung des Neoliberalismus in Lateinamerika zu begründen; vgl. *Williamson*, The World Bank Research Observer 15 (2000) 2, 251 (252).

39 *Peukert*, in: Dann/Kadelbach/Kaltenborn (Hrsg.), Entwicklung und Recht, S. 189 (200), der auf den Zusammenhang zwischen dem *Washington Consensus* und der Gründung der WTO hinweist; *Kadelbach*, in: Dann/Kadelbach/Kaltenborn (Hrsg.), Entwicklung und Recht, S. 49 (55 f.), der darin eine „Renaissance" der Modernisierungstheorie sieht; vgl. ebd., S. 56.

40 *Dann*, in: ders./Kadelbach/Kaltenborn (Hrsg.), Entwicklung und Recht, S. 19 (28 f.), der als bekanntesten Vertreter dieser Theorie *Amartya Sen* nennt (bspw. *Sen*, Commodities and Capabilities [1985] u. *Sen*, Development as Freedom [1999]); vgl. auch *Jessen*, WTO-Recht und Entwicklungsländer, S. 190.

41 *Kadelbach*, in: Dann/Kadelbach/Kaltenborn (Hrsg.), Entwicklung und Recht, S. 49 (57), der allgemein auf *Sen*, Development as Freedom sowie *Rawls*, The Law of Peoples, S. 113 ff. verweist. Vgl. auch *Jessen*, WTO-Recht und Entwicklungsländer, S. 186.

42 *Dann*, in: ders./Kadelbach/Kaltenborn (Hrsg.), Entwicklung und Recht, S. 19 (27 ff.); *Löser*, Die Zusammenarbeit und Koordination internationaler Organisationen, S. 12 ff.; *Jessen*, WTO-Recht und Entwicklungsländer, S. 175 f. Ergänzt wurde die Theorie durch das sog. „magischen Fünfeck der Entwicklungspolitik": Wachstum, Arbeit, Gleichheit/Gerechtigkeit, Partizipation und Unabhängigkeit; vgl. *Nohlen/Nuscheler*, in dies. (Hrsg.), Handbuch der Dritten Welt, Band 1, S. 55 (64 ff.); *Löser*, Die Zusammenarbeit und Koordination internationaler Organisationen, S. 13.

43 UN Doc. A/RES/65/1 v. 19.10.2010, Nr. 11; *Dutfield/Suthersanen*, Global Intellectual Property Law, S. 272; *Peukert*, in: Dann/Kadelbach/Kaltenborn (Hrsg.), Entwicklung und Recht, S. 189 (190). Die Ziele wurden in Folge der sog. UN-Millenniumserklärung (UN Doc. A/RES/55/2 v. 18.09.2000) durch einen gemeinsamen Bericht des *International Monetary Fund* (IMF), der *Organisation for Economic Cooperation and Development* (OECD), der UN und der Weltbank erklärt; vgl. *IMF/OECD/UN/World Bank*, A Better World for All; *Saith*, Development & Change 37 (2006) 6, 1167 (1170). Danach sollte bis 2015 die extreme Armut und der Hunger bekämpft, die Primärausbildung aller Menschen gesichert, die Gleichstellung der Geschlechter gewährleistet, die Kindersterblichkeit gesenkt, die Gesundheitsversorge von Müttern verbessert, schwere Krankheiten wie HIV und Malaria bekämpft, die ökologische Nachhaltigkeit sichergestellt sowie globale Partnerschaften für die Entwicklung gegründet werden. Die bisher erreichten Erfolge können in dem *UN-Millennium Development Goals Report* von 2015 nachgelesen werden.

17 neue Entwicklungsziele, die auf die Ziele aus dem Jahr 2000 aufbauen, diese aber weiterentwickeln und konkretisieren.[44] In den neu verabschiedeten Zielen nimmt der Nachhaltigkeitsgedanke eine entscheidende Rolle ein, wie bereits der Titel der Erklärung „*The 2030 Agenda for Sustainable Development*" deutlich macht.

B. Begriffsbestimmung: *least developed country*

Nachdem die unterschiedlichen Entwicklungsstufen innerhalb der Gruppe der Entwicklungsländer immer deutlicher wurden, entstand in den 1960er Jahren die Idee einer Unterteilung der Entwicklungsländer nach ihrem Entwicklungsstatus.[45] Insbesondere das Ende der Kolonialisierung machte die Unterschiede deutlich, da die vielen neuen Staaten mit erheblichen wirtschaftlichen Problemen konfrontiert wurden.[46] Für die Länder mit einem besonders niedrigen Einkommen, die zusätzlich mit strukturellen Wachstumsschwierigkeiten zu kämpfen hatten,[47] wurde daher 1971 von dem Ausschuss für Entwicklungsplanung, einem Unterausschuss des Wirtschafts- und Sozialrates der UN, die Bezeichnung *least developed country* herausgearbeitet.[48] Als wesentliches Merkmal wurde dabei auf das niedrige Bruttoinlandsprodukt pro Kopf abgestellt. Zudem sei in den Staaten zum einen die Konzentration auf den Agrarsektor zu beobachten, zum anderen finde Industrialisierung kaum statt. Auch die Alphabetisierungsrate sei gering und es mangle an Gesundheitsversorge. Schließlich fehle es an Strukturen in der Verwaltung und Regierung. Ebenso sei die wirtschaftliche Infrastruktur nicht ausgereift.[49]

---

44 UN Doc. A/RES/70/1 v. 21.10.2015, insb. S. 14.

45 Im Jahre 1964 wurde die Diskrepanz auf der ersten Ministerkonferenz der *United Nations Conference on Trade and Development* – UNCTAD (UNCTAD I) thematisiert; vgl. *UN*, Proceedings of the United Nations Conference on Trade and Development, First Session, Final Act and Report, 1964, S. 11 (General Principle Fifteen). 1968 wurde auf der zweiten Konferenz der UNCTAD (UNCTAD II) beschlossen, Kriterien auszuarbeiten, nach denen die LDC identifiziert werden sollten, vgl. *UN*, Proceedings of the United Nations Conference on Trade and Development, Second Session, Vol. I, 1968, Annex, Nr. 2 Res. 24 (II), S. 54; *CDP/UNDESA*, Handbook on the LDC Category, S. 1 f.; *Hawthorne*, LDC and the WTO, S. 18; *Löser*, Die Zusammenarbeit und Koordination internationaler Organisationen, S. 31.

46 *Jessen*, WTO-Recht und Entwicklungsländer, S. 207. Teilweise wird von einer „Verelendung" gesprochen; vgl. *Menzel*, Das Ende der Dritten Welt, S. 28.

47 *CDP/UNDESA*, Handbook on the LDC Category, S. 1.

48 *CDP*, Report on the 7th Session, ECOSOC Official Records, 51st Session, Supplement No. 7, 1971, Rn. 41 ff.; UN GA Res. 2768 XXVI v. 18.11.1971 (Annahme durch die UN-Generalversammlung); *CDP/UNDESA*, Handbook on the LDC Category, S. 3; *Hawthorne*, LDC and the WTO, S. 18; *Löser*, Die Zusammenarbeit und Koordination internationaler Organisationen, S. 31.

49 *CDP*, Report on the 7th Session, ECOSOC Official Records, 51st Session, Supplement No. 7, 1971, Rn. 44 ff. Zu betonen ist dabei, dass nur ein geringer Anteil der ärmsten Bevölkerungsschicht in den LDC zu finden ist, da Staaten mit einer großen

Auch heute sind die LDC wirtschaftlichen Schwierigkeiten ausgesetzt, die in den einzelnen Staaten jedoch unterschiedlich ausgeprägt sind.[50] Es existieren nur wenige Ressourcen, weshalb es nur geringe und wenig vielfältige Exportmöglichkeiten gibt.[51] Teilweise hängt die Wirtschaft allein von dem Export landwirtschaftlicher Güter ab[52] oder sie beschränkt sich auf den Export von Rohstoffen,[53] in wenigen Fällen auf den Ölexport.[54] Einige der LDC exportieren größtenteils hergestellte Waren und Dienstleistungen.[55] In einigen der LDC existieren jedoch mehrere Exportmöglichkeiten, die sich weder auf den Export von Rohstoffen, noch auf den Export von Waren und Dienstleistungen beschränken.[56] Die Verarbeitung oder Weiterentwicklung

---

Bevölkerungszahl nicht in die Kategorie fallen; vgl. *CDP*, Report on the 7th Session, ECOSOC Official Records, 51st Session, Supplement No. 7, 1971, Rn. 67. Als Beispiel werden Indien und Indonesien genannt. Es ist davon auszugehen, dass rund ein Drittel der ärmsten Bevölkerungsschicht in den LDC lebt. Insgesamt mache die Bevölkerung 12% der Weltbevölkerung aus; vgl. *de Vylder*, The LDC and World Trade, S. 25.

50 *Priyadarshi/Rahman*, in: Daunton/Narlikar/Stern (Hrsg.), The Oxford Handbook on the WTO, S. 275 (283); *de Vylder*, The LDC and World Trade, S. 35.

51 *UNCTAD*, Trade and Development Report, 1989, Part 2, S. 6; *Hawthorne*, LDC and the WTO, S. 7 und 18; *Löser*, Die Zusammenarbeit und Koordination internationaler Organisationen, S. 23; *Correa*, UNCTAD LDC Report 2007, Background Paper No. 4, S. 3; *Priyadarshi/Rahman*, in: Daunton/Narlikar/Stern (Hrsg.), The Oxford Handbook on the WTO, S. 275 (278); *Kennedy*, Int'l Law. 40 (2006) 3, 683 (689).

52 *Kennedy*, Int'l Law. 40 (2006) 3, 683 (687). Als Beispiele werden Burundi und Malawi genannt. In Angola und Bangladesch, die stärksten Exportstaaten unter den LDC, spielt die Landwirtschaft hingegen kaum eine Rolle. Bei Gründung der WTO war der Nahrungsmittelsektor der noch wichtigste Exportsektor der LDC, inzwischen ist es aber wohl der Öl- und der Textilsektor; vgl. *Priyadarshi/Rahman*, in: Daunton/Narlikar/Stern (Hrsg.), The Oxford Handbook on the WTO, S. 275 (283).

53 Agrarrohstoffe: Guinea-Bissau, Malawi, Salomonen, Somalia (kein WTO-Mitglied); Mineralien: Demokratische Republik Kongo, Eritrea (kein WTO-Mitglied), Guinea, Mali, Mauretanien, Mosambik und Sambia; vgl. *UNCTAD*, LDC Report 2015, S. xiii.

54 Angola, Tschad, Äquatorialguinea (kein WTO-Mitglied), Südsudan (kein WTO-Mitglied), Jemen. vgl. *UNCTAD*, LDC Report 2015, S. xiii; vgl. auch *Priyadarshi/Rahman*, in: Daunton/Narlikar/Stern (Hrsg.), The Oxford Handbook on the WTO, S. 275 (278 ff).

55 Waren: Bangladesch, Bhutan (kein WTO-Mitglied), Kambodscha, Haiti, Lesotho; Dienstleistungen: Afghanistan, Burundi, Komoren, Dschibuti, Äthiopien (kein WTO-Mitglied), Gambia, Liberia, Madagaskar, Nepal, Ruanda, São Tomé und Príncipe (kein WTO-Mitglied), Timor-Leste (kein WTO-Mitglied), Tuvalu (kein WTO-Mitglied), Vanuatu und Uganda; vgl. *UNCTAD*, LDC Report 2015, S. xiii; vgl. auch *Priyadarshi/Rahman*, in: Daunton/Narlikar/Stern (Hrsg.), The Oxford Handbook on the WTO, S. 275 (278).

56 Benin, Burkina Faso, Zentralafrikanische Republik, Kiribati (kein WTO-Mitglied), Laos, Myanmar, Niger, Senegal, Sierra Leone, Togo, Tansania; vgl. *UNCTAD*, LDC Report 2015, S. xiii.

findet in den LDC jedoch nicht statt oder lediglich durch die Annahme ausländischer Technologien oder die Aufbereitung traditionellen Wissens.[57] Ein Viertel aller Exporte der am wenigsten entwickelten Länder wird allein von Bangladesch, durch den Export hergestellter Ware, und Angola, durch den Ölexport, generiert.[58]

Zusätzlich führen in den LDC Naturkatastrophen wie Überschwemmungen oder Dürre zu Ernteausfällen.[59] Auch die globale Finanzkrise sowie der Ausbruch der Ebolaepedemie in Westafrika hatten negative Auswirkungen auf die Exportfähigkeit der am wenigsten entwickelten Länder.[60] All dies führt dazu, dass die LDC schlechte Chancen haben, sich in den Weltmarkt zu integrieren.[61] Argumentiert wird daher, die Entwicklung könne nur durch ausländische Investitionen vorangetrieben werden.[62] Allerdings macht gerade die geringe Marktgröße die am wenigsten entwickelten Länder (mit der Ausnahme von Bangladesch) unattraktiv für Investitionen.[63] Auch der vermeintlich schwache Schutz von Immaterialgütern wird häufig als Argument herangezogen, warum Unternehmen davor zurückschrecken, Investitionen in den LDC vorzunehmen.[64] Entscheidend beeinflussen zudem Subventionen in den Industriestaaten die Stagnation in den Entwicklungs- und am wenigsten entwickelten Ländern, da ihre Exporte nicht mit den Preisen der subventionierten Produkte konkurrieren können.[65] Gerade der Handel mit Agrargütern könnte zum

57 *Correa*, UNCTAD LDC Report 2007, Background Paper No. 4, S. 3 f.

58 *de Vylder*, The LDC and World Trade, S. 27.

59 *UNCTAD*, Trade and Development Report, 1989, Part 2, S. 11; *UNCTAD*, Trade and Development Report 1990, S. 70; *Hawthorne*, LDC and the WTO, S. 7 und 18. Jüngst wurde der Inselstaat Vanuatu von einem Zyklon verwüstet; vgl. *DPA*, Zyklon „Pam" richtet auf Vanuatu verheerende Zerstörungen an, 14.03.2015, abrufbar unter: *www.faz.net/agenturmeldungen/dpa/zyklon-pam-richtet-auf-vanuatu-verheerende-zerstoerungen-an-13482840.html* (zuletzt 10.03.2017).

60 *UNCTAD*, LDC Report 2014, S. 2; *UNCTAD*, LDC Report 2015, S. 2. Der Rückgang steht in starkem Kontrast zum überdurchschnittlichen Wirtschaftswachstum der LDC in der Zeit zwischen 2002 und 2008, der auf Grund steter Nachfrage und steigender Preise ihrer Exportgüter stattfand; vgl. *UNCTAD*, LDC Report 2014, S. 2.

61 *Löser*, Die Zusammenarbeit und Koordination internationaler Organisationen, S. 51.

62 So bspw. *Kennedy*, Int'l Law. 40 (2006) 3, 683 (689).

63 *Kennedy*, Int'l Law. 40 (2006) 3, 683 (689); *Hawthorne*, LDC and the WTO, S. 7 u. 18. In dem Zeitraum von 2008 bis 2013 fand allerdings ein Zuwachs an ausländischen Investitionen in die LDC statt. Wiederum stieg die Abhängigkeit von ausländischen Investitionen infolge der globalen Finanzkrise; vgl. *UNCTAD*, LDC Report 2014, S. 2; *Kennedy*, Int'l Law. 40 (2006) 3, 683 (690).

64 Siehe dazu § 3 A II.

65 *World Bank Group/WTO*, The Role of Trade in Ending Poverty, S. 31. Argumentiert wird aber auch, die Subventionierung sei für Länder von Vorteil, die auf den Import dieser Güter angewiesen sind; vgl. *de Vylder*, The LDC and World Trade, S. 35.

wirtschaftlichen Wachstum beitragen.[66] Nichtsdestotrotz ist eine Verbesserung der wirtschaftlichen Lage der LDC in den letzten Jahren zu beobachten.[67]

I. Herausbildung des Begriffs durch die UN

Um als ein am wenigsten entwickeltes Land eingestuft werden zu können, müssen die von dem Ausschuss für Entwicklungsplanung ausgearbeiteten Kriterien erfüllt werden.[68] Die Entscheidung darüber, ob ein Staat die Kriterien erfüllt, fällt die UN-Generalversammlung auf Vorschlag des Ausschusses für Entwicklungsplanung.[69] Somit kann als LDC nur gelten, wer in die Liste der LDC aufgenommen wurde. Zudem muss der Staat, der die Kriterien erfüllt und somit als LDC eingestuft werden könnte, der Aufnahme zustimmen.[70]

Zunächst wird auf das Bruttonationaleinkommen (*Gross National Income* – GNI) abgestellt. Dieses darf bei Aufnahme als LDC 1.035 US-Dollar pro Kopf nicht überschreiten. Steigt das GNI auf über 1.242 US-Dollar scheidet der Staat aus der Kategorie wieder aus, wenn die beiden folgenden Kriterien erfüllt werden.[71] In einem zweiten Schritt wird der sog. *Human Assets Index* (HAI) gebildet. Dieser setzt sich zusammen aus der Ernährungs-, der Gesundheits-, der Bildungs- sowie der Alphabetisierungsrate.[72] Abschließend wird der sog. *Economic Vulnerability Index* (EVI) zur Beurteilung herangezogen. Dabei wird auf die Größe der Bevölkerung, die Abgeschiedenheit, die Konzentration auf den Export fertiggestellter Produkte, den Anteil der Land- und Forstwirtschaft und der Fischerei am Bruttoinlandsprodukt, die Opfer von Naturkatastrophen, die Instabilität des Exports von Rohstoffen und

66 *World Bank Group/WTO*, The Role of Trade in Ending Poverty, S. 44.

67 *Priyadarshi/Rahman*, in: Daunton/Narlikar/Stern (Hrsg.), The Oxford Handbook on the WTO, S. 275 (276). Die wichtigsten Handelspartner der LDC sind die USA, die EU und China, wobei China mittlerweile der wohl größte Abnehmer von Produkten aus den LDC ist. Auch der Handel mit Entwicklungsländern nimmt zu; vgl. ebd., S. 286.

68 *Hawthorne*, LDC and the WTO, S. 5; *de Vylder*, The LDC and World Trade, S. 30. Ob die Kriterien, die von den UN zur Einordnung verwendet werden, sinnvoll sind, wird teilweise hinterfragt; vgl. *Mangeni*, in: Bellmann/Dutfield/Meléndez-Ortiz (Hrsg.), Trading in Knowledge, S. 219 (222).

69 *Hemmer*, Wirtschaftsprobleme der Entwicklungsländer, S. 43; *Wagner/Kaiser*, Ökonomie der Entwicklungsländer, S. 18.

70 *Hawthorne*, LDC and the WTO, S. 6 u. 20 f., wonach Ghana, Papua New Guinea und Simbabwe der Aufnahme nicht zugestimmt haben.

71 *Hawthorne*, LDC and the WTO, S. 20; *CDP/UNDESA*, Handbook on the LDC Category, S. 42.

72 *Hawthorne*, LDC and the WTO, S. 20; *CDP/UNDESA*, Handbook on the LDC Category, S. 44. Kambodscha und Madagaskar könnten bis 2020 in der Lage sein, den HAI Index zu erfüllen. Auch Nepal, Lesotho, Laos, Myanmar und die Salomonen könnten die Voraussetzungen des HAI erfüllen; vgl. *Kawamura*, CDP Background Paper No. 20, Tabelle 5, S. 13.

Dienstleistungen sowie auf die Instabilität der landwirtschaftlichen Produktion abgestellt.[73] Darüber hinaus wurde 1991 beschlossen, dass die Bevölkerungszahl 75 Millionen nicht überschreiten darf, da Staaten dieser Größe einen größeren Markt und gesteigertes Humankapital aufweisen, was ihre Wachstumschancen erhöht.[74] Bangladesch weist als einziges am wenigsten entwickeltes WTO-Mitglied eine Bevölkerungszahl auf, die über dieser Grenze liegt.[75] Allerdings wurde Bangladesch bereits vor Aufnahme des Bevölkerungskriteriums in die Liste der LDC aufgenommen, weshalb die Republik ihren Status weiterhin beibehalten darf.[76]

Bei der erstmaligen Kategorisierung 1971 wurden 25 Staaten als LDC qualifiziert: Afghanistan, Äthiopien, Benin (Dahomey), Bhutan, Botswana, Burkina Faso (Upper Volta), Burundi, Guinea, Haiti, Jemenitische Arabische Republik, Laos, Lesotho, Malawi, Malediven, Mali, Nepal, Niger, Ruanda, Samoa, Sikkim, Somalia, Sudan, Tansania, Tschad und Uganda.[77] Diese Liste wurde Mitte der 1970er Jahre zunächst um sechs weitere Staaten erweitert: Bangladesch, Gambia, Kap Verde, Komoren, Volksdemokratische Republik Jemen und die Zentralafrikanische Republik. Ende der 1970er Jahre gab es – nach der Vereinigung von Indien und Sikkim – 30 LDC.[78] In den 1980er Jahren wurde die Liste in Folge der weltweiten Schuldenkrise um 12 weitere Staaten erweitert: Äquatorialguinea, Dschibuti, Guinea Bissau, São Tomé und Príncipe, Sierra Leone, Togo,[79] Kiribati, Mauretanien, Mosambik, Myanmar, Tuvalu

---

73 *Hawthorne*, LDC and the WTO, S. 20; *CDP/UNDESA*, Handbook on the LDC Category, S. 52. Den EVI Index werden bis 2020 voraussichtlich die Zentralafrikanische Republik, die Demokratische Republik Kongo, Laos, Nepal, Togo und Jemen erfüllen; vgl. *Kawamura*, CDP Background Paper No. 20, Tabelle 7, S. 16.

74 *CDP*, Report on the 27th Session, 22.-26. April 1991, ECOSOC Official Records 1991, Supplement No. 11, E/1991/32, Rn. 237; *Hawthorne*, LDC and the WTO, S. 20; *CDP/UNDESA*, Handbook on the LDC Category, S. 3.

75 Äthiopiens Einwohnerzahl liegt ebenfalls darüber; vgl. *Kawamura*, CDP Background Paper No. 20, S. 3 Fn. 5.

76 *Hawthorne*, LDC and the WTO, S. 19 f. u. Fn. 10; *de Vylder*, The LDC and World Trade, S. 31.

77 *CDP*, Report on the 7th Session, 22.03.-01.04.1971, ECOSOC Official Records, Supplement No. 7, 1971, Rn. 66. Angenommen wurde die Auflistung mit der Resolution UN GA Res. 2768 (XXVI) v. 18.11.1971, Rn. 4; *Hawthorne*, LDC and the WTO, S. 18; *Löser*, Die Zusammenarbeit und Koordination internationaler Organisationen, S. 32, die Sikkim nicht auflistet. Eine aktuelle Liste der LDC ist unter *www.un.org/en/development/desa/policy/cdp/ldc/ldc_list.pdf* abrufbar (zuletzt 10.03.2017).

78 *CDP*, Report on the 11th Session, 07.-16.04.1975, ECOSOC Official Records 1975, 59th Session, Supplement No. 4, E/5671, Rn. 130; *CDP*, Report on the 13th Session, 11–21.04.1977, ECOSOC Official Records 1977, Supplement No. 7, E/5939, Rn. 83; *Hawthorne*, LDC and the WTO, S. 18; *Löser*, Die Zusammenarbeit und Koordination internationaler Organisationen, S. 32.

79 Bis dahin wird die Liste auch von *Löser*, Die Zusammenarbeit und Koordination internationaler Organisationen, S. 32 übernommen.

und Vanuatu.[80] In den 1990er Jahren folgten Angola, die Demokratische Republik Kongo, Eritrea, Kambodscha, Liberia, Madagaskar, Sambia und die Salomonen. 2000 wurde Senegal, 2003 Timor-Leste und 2012 Südsudan der Liste hinzugefügt.[81]

Von den aktuell 48 Staaten (Stand Mai 2016), die als am wenigsten entwickelt gelten, sind 36 Mitglieder der WTO und fallen damit in den Anwendungsbereich des TRIPS-Übereinkommens.[82]

Der LDC-Status wird alle drei Jahre überprüft. Damit ein Staat von der Liste der LDC gestrichen und somit „aufsteigen" kann, muss sich seine Entwicklung signifikant verbessert haben und es muss gewährleistet sein, dass dieser Entwicklungsstand beibehalten wird. Dabei müssen folgende Voraussetzungen erfüllt werden: Zwei der drei bereits dargestellten Aufnahmebedingungen müssen entfallen sein. Ausnahmsweise kann der Ausschuss entscheiden, dass ein Staat ausscheiden darf, wenn das Bruttonationaleinkommen doppelt so hoch ist, wie das Graduationslevel.[83]

---

80 *CDP*, Report on the 17th Session, 23.03.-01.04.1981, ECOSOC Official Records 1981, Supplement No. 7, E/1981/27, Rn. 104; *CDP*, Report on the 18th Session, 19.-28.04.1982, ECOSOC Official Records 1982, Supplement No. 5, E/1982/15, Rn. 103; *CDP*, Report on the 21st Session, 19.-21.11.1984/20.-23.04.1985, ECOSOC Official Records 1985, Supplement No. 9, E/1985/29, Rn. 115; *CDP*, Report on the 22nd Session, 19.-22.03.1986, ECOSOC Official Records 1986, Supplement No. 6, E/1986/26, Rn. 189; *CDP*, Report on the 23rd Session, 21.-24.04.1987, ECOSOC Official Records 1987, Supplement No. 10, E/1987/23, Rn. 64; *CDP*, Report on the 24th Session, 12–15.04.1988, ECOSOC Official Records 1988, Supplement No. 6, E/1988/16, Rn. 140; *Hawthorne*, LDC and the WTO, S. 19 und 29.

81 Vgl. dazu die aktuelle LDC Liste der UN, abrufbar unter *www.un.org/en/development/desa/policy/cdp/ldc/ldc_list.pdf* (zuletzt 10.03.2017).

82 Eine Liste über die Staaten, die als Entwicklungsländer im Allgemeinen gelten, existiert nicht; vgl. *Neumair*, in: Haas/Neumair (Hrsg.), Internationale Wirtschaft, S. 103 (113). Das liegt daran, dass es keine einheitliche Definition gibt, wann ein Staat als Entwicklungsland gilt. Es ist daher im Einzelfall zu entscheiden, ob es sich um ein Entwicklungsland handelt; vgl. *Wagner/Kaiser*, Ökonomie der Entwicklungsländer, S. 5 f. Auch bleibt es den Staaten selbst überlassen, zu entscheiden, ob sie als Entwicklungsland gelten wollen oder nicht; vgl. *Gervais*, TRIPS, Art. 65 Rn. 2.725. Mittlerweile ist eine weitere Unterkategorisierung der Entwicklungsländer als Gegenstück zur Gruppe der LDC bekannt: die sog. „Schwellenländer" oder „Übergangsländer". Als solche werden die Entwicklungsländer bezeichnet, die in ihrer Entwicklung im Verhältnis zu den übrigen Entwicklungsstaaten bereits fortgeschritten und somit an der Schwelle zwischen Entwicklungs- und Industriestaaten anzusiedeln sind; vgl. *Neumair*, in: Haas/Neumair (Hrsg.), Internationale Wirtschaft, S. 103 (115); *Wagner/Kaiser*, Ökonomie der Entwicklungsländer, S. 19. Auch hier gibt es keine festgeschriebenen Kriterien. Indizwirkung haben aber der Industrieanteil am Bruttoinlandsprodukt, die Lebenserwartung sowie die Alphabetisierungsrate; vgl. *Hemmer*, Wirtschaftsprobleme der Entwicklungsländer, S. 45; *Wagner/Kaiser*, Ökonomie der Entwicklungsländer, S. 20.

83 *Kawamura*, CDP Background Paper No. 20, S. 5; *CDP/UNDESA*, Handbook on the LDC Category, S. 42; *Hawthorne*, LDC and the WTO, S. 21.

Das Vorliegen der Voraussetzungen muss auf zwei aufeinanderfolgenden Sitzungen bestätigt werden. Nachdem festgestellt wurde, dass ein Staat aus der Gruppe ausscheiden kann, wird ihm eine Übergangsfrist von weiteren drei Jahren gewährt, um sich auf die Umstellung (etwa die Einstellung von Entwicklungshilfen) vorzubereiten.[84] Bisher sind vier Staaten graduiert: Botswana 1994,[85] Kap Verde 2007,[86] die Malediven 2011[87] und Samoa 2014.[88] Äquatorialguinea und Vanuatu sollen die nächsten Staaten sein, die graduieren.[89] Zudem wurde Angola in der Überprüfung 2012 erstmals als graduierungswürdig eingestuft.[90]

Der Ausschuss für Entwicklungsplanung ist ebenfalls zuständig für die Belange der LDC. Etwa alle 10 Jahre halten die UN sog. LDC-Konferenzen ab, die sich mit den Belangen der LDC beschäftigen.[91] Bisher wurden vier Konferenzen abgehalten, die letzte fand 2011 in Istanbul statt. Dort wurde ein Aktionsprogramm für die LDC für den Zeitraum 2011–2020 ausgearbeitet, das sich mit Maßnahmen zur Förderung

---

84 *CDP/UNDESA*, Handbook on the LDC Category, S. 12 ff.; *Hawthorne*, LDC and the WTO, S. 21. Um über die Graduierung zu entscheiden, werden zudem Vergleichsgruppen gebildet; vgl. *Kawamura*, CDP Background Paper No. 20, S. 2.

85 *Hawthorne*, LDC and the WTO, S. 21 u. 34; *UNCTAD*, LDC Report 2015, PDF S. 4 (im Dokument ohne Seitenangabe). Die Entscheidung der UN Generalversammlung erfolgte 1995; vgl. UN Doc. A/RES/49/133 v. 14.02.1995, Rn. 2.

86 *Kawamura*, CDP Background Paper No. 20, S. 2; *Hawthorne*, LDC and the WTO, S. 21 u. 34 (die als Zeitpunkt allerdings 2008 nennt); *UNCTAD*, LDC Report 2015, PDF S. 4 (im Dokument ohne Seitenangabe). Die Entscheidung der UN Generalversammlung erfolgte 2005; vgl. UN Doc. A/RES/59/210 v. 28.02.2005.

87 *Kawamura*, CDP Background Paper No. 20, S. 2; *Hawthorne*, LDC and the WTO, S. 21 u. 34; *UNCTAD*, LDC Report 2015, PDF S. 4 (im Dokument ohne Seitenangabe). Die Entscheidung der UN Generalversammlung erfolgte 2005. Die Graduierung wurde aber 2006 auf Grund der Schäden, die der Tsunami im indischen Ozean 2004 angerichtet hat, aufgeschoben: UN Doc. A/RES/59/210 v. 28.02.2005; UN Doc. A/RES/60/33 v. 17.03.2006, Nr. 2.

88 *Kawamura*, CDP Background Paper No. 20, S. 2; *UNCTAD*, LDC Report 2015, PDF S. 4 (im Dokument ohne Seitenangabe). Die Entscheidung der UN Generalversammlung erfolgte 2008. Die Graduierung wurde aber 2010 auf Grund der Schäden, die der Tsunami im Pazifik 2009 angerichtet hat, aufgeschoben; vgl. UN Docs. A/RES/62/97 v. 08.02.2008 und A/RES/64/295 v. 13.10.2010, Rn. 2.

89 UN Doc. A/RES/68/18 v. 09.12.2013 Nr. 3 u. 4; *Kawamura*, CDP Background Paper No. 20, S. 2.

90 *Kawamura*, CDP Background Paper No. 20, S. 2. Dabei wird angenommen, Angola sei bis 2020 in der Lage zu graduieren, da das GNI bereits erfüllt wird; vgl. ebd., S. 8 und Tabelle Nr. 3 auf S. 10. Auch Nepal könnte Chancen auf eine Graduierung bis 2020 haben, da sowohl der HAI als auch der EVI Index erfüllt werden; vgl. ebd., S. 16. Ob der EVI auch nach dem Erdbeben im Frühjahr 2015 noch erfüllt wird, ist jedoch fraglich. 2015 wurden Bhutan, São Tomé und Príncipe sowie die Salomonen erstmals für graduationswürdig empfunden; vgl. *CDP*, Report on the 17th Session, 23–27.03.2015, ECOSOC Official Records 2015, Supplement No. 13, E/2015/33, Rn. 59.

91 *Jessen*, WTO-Recht und Entwicklungsländer, S. 394.

von Wissenschaft und Technologie beschäftigen soll.[92] Das Programm hat zudem zum Ziel, die Anzahl der LDC bis 2020 zu halbieren.[93]

II. Aufnahme des Begriffs in das Welthandelsrecht

Im Welthandelsrecht wurde die Klassifizierung der UN übernommen, wie Art. XI Abs. 2 WTO-Übereinkommen entnommen werden kann.[94] Bereits vor der Gründung der WTO spielten die LDC eine Rolle im Welthandelssystem. Erstmals traten sie während der sog. Tokio-Runde im Jahre 1973 als geschlossene Gruppe auf.[95] Es überrascht daher nicht, dass die besondere Behandlung der LDC in der Tokio-Erklärung zum ersten Mal erwähnt wurde.[96] 1980 wurde die Gründung eines Unterausschusses für den Handel mit den am wenigsten entwickelten Ländern vorgeschlagen.[97] Während der Verhandlungen über das WTO-Übereinkommen und seine Anhänge unterstützte der Unterausschuss die LDC durch die regelmäßige Überprüfung der Regelungen in Hinblick auf die Auswirkungen auf die LDC.[98] 1999 bildete sich die offizielle Verhandlungsgruppe der am wenigsten entwickelten Länder.[99] Inzwischen wurde in Genf eine LDC Gruppe eingerichtet, die in regelmäßig stattfindenden Treffen die WTO-Verhandlungen vorbereitet. Auch wurde ein Unterausschuss für

---

92 *Lidgard*, in: ders./Atik/Nguyen (Hrsg), Sustainable Technology Transfer, S. 43 (45 f.).

93 *Kawamura*, CDP Background Paper No. 20, S. 2. Es wird allerdings davon ausgegangen, dass höchstens 15 der insgesamt 48 LDC in der Lage sein werden, bis zu diesem Zeitpunkt zu graduieren; vgl. ebd., S. 17 f.

94 Teilweise wird angenommen, die UN-Liste gelte nicht in Bezug auf alle WTO-Übereinkommen. Das wird damit begründet, neben Art. 2 WTO-Übereinkommen würde auch Art. 27 Abs. 2 Subventionsabkommen auf die Liste verweisen. Ein solcher Verweis wäre nicht notwendig, wenn durch den Verweis in dem WTO-Übereinkommen bereits alle Übereinkommen erfasst wären; vgl. *Rott*, Patentrecht und Sozialpolitik, S. 146. Gegen diese Auffassung spricht aber zum einen, dass die Multilateralen Handelsübereinkommen als Annexe zum WTO-Übereinkommen erlassen wurden, die Regeln des WTO-Übereinkommens daher allgemeine Regelungen darstellen, die in allen Bereichen des Welthandelsrecht zu beachten sind. Zum anderen wäre nicht ersichtlich, auf welche Liste stattdessen Bezug genommen werden sollte, da sich der Begriff der am wenigsten entwickelten Länder im System der VN etabliert hat. Schließlich würde eine uneinheitliche Behandlung innerhalb des WTO-Systems erfolgen.

95 *Hawthorne*, LDC and the WTO, S. 4 und S. 45.

96 GATT Doc. MIN(73)1 v. 14.09.1973, Art. 6; *Hawthorne*, LDC and the WTO, S. 45.

97 GATT Doc. COM.TD/104 v. 14.04.1980, Rn. 40; *Hawthorne*, LDC and the WTO, S. 47.

98 Auch wenn der Unterausschuss nicht aktiv an den Verhandlungen beteiligt war, gewannen somit die Belange der LDC an Relevanz; vgl. *Hawthorne*, LDC and the WTO, S. 50.

99 Bangladesch brachte Vorschläge stellvertretend für die LDC ein; vgl. bspw. GATT Docs. MTN.GNG/NG10/W/28 v. 13.11.1989 und MTN.TNC/W/24 v. 30.07.1990; *Hawthorne*, LDC and the WTO, S. 54 und 62.

die LDC eingerichtet, der sich den Interessen der LDC annimmt. Dadurch ist ein Anstieg der Beteiligung der LDC an den WTO-Verhandlungen zu beobachten.[100]

Zudem wurden Hilfsprogramme etabliert, um die LDC zu unterstützen. 1997 wurde der sog. *Integrated Framework for Trade-Related Technical Assistance* von der WTO zusammen mit der Weltbank, dem IMF, der UNCTAD, des *United Nations Development Programme* und des *International Trade Centre* gegründet, um die LDC bei der Umsetzung der WTO-Abkommen und dem Ausbau des lokalen Handels zu unterstützen.[101] Inzwischen wird er durch den *Enhanced Integrated Framework* ersetzt, der durch ein unabhängiges Sekretariat und einem Direktor geleitet wird.[102]

§ 2 Besondere Behandlung der LDC im Welthandelsrecht

Die Situation der LDC macht deutlich, dass sie einer besonderen Behandlung innerhalb des Welthandelssystems bedürfen. Im Welthandelsrecht finden sich daher zahlreiche Regelungen, in denen den weniger entwickelten Mitgliedstaaten zusätzliche Rechte erhalten oder ihnen Ausnahmen von den WTO-Verpflichtungen erteilt werden.[103]

A. Ziel des Welthandelsrechts

Sowohl in der Präambel zum WTO-Übereinkommen als auch zum GATT 1947 wird die Erhöhung des Lebensstandards und die Vollbeschäftigung als Ziel genannt.[104] Dabei liegt die Annahme zugrunde, Entwicklung würde durch die Teilnahme am Welthandel erreicht.[105] Staaten sind im internationalen Wettbewerb allerdings erst dann konkurrenzfähig, wenn sie ein bestimmtes Maß an wirtschaftlicher Entwicklung bereits erreicht haben. Dieser „Teufelskreis“ könne nur durchbrochen werden,

---

100 *Priyadarshi/Rahman*, in: Daunton/Narlikar/Stern (Hrsg.), The Oxford Handbook on the WTO, S. 275 (296 f.).

101 *Löser*, Die Zusammenarbeit und Koordination internationaler Organisationen, S. 26; *Hoekman/Kostecki*, The Political Economy of the World Trading System, S. 562; *Hawthorne*, LDC and the WTO, S. 54 u. 60; *CDP/UNDESA*, Handbook on the LDC Category, S. 29; *Jessen*, WTO-Recht und Entwicklungsländer, S. 394; *Borrmann/Koopmann*, Anpassung der Trade Policy Reviews, S. 67.

102 *CDP/UNDESA*, Handbook on the LDC Category, S. 29 f.; *Hoekman/Kostecki*, The Political Economy of the World Trading System, S. 563.

103 *Priyadarshi/Rahman*, in: Daunton/Narlikar/Stern (Hrsg.), The Oxford Handbook on the WTO, S. 275 (288). Auch in anderen Bereichen des Völkerrechts sind Vorschriften zu finden, in denen besondere Maßnahmen zur bevorzugten Behandlung von Entwicklungsländern geregelt werden; vgl. *Kadelbach*, in: Dann/Kadelbach/Kaltenborn (Hrsg.), Entwicklung und Recht, S. 49 (58).

104 Vgl. auch *Rodrigues*, The General Exception Clause of the TRIPS, S. 41.

105 Vgl. insgesamt *UN*, Report of the International Conference on Financing for Development; *Jessen*, WTO-Recht und Entwicklungsländer, S. 42; *Löser*, Die Zusammenarbeit und Koordination internationaler Organisationen, S. 16.

wenn Ausnahmen von den allgemeinen Prinzipien des Welthandelsrechts erlaubt werden.[106] So kann der Präambel des Übereinkommens zur Errichtung der WTO entnommen werden, dass die besondere Situation, in der sich Entwicklungs- und am wenigsten entwickelte Länder befinden, Beachtung finden muss.[107] Es wird zum einen verlangt, dass die Maßnahmen, die zum Erreichen der Ziele der WTO getroffen werden, mit den dem jeweiligen wirtschaftlichen Entwicklungsstand entsprechenden Bedürfnissen vereinbar sind. Zum anderen wird festgehalten, dass es positiver Bemühungen bedarf, Entwicklungsländer, und insbesondere die am wenigsten entwickelten unter ihnen, am Welthandel zu beteiligen.

Die WTO wurde in einer Zeit gegründet, in der die neoliberale Idee nach dem Ende des Kalten Krieges erneut aufblühte. Die Arbeitsweise und Zielsetzung setzt daher, wie bereits das GATT 1947,[108] auf eine offene Marktwirtschaft und die Handelsliberalisierung.[109] Ziel der WTO ist es, Zölle und andere Handelsschranken abzubauen und die Diskriminierung in den internationalen Handelsbeziehungen zu beseitigen, unfaire Handelspraktiken zu bekämpfen sowie handelsspezifische Maßnahmen zu harmonisieren.[110] Die WTO stützt sich auf drei Säulen: das GATT 1994 (das eine Fortführung des GATT 1947 mit einigen Abwandlungen darstellt[111]), das Allgemeine Abkommen über den Handel mit Dienstleistungen (*General Agreement on Trade in Services* – GATS) und schließlich das TRIPS-Übereinkommen.[112]

Die Grundprinzipien, auf die sich die Arbeit der WTO stützt, sind – wie bereits im GATT 1947 – das Prinzip der Gegenseitigkeit und das der Nichtdiskriminierung.[113] Antidiskriminierungsmechanismen, die sich in den WTO-Übereinkommen finden, sind das Prinzip der Inländerbehandlung und das Prinzip der Meistbegünstigung (z.B. Art. 3 und 4 TRIPS). Nach dem Prinzip der Inländerbehandlung sind

---

106 *de Carvalho*, The Trips Regime of Patents and Test Data, Rn. 66.17. Allgemein zu einem solchen "Teufelskreis" bereits *CDP*, Report on the 7th Session, 22.03.-01.04.1971, ECOSC Official Records, 51st Session, Supplement No. 7, 1971, Rn. 53.

107 Vgl. *Peukert*, in: Dann/Kadelbach/Kaltenborn (Hrsg.), Entwicklung und Recht, S. 189 (200).

108 Bereits das GATT beruhte auf dem Gedanken des freien Handels und kann somit als Ausdruck der in den 1940er Jahren vorherrschenden Modernisierungstheorie verstanden werden; vgl. *Kadelbach*, in: Dann/Kadelbach/Kaltenborn (Hrsg.), Entwicklung und Recht, S. 49 (52).

109 *Peukert*, in: Dann/Kadelbach/Kaltenborn (Hrsg.), Entwicklung und Recht, S. 189 (200).

110 *van den Bossche/Zdouc*, Law and Policy of the WTO, S. 35; *Stoll*, in: Busche/Stoll/Wiebe (Hrsg.), TRIPs, Einleitung I, Rn. 19 f.; *Rodrigues*, The General Exception Clause of the TRIPS, S. 41.

111 *Dolzer/Kreuter-Kirchhof*, in: Vitzthum/Proelß (Hrsg.), Völkerrecht, S. 455 (490).

112 *Hoekman/Kostecki*, The Political Economy of the World Trading System, S. 57; *Behrens*, in: Hilf/Oeter (Hrsg.), WTO-Recht, § 4 Rn. 17 u. 26.

113 *Hoekman/Kostecki*, The Political Economy of the World Trading System, S. 58; *Jessen*, WTO-Recht und Entwicklungsländer, S. 40; *Dolzer/Kreuter-Kirchhof*, in: Vitzthum/Proelß (Hrsg.), Völkerrecht, S. 455 (492 f.).

ausländische Waren und Dienstleistungen so zu behandeln wie inländische Waren und Dienstleistungen.[114] Das Prinzip der Meistbegünstigung besagt, dass eine Maßnahme zugunsten eines WTO-Mitglieds allen anderen Mitgliedern ebenfalls gewährt werden muss.[115]

Auf Grund der asymmetrischen Beziehungen zwischen Entwicklungsländern und Industriestaaten ist es daher erforderlich, besondere Maßnahmen zu treffen, um die Entwicklungs- und am wenigsten entwickelten Länder in das internationale Handelssystem zu integrieren.[116] In den Übereinkommen sind daher sog. *special and differential treatment*-Regelungen zu finden.[117]

B. Besondere Vorschriften zugunsten der LDC

Heute gibt es in so gut wie allen WTO-Übereinkommen besondere Vorschriften für Entwicklungsländer.[118] In vielen von ihnen finden sich darüber hinaus Regelungen, die sich der bevorzugten Behandlung der am wenigsten entwickelten unter ihnen widmen.[119] Die besondere Behandlung äußert sich auf unterschiedliche Weise. Neben der Gewährung von längeren Umsetzungsfristen werden Regelungen getroffen, durch die die Handelschancen der Entwicklungs- und am wenigsten entwickelten Länder verbessert werden sollen. Zudem finden sich Regelungen, die dazu dienen, die Handelsinteressen der Entwicklungsländer zu sichern. Andere Regelungen zielen auf die Unterstützung der Entwicklungsländer bei der Ausführung der WTO-Verpflichtungen ab oder auf die Unterstützung in einem Verfahren vor dem Streitbeilegungskörper (*Dispute Settlement Body* – DSB). Zudem werden Ausnahmen

---

114 *van den Bossche/Zdouc*, Law and Policy of the WTO, S. 36; *Göttsche*, in: Hilf/Oeter (Hrsg.), WTO-Recht, §7 Rn. 40; *Hoekman/Kostecki*, The Political Economy of the World Trading System, S. 42; *Dolzer/Kreuter-Kirchhof*, in: Vitzthum/Proelß (Hrsg.), Völkerrecht, S. 455 (470).

115 *van den Bossche/Zdouc*, Law and Policy of the WTO, S. 36; *Göttsche*, in: Hilf/Oeter (Hrsg.), WTO-Recht, §7 Rn. 39; *Hoekman/Kostecki*, The Political Economy of the World Trading System, S. 41; *Dolzer/Kreuter-Kirchhof*, in: Vitzthum/Proelß (Hrsg.), Völkerrecht, S. 455 (469).

116 Hier kann der Einfluss der in den 1960er Jahren aufgekommenen Dependenztheorie erkannt werden; vgl. *Whalley*, The World Economy 22 (1999) 8, 1065 (1067); *Jessen*, WTO-Recht und Entwicklungsländer, S. 172.

117 *van den Bossche/Zdouc*, Law and Policy of the WTO, S. 39; *Krajewski*, in: Dann/Kadelbach/Kaltenborn (Hrsg.), Entwicklung und Recht, S. 247 (277) mit Verweis auf *Jessen*, WTO-Recht und Entwicklungsländer, S. 7.

118 *van den Bossche*, The Law and Policy of the WTO, 2. Auflage, S. 723; *Jessen*, WTO-Recht und Entwicklungsländer, S. 515.

119 Insgesamt beinhalten die WTO-Abkommen 139 Vorschriften, in denen die besondere Behandlung von Entwicklungs- und am wenigsten entwickelten Ländern enthalten ist; vgl. WTO Doc. WT/COMTD/W/196 v. 14.06.2013, Rn. 1.2. Insgesamt beziehen sich 24 der Regelungen auf die besondere Behandlung der LDC; vgl. WTO Doc. WT/COMTD/W/77/Rev.1 v. 21.09.2001, Rn. 17.

von den Verpflichtungen gewährt und technische Unterstützung durch die Industriestaaten angeordnet. Schließlich finden sich in einigen der Abkommen besondere Vorschriften ausschließlich zugunsten der am wenigsten entwickelten Länder.[120]

Durch die besondere Behandlung der Entwicklungs- und am wenigsten entwickelten Länder wird das Prinzip der Gegenseitigkeit und der Nichtdiskriminierung durchbrochen. Es findet daher eine positive Diskriminierung statt,[121] was aber mit dem Erreichen der in der Präambel festgelegten Ziele, den Lebensstandard und das Realeinkommen zu steigern, gerechtfertigt ist.[122]

I. Besondere Vorschriften zugunsten der LDC im GATT 1947

Ausgangspunkt für die Untersuchung der besonderen Behandlung der am wenigsten entwickelten Länder bilden die Bestimmungen, die bereits im Rahmen des GATT 1947 zugunsten der Entwicklungsländer getroffen wurden.[123] Regelungen, in denen ausschließlich auf die LDC Bezug genommen wird, finden sich anfangs im GATT 1947 noch nicht. Erst in den 1970er Jahren fanden – im Nachgang zur Ausarbeitung der LDC-Kategorie durch die UN – auch Regelungen über die besondere Behandlung der am wenigsten entwickelten Länder Einzug in das GATT-System. Relevant sind die Regelungen des GATT 1947 zugunsten der Entwicklungsländer aber dennoch, da mit ihnen die besondere Situation der Entwicklungsländer Anerkennung gefunden hat und der Grundstein für das *special and differential treatment* gelegt wurde.[124]

Die erste entwicklungsrelevante Vorschrift ist Art. XVIII Abs. 2 GATT 1947. Der dort geregelte sog. *Infant Industry*-Schutz zielt auf die Erleichterung von protektionistischen Maßnahmen ab, um die Entwicklung der nationalen Wirtschaft

---

120 WTO Docs. WT/COMTD/W/196 v. 14.06.2013, Rn. 1.6 Nr. 6 und WT/COMTD/W/77/Rev.1 v. 21.09.2001 Rn. 3 Nr. (vi); *Löser*, Die Zusammenarbeit und Koordination internationaler Organisationen, S. 333 f; *Hawthorne*, LDC and the WTO, S. 8; *Hoekman/Kostecki*, The Political Economy of the World Trading System, S. 540; *van den Bossche*, The Law and Policy of the WTO, 2. Auflage S. 723 f.; *Kessie*, in: Bermann/Mavroidis (Hrsg.), WTO Law and Developing Countries, S. 12 (21); vgl. auch *Priyadarshi/Rahman*, in: Daunton/Narlikar/Stern (Hrsg.), The Oxford Handbook on the WTO, S. 275 (288).

121 *Hawthorne*, LDC and the WTO, S. 46; *Löser*, Die Zusammenarbeit und Koordination internationaler Organisationen, S. 321.

122 Vgl. allgemein dazu auch *CDP*, Report on the 7th Session, 22.03.-01.04.1971, ECOSC Official Records 1971, 51st Session, Supplement No. 7, Rn. 73.

123 *Hawthorne*, LDC and the WTO, S. 2. Ausführlich zu der Rolle der Entwicklungsländer im GATT: *Hudec*, Developing Countries in the GATT Legal System. Die Regelungen des GATT 1947 sind gem. Art. 1 lit. a) des Anhangs 1A zum WTO-Übereinkommen Bestandteil des GATT 1994 und finden daher weiterhin Anwendung.

124 *Krajewski*, in: Dann/Kadelbach/Kaltenborn (Hrsg.), Entwicklung und Recht, S. 247 (254 u. 256). Auch finden die Regelungen teilweise im revidierten GATT 1994 noch heute Anwendung; vgl. *Rott*, Patentrecht und Sozialpolitik, S. 176.

voranzutreiben.[125] Ausgangspunkt der Überlegung ist dabei, dass Unternehmen, die sich im Anfangsstadium ihrer Produktionstätigkeit befinden (*infant industry*), nicht mit etablierten Produzenten konkurrieren können und somit keine Chance haben, ihre Industrie auszubauen.[126] Der *Infant Industry*-Schutz hatte ursprünglich nicht zum Ziel, Entwicklungsländer in das Welthandelssystem zu integrieren, sondern allgemein den Aufbau der Wirtschaft durch Abschottungsmaßnahmen zu unterstützen.[127] Mittlerweile kann wohl davon ausgegangen werden, dass nur noch die weniger entwickelten Nationen von der Regelung Gebrauch machen.[128]

Neben dieser Regelung wurde Mitte der 1960er Jahre[129] auf Initiative der Entwicklungsländer und als Reaktion auf die Gründung der UNCTAD ein vierter

---

125 *van den Bossche*, The Law and Policy of the WTO, 2. Auflage, S. 725; *Hoekman/Kostecki*, The Political Economy of the World Trading System, S. 534 (dort findet sich eine chronologische Auflistung entwicklungsrelevanter Normen im Welthandelssystem). Die besondere Behandlung der Entwicklungsländer war bereits in der Havanna-Charta vorgesehen, welche die Errichtung einer Internationalen Handelsorganisation zum Ziel hatte; vgl. *Jessen*, WTO-Recht und Entwicklungsländer, S. 230 u. 237; *Rott*, Patentrecht und Sozialpolitik, S. 121 f.

126 *van den Bossche*, The Law and Policy of the WTO, 2. Auflage, S. 725.

127 *Krajewski*, in: Dann/Kadelbach/Kaltenborn (Hrsg.), Entwicklung und Recht, S. 247 (251 f.).

128 Aus Art. XVIII GATT 1947 ergibt sich, dass die Vorschrift für alle Vertragsparteien gilt, deren Wirtschaft nur einen niedrigen Lebensstandard zulässt und sich in den Anfangsstadien der Entwicklung befindet. Nach Anhang I zum GATT ist bei der Feststellung, ob ein nur niedriger Lebensstandard möglich ist, auf die normale Lage der Wirtschaft und nicht auf außergewöhnliche Umstände abzustellen. Darüber hinaus wird klargestellt, dass sich auch Staaten, die bereits mit der Industrialisierung begonnen haben, im Anfangsstadium der Entwicklung befinden können. In den Formulierungen wird zwar deutlich, dass nicht pauschal auf Entwicklungsländer abgestellt wird. Im Ergebnis werden aber nur solche die Voraussetzungen erfüllen. Daher wird in den Ausführungen zu der Klausel häufig nur auf die Entwicklungsländer hingewiesen. So machen es bspw. *van den Bossche*, The Law and Policy of the WTO, 2. Auflage, S. 725 f.; *Hoekman/Kostecki*, The Political Economy of the World Trading System, S. 237 f.; *Michaelis/Jessen*, in: Hilf/Oeter (Hrsg.), WTO-Recht, § 31 Rn. 12 f. Festgehalten werden muss dabei aber, dass seit Inkrafttreten des WTO-Übereinkommens kein Entwicklungsland von der Regelung Gebrauch gemacht hat; vgl. WTO Doc. WT/COMTD/W/77/Rev.1/Add.4 v. 07.02.2002, S. 2; *van den Bossche*, The Law and Policy of the WTO, 2. Auflage, S. 726; *Rott*, Patentrecht und Sozialpolitik, S. 126. Mittlerweile wird die Regelung als Teil des *special and differential treatment* anerkannt; vgl. WTO Doc. WT/MIN(01)/17 v. 20.11.2001, Rn. 1.1.

129 Die Ergänzung fällt in die Phase, in der die Dependenztheorie vertreten wurde und besondere Maßnahmen zur verbesserten Integration der Entwicklungsländer in den Welthandel gefordert wurden; vgl. *Kadelbach*, in: Dann/Kadelbach/Kaltenborn (Hrsg.), Entwicklung und Recht, S. 49 (53). Deutlich wird der Zusammenhang zu der Theorie insbesondere durch die Formulierung in Art. XXXVI Abs. 4 GATT

Teil dem GATT 1947 hinzugefügt.[130] In diesem sind besondere Regelungen für die Entwicklungsländer in Bezug auf die Erhöhung von Ausfuhrzöllen (Art. XXXVI Abs. 2 GATT), die Stabilisierung von Rohstoffpreisen und die Verbesserung des Marktzugangs (Art. XXXVI Abs. 4 GATT) zu finden.[131] Darüber hinaus wird in Art. XXXVI Abs. 8 GATT geregelt, dass die Industriestaaten gegenüber den weniger entwickelten Staaten von dem Prinzip der Gegenseitigkeit und der Verpflichtung zum Abbau oder zur Beseitigung von Zöllen und sonstigen Handelsbeschränkungen absehen.[132] Zugleich wurde das Komitee für Handel und Entwicklung gegründet, das die Vorschriften überprüfen soll.[133]

Erst während der Tokio-Runde, die 1973 startete, wurde die besondere Situation der LDC mit der Ministererklärung von Tokio im Welthandelsrecht anerkannt.[134] Sechs Jahre später (1979) wurde mit der *Decision on Differential and More Favourable Treatment, Reciprocity and Fuller Participation of Developing Countries*, auch bekannt als *Enabling Clause*,[135] die besondere Stellung der LDC im Welthandelssystem hervorgehoben und eine Abgrenzung zu den Entwicklungsländern geschaffen.[136] Mit der *Enabling Clause* wird die Grundlage dafür geschaffen, von dem in Art. 1 Abs. 1

1947, in der die Abhängigkeit der weniger entwickelten Länder ausdrücklich genannt wird; vgl. *Jessen*, WTO-Recht und Entwicklungsländer, S. 169.

130 *Hawthorne*, LDC and the WTO, S. 43 u. 44. *Löser*, Die Zusammenarbeit und Koordination internationaler Organisationen, S. 320; *Hoekman/Kostecki*, The Political Economy of the World Trading System, S. 534 u. 536; *Jessen*, WTO-Recht und Entwicklungsländer, S. 231 f.; *Krajewski*, in: Dann/Kadelbach/Kaltenborn (Hrsg.), Entwicklung und Recht, S. 247 (254); *Hudec*, Developing Countries in the GATT Legal System, S. 64 ff.; *Rott*, Patentrecht und Sozialpolitik, S. 122; *Kessie*, in: Bermann/Mavroidis (Hrsg.), WTO Law and Developing Countries, S. 12 (17); *Whalley*, The World Economy 22 (1999) 8, 1065 (1068).

131 *Löser*, Die Zusammenarbeit und Koordination internationaler Organisationen, S. 320; *Staehelin*, TRIPs, S. 249.

132 Kritisiert wird insbesondere, dass Abschnitt IV den Industriestaaten keine Handlungspflichten auferlegt, vgl. *Krajewski*, in: Dann/Kadelbach/Kaltenborn (Hrsg.), Entwicklung und Recht, S. 247 (254). *de Carvalho* sieht u. a. in dieser Vorschrift eine klare Absage an die Annahme, freier Handel würde allen Staaten in ihrer Entwicklung helfen; vgl. *de Carvalho*, The Trips Regime of Patents and Test Data, Rn. 66.18.

133 *Kessie*, in: Bermann/Mavroidis (Hrsg.), WTO Law and Developing Countries, S. 12 (17).

134 GATT Doc. MIN(73)1 v. 14.09.1973, Art. 6; *Hawthorne*, LDC and the WTO, S. 45; *Löser*, Die Zusammenarbeit und Koordination internationaler Organisationen, S. 336.

135 GATT Doc. L/4903 v. 28.11.1979; WTO Doc. WT/COMTD/W/196 v. 14.06.2013, S. 85; *CDP/UNDESA*, Handbook on the LDC Category, S. 23; *van den Bossche*, The Law and Policy of the WTO, 2. Auflage, S. 726; *Whalley*, The World Economy 22 (1999) 8, 1065 (1069). Eine ausführliche Analyse des *Enabling Clause* findet sich bei *Jessen*, WTO-Recht und Entwicklungsländer, S. 331 f.

136 Vgl. dazu GATT Doc. L/4903 v. 28.11.1979, Art. 2 lit. d), Art. 6 u. Art. 8; *Anzellotti*, in: Busche/Stoll/Wiebe (Hrsg.), TRIPs, Art. 66, Rn. 2.

GATT 1947 geregelten Prinzip der Meistbegünstigung in Bezug auf Waren, die aus Entwicklungsländern importiert werden, abzuweichen.[137] Durch die Aufnahme der am wenigsten entwickelten Länder als eigene Länderkategorie bildet die *Enabling Clause* zudem die Grundlage für die besondere Behandlung der LDC.[138]

Auch in dem mehrseitigen Übereinkommen über das öffentliche Beschaffungswesen werden in Art. V Abs. 1 die Bedürfnisse der am wenigsten entwickelten Länder erwähnt.[139] In dem Übereinkommen über technische Handelshemmnisse (*Technical Barriers to Trade* – TBT) wurde 1980 die bevorzugte Behandlung der LDC bei der technischen Unterstützung in dessen Art. 11 Abs. 8 hervorgehoben.[140] Nach Art. 12 Abs. 8 a.E. TBT-Übereinkommen sollen bei der Entscheidung über die Gewährung von Ausnahmen von den Verpflichtungen aus dem Übereinkommen die besonderen Probleme der LDC in die Erwägung mit einfließen.[141]

Bei all dem muss beachtet werden, dass die Regelungen keine Verpflichtungen enthalten, sondern lediglich Möglichkeiten eröffneten, die Entwicklungsländer bevorzugt zu behandeln. Die tatsächliche besondere Behandlung von Entwicklungsländern fand größtenteils außerhalb des GATT-Systems statt.[142]

II. Besondere Vorschriften zugunsten der LDC in den WTO-Abkommen

Bereits zu Beginn der Uruguay Runde im Jahre 1986 wurde festgelegt, dass die Entwicklungsländer in der Welthandelsordnung besonders behandelt werden sollen.[143]

---

137 *EC – Tariff Preferences*, Report of the Appellate Body, WTO Doc. WT/DS246/AB/R v. 07.04.2004, Rn. 99 ff.; *van den Bossche*, The Law and Policy of the WTO, 2. Auflage, S. 727; *Kessie*, in: Bermann/Mavroidis (Hrsg.), WTO Law and Developing Countries, S. 12 (18); *Priyadarshi/Rahman*, in: Daunton/Narlikar/Stern (Hrsg.), The Oxford Handbook on the WTO, S. 275 (288).

138 GATT Doc. COM.TD/W/305 v. 19.02.1980, Rn. 20 f. und Annex II Rn. 2. Darstellungen in Bezug auf Entwicklungsländer im Allgemeinen finden sich bei: *Hoekman/Kostecki*, The Political Economy of the World Trading System, S. 537 und *Krajewski*, in: Dann/Kadelbach/Kaltenborn (Hrsg.), Entwicklung und Recht, S. 247 (255). Der *Enabling Clause* ist als Beschluss der Vertragsparteien des GATT 1947 gem. Art. 1 lit. b) iv) des Anhangs 1A zum WTO-Übereinkommen Teil des GATT 1994 geworden und findet daher weiterhin Anwendung; vgl. auch *van den Bossche*, The Law and Policy of the WTO, 2. Auflage, S. 726.

139 GATT Doc. COM.TD/W/305 v. 19.02.1980, Rn. 20 f. und Annex II Rn. 3.

140 GATT Doc. COM.TD/W/305 v. 19.02.1980, Rn. 20 f. und Annex II Rn. 4.

141 Ob bei einer Entscheidung die besonderen Probleme einbezogen werden, kann im Einzelfall schwierig zu beurteilen sein, was an der Wirksamkeit der Vorschrift zweifeln lässt; vgl. in Bezug auf Art. 12 Abs. 3 TBT-Übereinkommen *Kessie*, in: Bermann/Mavroidis (Hrsg.), WTO Law and Developing Countries, S. 12 (28).

142 *Rott*, GRUR Int. 2003, 103 (107).

143 GATT Doc. MIN.DEC v. 20.09.1986, S. 3; *Rott*, GRUR Int. 2003, 103 (107); *ders.*, Patentrecht und Sozialpolitik, S. 130 f; *Kessie*, in: Bermann/Mavroidis (Hrsg.), WTO Law and Developing Countries, S. 12 (20).

Zugleich wurde beschlossen, die Bedürfnisse der am wenigsten entwickelten Länder besonders zu berücksichtigen.[144]

Mit der Gründung der WTO und den neu verabschiedeten Übereinkommen findet sich nun eine Vielzahl von Regelungen, in der auf die Situation der am wenigsten entwickelten Länder – neben den allgemeinen Bestimmungen zur besonderen Behandlung der Entwicklungsländer[145] – eingegangen wird.

Nach Art. IV Nr. 7 S. 2 WTO-Übereinkommen sind die Bestimmungen zugunsten der am wenigsten entwickelten Länder von einem Ausschuss für Handel und Entwicklung, der von der Ministerkonferenz eingesetzt wird, in regelmäßigen Zeitabständen zu überprüfen.[146] Auf der Doha-Ministerkonferenz wurde dem Ausschuss aufgetragen herauszuarbeiten, welche Sondervorschriften verpflichtend seien.[147] In der Hong Kong-Ministererklärung wurde die Verpflichtung betont und festgehalten, dass eine Überprüfung stattfindet, diese aber noch andauert.[148] Auf der Bali-Ministerkonferenz wurde ein Überprüfungsmechanismus für die Umsetzung der Sonderbestimmungen für Entwicklungs- und am wenigsten entwickelte Länder eingerichtet.[149] Ein Ergebnis dahingehend, welche Vorschriften Verpflichtungen enthalten, wurde bislang nicht erreicht.

Darüber hinaus wird in Art. XI Abs. 2 WTO-Abkommen vorgesehen, dass die am wenigsten entwickelten Länder keine Verpflichtungen und Zugeständnisse in demselben Umfang wie die Industrie- und Entwicklungsländer übernehmen müssen.[150]

In sieben weiteren Abkommen finden sich Bestimmungen, in denen eine besondere Behandlung der LDC vorgesehen ist.[151] Neben den Regelungen des TBT-Übereinkommens, das bereits im Rahmen des GATT 1947 entstanden ist, wird in Art. IV Abs. 3 GATS festgelegt, dass bei der Beteiligung der Entwicklungsländer am Welthandel den am wenigsten entwickelten Ländern Vorrang einzuräumen

---

144 GATT Doc. MIN.DEC v. 20.09.1986, S. 3; *Rott*, GRUR Int. 2003, 103 (107); *ders.*, Patentrecht und Sozialpolitik, S. 130 f.

145 Mit diesen Vorschriften haben sich *Jessen*, WTO-Recht und Entwicklungsländer und *Löser*, Die Zusammenarbeit und Koordination internationaler Organisationen bereits ausführlich auseinandergesetzt. Einen Überblick über die *special and differential treatment*-Regelungen in Bezug auf Entwicklungsländer allgemein liefert das von dem WTO-Sekretariat ausgearbeitete Dokument WTO Doc. WT/COMTD/W/196 v. 14.06.2013.

146 *Löser*, Die Zusammenarbeit und Koordination internationaler Organisationen, S. 332; *Hawthorne*, LDC and the WTO, S. 53; *Rott*, Patentrecht und Sozialpolitik, S. 131 f.

147 WTO Docs. WT/MIN(01)/DEC/1 v. 20.11.2001, Rn. 44 und WT/MIN(01)/17 v. 20.11.2001, Rn. 12; *Kaiser*, in: Wolfrum/Stoll/Kaiser (Hrsg.), WTO-Institutions and Dispute Settlement, Art. IV WTO Agreement, S. 52 f., Rn. 23.

148 WTO Doc. WT/MIN(05)/DEC v. 22.12.2005, Rn. 35 ff.

149 WTO Doc. WT/MIN(13)/45, WT/L/920 v. 11.12.2013.

150 *Hawthorne*, LDC and the WTO, S. 53; *Löser*, Die Zusammenarbeit und Koordination internationaler Organisationen, S. 334.

151 WTO Doc. WT/COMTD/W/196 v. 14.06.2013, S. 5.

ist[152] und ihre schwerwiegenden Probleme besonders zu berücksichtigen sind.[153] Zudem sollen gem. Art. XIX Abs. 3 S. 3 GATS Verhandlungsrichtlinien für die regelmäßig stattfindenden Verhandlungsrunden erlassen werden, in denen unter anderem die besondere Behandlung der am wenigsten entwickelten Länder nach Art. IV Abs. 3 GATS festgelegt wird.[154] Die Umsetzungsverpflichtung des Art. IV Abs. 3 GATS wurde auf der Hong Kong-Ministerkonferenz konkretisiert. Hierbei wurden mögliche Maßnahmen genannt, wie der Verpflichtung nachgekommen werden kann.[155] Darüber hinaus wurde beschlossen, dass die LDC keine weiteren Verpflichtungen übernehmen müssen.[156] 2011 entschied der Allgemeine Rat im Anschluss an die Ministerkonferenz in Genf, einen *waiver*[157] von den Grundsätzen der Meistbegünstigung und der Nicht-Diskriminierung in Hinblick auf die bevorzugte Behandlung von Dienstleistungen aus den LDC zu erteilen.[158]

In der Vereinbarung über die Regeln und Verfahren zur Beilegung von Streitigkeiten (*Dispute Settlement Understanding* – DSU) werden in dessen Art. 24 besondere Regelungen zugunsten der LDC getroffen, die neben den allgemeinen Regelungen, welche die besondere Behandlung von Entwicklungsländern vorsehen,[159]

---

152 So auch *Löser*, Die Zusammenarbeit und Koordination internationaler Organisationen, S. 326 f.

153 Zur Frage nach dem verpflichtenden Charakter der Vorschrift vgl. *Kessie*, in: Bermann/Mavroidis (Hrsg.), WTO Law and Developing Countries, S. 12 (26 ff.).

154 Vgl. auch die Übersicht in WTO Doc. WT/COMTD/W/196 v. 14.06.2013, S. 66. Spätestens fünf Jahre nach Inkrafttreten sollten die ersten Verhandlungen über das GATS stattfinden, vgl. Art. XIX Abs. 1 GATS. Die allgemeinen Verhandlungsrichtlinien sind in dem WTO Doc. S/L/93 v. 29.03.2001 zu finden. Die sog. *LDC Modalities* wurden hingegen erst zwei Jahre nach der Verabschiedung der allgemeinen Verhandlungsrichtlinien ausgearbeitet; vgl. WTO Doc. TN/S/13 v. 05.09.2003; *Grote*, in: Wolfrum/Stoll/Feinäugle (Hrsg.), WTO-Trade in Services, Art. XIX GATS, Rn. 22. Die Erwartungen der LDC, uneingeschränkten Markzugang zu erhalten, konnten mit der Richtlinie nicht erfüllt werden; vgl. dazu insb. Art. 6 des Entwurfs der LDC-Gruppe, WTO Doc. TN/S/W/13 v. 07.05.2003. Dort heißt es “Members shall grant full market access”. In der endgültigen Fassung hingegen wird geregelt “Members shall [...] give special priority to providing effective market access”; vgl. WTO Doc. TN/S/13 v. 05.09.2003, Rn. 6; *Grote*, in: Wolfrum/Stoll/Feinäugle (Hrsg.), WTO-Trade in Services, Art. XIX GATS, Rn. 23.

155 WTO Doc. WT/MIN(05)/DEC v. 22.12.2005, Annex C, Rn. 3 u. 9; *Grote*, in: Wolfrum/Stoll/Feinäugle (Hrsg.), WTO-Trade in Services, Art. XIX GATS, Rn. 25.

156 WTO Doc WT/MIN(05)/DEC v. 22.12.2005, Rn. 26; *Grote*, in: Wolfrum/Stoll/Feinäugle (Hrsg.), WTO-Trade in Services, Art. XIX GATS, Rn. 24.

157 Ein *waiver* stellt eine Ausnahme von den Verpflichtungen aus den WTO-Abkommen dar und kann nur unter außergewöhnlichen Umständen durch die Ministerkonferenz erteilt werden; vgl. Art. IX Abs. 3 WTO-Übereinkommen.

158 WTO Doc. WT/L/847 v. 19.12.2011, Nr. 1.

159 Art. 4 Abs. 10, Art. 8 Abs. 10, Art. 12 Abs. 10 u. Abs. 11, Art. 21 Abs. 2, Art. 27 Abs. 2 DSU; Ausführungen zur besonderen Behandlung von Entwicklungsländern

Anwendung finden.[160] So ist nach Art. 24 Abs. 1 DSU bei der Ermittlung der Gründe einer Streitigkeit die spezielle Lage der LDC zu berücksichtigen. Auch werden die Mitglieder aufgefordert, keinen Antrag auf Entschädigung oder auf Genehmigung der Aussetzung von Zugeständnissen oder anderen Pflichten zu stellen, wenn dieser auf eine Maßnahme zurückgeht, die von einem LDC ergriffen wurde. Zudem bietet gem. Art. 24 Abs. 2 DSU der WTO-Generaldirektor oder der Vorsitzende des DSB den LDC seine guten Dienste, einen Vergleich oder seine Vermittlung an, um die Einsetzung eines Panels zu vermeiden.[161]

In Art. 10 Abs. 1 des Übereinkommens über die Anwendung gesundheitspolitischer und pflanzenschutzrechtlicher Maßnahmen (SPS-Übereinkommen) heißt es, die besonderen Bedürfnisse insbesondere der am wenigsten entwickelten Mitglieder seien zu berücksichtigen.[162]

In dem Abkommen über Textilien und Bekleidung fanden sich ebenfalls in der Fußnote zu dessen Art. 1 Abs. 2 und in Art. 6 Abs. 6 besondere Vorschriften zugunsten der LDC. Das Abkommen war gem. dessen Art. 9 aber nur 10 Jahre gültig und ist daher 2005 außer Kraft getreten.[163]

In dem jüngsten Übereinkommen der WTO – dem Übereinkommen über Handelserleichterungen – heißt es in Abschnitt II Nr. 1.3, dass die LDC den Verpflichtungen aus dem Übereinkommen nur in dem Umfang nachkommen müssen, den ihr Entwicklungsstand zulässt. Das Übereinkommen über Handelserleichterungen ist allerdings noch nicht in Kraft getreten, da das Protokoll gem. Art. X Abs. 3 WTO-Übereinkommen von zwei Dritteln der Mitgliedstaaten angenommen werden muss.[164]

Vielfach wurden die besonderen Bedürfnisse der LDC auf den Ministerkonferenzen der WTO behandelt.[165] Bereits vor Abschluss der Uruguay-Runde wurde 1993 ein Ministerbeschluss über Maßnahmen zugunsten der am wenigsten entwickelten Länder gefasst. Darin wird geregelt, dass die LDC nur in dem Maße Zugeständnisse machen müssen und Verpflichtungen einzugehen haben, die mit ihrer Entwicklung, ihren Finanz- und Handelsbedürfnissen und ihren verwaltungstechnischen

---

im Streitschlichtungsverfahren bei *WTO Secretariat*, Handbook on the WTO Dispute Settlement System, S. 111 ff.

160 *WTO Secretariat*, Handbook on the WTO Dispute Settlement System, S. 113.

161 Vgl. auch die Übersicht in WTO Doc. WT/COMTD/W/196 v. 14.06.2013, S. 75.

162 Zur Frage nach dem verpflichtenden Charakter siehe *Kessie*, in: Bermann/Mavroidis (Hrsg.), WTO Law and Developing Countries, S. 12 (27 f.).

163 Dort heißt es, dass am ersten Tag des 121. Monats nach Inkrafttreten des WTO-Übereinkommens das Übereinkommen außer Kraft tritt und auch keine Verlängerung der Frist möglich ist.

164 WTO Doc. WT/MIN(13)/36, WT/L/911 v. 07.12.2013, Nr. 3.

165 *Löser*, Die Zusammenarbeit und Koordination internationaler Organisationen, S. 336; *Hawthorne*, LDC and the WTO, S. 1.

Fähigkeiten vereinbar sind.[166] Auf der ersten Ministerkonferenz nach Gründung der WTO in Singapur 1996 wurden die Handelsprobleme der Entwicklungs- und am wenigsten entwickelten Länder als zentrale Aufgaben der WTO definiert und ein *Plan of Action* für die LDC angenommen.[167] Als Folge des *Plan of Action* wurde im Jahre 1999 ein *waiver* von dem in Art. I Abs. 1 GATT 1947/1994 niedergelegten Prinzip der Meistbegünstigung erteilt. Danach dürfen Entwicklungsländer Produkte aus den LDC bevorzugt behandeln.[168] Eine weitere Folge des *Plan of Action* und als Reaktion auf die dritte LDC-Konferenz der UN wurden im Jahre 2002 die Beitrittsbedingungen für die LDC gelockert,[169] was den Beitritt von Nepal und Kambodscha im Jahre 2004 ermöglichte.[170] Zuvor war es üblich, von den LDC Zugeständnisse zu verlangen, die über die Vorgaben der WTO-Übereinkommen hinausgingen.[171] Beispielsweise wurden den LDC, die sich um den Beitritt bemühten, die Übergangsfristen verwehrt.[172] Angenommen wird, dass dieser Umstand dazu führte, dass Vanuatu von den Beitrittsverhandlungen zurücktrat, da es den Erwartungen der übrigen WTO Mitglieder nicht gerecht werden konnte.[173] In der Entscheidung über

---

166 Abrufbar unter: *www.wto.org/english/docs_e/legal_e/31-dlldc_e.htm#1* (zuletzt 10.03.2017); deutsche Fassung abgedruckt in: *Hummer/Weiss*, Vom GATT zur WTO, S. 537 f.; *Rott*, Patentrecht und Sozialpolitik, S. 132.

167 WTO Doc. WT/MIN(96)/14 v. 07.01.1997; *Löser*, Die Zusammenarbeit und Koordination internationaler Organisationen, S. 337 u. 378.

168 WTO Doc. WT/L/304 v. 17.06.1999, Nr. 1; WTO Doc. WT/COMTD/W/196 v. 14.06.2013, S. 94. Ursprünglich sollte der *waiver* 2009 auslaufen. Mit der Entscheidung des Allgemeinen Rats (WTO Doc. WT/L/759 v. 29.05.2009) wurde die Ausnahme aber bis 2019 verlängert.

169 WTO Docs. WT/L/508 v. 20.01.2003 und WT/COMTD/W/196 v. 14.06.2013, S. 99; *CDP/UNDESA*, Handbook on the LDC Category, S. 27; *Pandey/Adhikari/Waglé*, CDP Background Paper No. 23, Nov. 2014, S. 4.

170 WTO Docs. WT/MIN(03)/18 v. 11.09.2003 und WT/MIN(03)/19 v. 11.09.2003; *Hoekman/Kostecki*, The Political Economy of the World Trading System, S. 573; *Pandey/Adhikari/Waglé*, CDP Background Paper No. 23, Nov. 2014, S. 4. Vor der Erleichterung der Beitrittsbestimmungen war es keinem LDC gelungen der WTO beizutreten; vgl. WTO Doc. WT/L/508 v. 20.01.2003. Zwar sind Angola, Benin, Tschad, Gambia, Haiti, Niger, Ruanda und die Salomonen 1996 und 1997 die Demokratische Republik Kongo beigetreten; vgl. *Saana Consulting*, Factual overview on technical & financial cooperation for LDCs, S. 3. Allerdings werden die Vertragsparteien des GATT 1947 gem. Art. XI Abs. 2 WTO-Übereinkommen als ursprüngliche Mitglieder der WTO betrachtet.

171 *Hoekman/Kostecki*, The Political Economy of the World Trading System, S. 574; Auch von den Entwicklungsländern wurden weitreichende Zugeständnisse verlangt; vgl. *Correa*, TRIPS, S. 494; *Hawthorne*, HJD 4 (2009) 1, 7 (24 u. 30).

172 *Correa*, UNCTAD LDC Report 2007, Background Paper No. 4, S. 18; vgl. auch *Merso*, ICTSD Policy Brief No. 16, June 2013, S. 3; *Hawthorne*, HJD 4 (2009) 1, 7 (25).

173 *Hoekman/Kostecki*, The Political Economy of the World Trading System, S. 573. Während der Verhandlungen zum Beitritt wurde kritisiert, den LDC würde der Beitritt zur WTO erschwert und es bestünde keine Bereitschaft, den am wenigsten

die Lockerung der Beitrittsbedingungen wurde die Möglichkeit, von den Übergangsfristen in den WTO-Übereinkommen Gebrauch zu machen, ausdrücklich erwähnt.[174] Dennoch mussten Nepal und Kambodscha auf diese Möglichkeit verzichten und wurden verpflichtet, ihre Gesetze bis 2007 den TRIPS-Standards anzupassen.[175] Auch Afghanistan erklärte im Zuge seines Beitritts, bereits bis 2019 seine Gesetze an die TRIPS-Vorgaben anpassen zu wollen.[176]

2011 wurde im Rahmen der sog. *Aid for Trade* Initiative der WTO, die auf der Hong Kong-Ministerkonferenz 2005 ins Leben gerufen wurde,[177] von China ein Programm eingerichtet, um insbesondere die LDC bei ihrem WTO-Beitritt zu unterstützen.[178] Im darauffolgenden Jahr wurden die Regelungen über den Beitritt erneut überarbeitet und es wurde festgelegt, dass die besondere Behandlung auch den beitretenden am wenigsten entwickelten Ländern zukommen solle.[179]

III. Übergangsfristen in den WTO-Abkommen zugunsten der LDC

In vielen WTO-Abkommen finden sich Übergangsfristen für Entwicklungsländer allgemein[180] und in der Mehrzahl von ihnen auch für die LDC im Speziellen. Übergangsfristen für Entwicklungsländer im Allgemeinen, die keine besonderen Regelungen für die Gruppe der am wenigsten entwickelten Länder vorsehen, sind

---

entwickelten Ländern eine besondere Behandlung zu gewähren; vgl. *Grynberg/Joy*, J. World Trade 34 (2000) 6, 159 (172).

174 WTO Doc. WT/L/508 v. 20.01.2003; *Correa*, UNCTAD LDC Report 2007, Background Paper No. 4, S. 17.

175 WTO Docs. WT/ACC/KHM/21 v. 15.08.2003, Rn. 204 und WT/ACC/NPL/16 v. 28.08.2003, Rn. 138; *Correa*, UNCTAD LDC Report 2007, Background Paper No. 4, S. 18; in Bezug auf das Übereinkommen über handelsbezogene Investitionsmaßnahmen (*Agreement on Trade Related Investment Measures* – TRIMS) vgl. *Sauvé*, Asia-Pac. Trade and Investment Rev. 1 (2005) 1, 27 (38); *Hawthorne*, HJD 4 (2009) 1, 7 (25). Die Lockerung der Beitrittsverhandlung war eine bloße Empfehlung und hatte keinen verpflichtenden Charakter, vgl. *Hawthorne*, HJD 4 (2009) 1, 7 (30).

176 *WTO*, Overview of Afghanistan's Commitments, abrufbar unter: *www.wto.org/english/news_e/news15_e/afgancommitmentsmc10_e.pdf* (zuletzt 10.03.2017).

177 *WTO/OECD*, Aid For Trade at a Glance 2015, S. 23.

178 WTO Doc. PRESS/632 v. 15.07.2011.

179 WTO Docs. WT/L/508/Add.1 v. 30.07.2012 und WT/COMTD/W/196 v. 14.06.2013, S. 113; *Merso*, ICTSD Policy Brief No. 16, June 2013, S. 5.

180 Insgesamt finden sich 20 Übergangsfristen in den WTO-Abkommen, die sowohl für Entwicklungsländer, als auch für LDC gelten. Siehe dazu WTO Doc. WT/COMTD/W/196 v. 14.06.2013, S. 5. Nur in zwei der WTO-Abkommen sind keine Übergangsfristen enthalten; vgl. *Kessie*, in: Bermann/Mavroidis (Hrsg.), WTO Law and Developing Countries, S. 12 (32).

in dem SPS-Übereinkommen in Art. 10 Abs. 2[181] und 3,[182] in dem Übereinkommen zur Durchführung des Artikels VII des Allgemeine Zoll- und Handelsabkommens 1994 in den Art. 20 Abs. 1,[183] Art. 20 Abs. 2,[184] Annex III Nr. 1[185] und Annex III Nr. 2[186] sowie in dem Übereinkommen über Einfuhrlizenzverfahren in der Fußnote 5 zu Art. 2 Abs. 2 enthalten.[187]

Spezielle Übergangsvorschriften für die am wenigsten entwickelten Länder gibt es in dem Übereinkommen über Landwirtschaft. In dessen Art. 15 Abs. 2 werden die LDC von der Verpflichtung, interne Stützungsmaßnahmen zugunsten landwirtschaftlicher Erzeuger (beispielsweise Zölle) zu senken, ausgenommen, wohingegen die Entwicklungsländer 10 Jahre Zeit hatten, dieser Verpflichtung nachzukommen.[188]

---

181 "Where the appropriate level of sanitary or phytosanitary protection allows scope for the phased introduction of new sanitary or phytosanitary measures, *longer time-frames for compliance* should be accorded on products of interest to developing country Members so as to maintain opportunities for their exports." [Hervorhebung durch die Verfasserin].

182 "With a view to ensuring that developing country Members are able *to comply* with the provisions of this Agreement, the Committee is enabled to grant to such countries, *upon request, specified, timelimited exceptions in whole or in part* from obligations under this Agreement, [...]" [Hervorhebung durch die Verfasserin].

183 "Developing country Members not party to the Agreement on Implementation of Article VII of the General Agreement on Tariffs and Trade done on 12 April 1979 *may delay application of the provisions of this Agreement for a period not exceeding five years* from the date of entry into force of the WTO Agreement for such Members." [Hervorhebung durch die Verfasserin].

184 "In addition to paragraph 1, developing country Members not party to the Agreement on Implementation of Article VII of the General Agreement on Tariffs and Trade done on 12 April 1979 *may delay application of paragraph 2(b)(iii) of Article 1 and Article* 6 *for a period not exceeding three years* following their application of all other provisions of this Agreement." [Hervorhebung durch die Verfasserin].

185 "[...] a developing country Member may request before the end of the period referred to in paragraph 1 of Article 20 *an extension of such period*, it being understood that the Members will give sympathetic consideration to such a request in cases where the developing country Member in question can show good cause." [Hervorhebung durch die Verfasserin].

186 "Developing countries which currently value goods on the basis of officially established minimum values *may wish to make a reservation* to enable them to retain such values *on a limited and transitional basis* under such terms and conditions as may be agreed to by the Members." [Hervorhebung durch die Verfasserin].

187 Ein Überblick über die Umsetzungsfristen wird in WTO Doc. WT/COMTD/W/196 v. 14.06.2013, S. 31 (in Bezug auf das SPS-Übereinkommen), S. 50 f. (in Bezug auf das Übereinkommen zur Durchführung des Artikels VII des Allgemeine Zoll- und Handelsabkommens 1994), S. 55 (in Bezug auf das Übereinkommen über Einfuhrlizenzverfahren) geboten.

188 Art. 15 Abs. 2: "Developing country Members shall have the flexibility to implement reduction commitments over a period of up to 10 years. *Least-developed*

Nach Art. 5 Abs. 2 TRIMS hatten die am wenigsten entwickelten Mitgliedstaaten sieben Jahre Zeit, ihre handelsbezogenen Investitionsmaßnahmen zu beseitigen, wohingegen den Industriestaaten zwei Jahre und den übrigen Entwicklungsländern fünf Jahre Zeit gegeben wurde.[189] Diese Frist kann gem. Art. 5 Abs. 3 TRIMS auf Antrag eines Entwicklungs- oder am wenigsten entwickelten Landes verlängert werden. 2005 wurde die Frist um weitere sieben Jahre verlängert, mit der Option weiterer Verlängerungen.[190] Vorgeschlagen wurde auch, das TRIMS-Übereinkommen dahingehend zu ändern, Investitionsanreize zu limitieren. Dadurch würden die LDC in die Lage versetzt werden, mit den Industriestaaten konkurrieren zu können.[191]

In dem Übereinkommen über Subventionen und Ausgleichsmaßnahmen (Subventionsübereinkommen) ist den Entwicklungsland-Mitgliedern ein eigener Abschnitt (Teil VIII) gewidmet. Den Sonderbestimmungen wird in Art. 27 Abs. 1 des Übereinkommens die Annahme vorangestellt, dass Subventionen in der wirtschaftlichen Entwicklung eine wichtige Rolle spielen können. Das in Art. 3 Abs. 1 lit. a) Subventionsübereinkommen geregelte Verbot, solche Subventionen zu gewähren, die von der Ausfuhrleistung abhängig sind, soll daher gem. Art. 27 Abs. 2 lit. a) auf die am wenigsten entwickelten Länder keine Anwendung finden.[192] Zudem wurde den LDC gem. Art. 27 Abs. 3 des Subventionsübereinkommens eine achtjährige Übergangsfrist gewährt. Danach wurden sie für diese Zeit von dem Verbot befreit, Subventionen nicht von dem Vorrang einheimischer Waren abhängig zu machen.[193] Für Waren, die die Ausfuhrwettbewerbsfähigkeit erreicht haben, waren Ausfuhrsubventionen gem. Art. 27 Abs. 5 Subventionsübereinkommen von den am wenigsten entwickelten Ländern binnen acht Jahren schrittweise abzubauen.[194]

---

country Members shall not be required to undertake reduction commitments" [Hervorhebung durch die Verfasserin]. Nach Art. 6 Abs. 1 beziehen sich die Verpflichtungen zur Senkung der internen Stützung auf alle internen Stützungsmaßnahmen zugunsten der landwirtschaftlichen Erzeuger.

189 "Each Member shall eliminate all TRIMs which are notified under Article 5.1, within two years of the date of entry into force of the WTO Agreement in the case of a developed country Member, within five years in the case of a developing country Member, and *within seven years* in the case of a least developed country Member." [Hervorhebung durch die Verfasserin].

190 WTO Doc. WT/MIN(05)/DEC v. 22.12.2005, Annex F Rn. 84; *Löser*, Die Zusammenarbeit und Koordination internationaler Organisationen, S. 327.

191 *Kennedy*, Int'l Law. 40 (2006) 3, 683 (694 f.).

192 So auch *Löser*, Die Zusammenarbeit und Koordination internationaler Organisationen, S. 334.

193 „Das Verbot des Artikel 3 Absatz 1 Buchstabe b) findet auf die Entwicklungsland-Mitglieder in den fünf Jahren und auf die am wenigsten entwickelten Mitglieder in den acht Jahren nach Inkrafttreten des WTO-Abkommens keine Anwendung".

194 Ein Überblick zu den Umsetzungsfristen wird in WTO Doc. WT/COMTD/W/196 v. 14.06.2013, S. 22 (in Bezug auf das Übereinkommen über die Landwirtschaft),

Allen Übergangsfristen gemein ist, dass die Mitglieder, die von ihnen Gebrauch machen dürfen, während des Laufens der Frist nicht zur Ergreifung der erforderlichen Maßnahmen verpflichtet werden können.[195]

IV. *Zwischenergebnis*

Mittlerweile ist die differenzierte und bevorzugte Behandlung der weniger entwickelten Staaten als eines der Grundprinzipien des WTO-Rechts zu verstehen, das gleichberechtigt neben dem Prinzip der Gegenseitigkeit und dem der Meistbegünstigung steht.[196] Trotz dieser Aufwertung der besonderen Behandlung, ist die Wirksamkeit der Vorschriften nach wie vor umstritten. Viele der Regelungen über die besondere und differenzierte Behandlung haben keinen verpflichtenden Charakter. Demnach hängt deren Einhaltung von dem Wohlwollen der übrigen Mitgliedstaaten ab, sie einzuhalten.[197]

§ 3 Besondere Behandlung der LDC im TRIPS-Übereinkommen

Im TRIPS-Übereinkommen selbst sind ebenfalls besondere Regelungen zugunsten der Entwicklungsländer und insbesondere der LDC zu finden.

A. Technologietransfer als wesentliches Element der besonderen Behandlung

Eine besondere Rolle nimmt dabei der Technologietransfer ein.[198] In Art. 7 TRIPS wird das Ziel formuliert, durch den Schutz und die Durchsetzung der Rechte des

---

S. 42 (in Bezug auf das TBT-Übereinkommen), S. 46 (in Bezug auf das TRIMs-Übereinkommen) und S. 61 (in Bezug auf das Subventionsübereinkommen) geboten.

195 *Kessie*, in: Bermann/Mavroidis (Hrsg.), WTO Law and Developing Countries, S. 12 (33); in Bezug auf das TRIPS-Übereinkommen vgl. auch *Reichman*, in: Correa/Yusuf (Hrsg.), IP and International Trade, S. 23 (79).

196 Begründung Brasiliens in *Brazil – Aircraft*, Report of the Panel, WTO Doc. WT/DS46/R v.14.04.1999, Rn. 4.153; *Rott*, GRUR Int. 2003, 103 (107 f.); *ders.*, Patentrecht und Sozialpolitik, S. 133. Auch der derzeitige Generaldirektor der WTO, *Robert Azevêdo*, betonte im Rahmen der Beitrittsverhandlungen Liberias, dass die Unterstützung der LDC ein wesentlicher Bestandteil der WTO sei, vgl. WTO News v. 06.10.2015, abrufbar unter: *www.wto.org/english/news_e/news15_e/acc_lbr_06oct15_e.htm* (zuletzt 10.03.2017).

197 *Kessie*, in: Bermann/Mavroidis (Hrsg.), WTO Law and Developing Countries, S. 12 (13 f.); *Hoekman/Kostecki*, The Political Economy of the World Trading System, S. 537; *Jessen*, WTO-Recht und Entwicklungsländer, S. 515; *Zhang*, JILB 23 (2003) 2, 383 (388).

198 *Correa*, in: Maskus/Reichman (Hrsg.), International Public Goods and Transfer of Technology, S. 227 (232).

geistigen Eigentums zur Verbreitung von Technologie beitragen zu wollen. Nach Art. 8 Abs. 2 TRIPS sollen die Mitgliedstaaten zudem sicherstellen, dass der internationale Technologietransfer nicht nachteilig beeinflusst wird.[199] Die besondere Behandlung der Entwicklungs- und am wenigsten entwickelten Länder äußert sich im TRIPS-Übereinkommen durch das Bemühen um die Schaffung einer tragfähigen technologischen Grundlage, um ihnen den Aufbau einer wissensbasierten Industrie zu ermöglichen.[200]

Es wird angenommen, insbesondere der Transfer von Technologie könne zur Entwicklung beitragen.[201] Dieser Annahme wird der Gedanke zugrunde gelegt, durch den Transfer von Technologie würde die Innovationstätigkeit gefördert. Dadurch könne die Armut bekämpft und somit zur wirtschaftlichen und sozialen Entwicklung beigetragen werden.[202] Durch den Technologietransfer soll der Unterschied in der industriellen Entwicklung der Mitgliedstaaten verringert und eine tragfähige technologische Grundlage geschaffen werden.[203] Kritisiert wird an dieser Annahme, dass auf die Bedürfnisse von Industriestaaten zugeschnittene Technologien in den Entwicklungsländern fehl am Platz sein könnten – und Technologien speziell für Entwicklungsländer wiederum wegen geringer Ertragsaussichten nicht entwickelt würden. Dabei wird ebenfalls auf noch nicht abschätzbare Gesundheitsrisiken aufmerksam gemacht, von denen die gesamte Welt betroffen sein könnte.[204]

Gerade in Entwicklungsländern und den am wenigsten entwickelten unter ihnen können importierte Technologien aber eine wesentliche Quelle für die Schöpfung neuen Wissens darstellen.[205] Durch die Absorption ausländischer Technologien kann die Produktionsfähigkeit erhöht und somit das Wirtschaftswachstum angekurbelt werden.[206] Insbesondere Technologien wie Mobiltelefone und das Internet können dazu beitragen, die Kluft zwischen den am wenigsten entwickelten Ländern und

---

199 So auch *Correa*, in: Maskus/Reichman (Hrsg.), International Public Goods and Transfer of Technology, S. 227 (234 f.).

200 *Gervais*, TRIPS, Art. 66, Rn. 2.733.

201 *Sherwood*, IDEA 37 (1996–1997) 3, 491 (492); *Rapp/Rozek*, J. World Trade 24 (1990) 5, 75; *Hoekman/Maskus/Saggi*, World Bank Policy Research Paper Working Paper 3332, 2004, S. 1; *Landes/Posner*, The Economic Structure of IP, S. 327.

202 Vgl. *Peukert*, in: Dann/Kadelbach/Kaltenborn (Hrsg.), Entwicklung und Recht, S. 189 (191); *Schneider*, Das Europäische Patentsystem, S. 110/111; *Matthews*, Globalising IPR, S. 110.

203 *Anzellotti*, in: Busche/Stoll/Wiebe (Hrsg.), TRIPs, Art. 66, Rn. 3 und 16.

204 *Blakeney*, TRIPS, Appendix I, S. 160 u. 163 f.

205 *Fink/Maskus*, in: dies. (Hrsg.), Intellectual Property and Development, S. 1 (6); *Rott*, Patentrecht und Sozialpolitik, S. 42. Auch in den Industriestaaten leistet der Transfer von Technologie einen (wesentlichen) Beitrag zum technologischen Fortschritt; vgl. *Maskus*, Private Rights and Public Problems, S. 73.

206 *Maskus*, Private Rights and Public Problems, S. 66; *Schill*, in: Dann/Kadelbach/Kaltenborn (Hrsg.), Entwicklung und Recht, S. 341 (343 f.).

der restlichen Welt zu verringern.[207] Kaum überraschen kann es daher, dass in über 80 internationalen Übereinkommen der Technologietransfer Erwähnung findet.[208]

I. Begriffsbestimmung: Technologietransfer

Was genau unter Technologietransfer zu verstehen ist, wird im TRIPS-Übereinkommen offen gelassen.[209] Das führt dazu, dass kein einheitliches Verständnis über den Begriff besteht.[210] Allgemein kann unter Technologietransfer ein Vorgang verstanden werden, bei dem technische Informationen erlernt und in einen fremden Produktionsprozess integriert werden.[211] Dies kann sowohl auf formellen Wege, also über den Markt selbst, oder informell geschehen. Im letzteren Fall erfolgt der Technologietransfer ohne Gegenleistung.[212] Möglichkeiten, in welcher Form der Transfer auf dem formellen Weg stattfinden kann, sind der Handel und die Lizenzvergabe.[213] Auch Direktinvestitionen werden als mögliche Form des Technologietransfers betrachtet.[214] Ebenso kann das Aussenden von fachkundigem Personal zum Technologietransfer führen.[215] Auch wird argumentiert, der Abschluss von

---

207 *UNDESA/United Nations Economic Commission for Africa*, Background Note 2013, S. 2.

208 *UNCTAD*, Compendium of International Arrangements on Transfer of Technology, S. iii; *Islam*, TRIPS Agreement of the WTO, S. 212.

209 *Correa*, UNCTAD LDC Report 2007, Background Paper No. 4, S. 18; *Moon*, ICTSD Policy Brief No. 2, Dec. 2008, S. 2; *Hold/Mercurio*, NCCR Working Paper No. 2012/37, S. 8.

210 Von Bangladesch wurde dieses uneinheitliche Verständnis bereits kritisiert und vorgeschlagen, es sollte eine Liste mit Möglichkeiten des Technologietransfers aufgestellt werden; vgl. WTO Doc. IP/C/M/65 v. 10.05.2011, Rn. 215; *Malbon/Lawson/Davison*, TRIPS, Rn. 66.17.

211 *Maskus*, Private Rights and Public Problems, S. 66; *ders.*, ICTSD-UNCTAD Issue Paper No. 7, May 2004, S. 9.

212 Vgl. zur Unterteilung *Maskus*, ICTSD-UNCTAD Issue Paper No. 7, May 2004, S. 10; *UNCTAD-ICTSD*, Resource Book on TRIPS and Development, S. 726.

213 *Maskus*, Private Rights and Public Problems, S. 66 f.; *ders.*, ICTSD-UNCTAD Issue Paper No. 7, May 2004, S. 10; *Wilson*, A Manufactured Solution, S. 33; *UNCTAD-ICTSD*, Resource Book on TRIPS and Development, S. 727; *Rapp/Rozek*, J. World Trade 24 (1990) 5, 75 (84); grds. auch *Hoekman/Maskus/Saggi*, World Bank Policy Research Paper Working Paper 3332, 2004, S. 3 u. 9, die die Lizenzvergabe aber in Hinblick auf die LDC nicht als geeignetes Mittel betrachten (ebd., S. 19).

214 *Maskus*, ICTSD-UNCTAD Issue Paper No. 7, May 2004, S. 10; *UNCTAD-ICTSD*, Resource Book on TRIPS and Development, S. 727; *Hoekman/Maskus/Saggi*, World Bank Policy Research Paper Working Paper 3332, 2004, S. 3 u. 9, die Direktinvestitionen als am besten geeignete Methode in Hinblick auf die LDC betrachten.

215 *Maskus*, Private Rights and Public Problems, S. 66 f.; *ders.*, ICTSD-UNCTAD Issue Paper No. 7, May 2004, S. 11; *Hoekman/Maskus/Saggi*, World Bank Policy Research Paper Working Paper 3332, 2004, S. 10.

Freihandelsabkommen zwischen Industriestaaten und den LDC könne den Transfer von Technologie positiv beeinflussen.[216]

Auf informelle Weise kann die Technologie durch die Nachahmung übermittelt werden.[217] Die Abwanderung von Personal zu einem anderen Unternehmen oder die Gründung einer neuen Firma durch das abgewanderte Personal kann ebenfalls zur Weitergabe von Informationen führen.[218] Informationen über neue Technologien können zudem Patentschriften entnommen werden.[219]

Die entwickelten WTO-Mitgliedstaaten legen ein weites Verständnis zugrunde, wenn es darum geht, die Frage zu klären, welche Leistungen zu erbringen sind, damit von Transfer von Technologie gesprochen werden kann. So werden beispielsweise die Ausbildung und Schulung, die Vermittlung von Fachkenntnissen sowie der Kapitalfluss genannt.[220] Darüber hinaus könne der Technologietransfer nach Definition der UN neben der Übertragung von Gegenständen und Ausrüstung auch die Übermittlung von (Führungs-) Kompetenzen sowie Entwürfe und Produktionsschritte, in denen die Ausführung der Technologie erklärt wird, umfassen.[221]

In einer Erklärung gegenüber der WIPO nannte eine Gruppe von Entwicklungsländern[222] eine Vielzahl an Möglichkeiten, wie die Industrienationen den Technologietransfer unterstützen können. Neben der technischen und finanziellen Unterstützung wurden Steuervorteile für Unternehmen genannt, die Technologietransfer an Entwicklungs- und am wenigsten entwickelte Länder leisten oder die Forschung in einem Entwicklungsland betreiben. Darüber hinaus forderte die Gruppe finanzielle Anreize, um Unternehmen dazu zu bewegen, Wissenschaftler, Ingenieure und Manager aus Entwicklungsländern auszubilden. Auch die Unterstützung von Forschungsprojekten, die unmittelbar auf die Bedürfnisse der Entwicklungs- und der am wenigsten entwickelten Länder abzielen, wurde als mögliche Maßnahme genannt. Schließlich sollten die Industriestaaten auch den Universitäten

---

216 *Kennedy*, Int'l Law. 40 (2006) 3, 683 (695 f.).

217 *Maskus*, ICTSD-UNCTAD Issue Paper No. 7, May 2004, S. 7 u. 12; *UNCTAD-ICTSD*, Resource Book on TRIPS and Development, S. 726. Insbesondere in der Pharmazie- und in der Softwarebranche kann die Nachahmung durch das sog. *Reverse-Engineering* erfolgen; vgl. *Maskus*, Private Rights and Public Problems, S. 66 u. 69.

218 *Maskus*, ICTSD-UNCTAD Issue Paper No. 7, May 2004, S. 12; *ders.*, Private Rights and Public Problems, S. 69.

219 *Maskus*, ICTSD-UNCTAD Issue Paper No. 7, May 2004, S. 12; *Rapp/Rozek*, J. World Trade 24 (1990) 5, 75 (84).

220 So Neuseeland, WTO Doc. IP/C/W/497/Add.3 v. 03.12.2007, Rn. 3; *Moon*, ICTSD Policy Brief No. 2, Dec. 2008, S. 3; *Gervais*, TRIPS, Art. 66 Rn. 2.732.

221 So Neuseeland, WTO Doc. IP/C/W/497/Add.3 v. 03.12.2007, Rn. 3; *Moon*, ICTSD Policy Brief No. 2, Dec. 2008, S. 3; *Gervais*, TRIPS, Art. 66 Rn. 2.732.

222 Die sog. *Friends of Development*, darunter auch Sierra Leone und Tansania, die beide zu den am wenigsten entwickelten Ländern gehören; vgl. WIPO Doc. IIM/1/4 v. 06.04.2004, Annex.

Anreize setzen, ausländische Studenten in den Bereichen der Naturwissenschaften, der Technik oder im Management auszubilden.[223]

II. Rolle des Patentrechts für den Technologietransfer

Als einer der wesentlichen Aspekte, der den Technologietransfer vorantreibt, wird das Patentrecht genannt.[224] Die Idee dahinter ist, dass durch die Offenbarung der Erfindung in der Patentschrift neue Technologien bekanntgegeben werden.[225] Da Forschung und Entwicklung von Technologien mit hohen Kosten verbunden sind, wird angenommen, die Inhaber von Erfindungen seien nur bereit, Informationen über ihre Erfindungen preiszugeben, wenn sie durch Einräumung eines ausschließlichen Nutzungsrechts in die Lage versetzt werden, die Kosten zu amortisieren. Das Patentrecht solle daher dazu dienen, einen Anreiz zur Forschung und Innovation zu setzen.[226] Auch trage das Patentrecht dazu bei, dass durch die Einräumung eines ausschließlichen Nutzungsrechts ein „verkehrsfähiges Gut" geschaffen wird. Die in dem Patent verkörperte Erfindung kann somit übertragen oder durch einen anderen genutzt werden, was ebenfalls zum Technologietransfer beiträgt.[227]

Bereits im 15. Jahrhundert wurde erklärt, Ziel des Patentrechts solle es sein, die industrielle Entwicklung zu fördern.[228] Die Industrialisierung in den USA und England wird ebenfalls mit dem Bestehen des Patentsystems begründet.[229] Dem wird entgegengehalten, das Patentrecht habe die Industrialisierung nicht vorangetrieben, sondern sie sogar verzögert.[230] Zudem heißt es, erst mit der voranschreitenden Industrialisierung entstünde das Bedürfnis nach Patentschutz.[231] Staaten, die im Wesentlichen von dem Export von Agrarprodukten abhängig sind, könnten keine

---

223 WIPO Doc. IIM/1/4 v. 06.04.2004, Annex, Rn. 87; *Dutfield/Suthersanen*, Global Intellectual Property Law, S. 279.

224 *Peukert*, in: Dann/Kadelbach/Kaltenborn [Hrsg.], Entwicklung und Recht, S. 189 (194), der auf *Beier*, GRUR Int. 1979, 227 ff.; *Hilpert*, GRUR Int. 1998, 91 ff.; *Heath*, GRUR Int. 1996, 1169 (insb. 1172 ff.) und *Straus/Klunker*, GRUR Int. 2007, 91 ff. verweist. Zudem *Rapp/Rozek*, J. World Trade 24 (1990) 5, 75 (81); *Hoekman/Maskus/Saggi*, World Bank Policy Research Paper Working Paper 3332, 2004, S. 14; *Osterrieth*, Patentrecht, Rn. 40 ff.; *Primo Braga/Fink*, Duke J. Comp. & Int'l L. 9 (1998) 1, 163 (165 f.).

225 *Osterrieth*, Patentrecht, Rn. 48.

226 *Haedicke*, Patentrecht, S. 8, Rn. 15; *Osterrieth*, Patentrecht, Rn. 17, *Maskus*, ICTSD-UNCTAD Issue Paper No. 7, May 2004, S. 15; *Rapp/Rozek*, J. World Trade 24 (1990) 5, 75 (81); *Schneider*, Das Europäische Patentsystem, S. 111.

227 *Osterrieth*, Patentrecht, Rn. 50.

228 *Blakeney*, TRIPS, Appendix I, S. 149, der den *Inventors Act of Venice* von 1474 nennt.

229 Vgl. *Machlup/Penrose*, J. Econ. Hist. X (1950) 1, 1 (21); *Blakeney*, TRIPS, Appendix I, S. 150; auch *Rapp/Rozek*, J. World Trade 24 (1990) 5, 75 (78).

230 *Boldrin/Levine*, Against Intellectual Monopoly, S. 1 ff.

231 *Kohler*, Deutsches Patentrecht, S. 12 f.

wirtschaftlichen Vorteile aus dem Patentrecht ziehen.[232] Angenommen wird, das Patentrecht könne zwar einer Industrienation wirtschaftliche Vorteile verschaffen, umgekehrt könne diese Schlussfolgerung aber nicht auf ein nichtindustrialisiertes Land übertragen werden.[233] Schließlich wird argumentiert, Patente könnten sogar negative Auswirkungen auf die Entwicklung haben.[234]

Empirische Studien können ebenfalls kein eindeutiges Ergebnis darüber liefern, ob das Patentrecht zu einem Anstieg von Technologietransfer führt. So konnten einige Studien zwar den Schluss nahe legen, dass die Schaffung eines starken Patentrechts zu einem Anstieg von Technologietransfer führen kann. Allerdings konnte ein solcher Zusammenhang nur in Staaten festgestellt werden, die in ihrer technologischen Entwicklung bereits fortgeschritten sind.[235] Andere Studien wiederum konnten keinerlei Zusammenhang zwischen dem Patentrecht und dem Anstieg von

---

232 *Penrose*, The Economics of the International Patent System, S. 116 f.; auch zitiert bei *IPR Commission*, Integrating IPR and Development Policies, S. 15 und *Blakeney/Mengistie*, J.W.I.P. 14 (2011) 3/4, 238 (240).

233 *Machlup*, Die wirtschaftlichen Grundlagen des Patentrechts, S. 140. Die englische Fassung wird in diesem Zusammenhang vielfach zitiert, etwa bei: *IPR Commission*, Integrating IPR and Development Policies, S. 16; *Blakeney*, TRIPS, Appendix I, S. 156; *Gibbons*, Indiana L. Rev. 48 (2014) 1, 64 (71) und *'t Hoen*, The Global Politics of Pharmaceutical Monopoly Power, S. 9.

234 *Peukert*, in: Dann/Kadelbach/Kaltenborn (Hrsg.), Entwicklung und Recht, S. 189 (211). Seitens Brasilien wurde der Entwurf einer Resolution der UN-Generalversammlung vorgelegt, in der auf die negativen Auswirkungen von Patenten für den Zugang zu Wissen und Technologien aufmerksam gemacht wurde. Dies führte zur Verabschiedung der Resolution UN Doc. Res. 1713 (XVI) v. 19.12.1961, die – allerdings in abgeschwächter Form – auf die Kritik Brasiliens eingeht; vgl. *Dutfield/Suthersanen*, Global Intellectual Property Law, S. 273 f. Auch wurde argumentiert, das Patentrecht hindere den Transfer erneuerbarer Technologien, was es den Entwicklungsländern und insbesondere den LDC erschwere, ihre CO2 Emissionen zu verringern; vgl. *Ondhowe/Owens/Osterwalder/Karachalios*, Patents and clean energy technologies in Africa, S. 7 u. 10.

235 *Rapp/Rozek*, J. World Trade 24 (1990) 5, 75 (101); *Lee/Mansfield*, Rev. Econ. Stat. 24 (1996) 2, 181 ff., die sich nur auf in ihrer Entwicklung schon vorangeschrittene Länder wie Chile oder Brasilien konzentrieren; *Maskus/Penubarti*, J. Int. Econ. 39 (1995), 227 ff., die ihre Ergebnisse auf größere Märkte beschränken; *Hoekman/Maskus/Saggi*, World Bank Policy Research Paper Working Paper 3332, 2004, S. 15 f. liefern Ergebnisse mehrerer Studien; einen Überblick über die Ergebnisse dieser und weiterer Studien liefern *Maskus*, in: ders. (Hrsg.), IP, Growth and Trade, S. 497 (507); *ders.*, ICTSD-UNCTAD Issue Paper No. 7, May 2004, S. 24 ff.; *Fink/Maskus*, in: dies. (Hrsg.), Intellectual Property and Development, S. 1 ff.; *Branstetter/Foley/Saggi*, W.I.P.O.J. 2 (2010) 1, 93 (insb. 98). I.E. auch *Gervais*, in: Netanel (Hrsg.), The Development Agenda, S. 51 (57); *de Beer/Armstrong/Schonwetter*, in: dies. (Hrsg.), Innovation and IP, S. 1 (7).

Technologietransfer feststellen.[236] Unstrittig angenommen werden kann daher nur, dass zumindest in den Staaten, die sich im Anfangsstadium ihrer technologischen Entwicklung befinden, ein zu hohes Schutzniveau die Verbreitung von Technologie eher verhindert, als sie unterstützt.[237] Erst in einem vorangeschrittenen Entwicklungsstadium, in dem bereits innovative Tätigkeit ausgeübt wird, entsteht somit das Bedürfnis nach Immaterialgüterschutz.[238] Ausschlaggebend für das Ausbleiben des Technologietransfers in die LDC ist vielmehr das allgemein schlechte Investitionsklima, da auf Grund der geringen Marktgröße kaum Aussicht auf Gewinn besteht und es an einer funktionierenden Infrastruktur sowie politischer Stabilität mangelt.[239] Ein Bedürfnis, vor Imitation geschützt zu werden, besteht kaum, da in den

---

236 *Peukert*, in: Dann/Kadelbach/Kaltenborn (Hrsg.), Entwicklung und Recht, S. 189 (208) mit Verweis auf Übersichten der Studien bei *Bessen/Meurer*, Patent Failure, S. 76 ff. m.w.N.; *Landes/Posner*, The Economic Structure of IP, S. 326 ff. m.w.N. Studien, die versuchen einen positiven Zusammenhang zwischen Patentschutz und Innovation aufzuzeigen, würden lediglich zeigen, dass das Patentsystem zu einem Anstieg von Patenten führt, vgl. *Boldrin/Levine*, Against Intellectual Monopoly, S. 192. Sie kommen zu dem Ergebnis, das Patentrecht sei in keinerlei Weise notwendig, um die Innovation voranzutreiben (ebd., S. 208). I.E. auch *Yusuf*, Int'l J. Technol. Manag. 10 (1995) 2/3, 269 (271), wonach die Einführung von Patentgesetzen weder zu einem Anstieg von Patenten noch zu einem Anstieg von Technologietransfer geführt habe.

237 *Fink/Maskus*, in: dies. (Hrsg.), Intellectual Property and Development, S. 1 (7); *Maskus*, ICTSD-UNCTAD Issue Paper No. 7, May 2004, S. 23; *Yu*, in: Correa (Hrsg.), Research Handbook on the Protection of IP under WTO Rules, S. 146 (159 f.); *Nguyen*, Competition Law, Technology Transfer and TRIPS, S. 25 f. m.w.N.; *Filippetti/Archibugi*, in dies. (Hrsg.), The Global Handbook of Science, Technology and Innovation, S. 421 (430); *Schneider*, Das Europäische Patentsystem, S. 125; *Gibbons*, Indiana L. Rev. 48 (2014) 1, 64 (67); *Cottier*, JIEL 9 (2006) 4, 779 (802); *Correa*, UNCTAD LDC Report 2007, Background Paper No. 4, S. 5.

238 *Peukert*, in: Dann/Kadelbach/Kaltenborn (Hrsg.), Entwicklung und Recht, S. 189 (224 m.w.N.); *May*, The Global Political Economy, S. 90; *Maskus*, Private Rights and Public Problems, S. 81; *Hoekman/Maskus/Saggi*, World Bank Policy Research Paper Working Paper 3332, 2004, S. 20.

239 *Hoekman/Kostecki*, The Political Economy of the World Trading System, S. 403; *Lall*, ICTSD-UNCTAD Issue Paper No. 3, June 2003, S. 12; *Kennedy*, Int'l Law. 40 (2006) 3, 683 (689 ff.); *Maskus*, ICTSD-UNCTAD Issue Paper No. 7, May 2004, S. 19; *ders.*, Duke J. Comp. & Int'l L. 9 (1998) 1, 109 (124 f.); *Homere*, Colum. J. L. & Arts 27 (2003–2004) 2, 277 (291); *Fink/Maskus*, in: dies. (Hrsg.), Intellectual Property and Development, S. 1 (7); *Heald*, Minn. L. Rev. 88 (2003–2004) 2, 249 (266); *Yu*, in: Eisenberg/Ramello (Hrsg.), Comparative Law and Economics, Manusskripts. 4; *Hoekman/Maskus/Saggi*, World Bank Policy Research Paper Working Paper 3332, 2004, S. 16; *Gibbons*, Indiana L. Rev. 48 (2014) 1, 64 (85), zumindest in Bezug auf die Märkte. Beispielsweise würden kaum Investitionen in die Entwicklung von Medikamenten gesteckt, die zur Behandlung von Krankheiten in Entwicklungsländern eingesetzt werden könnten; vielmehr würde in die Entwicklung von

LDC nicht die Möglichkeit gegeben ist, die importierte Technologie nachzuahmen.[240] Teilweise wird daraus geschlossen, das Einführen hoher Schutzstandards wäre nicht schädlich, da keine Jobverluste oder Gewinneinbußen durch das Aussterben der Imitationsindustrie befürchtet werden müssen.[241] Dabei wird aber verkannt, dass patentierte Produkte zu einem – teilweise enormen – Preisanstieg führen und somit der Zugang zu lebensnotwendigen Medikamenten oder Nahrungsmitteln erschwert oder verhindert wird.[242] Teilweise wird daher sogar argumentiert, ein zu strikter Patentschutz stelle eine Menschenrechtsverletzung dar, da die Forschung be- und der Zugang zu neuen Technologien verhindert würde.[243] Auch ist der Aufbau des Schutzsystems mit äußerst hohen Kosten verbunden.[244] Schließlich würde die Technologie auch nur dann verbreitet werden, wenn das patentierte Produkt vor Ort tatsächlich ausgeübt wird. Häufig melden multinationale Unternehmen Patente aber an, ohne sie tatsächlich auszuüben.[245] Bislang konnte in den LDC kein merklicher Zuwachs an Technologietransfer beobachtet werden, obwohl viele der LDC bereits seit langer Zeit Abkommen zum Schutz des geistigen Eigentums angehören.[246]

Medikamenten investiert, die auf einem erträglichen Markt vertrieben werden können; vgl. *Correa*, UNCTAD LDC Report 2007, Background Paper No. 4, S. 7.

240 *Drahos/Braithwaite*, Information Feudalism, S. 67; *Islam*, TRIPS Agreement of the WTO, S. 195; *Maskus*, Duke J. Comp. & Int'l L. 9 (1998) 1, 109 (130); *ders.*, ICTSD-UNCTAD Issue Paper No. 7, May 2004, S. 12. *Primo Braga/Fink*, Duke J. Comp. & Int'l L. 9 (1998) 1, 163 (167 f.); *Yu*, in: Eisenberg/Ramello (Hrsg.), Comparative Law and Economics, Manusskripts. 4.

241 *Sherwood*, IDEA 37 (1996–1997) 3, 491 (493 f.); *Homere*, Colum. J. L. & Arts 27 (2003–2004) 2, 277 (285 f.).

242 *Fink/Maskus*, in: dies. (Hrsg.), Intellectual Property and Development, S. 1 (5).

243 Allgemein dazu *Shaver*, Wis. L. Rev. (2010) 1, 121 (insb. 180); UN Doc. A/70/279 v. 04.08.2015, Rn. 46. Vgl. zur Kritik am TRIPS-Übereinkommen selbst UN Docs. E/CN.4/Sub.2/2000/NGO/14 v. 28.06.2000 und E/CN.4/Sub.2/RES/2000/7 v. 17.08.2000; *Weissbrodt/Schoff*, Minn. Intell. Prop. Rev. 5 (2003) 1, 1 (26 f.); *Helfer/Austin*, Human Rights and Intellectual Property, S. 52 f. Geschützt wird der Zugang und die Verbreitung von Technologien z.B. durch Art. 15 UN-Pakt für wirtschaftliche und soziale Rechte; vgl. UN Doc. A/70/279 v. 04.08.2015, Rn. 8 u. 12 f.

244 *IPR Commission*, Integrating IPR and Development Policies, S. 145; *Peukert*, in: Dann/Kadelbach/Kaltenborn (Hrsg.), Entwicklung und Recht, S. 189 (214). Es wird davon ausgegangen, dass die Einrichtung eines funktionsfähigen Schutzsystems durch bspw. die Ausstattung und die Ausbildung des Personals ein Jahresbudget an Entwicklungsgeldern beansprucht; vgl. *Finger/Schuler*, The World Economy 23 (2000) 4, 511.

245 *Peukert*, in: Dann/Kadelbach/Kaltenborn (Hrsg.), Entwicklung und Recht, S. 189 (209).

246 *Mgbeoji*, Osgoode Legal Studies Research Paper 32, 2014, S. 1.

Mithin kann das Bedürfnis nach einem hohen Schutzniveau nicht damit begründet werden, es fördere den Transfer von Technologie und somit die Entwicklung.[247] Umgekehrt kann gerade die Nachahmung ausländischer Technologien zur Innovation und somit zur Entwicklung beitragen,[248] wie die Entwicklungsgeschichte der Industrienationen zeigt.[249] Erst mit der Industrialisierung wurde der Patentschutz notwendig.[250] Doch nicht nur die Geschichte der heutigen Industrienationen gibt Aufschluss darüber, dass nicht der Patentschutz über Investitionsentscheidungen und daraus folgenden Technologietransfer ausschlaggebend ist. Auch heute werden Investitionen in Staaten wie China oder Indien getätigt, deren

---

247 *Peukert*, in: Dann/Kadelbach/Kaltenborn (Hrsg.), Entwicklung und Recht, S. 189 (206). Argumentiert wird daher immer wieder, die Forderung nach hohen Schutzrechten würde darauf gründen, dass die Industriestaaten ihren Unternehmen neue Absatzmärkte verschaffen wollen und der Schutz daher das Wirtschaftswachstum in den Industriestaaten ankurbeln würde; vgl. *Islam*, TRIPS Agreement of the WTO, S. 206; *Hoekman/Kostecki*, The Political Economy of the World Trading System, S. 403.

248 *World Bank*, Bangladesh Development Series, Paper No. 23, March 2008, S. 16. Dort heißt es, ein lockerer Patentschutz fördere den Aufbau der Pharmaindustrie. Vgl. auch *Khor*, in: Drahos/Mayne (Hrsg.), Global Intellectual Property Rights, S. 201 (205); *Straus*, AIPLA Q J 40 (2012) 4, 633 (639), der als Beispiele Brasilien, Indien und Korea nennt.

249 *Böhmert*, Die Erfindungspatente, S. 48; *Machlup/Penrose*, J. Econ. Hist. X (1950) 1, 1 (21), die Deutschland und die Schweiz als Beispiele nennen; vgl. auch *Peukert*, in: Dann/Kadelbach/Kaltenborn (Hrsg.), Entwicklung und Recht, S. 189 (215 ff. m.w.N. u. 223), der einen kurzen Überblick über die Rechtslage in Hinblick auf den (fehlenden) Immaterialgüterrechtsschutz während der Industrialisierung liefert; *Pretorius*, in: Drahos/Mayne (Hrsg.), Global Intellectual Property Rights, S. 183 (184); *Khor*, in: Drahos/Mayne (Hrsg.), Global Intellectual Property Rights, S. 201 (205); *Bessen/Maskin*, RAND J. Econ. 40 (2009) 4, 611; *Filippetti/Archibugi*, in: dies (Hrsg.), The Global Handbook of Science, Technology and Innovation, S. 421 (431); *Correa*, UNCTAD LDC Report 2007, Background Paper No. 4, S. 7; *Cloatre*, Pills for the Poorest, S. 33; *IPR Commission*, Integrating IPR and Development Policies, S. 18 ff.; *May*, The Global Political Economy, S. 89 f., *Kumar, N.*, Economic & Political Weekly 38 (Jan. 18–24, 2003) 3, 209 (221). I.E. *Fink/Maskus*, in: dies. (Hrsg.), Intellectual Property and Development, S. 1 (4), die das Ergebnis, durch Imitation würde die Produktivität angekurbelt und Arbeitsplätze geschaffen, nicht aus der historischen Entwicklung ableiten, sondern aus empirischen Erkenntnissen. Vgl. zudem *Gibbons*, Indiana L. Rev. 48 (2014) 1, 64 (67). Kritisiert wird daher, dass die Industriestaaten den Entwicklungsländern das vorenthielten, von dem sie selbst profitiert hätten; vgl. *Ghidini*, in: ders./Peritz/Ricolfi (Hrsg.), TRIPS and Developing Countries, S. 132 (133 f.); *Ringo*, J. World Trade 28 (1994) 6, 121 (122 f.).

250 *de Vylder*, The LDC and World Trade, S. 157. In anderen Gesellschaften konnte die technologische Entwicklung auch gänzlich ohne Erfindungsschutz stattfinden; vgl. *Mgbeoji*, Global Biopiracy, S. 23; *Adusei*, Patenting of Pharmaceuticals and Development in Sub-Saharan Africa, S. 66.

Immaterialgüterrechtschutz als unzureichend betrachtet wird.[251] Umgekehrt konnte in Staaten, deren Schutz dem Niveau des Schutzes in der industrialisierten Welt entspricht, kein Anstieg an Technologietransfer beobachtet werden.[252]

Festgehalten werden kann daher, dass ein hohes Schutzniveau nicht grundsätzlich der Innovationstätigkeit entgegensteht, sondern es vielmehr von dem jeweiligen Entwicklungsstand abhängt, wieviel Schutz angemessen ist.[253] Nur in den Staaten, in denen bereits die Möglichkeit besteht, Technologien zu kopieren, kann der Schutz von Immaterialgüterrechten eine Anreizwirkung haben. Auch wird ein hohes Schutzniveau nur in den Bereichen zum Technologietransfer beitragen, die leicht kopiert werden können (wie beispielsweise Arzneimittel).[254] In den am wenigsten entwickelten Ländern hingegen kann ein hoher Schutzstandard nicht zu einem Anstieg von Technologietransfer beitragen.[255] Relevant wird der Patentschutz für sie daher allenfalls dann, wenn sie in ihrer Entwicklung vorangeschritten sind.[256]

Zwar ist das Niveau des Patentschutzes nicht ausschlaggebend für Investitionsentscheidungen, dennoch bleibt der Technologietransfer in die LDC aus. Es bedarf daher besonderer Unterstützung, um den Technologietransfer in die am wenigsten entwickelten Länder zu fördern.

B. Technologietransfer im TRIPS-Übereinkommen

In den am wenigsten entwickelten Ländern, die gem. Art. 66 Abs. 1 TRIPS nicht verpflichtet sind, ausländische Immaterialgüter zu schützen und auf deren Märkten keine Gewinne erwartet werden können, bestehen keine Anreize für Unternehmen, auf dem kommerziellen Wege Technologien bereitzustellen. Die Möglichkeit, Wissen weiterzugeben, besteht daher hauptsächlichen auf dem informellen Wege. Gerade die informelle Weitergabe des technischen Wissens (sog. *Spill-Over*) führt aber dazu, dass Unternehmen für die Entwicklung ihrer Produkte nicht die

---

251 *Peukert*, in: Dann/Kadelbach/Kaltenborn (Hrsg.), Entwicklung und Recht, S. 189 (210); *Maskus*, Private Rights and Public Problems, S. 64.

252 *IPR Commission*, Integrating IPR and Development Policies, S. 22. Am Beispiel Senegal und Niger vgl. *Adusei*, Patenting of Pharmaceuticals and Development in Sub-Saharan Africa, S. 77.

253 *Peukert*, in: Dann/Kadelbach/Kaltenborn (Hrsg.), Entwicklung und Recht, S. 189 (221 f.); *Maskus*, in: ders. (Hrsg.), Intellectual Property, Growth and Trade, S. 497 (512); *IPR Commission*, Integrating IPR and Development Policies, S. 22; *Dutfield/Suthersanen*, Global Intellectual Property Law, S. 276; *Blakeney*, TRIPS, Appendix I, S. 154.

254 *IPR Commission*, Integrating IPR and Development Policies, S. 23 f.

255 I.E. so auch *Oddi*, Vand. J. Transnat'l L. 29 (1996) 3, 415 (459 f.); *Rott*, Patentrecht und Sozialpolitik, S. 47; *Sherwood*, IDEA 37 (1996–1997) 3, 491 (493 f.).

256 *Gibbons*, Indiana L. Rev. 48 (2014) 1, 64 (98); *de Vylder*, The LDC and World Trade, S. 163, der davon ausgeht, erst in ca. 50 Jahren könne der Patentschutz relevant werden.

gewünschte Kompensation erhalten.[257] Erforderlich ist es daher, den Unternehmen Anreize dafür zu setzen, dennoch Technologietransfer zu leisten.

I. Förderung des Technologietransfers durch Art. 66 Abs. 2 TRIPS

Die Schaffung solcher Anreize wird in Art. 66 Abs. 2 TRIPS verlangt. Darin werden die Industriestaaten angehalten, ihren nationalen Unternehmen Anreize zu setzen, um den Technologietransfer in die LDC zu fördern.[258] Zudem ist gem. Abs. 6 S. 3 des Anhangs zu Art. 31*bis* TRIPS der Aufbau von Produktionskapazitäten im Arzneimittelsektor besonders zu beachten. Dabei werden die Industriestaaten nicht verpflichtet, selbst die Weitergabe der Technologien vorzunehmen. Sie müssen lediglich den Unternehmen, die sich in ihrem Hoheitsgebiet befinden, Anreize setzen, um diese zur Weitergabe der Informationen zu bewegen.[259] Die Formulierung des Art. 66 Abs. 2 TRIPS ist ungenau, weshalb die Reichweite der Vorschrift unklar ist.[260] Sowohl in der Doha-Ministererklärung über die Umsetzung als auch in der Doha-Erklärung zum TRIPS und zur öffentlichen Gesundheit wurde der verpflichtende Charakter des Art. 66 Abs. 2 TRIPS bestätigt.[261] Unklar ist aber weiterhin, welche Länder verpflichtet werden. Es wird lediglich von den entwickelten Ländern einerseits und den am wenigsten entwickelten Ländern andererseits gesprochen. Da es aber an

---

257 *Maskus*, Private Rights and Public Problems, S. 70 f.

258 Die Aufnahme der Vorschrift war ein zentrales Anliegen der LDC bei der Verhandlung über das TRIPS-Übereinkommen; vgl. *Anzellotti*, in: Busche/Stoll/Wiebe (Hrsg.), TRIPs, Art. 66, Rn. 3. Bereits während der ersten UNCTAD Konferenz 1964 wurde der Wunsch geäußert, Industriestaaten zu verpflichten, Anreize für den Abschluss von Lizenzverträgen oder den Transfer von Know-how zu setzen; vgl. *Dutfield/Suthersanen*, Global Intellectual Property Law, S. 274.

259 *de Carvalho*, The Trips Regime of Patents and Test Data, Rn. 66.20; *Malbon/Lawson/Davison*, TRIPS, Rn. 66.14; *Anzellotti*, in: Busche/Stoll/Wiebe (Hrsg.), TRIPs, Art. 66, Rn. 17. Als mögliche Anreize werden dabei Steuervorteile, Zuschüsse, Forschungskooperation oder die Ausbildung im Ausland genannt; vgl. *Anzellotti*, in: Busche/Stoll/Wiebe (Hrsg.), TRIPs, Art. 66, Rn. 18; *Correa*, in: Maskus/Reichman (Hrsg.), International Public Goods and Transfer of Technology, S. 227 (253). Letzterer macht darauf aufmerksam, dass die Subventionierung einen Verstoß gegen das Übereinkommen über Subventionen und Ausgleichsmaßnahmen darstellen würde.

260 *UNCTAD-ICTSD*, Resource Book on TRIPS and Development, S. 730. Seitens Bangladeschs wurde auch in Bezug auf mögliche Anreizmaßnahmen eine Klarstellung gefordert; vgl. WTO Doc. IP/C/M/65 v. 10.05.2011, Rn. 216; *Moon*, ICTSD Policy Brief No. 2, Dec. 2008, S. 2; *Blakeney/Mengistie*, J.W.I.P. 14 (2011) 3/4, 238 (242).

261 WTO Docs. WT/MIN(01)/17 v. 20.11.2001, Rn. 11.2 und WT/MIN(01)/DEC/2 v. 20.11.2001, Rn. 7; Moon, ICTSD Policy Brief No. 2, Dec. 2008, S. 2; *Correa*, TRIPS, S. 502; *ders.*, in: Maskus/Reichman (Hrsg.), International Public Goods and Transfer of Technology, S. 227 (251); *Malbon/Lawson/Davison*, TRIPS, Rn. 66.13; *Maskus*, ICTSD-UNCTAD Issue Paper No. 7, May 2004, S. 30; *UNCTAD-ICTSD*, Resource Book on TRIPS and Development, S. 731 u. 733 f.

einer klaren Abgrenzung fehlt, wann ein Land als entwickelt gilt, ergibt sich aus der Vorschrift nicht, welche Länder verpflichtet werden, ihren Unternehmen Anreize zum Technologietransfer zu setzen.[262] Angenommen werden könnte, alle Länder, die keine LDC sind, seien dazu verpflichtet.[263] Dieser Annahme kann entgegengehalten werden, dass in Art. 67 TRIPS die drei Länderkategorien – entwickelte Länder, Entwicklungsländer und am wenigsten entwickelte Länder – genannt werden. Es ist daher unwahrscheinlich, dass in Art. 66 Abs. 2 TRIPS unter der Formulierung neben den entwickelten Staaten auch die Entwicklungsländer gemeint sind, da den Verfassern des TRIPS-Übereinkommens die Unterscheidung der drei Länderkategorien bewusst war. Es ist daher anzunehmen, dass nur Industriestaaten durch Art. 66 Abs. 2 TRIPS verpflichtet werden.[264]

Schließlich stellt sich die Frage, ob die Anreizmaßnahmen effektiv sein müssen. Der Wortlaut des Art. 66 Abs. 2 TRIPS gibt darauf keine Antwort.[265] Argumentiert wird, die Mitgliedstaaten seien bei der Ausarbeitung des TRIPS-Übereinkommens nicht bereit gewesen, eine derartige Verpflichtung einzugehen, sodass angenommen werden kann, dass die Maßnahmen nicht zwangsläufig erfolgreich sein müssen.[266] Auf der Doha-Ministerkonferenz wurde beschlossen, Art. 66 Abs. 2 TRIPS einer Überprüfung zu unterziehen,[267] woraufhin der TRIPS-Rat 2003 einen Mechanismus zur Überwachung der Umsetzung des Art. 66 Abs. 2 TRIPS einrichtete.[268] Danach werden die entwickelten Länder zur Berichterstattung über die Umsetzung des Art. 66 Abs. 2 TRIPS angehalten. Darin kann eine Klarstellung gesehen werden, nicht nur den Versuch unternehmen zu müssen, Anreize zu schaffen, sondern auch erfolgsversprechende Maßnahmen zu ergreifen.[269] Die Maßnahmen, die den Berichten nach ergriffen wurden, waren vielfach der Kritik ausgesetzt. Fünf Jahre nach Einrichtung des Überwachungsmechanismus wurde angeprangert, dass bloß allgemeine Maßnahmen umgesetzt wurden, um der Verpflichtung aus Art. 66 Abs. 2

262 *Moon*, ICTSD Policy Brief No. 2, Dec. 2008, S. 2; *Lidgard*, in: ders./Atik/Nguyen (Hrsg), Sustainable Technology Transfer, S. 43 (49).
263 *Lidgard*, in: ders./Atik/Nguyen (Hrsg), Sustainable Technology Transfer, S. 43 (49).
264 *Maskus*, ICTSD-UNCTAD Issue Paper No. 7, May 2004, S. 30.
265 *Correa*, UNCTAD LDC Report 2007, Background Paper No. 4, S. 25; *ders.*, in: Maskus/Reichman (Hrsg.), International Public Goods and Transfer of Technology, S. 227 (253).
266 So sieht es etwa *Lidgard*, in: ders./Atik/Nguyen (Hrsg), Sustainable Technology Transfer, S. 43 (63).
267 WTO Docs. WT/MIN(01)/DEC/1 v. 20.11.2001, Rn. 44 und WT/MIN(01)/17 v. 20.11.2001, Rn. 11.2; *Löser*, Die Zusammenarbeit und Koordination internationaler Organisationen, S. 335; *Jessen*, WTO-Recht und Entwicklungsländer, S. 407.
268 WTO Doc. IP/C/28 v. 20.02.2003; *Correa*, UNCTAD LDC Report 2007, Background Paper No. 4, S. 18; *ders.*, TRIPS, S. 501; *Gervais*, TRIPS, Art. 66 Rn. 2.734; *Islam*, NJCL 2 (2010), 1 (25); *Malbon/Lawson/Davison*, TRIPS, Rn. 66.15; *Moon*, ICTSD Policy Brief No. 2, Dec. 2008, S. 3; *UNCTAD-ICTSD*, Resource Book on TRIPS and Development, S. 734.
269 *Correa*, TRIPS, S. 502; *Moon*, ICTSD Policy Brief No. 2, Dec. 2008, S. 2.

TRIPS nachzukommen. Zudem hieß es, die Staaten hätten die Aufforderung, den Unternehmen Anreize zu setzen, nicht erfüllt. Vielmehr ließe sich den Berichten bloß allgemeine Unterstützung bei der Ausbildung und monetäre Beihilfen entnehmen.[270] Argumentiert wird, die Ausbildung und Schulung erfülle gerade nicht den Zweck des Art. 66 Abs. 2 TRIPS, da verlangt werde, tatsächliche Anreize für Unternehmen zu setzen und nicht lediglich Maßnahmen zu ergreifen, die unter Umständen zum Transfer von Technologie führen können. Darüber hinaus werde mit Art. 66 Abs. 2 TRIPS der Zweck verfolgt, die technologische Grundlage auszubauen und nicht den wissenschaftlichen Fortschritt voranzutreiben.[271] Schließlich bezögen sich die Maßnahmen nicht ausschließlich auf die Unterstützung der LDC, wie es Art. 66 Abs. 2 TRIPS aber gerade verlangt.[272] Es wurde daher angenommen, die Industriestaaten seien ihrer Umsetzungsverpflichtung nicht nachgekommen.[273] Auch konnte kein Anstieg des Technologietransfers trotz Einrichtung des Überwachungsmechanismus beobachtet werden.[274] 2010 konnte den Berichten eine Verbesserung zumindest in der Darstellung der Maßnahmen entnommen werden. Allerdings waren die Maßnahmen weiterhin allgemein gehalten. Weder wurden Programme vorgestellt, in denen Anreize für die Unternehmen als potentielle Investoren gesetzt wurden, noch standen die LDC im Mittelpunkt.[275] Auch in den aktuellen Berichten der Industrieländer zeichnet sich dieses Bild ab. Vereinzelt werden Maßnahmen aufgezählt, die dazu dienen, Anreize für Unternehmen zu schaffen.[276] Als Anreizmaßnahme wird beispielsweise die Unterstützung bei der Ausarbeitung des

270 *Correa*, UNCTAD LDC Report 2007, Background Paper No. 4, S. 23. Dort wird zudem ein Überblick geliefert, welche Maßnahmen von den Industriestaaten ergriffen wurden (ebd., S. 20 ff.). Beispielsweise berichteten die USA, Programme über den Schutz des geistigen Eigentums anzubieten, die die Ausbildung von Personal beinhalteten; vgl. WTO Doc. IP/C/W/452/Add.5 v. 12.12.2005; *Kennedy*, Int'l Law. 40 (2006) 3, 683 (698).

271 *Correa*, UNCTAD LDC Report 2007, Background Paper No. 4, S. 24.

272 *Moon*, ICTSD Policy Brief No. 2, Dec. 2008, S. 3 und 5; *Kennedy*, Int'l Law. 40 (2006) 3, 683 (699).

273 *Correa*, UNCTAD LDC Report 2007, Background Paper No. 4, S. 23.

274 *Correa*, UNCTAD LDC Report 2007, Background Paper No. 4, S. 10; *ders.*, TRIPS, S. 502; *Moon*, ICTSD Policy Brief No. 2, Dec. 2008, S. 2 u. 6; *Hold/Mercurio*, NCCR Working Paper No. 2012/37, S. 8; *Malbon/Lawson/Davison*, TRIPS, Rn. 66.15.

275 Siehe dazu *Lidgard*, in: ders./Atik/Nguyen (Hrsg), Sustainable Technology Transfer, S. 43 (51 ff.). Dort wird ein Überblick über die Berichte aus dem Jahre 2010 der USA, der EU sowie Spanien, dem Vereinigten Königreich, Deutschland, Dänemark, Norwegen, Schweiz, Kanada, Australien, Neuseeland und Japan geliefert.

276 In Norwegen wurden Programme entwickelt, die dazu dienen, nationale Unternehmen finanziell zu unterstützen; vgl. WTO Doc. IP/C/W/602/Add.5 v. 21.10.2014, Rn. 2 ff.

Immaterialgüterrechtsschutzes genannt, mit dem Argument, ein funktionstüchtiges Schutzsystem liefere Anreize für Unternehmen, in die LDC Märkte zu investieren.[277]

Die Wirksamkeit des Art. 66 Abs. 2 TRIPS kann demnach hinterfragt werden.[278] Neben der fehlenden Bereitschaft der Industriestaaten, effektive Anreize für ihre Unternehmen zu setzen, werden die meisten LDC kaum in der Lage sein, die ausländische Technologie nachzuahmen und weiterzuentwickeln. Argumentiert wird, die Bestimmung sei sinnvoller, wenn der Technologietransfer in die in ihrer technologischen Fähigkeit bereits fortgeschrittenen Entwicklungsländer gefördert würde.[279] Mit Art. 66 Abs. 2 TRIPS soll aber gerade der Zweck erfüllt werden, den LDC die Möglichkeit zu verschaffen, ausländische Technologien zu erhalten. Der fehlenden Bereitschaft der Industrienationen, entsprechende Anreize zu setzen, könnte durch eine klare Formulierung, welche Maßnahmen erforderlich sind, entgegengewirkt werden. Allerdings macht der Wortlaut des Art. 66 Abs. 2 TRIPS bereits jetzt deutlich, dass nicht die Mitgliedstaaten selbst Entwicklungsprogramme einrichten, sondern die Unternehmen tätig werden sollen. Möglichkeiten, wie diese dazu bewegt werden können, wurden mehrfach formuliert. Da konkrete Anreize bislang ausgeblieben sind, könnte auch der Mechanismus des *Dispute Settlement* genutzt werden.[280]

II. Förderung des Technologietransfers durch Art. 67 TRIPS

In Art. 67 TRIPS wird die technische Zusammenarbeit bei der Umsetzung der Verpflichtungen aus dem TRIPS-Übereinkommen gefordert. Art. 67 TRIPS ist somit ebenfalls Teil der besonderen Behandlung der Entwicklungs- und am wenigsten entwickelten Länder, der den Transfer von Technologien durch die technische Unterstützung zu ermöglichen versucht.[281] Zwar gilt die Regelung sowohl für Entwicklungsländer als auch für die LDC und stellt daher keine besondere Regelung allein für die LDC dar.[282] Auf Grund des engen Zusammenhangs mit der Umsetzungsregelung in Art. 66 Abs. 1 TRIPS soll sie dennoch Eingang in die Auflistung

---

277 So bspw. Australien, WTO Doc. IP/C/W/602 v. 13.10.2014, Rn. 1.6; *Islam*, TRIPS Agreement of the WTO, S. 227.

278 So tun es die LDC; vgl. WTO Doc. IP/C/W/457 v. 21.10.2005, Rn. 6; *Kennedy*, Int'l Law. 40 (2006) 3, 683 (699); *UNCTAD-ICTSD*, Resource Book on TRIPS and Development, S. 738; *Khor*, in: Drahos/Mayne (Hrsg.), Global Intellectual Property Rights, S. 201 (209).

279 *IPR Commission*, Integrating IPR and Development Policies, S. 26.

280 Bisher wurde kein solches Verfahren eingeleitet; vgl. *Blakeney/Mengistie*, J.W.I.P. 14 (2011) 3/4, 238 (242). Zwar wird ein solches Verfahren mit (hohen) Kosten verbunden sein. Allerdings könnte an die Unterstützung der Organisationen, die sich mit den Belangen der LDC im Bereich des Immaterialgüterrechts befassen, gedacht werden.

281 Auch bei *Correa*, TRIPS, S. 500 ff. werden die beiden Regelungen unter der gemeinsamen Überschrift „*Technology Transfer to LDCs*" aufgeführt.

282 So auch *Anzellotti*, in: Busche/Stoll/Wiebe (Hrsg.), TRIPs, Art. 67, Rn. 4.

finden. In Art. 67 TRIPS wird vorgesehen, dass die Industriestaaten den Entwicklungs- und den am wenigsten entwickelten Ländern auf Antrag technische und finanzielle Unterstützung liefern und mit ihnen zusammenarbeiten, um die Umsetzung der TRIPS-Vorgaben zu erleichtern.

Die Reichweite des Art. 67 TRIPS ist ebenfalls umstritten. Hinterfragt wird, ob die technische Unterstützung nur der Umsetzung des TRIPS-Übereinkommens dienen soll oder allgemeine Unterstützung verlangt werden kann.[283] Der Wortlaut ist hier eindeutig, da ausdrücklich verlangt wird, dass die Unterstützung der Umsetzung des Übereinkommens dienen soll.[284] Unklar bleibt dabei, ob ein Industriestaat bereits dann seiner Verpflichtung nachgekommen ist, wenn trotz seiner Unterstützung noch keine Vereinbarkeit mit dem TRIPS-Übereinkommen erreicht wurde.[285] Kritisiert wird an der Formulierung des Art. 67 TRIPS zudem, dass die Industriestaaten nicht verpflichtet werden, Unterstützung zu leisten, sondern erst auf Antrag eines weniger entwickelten Staates tätig werden müssen.[286] Auch wird keine Methode festgelegt, sondern lediglich entweder technische oder finanzielle Unterstützung gefordert.[287] Es obliegt daher den Industriestaaten zu entscheiden, mit welchem Staat sie eine entsprechende Vereinbarung schließen und zu welcher Art von Zusammenarbeit sie sich bereit erklären.[288] Vom TRIPS-Rat wurde lediglich konkretisiert, in welcher Form die technische Unterstützung erfolgen kann. Dabei wurden die allgemeine Unterstützung bei der Ausbildung von Personal, die Vorbereitung von Gesetzen, der Aufbau von nationalen Behörden sowie die Verbreitung von Wissen über das geistige Eigentum genannt.[289]

2005 wurde mit der Verlängerung der Umsetzungsfrist des Art. 66 Abs. 1 TRIPS auch eine *enhanced technical cooperation for least developed country Members*

---

283 *Hold/Mercurio*, NCCR Working Paper No. 2012/37, S. 13.

284 Auch *Gervais*, TRIPS, Art. 67, Rn. 2.743 sagt, dass die Unterstützung hauptsächlich der Umsetzung und Einrichtung nationaler Behörden dienen soll. Ebenso *Anzellotti*, in: Busche/Stoll/Wiebe (Hrsg.), TRIPs, Art. 67, Rn. 3, der als Nebenzweck noch die Beschleunigung der Umsetzung nennt sowie die Möglichkeit der Einflussnahme auf die Ausarbeitung der Gesetze durch die Geberstaaten. Es wird daher teilweise argumentiert, Art. 67 TRIPS käme vielmehr den Industrienationen zu Gute; vgl. etwa *Correa*, UNCTAD LDC Report 2007, Background Paper No. 4, S. 26.

285 *Hold/Mercurio*, NCCR Working Paper No. 2012/37, S. 4 u. 18.

286 *Hold/Mercurio*, NCCR Working Paper No. 2012/37, S. 9; *Anzellotti*, in: Busche/Stoll/Wiebe (Hrsg.), TRIPs, Art. 66, Rn. 5. Anders bei *Malbon/Lawson/Davison*, TRIPS, Rn. 67.01 f., die in Art. 67 TRIPS eine Verpflichtung sehen, die bei Nichteinhaltung vor dem DSB angegriffen werden kann. Allerdings sagen sie auch, dass sich die Verpflichtung aus der Vereinbarung eines Industriestaats mit dem Entwicklungsland über die Unterstützung ergibt (und somit nicht aus Art. 67 TRIPS selbst).

287 *UNCTAD-ICTSD*, Resource Book on TRIPS and Development, S. 730.

288 *Correa*, TRIPS, S. 502.

289 WTO Doc. IP/C/W/22 v. 26.04.1996, Rn. 7 u. 10 ff.; *Adusei*, Patenting of Pharmaceuticals and Development in Sub-Saharan Africa, S. 94.

vorgesehen.[290] Die LDC werden darin angehalten, bis zum Jahre 2008 die Schwierigkeiten zu benennen, die sie bei der Umsetzung des TRIPS-Übereinkommens haben (sog. *priority needs for technical and financial cooperation*). Im Gegenzug werden die Industriestaaten aufgefordert, bei der Unterstützung nach Art. 67 TRIPS die besonderen Schwierigkeiten, die von den LDC benannt werden, zu berücksichtigen.[291] Dabei dürfe die Information allerdings nicht zur Bedingung für die Gewähr von Unterstützung gemacht werden, da dies in Art. 67 TRIPS nicht vorgesehen sei.[292] Bisher wurden von nur neun LDC entsprechende Informationen geliefert.[293] Die Frist, die Informationen bis 2008 zu liefern, wurde dabei nur von Sierra Leone und Uganda eingehalten.[294] Auf die Anträge der LDC gab es bislang kaum Reaktionen. Vielmehr widmeten sich die entwickelten Staaten dem Ausbau des Schutzes des Immaterialgüterrechts in den bereits weiter fortgeschrittenen Entwicklungsländern.[295] Teilweise wird die Notwendigkeit des sog. *priority needs assessment* als reine Verzögerungstaktik der Industriestaaten betrachtet, die sich ihrer Verpflichtung aus Art. 67 TRIPS entziehen wollen. Auch wird kritisiert, dass die knappen finanziellen Mittel für die aufwendige Erhebung von Datenmaterial aufgebracht werden müssen.[296] Dem wird entgegengehalten, potentielle Spender erhielten notwendige Informationen, um ihre Hilfsprogramme an die Bedürfnisse der jeweiligen LDC anpassen zu können. Auch könne in den Institutionen der LDC das Bewusstsein für den Schutz des Immaterialgüterrechts geschärft werden.[297]

Auch bei der Sicherstellung, die Wiederausfuhr von Waren zu verhindern, die nach dem System des Art. 31*bis* TRIPS importiert wurden, sind die Entwicklungs- und am wenigsten entwickelten Länder nach Abs. 3 S. 2 des Anhangs zu Art. 31*bis* TRIPS technisch und finanziell zu unterstützen. Darüber hinaus wird in Abs. 6 der Anlage neben dem bloßen Transfer von Technologie konkret der Aufbau eigener Produktionskapazitäten verlangt. Auch wird in Abs. 6 S. 2 der Anlage betont, das

290 WTO Doc. IP/C/40 v. 30.11.2005, Teil II; *Correa*, TRIPS, S. 503.

291 WTO Doc. IP/C/40 v. 30.11.2005, Teil II, Rn. 2 und 3.

292 *Correa*, TRIPS, S. 503.

293 Togo (WTO Doc. IP/C/W/597 v. 09.10.2013), Madagaskar (WTO Doc. IP/C/W/584 v. 22.02.2013), Mali (WTO Doc. IP/C/W/575 v. 31.08.2012), Senegal (WTO Doc. IP/C/W/555 v. 27.06.2011), Tansania (WTO Doc. IP/C/W/552 v. 21.10.2010), Ruanda (WTO Docs. IP/C/W/548 v. 07.06.2010; IP/C/W/548/Add.1 v. 21.10.2010), Bangladesch (WTO Doc. IP/C/W/546 v. 23.03.2010), Uganda (WTO Docs. IP/C/W/500 v. 09.10.2007; IP/C/W/510 v. 27.05.2008), Sierra Leone (WTO Docs. IP/C/W/499 v. 03.10.2007; WTO Doc. IP/C/W/523 v. 22.10.2008). Vgl. auch *Saana Consulting*, Factual overview on technical & financial cooperation for LDCs, S. 8.

294 WTO Docs. IP/C/W/499 v. 3.10.2007 und IP/C/W/523 v. 22.10.2008; *Latif*, ICTSD Information Note No. 19, April 2011, S. 4.

295 *Hold/Mercurio*, NCCR Working Paper No. 2012/37, S. 4 u. 14.

296 *South Centre/CIEL*, IP Quart. Update, First Quarter 2006, S. 6; *Hold/Mercurio*, NCCR Working Paper No. 2012/37, S. 12.

297 *Hold/Mercurio*, NCCR Working Paper No. 2012/37, S. 12.

System des Art. 31*bis* TRIPS sei so zu nutzen, dass der Technologietransfer gefördert wird. Teilweise wird darin ein Widerspruch zur Erklärung des Vorsitzenden des Allgemeinen Rates gesehen.[298] Danach soll Art. 31*bis* TRIPS gerade nicht dazu dienen, industrielle oder handelsbezogene Interessen durchzusetzen.[299] Gleichzeitig heißt es, eine derartige Auslegung würde dazu führen, dass die Staaten, die auf den Aufbau der Industrie angewiesen sind, von dem System des Art. 31*bis* TRIPS abhängig blieben.[300]

C. Schaffung einer technologischen Grundlage durch den Ausschluss von Schutzrechten

Als ein weiterer Bestandteil des sog. *special and differential treatment* der Entwicklungs- und am wenigsten entwickelten Länder wurden Übergangsfristen geschaffen. Die Einräumung der Übergangsfrist war eine der Bedingungen der Entwicklungs- und am wenigsten entwickelten Länder, dem TRIPS-Übereinkommen zuzustimmen.[301]

I. Die Umsetzungsfristen des Art. 65 TRIPS

In Art. 65 Abs. 1 TRIPS wurde allen WTO-Mitgliedern nach Inkrafttreten des Übereinkommens ein Jahr Zeit gegeben, ihr nationales Recht an die Vorgaben des TRIPS-Übereinkommens anzupassen. Somit hatten auch die Industriestaaten bis zum 1. Januar 1996 Zeit, die TRIPS-Vorgaben zu implementieren. Für Entwicklungsländer lief gem. Art. 65 Abs. 2 TRIPS eine zusätzliche Frist von vier Jahren. Sie mussten also bis zum 1. Januar 2000 ihr nationales Recht dem TRIPS-Niveau anpassen. Eine Ausnahme bestand dabei in Hinblick auf die in den Art. 3, 4 und 5 TRIPS niedergelegten Vorgaben über die Prinzipien der Inländerbehandlung und der Meistbegünstigung, die bereits nach Ablauf des ersten Jahres durch alle Mitgliedstaaten zu gewährleisten waren.[302] In Art. 65 Abs. 3 TRIPS wurde dasselbe Privileg den ehemaligen Sowjetstaaten gewährt, die sich in einem Transformationsprozess zur freien Marktwirtschaft befanden und besondere Probleme bei der Erarbeitung und Umsetzung der Gesetze und sonstigen Vorschriften über das geistige Eigentum hatten. Eine weitere Fristverlängerung kam gem. Art. 65 Abs. 4 TRIPS im Bereich des Patentrechts in Betracht. Danach konnten Entwicklungsländer fünf weitere Jahre in

298 *de Carvalho*, The Trips Regime of Patents and Test Data, Rn. 31.61 (dort S. 448); *Quirin*, in: Busche/Stoll/Arend (Hrsg.), Art. 31*bis*, Rn. 16; *Taşdelen*, in: Busche/Stoll/Wiebe (Hrsg.), TRIPs, Art. 31*bis*, Rn. 34.

299 *Taşdelen*, in: Busche/Stoll/Wiebe (Hrsg.), TRIPs, Art. 31*bis*, Rn. 34.

300 *Taşdelen*, in: Busche/Stoll/Wiebe (Hrsg.), TRIPs, Art. 31*bis*, Rn. 34.

301 *Hold/Mercurio*, NCCR Working Paper No. 2012/37, S. 6.

302 Betont wurde dies nochmals in *Indonesia – Automobiles*, Report of the Panel, WTO Doc. WT/DS54/R, WT/DS55/R, WT/DS59/R, WT/DS64/R v. 02.07.1998, Teildokument 3, Rn. 14.266.

Anspruch nehmen, um ihr Patentrecht den TRIPS-Vorgaben anzupassen, wenn sie auf einem Gebiet der Technik keinen Patentschutz vorsahen, das nach dem TRIPS-Übereinkommen aber geschützt werden sollte. Daraus folgt, dass in bestimmten Bereichen des Patentrechts den Entwicklungsländern eine Umsetzungsfrist von 10 Jahren gewährt wurde. Eine Verlängerung dieser Frist wurde nicht vorgesehen.

Schließlich wird im letzten Absatz des Art. 65 TRIPS festgelegt, dass Gesetze, die während der Übergangsfrist erlassen wurden, nicht hinter dem vom TRIPS-Übereinkommen gefordertem Niveau zurückfallen durften (sog. *no-roll-back*-Klausel).

In Art. 65 TRIPS werden keine Angaben gemacht, welcher Zweck mit der Einräumung einer Übergangsfrist erreicht werden soll. Lediglich in Art. 65 Abs. 3 TRIPS wird auf die Schwierigkeit Bezug genommen, die mit der Anpassung der nationalen Gesetze an die TRIPS-Vorgaben einhergehen. Daraus kann geschlossen werden, dass die Übergangsfrist den sog. Transformationsstaaten gewährt wird, um ihnen die Umsetzung zu erleichtern.[303] Das könnte bedeuten, die Übergangsfrist solle nur in den Transformationsstaaten die Umsetzung erleichtern, in den anderen Staaten aber darüber hinaus noch weitere Zwecke verfolgen. Ersichtlich wird nicht, welche weiteren Zwecke verfolgt werden, da es an einer Begründung der Übergangsfrist fehlt. Der Präambel kann entnommen werden, dass eine umfassende Beteiligung am TRIPS-Übereinkommen erreicht werden soll, was wiederum durch die Übergangsregelungen gewährleistet werden kann. Eine umfassende Beteiligung wird insbesondere durch die Implementierung der Vorgaben in die jeweiligen Rechtsordnungen sichergestellt. Als weiteres Ziel wird allgemein die Entwicklung genannt. Allerdings werden in der Präambel nur die besonderen Bedürfnisse der am wenigsten entwickelten Länder thematisiert und betont, dass es ihnen ermöglicht werden soll, eine tragfähige technologische Grundlage zu schaffen. Die Verlautbarung eines solchen Ziels ist in Bezug auf die übrigen Mitglieder nicht zu finden. Ziel des TRIPS-Übereinkommens ist es, den Schutz und die Durchsetzung von Rechten des geistigen Eigentums zu regeln. Die Umsetzung der TRIPS-Vorgaben ist daher elementar, um einen weltweiten Schutz zu garantieren. Darüber hinaus heißt es in Art. 7 TRIPS aber auch, die technische Innovation und die Weitergabe und Verbreitung von Technologie solle durch den Schutz des geistigen Eigentums gefördert werden. Wenn, wie oben festgestellt, ein zu hohes Schutzniveau die Weitergabe und Verbreitung von Technologie vereitelt, kann eine Ausnahme von der Verpflichtung, die Vorgaben umzusetzen, notwendig sein. Danach könnte die Umsetzungsfrist auch zum Ziel haben, den Technologietransfer fördern zu wollen, indem über eine gewisse Zeitspanne keine ausschließlichen Rechte erteilt werden. Dieser Annahme kann aber entgegengehalten werden, dass der Immaterialgüterschutz dann von Vorteil ist und die Weitergabe und Verbreitung von Technologie stimulieren kann, wenn die technologische Entwicklung bereits vorangeschritten ist. In Art. 65 TRIPS werden Übergangsregelungen für die Industriestaaten und die Entwicklungsländer getroffen. Es kann daher nicht angenommen werden, bei der

303 *Correa*, TRIPS, S. 493.

Ausarbeitung des Art. 65 TRIPS stand der Aufbau einer technologischen Grundlage im Vordergrund. Mithin ist davon auszugehen, dass die in Art. 65 TRIPS geregelten Übergangsfristen lediglich dazu dienen, den Mitgliedstaaten die notwendige Zeit zu verschaffen, ihrer Umsetzungsverpflichtung nachzukommen.

Auch die Verhandlungsgeschichte kann dieses Ergebnis bestätigen.[304] Die Übergangsfristen und der Zeitpunkt des Inkrafttretens wurden in vielen Verhandlungsrunden thematisiert.[305] In einem Entwurf zum TRIPS-Übereinkommens hieß es zunächst, alle Mitgliedstaaten hätten innerhalb einer zu bestimmenden Zeit ihre Gesetze an die TRIPS-Vorgaben anzupassen. Diese Frist sollte verlängert werden können, wenn die Entwicklungsländer und auch die LDC bei der Umsetzung Schwierigkeiten haben sollten.[306] Auch im sog. *Brussels-Draft* hieß es, dass ein Entwicklungsland die Anwendung des Übereinkommens verzögern dürfe, wenn für seine Umsetzung das nationale Recht geändert werden müsse.[307] Erst im sog. *Dunkel-Draft*, der schließlich die Grundlage des TRIPS-Übereinkommens bildete, wurde auch dieser Zusatz gestrichen,[308] sodass in der endgültigen Fassung des TRIPS-Übereinkommens keine Begründung zu finden ist, welchen Zweck die in Art. 65 TRIPS geregelten Übergangsfristen verfolgt. Aus den Entstehungsdokumenten wird aber deutlich, dass in allen Mitgliedstaaten unabhängig ihres Entwicklungsstandes umfassende Gesetzesänderungen notwendig werden würden, um die TRIPS-Vorgaben zu implementieren. Es ist daher davon auszugehen, dass den Mitgliedstaaten eine Karenzzeit eingeräumt werden sollte, damit sie ihre Gesetze an die TRIPS-Standards anpassen konnten.[309]

II. Die Übergangsfrist des Art. 66 TRIPS

In besonders starker Ausprägung zeigt sich die besondere Behandlung der LDC in der ihnen in Art. 66 Abs. 1 TRIPS eingeräumten Übergangsfrist.[310]

---

304 Die vorbereitenden Arbeiten sind nur zur Auslegung heranzuziehen, um das Auslegungsergebnis zu bestätigen oder wenn die übrigen Auslegung die Bedeutung mehrdeutig oder dunkel lässt, vgl. Art. 32 Wiener Vertragsrechts Konvention (WVK).

305 *Gervais*, TRIPS, Art. 65, Rn. 2.724.

306 GATT Doc. MTN.GNG/NG11/W/76 v. 23.07.1990, Part VII Abs. 1A, auch abgedruckt in *Gervais*, TRIPS, Art. 65, Rn. 2.720.

307 GATT Doc. MTN.TNC/W/35/Rev.1 v. 03.12.1990, Part VI, Art. 68, auch abgedruckt in *Gervais*, TRIPS, Art. 65, Rn. 2.718 f.

308 GATT Doc. MTN.TNC/W/FA v. 20.12.1991, Part VI, Art. 65, auch abgedruckt in *Gervais*, TRIPS, Art. 65, Rn. 2.718.

309 *Anzellotti*, in: Busche/Stoll/Wiebe (Hrsg.), TRIPs, Art. 65, Rn. 1. *Correa* bezeichnet es als offensichtlich, dass die Übergangsfrist der Umsetzung dienen sollte; vgl. *Correa*, TRIPS, S. 491; *Oppermann*, Konsequenzen des TRIPS-Übereinkommens, S. 76.

310 *South Centre/CIEL*, IP Quart. Update, First Quarter 2006, S. 2.

1. *Umsetzungs- oder Ausschlussfrist*

Zunächst ist die Bedeutung des Art. 66 Abs. 1 TRIPS zu analysieren. Insbesondere ist herauszufinden, ob im Fokus des Art. 66 Abs. 1 TRIPS steht, die Umsetzung der TRIPS-Vorgaben zu ermöglichen, indem den am wenigsten entwickelten Mitgliedstaaten auf Grund von finanziellen Schwierigkeiten eine größere Zeitspanne zur Umsetzung eingeräumt wird,[311] oder ob darüber hinaus ein weiterer Zweck verfolgt werden soll. Ein solcher Zweck könnte darin liegen, den LDC die Schaffung einer entsprechenden wirtschaftlichen Grundlage zu ermöglichen, damit ein dem TRIPS-Übereinkommen entsprechendes Schutzniveau überhaupt sinnvoll genutzt werden kann.[312] Wird der Ansicht gefolgt, Art. 66 Abs. 1 TRIPS diene allein der Umsetzung des TRIPS-Übereinkommens, so gelangt man zu dem Schluss, die Frist sei für die Staaten irrelevant, die ihrer Umsetzungsverpflichtung bereits nachgekommen sind.[313] Die Verlängerungsmöglichkeit der Frist würde in dem Fall leer laufen und den Eindruck verstärken, die im TRIPS-Übereinkommen vorgesehene besondere Behandlung der LDC sei eine bloße Farce.

Um herauszufinden, ob den LDC durch die Regelung des Art. 66 Abs. 1 TRIPS tatsächlich ein Vorteil gewährt werden soll, ist die Vorschrift gem. Art. 3 Abs. 2 DSU nach den Art. 31 ff. Wienervertragsrechtskonvention (WVK) auszulegen.[314]

---

311 So sehen es *de Carvalho*, The Trips Regime on Patents and Test Data, Rn. 66.11 f. mit der Begründung, kein Staat habe durch die Nachahmung von Technologien den eigenen technologischen Fortschritt vorantreiben können, und *UNCTAD-ICTSD*, Resource Book on TRIPS and Development, S. 706.

312 *South Centre/CIEL*, IP Quart. Update, First Quarter 2006, S. 3; *Musungu*, Quaker United Nations Office, June 2007, S. 5. Ähnlich: *Häberli*, in Cottier (Hrsg.), GATT-Uruguay Round, 135 (159); *Reichman*, Vand. J. Transnat'l L. 29 (1996), 363 (373), der zumindest zwischen den Entwicklungs- und den am wenigsten entwickelten Ländern unterscheiden möchte; *Staehelin*, TRIPs, 216; *Rott*, Patentrecht und Sozialpolitik, S. 136.

313 *de Carvalho*, The Trips Regime of Patents and Test Data, Rn. 66.8.

314 Die Art. 31 ff. WVK stellen Völkergewohnheitsrecht dar und gelten daher auch für WTO-Mitglieder, die nicht selbst Vertragsparteien der WVK sind; vgl. *Cameron/Gray*, Int'l & Comp. L.Q. 50 (2001) 2, 248 (254); *Abi-Saab*, in: Fitzmaurice/Elias/Merkouris (Hrsg.), Treaty Interpretation and the Vienna Convention on the Law of Treaties, S. 99 (102 ff.); *Qureshi*, Interpreting WTO Agreements, S. 4. Auch der DSB zieht die Art. 31 und 32 WVK zur Auslegung heran; vgl. *Palmeter/ Mavroidis*, Dispute Settlement in the WTO, S. 80; *Qureshi*, Interpreting WTO Agreements, S. 3. Bspe.: *Japan – Alcoholic Beverages*, Report of the Appellate Body, WTO Doc. WT/DS8/AB/R, WT/DS10/AB/R, WT/DS11/AB/R v. 04.10.1996; *India – Quantitative Restrictions*, Report of the Appellate Body, WTO Doc. WT/DS90/AB/R v. 23.08.1999; *Canada – Dairy*, Report of the Appellate Body, WTO Doc. WT/DS103/AB/R, WT/DS113/AB/R v. 13.10.1999; *Argentina – Measures Affecting Imports*, WTO Doc. WT/DS121/AB/R v. 14.12.1999; *Correa*, UNCTAD LDC Report 2007, Background Paper No. 4, S. 23. Bereits im ersten Fall, der innerhalb der WTO entschieden wurde, fand Art. 31 WVK als Auslegungsregel Anwendung: *US- Gasoline*,

a. Auslegung des Art. 66 Abs. 1 TRIPS nach Art. 31 WVK

Nach Art. 31 Abs. 1 WVK ist ein Vertrag nach Treu und Glauben in Übereinstimmung mit der gewöhnlichen, seinen Bestimmungen in ihrem Zusammenhang zukommenden Bedeutung und im Lichte des Ziel und Zweckes des Vertrags auszulegen.[315]

aa. Wortlaut

Zunächst ist auf den Wortlaut des Art. 66 Abs. 1 TRIPS einzugehen, bevor der Zusammenhang sowie Ziel und Zweck näher beleuchtet werden.[316] Bei der Auslegung ist zunächst die Bedeutung zugrunde zu legen, die bei Vertragsabschluss dem Begriff zugeschrieben wurde.[317] Bei mehrsprachigen Verträgen wie dem TRIPS-Übereinkommen ist gem. Art. 33 WVK jede authentische Fassung gleichberechtigt zur Auslegung

---

Report of the Appellate Body, WTO Doc. WT/DS2/AB/R v. 29.04.1996; *Yu*, in: Correa (Hrsg.), Research Handbook on the Protection of IP under WTO Rules, S. 146 (S. 171). Auch in dem ersten Fall, der in Bezug auf das TRIPS-Übereinkommen entschieden wurde, kamen die Auslegungsregeln des Art. 31 WVK zur Anwendung: *India – Patent Protection*, Report of the Panel, WTO Doc. WT/DS50/R v. 05.09.1997; *Correa*, UNCTAD LDC Report 2007, Background Paper No. 4, S. 23. Bisher wurde kein Verfahren über Kapitel VI TRIPS eingeleitet. Eine Auslegung durch den DSB gibt es daher nicht; vgl. *Hold/Mercurio*, NCCR Working Paper No. 2012/37, S. 9.

315 Die in Art. 31 WVK niedergelegten Auslegungsregelungen stehen dabei gleichberechtigt nebeneinander und bilden eine Einheit; vgl. *Malbon/Lawson/Davison*, TRIPS, Rn. V.12; *Buck*, Geistiges Eigentum und Völkerrecht, S. 128. Zudem ist bei der Auslegung zu berücksichtigen, dass stets das höchste Maß an staatlicher Souveränität gewährleistet wird („*in dubio mitius*"); vgl. *Buck*, Geistiges Eigentum und Völkerrecht, S. 128; *Drexl*, GRUR Int. 1994, 777 (781). Der Grundsatz von Treu und Glauben ist bei jedem Auslegungsschritt zu beachten; vgl. *v. Heinegg*, in: Ipsen (Hrsg.), Völkerrecht, § 12 Rn. 17. Danach sei bei verschiedenen Interpretationsmöglichkeiten diejenige zu wählen, die zur Umsetzung des Vertrages am besten geeignet erscheint. Die Klausel solle davor bewahren, den Vertrag nicht unberechtigt nachteilig für eine Partei auszulegen; vgl. *Köck*, Vertragsinterpretation und Vertragsrechtskonvention, S. 85.

316 So auch der *Appellate Body* in seiner ständigen Praxis; vgl. bspw. *Canada – Term of Patent Protection*, Report of the Appellate Body, WTO Doc. WT/DS170/AB/R v. 18.09.2000, Rn. 53 mit Verweis auf weitere Entscheidungen. Kritisiert wird, dass der *Appellate Body* dem Wortlaut die größte Bedeutung bei der Auslegung beimisst und dabei den Zusammenhang sowie Ziel und Zweck vernachlässige; vgl. *McRae*, in: Sacerdoti/Yanovich/Bohanes (Hrsg.), The WTO at Ten, S. 360 (363). *Abi-Saab* schreibt, auf den Zusammenhang und Ziel und Zweck sei nur einzugehen, wenn der Wortlaut nicht deutlich ist; vgl. *Abi-Saab*, in: Fitzmaurice/Elias/Merkouris (Hrsg.), Treaty Interpretation and the Vienna Convention on the Law of Treaties, S. 99 (104).

317 *Buck*, Geistiges Eigentum und Völkerrecht, S. 129.

heranzuziehen.[318] Sollte die Auslegung der verschiedenen Fassungen zu abweichenden Ergebnissen kommen, ist wiederum mittels Auslegung herauszufinden, welche Sprachfassung zugrunde gelegt werden soll.[319]

Für die Ermittlung der Bedeutung von Art. 66 Abs. 1 TRIPS in Hinblick auf die Frage, ob damit bloß die Umsetzung erleichtert oder darüber hinaus die Schaffung einer tragfähigen technologischen Grundlage ermöglicht werden soll, ist insbesondere die Formulierung *„to create a viable technological base"*[320] von Relevanz. Da es Schwierigkeiten bereitet, eine Formulierung isoliert von der Bedeutung der übrigen Begriffe der Vorschrift zu untersuchen, sind diese ebenfalls bei der Auslegung des Wortlauts zu berücksichtigen.[321] Mitunter kann es daher zu einer Annäherung der Wortlautauslegung zu der systematischen Auslegung kommen.[322] Die Norm enthält mehrere auslegungsbedürftige Begriffe. Um die gewöhnliche Bedeutung der Formulierungen *„to create a viable technological base"* zu verstehen, ist es daher erforderlich, auch die Bedeutung der übrigen Formulierungen zu ermitteln.[323]

Der Ausgangspunkt der Umsetzungsfrist ist der Gedanke, dass die LDC besondere Bedürfnisse und Erfordernisse (*„special needs and requirements"*[324]) haben. Aufschluss darüber, was unter den besonderen Bedürfnissen und Erfordernissen

---

318 Die authentischen Sprachen der WTO sind Englisch, Französisch und Spanisch, vgl. Art. XVI nach Nr. 6 des WTO-Übereinkommens. Dies gilt folglich auch für seine Annexe.

319 Es sollte dann bspw. geprüft werden, welche Formulierung Ziel und Zweck des Vertrages am ehesten gerecht wird; vgl. *Buck*, Geistiges Eigentum und Völkerrecht, S. 139/140.

320 frz.: "qu'ils ont besoin de flexibilité pour se doter d'une base technologique viable "; spanisch: "de la flexibilidad que necesitan para establecer una base tecnológica viable".

321 *Canada – Pharmaceutical Products*, Report of the Panel, WTO Doc. WT/DS114/R v 17.03.2000, Rn. 7.21; *Rott*, Patentrecht und Sozialpolitik, S. 167. Die Auslegung der Bestimmungen habe zum Ziel herauszufinden, was tatsächlich niedergeschrieben wurde. Unabhängig sei dabei die Frage zu beantworten, ob unter einer Bestimmung lediglich ein Wort oder ein gesammelter Ausdruck verstanden wird; vgl. *Gardiner*, Treaty Interpretation, S. 183.

322 *Rott*, Patentrecht und Sozialpolitik, S. 167.

323 In den Entscheidungen des *Appellate Body* werden bei der Ermittlung der Bedeutung meist Lexika zur Auslegung herangezogen; vgl. bspw. *US – Gasoline*, Report of the Appellate Body, WTO Doc. WT/DS2/AB/R v. 29.04.1996, S. 20; *McRae*, in: Sacerdoti/Yanovich/Bohanes, The WTO at Ten, S. 360 (364); *Abi-Saab*, in: Fitzmaurice/Elias/Merkouris (Hrsg.), Treaty Interpretation and the Vienna Convention on the Law of Treaties, S. 99 (102 f.); *Palmeter/Mavroidis*, Dispute Settlement in the WTO, S. 82; *Qureshi*, Interpreting WTO Agreements, S. 26; *Malbon/Lawson/Davison*, TRIPS, Rn. V.22. Im Folgenden wurde daher das *Oxford Dictionary of English* zur Ermittlung der gewöhnlichen Bedeutung herangezogen.

324 frz.: "les besoins et impératifs spéciaux"; spanisch: "las necesidades y requisitos especiales".

verstanden wird, kann die Bezugnahme auf die wirtschaftlichen, finanziellen und administrativen Engpässe („*economic, financial and administrative constraints*"[325]) geben. Durch die eingeschränkten Mittel, die den LDC zur Verfügung stehen, ist es demnach notwendig, Maßnahmen zu ergreifen, die über die übliche Behandlung hinausgehen. Zudem wird der Bedarf an Flexibilität genannt. Wenn im Rahmen der TRIPS-Regelungen von Flexibilität gesprochen wird, handelt es sich zumeist um Ausnahmen vom Immaterialgüterschutz.[326] Daraus folgt, dass die eingeschränkten wirtschaftlichen, finanziellen und administrativen Mittel, die den LDC zur Verfügung stehen, es notwendig machen, Ausnahmen von den Regelungen des TRIPS-Übereinkommens vorzunehmen.[327] Damit wird zwar die Grundlage geschaffen, um das Gewähren der Übergangsfrist als Ausnahme zur Verpflichtung, die Vorgaben umzusetzen, zu begründen. Es wird jedoch noch nicht die Frage beantwortet, ob diese Zeitspanne einzig der Umsetzung der Regelungen dienen soll.

In Art. 66 Abs. 1 S. 1 TRIPS wird zudem das Bedürfnis zur Schaffung einer tragfähigen technologischen Grundlage genannt. Teilweise wird die Formulierung mit der Förderung des Technologietransfers gleichgesetzt.[328] Durch die Formulierung „*to create*" wird deutlich, dass es den LDC mit der Ausnahme von der Umsetzungsverpflichtung gerade ermöglicht werden soll, ein Konzept zu entwickeln, *um*[329] den funktionsfähigen Gebrauch von Technologien zu ermöglichen. Der Verweis auf die Schaffung einer tragfähigen technologischen Grundlage macht mithin deutlich, dass die Frist zur Umsetzung nicht allein dazu dienen soll, Gesetze zu erlassen oder zu ändern. Vielmehr wird der Vorschrift das Bedürfnis vorangestellt, die technologische Fertigkeit aufzubauen. Nach dem Wortlaut der Vorschriften sollen die LDC von der Anwendung des Patentrechts befreit werden, damit ihnen der Aufbau einer tragfähigen technologischen Grundlage ermöglicht wird. Daraus kann das Bewusstsein der Verfasser abgeleitet werden, ein hoher Schutz von Immaterialgüterrechten könne dem Aufbau einer technologischen Grundlage und somit der Entwicklung im

---

325 frz.: "leurs contraintes économiques, financières et administratives"; spanisch: "limitaciones económicas, financieras y administrativas".

326 Neben der Bedeutung, die dem Lexikon entnommen werden kann, kann die gewöhnliche Bedeutung auch das sein, was der Leser mit dem Wort verbindet; vgl. *McRae*, in: Sacerdoti/Yanovich/Bohanes (Hrsg.), The WTO at Ten, S. 360 (364). Auch der fachspezifische Sprachgebrauch fließe in das Verständnis mit ein; vgl. *v. Heinegg*, in: Ipsen (Hrsg.), Völkerrecht, § 12 Rn. 6. I.E. auch *Correa*, TRIPS, S. 495 f., der darin liest, die LDC benötigen weniger Schutz, als vom TRIPS-Übereinkommen gefordert.

327 Vgl. WTO Doc. IP/C/M/79 v. 11.06.2015, Rn. 11. Dort wird zumindest auf die Thematik hingewiesen.

328 *Maskus*, ICTSD-UNCTAD Issue Paper No. 7, May 2004, S. 30.

329 Zwar heißt es in der deutschen Übersetzung, der Bedarf bestehe *bei* der Schaffung, nach dem authentischen Text müsste es aber heißen, der Bedarf bestehe, *um* die Grundlage zu schaffen.

Wege stehen.[330] Darüber hinaus ist in der Vorschrift nicht die Rede von möglichen Umsetzungsschwierigkeiten auf Grund hoher Kosten oder fehlender Sachkenntnis.[331] Dem Wortlaut kann somit nicht entnommen werden, die Umsetzungsfrist diene allein dazu, der Umsetzungsverpflichtung nachzukommen.[332]

bb. Zusammenhang

Die Norm ist zudem im Zusammenhang mit dem übrigen Vertrag zu lesen.[333] Dieser umfasst gem. Art. 31 Abs. 2 WVK neben dem Wortlaut die Präambel, die Annexe sowie jede weitere sich auf den Vertrag beziehende Übereinkunft zwischen den Vertragsparteien.[334]

Neben dem Ziel des TRIPS-Übereinkommens, den Schutz des geistigen Eigentums zu stärken sowie Handelshemmnisse abzubauen,[335] wird bereits in der Präambel die Notwendigkeit von Übergangsregelungen betont, um eine möglichst umfassende Beteiligung der Mitgliedstaaten sicherzustellen. Darüber hinaus heißt es in Nr. 5 der Präambel, dass den am wenigsten entwickelten Ländern größtmögliche Flexibilität bei der Umsetzung von Gesetzen und sonstigen Vorschriften zu gewähren ist, um es ihnen zu ermöglichen, eine gesunde und tragfähige technologische Grundlage zu schaffen.[336] In der Frist des Art. 66 Abs. 1 S. 1 TRIPS ist die in der Präambel bereits geforderte Ausnahme von der Umsetzungsverpflichtung geregelt. Die einander stark ähnelnden Formulierungen der Präambel und des Art. 66 Abs. 1 S. 1 TRIPS weisen auf ihren engen Zusammenhang hin. Deutlicher wird in der Formulierung der Präambel aber, dass die Befreiung von der Umsetzungsverpflichtung gerade dazu dienen soll, eine technologische Grundlage zu schaffen. Art. 66 Abs. 1 S. 1 TRIPS im Zusammenhang mit der Präambel gelesen, bestätigt daher das oben gefundene Ergebnis, die verlängerte Frist diene nicht allein der Anpassung der Gesetze.

---

330 So *Correa*, UNCTAD LDC Report 2007, Background Paper No. 4, S. 10; *ders.*, TRIPS, S. 495 f.; *Adusei*, Patenting of Pharmaceuticals and Development in Sub-Saharan Africa, S. 83; *Avafia/Berger/Hartzenberg*, The ability of select sub-Saharan African countries to utilise TRIPs Flexibilities, Rn. 4 ff.

331 „Sometimes the absence of something means simply that it is not there", *Canada – Term of Patent Protection*, Report of the Appellate Body, WTO Doc. WT/DS170/AB/R v. 18.09.2000, Rn. 78; *Gardiner*, Treaty Interpretation, S. 165.

332 Im Ergebnis so auch *Merso*, ICTSD Policy Brief No. 16, June 2013, S. 6.

333 Die Bedeutung kann nicht isoliert von der Bedeutung des Vertrags ermittelt werden; vgl. *UN*, Yearbook of the ILC, Vol. II, 1966, S. 221; *Malbon/Lawson/Davison*, TRIPS, Rn. V.11.

334 *Verdross/Simma*, Universelles Völkerrecht, S. 390; *Buck*, Geistiges Eigentum und Völkerrecht, S. 128 f.

335 *Bender/Michaelis*, in: Hilf/Oeter (Hrsg.), WTO-Recht, § 22 Rn. 15.

336 Engl.: "Recognizing also the special needs of the least-developed country Members in respect of maximum flexibility in the domestic implementation of laws and regulations *in order to* enable them to create a sound and viable technological base." [Hervorhebung durch die Verfasserin].

Auch aus dem Zusammenhang des Art. 66 Abs. 1 S. 1 TRIPS mit den übrigen Vorschriften des TRIPS-Übereinkommens, die der besonderen Behandlung der Entwicklungs- und am wenigsten entwickelten Ländern dienen, kann kein anderes Ergebnis abgeleitet werden. Art. 66 Abs. 2 TRIPS dient ebenfalls der Schaffung einer tragfähigen technologischen Grundlage. Dabei wird teilweise argumentiert, nur Art. 66 Abs. 2 ziele auf die Schaffung einer technologischen Grundlage ab, Art. 66 Abs. 1 hingegen nicht.[337] Es sind durchaus Unterschiede in den Formulierungen zu finden. Während in Art. 66 Abs. 1 lediglich auf das Bedürfnis nach Flexibilität abgestellt wird, um die Schaffung der technologischen Grundlage zu ermöglichen, ist es in Art. 66 Abs. 2 TRIPS das Ziel, diese zu schaffen.[338] In Art. 66 Abs. 2 TRIPS wird eine konkrete Maßnahme geregelt, durch welche die Industriestaaten verpflichtet werden, tätig zu werden. Es bedarf daher einer anderen Begründung. Art. 66 Abs. 1 TRIPS gewährt eine Ausnahme. Zugrunde liegt dabei nicht der Gedanke, dass die Ausnahme selbst eine technologische Grundlage schafft. Vielmehr soll durch den fehlenden Patentschutz ihr Aufbau ermöglicht werden. Der von Art. 66 Abs. 2 TRIPS geforderte Transfer von ausländischer Technologie soll das Ziel fördern, eine technologische Grundlage zu schaffen. Abgeleitet werden kann aus der abweichenden Formulierung aber nicht, Art. 66 Abs. 1 S. 1 TRIPS habe nicht die Schaffung einer technologischen Grundlage im Visier. Während in Abs. 1 eine Ausnahme von der Verpflichtung geschaffen wird, Immaterialgüterschutz zu gewährleisten, wird in Abs. 2 weiterführend geregelt, andere Investitionsanreize als den eines hohen Schutzniveaus zu setzen. Gerade weil argumentiert wird, Unternehmen würden nicht in Staaten investieren, in denen es keinen Patentschutz gibt, ist es notwendig, dass ihnen andere Anreize als der Patentschutz gegeben werden. Es erscheint nicht überzeugend, anzunehmen, es würden unterschiedliche Zwecke verfolgt, gerade da Art. 66 TRIPS die besondere Behandlung der LDC regeln möchte. Art. 66 TRIPS ist daher in seiner Gesamtheit zu lesen.

Das Ergebnis, Art. 66 Abs. 1 TRIPS diene der Schaffung einer technologischen Grundlage, bestätigt sich auch in Hinblick auf seine Nachbarvorschriften. Wie

---

337 *de Carvalho*, The Trips Regime of Patents and Test Data, Rn. 66.11.

338 Engl.: "Developed country Members shall provide incentives to enterprises and institutions in their territories for the purpose of promoting and encouraging technology transfer to least-developed country Members *in order to enable* them to create a sound and viable technological base."; frz.: "Les pays développés Membres offriront des incitations aux entreprises et institutions sur leur territoire afin de promouvoir et d'encourager le transfert de technologie vers les pays les moins avancés Membres *pour leur permettre de se doter d'une base technologique solide et viable.*"; span: "Los países desarrollados Miembros ofrecerán a las empresas e instituciones de su territorio incentivos destinados a fomentar y propiciar la transferencia de tecnología a los países menos adelantados Miembros, *con el fin de que éstos puedan establecer una base tecnológica sólida y viable.*" [Hervorhebungen durch die Verfasserin].

bereits festgestellt, dient Art. 65 TRIPS allein der Umsetzung der TRIPS-Vorgaben.[339] Dabei werden die am wenigsten entwickelten Länder ausgeklammert und haben in Art. 66 Abs. 1 S. 1 TRIPS eine eigene Übergangsfrist zugesprochen bekommen. Anders als in Art. 65 Abs. 2 TRIPS werden der Verlängerung Gründe vorangestellt, aus denen sich die verzögerte Anwendung ergibt.[340]

Zudem muss eine Abgrenzung zu Art. 67 TRIPS stattfinden. Dieser ist unabhängig von Art. 66 TRIPS zu lesen, da sowohl die Entwicklungsländer als auch die LDC genannt werden. In Art. 67 S. 1 TRIPS ist eingangs von der Erleichterung der Umsetzung des Übereinkommens die Rede. In Art. 67 S. 2 TRIPS wird die Zusammenarbeit insoweit definiert, als dass sie der Unterstützung bei der Erarbeitung von Gesetzen und sonstigen Vorschriften dienen soll. Würde mit Art. 66 Abs. 1 S. 1 TRIPS ebenfalls dieses Ziel verfolgt werden, hätte eine entsprechende Regelung Eingang in die Begründung finden müssen.[341]

Fraglich ist, ob darüber hinaus auch die Regelungen der übrigen WTO-Abkommen zur Auslegung herbeigezogen werden können.[342] Im Kollisionsfall verdrängen die Regelung des WTO-Übereinkommens gem. dessen Art. XVI Abs. 3 die Regelungen der Multilateralen Handelsübereinkommen. Um eine Kollision zu vermeiden, sind die Vorschriften des WTO-Übereinkommens bei der Auslegung eines der Multilateralen Handelsabkommen – in diesem Fall des TRIPS-Übereinkommens – zu berücksichtigen.[343] Es ist naheliegend, auch die übrigen Abkommen zu befragen, da das TRIPS-Übereinkommen im Rahmen der Uruguay-Runde als Annex zu dem WTO-Übereinkommen entstanden ist. Allerdings wurde argumentiert, das TRIPS-Übereinkommen stelle ein Sonderregime dar und bestehe unabhängig von den übrigen WTO-Vorschriften.[344] Inzwischen gehen aber sowohl das *Panel* als auch

---

339 Siehe dazu § 3 C I.

340 So auch *Yusuf*, in: Correa/Yusuf (Hrsg.), IP and International Trade, S. 3 (11).

341 Im Ergebnis so auch *South Centre/CIEL*, IP Quart. Update, First Quarter 2006, S. 3; vgl. auch *China – Measures*, Report of the Panel, WTO Doc. WT/DS362/R v. 26.01.2009, Rn. 7.224.

342 Davon ausgehend: *Kessie*, in: Bermann/Mavroidis (Hrsg.), WTO Law and Developing Countries, S. 12 (23); *Rott*, Patentrecht und Sozialpolitik, S. 104; *Haas*, Das TRIPS-Abkommen, S. 82; *Cameron/Gray*, Int'l & Comp. L.Q. 50 (2001) 2, 248 (255). Ebenfalls die Notwendigkeit betonend: *Reichman*, in: Correa/Yusuf (Hrsg.), IP and International Trade, S. 23 (36).

343 Stellungnahme Kanadas in *Canada – Patent Protection*, Report of the Panel, WTO Doc. WT/DS114/R v. 17.03.2000, Rn. 4.38 lit. c; *Rott*, Patentrecht und Sozialpolitik, S. 170. Vgl. auch *Lamping*, in: Hilty/Jaeger/Lamping (Hrsg.), Herausforderung Innovation, S. 119 (121), wonach Ziel und Zweck der WTO ebenfalls bei der Auslegung zu berücksichtigen seien. Vgl. auch *Korea – Dairy*, Report of the Appellate Body, WTO Doc. WT/DS98/AB/R v. 14.12.1999, Rn. 81; *Rodrigues*, The General Exception Clause of the TRIPS, S. 40.

344 So *India – Patent Protection*, Report of the Panel, WTO Doc. WT/DS50/R v. 05.09.1997, Rn. 7.19; *Gervais*, TRIPS, Art. 8, Rn. 2.123. Begründet wird die Sonderstellung insbesondere damit, das TRIPS gewähre im Unterschied zu den

der *Appellate Body* davon aus, dass das TRIPS-Übereinkommen zwar geschlossen neben den übrigen Abkommen steht und die Regelungen anderer Abkommen daher keine Anwendung auf das TRIPS-Übereinkommen finden. Zur Auslegung können sie aber dennoch herangezogen werden.[345]

Auch entspricht es dem allgemeinen völkerrechtlichen Prinzip, das besagt, völkerrechtliche Verträge seien so auszulegen, dass sie keinen Widerspruch zu anderen internationalen Abkommen bilden.[346] Auch die übrigen WTO-Übereinkommen sind daher zur Auslegung heranzuziehen.

In dem Übereinkommen über Landwirtschaft, dem TRIMS-Übereinkommen sowie dem Übereinkommen über Subventionen und Ausgleichsmaßnahmen werden eigene Übergangsfristen und Befreiungen für die am wenigsten entwickelten Länder geregelt.[347] Die Regelungen könnten daher Aufschluss darüber geben, ob lediglich die Implementierung der Regelungen gewährleistet werden soll oder ob entwicklungspolitische Ziele verfolgt werden. In Art. 15 Übereinkommen über Landwirtschaft wird zwar keine Begründung genannt, wieso die LDC von den Verpflichtungen ausgeschlossen werden. Allerdings wird eingangs darauf hingewiesen, dass die differenzierte und günstigere Behandlung (aller) Entwicklungsland-Mitglieder Bestandteil der Verhandlungen sei. Damit wird impliziert, bei dem Ausschluss für die LDC handle es sich um einen Teil der bevorzugten Behandlung. Mit dem Verweis auf die differenzierte und günstigere Behandlung wird daher zum Ausdruck gebracht, dass die Entwicklung gefördert werden soll und daher Ausnahmen zugunsten der Entwicklungs- und am wenigsten entwickelten Länder gemacht werden müssen.

In Art. 5 Abs. 2 TRIMS findet sich ebenfalls keine ausdrückliche Begründung. Im dritten Absatz wird aber die Möglichkeit der Verlängerung geregelt, die besteht, wenn ein LDC besondere Schwierigkeiten bei der Durchführung des Übereinkommens nachweisen kann. Daraus kann geschlossen werden, dass die Frist allein der Durchführung des Übereinkommens dient und darüber hinaus keine weiteren Zwecke verfolgt werden.

Schließlich werden die LDC in Art. 27 Abs. 2 Übereinkommen über Subventionen und Ausgleichsmaßnahmen von den Verpflichtungen aus dem Übereinkommen ausgenommen. In Abs. 1 wird auf die Bedeutung von Subventionen für die Wirtschaftsentwicklungsprogramme in den Entwicklungsländern hingewiesen. Die

---

übrigen Übereinkommen subjektive Rechte; vgl. *Haas*, Das TRIPS-Abkommen, S. 83; *Hermes*, TRIPS im Gemeinschaftsrecht, S. 220 ff. u. 297 ff.

345 Bspw. in *EC – Protection of Trademarks*, Report of the Panel, WTO Doc. WT/DS174/R v. 15.03.2005; *Gervais*, TRIPS, Art. 8, Rn. 2.123; *Correa*, TRIPS, S. 109 f.; *UNCTAD-ICTSD*, Resource Book on TRIPS and Development, S. 378 und Fn. 618.

346 *Cameron/Gray*, Int'l & Comp. L.Q. 50 (2001) 2, 248 (257) m.w.N; *Pauwelyn*, Am. J. Int'l L. 95 (2001) 3, 535 (550 f.); *Rott*, Patentrecht und Sozialpolitik, S. 170 u. 174. *Indonesia – Automobiles*, Report of the Panel, WTO Doc. WT/DS54/R, WT/DS55/R, WT/DS59/R, WT/DS64/R v. 02.07.1998, Teildokument 3, Rn. 14.28.

347 Vgl. dazu § 2 B III.

Übergangsfrist, die den Entwicklungsländern gewährt wird, und der Ausschluss der LDC haben daher auch die wirtschaftliche Entwicklung im Blick.

In den übrigen WTO Übereinkommen, in denen Ausnahmen für die LDC vorgesehen werden, steht – bis auf die Regelung im TRIMS – die Unterstützung bei der wirtschaftlichen Entwicklung im Vordergrund. Mithin bestätigt die Auslegung im Zusammenhang mit den übrigen Regelungen das Ergebnis, die Frist diene nicht allein der Anpassung der Gesetze, sondern verfolge darüber hinaus entwicklungspolitische Ziele in Form der Schaffung einer technologischen Grundlage.

cc. Ziel und Zweck

Das Ergebnis, die Übergangsfrist des Art. 66 Abs. 1 S. 1 TRIPS diene vornehmlich dazu, den LDC den Aufbau einer wirtschaftlichen Grundlage zu ermöglichen, muss mit dem Ziel und Zweck des TRIPS-Übereinkommens vereinbar sein.[348] Argumentiert wird, das TRIPS-Übereinkommen sei vor dem Hintergrund zunehmender Produktpiraterie geschaffen worden und sollte daher ein Mindestmaß an Schutz für das geistige Eigentum schaffen. Durch die Gewährung einer Übergangsfrist sollte lediglich allen Mitgliedstaaten das Mitwirken ermöglicht werden.[349] Diese Annahme findet sich auch in der Präambel wieder, wonach ein wirksamer und angemessener Schutz der Rechte des geistigen Eigentums gefördert werden soll. Darüber hinaus werden aber auch die Entwicklung und der technologische Fortschritt sowie die besonderen Bedürfnisse der am wenigsten entwickelten Länder anerkannt.[350]

Neben der Präambel ist zudem der übrige Vertragstext heranzuziehen.[351] In den Art. 7 und 8 TRIPS werden Ziel und Zweck konkretisiert.[352] Die Vorschriften wurden auf Bestreben der Entwicklungsländer während der Uruguay-Verhandlungsrunde

---

348 Vgl. zu Auslegung nach Ziel und Zweck bspw. *US – Anti-Dumping Measures*, Report of the Panel, WTO Doc. WT/DS179/R v. 22.12.2000, Rn. 6.99; *Palmeter/ Mavroidis*, Dispute Settlement in the WTO, S. 82; *Qureshi*, Interpreting WTO Agreements, S. 27; *Köck*, Vertragsinterpretation und Vertragsrechtskonvention, S. 86 f. Art. 31 WVK verlangt die Einbeziehung von Ziel und Zweck des gesamten Vertrags und nicht nur der in Frage stehenden Vorschrift; vgl. *Gardiner*, Treaty Interpretation, S. 133.

349 *Oberster Gerichtshof der Nation (Corte Suprema de Justicia de la Nación)*, Urteil v. 13.02.2001 – Az.: D.361.XXXIV – Dr. Karl Thomas GmbH vs. Behörde für gewerbliches Eigentum (INPI) – GRUR Int. 2002, 1037 (1038 Rn. 14).

350 *Yusuf*, in: Correa/Yusuf (Hrsg.), IP and International Trade, S. 3 (11).

351 *v. Heinegg*, in: Ipsen (Hrsg.), Völkerrecht, § 12 Rn. 15.

352 *Canada –Pharmaceutical Products*, Report of the Panel, WTO Doc. WT/DS114/R v. 17.03.2000, Rn. 7.26. Kritisiert wird, das *Panel* und der *Appellate Body* würden sich auf die Wortlautauslegung beschränken; vgl. *Höhne*, in: Busche/Stoll/Wiebe (Hrsg.), TRIPs, Art. 7, Rn. 10. Da Ziel und Zweck durch Art. 7 und 8 TRIPS eigenständige Normen bilden, könnte auch darüber nachgedacht werden, sie bereits bei der Auslegung des Zusammenhangs zu berücksichtigen; vgl. *Rott*, Patentrecht und Sozialpolitik, S. 168.

in den Vertragstext aufgenommen und sollen einen Ausgleich zwischen den widerstreitenden Interessen zwischen den Entwicklungs- und Industriestaaten schaffen.[353] Den beiden Vorschriften kommt als Bestandteil des Vertragstextes eine größere Bedeutung zu, als dem Text der Präambel, sodass sie vorrangig anwendbar sind.[354] Bei der Ermittlung von Ziel und Zweck des TRIPS-Übereinkommens sind daher maßgeblich diese Vorschriften zu beachten.[355]

Art. 7 TRIPS verlangt, dass der Schutz und die Durchsetzung der Rechte des geistigen Eigentums der Förderung der technischen Innovation dienen und zur Weitergabe und Verbreitung von Technologie sowie zum beiderseitigen Vorteil von Erzeugern und Nutzern technischen Wissens beitragen. Darüber hinaus soll der Schutz in einer dem gesellschaftlichen und wirtschaftlichen Wohl dienenden Weise erfolgen.

In Art. 8 Abs. 1 TRIPS wird den Mitgliedstaaten die Möglichkeit gegeben, bei der Abfassung oder Änderung ihrer Gesetze und sonstigen Vorschriften, Maßnahmen zu ergreifen, die zum Schutz der öffentlichen Gesundheit und der Ernährung notwendig sind. Darüber hinaus können auch solche Maßnahmen getroffen werden, die das öffentliche Interesse in der sozio-ökonomischen und technischen Entwicklung lebensnotwendiger Sektoren fördern.

---

353 GATT Doc. MTN.GNG/NG11/W/71 v. 14.05.1990; *UNCTAD-ICTSD*, Resource Book on TRIPS and Development, S. 119; *Gervais*, TRIPS, Art. 7, Rn. 2.111; *Höhne*, in: Busche/Stoll/Wiebe (Hrsg.), TRIPs, Art. 7, Rn. 1; *Correa*, TRIPS, S. 91 f.; *Malbon/Lawson/Davison*, TRIPS, Rn. 7.09; *Yusuf*, in: Correa/Yusuf (Hrsg.), IP and International Trade, S. 3 (8). Der Vorschlag wurde von dem Text des – gescheiterten – Versuchs eines *Code of Conduct on Technology Transfer* der UNCTAD beeinflusst; vgl. *Yu*, in: Correa (Hrsg.), Research Handbook on the Protection of IP under WTO Rules, S. 146 (156 f.). Kritisiert wird teilweise, dass sowohl das *Panel* als auch der *Appellate Body* die Art. 7 und 8 TRIPS zwar nennen, sie aber nicht anwenden und somit kein gerechter Ausgleich zwischen den Interessen der Rechteinhaber und der Allgemeinheit geschaffen werde; vgl. *Correa*, TRIPS, S. 94.

354 *Gervais*, TRIPS, Art. 7, Rn. 2.111; *Yu*, in: Correa (Hrsg.), Research Handbook on the Protection of IP under WTO Rules, S. 146 (S. 158); *Correa*, TRIPS, S. 93.

355 Die EG argumentierte, Art. 7 TRIPS wäre bereits bei der Ausformulierung der TRIPS-Regelungen beachtet worden und könne daher nicht mehr zur Auslegung herangezogen werden; vgl. *Canada – Patent Protection*, Report of the Panel, WTO Doc. WT/DS114/R v. 17.03.2000, Rn. 7.25; *Malbon/Lawson/Davison*, TRIPS, Rn. 7.25; *Höhne*, in: Busche/Stoll/Wiebe (Hrsg.), TRIPs, Art. 7, Rn. 9. Eine derartige Lesart würde aber Art. 7 TRIPS überflüssig machen; vgl. *Malbon/Lawson/Davison*, TRIPS, Rn. 7.26. Durch die Doha-Ministererklärung wurde die Bedeutung von Art. 7 und Art. 8 Abs. 1 TRIPS bei der Auslegung zusätzlich bekräftigt; vgl. WTO Doc. WT/MIN(01)/DEC/2 v. 20.11.2001, Rn. 5 lit. a); *Gervais*, TRIPS, Art. 7, Rn. 2.114 und 2.125; *Yu*, in: Correa (Hrsg.), Research Handbook on the Protection of IP under WTO Rules, S. 146 (152 f.); *Correa*, TRIPS, S. 103; *Höhne*, in: Busche/Stoll/Wiebe (Hrsg.), TRIPs, Art. 7, Rn. 13 f.; *Rodrigues*, The General Exception Clause of the TRIPS, S. 39.

Beide Normen werden zur Auslegung herangezogen. Sie verfolgen aber einen unterschiedlichen Zweck: während in Art. 7 TRIPS der dem Immaterialgüterrecht zugrunde liegende Zweck dargelegt wird, enthält Art. 8 Abs. 1 TRIPS Vorgaben für die Art der Umsetzung in den Mitgliedstaaten.[356]

Notwendig war es, die Rechte des geistigen Eigentums mit dem GATT-System zu verknüpfen. Das GATT 1947 hatte die Verbesserung des Lebensstandards in seinen Mitgliedstaaten durch Wirtschaftswachstum zum Ziel. Dabei sollte nicht allein die Wirtschaft der Industrienationen gestärkt, sondern auch die wirtschaftliche Lage der Entwicklungsländer verbessert werden.[357] Seitens der Entwicklungsländer wurde daher argumentiert, die Schutzrechte könnten nur dann Eingang in das GATT-System finden, wenn sie zum wirtschaftlichen Wachstum beitragen und somit die Entwicklung fördern können.[358]

In Art. 7 TRIPS wird der Interessenskonflikt zwischen dem Erfinder, für seine Erfindung belohnt zu werden, und der Allgemeinheit, Zugang zu Wissen und neuen Technologien zu erhalten, ausgeglichen.[359] Die Verbreitung von Technologien als Entwicklungsmotor ist dabei ein wesentliches Element des Art. 7 TRIPS.[360] Wie bereits erläutert, kann die Annahme, hoher Patentschutz fördere den Technologietransfer, nicht für alle Staaten gleichermaßen gelten. Durch die Formulierung "The protection and enforcement of intellectual property rights should contribute to the promotion of technological innovation" wird das Bewusstsein der Verfasser darüber deutlich, dass der Schutz zwar zur Verbreitung von Innovation beitragen soll, dies aber nicht zwangsläufig tut.[361] Daher wird in Art. 7 TRIPS die Möglichkeit eröffnet,

---

356 *Correa*, TRIPS, S. 108.

357 *Malbon/Lawson/Davison*, TRIPS, Rn. 7.22.

358 Begründet wurde das Erfordernis damit, der Schutz der Immaterialgüterrechte bringe lediglich Vorteile für die Industrienationen, da diese ihre Schutzrechte auf das Territorium der Entwicklungsländer ausdehnen wollten. Die Entwicklungsländer selbst könnten hingegen keinen Mehrwert aus einem verstärkten Schutzsystem gewinnen; vgl. MTN.GNG/NG11/W/30 v. 31.10.1988; *Malbon/Lawson/Davison*, TRIPS, Rn. 7.08; MTN.GNG/NG11/10 v. 30.11.1988, Rn. 9; *Höhne*, in: Busche/Stoll/Wiebe (Hrsg.), TRIPs, Art. 7, Rn. 1 Fn 2.

359 Dabei muss im Auge behalten werden, dass ein zu geringer Erfindungsschutz Nachteile für die Öffentlichkeit haben kann, wenn die Erfinder die Geheimhaltung vorziehen und das Wissen daher nicht der Öffentlichkeit zugänglich gemacht wird; vgl. *Gervais*, TRIPS, Art. 7, Rn. 2.112.

360 *Rodrigues*, The General Exception Clause of the TRIPS, S. 42. Die Vorschrift sei daher insb. bei der Auslegung patentrechtlicher Vorschriften von Relevanz; vgl. *Yu*, in: Correa (Hrsg.), Research Handbook on the Protection of IP under WTO Rules, S. 146 (S. 155); *Correa*, TRIPS, S. 92; *Höhne*, in: Busche/Stoll/Wiebe (Hrsg.), TRIPs, Art. 7, Rn. 2; *Yusuf*, in: Correa/Yusuf (Hrsg.), IP and International Trade, S. 3 (12).

361 *Correa*, TRIPS, S. 95 u. 97; *Yu*, in: Correa (Hrsg.), Research Handbook on the Protection of IP under WTO Rules, S. 146 (159); UN Doc. A/70/279 v. 04.08.2015, Rn. 61. Auch *Malbon/Lawson/Davison*, TRIPS, Rn. 7.32 lesen als eine mögliche

Ausnahmen vom Schutz des geistigen Eigentums vorzusehen, wenn dies der Förderung der technischen Innovation dient.[362] Durch den Ausschluss von Schutzrechten könne die Nachahmung von ausländischen Technologien insbesondere im Landwirtschafts- und Arzneimittelsektor ermöglicht werden.[363] Es finden sich aber auch Gegenstimmen, die der Auffassung sind, aus Art. 7 TRIPS folge lediglich, dass der formelle Technologietransfer – also die Lizenzvergabe oder Direktinvestitionen – gefördert werden soll. Danach sei die Nachahmung gerade nicht gestattet.[364] Die Konsequenz wäre aber, dass die LDC nicht in die Lage versetzt würden, eine eigene technologische Grundlage aufzubauen, sondern von der Investitionsbereitschaft ausländischer Unternehmen abhängig blieben.[365] Aus Art. 7 TRIPS ergibt sich demnach, dass Ausnahmen von der Umsetzungsverpflichtung mit dem Ziel des TRIPS-Übereinkommens vereinbar sind.

Daneben werden in Art. 8 Abs. 1 TRIPS der Schutz der öffentlichen Gesundheit sowie die Stärkung des öffentlichen Interesses an der sozio-ökonomischen Entwicklung als Zwecke des Übereinkommens genannt.[366] Auch in Art. 8 Abs. 1 TRIPS kommt zum Ausdruck, dass ein hohes Schutzniveau nicht automatisch dem Gesundheitsschutz oder dem Schutz anderer Interessen dienlich ist. Daher können Maßnahmen erforderlich sein, um diesen Schutz zu gewährleisten.[367] Solche Maßnahmen müssen mit den übrigen Regelungen des TRIPS-Übereinkommens vereinbar sein. Es wird daher mit Art. 8 Abs. 1 TRIPS keine allgemeine Ausnahmeregelung getroffen, die das Abweichen von den Vorschriften erlaubt,[368] sondern die Grundlage für die weiteren Ausnahmevorschriften gelegt.[369] In Staaten mit einem

---

Interpretation, die Ausgestaltung des Schutzes müsse die Weitergabe von Technologie ermöglichen. Darüber hinaus könnte unter der Formulierung aber auch zu verstehen sein, die Folge des Schutzes sei die Weitergabe von Technologie. Schließlich könnte sie aber auch so verstanden werden, dass lediglich erwartet wird, der Schutz führe zum Technologietransfer.

362 Auch kann davon ausgegangen werden, dass den Ausnahmeregeln durch die Vorschrift des Art. 7 TRIPS dieselbe Bedeutung beigemessen wird, wie den Vorschriften, in denen der Schutz der Immaterialgüterrechte geregelt wird; vgl. *Yu*, in: Correa (Hrsg.), Research Handbook on the Protection of IP under WTO Rules, S. 146 (160 f.).

363 So auch *Islam*, TRIPS Agreement of the WTO, S. 197.

364 *Maskus*, ICTSD-UNCTAD Issue Paper No. 7, May 2004, S. 30.

365 *UNCTAD-ICTSD*, Resource Book on TRIPS and Development, S. 724.

366 *Correa*, TRIPS, S. 104.

367 *Rott*, GRUR Int. 2003, 103 (105). Die Maßnahme muss dabei das letztmögliche Mittel sein. Es ist also die Maßnahme zu treffen, die am wenigsten den Handel beschränkt (in Anlehnung an die Entscheidungen zu Art. XX GATT); vgl. *Correa*, TRIPS, S. 106.

368 Die Vorschrift nehme daher eher eine Korrektivfunktion ein und sei bei der Auslegung zu berücksichtigen; vgl. *Brand*, in: Busche/Stoll/Wiebe (Hrsg.), TRIPs, Art. 8, Rn. 1.

369 *Gervais*, TRIPS, Art. 8, Rn. 2.123; *Correa*, TRIPS, S. 104.

geringen Pro-Kopf-Einkommen kann es verheerende Auswirkungen haben, wenn durch die Erteilung von Schutzrechten die Preise derart ansteigen, dass nur ein begrenzter Anteil der Bevölkerung überhaupt in der Lage ist, Arznei- oder Nahrungsmittel zu kaufen. Durch den Preisanstieg kann der Zugang zu lebensnotwendigen Medikamenten und Nahrungsmitteln verwehrt werden. Nach Art. 8 Abs. 1 TRIPS kann es daher notwendig sein, Maßnahmen zu treffen, um die Gesundheitsversorge zu sichern.

Daraus folgt in Hinblick auf Art. 66 Abs. 1 TRIPS, dass Ziel des TRIPS-Übereinkommens ist, den Technologietransfer in die Entwicklungs- und am wenigsten entwickelten Länder zu fördern. Dabei soll die Ausgestaltung des Schutzes den Technologietransfer ermöglichen und der Schutz der Gesundheit und anderer lebenswichtiger Sektoren gesichert werden. Für die am wenigsten entwickelten Länder haben der Immaterialgüterrechtsschutz und insbesondere das Patentrecht keine Anreizwirkung für den Transfer von Technologie. Das Gegenteil ist der Fall: ein zu hohes Schutzniveau kann negative Auswirkungen auf die Öffentlichkeit haben. Darüber hinaus können die Patentinhaber auf Märkten mit geringer Kaufkraft keine Gewinne erwarten. Letztlich würden sie daher ebenfalls nicht von einem hohen Schutz profitieren. Nur die Ausnahme von dem Schutz und zusätzliche Anreize zum Technologietransfer aus den anderen Mitgliedstaaten können die Weitergabe von Wissen und Innovation fördern. Der Ausschluss zum Zweck der Schaffung einer technologischen Grundlage entspricht daher dem Ziel und Zweck von Art. 7 und Art. 8 Abs. 1 TRIPS. Die Auslegung, Art. 66 Abs. 1 bezwecke die Schaffung einer technologischen Grundlage und diene nicht allein der Umsetzung der TRIPS-Vorgaben, verfolgt daher gerade Ziel und Zweck des TRIPS-Übereinkommens.[370]

Weiterhin ist bei der Auslegung von Ziel und Zweck der Grundsatz der Effektivität zu beachten. Dieser besagt, dass der Vertrag so ausgelegt werden muss, dass sein Ziel und Zweck am besten erreicht wird.[371] Die Teilnahme aller Mitgliedstaaten am TRIPS-Übereinkommen und darüber hinaus am Welthandel allgemein kann nur ermöglicht werden, wenn die Voraussetzungen für eine Teilnahme gegeben sind. Es muss daher allen Mitgliedstaaten die Möglichkeit gegeben werden, mit den anderen Mitgliedstaaten auf dem Weltmarkt zu konkurrieren. Dabei ist der erste Schritt, eine entsprechende technologische Grundlage in den LDC zu schaffen. Die Auslegung erfüllt daher ebenfalls den Grundsatz der Effektivität.

dd. Authentische Auslegung

Des Weiteren können sowohl spätere Übereinkünfte zwischen den Vertragsparteien über die Auslegung des Vertrags oder die Anwendung seiner Bestimmungen

370 I.E. so auch *Musungu*, Quaker United Nations Office, June 2007, S. 5; *Yu*, in: Correa (Hrsg.), Research Handbook on the Protection of IP under WTO Rules, S. 146 (173); *Rott*, Patentrecht und Sozialpolitik, S. 155.

371 *Buck*, Geistiges Eigentum und Völkerrecht, S. 130.

als auch spätere Übungen der Vertragsparteien in die Auslegung miteinbezogen werden. Die Auslegungsmethode wird als authentische Auslegung bezeichnet.[372]

(i) Spätere Übereinkünfte

Die Übergangsfrist aus Art. 66 Abs. 1 TRIPS wurde bisher vier Mal verlängert. Die erste Verlängerung erfolgte im Zuge der Umsetzung der Erklärung zum TRIPS und zur öffentlichen Gesundheit. In § 7 der Erklärung heißt es, dass die LDC auf Arzneimittel bis zum 1. Januar 2016 keine Patente erteilen müssen.[373] Mit Entscheidung vom 1. Juli 2002 wurde die Ministererklärung durch den TRIPS-Rat umgesetzt.[374] Die Frist wurde am 6. November 2015 bis 2033 verlängert.[375] Die Verlängerung ist dabei auf den Ausschluss in Bezug auf Patente auf Arzneimittel beschränkt. Eine Verlängerung der allgemeinen Frist in Bezug auf alle Bestimmungen des TRIPS-Übereinkommens erfolgte in den Jahren 2005[376] und 2013[377] durch den TRIPS-Rat.

Fraglich ist, ob die Verlängerungen der Übergangsfrist als Übereinkünfte zwischen den Vertragsparteien über die Auslegung des Vertrags oder die Anwendung seiner Bestimmungen betrachtet werden können. Über die Auslegung der WTO-Übereinkommen dürfen gem. Art. IX Abs. 2 WTO-Übereinkommen nur die Ministerkonferenz und der Allgemeine Rat entscheiden.[378] Die von der Ministerkonferenz verabschiedete Erklärung zum TRIPS und zur öffentlichen Gesundheit könnte sich daher zur Auslegung eignen.[379] Über die Verlängerungen der Übergangsfrist von 2005 und 2013 hat jedoch der TRIPS-Rat entschieden. Dieser ist zwar nicht befugt, Entscheidungen über die Auslegung oder Anwendung der Verträge zu treffen. Allerdings obliegt es ihm, Verlängerungen der Übergangsfrist für die LDC zu gewähren. Es könnte daher überlegt werden, ob auch Entscheidungen des

---

372 *Rott*, Patentrecht und Sozialpolitik, S. 167 (der auch die Anwendung der Verträge darunter fasst).

373 WTO Doc. WT/MIN(01)/DEC/2 v. 20.11.2001, Rn. 7.

374 WTO Doc. IP/C/25 v. 01.07.2002.

375 WTO Doc. IP/C/73 v. 06.11.2015.

376 WTO Doc. IP/C/40 v. 30.11.2005.

377 WTO Doc. IP/C/64 v. 11.06.2013.

378 In *EC – Bananas*, Report of the Appellate Body, WTO Doc. WT/DS27/AB/RW2/ECU, WT/DS27/AB/RW/USA v. 26.11.2008, Rn. 391, heißt es, mit Art. 31 Abs. 3 lit. a) WVK sei gerade die authentische Interpretation nach Art. IX Abs. 2 WTO-Übereinkommen gemeint.

379 Angenommen wird teilweise, die Auslegung, die auf der Doha-Ministerkonferenz in Bezug auf das TRIPS-Übereinkommen erfolgte, war die erste authentische Interpretation im Rahmen der WTO; vgl. *Hermann*, EuZW 2002, 37 (42); *Rott*, Patentrecht und Sozialpolitik, S. 172. A.A. *Charnovitz*, JIEL 5 (2002) 1, 207 (210). Danach lasse sich nicht feststellen, dass eine Auslegung gewünscht war. Auch wird kritisiert, die Entscheidung sei nicht auf Empfehlung des TRIPS-Rats getroffen worden und verstoße daher gegen Art. IX WTO-Übereinkommen; vgl. *UNCTAD-ICTSD*, Resource Book on TRIPS and Development, S. 718 Fn. 38.

TRIPS-Rats als Übereinkommen zwischen den Vertragsstaaten betrachtet werden können. Eine solche Annahme verstößt aber bereits gegen den Wortlaut des Art. IX Abs. 2 WTO-Übereinkommen, in dem gerade keine weiteren Organe ermächtigt werden, die Auslegung vorzunehmen.

In der Ministererklärung wurde der TRIPS-Rat aufgefordert, eine entsprechende Entscheidung zu treffen.[380] Fraglich ist dabei, ob der TRIPS-Rat auf Antrag der Ministerkonferenz entscheiden durfte. Nach Art. 66 Abs. 1 S. 2 TRIPS muss ein ordnungsgemäß begründeter Antrag eines LDC-Mitglieds vorliegen. Die Ministerkonferenz setzt sich gem. Art. IV Abs. 1 WTO-Übereinkommen aus Vertretern aller Mitgliedstaaten zusammen, also auch den LDC. Auch darf die Ministerkonferenz gem. Art. IV Abs. 1 S. 2 WTO-Übereinkommen in allen Angelegenheiten Beschlüsse fassen, die unter eines der Multilateralen Handelsübereinkommen fallen. In der Fristverlängerung auf Antrag der Ministerkonferenz kann daher keine Kompetenzüberschreitung gesehen werden.

Bei der Ministererklärung müsste es sich um ein Übereinkommen über die Auslegung oder Anwendung des TRIPS handeln.[381] Bei der Feststellung, ob es sich um ein solches handelt, ist wiederum der Wortlaut ausschlaggebend. Insbesondere Formulierungen, die darauf schließen lassen, dass eine Übereinkunft getroffen werden sollte, haben dabei Indizwirkung.[382] In der Ministererklärung heißt es: "We [...] *agree* that the least-developed country Members will not be obliged, with respect to pharmaceutical products, to implement or apply Sections 5 and 7 of Part. II of the TRIPS Agreement or to enforce rights provided for under these Sections until 1 January 2016 [...]." [Hervorhebung durch die Verfasserin].[383] Durch die Wortwahl im ersten Satz wird deutlich, dass eine Entscheidung der Minister getroffen wurde und demnach eine authentische Interpretation gem. Art. IX Abs. 2 WTO-Übereinkommen vorliegt.[384] Es kann daher zwar angenommen werden, dass eine Übereinkunft über den Ausschluss der Notwendigkeit, Patente auf Arzneimittel zu erteilen, getroffen wurde. Allerdings ergibt sich aus der Formulierung isoliert betrachtet noch nicht, weshalb ein solcher Ausschluss möglich sein soll. In § 4 der Erklärung heißt es: "We agree that the TRIPS Agreement does not and should not prevent Members from taking measures to protect public health. [...] we affirm that the Agreement *can and*

---

380 WTO Doc. WT/MIN(01)/DEC/2 v. 20.11.2001, Rn. 7. Über die Verlängerung hat daher nicht die Ministerkonferenz entschieden, weshalb es auf eine etwaige Kompetenzverletzung der Ministerkonferenz nicht ankommt.

381 So sieht es bspw. *Yusuf*, in: Correa/Yusuf (Hrsg.), IP and International Trade, S. 3 (15).

382 *Gardiner*, Treaty Interpretation, S. 243 f.; *UNCTAD-ICTSD*, Research Book on TRIPS and Development, S. 131; *Yu*, in: Correa (Hrsg.), Research Handbook on the Protection of IP under WTO Rules, S. 146 (155).

383 WTO Doc. WT/MIN(01)/DEC/2 v. 20.11.2001, Rn. 4.

384 *van Damme*, Treaty Interpretation by the WTO Appellate Body, S. 348 f. sagt, dass die Doha-Erklärung zum TRIPS und zur öffentlichen Gesundheit zumindest teilweise ein Übereinkommen über die Auslegung des TRIPS darstellt.

should be interpreted and implemented in a manner supportive of WTO Members' right to protect public health and, in particular, to promote access to medicines for all." [Hervorhebungen durch die Verfasserin].[385] Ausdrücklich wird die Auslegung des TRIPS-Übereinkommens adressiert.

Im Vordergrund der Ministererklärung steht – wie bereits ihrem Titel entnommen werden kann – der Gesundheitsschutz. Betont wird die Pflicht, den Zugang zu Medikamenten zu gewährleisten. Bei der Auslegung der TRIPS-Vorschriften muss der Gesundheitsschutz und insbesondere der Zugang zu Medikamenten stets berücksichtigt werden.[386] Durch den Auftrag an den TRIPS-Rat, die Übergangsfrist in Bezug auf Patente für Arzneimittel zu verlängern, wird deutlich, dass der Ausschluss der Verpflichtung, Patente zu erteilen, dem Gesundheitsschutz dienen soll. Zwar soll mit der Verlängerung nicht der Anstieg des Technologietransfers beeinflusst werden. Allerdings werden andere Interessen verfolgt, als die bloße Möglichkeit, den LDC Zeit zur Umsetzung zu verschaffen. Die Ministererklärung als Übereinkommen der Vertragsstaaten über die Auslegung des TRIPS-Übereinkommens bestätigt daher, dass die Übergangsfrist nicht einzig den Zweck verfolgt, den LDC mehr Zeit zur Anpassung ihrer Gesetze zu verschaffen.

(ii) Spätere Übung

Es handelt sich bei den Fristverlängerungen nicht um spätere Übungen nach Art. 31 Abs. 3 lit. b) WVK. Zum einen ist unter einer späteren Übung eine Folge von übereinstimmenden, gemeinschaftlichen und einheitlichen Handlungen zu verstehen.[387] Es sind zwar insgesamt vier Fristverlängerungen bezogen auf alle LDC-Mitglieder erfolgt.[388] Es könnte daher von einer Folge von Handlungen ausgegangen werden.[389] Allerdings weichen die Fristverlängerungen inhaltlich voneinander ab. Auf der einen Seite wurde ein Ausschluss von der Verpflichtung, Patente auf Arzneimittel zu erteilen, beschlossen. Auf der anderen Seite wurde die allgemeine Frist des Art. 66 Abs. 1 TRIPS verlängert. Es kann daher keine übereinstimmende Handlung aus den Verlängerungen abgeleitet werden.[390] Schließlich wird auch in Bezug auf

385 WTO Doc. WT/MIN(01)/DEC/2 v. 20.11.2001.

386 *UNCTAD-ICTSD*, Resource Book on TRIPS and Development, S. 131.

387 *Japan – Alcoholic Beverages*, Report of the Appellate Body, WTO Doc. WT/DS8/AB/R, WT/DS10/AB/R, WT/DS11/AB/R v. 04.10.1996, S. 12 f.; *Gardiner*, Treaty Interpretation, S. 256; *Rott*, Patentrecht und Sozialpolitik, S. 171.

388 Fristverlängerungen, die nur einem Mitgliedstaat gewährt wurden (z.B. Malediven), werden nicht beachtet, da sie nur den Einzelfall betreffen und daher inhaltlich von den Verlängerungen, die für alle LDC gelten, abweichen.

389 *Gardiner*, Treaty Interpretation, S. 254 versteht unter einer späteren Übung systematische oder sich wiederholende Anwendungen des in Frage stehenden Übereinkommens.

390 Eine gewisse Beständigkeit in den Übungen ist wesentlich dafür, einen übereinstimmenden Willen der Vertragsparteien festzustellen; vgl. *Gardiner*, Treaty Interpretation, S. 259.

spätere Übungen argumentiert, dass nach Art. IX Abs. 2 WTO-Übereinkommen nur die Ministerkonferenz und der Allgemeine Rat die Kompetenz darüber haben, die WTO-Übereinkommen auszulegen.[391] Mithin stellen die Fristverlängerungen durch den TRIPS-Rat keine spätere Übung dar, die zur Auslegung des TRIPS-Übereinkommens herangezogen werden können.

b. Auslegung des Art. 66 Abs. 1 TRIPS nach Art. 32 WVK

Nach Art. 32 WVK können ergänzende Auslegungsmittel, insbesondere die vorbereitenden Arbeiten, ebenfalls zur Auslegung herangezogen werden. Solche ergänzenden Auslegungsmittel können dabei aber lediglich das gefundene Ergebnis bestätigen oder zur Klärung beitragen, wenn durch die Auslegung nach Art. 31 WVK kein eindeutiges Ergebnis gefunden wurde. Darin kommt zum Ausdruck, dass der Text des Übereinkommens maßgeblich für die Auslegung ist und der Parteiwille lediglich eine untergeordnete Rolle spielen soll.[392]

Erst spät fanden die Übergangsfristen Einzug in die Verhandlungen.[393] Zunächst strebte die Gruppe der Entwicklungsländer ein allgemein niedrigeres Schutzniveau an. Sie forderte, Gesundheits- und Ernährungsbelange zu berücksichtigen.[394] Von der Gruppe der LDC – vertreten durch Bangladesch – wurde die Notwendigkeit betont, das wirtschaftliche Wachstum und den Zugang zu Technologien zu fördern.[395] Die Forderung nach der Einräumung einer Übergangsfrist blieb hingegen aus.[396] Da seitens der Industrienationen argumentiert wurde, der Technologietransfer könne nur durch ein hohes Maß an Schutz erreicht werden, sei die Anwendung der

---

391 *Japan – Alcoholic Beverages*, Report of the Appellate Body, WTO Doc WT/DS8/AB/R, WT/DS10/AB/R, WT/DS11/AB/R v. 04.10.1996, S. 13; *Gardiner*, Treaty Interpretation, S. 132; *Rott*, Patentrecht und Sozialpolitik, S. 172.

392 Die WVK verfolge damit einen objektiven Auslegungsansatz, der von dem subjektiven Ansatz abzugrenzen sei. Bei letzterem würde bei der Auslegung der Schwerpunkt auf den Parteiwillen gesetzt; vgl. *v. Heinegg*, in: Ipsen (Hrsg.), Völkerrecht, § 12 Rn. 4 u. 18. Bei multinationalen Organisationen sei ein übereinstimmender Parteiwille schwer zu ermitteln; vgl. *Koller*, Die unmittelbare Anwendbarkeit völkerrechtlicher Verträge, S. 88. Insbesondere dann, wenn nicht alle Vertragsparteien an den Verhandlungen über das Übereinkommen teilgenommen haben, mache es demnach Sinn, einen objektiven Ansatz zu wählen.

393 Erst während der *Mid-Term Reviews* wurde eine allgemeine Übergangsfrist vorgeschlagen; vgl. *UNCTAD-ICTSD*, Resource Book on TRIPS and Development, S. 707; GATT Doc. MTN.TNC/11 v. 21.04.1989, S. 21 Nr. 4 lit. e).

394 Vgl. dazu GATT Doc. MTN.GNG/NG11/W/71 v. 14.05.1990.

395 GATT Doc. MTN.GNG/NG11/W/50 v. 16.11.1989.

396 Eine Übergangsfrist wäre nicht notwendig gewesen, wenn das Patentrecht ausgeglichener gestaltet worden wäre; vgl. *Yu*, Loy. L.A. Int'l & Comp. L. Rev. 26 (2003) 1, 127 (135); *Adusei*, Patenting of Pharmaceuticals and Development in Sub-Saharan Africa, S. 83.

TRIPS-Vorgaben durch alle Staaten notwendig.[397] Erkannt wurde, dass die Umsetzung und die Anpassung der nationalen Gesetze Zeit in Anspruch nehmen würde. Gerade auf Grund des unterschiedlichen Schutzniveaus könne die Umsetzung unterschiedlich lange dauern.[398] Um es allen Mitgliedstaaten zu ermöglichen, ihre Gesetze an die TRIPS-Standards anzupassen, wurde daher eine Übergangsfrist vorgeschlagen.[399] Zwar wurden die Umsetzungsschwierigkeiten der Entwicklungs- und am wenigsten entwickelten Länder hervorgehoben, doch sollte die Umsetzungsfrist zunächst allen Staaten zu Gute kommen, die Schwierigkeiten bei der Umsetzung hatten.[400] Entwicklungsländern, die besondere Schwierigkeiten bei der Umsetzung haben würden, sollte eine längere Frist gewährt werden. Auch in Bezug auf die am wenigsten entwickelten Länder war nur die Sprache davon, größtmögliche Übereinstimmung mit den Mindeststandards zu erreichen.[401] Erst in späteren Entwürfen fand der Zusatz Einzug in den Text, dass den am wenigsten entwickelten Mitgliedern wegen ihrer besonderen Bedürfnisse und Erfordernisse, der wirtschaftlichen, finanziellen und administrativen Engpässe und dem Bedürfnis nach Flexibilität bei der Schaffung einer tragfähigen technologischen Grundlage, eine Verlängerung der Umsetzungsfrist in Betracht kommen solle.[402] Schließlich fand die Formulierung Einzug in den sog. *Brussels-Draft*.[403] Der Text entsprach bereits fast vollständig dem heutigen Art. 66 Abs. 1 TRIPS. Ein Unterschied bestand dabei noch darin, dass die LDC nur dann von der Anwendung befreit werden sollten, *wenn ihre Gesetze einer Änderung bedurft hätten.* Dieser Zusatz wurde mit dem sog. *Dunkel-Draft* gestrichen.[404] Während also zunächst keinerlei Bezug auf die technologische Entwicklung der LDC genommen wurde, sollte eine Befreiung von der Umsetzungsverpflichtung auf Grund der besonderen Bedürfnisse erfolgen, wenn eine Änderung der Gesetze notwendig gewesen wäre. Durch die Streichung dieses Zusatzes im finalen Entwurf kommt der Wille der Verhandlungsparteien zum Ausdruck, die Umsetzung der TRIPS-Vorgaben sei in Hinblick auf die Übergangsfrist für die LDC irrelevant. Mithin kann die Betrachtung der Entstehungsdokumente das Ergebnis bestätigen,

---

397 GATT Doc. MTN.GNG/NG11/W/49 v. 14.11.1989, Rn. D u. E.

398 GATT Doc. MTN.GNG/NG11/14 v. 12.09.1989, Rn. 74; *UNCTAD-ICTSD*, Resource Book on TRIPS and Development, S. 724.

399 GATT Docs. MTN.GNG/NG11/W/49 v. 14.11.1989, Rn. E; MTN.GNG/NG11/W/55 v. 08.12.1989, Rn. 13.3; MTN.GNG/NG11/21 v. 22.07.1990, Rn. 4.

400 GATT Doc. MTN.GNG/NG11/21 v. 22.07.1990, Rn. 4 f.

401 Vgl. dazu GATT Doc. MTN.GNG/NG11/W/76 v. 23.07.1990, S. 64; auch abgedruckt bei *Gervais*, TRIPS, Art. 65, Rn. 2.720 u. Art. 66, Rn. 2.729.

402 Draft of October 25, 1990 (informelles Dokument Nr. 2613, auf das der Vorsitzende der Verhandlungsrunde vom 01.11.1990 Bezug nimmt in GATT Doc. MTN.GNG/NG11/27 v. 14.11.1990, Rn. 1, abgedruckt in *Gervais*, TRIPS, Art. 65, Rn. 2.722); Draft of November 1, 1990, abgedruckt bei *Gervais*, TRIPS, Art. 66, Rn. 2.731.

403 GATT Doc. MTN.TNC/W/35/Rev.l v. 03.12.1990, Art. 69 (S. 226), ebenfalls abgedruckt bei *Gervais*, TRIPS, Art. 66, Rn. 2.728.

404 MTN/TNC/W/FA v. 20.12.1990, abgedruckt bei *Gervais*, TRIPS, Art. 66, Rn. 2.727.

mit der Übergangsfrist in Art. 66 Abs. 1 TRIPS solle die Entwicklung der LDC durch den Ausschluss der Umsetzungsverpflichtung gefördert werden.[405]

c. Zwischenergebnis

Die Frist in Art. 66 Abs. 1 S. 1 TRIPS dient nicht lediglich dazu, Zeit zu verschaffen, um die nationalen Rechtsordnungen an die Vorgaben des TRIPS-Übereinkommens anzupassen. Im Fokus steht vielmehr, zunächst eine technologische Grundlage zu schaffen. Daher ist die Frist nicht als Umsetzungsfrist, wie sie in Art. 65 TRIPS zu finden ist, zu bezeichnen, sondern es ist vielmehr von einer Ausschlussfrist auszugehen.

Den Industriestaaten selbst entstehen keine Nachteile, wenn sie darauf verzichten, ihre Erfindungen in den LDC durch Patente schützen zu lassen. Vielmehr wird argumentiert, die kostenlose Überlassung der Erfindungen könne als Teil der Entwicklungshilfe betrachtet werden.[406]

Dabei darf die Reichweite der Freistellung nicht überbewertet werden. Zwar wird durch die Übergangsfrist die Nachahmung und somit lokale Produktion ermöglicht. Die Produktionskapazitäten in den LDC sind aber gering. Nur in Bereichen, in denen ohne großen Aufwand – das heißt ohne modernste Maschinen und Know-how – die Nachahmung von Produkten erfolgen kann, ist es möglich, eine entsprechende Industrie aufzubauen. Die Wirkung der Befreiung hat zudem Grenzen: nur die am wenigsten entwickelten Länder sind von der Verpflichtung befreit. Sie haben daher die (rechtliche) Möglichkeit, Generika für die Versorgung ihrer eigenen Bevölkerung herzustellen oder sie in andere LDC zu exportieren. Es ist ihnen allerdings nicht gestattet, die Produkte auf ertragsreicheren Märkten zu verkaufen.[407] Auch wird kritisiert, die LDC würden dem Druck der Industriestaaten ausgesetzt und seien somit nicht in der Lage, überhaupt von der Übergangsfrist Gebrauch zu machen.[408] Schließlich gilt die Ausnahme nicht in Hinblick auf die Umsetzung der Verpflichtungen, die außerhalb des TRIPS-Gefüges bestehen. So sind die Vorgaben der PVÜ trotz Laufens der Übergangsfrist zu beachten, soweit die LDC ebenfalls Mitglieder der PVÜ sind.[409] Auch Verpflichtungen, die aus bilateralen oder

---

405 I.E. auch *South Centre/CIEL*, IP Quart. Update, First Quarter 2006, S. 3. Dort heißt es, die TRIPS-Vorgaben sollten erst umgesetzt werden, wenn ein bestimmter Entwicklungsstandard erreicht wurde. Ebenfalls *Correa*, UNCTAD LDC Report 2007, Background Paper No. 4, S. 15, der argumentiert, ein unnötig hoher Schutz sollte in den LDC verhindert werden.

406 *Gibbons*, Indiana L. Rev. 48 (2014) 1, 64 (97).

407 *Correa*, UNCTAD LDC Report 2007, Background Paper No. 4, S. 34, der die Bedeutung der Übergangsfrist für den Aufbau einer technologischen Grundlage daher als gering betrachtet.

408 *Straus*, GRUR Int. 1996, 179 (203).

409 *de Carvalho*, The TRIPS Regime of Patent Rights, 3. Auflage, Rn. 39.355; *Malbon/Lawson/Davison*, TRIPS, Rn. 66.07; *UNCTAD-ICTSD*, Resource Book on TRIPS and Development, S. 717.

regionalen Übereinkünften entstehen, bleiben von der Ausschlussfrist des Art. 66 Abs. 1 TRIPS unberührt.

2. Verlängerungen der Ausschlussfrist von 2005 und 2013

Ursprünglich wurden die LDC durch Art. 66 Abs. 1 S. 1 TRIPS bis zum 1. Januar 2006 von der Verpflichtung befreit, das vom TRIPS-Übereinkommen geforderte Schutzniveau zu gewähren. Lediglich die Prinzipien der Inländerbehandlung und der Meistbegünstigung waren nach einem Jahr ab Inkrafttreten des TRIPS-Übereinkommens zu beachten. In Art. 66 Abs. 1 S. 2 TRIPS wird die Möglichkeit vorgesehen, die Übergangsfrist zu verlängern, wenn ein ordnungsgemäß begründeter Antrag eines LDC-Mitglieds gestellt wird. Von der Gruppe der am wenigsten entwickelten Länder wurde vorgeschlagen, eine automatische Verlängerung zu etablieren. Nach dem Vorschlag sollte die Frist automatisch auf Antrag eines LDC verlängert werden, wenn bei Auslaufen der Frist eine tragfähige technologische Grundlage noch nicht erreicht wurde.[410] Seitens der Industrienationen wurde der Vorschlag mit der Begründung abgelehnt, durch die Umsetzung der TRIPS-Vorgaben werde ein Investitionsklima geschaffen, das wiederum der Etablierung einer technologischen Grundlage diene. Durch eine automatische Fristverlängerung aber würde den LDC jeglicher Anreiz genommen, die TRIPS-Vorgaben in nationales Recht umzusetzen.[411]

Der Vorschlag der LDC erscheint überflüssig. Dem Wortlaut des Art. 66 Abs. 1 S. 2 TRIPS kann ein solcher Automatismus bereits entnommen werden. Dort heißt es: "The Council for TRIPS *shall*, upon duly motivated request by a least-developed country Member, accord extensions of this period." [Hervorhebung durch die Verfasserin]. Der TRIPS Rat ist demnach verpflichtet, die Frist zu verlängern, wenn ein begründeter Antrag eines LDC-Mitglieds vorliegt. Ihm wird bei der Entscheidung, *ob* eine Verlängerung erteilt wird, kein Ermessenspielraum eingeräumt. Lediglich in Hinblick auf das „Wie" der Verlängerung, also insbesondere die Dauer, kann der TRIPS-Rat entscheiden. In Frage steht daher lediglich, wann ein derartiger begründeter Antrag der am wenigsten entwickelten Länder vorliegt. Voraussetzungen darüber werden in dem TRIPS-Übereinkommen nicht genannt. Die Gruppe der LDC hatte daher gefordert, zu konkretisieren, was unter der Bestimmung zu verstehen ist. Dabei drängte sie darauf, festzulegen, dass die LDC nicht verpflichtet seien, den Antrag zu rechtfertigen.[412] Eine solche Interpretation würde dem Wortlaut des Art. 66 Abs. 1 TRIPS aber zuwiderlaufen, da gerade das Vorliegen eines *„duly motivated request"* gefordert wird. Nur durch eine Änderung des Art. 66 Abs. 1 S. 2 TRIPS könnten die LDC von der Verpflichtung befreit werden, ihren Antrag zu begründen. Bisher konnten die am wenigsten entwickelten Länder die übrigen Mitgliedstaaten mit der Begründung, noch keine Entwicklungsfortschritte gemacht zu haben, von der Notwendigkeit einer Fristverlängerung überzeugen. Auch wäre es schwierig,

---

410 WTO Doc. TN/CTD/W/4/Add.1 v. 01.07.2002, Rn. 54.
411 WTO Doc. IP/C/M/40 v. 22.08.2003, Rn. 205 ff.
412 WTO Doc. TN/CTD/W/4/Add.1 v. 01.07.2002, Rn. 53.

unter Berücksichtigung von Ziel und Zweck des TRIPS-Übereinkommens einen solchen Antrag abzulehnen. Darüber hinaus sind keine Beweise durch die einzelnen LDC darüber notwendig, dass sie in ihrer wirtschaftlichen und technologischen Entwicklung noch keine (wesentlichen) Fortschritte erzielen konnten. Die Liste der LDC wird regelmäßig anhand von festgelegten Kriterien überprüft. Solange ein Staat auf dieser Liste verbleibt, kann davon ausgegangen werden, dass eine technologische Grundlage noch nicht existiert. Es erscheint mithin nicht notwendig, Art. 66 Abs. 1 S. 2 TRIPS dahin gehend zu ändern, die LDC von der Pflicht, ihren Antrag zu begründen, zu befreien.

Den ersten Antrag auf eine Verlängerung der Frist des Art. 66 Abs. 1 TRIPS stellten die Malediven. Der Antrag, die Übergangsfrist um weitere fünf Jahre zu verlängern, wurde damit begründet, die Malediven seien auf Grund der hohen Kosten ihrer Umsetzungsverpflichtung noch nicht nachgekommen.[413] Das (Nicht)vorliegen einer technologischen Grundlage wurde nicht thematisiert. Da die Malediven den Antrag kurz vor ihrer Graduation aus der Liste der LDC stellten, kann nicht allein von einem fehlenden Bewusstsein über den Zweck der Übergangsfrist ausgegangen werden.[414] Die Begründung, es fehle weiterhin an der technologischen Grundlage, wäre durch die Entscheidung, die Malediven aus der Liste der am wenigsten entwickelten Länder zu entfernen, schwierig geworden.[415] Die Graduation der Malediven war für das Jahr 2007 geplant. Dementsprechend wurde dem Antrag auf Fristverlängerung nur bis zum 20. Dezember 2007 entsprochen.[416] Tatsächlich graduierten die Malediven auf Grund der durch den Tsunami im indischen Ozean angerichteten Schäden aber erst 2011.[417]

Ein weiterer Antrag, die Frist des Art. 66 Abs. 1 TRIPS um weitere 15 Jahre für alle LDC zu verlängern, wurde 2005 von Sambia gestellt.[418] Der Antrag Sambias wurde zum einen damit begründet, die LDC hätten weiterhin enorme wirtschaftliche, finanzielle und administrative Engpässe und benötigten weiterhin Flexibilität, um eine tragfähige technologische Grundlage zu schaffen.[419] Zum anderen wurde betont, gerade auf Grund der wirtschaftlichen, finanziellen und administrativen

413 WTO Doc. IP/C/W/425 v. 16.08.2004; *de Carvalho*, The Trips Regime of Patents and Test Data, Rn. 66.13.

414 So auch *de Carvalho*, The Trips Regime of Trademarks and Designs, Rn. 66.5.

415 Sie wäre nicht unmöglich gewesen, da auch viele der Entwicklungsländer, die offiziell nicht mehr in die Kategorie der am wenigsten entwickelten Länder fallen, mit dem technologischen Fortschritt zu kämpfen haben.

416 WTO Doc. IP/C/35 v. 17.06.2005; *South Centre/CIEL*, IP Quart. Update, First Quarter 2006, S. 3. In den dort zitierten UN Dokumenten werden keine Daten genannt. Da aber eine dreijährige Frist gewahrt wird, ist davon auszugehen, dass Dezember 2007 als Zeitpunkt genannt werden sollte.

417 UN Docs. A/RES/59/210 v. 28.02.2005 und A/RES/60/33 v. 17.03.2006 Rn. 2; *Hawthorne*, LDC and the WTO, S. 21 u. 34.

418 WTO Doc. IP/C/W/457 v. 21.10.2005.

419 WTO Doc. IP/C/W/457 v. 21.10.2005, Rn. 2.

Engpässe werde die Umsetzung der TRIPS-Vorgaben erschwert, auch wenn bereits Schritte in diese Richtung unternommen worden seien.[420]

Ein weiterer Antrag auf eine – diesmal unbefristete – Verlängerung der Übergangsfrist wurde 2012 von Haiti, stellvertretend für die Gruppe der LDC, gestellt.[421] In dem Antrag ist ein Umdenken der LDC zu beobachten.[422] Es wird das Bedürfnis nach einer weiteren Fristverlängerung mit der Schaffung einer entsprechenden technologischen Grundlage begründet. Dabei ist an keiner Stelle die Rede von der Umsetzung der TRIPS-Vorgaben. Vielmehr wird wiederholt darauf abgestellt, den LDC stünden noch immer keine Produktionskapazitäten zur Verfügung und sie seien noch nicht derart in das Welthandelssystem integriert, als dass ein hohes Schutzniveau für sie von Vorteil wäre.[423] Darüber hinaus wird erklärt, die LDC seien nicht in der Lage, veraltete Technologien zu überwinden, obwohl der Ausbau neuerer Technologien wesentlich zu ihrem wirtschaftlichen und technologischen Wachstum beitragen könne.[424] Es wird der Inhalt des Art. 66 Abs. 1 S. 1 TRIPS wiederholt und festgestellt, die LDC hätten auch weiterhin enorme wirtschaftliche, finanzielle und administrative Schwierigkeiten. Auch das Bedürfnis nach dem Aufbau einer wirtschaftlichen Grundlage bestehe weiterhin fort.[425] Darüber hinaus wird der Antrag auf Verlängerung der Umsetzungsfrist damit begründet, gewerbliche Handlungen würden immer umfangreicher und komplexer. Es sei daher notwendig, den LDC mehr Zeit zu gewähren, damit sie in die Lage versetzt würden, leistungsfähige gewerbliche und technologische Sektoren aufzubauen. Nur dadurch könnten sie die industrielle Wertschöpfungskette nach oben klettern.[426]

Die Anträge auf Verlängerung der Übergangsfrist wurden in den beiden letzten Fällen jeweils von einem Staat in Vertretung der übrigen LDC gestellt. Dabei kann hinterfragt werden, ob ein stellvertretender Antrag für alle LDC überhaupt möglich

---

420 WTO Doc. IP/C/W/457 v. 21.10.2005, Rn. 5.

421 WTO Doc. IP/C/W/583 v. 05.11.2012.

422 Dieses Umdenken äußerte sich auch in dem *LDC Needs Assessment*, das von *ICTSD* und *Saana Consulting* durchgeführt wurde. Es wurde ein sog. *Diagnostic Toolkit* eingerichtet, das ermöglichen sollte, die Bedürfnisse der LDC zu ermitteln. Unter Anwendung dieses *Toolkit* wurde deutlich, dass die LDC Unterstützung in Bezug auf den Aufbau einer tragfähigen Grundlage benötigen und nicht in Bezug auf den Erlass von Gesetzen; vgl. *Latif*, ICTSD Information Note No. 19, April 2011, S. 2. Siehe auch WTO Doc. IP/C/W/548 v. 07.06.2010, Rn. 27.

423 WTO Doc. IP/C/W/583 v. 05.11.2012, Rn. 2.

424 WTO Doc. IP/C/W/583 v. 05.11.2012, Rn. 3 mit Bezugnahme auf das *Istanbul Programme of Action for LDC for the Decade 2011–2020 adopted by the Forth UN Conference on LDC.*

425 WTO Doc. IP/C/W/583 v. 05.11.2012, Rn. 6.

426 "Given the increasing complexity of modern industrial practices, least developed country Members need a continuing waiver from TRIPS *in order to* be able to grow economically viable industrial and technological sectors, to consolidate capacity, and to work their way up the technological value chain." [Hervorhebung durch die Verfasserin]; vgl. WTO Doc. IP/C/W/583 v. 05.11.2012, Rn. 7.

ist.[427] In Art. 66 Abs. 1 S. 2 TRIPS heißt es lediglich, die Frist sei auf begründeten Antrag *eines* am wenigsten entwickelten Mitglieds zu verlängern. Die Formulierung des Art. 66 Abs. 1 S. 2 TRIPS lässt offen, ob die Frist nur in Bezug auf das antragstellende Mitglied verlängert werden oder ob ein Mitglied den Antrag für alle übrigen LDC-Mitglieder stellen kann. Da die in Art. 66 Abs. 1 TRIPS geregelte besondere Behandlung allen LDC-Mitgliedern zu Gute kommen soll, sind keine Gründe ersichtlich, die der Möglichkeit entgegen stünden, die Frist für die gesamte Gruppe der LDC verlängern zu können. Andernfalls würde es schon keinen Sinn ergeben, Übergangsfristen für eine ganze Gruppe zu regeln, anstatt auf die individuellen Bedürfnisse der einzelnen Mitgliedstaaten gesondert einzugehen. Durch die regelmäßige Überprüfung des LDC-Status ist auch nachzuvollziehen, dass die Schwierigkeiten, mit denen die am wenigsten entwickelten Länder konfrontiert sind, weiterhin fortbestehen. Mithin kann nicht angenommen werden, die Frist könne nur im Einzelfall jeweils für ein Mitglied verlängert werden.

Im November 2005 verlängerte der TRIPS-Rat die Frist für alle LDC um sieben ein halb Jahre bis zum 1. Juli 2013.[428] Eine erneute Fristverlängerung wurde 2013 gewährt. Dem Wunsch nach einer unbefristeten Verlängerung wurde dabei allerdings nicht entsprochen. Die Übergangsfrist läuft daher lediglich bis zum 1. Juli 2021.[429] In den Erwägungsgründen wird die Bedeutung der technischen und finanziellen Zusammenarbeit bestärkt.[430] Interessant ist, dass der Fortschritt der LDC anerkannt wird, den diese in Hinblick auf die Umsetzung der TRIPS-Vorgaben bereits erreicht haben. Zudem werden die LDC angehalten, das bereits erreichte Schutzniveau einzuhalten und weiter auszubauen. Die Schaffung einer tragfähigen technologischen Grundlage soll dabei nicht beeinträchtigt werden. Auch sollen die LDC durch die Entscheidung nicht davon abgehalten werden, ihre finanziellen Einschränkungen unter anderem durch Umsetzung des Art. 66 Abs. 2 TRIPS zu überwinden.[431] Die Schaffung einer technologischen Grundlage wird dabei in den Hintergrund gerückt.

---

427 *de Carvalho*, The Trips Regime of Patens and Test Data, Rn. 66.2.

428 WTO Doc. IP/C/40 v. 30.11.2005. Die knapp bemessene Frist der Verlängerung wurde seitens der LDC kritisiert; vgl. *South Centre/CIEL*, IP Quart. Update, First Quarter 2006, S. 1.

429 WTO Doc. IP/C/64 v. 11.06.2013.

430 WTO Doc. IP/C/64 v. 11.06.2013, Erwägungsgründe 4 u. 5.

431 "Recognizing the progress least developed country Members have already made towards implementing the TRIPS Agreement, including in accordance with paragraph 5 of IP/C/40, least developed country Members express their determination to preserve and continue the progress towards implementation of the TRIPS Agreement. Nothing in this decision shall prevent least developed country Members from making full use of flexibilities provided by the Agreement to address their needs, including to create a sound and viable technological base and to overcome their capacity constraints, supported by, among other steps, implementation of Article 66.2 by developed country Members."; vgl. WTO Doc. IP/C/64 v. 11.06.2013, Rn. 2.

Zum Ausdruck kommt der Wunsch, dass vorrangig die Umsetzung der TRIPS-Vorgaben vorangetrieben werden soll.

a. Möglichkeit einer unbefristeten Verlängerung

Die Fristverlängerungen von 2005 und 2013 wurden in Hinblick auf ihre Dauer kritisiert. Während 2005 eine 15-jährige Verlängerung gefordert wurde, hatte die Gruppe der LDC in ihrem Antrag von 2012 auf eine unbefristete Verlängerung gehofft.[432] 2005 wurde die Frist lediglich um siebeneinhalb Jahre verlängert, was auf den Umstand zurückzuführen war, dass die USA ursprünglich gegen die Verlängerung der Frist waren.[433] Eine unbefristete Verlängerung der Übergangsfrist hätte zur Folge, die LDC von ihrer Verpflichtung, das geistige Eigentum zu schützen und durchzusetzen, vollständig zu befreien. Eine Befreiung soll durch Art. 66 Abs. 1 TRIPS aber nicht erreicht werden.[434] Laut Art. 66 Abs. 1 S. 2 TRIPS ist der TRIPS-Rat lediglich dazu befugt, die Frist zu verlängern. Die Befreiung von der Verpflichtung käme der Erteilung eines *waiver* gleich. Einen solchen darf gem. Art. IX Abs. 3 WTO-Übereinkommen aber wiederum nur die Ministerkonferenz mit einer Dreiviertelmehrheit erteilen. Mithin wäre der TRIPS-Rat nicht befugt, über eine unbefristete Verlängerung zu entscheiden.[435] Auch wird angenommen, dass die LDC faktisch eine unbeschränkte Frist genießen, da eine Verlängerung stets möglich sei.[436]

b. Wirksamkeit der *no-roll-back*-Klausel

Ein weiterer Kritikpunkt der Verlängerungen von 2005 und 2013 ist die Einführung einer sog. *no-roll-back*-Klausel, die derjenigen des Art. 65 Abs. 5 TRIPS ähnelt.[437] Bereits in der Entscheidung von 2005 wurde die Bedingung an die Verlängerung der Frist geknüpft, von dem bereits erreichten Schutzniveau dürfe nicht mehr derart abgewichen werden, dass eine bereits erreichte Übereinstimmung mit den TRIPS-Vorgaben wieder aufgehoben würde.[438] Zum anderen findet sich in der

---

432 Vgl. WTO Docs. IP/C/W/457 v. 21.10.2005, Rn. 2 und IP/C/W/583 v. 05.11.2012, Rn. 8.

433 WTO Doc. IP/C/M/49 v. 31.01.2006, Rn. 267 f.

434 *Primo Braga*, in: Martin/Winters (Hrsg.), The Uruguay Round and the developing countries, S. 341 (355).

435 In Bezug auf die Entscheidung zur Umsetzung des § 6 der Doha-Erklärung (WTO Doc. WT/L/540 v. 02.09.2003) wird jedoch vertreten, mit ihr sei wirksam ein *waiver* durch den TRIPS-Rat erteilt worden; vgl. *Hestermeyer*, Human Rights and the WTO, S. 282 ff.

436 *Häberli*, in: Cottier (Hrsg.), GATT-Uruguay Round, 135 (159).

437 Auf die Vergleichbarkeit weist ebenfalls *Correa*, TRIPS, S. 499 hin.

438 "Least-developed country Members will ensure that any changes in their laws, regulations and practice made during the additional transitional period do not result in a lesser degree of consistency with the provisions of the TRIPS Agreement"; vgl. WTO Doc. IP/C/40 v. 30.11.2005, Rn. 5.

Verlängerung von 2013 ebenfalls eine Klausel, in der die LDC angehalten werden, das bereits erreichte Schutzniveau beizubehalten und auf die Vereinbarkeit ihrer Gesetze mit den TRIPS-Vorgaben weiterhin hinzuarbeiten.[439] Sie weicht vom Wortlaut der Klausel ab, die 2005 beigefügt wurde. Es stellt sich mithin die Frage, ob sich dadurch eine andere Verpflichtung für die LDC ergibt. Kritisiert wurde der Wortlaut der *no-roll-back*-Klausel von 2005 mit dem Argument, es könne keine „*less consistency*" geben: Entweder seien die Gesetze der Mitgliedstaaten mit den TRIPS-Vorgaben vereinbar oder sie seien es nicht. Die Entscheidung, wann ein Gesetz mit den TRIPS-Vorgaben weniger vereinbar sei, könne nicht beantwortet werden.[440] In der Klausel von 2013 findet sich eine solche Formulierung nicht mehr. Dort heißt es lediglich, das bereits erreichte Niveau sei beizubehalten ist und die LDC hätten weiterhin an der Umsetzung des TRIPS-Übereinkommens zu arbeiten. Der Wortlaut ist hier also eindeutiger. In der Entscheidung von 2013 kann daher eine Konkretisierung der *no-roll-back*-Verpflichtung gesehen werden.

Darüber hinaus stellt sich aber die Frage, ob der TRIPS-Rat überhaupt eine derartige Bedingung an die Verlängerung der Frist knüpfen durfte. Unproblematisch wäre dies, wenn im TRIPS-Übereinkommen bereits eine solche Verpflichtung für die LDC vorgesehen wäre.[441] Nach Art. 66 Abs. 1 S. 2 TRIPS soll der TRIPS-Rat die Übergangsfrist für die am wenigsten entwickelten Länder verlängern. Er kann jedoch nicht darüber verfügen, *ob* die Frist erteilt wird. Allerdings kann er entscheiden, *wie* lange die Frist verlängert wird. Ob daraus zu schließen ist, es dürften Bedingungen an die Verlängerung geknüpft werden, erscheint fraglich. Art. 66 Abs. 1 TRIPS enthält keine Regelung, wonach von einer bereits erreichten Vereinbarkeit der nationalen Gesetze mit dem TRIPS-Übereinkommen nicht mehr abgewichen werden dürfe. Lediglich in Art. 65 Abs. 5 TRIPS werden die Mitglieder zu einem solchen *no-roll-back* verpflichtet.[442] Auf Art. 65 Abs. 5 TRIPS nimmt Art. 66 Abs. 1 TRIPS keinen Bezug. Umgekehrt fehlt in Art. 65 Abs. 5 TRIPS die Bezugnahme auf Art. 66 Abs. 1 TRIPS. Dort heißt es lediglich, die in Art. 65 Abs. 1, 2, 3 und 4 TRIPS genannten Mitglieder hätten sicherzustellen, dass Änderungen in ihren Gesetzen nicht zu einem geringeren Grad der Vereinbarkeit mit dem TRIPS-Übereinkommen

---

439 „Recognizing the progress that least developed country Members have already made towards implementing the TRIPS Agreement, including in accordance with paragraph 5 of IP/C/40, least developed country Members *express their determination* to preserve and continue the progress towards implementation of the TRIPS Agreement." [Hervorhebung durch die Verfasserin]; vgl. WTO Doc. IP/C/64 v. 11.06.2013.

440 *Abbott*, ICTSD Policy Brief No 15, May 2013, S. 5.

441 *de Carvalho*, The Trips Regime of Patents and Test Data, Rn. 65.13, der in der Entscheidung eine bloße Bestätigung dessen sieht, was im TRIPS bereits geregelt wurde.

442 Die *no-roll-back*-Regel des Art. 65 Abs. 5 TRIPS war Bestandteil des Verfahrens *Indonesia – Automobiles*, Report of the Panel, WTO Doc. WT/DS54/R, WT/DS55/R, WT/DS59/R, WT/DS64/R v. 02.07.1998, Teildokument 3, Rn. 14.282.

führen. Daraus kann im Umkehrschluss abgeleitet werden, die *no-roll-back*-Verpflichtung gelte gerade nicht für die LDC.[443] Dem kann entgegen gehalten werden, dass durch den Verweis in Art. 65 Abs. 5 TRIPS auf Art. 65 Abs. 1 TRIPS auch die am wenigsten entwickelten Mitglieder erfasst würden, da Art. 65 Abs. 1 TRIPS für alle WTO-Mitgliedstaaten unabhängig von deren Entwicklungsstatus gelte.[444] Diese Auffassung ist abzulehnen. Art. 65 Abs. 5 TRIPS verweist zusätzlich auf die in den Abs. 2, 3 und 4 genannten Mitglieder. Ein solcher Verweis wäre überflüssig, wenn bereits in Art. 65 Abs. 1 TRIPS alle Mitglieder erfasst wären. Anzunehmen ist vielmehr, dass in Abs. 1 lediglich die Staaten erfasst werden, die keine über die dort geregelte einjährige Frist hinausgehende Frist in Anspruch nehmen können. Zudem steht die *no-roll-back*-Regelung im Gefüge des Art. 65 TRIPS und somit vor Art. 66 TRIPS. Hätte die Regelung auch auf die am wenigsten entwickelten Länder Anwendung finden sollen, wäre sie im Nachgang zu Art. 66 TRIPS formuliert worden. So enthält auch Art. 67 TRIPS Regelungen, die sowohl die Entwicklungs- als auch die am wenigsten entwickelten Länder betreffen.

Auch wäre es mit dem Ziel und Zweck des TRIPS Übereinkommens – und insbesondere des Art. 66 Abs. 1 TRIPS – nicht vereinbar, eine *no-roll-back*-Verpflichtung einzuführen. Art. 66 Abs. 1 TRIPS dient gerade dazu, die am wenigsten entwickelten Länder von der Pflicht zu befreien, das geistige Eigentum zu schützen, um ihnen den Aufbau einer technologischen Grundlage zu ermöglichen. Ein hohes, dem TRIPS-Übereinkommen entsprechendes Schutzniveau, steht diesem Ziel entgegen. Auch sollen die LDC größtmögliche Flexibilität bei der Ausgestaltung ihrer Schutzrechte haben. Die Verpflichtung, an einem bereits erreichten Schutzniveau festzuhalten, würde dem Erfordernis nach Flexibilität im Wege stehen. Die Anwendung der *no-roll-back*-Regelung des Art. 65 Abs. 5 TRIPS auf die LDC wäre demnach mit Ziel und Zweck des TRIPS-Übereinkommens nicht vereinbar.

Teilweise werden die Entscheidungen über den Beitritt zur WTO als Bestätigung für die Geltung der *no-roll-back*-Regelung herangezogen. So haben sich Kambodscha und Nepal bei ihrem Beitritt verpflichtet, den bereits erreichten Schutzstandard beizubehalten.[445] Argumentiert wird, die beitretenden LDC hätten dieselben Rechte, wie die LDC, die bereits Mitglieder der WTO sind. Sie hätten sich demnach nicht auf eine Verpflichtung eingelassen, die nicht bereits für die übrigen Mitglieder gilt.[446] Außer Acht gelassen wird bei dieser Argumentation aber, dass die Beitrittsverhandlungen bilateral geführt werden. Es besteht kein Anspruch auf die Mitgliedschaft. Da sich viele Staaten Vorzüge aus der Beteiligung am Welthandelssystem versprechen,

443 *UNCTAD-ICTSD*, Resource Book on TRIPS and Development, S. 715; *Anzellotti*, in: Busche/Stoll/Wiebe (Hrsg.), TRIPs, Art. 65, Rn. 8.

444 *de Carvalho*, The Trips Regime of Patents and Test Data, Rn. 65.9.

445 WTO Docs. WT/ACC/KHM/21 v. 15.08.2003, Rn. 204 und WT/ACC/NPL/16 v. 28.08.2003, Rn. 136.

446 *de Carvalho*, The Trips Regime of Patents and Test Data, Rn. 65.10 f.

sind sie bereit, Zugeständnisse zu machen, die über das hinausgehen, was von den übrigen Mitgliedstaaten erwartet wird.[447]

Schließlich wird gegen die Anwendung des Art. 65 Abs. 5 TRIPS in Bezug auf die am wenigsten entwickelten Mitglieder argumentiert, dass den Verfassern des TRIPS-Übereinkommens die Möglichkeit bewusst war, eine derartige Regelung einzufügen, sie sich aber gegen die Aufnahme einer solchen entschieden haben.[448] So hieß es noch im November 1990, dass keine der Parteien, die von einer Umsetzungsfrist Gebrauch mache, von dem bereits erreichten Schutzniveau wieder abweichen dürfe.[449] Differenziert wurde dabei nicht zwischen dem jeweiligen Entwicklungsstand. Angenommen wird, in dem sog. *Brussels-Draft* seien die LDC von der *no-roll-back*-Verpflichtung ausdrücklich ausgeschlossen worden.[450] Der Ausschluss bezieht sich allerdings auf die – im finalen Text des TRIPS-Übereinkommens nicht mehr vorhandene – Verpflichtung, einen Überblick über den Zeitpunkt der Anwendung des Übereinkommens zur Verfügung zu stellen. Ein ausdrücklicher Ausschluss der *no-roll-back*-Verpflichtung fehlt hingegen. Daraus könnte geschlussfolgert werden, die LDC seien nicht von der *no-roll-back*-Verpflichtung befreit worden, da ein entsprechender Ausschluss fehlt.[451] Andererseits wäre der Ausschluss überflüssig, da Art. 65 Abs. 5 TRIPS nicht auf Art. 66 Abs. 1 TRIPS verweist.

Es ist daher nicht davon auszugehen, Art. 65 Abs. 5 TRIPS finde auf die LDC Anwendung.[452] In den beiden Entscheidungen über die Fristverlängerung ist daher keine bloße Bekräftigung der Anwendbarkeit zu sehen. Vielmehr liegt darin eine Bedingung, die an die Erteilung der Frist geknüpft wurde. Die Kompetenz, die Entscheidung von dem Eintritt einer Bedingung abhängig zu machen, müsste vorgesehen sein, wie der Vergleich mit anderen WTO-Regelungen zeigt. Zum Beispiel wird in Art. IX Abs. 4 WTO-Übereinkommen ausdrücklich geregelt, dass an die Erteilung eines *waiver* Bedingungen geknüpft werden können.[453] Schließlich führt die Einführung einer *no-roll-back*-Regelung zu einem schrittweisen Anstieg des Schutzes des geistigen Eigentums,[454] von dem die LDC nach Art. 66 Abs. 1 TRIPS

---

447 *Hoekman/Kostecki*, The Political Economy of the World Trading System, S. 77.

448 *Hold/Mercurio*, NCCR Working Paper No. 2012/37, S. 8; *Abbott*, ICTSD Policy Brief No 15, May 2013, S. 4.

449 Draft of 20.11.1990, Art. 65 Rn. 1.3 (informelles Dokument Nr. 2870, abgedruckt in *Gervais*, TRIPS, Art. 65, Rn. 2.723); vgl. dazu auch *Gervais*, TRIPS, Rn. 1.23 Fn. 80.

450 GATT Doc. MTN.TNC/W/35/Rev.1 v. 03.12.1990, Part. VI, Art. 69; *Rott*, Patentrecht und Sozialpolitik, S. 135.

451 In Bezug auf das Fehlen eines solchen Ausschlusses im sog. *Dunkel-Draft* vgl. *de Carvalho*, The Trips Regime of Patents and Test Data, Rn. 65.8. Er sieht in der Verhandlungsgeschichte keine Begründung für die Ausnahme der LDC.

452 I.E. so auch *UNCTAD-ICTSD*, Resource Handbook on TRIPS and Development, S. 715.

453 *Abbott*, ICTSD Policy Brief No 15, May 2013, S. 4.

454 In Bezug auf Art. 65 Abs. 5 vgl. *Anzellotti*, in: Busche/Stoll/Wiebe (Hrsg.), TRIPs, Art. 65, Rn. 8.

und nach dem Ziel und Zweck des TRIPS-Übereinkommens befreit werden sollten. Auch nimmt die Festlegung auf das bereits erreichte Schutzniveau den LDC die Möglichkeit, die TRIPS-Vorgaben flexibel an ihre Bedürfnisse anzupassen. Die *no-roll-back*-Regelung widerspricht dem Ziel und Zweck des Art. 66 Abs. 1 TRIPS und dem TRIPS-Übereinkommen im Ganzen. Es fehlt daher sowohl an einer ausdrücklichen Befugnis als auch an einer impliziten Kompetenz, Bedingungen an die Fristverlängerung zu knüpfen. Der TRIPS-Rat hat demnach nicht die Kompetenz, die Fristverlängerung an eine Bedingung zu knüpfen.[455] Daran kann auch die Tatsache nichts ändern, dass die LDC bei den Verhandlungen über die Fristverlängerungen gegen die Aufnahme der Klausel hätten stimmen können. Sie wären ansonsten Gefahr gelaufen, keine Fristverlängerung zu erhalten oder erst eine Entscheidung durch den DSB abwarten zu müssen.[456]

Zur Verlängerung der Frist war der TRIPS-Rat befugt, weshalb die Fristverlängerungen keine Kompetenzüberschreitung darstellen. Mit der Bedingung, von dem erreichten Schutzniveau nicht abzuweichen, hat der TRIPS-Rat aber seine Kompetenz überschritten und somit *ultra vires* gehandelt. Die Bedingung ist daher unwirksam.[457] Die am wenigsten entwickelten Länder können daher Gesetze nachträglich ändern, auch wenn dadurch von der bereits erlangten TRIPS-Konformität abgewichen wird.[458]

---

455 So auch *Correa*, TRIPS, S. 500; *South Centre/CIEL*, IP Quart. Update, First Quarter 2006, S. 6 f.; *Abbott*, ICTSD Policy Brief No 15, May 2013, S. 4 f.

456 Da die Entscheidungen im Konsens getroffen werden müssen, hätte bei Nichtvorliegen der DSB entscheiden müssen; vgl. *Abbott*, ICTSD Policy Brief No 15, May 2013, S. 5.

457 Vgl. zur *ultra vires* Doktrin *ICJ*, Advisory Opinion v. 08.07.1996, Legality of the Use by a State of Nuclear Weapons in Armed Conflicts, S. 80 f.; *v. Bernsdorff*, in: v. Bogdandy/Wolfrum/v. Bernsdorff/Dann/Goldmann (Hrsg.), The Exercise of Public Authority by International Institutions, S. 777 (785); *Feichtner*, The Law and Politics of WTO Waivers, S. 165. In Bezug auf die mögliche Interpretation der Entscheidung vom 30. August 2003 (WTO Doc. WT/L/540 v. 02.09.2003) als Änderung des TRIPS-Übereinkommens vgl. *Hestermeyer*, Human Rights and the WTO, S. 282. I.E. auch *South Centre/CIEL*, IP Quart. Update, First Quarter 2006, S. 6 f.; *Abbott*, ICTSD Policy Brief No 15, May 2013, S. 4. Letztere gehen von der Rechtswidrigkeit der Entscheidung aus.

458 Teilweise wird angenommen, die Maßnahme sei erst dann unwirksam, wenn sie für unwirksam erklärt wurde, es sei denn, es handelt sich um einen Verstoß gegen zwingendes Völkerrecht; vgl. *Klabbers*, Introduction to International Institutional Law, S. 217. Argumentiert werden könnte daher, die Bedingung sei erst dann unwirksam, wenn der DSB auf Antrag eines Mitgliedstaates über die Unwirksamkeit entschieden hat; vgl. dazu *Jansen*, EuZW 1994, 333 (335). Eine Handlung *ultra vires* könne zudem geheilt werden, wenn keines der Mitglieder die Entscheidung anzweifelt; vgl. *Klabbers*, Introduction to International Institutional Law, S. 218. Da bisher die *no-roll-back*-Verpflichtung nicht gerügt wurde, könnte nach dieser Auffassung daher angenommen werden, der Verstoß sei geheilt worden.

Ein Verfahren gegen ein am wenigsten entwickeltes Mitglied, das von der *no-roll-back*-Verpflichtung abweicht, hätte keinen Erfolg, da der DSB gem. Art. 3 DSU nicht befugt ist, Entscheidungen zu treffen, die über den Wortlaut der WTO-Übereinkommen hinausgehen.

c. Verhältnis zur Doha-Ministererklärung zum TRIPS und zur Öffentlichen Gesundheit

Bereits vor der Verlängerung der allgemeinen Frist des Art. 66 Abs. 1 TRIPS im Jahre 2005 wurde in Folge der Gesundheitskrise in vielen afrikanischen Staaten auf der Ministerkonferenz in Doha im Jahre 2001 beschlossen, die Frist zur Umsetzung der Vorschriften über den Patentschutz für Arzneimittel bis 2016 zu verlängern.[459]

Als eine weitere Folge der Doha-Ministererklärung wurden die LDC 2002 in Bezug auf die Anmeldung von Patenten auf Arzneimittel von der Verpflichtung aus Art. 70 Abs. 9 TRIPS befreit.[460] Nach Art. 70 Abs. 9 TRIPS sind Erzeugnissen, die nach dem sog. „*Mailbox*"-Verfahren des Art. 70 Abs. 8 TRIPS angemeldet wurden, ausschließliche Vermarktungsrechte einzuräumen.[461] Die Übergangsfrist des Art. 66 Abs. 1 TRIPS galt nicht in Hinblick auf die Art. 70 Abs. 8 und 9 TRIPS, sodass die LDC verpflichtet waren, diese ab dem Zeitpunkt des Inkrafttretens des TRIPS-Übereinkommens anzuwenden.[462] Die Verpflichtung zur Erteilung ausschließlicher Vermarktungsrechte wurde mit dem Argument kritisiert, die Befreiung von der Umsetzungsverpflichtung würde dadurch unterlaufen. Grund dafür sei, dass Generikahersteller daran gehindert würden, ihre Produkte zu vermarkten.[463] Teilweise wurde versucht, die Doha-Ministererklärung dahingehend auszulegen, dass auch ein Ausschluss von den Verpflichtungen aus Art. 70 Abs. 8 und 9 TRIPS darunter zu subsumieren sei.[464]

---

459 WTO Doc. WT/MIN(01)/DEC/2 v. 20.11.2001, Rn. 7, umgesetzt durch die Entscheidung des TRIPS-Rats, WTO Doc. IP/C/25 v. 01.07.2002, Rn. 1.

460 WTO Docs. WT/L/478 v. 12.07.2002 und WT/COMTD/W/196 v. 14.06.2013, S. 97; *Malbon/Lawson/Davison*, TRIPS, Rn. 70.27; *Gervais*, TRIPS, Art. 70, Rn. 2.770; *Lüers*, in: Busche/Stoll/Wiebe (Hrsg.), TRIPs, Art. 70, Rn. 39; *UNCTAD-ICTSD*, Resource Book on TRIPS and Development, S. 716; *Correa*, TRIPS, S. 498; *Malbon/Lawson/Davison*, TRIPS, Rn. 66.10.

461 Vgl. *Rott*, Patentrecht und Sozialpolitik, S. 135; *UNCTAD-ICTSD*, Resource Book on TRIPS and Development, S. 716.

462 *Lüers*, in: Busche/Stoll/Wiebe (Hrsg.), TRIPs, Art. 70, Rn. 30. Danach dient Art. 70 Abs. 9 TRIPS dem Ersatz des fehlenden Patentschutzes und ist daher gerade während der Laufzeit der Übergangsfrist anzuwenden; vgl. ebd., Rn. 30 u. 36.

463 *UNCTAD-ICTSD*, Resource Book on TRIPS and Development, S. 716 u. 723; *Correa*, TRIPS, S. 497 f. Tatsächlich werde aber kaum davon Gebrauch gemacht, exklusive Vermarktungsrechte einzufordern; vgl. *Oppermann*, Konsequenzen des TRIPS-Übereinkommens, S. 77.

464 *UNCTAD-ICTSD*, Resource Book on TRIPS and Development, S. 719.

2002 erteilte der Allgemeine Rat auf Vorschlag des TRIPS-Rats einen *waiver* von der Verpflichtung aus Art. 70 Abs. 9 TRIPS.[465] Der TRIPS-Rat selbst hätte keine Befugnis gehabt, über eine derartige Befreiung zu entscheiden.[466] Nach Art. IX Abs. 3 WTO-Übereinkommen hat nur die Ministerkonferenz die Kompetenz, einen solchen *waiver* zu erteilen, sodass angenommen werden könnte, der Allgemeine Rat hätte die Entscheidung ebenfalls nicht treffen dürfen. Allerdings heißt es in Art. IV Abs. 2 WTO-Übereinkommen, dass der Allgemeine Rat die Aufgaben der Ministerkonferenz zwischen ihren Tagungen wahrnimmt.

Durch den Ausschluss der Verpflichtung durch den Allgemeinen Rat wird zwar die Vermarktung von Generika ermöglicht. Exklusive Vermarktungsrechte an Produkten, die keine Arzneimittel sind, mussten danach jedoch weiterhin erteilt werden.[467]

Mit Entscheidung des Allgemeinen Rats vom 30.11.2015 wurde der *waiver* von der Verpflichtung aus Art. 70 Abs. 9 TRIPS ebenfalls bis 2033 verlängert. Auch werden darin die LDC von der Verpflichtung gem. Art. 70 Abs. 8 TRIPS, eine sog. „*Mailbox*" einzurichten, um die Anmeldung von Patenten bereits während der Übergangsfrist zu ermöglichen, befreit.[468]

Nach Art. 70 Abs. 8 TRIPS war vorgesehen, in der Zeit, in der die Mitgliedstaaten noch keinen Patentschutz gewähren, zumindest die Anmeldung von Patenten vorzusehen, um somit die Schutzfähigkeit zu gewährleisten.[469] Die sog. „*Mailbox*"-Verpflichtung ist demnach nur in den Staaten relevant, in denen es nicht möglich ist, Patentschutz gem. Art. 27 TRIPS für pharmazeutische und agrochemische Erzeugnisse zu erhalten. Mitgliedstaaten, die einen entsprechenden Schutz bieten, sind von der Regelung nicht betroffen. Diese bemisst sich gem. Art. 70 Abs. 8 lit. b) TRIPS nach dem Zeitpunkt dieser Anmeldung ab der Anwendung des TRIPS-Übereinkommens. Sobald die Mitgliedstaaten verpflichtet sind, die TRIPS-Vorgaben zu erfüllen, ist gem. Art. 70 Abs. 8 lit. c) TRIPS ab dem tatsächlichen Anmeldezeitpunkt für die verbleibende Dauer des Art. 33 TRIPS Patentschutz zu gewähren.[470] Das sog. „*Mailbox*"-System war Streitpunkt in dem ersten Verfahren, das in Bezug auf das TRIPS-Übereinkommen vor dem *Appellate Body* geführt wurde. Indien wurde darin vorgeworfen, kein angemessenes Anmeldesystem nach Art. 70 Abs. 8 TRIPS vorzusehen.[471] Festgestellt wurde, dass die Verpflichtung bereits während des Laufens der

465 *UNCTAD-ICTSD*, Resource Book on TRIPS and Development, S. 722 f.

466 *de Carvalho*, The Trips Regime of Patents and Test Data, Rn. 66.2.

467 *de Carvalho*, The Trips Regime of Patents and Test Data, Rn. 66.2.

468 WTO Doc. WT/L/971 v. 02.12.2015.

469 *India – Patent Protection*, Report of the Panel, WTO Doc. WT/DS50/R v. 05.09.1997, Rn. 7.28; *Lüers*, in: Busche/Stoll/Wiebe (Hrsg.), TRIPs, Art. 70, Rn. 32; *Malbon/Lawson/Davison*, TRIPS, Rn. 70.21.

470 Vgl. auch *Rott*, Patentrecht und Sozialpolitik, S. 135; *Bender/Michaelis*, in: Hilf/Oeter (Hrsg.), WTO-Recht, § 22 Rn. 63.

471 *Hoekman/Kostecki*, The Political Economy of the World Trading System, S. 387.

Übergangsfrist besteht.[472] Diese Verpflichtung ergibt sich bereits aus Art. 70 Abs. 8 lit. a) TRIPS, in dem Kapitel VI und somit die Übergangsregelungen aus Art. 65 und 66 TRIPS ausdrücklich ausgeschlossen werden.[473] Die Entscheidung des *Appellate Body* wurde mit dem Argument kritisiert, durch das sog. „*Mailbox*"-System verliere die Übergangsfrist in Bezug auf Arzneimittel an Bedeutung, da Patente ab dem Zeitpunkt des Inkrafttretens gewährt würden.[474]

Im Februar 2015 wurde von Bangladesch beantragt, einen *waiver* von der Verpflichtung aus Art. 70 Abs. 8 TRIPS zu erteilen. Zudem wurde beantragt, die LDC, so lange von der Verpflichtung, Patentschutz für Arzneimittel zu gewähren, auszunehmen, wie sie in dem Status eines am wenigsten entwickelten Landes verbleiben. In Bezug auf die Verpflichtung, ausschließliche Vermarktungsrechte zu erteilen, wurde die Verlängerung des *waiver* beantragt.[475] Viele Mitgliedstaaten, darunter auch die EU, unterstützten die LDC.[476] Im Dezember 2015 konnte sich schließlich sowohl auf die Verlängerung der Ausschlussfrist als auch auf die Befreiung von den Verpflichtungen aus Art. 70 Abs. 8 und 9 TRIPS geeinigt werden.[477]

Es laufen somit zwei Übergangsfristen nebeneinander. Zum einen die allgemeine Verlängerung der Ausschlussfrist des Art. 66 Abs. 1 TRIPS bis Juni 2021 und zum anderen die verlängerte Frist in Folge der Doha-Ministererklärung bis Januar 2033. Sowohl in der Ministerklärung als auch in der Entscheidung des TRIPS-Rats über ihre Umsetzung und in der Entscheidung über ihre Verlängerung von 2015 wird die Möglichkeit, weitere Fristverlängerungen zu beantragen, explizit genannt.[478] Auch die Entscheidungen von 2005 und 2013 über die allgemeine Verlängerung erlauben ausdrücklich, weitere Verlängerungen zu beantragen.[479]

Art. 66 Abs. 1 TRIPS sieht die Befreiung von der Umsetzungspflicht in Bezug auf alle Teile des TRIPS-Übereinkommens vor. Der TRIPS-Rat wäre demnach nicht befugt, die Verlängerung auf einzelne Teilbereiche zu beschränken. Die Verlängerung im Nachgang zur Doha-Ministerkonferenz wurde hingegen nur in Bezug auf Patente auf Pharmazeutika erteilt. Dabei ist die Besonderheit der Entscheidung des TRIPS-Rats zu beachten: sie wurde nicht auf Antrag eines am wenigsten entwickelten Mitgliedstaates getroffen, sondern die Ministerkonferenz hat den TRIPS-Rat aufgefordert, eine solche Entscheidung zu treffen.

---

472 *India – Patent Protection*, Report of the Panel, WTO Doc. WT/DS50/R v. 05.09.1997, Rn. 7.27; *Malbon/Lawson/Davison*, TRIPS, Rn. 65.05; *Correa*, TRIPS, S. 492.

473 *Malbon/Lawson/Davison*, TRIPS, Rn. 70.20.

474 *Blakeney*, TRIPS, Rn. 8.04.

475 WTO Doc. IP/C/W/605 v. 23.02.2015.

476 Vgl. Art. 1 Vorschlag für einen Beschluss des Rates, EU-Doc. COM(2015) 426 final – 2015/0190 (NLE) v. 10.09.2015.

477 WTO Docs. IP/C/73 v. 6.11.2015 und WT/L/971 v. 02.12.2015.

478 WTO Docs. WT/MIN(01)/DEC/2 v. 20.11.2001, Rn. 7 und IP/C/25 v. 01.07.2002, Rn. 2; *Correa*, TRIPS, S. 500.

479 WTO Docs. IP/C/40 v. 30.11.2005, Rn. 6 und IP/C/64 v. 11.06.2013, Rn. 3.

Die Frist, die für Arzneimittel gilt, läuft daher bis zum 1. Januar 2033 parallel.[480] Dabei stellt sich die Folgefrage, welche Frist maßgeblich für die Befreiung des Patentschutzes für Arzneimittel ist. So findet sich weder in der Entscheidung des TRIPS-Rats über die Umsetzung der Ministererklärung noch in der Entscheidung über ihre Verlängerung eine *no-roll-back*-Verpflichtung. Gesetze, die den Schutz von Arzneimitteln bereits vorgesehen hatten, können danach rückgängig gemacht werden.[481] Hier könnte sich ein Widerspruch zu den allgemeinen Verlängerungen von 2005 und 2013 ergeben, in denen jeweils eine *no-roll-back*-Regelung vorgesehen ist. Da der TRIPS-Rat durch das Einfügen dieser Regel aber seine Kompetenz überschritten hat, sind die *no-roll-back*-Regelungen unwirksam. Von dem bereits erreichten Schutzniveau kann daher in jedem Fall – nicht nur in Bezug auf den Patentschutz auf Pharmazeutika – wieder abgewichen werden. Ein wesentlicher Unterschied besteht in der Dauer der Frist. Patente auf Arzneimittel können für eine zusätzliche Dauer von 12 Jahren ausgeschlossen werden. Für die LDC ist es daher als ein weiterer Erfolg in Hinblick auf die Verzögerung des Patentschutzes zu werten, auch wenn ihnen kein unbefristeter Ausschluss gewährt wurde. Ein solcher käme einer Befreiung der LDC von ihrer Umsetzungsverpflichtung gleich, die vom TRIPS-Rat nicht hätte erteilt werden dürfen. Vielmehr müssten daher die LDC versuchen, einen *waiver* von ihren Umsetzungsverpflichtungen – zumindest in Bezug auf die Patentierung von Arzneimitteln – durch den Allgemeinen Rat oder die Ministerkonferenz nach Art. IX Abs. 3 WTO-Übereinkommen erteilt zu bekommen.[482]

Mit der Entscheidung über die Verlängerung der Ausschlussfrist in Bezug auf die Patenterteilung für Arzneimittel wird zudem die Problematik der Vermarktungsrechte und des sog. „*Mailbox*"-Systems thematisiert. So wurden sowohl die Verpflichtung, ausschließliche Vermarktungsrechte zu erteilen, inzwischen bis 2033 ausgeschlossen, als auch die Verpflichtung, ein „*Mailbox*"-System gem. Art. 70 Abs. 8 TRIPS vorzusehen.

3. *Nichtverletzungsbeschwerden*

Schließlich erscheint fraglich, ob der Ausschluss von der Verpflichtung, Patente gewähren zu müssen, durch das Instrument des Nichtverletzungsverfahrens gem. Art. 26 Abs. 1 DSU ausgehebelt werden kann. Auch die Umsetzung der

---

480 In Bezug auf die ursprüngliche Frist, die bis 2016 gewährt wurde vgl. *Azam*, Chi.-Kent J. Intell. Prop. 13 (2014) 2, 402 (480). Er ist der Auffassung, durch die Verlängerung von 2013 sei auch die Frist, die im Zuge die Doha-Erklärung gewährt wurde, verlängert worden.

481 Ruanda erklärte bspw. Patente nicht mehr durchsetzen zu wollen, die ein aus Kanada importiertes Generikum betreffen; vgl. WTO Doc. IP/N/9/RWA/1 v. 19.07.2007; *UNCTAD*, Using IPR to Stimulate Pharmaceutical Production, S. 39; *Malbon/Lawson/Davison*, TRIPS, Rn. 66.09.

482 Ähnlich *Rott*, Patentrecht und Sozialpolitik, S. 139 und *Kennedy*, Int'l Law. 40 (2006) 3, 683 (699).

TRIPS-Vorgaben könnte trotz mehrfacher Verlängerung der Übergangsfrist unter Umständen eine Nichtverletzungsbeschwerde begründen.[483]

Nach Art. XXIII Abs. 1 lit. b) GATT 1994 können solche Maßnahmen gerügt werden, die mit den Vorgaben der WTO-Übereinkommen zwar vereinbar sind, ein anderer Mitgliedstaat aber durch sie in seinen Vorteilen aus den Übereinkommen beeinträchtigt wird. Die Vorschrift könnte daher zur Folge haben, dass durch das Nichtgewähren von Patenten andere Vertragsstaaten keine Vorteile aus dem TRIPS-Übereinkommen ziehen können.[484] Die Anwendung einer solchen Nichtverletzungsbeschwerde wurde in Art. 64 Abs. 2 TRIPS für die Dauer von fünf Jahren ausgeschlossen. In Art. 64 Abs. 3 TRIPS heißt es zudem, der TRIPS-Rat habe während der Laufzeit dieses Moratoriums den Anwendungsbereich und die Modalitäten der Nichtverletzungsbeschwerde auszuarbeiten und der Ministerkonferenz zur Annahme vorzulegen. Insbesondere die Entwicklungsländer stellen sich gegen die Anwendung der Nichtverletzungsbeschwerde im Rahmen des TRIPS-Übereinkommens, da sie befürchten, durch die Anwendung einen höheren Schutz gewähren zu müssen.[485] Zudem wird argumentiert, das TRIPS-Übereinkommen eigne sich nicht für ein Nichtverletzungsverfahren, da es nicht den Marktzugang regle, sondern Mindestrechte zum Schutz des geistigen Eigentums vorsehe.[486] Auch könne das im TRIPS-Übereinkommen geregelte Gleichgewicht zwischen den Rechteinhabern und den Nutzern von Technologien gestört werden.[487] Die Befürworter hingegen argumentieren, die Nichtverletzungsbeschwerde biete Schutz vor einem möglichen Rechtsmissbrauch.[488] Auch müssten für das TRIPS-Übereinkommen dieselben Regeln gelten, wie für die übrigen WTO-Übereinkommen.[489] Die unterschiedlichen Auffassungen über die Anwendung der Nichtverletzungsbeschwerde im Rahmen des TRIPS-Übereinkommens haben dazu geführt, dass bisher keine Entscheidung über seine Anwendung getroffen werden konnte.[490]

---

483 Ähnlich auch *Frankel*, J. Int'l Econ. L. 12 (2009) 4, 1023 (1049). Sie bezieht sich auf die Erwartung der Mitgliedstaaten, keine über die TRIPS-Standards hinausgehenden Verpflichtungen eingehen zu müssen.

484 Ein anschauliches Bsp. liefert *Evans*, J.W.I.P. 3 (2000) 6, 867 (871 ff.).

485 *Frankel*, J. Int'l Econ. L. 12 (2009) 4, 1023 (1045).

486 WTO Doc. IP/C/W/385 v. 30.10.2002, Rn. 30 ff; *Kaiser/Frick*, in: Busche/Stoll/Wiebe (Hrsg.), TRIPs, Art. 64, Rn. 18; WTO Docs. IP/C/M/40 v. 22.08.2002, Rn. 148 und IP/C/W/349/Rev.1 v. 24.11.2004, Rn. 10; *Frankel*, J. Int'l Econ. L. 12 (2009) 4, 1023 (1044).

487 WTO Docs. IP/C/W/385 v. 30.10.2002, Rn. 21 und IP/C/W/349/Rev.1 v. 24.11.2004, Rn. 12 u. 24.

488 WTO Doc. IP/C/W/349/Rev.1 v. 24.11.2004, Rn. 11.

489 WTO Docs. IP/C/M/40 v. 22.08.2003, Rn. 170 und IP/C/W/349/Rev.1 v. 24.11.2004, Rn. 17.

490 Vgl. auch *Kaiser/Frick*, in: Busche/Stoll/Wiebe (Hrsg.), TRIPs, Art. 64, Rn. 17; *Gervais*, TRIPS, Art. 64, Rn. 2.712.

Der TRIPS-Rat wurde mehrfach aufgefordert, seine Ausarbeitung fortzusetzen und eine Empfehlung abzugeben.[491] Bis eine Entscheidung über die Anwendung durch den TRIPS-Rat getroffen wurde, sehen die Mitgliedstaaten jedoch davon ab, eine Nichtverletzungsbeschwerde einzureichen.[492] Die LDC müssen daher derzeit nicht befürchten, einem Nichtverletzungsverfahren ausgesetzt zu werden,[493] auch wenn unklar ist, ob durch die Erklärung, keine Nichtverletzungsbeschwerden zu erheben, das Moratorium verlängert wurde.[494] Lediglich in Bezug auf das Verfahren nach Art. 31*bis* TRIPS wurde mit der Änderung des TRIPS-Übereinkommens gem. Art. 31*bis* Abs. 4 TRIPS ein dauerhaftes Moratorium eingeführt, das auf die übrigen TRIPS-Regelungen jedoch nicht anwendbar ist.[495] Danach kann kein Verfahren eingeleitet werden, weil sich ein Mitgliedstaat durch die Erteilung einer Zwangslizenz nach Art. 31*bis* TRIPS in seinen Vorteilen beeinträchtigt sieht.

§ 4 Unmittelbare Anwendbarkeit des TRIPS-Übereinkommens

Die LDC sind bis Ablauf der Übergangsfrist nicht verpflichtet, ihre Gesetze an die Vorgaben des TRIPS-Übereinkommens anzupassen. Ob eine Anpassung der Gesetze notwendig ist, oder ob die TRIPS-Regelungen unmittelbare Anwendung finden können, soll im nächsten Abschnitt untersucht werden. Die unmittelbare Anwendung würde es Angehörigen anderer WTO-Mitgliedstaaten ermöglichen, sich vor Gericht

---

491 Bspw. WTO Docs. WT/MIN(01)/17 v. 20.11.2001, Rn. 11.1; WT/L/783 v. 11.12.2009; WT/L/842 v. 19.12.2011; *Gervais*, TRIPS, Art. 64, Rn. 2.711 u. 2.716; *ders.*, in: Cottier/Véron (Hrsg.), Concise International and European IP Law, Art. 64 TRIPS, S. 183; *Kaiser/Frick*, in: Busche/Stoll/Wiebe (Hrsg.), TRIPs, Art. 64, Rn. 3. Zuletzt auf der Ministerkonferenz in Nairobi 2015, WTO Doc. WT/MIN(15)/41, WT/L/976 v. 21.12.2015.

492 Vgl. bspw. WTO Docs. WT/MIN(01)/17 v. 20.11.2001, Rn. 11.1 und WT/L/842 v. 19.12.2011; *Gervais*, TRIPS, Art. 64, Rn. 2.711 u. 2.716. Zuletzt bekräftigt in WTO Doc. WT/MIN(15)/41, WT/L/976 v. 21.12.2015.

493 So hat der *Appellate Body* ausdrücklich klargestellt, er sei nicht befugt über die Anwendung der Nichtverletzungsbeschwerde zu entscheiden; vgl. *India – Patent Protection*, Report of the Appellate Body, WTO Doc. WT/DS50/AB/R v. 19.12.1997, Rn. 42; zitiert in WTO Doc. IP/C/W/124 v. 28.01.1999, Rn. 10, auch *Kaiser/Frick*, in: Busche/Stoll/Wiebe (Hrsg.), TRIPs, Art. 64, Rn. 27; *Gervais*, TRIPS, Art. 64, Rn. 2.715.

494 Die Schweiz sah in der Entscheidung keine Verlängerung des Moratoriums und geht davon aus, dieses habe nach Ablauf der fünfjährigen Frist gem. Art. 64 Abs. 2 TRIPS geendet. Auch die USA sprachen sich für eine Beendigung des Moratoriums aus; vgl. WTO Doc. IP/C/M/40 v. 22.08.2003, Rn. 167 u. 173.

495 *Taşdelen*, in: Busche/Stoll/Wiebe (Hrsg.), TRIPs, Art. 31*bis*, Rn. 22.

auf die Normen des TRIPS-Übereinkommens zu berufen, ohne dass diese zuvor in nationales Recht umgesetzt wurden.[496]

I. Grundlagen der unmittelbaren Anwendbarkeit

Neben dem Begriff der unmittelbaren oder direkten Anwendbarkeit findet sich häufig die Bezeichnung der unmittelbaren oder direkten Geltung.[497] Mit dem Begriff der Anwendbarkeit wird die völkerrechtliche Ebene beschrieben. Es soll damit die Fähigkeit eines Vertrages zum Ausdruck gebracht werden, unmittelbar angewandt werden zu können. Die Frage nach der Geltung hingegen betrifft das nationale Recht und zwar, ob der völkerrechtliche Vertrag dort Geltung erlangt hat.[498] Bevor

---

496 Das TRIPS-Übereinkommen stellt sog. Fremdenrecht dar, weshalb nur Angehörige anderer Mitgliedstaaten von einer etwaigen unmittelbaren Wirkung des TRIPS-Übereinkommens profitieren können. Den Angehörigen des eigenen Staates bleibt die unmittelbare Anwendung hingegen von vornherein verwehrt; vgl. *Drexl*, Entwicklungsmöglichkeiten des Urheberrechts im Rahmen des GATT, S. 26; *Buck*, Geistiges Eigentum und Völkerrecht, S. 45. A.A. *Fikentscher*, in: Baur/Hopt/Mailänder (Hrsg.), FS Steindorff, S. 1175 (1187 f.), der behauptet, dass der Grundsatz der Inländerbehandlung auch den Angehörigen des in Frage stehenden Nationalstaats die Möglichkeit gewährt, sich unmittelbar auf die TRIPS-Regelungen zu berufen. Auch *Gervais*, TRIPS, Art. 1, Rn. 2.27 interpretiert die Bestimmung dahingehend, dass *nicht nur* den eigenen Staatsangehörigen, sondern *auch* den Angehörigen fremder Mitgliedstaaten die Rechte gewährt werden müssen. Auch wird mit der Begründung der Rechtsgleichheit gefordert, dass sich im Falle der unmittelbaren Anwendung auch Inländer auf die TRIPS-Regelungen berufen können; vgl. *Engelberger*, Die unmittelbare Anwendbarkeit des WTO-Rechts in der Schweiz, S. 15. Unter den Angehörigen anderer Mitglieder sind gem. Art. 1 Abs. 3 Satz 2 all „diejenigen natürlichen oder juristischen Personen zu verstehen, die den Kriterien für den Zugang zum Schutz nach der Pariser Verbandsübereinkunft [...] entsprechen", unabhängig davon, ob die Mitglieder der WTO ebenfalls Mitglieder der PVÜ sind. In der PVÜ selbst findet sich allerdings keine ausdrückliche Konkretisierung; vgl. *Malbon/Lawson/Davison*, TRIPS, Rn. 1.47. Siehe auch zu dem Kriterium: *EC – Protection of Trademarks*, Report of the Panel, WTO Doc. WT/DS174/R v. 15.03.2005, Rn. 7.144. Danach könne Art. 3 PVÜ entnommen werden, dass auch Angehörigen von Drittstaaten, die nicht Mitgliedstaaten der PVÜ sind, Schutz gewährt wird, wenn sie in dem Hoheitsgebiet eines Mitgliedstaates ihren Wohnsitz haben oder ein Handelsgewerbe betreiben. Art. 3 PVÜ kann entnommen werden, dass neben den Staatsangehörigen der Mitgliedstaaten auch natürliche und juristische Personen, die ihren Wohnsitz oder ihre tatsächliche Niederlassung in einem Mitgliedstaat haben, als Angehörige zu betrachten sind; vgl. *Bender/Michaelis*, in: Hilf/Oeter (Hrsg.), WTO-Recht, § 22 Rn. 18.

497 *Schwartmann*, Private im Wirtschaftsvölkerrecht, S. 23.

498 *Koller*, Die unmittelbare Anwendbarkeit völkerrechtlicher Verträge, S. 66; *Buck*, Geistiges Eigentum und Völkerrecht, S. 44; *Schwartmann*, Private im Wirtschaftsvölkerrecht, S. 24 f.; *Buchs*, Die unmittelbare Anwendbarkeit völkerrechtlicher

festgestellt werden kann, ob ein völkerrechtlicher Vertrag im innerstaatlichen Recht Geltung erlangt, muss geklärt werden, ob der Vertrag überhaupt geeignet ist, als Entscheidungsgrundlage zu dienen. Dies ist nur dann der Fall, wenn er sich zur unmittelbaren Anwendung eignet.[499]

Ein weiterer häufig zu findender Begriff ist der des *direct effect*. Dieser entstammt der Rechtsprechung des EuGH und wird für die Wirkung von Richtlinien im innerstaatlichen Recht gebraucht. Vielerorts wird der Begriff aber auch mit dem Begriff des *self-executing* gleichgesetzt.[500] Auch die Formulierungen „unmittelbar anwendbar" und „*self-executing*" werden häufig synonym gebraucht.[501] Die Gemeinsamkeit der Begriffe liegt darin, dass ein völkerrechtlicher Vertrag im nationalen

---

Vertragsbestimmungen, S. 28; *Cottier/Nadakavukaren Schefer*, J. Int'l Econ. L. 1 (1998) 1, 83 (83 f.); *Drexl*, Entwicklungsmöglichkeiten des Urheberrechts im Rahmen des GATT, S. 28.

499 *Koller*, Die unmittelbare Anwendbarkeit völkerrechtlicher Verträge, S. 122.

500 So verwenden z.B. *Cottier/Nadakavukaren Schefer*, J. Int'l Econ. L. 1 (1998) 1, 83 ff. den Begriff "*direct effect*".

501 So etwa *Drexl*, Entwicklungsmöglichkeiten des Urheberrechts im Rahmen des GATT, S. 28, Fn. 10, der sowohl die unmittelbare Anwendbarkeit als auch den *self-executing* Charakter eines Vertrages als Voraussetzung dafür sieht, dass der Vertrag im nationalen Recht unmittelbare Geltung erlangen kann. Dies ist weitestgehend zutreffend, allerdings muss hier der unterschiedliche Ursprung der Begriffe beachtet werden. Nicht erstaunlich ist, dass der Begriff des „*self-executing*" dem anglo-amerikanischen Rechtskreis entstammt; vgl. *Schwartmann*, Private im Wirtschaftsvölkerrecht, S. 29. Ein wesentlicher Unterschied besteht darin, dass im anglo-amerikanischen Rechtskreis ein Vertrag dann als „*self-executing*" beschrieben wird, wenn er geeignet ist, sowohl von staatlichen Organen als Entscheidungsgrundlage genutzt zu werden, als auch subjektive Rechte und Pflichten für Individuen erzeugt; vgl. *Jackson*, Am. J. Int'l L. 86 (1992) 2, 310 (Fn. 1); *Fikentscher*, in: Baur/Hopt/Mailänder (Hrsg.), FS Steindorff, S. 1175 (1186); *Buchs*, Die unmittelbare Anwendbarkeit völkerrechtlicher Vertragsbestimmungen, S. 26; vgl. zur Begründung subjektiver Rechte auch *Cottier/Nadakavukaren Schefer*, J. Int'l Econ. L. 1 (1998) 1, 83 (91); *Abbott*, Ind. J. Global Legal Stud. 1 (1993) 1, 155 (159). Nach dem deutschen Verständnis der unmittelbaren Anwendbarkeit ist hingegen lediglich gemeint, dass ein Rechtsanwender, also ein Gericht oder eine Behörde, dazu in der Lage ist, seine Entscheidung auf die jeweilige Vertragsnorm zu stützen; vgl. *Zuleeg*, ZaöRV 1975, 341 (346 u. 349); *Verdross/Simma*, Universelles Völkerrecht, S. 441; *Buchs*, Die unmittelbare Anwendbarkeit völkerrechtlicher Vertragsbestimmungen, S. 26 f.; *Schwartmann*, Private im Wirtschaftsvölkerrecht, S. 27. Doch auch die Verwendung des Begriffs der unmittelbaren Anwendung ist uneinheitlich. Umstritten ist, ob darunter auch die Erteilung subjektiver Rechte und Pflichten verstanden werden soll. Es wird bspw. argumentiert, dass es Privatpersonen nicht zur Last gelegt werden soll, wenn der Staat seinen völkerrechtlichen Verpflichtungen nicht nachkommt; vgl. *Fikentscher*, in: Baur/Hopt/Mailänder (Hrsg.), FS Steindorff, S. 1175 (1190).

Recht von Gerichten und Behörden angewandt werden kann, ohne dass seine Regelungen in nationales Recht transformiert werden müssen.[502]

Eine Norm eignet sich zur unmittelbaren Anwendbarkeit, wenn sie hinreichend bestimmt ist und die unmittelbare Anwendbarkeit von den Vertragsparteien nicht ausgeschlossen wurde.[503]

II. Ausschluss der unmittelbaren Anwendbarkeit des TRIPS-Übereinkommens

Bevor die relevanten Vorschriften des TRIPS-Übereinkommens über den Patentschutz auf ihre Fähigkeit, unmittelbar angewandt werden zu können, überprüft werden können, ist zunächst herauszufinden, ob die unmittelbare Anwendung des TRIPS-Übereinkommens von vornherein ausgeschlossen wurde. Grundsätzlich kann davon ausgegangen werden, dass jeder völkerrechtliche Vertrag unmittelbar anwendbar sein kann, wenn er dazu geeignet ist. Etwas anderes kann aber dann gelten, wenn die Vertragsparteien zum Ausdruck gebracht haben, dass der Vertrag nicht unmittelbar angewandt werden soll.[504]

1. Allgemeiner Ausschluss der unmittelbaren Anwendbarkeit

In Art. 1 Abs. 1 S. 1 TRIPS wird festgelegt, dass die Mitgliedstaaten die Bestimmungen des Übereinkommens anzuwenden haben.[505] Dabei wird ihnen zum einen in Art. 1 Abs. 1 S. 2 TRIPS die Freiheit gewährt, mit ihren nationalen Regelungen über das TRIPS-Niveau hinauszugehen.[506] Zum anderen wird den Mitgliedstaaten in Satz 3

---

502 *Jackson*, Am. J. Int'l L. 86 (1992) 2, 310 (ebd., u. 321); *Zuleeg*, ZaöRV 1975, 341 (349); *Schwartmann*, Private im Wirtschaftsvölkerrecht, S. 27 f.; *Vázquez*, AJIL 89 (1995) 4, 695 (695).

503 Jede Vertragsnorm für sich ist auf ihre Fähigkeit, unmittelbar angewandt werden zu können, zu prüfen; vgl. *Koller*, Die unmittelbare Anwendbarkeit völkerrechtlicher Verträge, S. 92; *Gervais*, TRIPS, Art. 1 Rn. 2.25; *Buck*, Geistiges Eigentum und Völkerrecht, S. 45; *Schwartmann*, Private im Wirtschaftsvölkerrecht, S. 26; *Cottier/Nadakavukaren Schefer*, J. Int'l Econ. L. 1 (1998) 1, 83 (92).

504 *Schwartmann*, Private im Wirtschaftsvölkerrecht, S. 39; *Jackson*, Am. J. Int'l L. 86 (1992) 2, 310 (328); *Drexl*, Entwicklungsmöglichkeiten des Urheberrechts im Rahmen des GATT, S. 29; *Zuleeg*, ZaöRV 1975, 341 (354 ff.); *Verdross/Simma*, Universelles Völkerrecht, S. 442, die darin das subjektive Element der unmittelbaren Anwendbarkeit sehen.

505 In der engl. Fassung heißt es: "Members shall give effect". Bereits aus Art. 26 WVK ergibt sich die Verpflichtung, völkerrechtliche Verträge umzusetzen; vgl. *Barbosa*, in: Correa (Hrsg.), Research Handbook on the Protection of IP under WTO Rules, S. 52 (52 f.).

506 In dieser Formulierung kommt zum Ausdruck, dass das TRIPS-Übereinkommen Mindeststandards setzen möchte; vgl. *China – Measures*, Report of the Panel, WTO Doc. WT/DS362/R v. 26.01.2009, Rn. 7.513; *Canada – Term of Patent Protection*,

die Möglichkeit geboten, die Art der Umsetzung frei zu wählen. Gefordert wird nur, den Regelungen des Abkommens im jeweiligen nationalen Recht Wirksamkeit zu verleihen. Von den Mitgliedstaaten soll die für ihre Rechtspraxis geeignete Methode ausgesucht und die Rechtstradition gewahrt werden.[507] Was unter der geeigneten Methode verstanden wird, ist von den Mitgliedstaaten selbst zu entscheiden. Allerdings hat der DSB die Befugnis zu prüfen, ob die Art der Umsetzung seiner Auffassung nach geeignet ist. Es obliegt dann dem jeweiligen Staat zu beweisen, dass ihm keine besser geeignete Methode zur Verfügung stand. Das TRIPS-Übereinkommen verlangt von den Mitgliedstaaten nicht zwingend den Erlass nationaler Gesetze, um seine Vorgaben umzusetzen. Es kann daher möglich sein, dass die Rechtsordnung eines Mitgliedstaates vorsieht, völkerrechtliche Abkommen unmittelbar anzuwenden.[508]

Für die Annahme der unmittelbaren Anwendbarkeit spricht zudem, dass die durch Art. 2 Abs. 1 TRIPS inkorporierten Regelungen der PVÜ als unmittelbar anwendbar eingestuft werden.[509]

Etwas anderes könnte angenommen werden, wenn man den Wortlaut der Art. 8 Abs. 1 und Art. 63 TRIPS betrachtet. In beiden Fällen wird von den nationalen Gesetzen gesprochen, die von den Mitgliedstaaten zur Umsetzung der TRIPS-Vorgaben erlassen werden. Hieraus wird teilweise die Schlussfolgerung gezogen, der Erlass nationaler Regelungen sei notwendig, und das TRIPS-Übereinkommen könne nicht unmittelbar angewandt werden.[510] Allerdings werden dabei lediglich Regelungen aufgestellt, die beachtet werden müssen, wenn eigene Gesetze erlassen werden. Daraus lässt sich nicht schließen, dass zwingend nationale Gesetze erlassen werden müssen.

Gegen die unmittelbare Anwendbarkeit des TRIPS-Übereinkommens könnte aber sprechen, dass die Regelungen der WTO grundsätzlich nicht als unmittelbar anwendbar betrachtet werden.[511] Begründet wird dies damit, das Übereinkommen zur Errichtung der WTO beruhe auf dem Prinzip der Reziprozität. Dieses besagt,

---

Report of the Panel, WTO Doc. WT/DS170/R v. 05.05.2000, Rn. 6.87; *Malbon/Lawson/Davison*, TRIPS, Rn. 1.05; *Gervais*, TRIPS, Art. 1, Rn. 2.24.

507 *India – Patent Protection*, Report of the Appellate Body, WTO Doc. WT/DS50/AB/R v. 19.12.1997, Rn. 59; *Lüers*, in: Busche/Stoll/Wiebe (Hrsg.) TRIPs, Art. 1, Rn. 6.

508 *Gervais*, TRIPS, Art. 65, Rn. 2.724.

509 *Bodenhausen*, PVÜ, S. 6 f.; *Fikentscher*, in: Baur/Hopt/Mailänder (Hrsg.), FS Steindorff, S. 1175 (1189 m.w.N.); *Drexl*, GRUR Int. 1994, 777 (779); *Haas*, Das TRIPS-Abkommen, S. 208. Auch *Koller*, Die unmittelbare Anwendbarkeit völkerrechtlicher Verträge, S. 97 führt Abkommen, die dem Schutz des geisteigen Eigentums dienen, als Beispiele für Abkommen auf, die unmittelbar anwendbar sind.

510 *de Carvalho*, The Trips Regime of Patent Rights, 3. Auflage, Rn. 1.1. Inzwischen heißt es, die meisten Regelungen seien nicht unmittelbar anwendbar; vgl. *de Carvalho*, The Trips Regime of Patents and Test Data, Rn. 1.1.

511 WTO Doc. WT/DS152/R v. 22.12.1999, Rn. 7.72; *Barbosa*, in: Correa (Hrsg.), Research Handbook on the Protection of IP under WTO Rules, S. 52 (63 f.).

dass sich die Staaten gegenseitig dieselben Zugeständnisse machen.[512] Das Prinzip könne nicht gewahrt werden, wenn eines der Abkommen unmittelbar angewandt werde.[513] Allerdings wird das Prinzip der Gegenseitigkeit insbesondere dort relevant, wo es keine effektiven Durchsetzungsmechanismen gibt.[514] Durch den Streitbeilegungsmechanismus kann die Um- und Durchsetzung überprüft werden. Zudem läuft das Argument in Hinblick auf das TRIPS-Übereinkommen leer, da dieses Rechte Einzelner begründen möchte, indem es Eigentumsrechte generiert, die personenbezogen sind.[515]

Ein weiteres Argument gegen die unmittelbare Anwendbarkeit kann Art. XVI Nr. 4 WTO-Übereinkommen entnommen werden. In diesem wird den Mitgliedstaaten die Pflicht auferlegt, ihre nationalen Gesetze in Einklang mit den Regelungen der Annexe des WTO-Übereinkommens zu bringen. Aus dieser Formulierung könnte geschlossen werden, dass nationale Regelungen, die den Regelungen der WTO-Übereinkommen entgegenstehen, geändert werden müssen. Doch auch durch die unmittelbare Anwendung kann Einklang mit den WTO-Regelungen erreicht werden.[516]

Durch die unmittelbare Anwendung der WTO-Abkommen könnte die Möglichkeit der Derogation unterlaufen werden.[517] Grundsätzlich hat ein Staat die Pflicht, einen Verstoß gegen die WTO-Regelungen einzustellen. Da dies Zeit in Anspruch nehmen kann, sieht Art. 22 Abs. 1 DSU die Zahlung von Kompensationsleistungen vor, solange kein vertragsgemäßer Zustand erreicht werden kann. Gemäß Abs. 2 können zudem Verhandlungen darüber stattfinden, ob anstelle der Anpassung des nationalen Rechts weitere Kompensationen geleistet werden.[518] Ein Staat hat somit

---

512 *Dolzer/Kreuter-Kirchhof*, in: Vitzthum/Proelß (Hrsg.), Völkerrecht, S. 455 (472).

513 Vgl. dazu 3. Begründungserwägung des WTO-Übereinkommens; *EuGH* Urteil v. 23.11.1999 – C-149/96, Slg. 1999 I-08395 – Portugal/Rat, Rn. 42; *Hermes*, TRIPS im Gemeinschaftsrecht, S. 209 u. 215; *v. Bogdandy*, EuZW 2001, 357 (361); *ders./Makatsch*, EuZW 2000, 261 (266).

514 *Dolzer/Kreuter-Kirchhof*, in: Vitzthum/Proelß (Hrsg.), Völkerrecht, S. 455 (472 f.).

515 *Haas*, Das TRIPS-Abkommen, S. 205 ff.; *Hermes*, TRIPS im Gemeinschaftsrecht, S. 220 ff.

516 *Schwartmann*, Private im Wirtschaftsvölkerrecht, S. 26.

517 *EuGH* Urteil v. 23.11.1999 – C-149/96, Slg. 1999 I-08395 – Portugal/Rat, Rn. 40; *Haas*, Das TRIPS-Abkommen, S. 200 u. 214 f. So wird auch vom Oberen Gerichtshof in Brasilien in Anlehnung an die Rechtsprechung des EuGH argumentiert, dass den Mitgliedstaaten durch die unmittelbare Anwendbarkeit die Möglichkeit genommen würde, Sanktionen gegenüber anderen Mitgliedstaaten dadurch zu verhängen, dass vertragsbrüchigen Mitgliedern bestimmte Rechte verweigert werden könnten; vgl. *Oberer Gerichtshofs (Superior Tribunal de Justicia)*, Entscheidung v. 15.04.2009 – Extraordinary Appeal No. 960.728 – RJ 2007/0134338-8E.I. – Du Pont de Nemours and Company v. INPI, "Patent Term Extension I", zitiert bei *Heath*, IIC 2010, 601 (603).

518 *EuGH* Urteil v. 23.11.1999 – C-149/96, Slg. 1999 I-08395 – Portugal/Rat, Rn. 40; *Hermes*, TRIPS im Gemeinschaftsrecht, S. 208 u. 227.

die Möglichkeit, sich bewusst dafür zu entscheiden, vertragsbrüchig zu werden und Kompensationsleistungen zu zahlen, anstatt aufgezwungene Regelungen zu erlassen. Wird ein Abkommen unmittelbar angewandt, kann von dieser Möglichkeit kein Gebrauch mehr gemacht werden. Die Verhandlungsposition einer Regierung würde zudem dadurch geschwächt, dass Regelungen nicht mehr als Sanktion aufgehoben werden könnten.[519] In dem Fall, dass eine nationale Regelung als nicht konform mit dem WTO-Recht betrachtet wird, besteht dann nur noch die Option, diese Regelung nicht mehr anzuwenden.[520]

Der DSB hat noch nicht abschließend über die unmittelbare Anwendbarkeit des WTO-Rechts entschieden. Zwar verneinte das *Panel* die unmittelbare Anwendbarkeit im Fall *US-Sections 301–310 of the Trade Act of 1974* und stellte fest, dass das WTO-Recht lediglich eine indirekte Wirkung entfalte.[521] Allerdings merkte das Panel an, dass es nicht abschließend über die Frage der unmittelbaren Anwendbarkeit entscheiden werde und es somit den Mitgliedstaaten obliege, die unmittelbare Anwendbarkeit der WTO-Abkommen zu regeln.[522] In der Entscheidung des DSB ist mithin nur zum Ausdruck gebracht worden, dass keine Verpflichtung besteht, die WTO-Abkommen unmittelbar anzuwenden. Umgekehrt soll es den Mitgliedstaaten aber nicht verwehrt werden, von einer solchen Möglichkeit Gebrauch zu machen. Argumentiert wird zudem, der DSB habe nicht die Kompetenz, die unmittelbare Anwendbarkeit auszuschließen. Dies kann darauf gestützt werden, dass Art. 3 Abs. 2 DSU es verbiete, Rechte aus den Abkommen einzuschränken oder über die in den Abkommen geregelten Verpflichtungen hinauszugehen.[523]

Dem TRIPS-Übereinkommen kommt zudem eine Sonderstellung im Rahmen der WTO zu.[524] Diese Sonderstellung ergibt sich gerade aus der Feststellung, dass es sich bei den Rechten des geistigen Eigentums um private Rechte handelt.[525] Im vierten Erwägungsgrund der Präambel des TRIPS-Übereinkommens heißt es, die Rechte

---

519 *Zuleeg*, ZaöRV 1975, 341 (355); Art. 22 Abs. 2 a.E. DSU.

520 *Cottier/Nadakavukaren Schefer*, J. Int'l Econ. L. 1 (1998) 1, 83 (113); *Hermes*, TRIPS im Gemeinschaftsrecht, S. 227. Dieses Problem besteht allerdings nur in den Fällen, in denen dem Völkerrecht ein höherer Rang eingeräumt wird, als dem nationalen Recht.

521 *US – Sections 301–310*, Report of the Panel, WTO Doc. WT/DS152/R v. 22.12.1999, Rn. 7.72 ff.; *Hermes*, TRIPS im Gemeinschaftsrecht, S. 218 f.; *Karky*, Ann. Surv. Int'l & Comp. L. 17 (2011) 1, 209 (222 u. 224).

522 *US – Sections 301–310*, Report of the Panel, WTO Doc. WT/DS152/R v. 22.12.1999, Rn. 7.72 Fn. 661; *Schwartmann*, Private im Wirtschaftsvölkerrecht, S. 57.

523 v. *Bogdandy/Makatsch*, EuZW 2000, 261 (266); *v. Bogdandy*, EuZW 2001, 357 (360).

524 *India – Patent Protection*, Report of the Panel, WTO Doc. WT/DS50/R v. 05.09.1997, Rn. 7.19; *Hermes*, TRIPS im Gemeinschaftsrecht, S. 220; *Drexl*, GRUR Int. 1994, 777 (784); *Schäfers*, GRUR Int. 1996, 763 (775); *Eeckhout*, C.M.L.Rev. 34 (1997) 1, 11 (32); *Helfer*, Harv. Int'l L. J. 39 (1998) 2, 357 (359 f. u. 387 f.); *Haas*, Das TRIPS-Abkommen, S. 207; *Petersmann*, The WTO/GATT Dispute Settlement System, S. 213.

525 *Hermes*, TRIPS im Gemeinschaftsrecht, S. 221; *Schäfers*, GRUR Int. 1996, 763 (775). Die Frage nach der unmittelbaren Anwendbarkeit stelle sich insbesondere dann,

des geistigen Eigentums stellen private Rechte dar.[526] Es werden demnach nicht nur Staaten adressiert.[527] Zudem ist in der Formulierung zu lesen, dass subjektive Rechte begründet werden, die die stärkste Form der unmittelbaren Anwendung darstellen.[528]

Für die unmittelbare Anwendung könnten zudem Ziel und Zweck des TRIPS-Übereinkommens – den Schutz der Rechte des geistigen Eigentums zu gewährleisten – sprechen. Dadurch wird die Eigentumsgarantie gewährleistet und somit der Grundrechtsschutz gestärkt.[529] Gerade in Staaten, in denen die Menschenrechte nicht umfassend garantiert werden, sei dies von Bedeutung. Es werde daher gerade der Schutz von Privaten bezweckt, die von den TRIPS-Regelungen profitieren sollen.[530] Bestärkt wird dieses Argument dadurch, dass Art. 1 Abs. 3 S. 1 TRIPS die Staatsangehörigkeit als Voraussetzung nennt, ob Schutz gewährleistet wird oder nicht. Dies steht im Gegensatz zu den Regelungen des GATT, die an die Herkunft der Ware anknüpfen.[531] Allerdings kann hiergegen eingewandt werden, dass die wirtschaftliche Verwertungsmöglichkeit der Immaterialgüter den Schutzgegenstand des TRIPS-Übereinkommens – als Abkommen innerhalb des Welthandelsrechts – darstellt.[532]

Fraglich ist weiterhin, ob das TRIPS-Übereinkommen eine harmonisierende Wirkung haben soll. Die Harmonisierung der Rechtsordnungen könnte gerade durch die unmittelbare Anwendung der Regelungen gestärkt werden. Es wird vertreten, dass die WTO nicht dazu legitimiert sei, rechtsharmonisierend tätig zu werden. Sie könne kein transnationales Recht schaffen.[533] Darüber hinaus werden durch das TRIPS-Übereinkommen Mindeststandards gesetzt, die es in jedem Falle einzuhalten

---

wenn private Rechte geregelt werden; vgl. *Karky*, Ann. Surv. Int'l & Comp. L. 17 (2011) 1, 209 (213 f.).

526 *Drexl*, Entwicklungsmöglichkeiten des Urheberrechts im Rahmen des GATT, S. 283; *Flemisch*, Umfang der Berechtigungen und Verpflichtungen aus völkerrechtlichen Verträgen, S. 101 f.

527 *Haas*, Das TRIPS-Abkommen, S. 207; *Hermes*, TRIPS im Gemeinschaftsrecht, S. 221; *Schwartmann*, Private im Wirtschaftsvölkerrecht, S. 46.

528 *Buchs*, Die unmittelbare Anwendbarkeit völkerrechtlicher Vertragsbestimmungen, S. 40; *Zuleeg*, ZaöRV 1975, 341 (358).

529 *Haas*, Das TRIPS-Abkommen, S. 208.

530 *Schwartmann*, Private im Wirtschaftsvölkerrecht, S. 48.

531 *Hermes*, TRIPS im Gemeinschaftsrecht, S. 221 u. 224; *Gervais*, TRIPS, Art. 1, Rn. 2.27.

532 *Haas*, Das TRIPS-Abkommen, S. 215. Hier macht sich die Einordnungsschwierigkeit des TRIPS-Übereinkommens innerhalb der internationalen Wirtschaftsordnung bemerkbar. Siehe dazu bspw. *Krajewski*, Wirtschaftsvölkerrecht, Rn. 491 f.

533 *v. Bogdandy*, EuZW 2001, 357 (362). Auch *Malbon/Lawson/Davison*, TRIPS, Rn. 1.05 u. 1.10 argumentieren, das TRIPS-Übereinkommen wolle keine Harmonisierung vornehmen, da es lediglich Mindeststandards setze und den Mitgliedstaaten die Wahl der Umsetzungsmethode überlasse.

gilt. Den Staaten wird nicht verboten, darüber hinausgehende Regelungen treffen. Ein gewisses Maß an Mindestharmonisierung wird dadurch aber bezweckt.[534]

Auch hier ist der Effektivitätsgrundsatz zu beachten. Ziel des TRIPS-Übereinkommen ist es, einen umfassenden Mindestschutz für die Rechte des geistigen Eigentums zu sichern. Die Mitgliedstaaten sind dabei dazu angehalten, diese Mindestrechte in ihrem nationalen Recht zu gewährleisten. Sie sind daher völkerrechtlich verpflichtet, das vom TRIPS-Übereinkommen vorgegebene Mindestmaß an Schutz zu gewähren. Es kann also nicht dem Ziel des TRIPS-Übereinkommens zuwiderlaufen, wenn seine Vorgaben unmittelbar angewandt werden.[535] Vielmehr stellt die unmittelbare Anwendung der Schutzrechte die einfachste Art dar, den Mindestschutz zu gewährleisten.[536] Auch würden die Mitgliedstaaten nicht Gefahr laufen, den TRIPS-Anforderungen durch die von ihnen gewählte Form der Umsetzung nicht gerecht zu werden. Dem TRIPS-Übereinkommen könnte schließlich auch dadurch zu größerer Effektivität verholfen werden, dass die Regelungen vor nationalen Gerichten durchgesetzt werden können.[537]

Für die EU wurde mit dem Ratsbeschluss 94/800 zur Umsetzung der Uruguay Runde die unmittelbare Anwendung der darin verabschiedeten Abkommen ausgeschlossen.[538] Auch wurde die unmittelbare Anwendbarkeit des TRIPS-Übereinkommens vom EUGH verneint.[539] Die US-amerikanische Verfassung verleiht völkerrechtlichen

---

534 *Staehelin*, TRIPs, S. 52; *Hermes*, TRIPS im Gemeinschaftsrecht, S. 222.

535 *Haas*, Das TRIPS-Abkommen, S. 211. Zum Mindestschutz vgl. *Staehelin*, TRIPs, S. 52 f.

536 *Haas*, Das TRIPS-Abkommen, S. 205 u. 208 f.; *Hermes*, TRIPS im Gemeinschaftsrecht, S. 223. Es wird argumentiert, die Durchsetzung der Rechte würde abgeschwächt werden, wenn die Möglichkeit der unmittelbaren Anwendbarkeit nicht bestünde. Auch *Drexl*, GRUR Int. 1994, 777 (785) sieht den Vorteil der unmittelbaren Anwendbarkeit in der nationalen Rechtsdurchsetzung.

537 *Buchs*, Die unmittelbare Anwendbarkeit völkerrechtlicher Vertragsbestimmungen, S. 37 in Anlehnung an die Rechtsprechung des EuGH – bspw. in EuGH Urteil v. C-148/79, Slg. 1979 01629 – Korter/Rat, Rn. 18–24, die die Möglichkeit der direkten Anwendung von nicht fristgerecht umgesetzten Richtlinien als Sanktion für die Mitgliedstaaten betrachtet; vgl. auch *Drexl*, GRUR Int. 1994, 777 (785).

538 EU Doc. 94/800/EG v. 23.12.1994, 11. Erwägungsgrund; *v. Bogdandy*, EuZW 2001, 357 (360); *ders./Makatsch*, EuZW 2000, 261 (265); *Hermes*, TRIPS im Gemeinschaftsrecht, S. 183; *Stoll/Schorkopf*, WTO, S. 235.

539 Zuletzt *EUGH* Urteil v. 18.07.2013 – C-414/11 – Daiichi Sankyo und Sanofi-Aventis Deutschland, Rn. 61. Darin entschied der EUGH, dass die EU auch im Bereich des Patentrechts zuständig sei, ohne dass es auf die Frage ankäme, ob die EU in diesem Bereich schon gesetzgebend tätig geworden ist. Zwar beantwortete der EUGH in seiner Entscheidung die Frage der unmittelbaren Anwendung nicht erneut. Allerdings kann daraus geschlossen werden, dass er an seiner Rechtsprechung festhalten möchte, dem TRIPS-Übereinkommen in der EU keine unmittelbare Wirkung zukommen zu lassen.

Abkommen grundsätzlich unmittelbare Wirkung.[540] Allerdings wurde die unmittelbare Anwendbarkeit des TRIPS-Übereinkommens mit dem *Uruguay Implementation Act* ausdrücklich ausgeschlossen.[541] Auch in Kanada und Japan wird die unmittelbare Anwendbarkeit ausgeschlossen.[542] In der brasilianischen Rechtsprechung wird die unmittelbare Anwendbarkeit des TRIPS-Übereinkommens ebenfalls abgelehnt. Begründet wird der Ausschluss damit, dass innerhalb der EU die unmittelbare Anwendung ebenfalls nicht möglich sei.[543] Dabei wird außer Acht gelassen, dass der EuGH vor Inkrafttreten des Vertrags von Lissabon den Mitgliedstaaten die Entscheidung darüber überließ, ob sie die TRIPS-Regelungen unmittelbar anwenden wollen.[544] Ein allgemeiner Ausschluss der Fähigkeit der Regelungen, unmittelbar angewandt werden zu können, ist darin gerade nicht zu sehen.[545]

Die Staatenpraxis lässt den Schluss zu, die unmittelbare Anwendung des TRIPS-Übereinkommens solle nicht möglich sein. Zu beachten ist in diesem Zusammenhang, dass die Staatenpraxis nur dann zur Auslegung herangezogen werden kann, wenn sie in allen Mitgliedstaaten übereinstimmend erfolgt.[546] Davon kann in Bezug auf das TRIPS-Übereinkommen aber gerade nicht ausgegangen werden. Die unmittelbare Anwendbarkeit gestützt auf die Staatenpraxis auszuschließen, geht daher über die zulässige Vertragsauslegung hinaus.[547] Aufgrund fehlender einheitlicher Staatenpraxis kann aus der hier dargestellten Staatenpraxis keine Aussage über einen möglichen Ausschluss der unmittelbaren Anwendbarkeit getroffen werden.

Es wurde der Vorschlag unterbreitet, ausdrücklich in den Vertragstext aufzunehmen, dass das TRIPS-Übereinkommen unmittelbare Anwendung finden sollte.[548]

---

540 *Vázquez*, AJIL 89 (1995) 4, 695 (706).

541 *Uruguay Rounds Agreements Act of 1994, Pub. L. No. 103–465, § 102 (c), 19 U.S.C. § 3511 (2006)*; *Prieß/Berrisch*, in: dies. (Hrsg.), WTO-Handbuch, S. 762; *Herdegen*, Internationales Wirtschaftsrecht, § 10 Rn. 105; *Haas*, Das TRIPS-Abkommen, S. 201; *Hermes*, TRIPS im Gemeinschaftsrecht, S. 184; *Barbosa*, in: Correa (Hrsg.), Research Handbook on the Protection of IP under WTO Rules, S. 52 (65).

542 *Stoll/Schorkopf*, WTO, S. 235.

543 *Oberer Gerichtshofs (Superior Tribunal de Justicia)*, Entscheidung v. 15.04.2009 – Extraordinary Appeal No. 960.728 – RJ 2007/0134338-8E.I. – Du Pont de Nemours and Company v. INPI, "Patent Term Extension I", zitiert bei *Heath*, IIC 2010, 601 (603); *Kunisawa*, GRUR Int. 2009, 630.

544 *EuGH* Urteil v. 14.12.2000 – verbundene Rechtssachen C-300/98 und C-392/98, Slg. 2000 I-11307 – Dior u. a., Rn. 47 f.; *Gervais*, TRIPS, Art. 1, Rn. 2.25.

545 *Kunisawa*, GRUR Int. 2009, 630.

546 *Buck*, Geistiges Eigentum und Völkerrecht, S. 129.

547 Wird die Argumentation des EuGH/EUGH dahingehend betrachtet, dass er die unmittelbare Anwendbarkeit auf Grund der Staatenpraxis ausschließen möchte, so kann dies als Verstoß gegen das Völkerrecht betrachtet werden; vgl. *Hermes*, TRIPS im Gemeinschaftsrecht, S. 203.

548 Der Vorschlag wurde von den Delegierten der Schweiz gemacht; vgl. GATT Doc. MTN.GNG/NG8/W/67 v. 24.01.1990, Rn. 2; *Kuijper*, Eur. J. Int'l L. 6 (1995) 1, 222

Dieser Vorschlag wurde abgelehnt.[549] Daraus könnte geschlossen werden, dass bereits während der Uruguay Runde entschieden wurde, dem TRIPS-Übereinkommen keine unmittelbare Wirkung zukommen lassen zu wollen.[550] Allerdings hätte in einem solchen Fall auch eine explizite Formulierung in den Vertragstext aufgenommen werden können, in der die unmittelbare Anwendbarkeit ausgeschlossen wird. Grundsätzlich ist es möglich, völkerrechtliche Abkommen unmittelbar anzuwenden. Die Vertragsparteien konnten daher annehmen, dass auch ohne ausdrückliche Regelung das TRIPS-Übereinkommen unmittelbar anwendbar sein könnte, wenn seine Bestimmungen es zuließen. Das Fehlen einer entsprechenden Bestimmung lässt daher nicht darauf schließen, dass die unmittelbare Anwendbarkeit nicht gewollt war. Hätte die unmittelbare Anwendbarkeit ausgeschlossen werden sollen, so hätte dies ausdrücklich in den Vertragstext aufgenommen werden müssen.[551]

Auch der Vorschlag nach einer konkreteren Formulierung, in der ausdrücklich von dem Erlass nationaler Gesetze die Sprache war, wurde in Hinblick auf die Vielfalt der Rechtsordnungen abgelehnt und die Formulierung wurde weiter gefasst.[552] Daraus lässt sich schließen, dass ein nationales Gesetz nicht zwingend erforderlich ist, um den Schutz des geistigen Eigentums zu gewährleisten.

Somit bestätigt auch der Blick auf die Entstehungsgeschichte, dass die unmittelbare Anwendbarkeit nicht von vorherein ausgeschlossen werden sollte.[553]

2. Ausschluss der unmittelbaren Anwendbarkeit für die LDC

Die unmittelbare Anwendbarkeit könnte aber in Bezug auf die LDC durch die Übergangsfrist des Art. 66 Abs. 1 TRIPS ausgeschlossen sein.

Durch die Übergangsfristen könnte der Zeitpunkt des Inkrafttretens des TRIPS-Übereinkommens beeinflusst werden. Die unmittelbare Anwendbarkeit könnte daher allein deswegen ausgeschlossen sein, weil das TRIPS-Übereinkommen in den LDC noch gar nicht in Kraft getreten ist. Bereits während der Verhandlungen über

---

(226); *Haas*, Das TRIPS-Abkommen, S. 214; *Karky*, Ann. Surv. Int'l & Comp. L. 17 (2011) 1, 209 (222).

549 *Oberer Gerichtshofs (Superior Tribunal de Justicia)*, Entscheidung v. 15.04.2009 – Extraordinary Appeal No. 960.728 – RJ 2007/0134338-8E.I. – Du Pont de Nemours and Company v. INPI, "Patent Term Extension I", zitiert bei *Heath*, IIC 2010, 601; *Kuijper*, Eur. J. Int'l L. 6 (1995) 1, 222 (226); *Haas*, Das TRIPS-Abkommen, S. 214; *Barbosa*, in: Correa (Hrsg.), Research Handbook on the Protection of IP under WTO Rules, S. 52 (59 f. m.w.N.).

550 So *Karky*, Ann. Surv. Int'l & Comp. L. 17 (2011) 1, 209 (222).

551 Argumentiert wird auch, dass die Frage bewusst offen gelassen wurde, um es den Mitgliedstaaten zu überlassen, darüber zu entscheiden; vgl. *Staehelin*, TRIPs, S. 236.

552 *Gervais*, TRIPS, Art. 1, Rn. 2.24.

553 I.E. auch *Conforti*, International Law and the Role of Domestic Legal Systems, S. 30; a.A. *Jackson*, Am. J. Int'l L. 86 (1992) 2, 310 (328), der sich auf die Rechtsprechung in den USA bezieht.

das TRIPS-Übereinkommen war die Frage nach dem Zeitpunkt des Inkrafttretens umstritten.[554] Vorgeschlagen wurde, den Zeitpunkt des Inkrafttretens je nach Entwicklungsstand auszugestalten. Dieser Vorschlag wurde abgelehnt und stattdessen Übergangsfristen in das TRIPS-Übereinkommen eingefügt.[555]

Grundsätzlich gilt nach Art. 24 Abs. 1 WVK, dass ein völkerrechtlicher Vertrag zu dem Zeitpunkt in Kraft tritt, der in dem Vertrag selbst vorgegeben wird oder der von den Vertragsstaaten vereinbart wurde. Im TRIPS-Übereinkommen findet sich keine Regelung, die ausdrücklich den Zeitpunkt seines Inkrafttretens benennt. Daher wird teilweise vertreten, das TRIPS-Übereinkommen trete erst mit Ablauf der jeweiligen Umsetzungsfrist in Kraft.[556] In Art. 66 Abs. 1 TRIPS wird Bezug auf die allgemeine Umsetzungsfrist in Art. 65 Abs. 1 TRIPS genommen, der allen WTO-Mitgliedern eine Frist von einem Jahr ab Inkrafttreten des WTO-Abkommens einräumt. Art. 65 Abs. 1 TRIPS verweist wiederum auf das WTO-Abkommen, in dessen Art. XIV Abs. 1 auf Art. 3 des *Final Act Embodying the Results of the Uruguay Round* verwiesen wird. Dieser bestimmt als Zeitpunkt des Inkrafttretens des WTO-Abkommens den 1. Januar 1995. Angenommen wird, im TRIPS-Übereinkommen werde zwischen dem Zeitpunkt des Inkrafttretens und dem Zeitpunkt seiner Anwendung unterschieden.[557] Diese Annahme wird dadurch gestützt, dass auf verschiedene Zeitpunkte abgestellt wird. So wird in Art. 70 Abs. 1 TRIPS auf den Zeitpunkt der Anwendung des TRIPS-Übereinkommens Bezug genommen, wohingegen in dessen Abs. 8 auf den Zeitpunkt des Inkrafttretens des WTO-Übereinkommens abgestellt wird. Darin komme zugleich zum Ausdruck, das TRIPS-Übereinkommen finde seit dem 1. Januar 1995 Anwendung.[558]

Zudem ist das TRIPS-Übereinkommen als Annex des WTO-Übereinkommens verabschiedet worden.[559] Da es an einer Bestimmung über den Zeitpunkt des Inkrafttretens der Annexe fehlt, ist daher davon auszugehen, dass diese zu demselben Zeitpunkt in Kraft treten sollen, wie das WTO-Abkommen selbst. Zuletzt wäre es auch sinnwidrig anzunehmen, das TRIPS-Übereinkommen würde erst mit Ablauf der jeweiligen Umsetzungsfrist in Kraft treten, da gem. Art. 65 Abs. 2 und Art. 66 Abs. 1 TRIPS die Art. 3, 4 und 5 TRIPS bereits vor Ablauf der Frist angewandt werden müssen. Die Übergangsfrist beeinflusst daher nicht den Zeitpunkt des Inkrafttretens.

---

554 *Gervais*, TRIPS, Art. 65, Rn. 2.724.

555 GATT Docs. MTN.GNG/NG11/21 v. 22.07.1990, Rn. 4 und MTN.TNC/W/35/Rev.1 v. 03.12.1990; *UNCTAD-ICTSD*, Resource Book on TRIPS and Development, S. 710.

556 *Kunisawa*, GRUR Int. 2009, 630.

557 *Oberster Gerichtshof der Nation (Corte Suprema de Justicia de la Nación)*, Urteil v. 13.02.2001 – Az.: D.361.XXXIV – Dr. Karl Thomas GmbH vs. Behörde für gewerbliches Eigentum (INPI) – GRUR Int. 2002, 1037 (1038 Rn. 8); Anzellotti, in: Busche/Stoll/Wiebe (Hrsg.) TRIPs, Art. 65, Rn. 4.

558 *Oppermann*, Konsequenzen des TRIPS-Übereinkommens, S. 75.

559 *Oberster Gerichtshof der Nation (Corte Suprema de Justicia de la Nación)*, Urteil v. 13.02.2001 – Az.: D.361.XXXIV – Dr. Karl Thomas GmbH vs. Behörde für gewerbliches Eigentum (INPI) – GRUR Int. 2002, 1037 (1038 Rn. 8).

Mithin ist davon auszugehen, dass das TRIPS-Übereinkommen ebenfalls am 1. Januar 1995 in Kraft getreten ist.[560]

Der Frage nach der Einschränkung der unmittelbaren Anwendbarkeit durch Art. 66 Abs. 1 TRIPS müsste dann nicht nachgegangen werden, wenn die Übergangsfrist erst zu laufen beginnt, wenn eine Erklärung abgegeben wurde, von der Frist Gebrauch machen zu wollen. Eine ähnliche Frage stellte sich vor einem brasilianischen Gericht.[561] Brasilien konnte sich als Entwicklungsland auf die Umsetzungsfristen in Art. 65 Abs. 2 und Abs. 4 TRIPS berufen. Das Gericht grenzte die beiden Umsetzungsfristen voneinander ab und kam zu dem Ergebnis, die in Abs. 2 gewährte Frist stelle wegen der Formulierung „Ein Mitgliedsland [...] ist berechtigt"[562] ein Recht dar, das jedem Entwicklungsland zu Gute komme, unabhängig davon, ob der jeweilige Staat eine Erklärung abgegeben hat, die Frist anzuwenden. Anders hingegen verhalte es sich in Bezug auf die Frist in Abs. 4. Diese sei wegen der Formulierung „kann [...] die Anwendung [...] verschieben" kein Recht, sondern stelle vielmehr eine bloße Möglichkeit dar, eine weitere Frist in Anspruch zu nehmen. In dem Erlass eines Gesetzes, das der Umsetzung des TRIPS-Übereinkommen dient, wurde daher der Verzicht auf die Frist in Art. 65 Abs. 4 gesehen.[563]

Fraglich ist, wie die Formulierung des Art. 66 Abs. 1 TRIPS vor diesem Hintergrund zu verstehen ist. In diesem wird davon gesprochen, dass die LDC-Mitgliedstaaten nicht dazu verpflichtet sind, die Regelungen des TRIPS-Übereinkommens vor dem Ablauf der Frist anzuwenden. Die Formulierung stimmt dabei weder mit der in Art. 65 Abs. 2 TRIPS noch mit der in Abs. 4 überein.[564] Wird der Auffassung des Brasilianischen Gerichtshofs gefolgt,[565] ist die Berechtigung in Art. 65 Abs. 2 TRIPS stärker als die Möglichkeit in Abs. 4. Wird nun der Versuch unternommen, die Formulierung des Art. 66 Abs. 1 in dieses Rangverhältnis einzuordnen, kann angenommen werden, das Fehlen einer Verpflichtung wirke stärker, als das Recht von etwas abzuweichen. Art. 65 Abs. 2 TRIPS stellt eine Ausnahme von der Anwendungspflicht des Art. 65 Abs. 1 dar. Art. 66 Abs. 1 TRIPS hingegen begründet erst gar keine Anwendungspflicht. Wenn für das Laufen der Umsetzungsfrist nach Art. 65 Abs. 2 TRIPS keine Erklärung notwendig ist, muss dies erst recht für das

---

560 So auch *Hermes*, TRIPS im Gemeinschaftsrecht, S. 238.

561 *Superior Tribunal de Justicia*, Entscheidung v. 15.04.2009 – Extraordinary Appeal No. 960.728 – RJ 2007/0134338-8E.I. – Du Pont de Nemours and Company v. INPI, "Patent Term Extension I", zitiert bei *Heath*, IIC 2010, 601 (603 ff.).

562 Dies stimmt mit den authentischen Sprachfassungen überein; vgl. engl.: "is entitled"; frz.: "a le droit"; span.: "tiene derecho".

563 *Superior Tribunal de Justicia*, Entscheidung v. 15.04.2009 – Extraordinary Appeal No. 960.728 – RJ 2007/0134338-8E.I. – Du Pont de Nemours and Company v. INPI, "Patent Term Extension I", zitiert bei *Heath*, IIC 2010, 601 (607).

564 Die Formulierungen der deutschen Sprachfassung entsprechen den Formulierungen der authentischen Sprachfassungen.

565 Es kann hinterfragt werden, ob die unterschiedliche Behandlung der beiden Umsetzungsfristen sinnvoll ist.

Laufen der in Art. 66 Abs. 1 TRIPS gewährten Frist gelten. Es ist daher festzuhalten, dass es keiner Erklärung bedarf, um in den Genuss der Übergangsfrist zu kommen.[566]

Schließlich könnte Art. 66 Abs. 1 TRIPS die Verpflichtung enthalten, das TRIPS-Übereinkommen vor Ablauf der Frist nicht anzuwenden. Die Frage nach einer solchen Verpflichtung wurde bereits in Bezug auf die Umsetzungsfrist des Art. 65 Abs. 2 TRIPS unterschiedlich beantwortet: So ging der Brasilianische Gerichtshof davon aus, die Frist des Art. 65 Abs. 2 TRIPS laufe zwingend. Demnach sei während der Dauer der Umsetzungsfrist die unmittelbare Anwendung nicht möglich.[567] In Argentinien wurde hingegen die Auffassung vertreten, Art. 65 Abs. 2 TRIPS sei nicht verpflichtend, weshalb Regelungen, die bestimmt und klar formuliert sind, auch während der Übergangsfrist unmittelbar angewandt werden können.[568]

In Art. 66 Abs. 1 TRIPS heißt es, es bestünde keine Pflicht zur Anwendung.[569] Umgekehrt bedeutet das nicht, dass die TRIPS-Regelungen nicht angewandt werden dürfen. Ein Verbot der Anwendung ist darin daher nicht zu sehen. Es ist also nicht davon auszugehen, dass es mit der Übergangsfrist den LDC verboten wird, die TRIPS-Regelungen anzuwenden.

Allerdings könnte durch die unmittelbare Anwendung der TRIPS-Regelungen der Sinn und Zweck der Übergangsfrist unterlaufen werden. Während mit Art. 65 TRIPS lediglich das Ziel verfolgt wird, den Mitgliedstaaten die Anpassung an die TRIPS-Vorgaben zu ermöglichen, ist es das Ziel des Art. 66 Abs. 1 TRIPS, den LDC die Schaffung einer technologischen Grundlage zu ermöglichen.[570] Um dies zu erreichen, dürfen sie den Schutz des geistigen Eigentums solange aussetzen, bis sie eine entsprechende Grundlage geschaffen haben. Die unmittelbare Anwendung der TRIPS-Vorgaben würde diesem Ziel zuwider laufen. Auch würden die LDC durch die unmittelbare Anwendung der TRIPS-Vorgaben daran gehindert, Umsetzungsspielräume zu nutzen. Gerade in Hinblick auf mögliche Ausnahmen von den ausschließlichen Rechten wäre die unmittelbare Anwendung zu ihrem Nachteil. Die

---

566 *Gervais*, TRIPS, Art. 65, Rn. 2.725 stellt fest, dass die Frage nach der Erforderlichkeit einer Erklärung zwar aufkam, inzwischen aber nicht mehr relevant ist. I.E. auch *Correa*, in: ders./Yusuf (Hrsg.), IP and International Trade, S. 226 (254); *UNCTAD-ICTSD*, Resource Book on TRIPS and Development, S. 712.

567 *Oberer Gerichtshofs (Superior Tribunal de Justicia)*, Entscheidung v. 15.04.2009 – Extraordinary Appeal No. 960.728 – RJ 2007/0134338-8E.I. – Du Pont de Nemours and Company v. INPI, "Patent Term Extension I", zitiert bei *Heath*, IIC 2010, 601 (603 ff.).

568 *Oberster Gerichtshof der Nation (Corte Suprema de Justicia de la Nación)*, Urteil v. 13.02.2001 – Az.: D.361.XXXIV – Dr. Karl Thomas GmbH vs. Behörde für gewerbliches Eigentum (INPI) – GRUR Int. 2002, 1037 (1038 Rn. 11).

569 Vgl. die Ausführungen zu dem Übereinkommen über Landwirtschaft bei *Kessie*, in: Bermann/Mavroidis (Hrsg.), WTO Law and Developing Countries, S. 12 (30 f.) und auch allgemein zu den Übergangsfristen ebd., S. 33.

570 Siehe dazu oben § 3 C II 1 sowie *Hold/Mercurio*, NCCR Working Paper No. 2012/37, S. 8.

unmittelbare Anwendung während des Laufens der Übergangsfrist anzunehmen, würde daher Ziel und Zweck des Art. 66 Abs. 1 TRIPS zuwiderlaufen. Art. 66 Abs. 1 TRIPS steht daher der unmittelbaren Anwendung der TRIPS-Regelungen entgegen.[571] Solange die Übergangsfrist läuft, können die Regelungen des TRIPS-Übereinkommens in den LDC daher keine unmittelbare Wirkung entfalten. Erst nach dem Ablauf der Frist – oder wenn ein Staat aus dem Status eines LDC graduiert – kann die unmittelbare Anwendung in Frage kommen.

§ 5 Zusammenfassung Teil 1

Die Übergangsregelung des Art. 66 Abs. 1 TRIPS ist Ausfluss der besonderen Behandlung der am wenigsten entwickelten Mitgliedstaaten der WTO. Diese besondere Behandlung ist wesentlicher Bestandteil des Welthandelsystems. Den LDC soll dadurch die Möglichkeit gegeben werden, eine tragfähige technologische Grundlage zu schaffen, indem sie von der Verpflichtung ausgenommen werden, Patentschutz zu gewähren. Aus diesem Grund scheidet auch die unmittelbare Anwendung der TRIPS-Vorschriften aus.

Neben dem Wunsch, den weltweiten Schutz des geistigen Eigentums zu garantieren, verfolgt das TRIPS-Übereinkommen das Ziel, den Technologietransfer zu fördern. Auch wenn die vorgesehenen Maßnahmen bislang nicht vollumfänglich genutzt werden, wird dennoch deutlich, dass ein Interessenausgleich angestrebt wird. Ein wachsendes Bewusstsein der LDC darüber ist bereits spürbar, wie insbesondere in den Anträgen auf die Verlängerung der in Art. 66 Abs. 1 TRIPS gewährten Frist zum Ausdruck kommt. Ob die übrigen Mitgliedstaaten in Zukunft ebenfalls ein solches Bewusstsein entwickeln werden, bleibt abzuwarten.

In Bezug auf die Verknüpfung der Fristverlängerung mit der *no-roll-back*-Verpflichtung hat der TRIPS-Rat seine Kompetenz überschritten. Die LDC sind daher in der Lage, Gesetze zu erlassen, die auch von einem bereits erreichten Schutzniveau wieder abweichen. Die Möglichkeit, eine unbefristete Ausnahme von der Umsetzungsverpflichtung vorzusehen, ist im TRIPS-Übereinkommen nicht vorgesehen. Eine derartige Entscheidung würde ebenfalls die Kompetenzen des TRIPS-Rats überschreiten. Allerdings erscheint eine solche unbegrenzte Ausnahme auch nicht notwendig, da die Frist auf Antrag der LDC zu verlängern ist und dem TRIPS-Rat kein Ermessenspielraum hinsichtlich des Obs einer solchen Verlängerung zukommt.

---

571 Vgl. in Bezug auf die unmittelbare Anwendung der Vorschriften des SPS-Übereinkommens in Entwicklungs- und am wenigsten entwickelten Ländern Schlussantrag v. 10.12.1996 zu EuGH Urteil v. 17.07.1997 – C-183/95, Slg. 1997 I-04315 – Affish; *Flemisch*, Umfang der Berechtigungen und Verpflichtungen aus völkerrechtlichen Verträgen, S. 272.

Teil 2: Patentschutz in den LDC

Nachdem im ersten Teil der Arbeit die besondere Behandlung der LDC im Welthandelsrecht und im TRIPS-Übereinkommen herausgearbeitet wurde, soll nun überprüft werden, ob die LDC von der ihnen gewährten Übergangsfrist in Art. 66 Abs. 1 TRIPS Gebrauch gemacht haben. Die Gesetze der LDC sind daher darauf zu überprüfen, ob die Mindestanforderungen des TRIPS-Übereinkommens erfüllt werden und mögliche Ausnahmen in den vom TRIPS-Übereinkommen gesteckten Grenzen bleiben. Zur Überprüfung wurden die englischen Fassungen der nationalen Gesetze herangezogen, die auf der Website der WIPO zu finden sind.[572] Ein Abgleich mit dem Originalwortlaut wurde dabei nicht unternommen, weshalb Übersetzungsfehler nicht ausgeschlossen werden können. Bei der Auslegung der nationalen Gesetze wurde maßgeblich auf den Wortlaut abgestellt. Dokumente zur Entstehungsgeschichte der Normen oder nationale Rechtsprechung konnten mangels Quellen nicht berücksichtigt werden. Die Durchsetzungsmöglichkeiten sind ebenfalls nicht Bestandteil dieser Arbeit.[573] Auch erfolgt kein Vergleich zwischen den Staaten, sondern es wird lediglich die Vereinbarkeit mit den TRIPS-Vorgaben aufgezeigt.[574] Nur teilweise wird eine Verknüpfung hergestellt, um unnötige Redundanz zu vermeiden.[575]

Zum Teil wird angenommen, das Gesamtgefüge des nationalen Rechtsystems sei dahingehend zu prüfen, ob der Patentinhaber ausreichend geschützt wird. Das würde bedeuten, dass eine Regelung zwar den TRIPS-Anforderungen widersprechen kann, dies aber nicht dazu führt, dass das jeweilige Patentgesetz nicht mit dem TRIPS-Übereinkommen vereinbar ist. Demnach sei lediglich zu prüfen, ob dennoch ein ausreichendes Schutzniveau erreicht wird, das den Mindestanforderungen des

572 Siehe *www.wipo.int/wipolex/en/* (zuletzt 10.03.2017). Die überprüften Gesetze entsprechen der Auflistung der Studie, die von *Saana Consulting* erstellt wurde; vgl. *Saana Consulting*, Factual overview on technical & financial cooperation for LDCs.

573 Teilweise bedürfen Gesetze eines weiteren Umsetzungsaktes in Form einer Durchführungsverordnung o.ä., mit der offengehaltene Regelungen konkretisiert werden. Ohne einen solchen können die Gesetze nicht durchgesetzt werden; vgl. *Antons*, in: Antons/Blakeney/Heath (Hrsg.), IP Harmonisation within ASEAN and APEC, S. 109 (114).

574 Ein Vergleich wäre auf Grund der Heterogenität der Länder kaum vornehmbar, auch wenn einige Problembereiche der Gesetze in mehreren Ländern zu finden sind. So auch schon *Cloatre*, Pills for the Poorest, S. 5.

575 Die Gesetze Malawis und Sambias werden auf Grund großer Gemeinsamkeiten und ihres gemeinsamen Ursprungs zusammen dargestellt. Das Patentrecht Lesothos entspricht fast vollständig dem Gesetz Gambias, weshalb eine eigenständige Darstellung unterbleibt.

TRIPS-Übereinkommens entspricht.[576] Dieser Ansicht kann aber im Ergebnis nicht gefolgt werden, da eine abschließende Beurteilung erheblich erschwert würde. Zudem könnte diese Auslegungsmethode dazu führen, dass eine Regelung, die gegen TRIPS-Bestimmungen verstößt, als unvereinbar mit den TRIPS-Vorgaben erklärt wird, in einem anderen Staat aber die Vereinbarkeit festgestellt wird, da das Gesamtgefüge den Mindeststandard wahrt.[577] Auch würde eine solche Methode dem Wortlaut des Art. 1 Abs. 1 TRIPS widersprechen. Dort heißt es, den Mitgliedstaaten stehe es frei, lediglich die Mindestanforderungen des TRIPS-Übereinkommens umsetzen. Zudem wird festgehalten, dass die Mitgliedstaaten die Methode wählen können, die ihrem Rechtssystem und ihrer Rechtspraxis am meisten entspricht.

Die Untersuchung orientiert sich unter anderem an dem von der WTO ausgearbeiteten Katalog über die Umsetzung der TRIPS-Vorgaben, der in den Beitrittsverhandlungen herangezogen wird.[578] Für die Ausarbeitung der nationalen Gesetze wurde häufig das Modellgesetz der WIPO für Entwicklungsländer aus dem Jahre 1979 herangezogen.[579] Insbesondere die WIPO übt Einfluss auf die Verabschiedung nationaler Gesetze zum Schutz des geistigen Eigentums aus.[580] Sie hat damit maßgeblich zur Verbreitung eines hohen Schutzstandards beigetragen. Kritisiert wird, sie verstoße damit als Sonderorganisation der UN gegen das Mandat der UN, die Entwicklung zu fördern und zum Technologietransfer beizutragen.[581] Auch der Patentzusammenarbeitsvertrag hatte teilweise Vorbildcharakter für die nationalen Regelungen. Insbesondere die in *Rule 39.1* geregelten Ausnahmen finden sich in vielen nationalen Patentgesetzen wieder.[582]

---

576 *Dinwoodie/Dreyfuss*, Case W. Res. J. Int'l L. 36 (2004) 1, 95 (104); *Stack*, International Patent Law, S. 142 f.

577 Ebenfalls ablehnend: *Stack*, International Patent Law, S. 142 f.

578 WTO Doc. WT/ACC/9 v. 15.11.1999.

579 *Bently*, in: WIPO (Hrsg.), Standing Committee on the Law of Patents, 15th Session, WIPO Doc. SCP/15/3 v. 02.09.2010, Annex I, Exclusions from Patentability and Exceptions and Limitations to Patentee's Rights, S. 7 (20); *Cloatre*, Pills for the Poorest, S. 59. In dessen Art. 112 werden als Ausnahmen Entdeckungen, wissenschaftliche Theorien und mathematische Methoden, Pflanzen und Tiersorten oder im wesentlichen biologische Verfahren, Schemata, Regeln oder Methoden der Geschäftsführung, die Ausübung rein geistiger Tätigkeit, das Spielen sowie Methoden zu Behandlung von Menschen und Tieren durch Operation oder Therapie sowie diagnostische Methoden genannt, die sich in vielen nationalen Gesetzen so wiederfinden.

580 Zwischen 1996 und 2000 wurden 214 Gesetze mithilfe der WIPO ausgearbeitet. Auch viele Staaten im subsaharischen Afrika, darunter viele der LDC, wurden bei der Ausarbeitung ihrer Gesetze von der WIPO unterstützt (beeinflusst); vgl. *Adusei*, Patenting of Pharmaceuticals and Development in Sub-Saharan Africa, S. 97.

581 *Adusei*, Patenting of Pharmaceuticals and Development in Sub-Saharan Africa, S. 97 f. Zur Rolle der WIPO auch *May*, The Global Political Economy, S. 99 u. 102 f.

582 *Bently*, in: WIPO (Hrsg.), Standing Committee on the Law of Patents, 15th Session, WIPO Doc. SCP/15/3 v. 02.09.2010, Annex I, Exclusions from Patentability and Exceptions and Limitations to Patentee's Rights, S. 7 (19).

§ 6 Mindestanforderungen des TRIPS-Übereinkommens hinsichtlich der Verfügbarkeit, des Umfangs und der Ausübung von Patenten

Die Mindestanforderungen, die im fünften Kapitel des TRIPS-Übereinkommens an die Verfügbarkeit, den Umfang und die Ausübung von Patenten gestellt werden, enthalten keine besonderen Regelungen für die LDC.[583] Es gibt jedoch Umsetzungsspielräume.[584] Nach Art. 27 Abs. 1 S. 1 TRIPS müssen die Mitgliedstaaten auf allen Gebieten der Technik Patente sowohl für Verfahren als auch für Erzeugnisse vorsehen, wenn diese neu sind, auf einer erfinderischen Tätigkeit beruhen bzw. nicht naheliegend und gewerblich anwendbar bzw. nützlich sind. Dabei darf gem. Art. 27 Abs. 1 S. 2 TRIPS nicht nach dem Ort der Erfindung oder dem Gebiet der Technik diskriminiert werden. Auch dürfen importierte Produkte nicht schlechter behandelt werden als solche, die vor Ort hergestellt wurden. Die Auslegung der Voraussetzungen obliegt den Mitgliedstaaten.[585] Entwicklungs- und am wenigsten entwickelte Länder können daher einen strengen Maßstab an die Erteilungsvoraussetzungen knüpfen, um den Erhalt eines Patents zu erschweren.[586]

Neben der zwingenden Verpflichtung, in einer nicht diskriminierenden Weise Patentschutz zu gewähren, werden in Art. 27 Abs. 2 und 3 TRIPS Möglichkeiten genannt, Ausnahmen vorzusehen. Die Mitgliedstaaten sind nicht verpflichtet, diese Ausnahmen zu gewähren. Sollten sie solche aber zulassen, sind die Grenzen der TRIPS-Vorgaben einzuhalten. Eine zulässige Ausnahme kann nach Art. 27 Abs. 2 TRIPS darin liegen, einem Erzeugnis die Patentierung zu versagen. Dies darf allerdings nur dann erfolgen, wenn der Ausschluss dazu dient, die *gewerbliche Verwertung* zum Schutz der öffentlichen Ordnung oder der guten Sitten, wozu der Schutz des Lebens und der Gesundheit von Menschen, Tieren und Pflanzen zählt, sowie zur Vermeidung von ernsten Umweltschädigungen zu verbieten. Eine weitere Einschränkung erfolgt durch Art. 27 Abs. 2 S. 2 TRIPS, wonach der Ausschluss nicht allein deswegen erfolgen darf, weil das nationale Recht die gewerbliche Verwertung verbietet.

Weiterhin dürfen die Mitgliedstaaten gem. Art. 27 Abs. 3 lit. a) TRIPS diagnostische, therapeutische und chirurgische Verfahren für die Behandlung von Menschen

---

583 *Rott*, GRUR Int. 2003, 103 (108); *de Vylder*, The LDC and World Trade, S. 162.

584 *Maskus*, ICTSD-UNCTAD Issue Paper No. 7, May 2004, S. 31, der als Beispiele Art. 27 Abs. 2 und 3 TRIPS nennt. Grundsätzlich werden die Auslegungsspielräume gerade in Hinblick auf die LDC positiv bewertet. Allerdings wird auch darauf hingewiesen, dass die Gefahr besteht, (neue) Umsetzungsmethoden könnten vor dem DSB angegriffen werden; vgl. *Dinwoodie/Dreyfuss*, A Neofederalist Vision of TRIPS, S. 134.

585 *Lamping*, IIC 2014, 679 (693 Rn. 3.2); *Straus*, GRUR Int. 1996, 179 (195); *Correa*, WHO-ICTSD-UNCTAD Working Paper, Jan. 2007, S. 3; *de Carvalho*, The Trips Regime of Patents and Test Data, Rn. 27.11.

586 Vgl. dazu auch UN Doc. A/70/279 v. 04.08.2015, Rn. 64.

oder Tieren von der Patentierbarkeit ausschließen. Zudem müssen gem. Art. 27 Abs. 3 lit. b) TRIPS keine Patente für Pflanzen oder Tiere und im Wesentlichen biologische Verfahren zur Züchtung von Pflanzen und Tieren erteilt werden. Von dieser Ausnahme nicht umfasst werden Mikroorganismen sowie nicht-biologische oder mikrobiologische Verfahren.

Nach dem TRIPS-Übereinkommen sind die Mitgliedstaaten nicht verpflichtet, die Ausübung des Patents zu gewährleisten.[587] In Art. 28 Abs. 1 TRIPS sind daher nur Vorgaben über die Möglichkeit, Dritte von der Ausübung auszuschließen, zu finden. Der Patentinhaber muss daher gem. Art. 28 Abs. 1 lit. a) TRIPS einem Dritten verbieten können, den Gegenstand des Patents ohne seine Zustimmung herzustellen, zu gebrauchen, zum Verkauf anzubieten, zu verkaufen oder zu einem dieser Zwecke einzuführen. Handelt es sich bei dem Gegenstand um ein Verfahren, muss der Patentinhaber gem. Art. 28 Abs. 1 lit. b) TRIPS das Recht haben, Dritten zu verbieten, das Verfahren ohne seine Zustimmung anzuwenden oder ein unmittelbar aus dem Verfahren gewonnene Erzeugnis zu gebrauchen, zum Verkauf anzubieten, zu verkaufen oder zu einem dieser Zwecke einzuführen. Darüber hinaus ist dem Patentinhaber gem. Art. 28 Abs. 2 TRIPS das Recht einzuräumen, sein Patent rechtsgeschäftlich oder im Wege der Rechtsnachfolge übertragen zu können. Auch muss ihm der Abschluss von Lizenzverträgen erlaubt sein.

Von diesen Verpflichtungen können die Mitgliedstaaten Ausnahmen vorsehen. Dabei sind jedoch wiederum die Grenzen des Art. 30 TRIPS zu beachten, wonach Ausnahmen von den ausschließlichen Rechten nicht unangemessen im Widerspruch zur normalen Verwertung des Patents stehen dürfen. Zudem dürfen die berechtigten Interessen des Patentinhabers, unter Abwägung der Interessen Dritter, nicht unangemessen beeinträchtigt werden. Aus der PVÜ – deren Art. 1 bis 12 und Art. 19 gem. Art. 2 Abs. 1 TRIPS Bestandteil des TRIPS-Übereinkommens werden – ergeben sich weitere Ausnahmemöglichkeiten: Nach Art. 5*ter* PVÜ stellt der Gebrauch einer patentierten Erfindung an Bord von Schiffen sowie bei der Ausführung oder dem Betrieb von Luft- und Landfahrzeugen keine Verletzung dar, wenn sich diese nur vorübergehend oder zufällig im jeweiligen Mitgliedstaaten befinden.

Zudem wird in Art. 31 TRIPS vorgesehen, dass eine Zwangslizenz erteilt oder der Regierungsgebrauch gestattet werden darf.[588] Eine solche Benutzung ohne Zustimmung des Rechteinhabers unterliegt engen Grenzen, die in zwölf Unterabsätzen benannt werden. Bereits in Art. 5A Abs. 2 PVÜ war die Möglichkeit vorgesehen, Zwangslizenzen für die Verhütung von Missbräuchen der ausschließlichen Rechte vorzusehen. Es ist daher ebenfalls die Einschränkung des Art. 5A Abs. 4 PVÜ zu beachten, wonach eine Zwangslizenz wegen unterlassener oder ungenügender

587 *UNCTAD-ICTSD*, Resource Book on TRIPS and Development, S. 370 u. 414; *de Carvalho*, The Trips Regime of Patents and Test Data, Rn. 28.1; *Correa*, TRIPS, S. 295.

588 *Staehelin*, TRIPs, S. 150; *Gervais*, TRIPS, Art. 30 Rn. 2.396.

Ausübung erst nach Ablauf einer vierjährigen Frist ab der Anmeldung oder nach dem Ablauf einer dreijährigen Frist ab der Erteilung des Patents erteilt werden darf.

Des Weiteren wird in Art. 29 Abs. 1 TRIPS die Offenbarung der Erfindung verlangt. Danach muss gewährleistet werden, dass der Patentinhaber die Erfindung so deutlich und vollständig offenbart, dass ein Fachmann sie ausführen kann. Die Regelung ist zwingend von den Mitgliedstaaten zu beachten. Den Mitgliedstaaten wird dabei die Möglichkeit gegeben, zu verlangen, die beste Art der Ausführung offenzulegen, die dem Erfinder am Tag der Anmeldung oder am Prioritätstag bekannt ist. Erst durch die Offenbarung kann die Verbreitung von Wissen sichergestellt werden.[589] Auf Grund dessen werden auch die Anforderungen, die die nationalen Gesetze an die Offenbarung stellen, in die Überprüfung einbezogen.

Das Prioritätsrecht, auf das Art. 29 Abs. 1 TRIPS Bezug nimmt, ist in Art. 4 PVÜ geregelt. Nach Art. 4A Abs. 1 PVÜ genießt derjenige, der in einem Verbandsland ein Patent angemeldet hat, in den übrigen Verbandsländern gem. Art. 4C Abs. 1 PVÜ eine zwölfmonatige Prioritätsfrist. Das bedeutet, der Zeitpunkt der Anmeldung wird ab dem Einreichen der Anmeldung im ersten Verbandsland gerechnet, sofern der Anmelder gem. Art. 4D Abs. 1 PVÜ erklärt, seine Priorität in Anspruch nehmen zu wollen. Ebenfalls in der PVÜ vorgesehen wird, dass dem Erfinder das Recht zugestanden wird, in dem Patent als solcher genannt zu werden (vgl. Art. 4*ter* PVÜ).

Die wohl am weitesten reichende Vorgabe des TRIPS-Übereinkommens ist in Art. 33 TRIPS zu finden. Danach müssen die Mitgliedstaaten eine zwanzigjährige Schutzfrist, gerechnet ab dem Tag der Anmeldung, vorsehen.

Das TRIPS-Übereinkommen verlangt weiterhin in Art. 32, die Möglichkeit zur gerichtlichen Überprüfung von Entscheidungen, durch die ein Patent widerrufen oder für verfallen erklärt wurde, vorzusehen. Regelungen über den Widerruf oder den Verfall sind im TRIPS-Übereinkommen nicht zu finden.[590] Allerdings heißt es in Art. 5A Abs. 1 PVÜ, die Einfuhr eines patentierten Gegenstands dürfe nicht den Verfall des Patents zu Folge haben. Zudem darf der Verfall in Folge eines Missbrauchs der ausschließlichen Rechte gem. Art. 5A Abs. 3 PVÜ nur vorgesehen werden, wenn die Erteilung einer Zwangslizenz nicht ausreichen würde. Daher kann erst nach Ablauf von zwei Jahren ab Erteilung der ersten Zwangslizenz ein Verfahren auf Verfall oder Zurücknahme eingeleitet werden.

Schließlich enthält Art. 34 TRIPS eine Beweislastregelung für Verfahrenspatente. Da es sich hierbei um eine Verfahrensregelung handelt,[591] wird sie nicht Bestandteil der Untersuchung sein.

---

589 *de Carvalho*, The Trips Regime of Patents and Test Data, Rn. 29.13.

590 *Straus*, GRUR Int. 1996, 179 (201); *Blakeney*, TRIPS, Rn. 8.31.

591 *Neef*, in: Busche/Stoll/Wiebe (Hrsg.), TRIPs, Art. 34, Rn. 1; *Gervais*, TRIPS, Art. 34, Rn. 2.444; *Correa*, TRIPS, S. 344.

Von der Übergangsfrist nicht betroffen sind die Vorgaben der Art. 3, 4 und 5 TRIPS. Die Grundprinzipien der Inländerbehandlung und der Meistbegünstigung müssen daher von den LDC bereits vor Ablauf der Frist gewahrt werden.[592]

Auf der Ministerkonferenz in Hong Kong 2005 wurde ein Protokoll zur Änderung des TRIPS-Übereinkommen als bisher einzige Änderung eines WTO-Übereinkommen angenommen.[593] Mit ihm soll Art. 31*bis* TRIPS eingefügt werden, wonach in Ausnahmefällen die Erteilung einer Zwangslizenz für Patente auf Arzneimittel zu Exportzwecken erlaubt und importierende Staaten von der Vergütungspflicht befreit werden.[594] Bislang ist die Änderung noch nicht in Kraft getreten, da das Protokoll von zwei Dritteln der WTO-Mitgliedstaaten angenommen werden muss.[595] Bis zur Annahme der Änderung, an der auf Grund der mehrmaligen Verlängerung der Annahmefrist gezweifelt wird,[596] bleibt der durch die Erklärung des Allgemeinen Rates erteilte *waiver* in Kraft.[597] Die Entscheidung erlaubt ebenfalls die Erteilung einer Zwangslizenz zu Exportzwecken und befreit den Importstaat von seiner Zahlungsverpflichtung, wenn bereits im ausführenden Staat eine Vergütung gezahlt wurde.[598] Mit der Erklärung wird § 6 der Doha-Ministererklärung zum TRIPS und

---

592 WTO Doc. IP/C/W/48/Rev.1. v. 21.02.1997, Rn. 2; *Anzellotti*, in: Busche/Stoll/Wiebe (Hrsg.), TRIPs, Art. 66, Rn. 12.

593 WTO Doc. WT/L/641 v. 08.12.2005; *Hoekman/Kostecki*, The Political Economy of the World Trading System, S. 69 u. 394; *Peukert*, in: Dann/Kadelbach/Kaltenborn (Hrsg.), Entwicklung und Recht, S. 189 (203); *Taşdelen*, in: Busche/Stoll/Wiebe (Hrsg.), TRIPs, Art. 31*bis*, Rn. 1; *Correa*, TRIPS, S. 325; *van den Bossche/Zdouc*, Law and Policy of the WTO, S. 141.

594 Vgl. Art. 31*bis* Abs. 1 und Abs. 2 im Annex zum Änderungsprotokoll. Nach Art. 31 lit. f) TRIPS darf eine Zwangslizenz nur für die Versorgung des Binnenmarkts erteilt werden. Art. 31 lit. h) TRIPS verlangt zudem, dass dem Patentinhaber eine angemessene Vergütung gezahlt wird.

595 Protocol Amending the TRIPS Agreement, Anhang zu WTO Doc. WT/L/641 v. 08.12.2005, Rn. 4 i.V.m. Art. X WTO-Abkommen. Vgl. auch *Watal*, in: Bermann/Mavroidis (Hrsg.), WTO Law and Developing Countries, S. 129 (137 f.); *Malbon/Lawson/Davison*, TRIPS, Overview Patents, Rn. O.03, S. 397.

596 Letztmalig wurde die Frist für die Annahme auf den 31.12.2017 verschoben; vgl. WTO Doc. WT/L/965 v. 02.12.2015. Ursprünglich lief die Frist bis zum 01.12.2007. Sie wurde bereits 2007 (WTO Doc. WT/L/711 v. 21.12.2007), 2009 (WTO Doc. WT/L/785 v. 21.12.2009), 2011 (WTO Doc. WT/L/829 v. 30.11.2011) und 2013 (WTO Doc. WT/L/899 v. 27.11.2013) verlängert; vgl. auch *Taşdelen*, in: Busche/Stoll/Wiebe (Hrsg.), TRIPs, Art. 31bis, Rn. 37.

597 WTO Doc. WT/L/540 v. 02.09.2003; *Watal*, in: Bermann/Mavroidis (Hrsg.), WTO Law and Developing Countries, S. 129 (138). Ob es daher notwendig ist, das Protokoll anzunehmen, wird ebenfalls hinterfragt; vgl. *Taşdelen*, in: Busche/Stoll/Wiebe (Hrsg.), TRIPs, Art. 31bis, Rn. 37.

598 *Hoekman/Kostecki*, The Political Economy of the World Trading System, S. 394; *Watal*, in: Bermann/Mavroidis (Hrsg.), WTO Law and Developing Countries, S. 129 (137); *UNCTAD-ICTSD*, Resource Book on TRIPS and Development, S. 477 u. 484.

zur öffentlichen Gesundheit umgesetzt.[599] Sie wird daher auch als *„Par. 6-System“* bezeichnet.[600] Die am wenigsten entwickelten Mitgliedstaaten werden dabei von der Verpflichtung befreit, den TRIPS-Rat über ihr Vorhaben, das System nutzen zu wollen, in Kenntnis zu setzen.[601] Die Zweckmäßigkeit der Befreiung wird hinterfragt, da es nur Anwendung findet, wenn weder die lokale Herstellung noch der Import von Generika möglich ist.[602]

§ 7 Patentschutz auf regionaler Ebene

Eine große Zahl der am wenigsten entwickelten Länder hat sich neben dem Beitritt zu internationalen Organisationen – wie der WTO – dazu entschieden, regionale Abkommen abzuschließen. Von Relevanz für die Untersuchung sind dabei die Abkommen, die sich ebenfalls mit dem Schutz von Immaterialgüterrechten befassen. Dabei sticht insbesondere die Formierung der afrikanischen LDC ins Auge, die einen Großteil der LDC darstellen: 26 der am wenigsten entwickelten Staaten sind auf dem afrikanischen Kontinent angesiedelt. Für sie bestehen zwei regionale Organisationen, die sich ausschließlich mit dem Schutz des geistigen Eigentums befassen.[603] Zum einen ist die *Organisation Africaine de la Propriété Intellectuelle* (OAPI) zu nennen, die ein einheitliches Schutzsystem für die französischsprachigen Staaten Afrikas etabliert hat. 13 der afrikanischen LDC gehören ihr an.[604] Zum anderen existiert für die englischsprachigen Staaten die *African Regional Industrial Property Organization* (ARIPO), die ebenfalls zur Harmonisierung der Schutzrechte beitragen möchte. Ihr gehören 13 LDC an.[605] Von beiden Organisationen wurden Regelungen verabschiedet, die eine Vereinheitlichung des Immaterialgüterrechts anstreben: das Bangui-Abkommen, das für die Mitgliedstaaten der OAPI unmittelbar anwendbares Recht darstellt und das Harare-Protokoll, das den Mitgliedstaaten der ARIPO Vorgaben für die Anpassung des nationalen Rechts macht.

---

599 So bereits im Titel und der Präambel der Erklärung, WTO Doc. WT/L/540 v. 02.09.2003.

600 *WTO/WIPO/WHO*, Promoting Access to Medical Technologies and Innovation, S. 177.

601 *UNCTAD-ICTSD*, Resource Book on TRIPS and Development, S. 484.

602 *Watal*, in: Bermann/Mavroidis (Hrsg.), WTO Law and Developing Countries, S. 129 (138); *WTO/WIPO/WHO*, Promoting Access to Medical Technologies and Innovation, S. 177 f.

603 Nach Art. 19 PVÜ besteht für die Mitgliedstaaten die Möglichkeit, Sonderabkommen abzuschließen, solange diese den Regelungen der PVÜ nicht entgegenstehen; vgl. auch *Nwauche*, GRUR Int. 2000, 829 (845).

604 Diese sind: Äquatorialguinea, Benin, Burkina Faso, Guinea, Guinea-Bissau, Mali, Mauretanien, Niger, Senegal, Togo, Tschad, die Union der Komoren und Zentralafrikanische Republik.

605 Diese sind: Gambia, Lesotho, Malawi, Mosambik, Sierra Leone, Liberia, Ruanda, Sambia, São Tomé und Príncipe, Somalia, Sudan, Tansania und Uganda.

A. Bangui-Abkommen der OAPI

Die Entstehung der OAPI lässt sich auf das 1962 mit dem Libreville-Abkommen gegründete *African and Malagasy Office on Industrial Property* – frz. *Office Africaine et Malgache de la Propriété Industrielle* – (OAMPI) zurückführen.[606] Nach dem Austritt Madagaskars 1976 wurde 1977 das Abkommen in der zentralafrikanischen Hauptstadt Bangui einer Revision unterzogen.[607] Am 8. Februar 1982 trat das revidierte Abkommen in Kraft.[608] Die OAPI zählt mittlerweile 17 Mitgliedstaaten,[609] von denen 13 zur Gruppe der am wenigsten entwickelten Länder gehören.[610] Neben den ursprünglichen französischsprachigen Mitgliedstaaten, gehören mittlerweile auch Äquatorialguinea und Guinea-Bissau, als ehemalige spanische bzw. portugiesische Kolonien, dem Abkommen an.[611] Ziel der OAPI ist es, ein einheitliches Patentsystem zu schaffen.[612] Zum einen dient die OAPI gem. Art. 2 Abs. 3 Bangui-Abkommen als gemeinsames (nationales) Patentamt für alle Mitgliedstaaten, das für die Erteilung von Patenten nach den Vorgaben des Annex I zum Bangui-Abkommen zuständig ist.[613] Ein solches Patent gilt dann gem. Art. 7 Abs. 1 Bangui-Abkommen für alle

---

606 *IIPI*, Patent Protection and Access to HIV/Aids Pharmaceuticals in Sub-Saharan Africa, S. 40; *Jourdain*, in: Bellmann/Dutfield/Meléndez-Ortis (Hrsg.), Trading in Knowledge, S. 143 (144); *Sagar*, IPDEV Work Programme 4, October 2006, S. 28; *Kongolo*, W.I.P.O.J. 5 (2013) 1, 105 (109). Die OAMPI wurde mithilfe des französischen Patentamtes (INPI) gegründet. Es verwundert daher kaum, dass auf die Bedürfnisse der gerade unabhängig gewordenen Staaten kaum Rücksicht genommen wurde; vgl. *Deere*, The Implementation Game, S. 250; *Kongolo*, W.I.P.O.J. 5 (2013) 1, 105 (109 f.).

607 *Ngombé*, Revue juridique Thémis 41 (2007) 3, 759; *Kongolo*, W.I.P.O.J. 5 (2013) 1, 105 (110).

608 *Kongolo*, J.W.I.P. 3 (2000) 2, 265 (272); *ders.*, W.I.P.O.J. 5 (2013) 1, 105 (110).

609 Äquatorialguinea, Benin, Burkina Faso, Tschad, Elfenbeinküste, Gabun, Guinea, Guinea-Bissau, Kamerun, Mali, Mauretanien, Niger, Republik Kongo, Senegal, Togo, die Union der Komoren sowie die Zentralafrikanische Republik, vgl. *www.oapi.int/index.php/fr/oapi/etats-membres* (zuletzt 10.03.2017).

610 Vier Mitgliedstaaten sind keine LDC: Elfenbeinküste, Gabun, Kamerun und die Republik Kongo. Äquatorialguinea und die Union der Komoren gehören zwar zu den LDC, sind aber keine Mitglieder der WTO.

611 Insgesamt zeichnet sich daher ab, dass die Mitgliedstaaten der OAPI, die allesamt Entwicklungs- und am wenigsten entwickelte Länder sind, von Armut, wirtschaftlichem Stillstand, gesteigertem Konfliktpotential und Ungleichgewicht geprägt sind. Auch sind sie weltweit am stärksten von Epidemien betroffen; vgl. *Lowé Gnintedem*, L'obtention des brevets pharmaceutiques en Afrique, S. 113.

612 *Yusuf*, Int'l J. Technol. Manag. 10 (1995) 2/3, 269 (270).

613 *Kongolo*, J.W.I.P. 3 (2000) 2, 265 (273); *Jourdain*, in: Bellmann/Dutfield/Meléndez-Ortis (Hrsg.), Trading in Knowledge, S. 143 (144); *Merso*, ICTSD Policy Brief No. 16, June 2013, S. 2.

Mitgliedstaaten als wirksam erteilt.[614] Zum anderen stellen die Regelungen in den Anhängen zum Bangui-Abkommen nach Art. 3 Abs. 1 Bangui-Abkommen unabhängiges Recht in den Mitgliedstaaten dar, das gem. Art. 4 Abs. 1 Bangui-Abkommen unmittelbar Anwendung findet.[615] Bereits die Regelungen des Libreville-Abkommens zur Errichtung der OAMPI fanden unmittelbare Anwendung und waren somit Teil der nationalen Rechtsordnung. Es ist daher nicht notwendig, eigenes nationales Recht zum Schutz des gewerblichen Eigentums zu erlassen.[616]

Nach Abschluss der Uruguay Runde wurde eine Revision des Bangui-Abkommens in Gang gesetzt, um es an die Vorgaben des TRIPS-Übereinkommens anzupassen.[617] Sie endete im Dezember 1998 mit der Annahme des finalen Revisionstextes. Im Februar 1999 wurde das revidierte Abkommen von den damals 15 Mitgliedstaaten

---

614 So auch *Yusuf*, Int'l J. Technol. Manag. 10 (1995) 2/3, 269 (270); *IIPI*, Patent Protection and Access to HIV/Aids Pharmaceuticals in Sub-Saharan Africa, S. 40; *Kongolo*, J.W.I.P. 3 (2000) 2, 265 (273); *Gazaro*, World Patent Information 28 (2006) 2, 127; *Deere*, The Implementation Game, S. 253.

615 Im Bangui-Abkommen selbst wird keine Aussage über die unmittelbare Anwendbarkeit getroffen. Teilweise wird angenommen, auf einen nationalen Umsetzungsakt komme es nicht an, was für die unmittelbare Anwendung spricht; vgl. *Deere*, The Implementation Game, S. 254. Häufig werden die Bangui-Regelungen als das nationale Recht der Mitgliedstaaten bezeichnet. So bei *Kongolo*, J.W.I.P. 3 (2000) 2, 265 (281); *ders.*, W.I.P.O.J. 5 (2013) 1, 105 (111); *IIPI*, Patent Protection and Access to HIV/Aids Pharmaceuticals in Sub-Saharan Africa, S. 40; *Nwauche*, GRUR Int. 2000, 829 (847); *Jourdain*, in: Bellmann/Dutfield/Meléndez-Ortis (Hrsg.), Trading in Knowledge, S. 143 (144); *Zoundjihekpon*, in: Bellmann/Dutfield/Meléndez-Ortiz (Hrsg.), Trading in Knowledge, S. 109 (111); ohne Konkretisierung der Art der Anwendung *Adewopo*, U. Tol. L. Rev. 33 (2002) 4, 749 (767). Kommt es nach Erteilung des Patents zu Streitigkeiten über die Rechte aus dem Patent, sind diese vor den Gerichten der Mitgliedstaaten zu klären. Dabei sind die Regelungen des Annex I zu dem Bangui-Abkommen maßgebliche Rechtsgrundlage; vgl. *Thorpe*, Study on the Implementation of the TRIPS Agreement, S. 5; *Deere*, The Implementation Game, S. 255.

616 *Kongolo*, W.I.P.O.J. 5 (2013) 1, 105 (109).

617 *IIPI*, Patent Protection and Access to HIV/Aids Pharmaceuticals in Sub-Saharan Africa, S. 40; *Kongolo*, J.W.I.P. 3 (2000) 5, 717; *ders.*, W.I.P.O.J. 5 (2013) 1, 105 (111); *Eisenfeld/Serres*, Int'l Law. 35 (2001) 3, 869 (874); *Jourdain*, in: Bellmann/Dutfield/Meléndez-Ortis (Hrsg.), Trading in Knowledge, S. 143 (146); *Sagar*, IPDEV Work Programme 4, October 2006, S. 28 f.; *Deere*, The Implementation Game, S. 260. Unterstützung fanden die afrikanischen Mitgliedstaaten dabei unter anderem von der WIPO, die sicherstellen wollte, dass die Ausarbeitung des Revisionsvorschlags TRIPS-konform erfolgt. Weitere Unterstützung bekam die OAPI vom Internationalen Verband zum Schutz von Pflanzenzüchtungen (UPOV), dem französischen Institut National de la Propriété Industrielle (INPI), der International Trademark Association (INTA) sowie der Organisation der UN für Bildung, Wissenschaft und Kultur (UNESCO); vgl. *Sagar*, IPDEV Work Programme 4, October 2006, S. 28; *Deere*, The Implementation Game, S. 260.

unterzeichnet und trat am 28.02.2002 in Kraft.[618] Die Regelungen des Patentrechts, die in der revidierten Fassung zu finden sind, stehen in Einklang mit den TRIPS-Vorgaben.[619] In Teilen gehen sie sogar über das von dem TRIPS-Übereinkommen geforderte Mindestschutzniveau hinaus,[620] da der Schutz von Pflanzensorten an die Vorgaben des UPOV-Abkommens angepasst wurde.[621] Zwar wird in Art. 27 Abs. 3 lit. b) S. 2 TRIPS der Schutz von Pflanzensorten entweder durch Patente oder ein wirksames System *sui generis* oder eine Kombination beider gefordert. Wie hoch dieser Schutz sein muss, wird dabei aber offengelassen. Keinesfalls kann davon ausgegangen werden, dass ein den UPOV-Vorgaben entsprechend hoher Schutz gewährt werden muss.[622] 2014 ist die OAPI zudem der UPOV beigetreten, weshalb die UPOV-Vorgaben nun verbindlich für die Mitgliedstaaten gelten.[623]

Zwar wurde den Vorgaben des TRIPS-Übereinkommens insofern Rechnung getragen, als der geforderte Mindestschutz etabliert wurde. Die Spielräume, die bei der Ausgestaltung des Patentschutzes bestehen, wurden hingegen nicht genutzt. Zum einen hätte eine internationale Erschöpfungsregelung eingeführt werden können.[624] Zum anderen wurde die Entscheidung des TRIPS-Rates über die Implementierung des § 6 der Doha-Erklärung von 2003 nicht berücksichtigt.[625]

---

618 *Deere*, The Implementation Game, S. 253 u. 261.

619 Die Berücksichtigung der TRIPS-Vorgaben kommt bereits darin zum Ausdruck, dass in lit. x) der Präambel sowie in den Erwägungsgründen Nr. 8 und 9 der Präambel das TRIPS-Übereinkommen ausdrücklich Erwähnung findet; vgl. *Saana Consulting*, Factual overview on technical & financial cooperation for LDCs, S. 36.

620 *Kongolo*, J.W.I.P. 3 (2000) 5, 717 (729); *Saana Consulting*, Factual overview on technical & financial cooperation for LDCs, S. 36.

621 *Merso*, ICTSD Policy Brief No. 16, June 2013, S. 2, Fn. 6. Das hohe Schutzniveau für Pflanzensorten kann auf die Beteiligung der UPOV bei den Revisionsverhandlungen zurückgeführt werden; vgl. *Zoundjihekpon*, in: Bellmann/Dutfield/Meléndez-Ortis (Hrsg.), Trading in Knowledge, S. 109 (111 f.). Auch gab es seitens der Regierungen der Mitgliedstaaten keine Einwände, was zum Teil auf mangelnde Expertise aber auch auf mangelndes Interesse in Bezug auf den Immaterialgüterrechtschutz zurückgeführt werden kann; vgl. *Deere*, The Implementation Game, S. 261.

622 *Zoundjihekpon*, in: Bellmann/Dutfield/Meléndez-Ortis (Hrsg.), Trading in Knowledge, S. 109 (111). Ein solches Schutzniveau könne demnach verheerende Auswirkungen auf den Landwirtschaftssektor haben, von dem der Großteil der Bevölkerung lebt.

623 *Haugen*, J.W.I.P. 18 (2015) 5, 196 (197).

624 In Art. 8 Abs. 1 lit. a) Annex I zum Bangui-Abkommen wird lediglich die regionale Erschöpfung geregelt. Nach Art. 6 TRIPS besteht für die Mitgliedstaaten aber die Möglichkeit, eigene Regelungen über die Erschöpfung zu treffen.

625 WTO Doc. WT/L/540 v. 02.09.2003. Art. 49 Abs. 4 lit. a) Annex I zum Bangui-Abkommen schließt diese Möglichkeit hingegen explizit aus. So auch *Deere*, The Implementation Game, S. 257 f.

In Art. 17 Bangui-Abkommen wird geregelt, dass die Regelungen des Bangui-Abkommens hinter den Regelungen anderer internationaler Abkommen zurücktreten, wenn ein Widerspruch vorliegt.[626] Schwieriger ist die Frage zu beantworten, wie sich die Normen im Falle einer Kollision der Bangui-Vorgaben mit nationalen Gesetzen verhalten. Angenommen wird, die Mitgliedstaaten seien verpflichtet, ihre Kompetenz im Bereich des geistigen Eigentums aufzugeben.[627] Aus Art. 3 Abs. 1 Bangui-Abkommen kann auf Grund der Formulierung, es handle sich bei seinen Regelungen um unabhängiges Recht, geschlossen werden, dass nationale Regelungen neben denen des Bangui-Abkommens weiterhin bestehen können.[628] Jedoch lässt dies offen, welche Regelungen Anwendung finden, wenn sie miteinander im Widerspruch stehen. In den Erwägungsgründen ist davon die Rede, ein einheitliches System für den Schutz des geistigen Eigentums anzustreben, das durch ein gemeinsames Organ verwaltet wird.[629] Die vorrangige Anwendung der Bangui-Regelungen könnte die Effektivität des gemeinsamen Schutzsystems gewährleisten. Auch die Einrichtung eines gemeinsamen Organs, das durch die Erteilung von Schutzrechten Entscheidungen für seine Mitgliedstaaten treffen darf, könnte für den Anwendungsvorrang sprechen. Allerdings kann dieses Organ nicht über Streitigkeiten aus den erteilten Schutzrechten entscheiden. Vielmehr sind damit die Gerichte der Mitgliedstaaten betraut.[630] Die einheitliche Anwendung der Bangui-Regelungen kann somit nicht vollends gewährleistet werden, da die Regelungen von den nationalen Gerichten unterschiedlich ausgelegt werden können.[631] Argumentiert wird zudem, dass nicht in allen Bereichen des geistigen Eigentums ein einheitlicher Schutz geschaffen wurde. Zwar seien die gewerblichen Schutzrechte hinreichend harmonisiert, im Bereich des Urheberrechts sei hingegen lediglich ein Mindestmaß an Schutz geregelt worden, sodass die Mitgliedstaaten die Lücken mit ihrem jeweiligen nationalen Recht füllen müssen.[632] Die Regelungen des Bangui-Abkommens genießen daher nicht zwingend Vorrang vor den nationalen Gesetzen, sondern werden lediglich Teil des jeweiligen nationalen Rechts. Es ist daher auf nationaler Ebene über das Rangverhältnis der Normen zu entscheiden. Nur wenn die nationalen Regelungen

---

626 *Kongolo*, J.W.I.P. 3 (2000) 2, 265 (273); *Jourdain*, in: Bellmann/Dutfield/Meléndez-Ortis (Hrsg.), Trading in Knowledge, S. 143 (147).

627 *Adams & Adams*, Practical Guide to IP in Africa, S. 410.

628 *Deere*, The Implementation Game, S. 254.

629 Vgl. auch *Kongolo*, J.W.I.P. 3 (2000) 2, 265 (273).

630 Zwar wird in Art. 33 Bangui-Abkommen ein gemeinsamer Spruchkörper vorgesehen. Dieser hat allerdings nur Entscheidungskompetenz bei der Ablehnung einer Anmeldung, bei der Ablehnung eines Antrags auf Erhalt oder Verlängerung der Schutzfrist, bei der Ablehnung auf Wiederherstellung oder bei Entscheidungen über Widersprüche.

631 Eine beispielsweise dem EUGH ähnelnde Rechtsprechungsinstanz, die zweifelhafte Fragen über die Auslegung entscheiden könnte, existiert nicht.

632 *Ngombé*, J.W.I.P. 9 (2006) 4, 445 (449); *ders.*, Revue juridique Thémis 41 (2007) 3, 759 (761).

die Bangui-Regelungen verdrängen, ist das nationale Gesetz ebenfalls hinsichtlich seiner TRIPS-Vereinbarkeit zu prüfen.

B. Harare-Protokoll der ARIPO

Die ARIPO wurde im Jahre 1976 (damals noch unter dem Namen *English-Speaking African Regional Industrial Property Organization*[633]) mit dem Lusaka-Abkommen gegründet und trat 1978 in Kraft.[634] Heute umfasst die Organisation 19 Mitgliedstaaten,[635] von denen neun am wenigsten entwickelte Mitgliedstaaten der WTO sind.[636] Ziel der ARIPO ist es, den Schutz von Immaterialgüterrechten in seinen Mitgliedstaaten zu harmonisieren.[637] 1982 wurde das Harare-Protokoll erlassen, das 1984 in Kraft trat.[638] Es befasst sich mit dem Patent- und Designrecht.[639] Ein ARIPO-Patent hat gem. Abschnitt 1 § 3 Harare-Protokoll in den Mitgliedstaaten dieselbe Wirkung, wie ein nationales Patent.[640] Im Unterschied zu einem Patent, das von der OAPI erteilt wird, erstreckt sich das ARIPO-Patent nicht automatisch auf alle ARIPO-Mitgliedstaaten. Seine Wirkung beschränkt sich lediglich auf den Staat, in dem das Patent angemeldet wurde.[641] Ein weiterer Unterschied zum OAPI-System besteht darin,

---

633 Die Umbenennung in *African Regional Industrial Property Organization* erfolgte 1986, um die Beitrittsmöglichkeit für nicht-englischsprachige Mitgliedstaaten der Afrikanischen Union zu signalisieren; vgl. *Kongolo*, J.W.I.P. 3 (2000) 2, 265 (267).

634 *Saana Consulting*, Factual overview on technical & financial cooperation for LDCs, S. 34; *Eisenfeld/Serres*, Int'l Law. 35 (2001) 3, 869 (872); *Zikonda*, Lesotho L. J. 4 (1988) 1, 1 (15).

635 Botswana, Gambia, Ghana, Kenia, Lesotho, Liberia, Malawi, Mosambik, Namibia, Ruanda, São Tomé und Príncipe, Sierra Leone, Somalia, Sudan, Swasiland, Tansania, Uganda, Sambia und Simbabwe, abrufbar unter: *www.aripo.org/about-aripo/membership-member-states* (zuletzt 10.03.2017).

636 Gambia, Lesotho, Malawi, Mosambik, Ruanda, Sierra Leone, Tansania, Uganda und Sambia; vgl. *Saana Consulting*, Factual overview on technical & financial cooperation for LDCs, S. 35.

637 Art. III lit. a) des Lusaka-Abkommens; vgl. auch *Zikonda*, Lesotho L. J. 4 (1988) 1, 1 (15 u. 17).

638 *Seyoum*, IIC 1985, 437 (438); *Kongolo*, W.I.P.O.J. 5 (2013) 1, 105 (113); *ders.*, J.W.I.P. 3 (2000) 2, 265 (268). Seitdem wurde es neun Mal revidiert, nämlich 1987, 1994, 1997, 1998, 1999, 2001, 2003, 2006 und zuletzt 2013.

639 *Kongolo*, J.W.I.P. 3 (2000) 2, 265 (268); *ders.*, W.I.P.O.J. 5 (2013) 1, 105 (113); *Eisenfeld/Serres*, Int'l Law. 35 (2001) 3, 869 (872).

640 *Seyoum*, IIC 1985, 437 (440); *Kongolo*, J.W.I.P. 3 (2000) 2, 265 (270); *Yusuf*, Int'l J. Technol. Manag. 10 (1995) 2/3, 269 (270).

641 Nach Abschnitt 1*bis* können auch mehrere Mitgliedstaaten bezeichnet werden; vgl. *Kongolo*, W.I.P.O.J. 5 (2013) 1, 105 (113). Der Staat, für den das Patent erteilt werden soll, kann gem. Abschnitt 3 Abs. 6 lit. a) Harare-Protokoll der Erteilung widersprechen, wenn er der Auffassung ist, das Patent stehe mit den Vorgaben des Harare-Protokolls oder mit seinem nationalen Recht im Widerspruch; vgl. *Kongolo*, J.W.I.P. 3 (2000) 2, 265 (269).

dass die ARIPO ein zusätzliches Patentsystem schaffen möchte, das neben dem Patentrecht seiner Mitgliedstaaten besteht.[642] Es besteht daher die Möglichkeit, sowohl ein regionales als auch ein nationales Patent zu erhalten.[643] Streitigkeiten über den Umfang der Rechte aus dem Patent sind nach dem jeweiligen nationalen Recht zu entscheiden, wobei im Unterschied zum Annex I des Bangui-Abkommens das Harare-Protokoll nicht das anzuwendende Recht darstellt.[644] Die Regelungen, die sich im Harare-Protokoll finden, müssen vielmehr erst in nationales Recht umgesetzt werden.[645] Eine entsprechende Anpassung an die Vorgaben des Harare-Protokolls wurde in vielen Mitgliedstaaten bereits vorgenommen.[646] Allerdings werden in dem Harare-Protokoll nur wenige Vorgaben getroffen. In Abschnitt 3 werden zwar die Voraussetzungen genannt, die für eine Anmeldung vorliegen müssen. Auch wird geregelt, wann eine Erfindung patentiert werden kann (Abschnitt 3 Abs. 10 Harare-Protokoll). Weitergehende Bestimmungen, beispielsweise über den Umfang der Rechte aus dem Patent, fehlen hingegen. In Abschnitt 3 Abs. 12 Harare-Protokoll wird in Bezug auf die Erteilung von Zwangslizenzen und die Nutzung im öffentlichen Interesse auf die Gesetze der Mitgliedstaaten verwiesen. Darüber hinaus ist gem. Abschnitt 3 Abs. 14 lit. d) Harare-Protokoll über die Verletzung eines Patents nach den nationalen Regelungen zu entscheiden. Im Juli 2015 wurde das sog. Arusha-Protokoll verabschiedet. Darin wird ein den UPOV-Vorgaben entsprechender Pflanzen- und Sortenschutz geregelt.[647]

Da das Harare-Protokoll keine unmittelbare Anwendung in seinen Mitgliedstaaten findet, sind die jeweiligen nationalen Gesetze im Einzelnen auf ihre TRIPS-Konformität zu prüfen.

C. Weitere regionale Zusammenschlüsse

Es existiert eine Vielzahl weiterer regionaler und bilateraler Übereinkommen, die sich unter anderem auf den Schutz des geistigen Eigentums beziehen.

Mit dem von der *Association of Southeast Asian Nations* (ASEAN)[648] geschlossenen *Framework Agreement on Intellectual Property Cooperation* von 1995 sollte die

---

642 *Kongolo*, W.I.P.O.J. 5 (2013) 1, 105 (112); *ders.*, J.W.I.P. 3 (2000) 2, 265 (269); *Saana Consulting*, Factual overview on technical & financial cooperation for LDCs, S. 35; *Seyoum*, IIC 1985, 437 (438).

643 *Seyoum*, IIC 1985, 437 (438).

644 *Saana Consulting*, Factual overview on technical & financial cooperation for LDCs, S. 35; *Nwauche*, GRUR Int. 2000, 829 (847).

645 *Kongolo*, J.W.I.P. 3 (2000) 2, 265 (268); *Saana Consulting*, Factual overview on technical & financial cooperation for LDCs, S. 35.

646 Dies erfolgte mit Unterstützung der WIPO; vgl. *Seyoum*, IIC 1985, 437 (441).

647 Vgl. dazu *Haugen*, J.W.I.P. 18 (2015) 5, 196.

648 1967 schlossen sich Indonesien, Malaysia, die Philippinen, Singapur und Thailand zusammen und gründeten die ASEAN; vgl. *Khoman*, in: Sandhu/Siddique/Jeshurun/Rajah/Tan/Thambipillai (Hrsg.), The ASEAN Reader, S. xvii (ebd., u. xix);

Zusammenarbeit im Bereich des geistigen Eigentums gestärkt werden.[649] Geplant ist die Einrichtung eines gemeinsamen Anmeldesystems.[650] Ein danach erteiltes Schutzrecht unterliegt dem Recht der ASEAN-Mitglieder.[651] Die Einrichtung eines gemeinsamen Anmeldesystems war bisher nicht erfolgreich.[652]

Die *East African Community* (EAC) besteht aus den LDC Burundi, Ruanda, Tansania und Uganda sowie als einziges nicht-LDC Kenia. Ziel der EAC ist die Zusammenarbeit ihrer Mitgliedstaaten zu stärken. Auch die Zusammenarbeit im Bereich des geistigen Eigentums soll gefördert werden.[653] Verhandlungen über ein gemeinsames Patentrecht fanden 2009 statt und es wurde erwartet, dieses würde 2014 umgesetzt werden.[654] Ein Protokoll zur Umsetzung der Doha-Erklärung wurde 2013 erlassen. Von den Mitgliedstaaten sind die Vorgaben in das nationale Recht umzusetzen.[655]

Auch gibt es derzeit Bestrebungen, innerhalb der Afrikanischen Union eine *Pan-African Intellectual Property Organization* zu gründen.[656] 2013 erfolgte der erste Entwurf einer solchen Organisation.[657] Materiell-rechtliche Vorgaben wurden in

---

Saana Consulting, Factual overview on technical & financial cooperation for LDCs, S. 38. Die drei am wenigsten entwickelten WTO-Mitglieder Laos, Myanmar und Kambodscha traten in den späten 1990er Jahren bei. Zusammen mit Brunei Darussalam, das 1984 beitrat, und Vietnam (beigetreten 1995) besteht die ASEAN nun aus 10 Mitgliedstaaten; vgl. *www.asean.org/asean/asean-member-states/* (zuletzt 10.03.2017).

649 Vgl. Art. 1 Abs. 2 und Abs. 2 des *ASEAN Framework Agreement on Intellectual Property Cooperation.*

650 Vgl. Art. 1 Abs. 4 *ASEAN Framework Agreement on Intellectual Property Cooperation.* Kritisch zur fehlenden Harmonisierung der materiellen Rechte *Endeshaw*, in: Antons/Blakeney/Heath (Hrsg.), IP Harmonisation within ASEAN and APEC, S. 139 (144 u. 146); *Weeraworawit*, in: Antons/Blakeney/Heath (Hrsg.), IP Harmonisation with ASEAN and APEC, S. 205 (205 f.); *Antons*, in: Antons/Blakeney/Heath (Hrsg.), IP Harmonisation within ASEAN and APEC, S. 109 (119).

651 *Endeshaw*, in: Antons/Blakeney/Heath (Hrsg.), IP Harmonisation within ASEAN and APEC, S. 139 (146). Die Harmonisierung des materiellen Rechts gestaltet sich auf Grund des unterschiedlichen Schutzniveaus in den Mitgliedstaaten als schwierig; vgl. *ders.*, J.W.I.P. 2 (1999) 1, 3 (23).

652 *Weeraworawit*, in: Antons/Blakeney/Heath (Hrsg.), IP Harmonisation within ASEAN and APEC, S. 205 (212); *Antons*, in: Antons/Blakeney/Heath (Hrsg.), IP Harmonisation within ASEAN and APEC, S. 109 (119); *Endeshaw*, in: Antons/Blakeney/Heath (Hrsg.), IP Harmonisation within ASEAN and APEC, S. 139 (145).

653 *Saana Consulting*, Factual overview on technical & financial cooperation for LDCs, S. 37; *Blakeney/Mengistie*, J.W.I.P. 14 (2011) 3/4, 238 (245).

654 *Blakeney/Mengistie*, J.W.I.P. 14 (2011) 3/4, 238 (245).

655 *Saana Consulting*, Factual overview on technical & financial cooperation for LDCs, S. 38.

656 *Merso*, ICTSD Policy Brief No. 16, June 2013, S. 3.

657 *Ncube/Laltaika*, JIPLP 8 (2013) 2, 114 (115).

diesem jedoch nicht vorgesehen.[658] Auf Grund von Widerständen der OAPI und der ARIPO konnte das Projekt bisher nicht verwirklicht werden.[659] Auch innerhalb des *Common Market for Eastern and Southern Africa* wird an gemeinsamen Regelungen zum Schutz des geistigen Eigentums gearbeitet.[660]

Aus den genannten Übereinkommen ergeben sich keine den Bangui-Regelungen entsprechenden Vorgaben, die das Patentrecht seiner Mitgliedstaaten bestimmen. Daneben existiert eine Reihe weiterer wirtschaftlicher Zusammenschlüsse, die jedoch allenfalls indirekten Einfluss auf den Schutz des geistigen Eigentums haben, weshalb sie für die vorliegende Arbeit nicht relevant sind.[661]

Schließlich haben die meisten LDC bilaterale Investitionsschutzabkommen mit anderen Staaten abgeschlossen, in denen sie sich verpflichten, das geistige Eigentum als Investition zu schützen.[662] Allerdings enthalten die Abkommen größtenteils keine näheren Bestimmungen darüber, in welchem Maß der Schutz zu gewährleisten ist.

Im Cotonou-Abkommen zwischen der Europäischen Union und den sog. AKP-Staaten[663] wird der Schutz des geistigen Eigentums in dessen Art. 46 konkretisiert. Dabei erkennen die Mitglieder des Cotonou-Abkommens die Bedeutung des TRIPS-Übereinkommens an und verpflichten sich, die TRIPS-Vorgaben einzuhalten.[664] Bestandteil des TRIPS-Übereinkommens sind auch die Übergangsfristen der Art. 65 und 66 TRIPS. Der Regelung des Art. 46 Abs. 2 Cotonou-Abkommen kann daher nicht die Verpflichtung entnommen werden, die Vorgaben zum Schutz des geistigen Eigentums schon vor Ablauf der Fristen anzuwenden. Zudem sollen auch nach dem Cotonou-Abkommen Entwicklungsländer in den Welthandel integriert und der Technologietransfer gefördert werden.[665] Den LDC wird in Art. 84 Abs. 1 und Art. 85 Abs. 1 Cotonou-Abkommen besondere Beachtung geschenkt. Es soll ihnen demnach ermöglicht werden, ihre schwierige Wirtschaftslage sowie soziale Schwierigkeiten zu überwinden und ihre Entwicklung voranzutreiben.[666]

---

658 Einen kurzen Überblick über den Inhalt liefern *Ncube/Laltaika*, JIPLP 8 (2013) 2, 114 (115).

659 *Blakeney/Mengistie*, J.W.I.P. 14 (2011) 3/4, 238 (251).

660 *Merso*, ICTSD Policy Brief No. 16, June 2013, S. 3; *Ondhowe/Owens/Osterwalder/Karachalios*, Patents and clean energy technologies in Africa, S. 30.

661 Z.B. Charta for African Cultural Renaissance, Cultural Charta for Africa, Abuja Treaty, ECOWAS.

662 Diese sind abrufbar unter: *investmentpolicyhub.unctad.org/IIA* (zuletzt 10.03.2017).

663 Fast alle LDC sind auch AKP-Staaten, vgl. *de Vylder*, The LDC and World Trade, S. 32.

664 Vgl. auch *UNCTAD-ICTSD*, Resource Book on TRIPS and Development, S. 735.

665 *UNCTAD-ICTSD*, Resource Book on TRIPS and Development, S. 735.

666 *Hausmann*, Das Cotonou-Handelsregime, S. 77.

§ 8 Patentschutz auf nationaler Ebene

A. TRIPS-Plus Standard in den OAPI-Mitgliedstaaten

Die erste zu betrachtende Gruppe ist die der am wenigsten entwickelten WTO Mitgliedstaaten, die der OAPI angehören, nämlich: Benin, Burkina Faso, Guinea, Guinea-Bissau, Mali, Mauretanien, Niger, Senegal, Tschad, Togo sowie die Zentralafrikanische Republik. Für diese Staaten gelten die Vorschriften über den Patentschutz gem. Annex I des Bangui-Abkommens unmittelbar. Wie bereits festgestellt, sind die Normen TRIPS-konform und gehen teilweise sogar über das geforderte Mindestschutzniveau hinaus, sodass von TRIPS-plus Regelungen gesprochen werden kann. In den Mitgliedstaaten der OAPI besteht demnach ein über den TRIPS-Standard hinausgehender Patentschutz, wenn kein nationales Recht vorliegt, das mit den Regelungen des Annex I des Bangui-Abkommens im Widerspruch steht und vorrangig vor diesem anzuwenden wäre.[667]

In Benin, Burkina Faso, Mauretanien, Niger, Senegal sowie der Zentralafrikanischen Republik existieren keine nationalen Gesetze, die sich mit dem Patentschutz befassen. Im Tschad existiert seit 2000 ein Pharmaziegesetz. In Art. 5 des Gesetzes Nr. 024/PR/2000 wird der Begriff des Generikums definiert.[668] Regelungen über die Entstehung eines in der Norm genannten Patents werden allerdings nicht getroffen. Ein Widerspruch zu den Regelungen der OAPI besteht daher nicht, weshalb auch im Tschad das maßgebliche Recht in Annex I des Bangui-Abkommens zu finden ist. Guinea hat im Jahre 1987 ein Gesetz über den Schutz von Investitionen erlassen, das 1995 modifiziert wurde.[669] In dessen Art. 6 Abs. 2 wird geregelt, dass ausländischen Unternehmen sowie Angehörigen anderer Staaten dieselben Rechte zustehen, wie inländischen Unternehmen und eigenen Staatsangehörigen.[670] In Art. 13 Bangui-Abkommen wird geregelt, dass Ausländer ebenfalls Patente nach den Voraussetzungen des Abkommens erhalten können. Mithin steht die Regelung des guineischen Gesetzes dem Bangui-Abkommen nicht entgegen. In Togo existiert ein Gesetz über die Einrichtung eines Patentamtes.[671] Nach Art. 5 des Gesetzes hat

---

667 Nationale Regelungen, die über den in Annex I des Bangui-Abkommen vorgesehenen Schutz hinausgehen, stellen dabei keinen Widerspruch dar; vgl. *Ngombé*, J.W.I.P. 9 (2006) 4, 445 (449).

668 Danach handelt es sich um ein Generikum, wenn der Patentschutz abgelaufen ist ("Le médicament générique est un médicament dont le brevet d'exploitation est tombé dans le domaine public, qui est préparé industriellement sous un conditionnement particulier, et mis sur le marché sous une dénomination commune internationale.").

669 *Law No. 001/PRG/87 as amended by Law No. L/95/029/CTRN.*

670 "Les entreprises et les ressortissants étrangers jouissent des mêmes droits et bénéficient de la même protection concernant les marques et brevets, les étiquettes et dénominations commerciales et toutes autres propriétés industrielles que les entreprises et les nationaux guinéens."

671 *Law No. 2001–015.*

das Patentamt unter anderem die Aufgabe, Patentanmeldungen an das Sekretariat der OAPI zu übermitteln.[672] Voraussetzungen für die Entstehung eines Patents oder mögliche Ausnahmen werden nicht geregelt. Ein Patentgesetz existiert in Mali seit 1987.[673] In dessen Art. 1 wird auf die Regelungen des Bangui-Abkommens verwiesen. Lediglich für Anmeldungen, die zwischen dem 24. November 1958 und dem 30. September 1984 eingegangen sind, soll gem. Art. 2 das malische Patentgesetz Anwendung finden. Da die Schutzfrist für solche Patente inzwischen abgelaufen ist, sind keine Kollisionsfälle denkbar. 1996 wurde in Guinea-Bissau ein Patentgesetz erlassen, in dem Voraussetzungen über die Erteilung von Patenten geregelt werden.[674] Folglich existieren zwei Rechtsinstitute nebeneinander. Das Verhältnis der Normen im Kollisionsfall ist daher zu klären. In der Verfassung Guinea-Bissaus findet sich keine Bestimmung über das Rangverhältnis internationaler bzw. regionaler Abkommen zum nationalen Recht. Allerdings finden gem. Art. 42 des *Industrial Property Codes* Regelungen internationaler Verträge zum Schutz des gewerblichen Rechtsschutzes im Konfliktfall vorrangig Anwendung.[675] Unerheblich ist für die Untersuchung, ob Guinea-Bissau noch weitreichendere Regelungen getroffen hat, als im Bangui-Abkommen zu finden sind, da die in Guinea-Bissau anwendbaren Regelungen des Bangui-Abkommens die TRIPS-Konformität bereits gewährleisten.

Mithin finden die Regelungen des Annex I des Bangui-Abkommens unmittelbare vorrangige Anwendung in den OAPI-Mitgliedstaaten. Der Patentschutz kann daher in Benin, Burkina Faso, Guinea, Guinea-Bissau, Mali, Mauretanien, Niger, Senegal, Tschad, Togo sowie der Zentralafrikanische Republik in TRIPS-konformer Weise gewährleistet werden.

B. TRIPS-Vereinbarkeit in den übrigen LDC-Mitgliedstaaten

I. Angola: Gesetz zum gewerblichen Eigentum von 1992

Die Republik Angola erlangte 1975 ihre Unabhängigkeit von Portugal.[676] Seit 1996 ist sie Mitglied der WTO.[677] Mittlerweile kann Angola ein Bruttonationaleinkommen

672 Auch in den übrigen Mitgliedstaaten ist es Aufgabe des Patentamts, die Öffentlichkeit über die Schutzrechte zu informieren und Anmeldungen an das Sekretariat der OAPI weiterzuleiten; vgl. *Deere*, The Implementation Game, S. 251.

673 *Law No. 87–18/AN-RM.*

674 *Law No. 6/96.*

675 "As disposições de qualquer tratado internacional em matéria de propriedade industrial de que a Guiné-Bissau é parte aplicam-se às questões regidas pelo presente diploma e en caso de conflito com as disposições de presente decreto-lei prevalecem as disposições do tratado internacional".

676 *Blaustein/Sigler/Beede*, Independence Documents of the World, S. 19 ff.

677 Siehe dazu die Liste der WTO-Mitgliedstaaten, abrufbar unter: *www.wto.org/english/thewto_e/whatis_e/tif_e/org6_e.htm* (zuletzt 10.03.2017).

vorweisen, das erlaubt, der Gruppe der LDC zu entwachsen.[678] 2015 wurde Angola daher als graduationswürdig eingestuft.[679] Angola hat mit dem *Law No. 3/92 on Industrial Property* (Gesetz Nr. 3/92) bereits 1992 ein eigenes Patentgesetz erlassen.[680] Zudem ist Angola als AKP-Staat Vertragspartner des mit der EU abgeschlossenen Cotonou-Abkommens. Aus diesem ergeben sich jedoch keine Verpflichtungen für Angola als LDC.

1. Inländerbehandlung und Meistbegünstigung

Bereits vor Ablauf der Übergangsfrist müssen das Prinzip der Inländerbehandlung und das der Meistbegünstigung gem. Art. 3 und 4 TRIPS beachtet werden.[681] Das Patentgesetz enthält keine Regelung über das Prinzip der Inländerbehandlung. Auch schweigt es über das Prinzip der Meistbegünstigung. Diese ist aber nur dann relevant, wenn Angola Angehörigen eines anderen Staates Rechte zusichert, die über die in dem Patentgesetz verankerten Rechte hinausgehen.

2. Patentfähige Gegenstände

Patente werden gem. Art. 2 Abs. 1 Gesetz Nr. 3/92 zum Schutz von Erfindungen erteilt und dem Erfinder wird ein exklusives Nutzungsrecht eingeräumt. Unter einer Erfindung ist dabei die Idee eines Erfinders zu verstehen, die es ermöglicht, ein spezielles technisches Problem praktisch zu lösen. Dabei werden sowohl Produkte als auch Verfahren umfasst.[682] Wenn auch nicht ausdrücklich geregelt, kann mangels gegenteiliger Angaben davon ausgegangen werden, dass auf allen Gebieten der Technik Patente zu erteilen sind.

a. Schutzvoraussetzungen

Um patentfähig zu sein, muss die Erfindung neu sein, auf einer erfinderischen Tätigkeit beruhen und gewerblich anwendbar sein.[683] Die Voraussetzungen werden in dem Patentgesetz Angolas konkretisiert. Da es an einer Definition im TRIPS-Übereinkommen fehlt, sind die Mitgliedstaaten befugt, die Ausgestaltung

678 Die beiden weiteren Indikatoren werden noch nicht erfüllt; vgl. *UNCTAD*, training and capacity building workshop, S. 1.

679 *CDP*, Report on the 17th Session, 23.-27.03.2015, ECOSOC Official Records 2015, Supplement No. 13, E/2015/33, S. 3. Die UN-Generalversammlung hat nun über die Graduation Angolas zu entscheiden.

680 Das Gesetz wird ebenfalls von *Merso*, ICTSD Policy Brief No. 16, June 2013, S. 2; *Blaine*, in: ders. (Hrsg.), Trade Barriers in Africa and the Middle East, S. 1 (5); *Adams & Adams*, Practical Guide to IP in Africa, S. 33 u. 39; WTO Doc. WT/TPR/S/321 v. 18 August 2015, Rn. 3.77 und in IIC 1992, 718 genannt.

681 *Lüers*, in: Busche/Stoll/Wiebe (Hrsg.), TRIPs, Art. 3, Rn. 17. Bereits in Art. 2 PVÜ ist das Prinzip der Inländerbehandlung verankert.

682 Vgl. auch *Adams & Adams*, Practical Guide to IP in Africa, S. 40.

683 Vgl. auch *Adams & Adams*, Practical Guide to IP in Africa, S. 40.

selbst vorzunehmen.[684] Angola erklärt auch die Landwirtschaft, die Fischerei und das Handwerk zu einem Gewerbe, was nach Art. 1 Abs. 3 PVÜ möglich – aber nicht zwingend erforderlich – ist.[685]

b. Keine patentfähigen Gegenstände

Entdeckungen, deren Gebrauch der öffentlichen Ordnung, den guten Sitten, der Gesundheit oder der öffentlichen Sicherheit entgegenstehen würde, können gem. Art. 4 Gesetz Nr. 3/92 nicht patentiert werden.[686] Hier ist nur von Entdeckungen die Rede.[687] Diese sind bereits von der Fähigkeit, patentiert werden zu können, ausgeschlossen, wie in Art. 4 lit. b) a.E. Gesetz Nr. 3/92 festgelegt wird. Das TRIPS-Übereinkommen verlangt lediglich, Erfindungen zu patentieren. Entdeckungen stellen gerade keine Erfindungen dar. Die Vorschrift ist daher unabhängig davon, ob der Gebrauch als gewerbliche Verwertung zu verstehen ist und ob ein Gesetz vorliegen muss, das die Verwertung verbietet, mit den Vorgaben des TRIPS-Übereinkommens vereinbar.

Darüber hinaus sind Entwürfe, die keine praktische Verwendung finden oder die weder mechanisch oder physikalisch gewerblich angewandt werden können, nicht patentfähig.[688] Bloße Entwürfe bieten in der Regel keine Lösung eines technischen Problems und sind daher keine Erfindung. Da das TRIPS-Übereinkommen lediglich verlangt, Patente für Erfindungen zu erteilen, die außerdem gewerblich anwendbar sein müssen, steht der Ausschluss der Vereinbarkeit mit den TRIPS-Vorgaben nicht entgegen.

Bloße wissenschaftliche Prinzipien können ebenfalls nicht patentiert werden.[689] Ebenfalls ausgeschlossen sind Finanzpläne oder -programme, Kreditgeschäfte und Spielregeln.[690] Weder wissenschaftliche Prinzipien, noch Finanzpläne oder -programme stellen Erfindungen dar, da ihnen der technische Charakter fehlt.[691] Dasselbe gilt für Kreditgeschäfte oder Spielregeln.[692] Auch diese Ausnahmen stehen daher nicht im Widerspruch zu den TRIPS-Bestimmungen.

---

684 *Correa*, WHO-ICTSD-UNCTAD Working Paper, Jan. 2007, S. 3; *Lamping*, IIC 2014, 679 (693 Rn. 3.2); *Straus*, GRUR Int. 1996, 179 (195); *de Carvalho*, The Trips Regime of Patents and Test Data, Rn. 27.11.

685 *Bodenhausen*, Art. 1 Abs. 3 PVÜ, S. 17.

686 Vgl. auch *Adams & Adams*, Practical Guide to IP in Africa, S. 40.

687 Auch in der Originalfassung ist von *descobertas* (Entdeckungen) die Rede und nicht von *invençãos* (Erfindungen).

688 Vgl. auch *Adams & Adams*, Practical Guide to IP in Africa, S. 40.

689 Vgl. auch *Adams & Adams*, Practical Guide to IP in Africa, S. 40.

690 Vgl. auch *Adams & Adams*, Practical Guide to IP in Africa, S. 40.

691 Vgl. in Bezug auf das europäische Recht *Steinbrener*, in: Singer/Stauder (Hrsg.), EPÜ, Art. 52 Rn. 24.

692 Vgl. in Bezug auf das europäische Recht *Steinbrener*, in: Singer/Stauder (Hrsg.), EPÜ, Art. 52 Rn. 30.

Schließlich wird Nahrungsmitteln und chemisch hergestellten Arzneimitteln, die zum Verzehr geeignet sind, die Schutzfähigkeit versagt.[693] Lediglich die Geräte, die zur Herstellung benötigt werden, sowie das Verfahren zur Herstellung sollen patentiert werden können.[694] Gerade der hier ausgeschlossene Stoffschutz soll durch Art. 27 Abs. 1 TRIPS gewährt werden, da ausdrücklich verlangt wird, Patente sowohl auf Verfahren als auch auf Erzeugnisse zu erteilen. Auch müssen Patente in allen Bereichen der Technik gewährt werden. Es könnte allenfalls daran gedacht werden, den Ausschluss unter Art. 27 Abs. 3 lit. a) TRIPS zu subsumieren, wonach therapeutische Verfahren für die Behandlung von Menschen und Tieren ausgeschlossen werden dürfen. Die Versorgung mit Arzneimitteln könnte ein solches therapeutisches Verfahren zur Behandlung von Menschen und Tieren darstellen. Therapeutische Verfahren sollen aber gerade nicht die Behandlung mit Arzneimitteln umfassen, wie insbesondere die Forderung nach der Einrichtung eines sog. „*Mailbox*"-Systems für die Anmeldung von Patenten für pharmazeutische und agrochemische Erzeugnisse in Art. 70 Abs. 8 TRIPS zeigt.[695] Nicht nur kann der Zusammenhang zeigen, dass Arzneimittel und agrochemische Erzeugnisse patentfähig sein sollen; es wird darüber hinaus deutlich, wie wichtig den Verfassern des TRIPS-Übereinkommens ihr Schutz war, indem sogar bereits vor Entstehen der Verpflichtung, Patentschutz zu gewähren, verlangt wird, die Anmeldung solcher Patente sicherzustellen. Auch der Ausschluss von Nahrungsmitteln ist im TRIPS-Übereinkommen nicht vorgesehen und daher ebenfalls unzulässig. Ein sog. „*Mailbox*"-System wird in Angola trotz Ausschlusses von Arzneimitteln nicht vorgesehen. Allerdings muss ein solches seit der Entscheidung des Allgemeinen Rats über die Befreiung von der Verpflichtung aus Art. 70 Abs. 8 TRIPS im November 2015 bis 2033 nicht vorgesehen werden.[696]

3. *Anmeldebedingungen*

Der Patentanmeldung ist gem. Art. 5 Abs. 1 lit. f) Gesetz Nr. 3/92 eine Beschreibung beizufügen, in der die Erfindung derart offenbart wird, dass ein Fachmann in der Lage ist, sie auszuführen. Darüber hinaus ist ein gem. Art. 64 des Gesetzes ein etwaiges Prioritätsrecht anzugeben.[697]

---

693 Trotz Ausschlusses der Patentierung von Arzneimitteln wurden im Jahre 2006 200 gefälschte Medikamente in Angola beschlagnahmt; vgl. *Blaine*, in: ders. (Hrsg.), Trade Barriers in Africa and the Middle East, S. 1 (5). Auch in Hinblick auf die Übergangsfrist des Art. 66 Abs. 1 TRIPS erscheint dieses Vorgehen fragwürdig.

694 Vgl. auch *Adams & Adams*, Practical Guide to IP in Africa, S. 40.

695 *UNCTAD-ICTSD*, Resource Book on TRIPS and Development, S. 386.

696 Vgl. WTO Doc. WT/L/971 v. 02.12.2015.

697 Vgl. auch *Adams & Adams*, Practical Guide to IP in Africa, S. 39. Das Prioritätsrecht wurde dabei nicht näher ausgestaltet; vgl. ebd., S. 41.

4. Rechte aus dem Patent

Nationale Regelungen über die Rechte aus dem Patent fehlen. Die Übertragung eines Patents wird in Art. 8 Gesetz Nr. 3/92 geregelt. Danach kann das Patent durch einen Rechtsakt unter Lebenden oder von Todes wegen übertragen werden.[698] Hierzu sieht Art. 28 Abs. 2 TRIPS vor, dass der Patentinhaber das Recht haben muss, das Patent rechtsgeschäftlich oder im Weg der Rechtsnachfolge zu übertragen. Die nähere Ausgestaltung bleibt den Mitgliedstaaten überlassen, solange der Patentinhaber nicht in seinem Recht zur Übertragung eingeschränkt wird.[699] Im angolanischen Patentgesetz werden die Vorgaben des TRIPS-Übereinkommens lediglich konkretisiert. Dem Patentinhaber wird nicht vorgeschrieben, in welcher Form oder Art er Lizenzen erteilen darf, es werden bloß unterschiedliche Möglichkeiten der Lizenzerteilung aufgezählt. Art. 9 Abs. 1 Gesetz Nr. 3/92 regelt zudem, dass der Patentinhaber oder sein Nutznießer vertraglich eine Ausübungslizenz erteilen darf.[700] Dabei sind in dem Vertrag die Gebrauchskonditionen festzuhalten. Fehlt eine entgegenstehende Vereinbarung, dürfen die durch die Lizenz erlangten Rechte nicht ohne die Zustimmung des Patentinhabers oder seines Nutznießers übertragen werden. Gefragt werden kann, ob durch das Erfordernis, die Gebrauchskonditionen festzuhalten, eine Einschränkung des Rechts auf Lizenzvergabe gesehen werden kann. Bloße Anforderungen an die Form des Vertrags, wie beispielsweise ein Schriftformerfordernis, stellen keine Einschränkungen dar.[701] Es ist daher im Einzelfall zu prüfen, ob in der Bedingung eine Einschränkung zu sehen ist.[702] Im angolanischen Patentgesetz wird nicht festgelegt, in welcher Gestalt die Konditionen festzuhalten sind. Auch wird durch das Erfordernis, die Konditionen festzuhalten, sowohl dem Patentinhaber als auch dem Lizenznehmer zusätzlicher Schutz geboten. Eine Einschränkung der Möglichkeit, Lizenzverträge abzuschließen, kann in der Regelung daher nicht gesehen werden.

5. Benutzung ohne die Zustimmung des Patentinhabers

a. Regierungsgebrauch

Nach Art. 10 Gesetz Nr. 3/92 kann eine Erfindung ohne die Zustimmung des Patentinhabers von einem Staatsorgan oder einem Dritten ausgeübt werden, wenn dies dem öffentlichen Interesse dient, insbesondere der nationalen Sicherheit, der Gesundheit oder der Entwicklung wesentlicher Bereiche der nationalen Wirtschaft. Wann dies der Fall sein soll, ist vom Ministerrat zu entscheiden. Dem im Rahmen

---

698 Vgl. auch *Adams & Adams*, Practical Guide to IP in Africa, S. 43.
699 Vgl. *UNCTAD-ICTSD*, Resource Book on TRIPS and Development, S. 422.
700 Vgl. auch *Adams & Adams*, Practical Guide to IP in Africa, S. 43.
701 *UNCTAD-ICTSD*, Resource Book on TRIPS and Development, S. 422. Dort heißt es zudem, Registrierungserfordernisse würden ebenfalls keine Einschränkung darstellen.
702 *Gervais*, TRIPS, Art. 28, Rn. 2.381.

des Regierungsgebrauchs zu beachtenden Erfordernis des Art. 31 lit. a) TRIPS,[703] im Einzelfall über die Nutzung zu entscheiden, wird daher Rechnung getragen. Weiterhin wird bestimmt, dass in einem solchen Fall der Patentinhaber eine gerechte Entschädigung erhalten soll. Dabei ist ebenfalls eine Einzelfallentscheidung notwendig, bei der gem. Art. 31 lit. h) TRIPS der wirtschaftliche Wert der Erfindung in die Ermittlung der Höhe der Vergütung einzubeziehen ist.[704] Eine derartige Konkretisierung fehlt.

Die Voraussetzung aus Art. 31 lit. b) TRIPS, zunächst mit dem Patentinhaber über die Erteilung einer freiwilligen Lizenz zu verhandeln, entfällt, wenn es sich um einen nationalen Notstand handelt, sonstige Umstände von äußerster Dringlichkeit vorliegen oder wenn es sich um eine öffentliche, nicht gewerbliche Nutzung handelt. Die Entscheidung darüber, wann ein nationaler Notstand vorliegt, obliegt den Mitgliedstaaten.[705] In Art. 10 Gesetz Nr. 3/92 wird nicht festgeschrieben, dass die Gefährdung der nationalen Sicherheit oder Gesundheit einen nationalen Notstand darstellen muss. Andererseits kann davon ausgegangen werden, dass in Bezug auf Gesundheitsbelange in bestimmten Fällen ein nationaler Notstand vorliegt. In vielen der am wenigsten entwickelten Länder sind Krankheiten wie HIV/AIDS, Malaria oder Tuberkulose weit verbreitet. In Hinblick auf die Erklärung zum TRIPS und zur öffentlichen Gesundheit, die auf ebendiesen Umstand eingeht, muss die Vorgabe des Art. 31 lit. b) TRIPS so verstanden werden, dass Gesundheitskrisen einen nationalen Notstand oder zumindest sonstige Umstände von äußerster Dringlichkeit darstellen können.[706] Ebenso ist es vorstellbar, dass die Gefährdung der nationalen Sicherheit ein Ausmaß annehmen kann, das einem Notstand gleichkommt. Die wirtschaftliche Lage kann ebenfalls ein solches Ausmaß erreichen. Beides wird im jeweiligen Einzelfall zu prüfen sein. Mithin kann hier nicht allgemein davon ausgegangen werden, Verhandlungen über die Erteilung einer freiwilligen Lizenz seien zu führen. Allerdings sieht Art. 31 lit. b) TRIPS vor, den Patentinhaber so bald wie zumutbar zu informieren, was im angolanischen Gesetz nicht vorgesehen wird.

Auch fehlen Bestimmungen darüber, die Dauer und den Umfang der Gestattung zu begrenzen. Zudem verlangt Art. 31 TRIPS, dass die Erteilung der Nutzungserlaubnis nicht ausschließlich erfolgt und nicht übertragbar ist. Es wird nicht vorgesehen, die Nutzung beenden zu können. Die Voraussetzungen des Art. 31 TRIPS werden daher nicht vollständig erfüllt.

---

703 *Blakeney*, TRIPS, Rn. 8.23; *Rott*, Patentrecht und Sozialpolitik, S. 282.

704 *Taşdelen*, in: Busche/Stoll/Wiebe (Hrsg.), Art. 31, Rn. 34.

705 Bestätigt durch WTO Doc. WT/MIN(01)/DEC/2 v. 20.11.2001, Rn. 4 f.; *Gervais*, TRIPS, Art. 31, Rn. 2.409; *Rott*, Patentrecht und Sozialpolitik, S. 289; *Malbon/Lawson/Davison*, TRIPS, Overview Patents, Rn. O.03.

706 WT/MIN(01)/DEC/2 v. 20.11.2001, Rn. 5 lit. c); *Correa*, TRIPS, S. 316.

b. Zwangslizenzen

Nach Art. 11 Abs. 1 Gesetz Nr. 3/92 ist der Patentinhaber verpflichtet, einem Dritten eine Lizenz zu erteilen, wenn er innerhalb von drei Jahren nach Patenterteilung nicht selbst mit der Ausübung begonnen hat.[707] Ausgenommen sind Fälle, in denen die Ausübung wegen höherer Gewalt nicht möglich war.

Grundsätzlich steht es den Mitgliedstaaten frei, darüber zu entscheiden, in welchen Fällen eine Zwangslizenz erteilt werden darf.[708] Einige exemplarische Gründe werden im TRIPS-Übereinkommen genannt, wobei die Aufzählung der Gründe nicht abschließend ist.[709] Nach Art. 2 Abs. 1 TRIPS i.V.m. Art. 5A Abs. 4 PVÜ darf eine Zwangslizenz wegen Nichtausübung erst nach vier Jahren gerechnet ab dem Zeitpunkt der Hinterlegung oder nach drei Jahren gerechnet ab dem Zeitpunkt der Patenterteilung erteilt werden. In Art. 5A Abs. 2 PVÜ wird der Fall des Missbrauchs als Grund für die Erteilung einer Zwangslizenz genannt. Die Nichtausübung wird dabei als Beispiel eines Missbrauchs genannt.[710] Nach Art. 11 Abs. 3 Gesetz Nr. 3/92 wird unter der Nichtausübung auch die Einfuhr der Erfindung verstanden.[711] Da das Diskriminierungsverbot des Art. 27 Abs. 1 TRIPS auch auf Art. 31 TRIPS Anwendung findet, ist eine Diskriminierung auf Grund des Ortes unzulässig.[712]

Zudem wird geregelt, eine Zwangslizenz sei zu erteilen, wenn die Ausübung ein Jahr lang ausgesetzt wurde.[713] Eine solche Regelung wird im TRIPS-Übereinkommen nicht vorgesehen. Da es den Mitgliedstaaten freisteht, über die Gründe der Lizenzerteilung zu entscheiden, müsste es möglich sein, auch dann, wenn die Ausübung ausgesetzt wird, eine Zwangslizenz erteilen zu können. In Art. 5A Abs. 4 PVÜ wird neben der Nichtausübung auch die ungenügende Ausübung erfasst. Wurde mit der Ausübung bereits begonnen, ist es entbehrlich, die Frist ab Patentanmeldung oder -erteilung abzuwarten. Die Frist dient der Sicherung des Patentinhabers, seine

---

707 Zwar wird in der engl. Version die Bezeichnung *to cede* (abtreten) verwendet, in der Originalfassung heißt es lediglich, dass der Patentinhaber zur Erteilung einer Lizenz verpflichtet ist (*obrigado a conceder licença*). Eine Abtretung der Rechte aus dem Patent ist damit also nicht gemeint.

708 WTO Doc. WT/MIN(01)/DEC/2 v. 20.11.2001, Rn. 5 lit. b); *Malbon/Lawson/Davison*, TRIPS, Overview Patents, Rn. O.03; *Lamping*, IIC 2014, 679 (688 Rn. 27); *Blakeney*, TRIPS, Rn. 8.22; *UNCTAD-ICTSD*, Resource Book on TRIPS and Development, S. 462; *Rott*, Patentrecht und Sozialpolitik, S. 280.

709 *Correa*, in: ders./Yusuf (Hrsg.), IP and International Trade, S. 226 (246 f.); *ders.*, in: Drahos/Mayne (Hrsg.), Global Intellectual Property Rights, S. 40 (48 f.); *Rott*, Patentrecht und Sozialpolitik, S. 280.

710 *Rott*, Patentrecht und Sozialpolitik, S. 280.

711 Vgl. auch *Adams & Adams*, Practical Guide to IP in Africa, S. 43.

712 Vgl. *Canada – Pharmaceutical Products*, Report of the Panel, WTO Doc. WT/DS114/R v. 17.03.2000, Rn. 7.91; *Bender/Michaelis*, in: Hilf/Oeter (Hrsg.), WTO-Recht, § 22 Rn. 71; *Gervais*, TRIPS, Art. 27 Rn. 2.368; *UNCTAD-ICTSD*, Resource Book on TRIPS and Development, S. 480.

713 Vgl. auch *Adams & Adams*, Practical Guide to IP in Africa, S. 43.

Erfindung verwerten zu können, da er häufig nicht unmittelbar nach Patenterteilung mit der Verwertung beginnen kann.[714]

Eine Regelung, wonach verlangt wird, dass die Nutzungserlaubnis zu beenden ist, wenn die Gründe, die zu ihrer Erteilung geführt haben, nicht länger vorliegen, fehlt im angolanischen Patentgesetz. Auch wird nicht vorgesehen, zunächst Verhandlungen mit dem Patentinhaber über die Erteilung einer freiwilligen Lizenz zu führen. Der Patentinhaber soll lediglich innerhalb von 90 Tagen über die Erteilung informiert werden. Damit soll ihm die Möglichkeit gegeben werden, gegen die Verpflichtung zur Erteilung einer Lizenz vorzugehen. Die Informationspflicht ersetzt aber nur in den Fällen, in denen die Nutzung wegen des Vorliegens eines nationalen Notstands erlaubt wird, das Erfordernis der vorherigen Verhandlungen. Auch die übrigen Voraussetzungen des Art. 31 TRIPS werden nicht erfüllt. Einzig wird dem Patentinhaber in Art. 11 Abs. 6 Gesetz Nr. 3/92 das Recht zugestanden, eine angemessene Vergütung zu verlangen.[715]

Zudem kann aus Gründen des öffentlichen Interesses eine nichtausschließliche Zwangslizenz erteilt werden, wenn die Erfindung nicht mehr ausgeübt wird oder die Nachfrage nicht befriedigt werden kann. Allerdings werden die Voraussetzungen des Art. 31 TRIPS bis auf den Anspruch auf Vergütung nicht erfüllt. Die Regelungen über die Zwangslizenzen sind daher nicht mit den Vorgaben des TRIPS-Übereinkommens vereinbar.

6. Beendigung des Schutzes

a. Ablauf des Patents

Nach Art. 6 Abs. 1 Gesetz Nr. 3/92 beträgt die Laufzeit eines Patents 15 Jahre gerechnet ab der Hinterlegung.[716] Danach wird das Patent gemeinfrei.[717] Die Voraussetzung des Art. 33 TRIPS, mindestens eine Laufzeit von 20 Jahren zu gewähren, wird damit nicht erfüllt.

b. Nichtigkeit

Nach Art. 13 Gesetz Nr. 3/92 ist ein Patent nichtig und somit ungültig, wenn der Gegenstand nicht die Schutzvoraussetzungen erfüllt oder sich herausstellt, dass das Patent nicht hätte erteilt werden dürfen. Für nichtig kann das Patent auch dann erklärt werden, wenn es im Widerspruch zu den Rechten Dritter erteilt wurde. Darüber hinaus ist ein Patent nichtig, wenn sich herausstellt, dass es sich nicht auf den Gegenstand bezieht, für den es erteilt wurde. Schließlich ist es nichtig, wenn bei dem Erteilungsprozess eine Regelung des Gesetzes übergangen wurde.

---

714 *Pfanner*, GRUR Int. 1985, 357 (360).
715 Vgl. *Adams & Adams*, Practical Guide to IP in Africa, S. 43.
716 Vgl. auch *Adams & Adams*, Practical Guide to IP in Africa, S. 42.
717 Vgl. auch *Adams & Adams*, Practical Guide to IP in Africa, S. 42. In der engl. Fassung ist von der *public domain* die Sprache.

Im TRIPS-Übereinkommen sind keine Vorgaben über die materiellen Voraussetzungen der Nichtigkeit zu finden. Es wird lediglich gem. Art. 32 TRIPS verlangt, die Überprüfung des Widerrufs oder Verfalls vorzusehen, wobei gem. Art. 62 Abs. 4 TRIPS für den Einspruch, Widerruf und die Löschung eines Patentes dieselben gerichtlichen Möglichkeiten nach Art. 41 Abs. 2 und 3 TRIPS gelten müssen, wie für seinen Erwerb.[718] Danach muss ein faires und gerechtes Verfahren gewährleistet werden. Das Verfahren darf nicht unnötig kompliziert und kostspielig sein und es muss ohne unangemessene Fristen und ungerechtfertigte Verzögerungen ablaufen. Regelungen über die gerichtliche Überprüfung fehlen.

Zudem heißt es in Art. 5A Abs. 3 PVÜ, der Verfall eines Patents dürfe zur Verhütung eines Missbrauchs erst erklärt werden, wenn der Missbrauch nicht durch eine Zwangslizenz unterbunden werden kann. Zwar wird in Art. 5A Abs. 3 S. 1 PVÜ lediglich von dem Verfall des Patents gesprochen, es wird jedoch angenommen, damit werde jegliche Möglichkeit der Rücknahme eines Patents erfasst.[719] In der angolanischen Regelung wird nicht vorausgesetzt, zunächst eine Zwangslizenz zu erteilen. Art. 5A Abs. 3 PVÜ soll allerdings nur Fälle erfassen, in denen das Patent missbraucht wird.[720] Umstritten ist, ob der Entzug nur erfolgen darf, wenn die Erteilung eines Patents hätte verweigert werden können. Von dieser Annahme gehen insbesondere die USA aus.[721] Indien ist hingegen der Ansicht, es stehe den Mitgliedstaaten frei, über die Gründe eines Widerrufs zu entscheiden, da das TRIPS-Übereinkommen die Gründe offen lasse.[722] Der Patentinhaber hätte keine Rechtssicherheit, wenn ein ihm erteiltes Patent wieder entzogen würde, obwohl die Gründe für die Erteilung vorlagen. Die Vorgaben des TRIPS-Übereinkommens über die Erteilungsvoraussetzungen könnten bei einer solchen Interpretation unterlaufen werden. Demnach kann die Rücknahme eines Patents nur möglich sein, wenn es nicht hätte erteilt werden dürfen. Die Rechtsverletzung eines anderen durch den Patentinhaber kann daher keinen zulässigen Rücknahmegrund darstellen.

c. Verfall

Schließlich wird in Art. 14 Gesetz Nr. 3/92 der Verfall eines Patents geregelt. Danach verfällt ein Patent bei Ablauf der Schutzdauer oder wenn sein Inhaber oder Nachfolger darauf verzichtet. Ebenso verfällt es, wenn nicht innerhalb von vier

---

718 *Höhne*, in: Busche/Stoll/Wiebe (Hrsg.), TRIPs, Art. 32, Rn. 7.

719 *Bodenhausen*, Art. 5A PVÜ, S. 58; *Malbon/Lawson/Davison*, TRIPS, Rn. 32.06.

720 *Höhne*, in: Busche/Stoll/Wiebe (Hrsg.), TRIPs, Art. 32, Rn. 11.

721 WTO Docs. IP/C/W/32 v. 06.08.1996 und IP/C/M/8 v. 14.08.1996, Rn. 73; *Höhne*, in: Busche/Stoll/Wiebe (Hrsg.), TRIPs, Art. 32, Rn. 10; *Malbon/Lawson/Davison*, TRIPS, Rn. 32.09; *de Carvalho*, The Trips Regime of Patents and Test Data, Rn. 32.6.

722 WTO Docs. IP/C/M/8 v. 14.08.1996, Rn. 75 und WT/CTE/W/66 v. 29.09.1997, Rn. 15; *Höhne*, in: Busche/Stoll/Wiebe (Hrsg.), TRIPs, Art. 32, Rn. 10; *Malbon/Lawson/Davison*, TRIPS, Rn. 32.09; *de Carvalho*, The Trips Regime of Patents and Test Data, Rn. 32.8.

Jahren nach Erteilung mit der Ausübung begonnen, die Ausübung mehr als zwei Jahre unterbrochen oder die Gebühr nicht gezahlt wurde, es sei denn, der Patentinhaber beantragt seine Gültigkeit innerhalb von sechs Monaten, nachdem die Gebühr hätte gezahlt werden müssen. Zwar finden sich auch in Bezug auf den Verfall keine Vorgaben im TRIPS-Übereinkommen. Nach Art. 5A Abs. 3 PVÜ aber darf der Verfall eines Patents im Falle der missbräuchlichen Ausübung nur angeordnet werden, wenn die Gewährung einer Zwangslizenz nicht ausreichen würde, um diese Missbräuche zu verhüten. Zudem kann erst zwei Jahre, nachdem bereits eine Zwangslizenz erteilt wurde, ein Verfahren über den Verfall eingeleitet werden. Die Nichtausübung wird in Art. 5A Abs. 2 PVÜ als Beispiel eines Missbrauchs genannt. Nicht mit Art. 5A PVÜ vereinbar ist die Regelung, wonach der Verfall erklärt werden kann, wenn vier Jahre nach Erteilung nicht mit der Ausführung begonnen oder sie mindestens zwei Jahre ausgesetzt wurde, da das Erfordernis, zunächst mithilfe einer Zwangslizenz Abhilfe zu schaffen, übergangen wird. Da es lediglich möglich sein muss, Patentschutz zu erlangen, kann die Zahlung einer Gebühr als Gegenleistung verlangt werden.[723] Art. 5*bis* Abs. 1 PVÜ schreibt in diesem Fall vor, dass der Patentinhaber sechs Monate Zeit haben muss, die Gebühr zu zahlen. Diese Frist wird in Angola dadurch gewahrt, dass der Patentinhaber innerhalb von sechs Monaten nach Fälligkeit die Gültigkeit beantragen kann.

7. Zwischenergebnis

In vielerlei Hinsicht ist das Patentgesetz Angolas, das bereits vor Abschluss des TRIPS-Übereinkommens in Kraft getreten ist, nicht mit den TRIPS-Vorgaben vereinbar.[724] Auch fehlt eine Art. 4*ter* PVÜ entsprechende Regelung, wonach der Erfinder als solcher in der Patentschrift genannt werden muss.

<u>Defizite:</u>

- Die vorgesehenen Ausnahmen gehen über das hinaus, was nach den TRIPS-Vorgaben noch erlaubt ist.
- Regelungen über die Rechte aus dem Patent fehlen gänzlich.
- Die Regelungen über den Regierungsgebrauch und die Erteilung von Zwangslizenzen erfüllen nicht die Anforderungen des TRIPS-Übereinkommens.
- Ein Patent wird nur für 15 Jahre gewährt.
- Die Rücknahmegründe gehen über das hinaus, was nach den TRIPS-Vorgaben zulässig ist.

---

723 *Canada – Term of Patent Protection*, Report of the Panel, WTO Doc. WT/DS170/R v. 05.05.2000, Rn. 6.110; *UNCTAD-ICTSD*, Resource Book on TRIPS and Development, S. 424.

724 I.E. so auch *Blaine*, in: ders. (Hrsg.), Trade Barriers in Africa and the Middle East, S. 1 (5), wonach es auch an effektiven Durchsetzungsmechanismen fehlt.

II. Bangladesch: Patent- und Designgesetz von 1911

Das Rechtssystem der Volksrepublik Bangladesch, die 1971 ihre Unabhängigkeit von Pakistan erlangte,[725] basiert auf dem Common Law.[726] Bereits während der Kolonialzeit wurden Gesetze zum Schutz des geistigen Eigentums in Bangladesch erlassen.[727] Mitglied der WTO ist Bangladesch seit 1995.[728] Bangladesch hat mit den USA und mit der EU Investitionsschutzverträge abgeschlossen, in denen sich Bangladesch jeweils verpflichtet, den Schutz des geistigen Eigentums zu gewährleisten und die TRIPS-Vorgaben umzusetzen.[729] In Art. 4 Abs. 5 lit. c) des Übereinkommens mit der EU verpflichtet sich Bangladesch darüber hinaus, der UPOV beizutreten. Eine solche weitreichende Verpflichtung zum Schutz von Pflanzensorten verlangt das TRIPS-Übereinkommen nicht. Noch ist Bangladesch seiner Verpflichtung gegenüber der EU, der UPOV beizutreten, jedoch nicht nachgekommen.

Das Patentrecht wird in dem *Patents and Designs Act 1911* (PDA 1911) in seiner zuletzt 2003 geänderten Fassung und den *Patents and Designs Rules von 1933* geregelt.[730] Nach Abschluss des TRIPS-Übereinkommens wurden mit Unterstützung der WIPO mehrere Entwürfe ausgearbeitet, um das Patentrecht an die TRIPS-Vorgaben anzupassen.[731] Keiner der Entwürfe ist bisher in Kraft getreten.[732] Bis zur Annahme

---

725 *Blaustein/Sigler/Beede*, Independence Documents of the World, S. 59 ff.

726 *Karim/Theunissen*, in: Shelton (Hrsg.), International Law and Domestic Legal Systems, S. 98.

727 *Azam*, IP, WTO and Bangladesh, S. 167.

728 Siehe dazu die Liste der WTO-Mitgliedstaaten, abrufbar unter: *www.wto.org/english/thewto_e/whatis_e/tif_e/org6_e.htm* (zuletzt 10.03.2017).

729 *Islam*, TRIPS Agreement of the WTO, S. 130. Ausdrücklich in Art. 4 Abs. 5 lit. a) *Cooperation Agreement between the EC and Bangladesh* v. 27.04.2001; in Art. 1 lit c) *Treaty between the USA and Bangladesh concerning the reciprocal encouragement and protection of investment* v. 12.03.1986 wird lediglich der Schutz des geistigen Eigentums allgemein verlangt. Teilweise wird vertreten, darin bestünde bereits die Verpflichtung, das TRIPS-Übereinkommen umzusetzen; vgl. *Islam*, TRIPS Agreement of the WTO, S. 168.

730 Vgl. auch WTO Doc. IP/C/W/546 v. 23.03.2010, Rn. 10 und Annex 1; *Azam*, IP, WTO and Bangladesh, S. 167 f.; *van Duzer*, CPD Occasional Paper Series No. 24, 2003, S. 21. Nach Art. 149 der bengalischen Verfassung findet das Patentgesetz auch nach Erlangen der Unabhängigkeit weiterhin Anwendung; vgl. *Azam*, IP, WTO and Bangladesh, S. 167.

731 Allgemein dazu WTO Doc. WT/TPR/S/270 v. 10.09.2012, Rn. 17; in Bezug auf den Entwurf von 2003 vgl. *Islam*, TRIPS Agreement of the WTO, S. 171 f. In Bezug auf den Entwurf 2006 vgl. *World Bank*, Bangladesh Development Series, Paper No. 23, March 2008, S. 18.

732 WTO Doc. IP/C/W/546 v. 23.03.2010, Annex 1; *Azam*, IP, WTO and Bangladesh, S. 168.

des neuen Patentgesetzes finden der PDA 1911 und die Patents and Designs Rules von 1933 weiterhin Anwendung.[733]

1. Inländerbehandlung und Meistbegünstigung

Ausländische Patentanmelder sind nach Abschnitt 3 PDA 1911 genauso zu behandeln, wie inländische Anmelder.[734]

2. Patentfähige Gegenstände

Ein Patent kann nach Abschnitt 3 Abs. 3 PDA 1911 derjenige anmelden, der in Besitz der Erfindung ist. Aus Abschnitt 12 Abs. 2 PDA 1911 ergibt sich, dass ein Patent jeweils nur für eine Erfindung erteilt wird. Auch wird angenommen, aus Abschnitt 2 Abs. 8 i.V.m. Abschnitt 2 Abs. 11 PDA 1911 ließe sich herleiten, dass alle Erfindungen durch Patente geschützt werden können.[735]

a. Patentformen

In dem Patentgesetz finden sich unterschiedliche Arten von Patenten. Neben den regulären, in Abschnitt 3 PDA 1911 erfassten, kennt das Gesetz noch Prioritätspatente in Abschnitt 78 A PDA 1911, Geheimpatente gem. Abschnitt 21 A PDA 1911 sowie in Abschnitt 15 A PDA 1911 geregelte Zusatzpatente.[736] Unterschiedliche Patentformen werden bereits in Art. 1 Abs. 4 PVÜ anerkannt.[737] Ein Prioritätspatent kann dann beantragt werden, wenn für die Erfindung bereits im Vereinigten Königreich ein Patent angemeldet wurde. In einem solchen Fall gilt der Zeitpunkt der Anmeldung im Vereinigten Königreich auch in Bangladesch. Darüber hinaus heißt es, es bestünde ebenfalls ein Prioritätsrecht in Hinblick auf Erfindungen, die in einem anderen Verbandsstaat der PVÜ zum Patent angemeldet wurden, wie es Art. 2 Abs. 1 TRIPS i.V.m Art. 4 PVÜ verlangt.[738] Ein Zusatzpatent kann nach Abschnitt 15 A PDA 1911 für eine Verbesserung oder einer Änderung beantragt werden und bleibt solange bestehen, wie das Hauptpatent läuft. Wird das Hauptpatent widerrufen, kann das Zusatzpatent in ein

733 *Islam*, TRIPS Agreement of the WTO, S. 172; *Azam*, Chi.-Kent J. Intell. Prop. 13 (2014) 2, 402 (412 Fn. 40).

734 So auch *Islam*, TRIPS Agreement of the WTO, S. 10.

735 *Islam*, TRIPS Agreement of the WTO, S. 12 f. Allerdings wird nur definiert, was eine Erfindung darstellt und es wird festgestellt, dass unter einem Patent, ein Patent nach dem Gesetz zu verstehen ist.

736 *DCCI/CIPE*, Economic Policy Paper on Copyright, Trademark and Patent Protection, S. 6.

737 So auch *Adusei*, Patenting of Pharmaceuticals and Development in Sub-Saharan Africa, S. 67; *Bodenhausen*, Art. 1 Abs. 4 PVÜ, S. 18.

738 *Abdullah*, in: Kim (Hrsg.), Legal Action against Intellectual Property Infringement in Asia, S. 54 (64).

eigenständiges Patent umgewandelt werden.[739] Die Besonderheit eines Geheimpatents besteht darin, dass der Patentinhaber nach Abschnitt 21 A PDA 1911 verpflichtet wird, der Regierung die Rechte an dem Patent zu übertragen, wenn es sich bei der Erfindung um Kriegsgeräte oder um Munition handelt und außerdem die Erfindung der Öffentlichkeit vorbehalten wird. Hierin könnte zum einen ein Verstoß gegen die Vorgabe des Art. 28 Abs. 2 TRIPS gesehen werden, wonach der Patentinhaber das ausschließliche Recht haben muss, seine Rechte zu übertragen oder Lizenzverträge abzuschließen. Zum anderen muss nach Art. 29 Abs. 1 TRIPS die Erfindung der Öffentlichkeit offenbart werden, was Ausprägung des wesentlichen Grundsatzes des Patentrechts ist, nach dem das Patent eine Gegenleistung für die Offenbarung darstellen soll.[740] Allerdings sieht Art. 73 lit. a) TRIPS vor, dass Informationen, deren Offenbarung den Sicherheitsinteressen eines Mitgliedstaates zuwiderlaufen würde, nicht zur Verfügung gestellt werden müssen. Darüber hinaus ergibt sich aus Art. 73 lit. b) ii) TRIPS, dass ein Mitgliedstaat nicht daran gehindert werden darf, Sicherheitsmaßnahmen zu regeln, die den Handel mit Waffen, Munition und Kriegsgeräten betreffen. Durch die Abtretung der Rechte an die Regierung und die Geheimhaltung der Erfindung kann die öffentliche Sicherheit geschützt werden. Die Regelung über Geheimpatente ist daher in Hinblick auf ihre Vereinbarkeit mit dem TRIPS-Übereinkommen nicht zu beanstanden.

b. Schutzvoraussetzungen

Im Patentgesetz Bangladeschs findet sich keine Regelung darüber, unter welchen Voraussetzungen ein Patent erteilt werden kann. Definiert wird lediglich in Abschnitt 1 Abs. 8 PDA 1911, wann sich eine Erfindung zur Patentierung eignet.[741] Danach ist jede Art der neuen Herstellung, die eine Verbesserung und eine mutmaßliche Erfindung enthält, patentfähig.[742] Unter die Definition können daher alle Bereiche der Technik fallen, weshalb davon ausgegangen werden kann, dass Patente auf allen Gebieten der Technik erteilt werden können. Zusätzlich wird in Art. 27 Abs. 1 TRIPS aber auch verlangt, Patente sowohl für Verfahren als auch für Erzeugnisse zur Verfügung zu stellen. Die Legaldefinition in PDA 1911 spricht lediglich von Arten der Herstellung. Angenommen wird daher teilweise, in Bangladesch seien nur Verfahrenspatente verfügbar.[743] Allerdings wird in Art. 2 Abs. 10 PDA 1911 definiert, unter der Herstellung sei auch jedes Erzeugnis zu verstehen, das durch

739 *DCCI/CIPE*, Economic Policy Paper on Copyright, Trademark and Patent Protection, S. 7. Die Vorschrift wird zum Teil kritisch betrachtet, da sie das Monopolrecht des Patentinhabers stärke; vgl. *Islam*, TRIPS Agreement of the WTO, S. 10.

740 Zu den Patentrechtstheorien bspw. *Schneider*, Das Europäische Patentsystem, S. 111.

741 Sog. *eligibility*, die sich im Common Law findet; vgl. dazu auch *Adelman/Rader/Klancnik*, Patent Law, S. 53.

742 Vgl. dazu auch *Azam*, IP, WTO and Bangladesh, S. 175.

743 So bspw. *Jindal*, in: Ashiya (Hrsg.), TRIPS and Pharmaceutical Industry, S. 161 (163); *van Duzer*, CPD Occasional Paper Series No. 24, 2003, S. 21 f.

die Herstellung vorbereitet oder angefertigt wurde. Schutzfähig sind daher neben dem Verfahren zur Herstellung auch Erzeugnisse.[744]

Im Patentgesetz Bangladeschs gibt es eine Reihe von formalen Anforderungen, die an die Anmeldung eines Patents gestellt werden. Weitere Voraussetzungen über die Erteilung eines Patents, als die in Abschnitt 1 Abs. 8 PDA genannten, fehlen hingegen. In Art. 10 Abs. 1 PDA 1911 heißt es lediglich, das Patent werde unter den Voraussetzungen erteilt, die die Regierung für angemessen hält. Aus den Einspruchs- und Widerrufsgründen könnten die übrigen Schutzvoraussetzungen hergeleitet werden.[745] So war es bis 2002 auch im indischen Patentgesetz vorgesehen, welches aber dahingehend geändert wurde, die Erteilungsvoraussetzungen ausdrücklich zu regeln.[746] Daraus könnte die Schlussfolgerung gezogen werden, es sei nicht mit den TRIPS-Vorgaben vereinbar, lediglich aus den Einspruchsgründen die Schutzvoraussetzungen herzuleiten.[747] Aus Art. 32 TRIPS könne hingegen die Schlussfolgerung gezogen werden, dass es mit dem TRIPS-Übereinkommen vereinbar ist, erst in einem Wider- oder Einspruchsverfahren feststellen zu lassen, ob die Schutzvoraussetzungen vorlagen.[748] In der Praxis wird bereits bei der Erteilung

---

744 So auch *Islam*, TRIPS Agreement of the WTO, S. 15; *Azam*, IP, WTO and Bangladesh, S. 175; *World Bank*, Bangladesh Development Series, Paper No. 23, March 2008, S. 18; *DCCI/CIPE*, Economic Policy Paper on Copyright, Trademark and Patent Protection, S. 5. In Bezug auf das britische Patentrecht von 1949, das in § 101 ebenfalls von der Art der neuen Herstellung (*manner of new manufacture*) spricht vgl. auch *Lustig/Witte*, Das britische Patent, S. 6.

745 Bevor ein Patent erteilt wird, kann Einspruch gegen die Erteilung eingelegt werden (sog. *pre-grant opposition*). Nach Abschnitt 9 Abs. 1 PDA 1911 ist ein Grund für den Einspruch die bereits erfolgte öffentliche Nutzung oder aber, dass die Erfindung bereits bekannt ist. Regelmäßig wird das Neuheitskriterium unter Zuhilfenahme des Stands der Technik definiert, der wiederum in den meisten Fällen all das umfasst, was der Öffentlichkeit zugänglich gemacht wurde. Hier wird der Einspruch gestattet, wenn eine Erfindung öffentlich genutzt wurde oder bereits bekannt ist. Mit anderen Worten könnte man hier auch davon sprechen, dass die Erfindung bereits zum Stand der Technik gehört und somit nicht mehr als neu zu betrachten ist. Darüber hinaus sieht das Patentgesetz die Möglichkeit des Widerrufs eines Patents vor. Eine der in Abschnitt 26 Abs. 2 PDA 1911 genannten Voraussetzungen für den Widerruf ist dabei, dass die Erfindung nicht auf einer erfinderischen Tätigkeit beruht. Auch im britischen Patengesetz von 1949 stellte der Mangel an erfinderischer Tätigkeit und Brauchbarkeit einen Widerrufsgrund dar; vgl. *Lustig/Witte*, Das britische Patent, S. 21 f.

746 *Mukherjee*, IIC 2004, 125 (135). Das indische Patentgesetz wird häufig als Beispiel für eine den Interessen der eigenen Wirtschaft entsprechende Umsetzung der TRIPS-Vorgaben genannt. Insbesondere die Einführung von Abschnitt 3 lit. d), wonach neue Formen bekannter Substanzen nicht patentiert werden können, wird dabei hervorgehoben; vgl. bspw. *Dreyfuss*, in: Okediji/Bagley (Hrsg.), Patent Law in Global Perspective, S. 53 (67).

747 Problematisch sieht dies auch *Nwauche*, GRUR Int. 2000, 829 (833).

748 So *de Carvalho*, The Trips Regime of Patents and Test Data, Rn. 27.77.

eines Patents verlangt, dass eine Erfindung neu sein muss, auf einer erfinderischen Tätigkeit beruht und gewerblich anwendbar ist.[749] Eine Definition, was unter den einzelnen Voraussetzungen verstanden wird, ist nicht zu finden. In Hinblick auf die Vereinbarkeit mit dem TRIPS-Übereinkommen ist das unerheblich, da das TRIPS-Übereinkommen die Ausgestaltung den Mitgliedstaaten überlässt.[750]

c. Keine patentfähigen Gegenstände

Ausnahmen werden nicht vorgesehen.[751] Es kann daher angenommen werden, in Bangladesch könne jedes Verfahren und jedes Erzeugnis ohne Ausnahmen patentiert werden. Insbesondere gibt es keine Regelung, in der Arzneimittel ausgenommen werden. Zwar werden sie auch nicht ausdrücklich für patentfähig erklärt, allerdings ist die Definition einer Erfindung derart weit, dass es auch möglich ist, Arzneimittel darunter zu fassen.[752] Es gibt auch keine Möglichkeit, eine Zwangslizenz für die Herstellung von Arzneimitteln zu erhalten.[753]

Patente auf Arzneimittel werden dennoch nicht erteilt. Verantwortlich dafür ist eine Verfügung, die die Regierung auf Grund enormen Drucks der Öffentlichkeit im Jahre 2008 erließ.[754] Danach sollen Patente für Arzneimittel bis zum Ablauf der in der Erklärung zum TRIPS und zur öffentlichen Gesundheit von 2003 festgelegten Frist – also bis 2016 – nicht erteilt werden. Gleichzeitig wurde ein sog. „*Mailbox*"-System eingerichtet,[755] wozu seit der Entscheidung des Allgemeinen Rats vom 30.11.2015

---

749 *Azam/Richardson*, Bond. L. Rev. 22 (2011) 2, 1 (7); *Azam*, IP, WTO and Bangladesh, S. 175; *Abdullah*, in: Kim (Hrsg.), Legal Action against Intellectual Property Infringement in Asia, S. 54 (57); *DCCI/CIPE*, Economic Policy Paper on Copyright, Trademark and Patent Protection, S. 5. Letzte nennen als weitere Voraussetzung, dass die Erfindung nicht gegen ein Gesetz oder die guten Sitten verstoßen darf.

750 Die Handelskammer in Bangladesch definiert die Kriterien aber wie folgt: neu ist eine Erfindung, wenn sie weder öffentlich in Bangladesch genutzt wurde noch öffentlich bekannt ist; vgl. *DCCI/CIPE*, Economic Policy Paper on Copyright, Trademark and Patent Protection, S. 5. Diese Definition entspricht dem Widerspruchsgrund in Abschnitt 9 Abs. 1 PDA 1911. Die erfinderische Tätigkeit ist daran zu messen, was ein Fachmann tun würde, wenn er mit der Lösung des Problems konfrontiert wäre. Nützlich ist eine Erfindung, wenn sie praktisch anwendbar ist; vgl. ebd., S. 6.

751 So auch *Sherman*, in: WIPO (Hrsg.), Standing Committee on the Law of Patents (Hrsg.), 15th Session, WIPO Doc. SCP/15/3 v. 02.09.2010, Annex II, Exclusions from Patentability and Exceptions and Limitations to Patentee's Rights, S. 1 (59); *Azam*, Chi.-Kent J. Intell. Prop. 13 (2014) 2, 402 (411); *ders.*, IP, WTO and Bangladesh, S. 167 (der allerdings davon ausgeht, dass Voraussetzungen vorliegen).

752 *Islam*, TRIPS Agreement of the WTO, S. 17 u. 258.

753 *Islam*, TRIPS Agreement of the WTO, S. 130.

754 WTO Doc. IP/C/W/546 v. 23.03.2010, Annex 1, S. 8 f.; *Azam/Richardson*, Bond. L. Rev. 22 (2011) 2, 1 (9.

755 WTO Doc. IP/C/W/546 v. 23.03.2010, Annex 1; *Azam/Richardson*, Bond. L. Rev. 22 (2011) 2, 1 (9); *Islam*, TRIPS Agreement of the WTO, S. 130. Bereits kurz nach dem

bis 2033 keine Verpflichtung besteht.[756] Auch wurde inzwischen die Übergangsfrist bis 2033 verlängert.[757] Fraglich ist daher, ob die Regierung Bangladeschs von der Möglichkeit Gebrauch machen wird, auch noch über 2016 hinaus die Erteilung von Patenten zumindest in dem Bereich der Gesundheitsversorge auszuschließen. Möglich wäre aber auch, die Erteilung von Patenten allgemein auszusetzen, da die Fristverlängerung von 2013 die LDC von allen, bis auf die in Art. 3, 4 und 5 TRIPS geregelten, Umsetzungsverpflichtungen befreit.[758]

3. *Anmeldebedingungen*

Der Anmeldung ist gem. Abschnitt 3 Abs. 3 i.V.m. Abschnitt 4 PDA 1911 eine Spezifizierung hinzuzufügen, in der die Art der Erfindung beschrieben wird. Das Patentgesetz kennt zwei Arten der Anmeldung: die sog. *provisional* und die sog. *complete specification.*[759] Die endgültige Beschreibung, die gem. Art. 4 A PDA 1911 innerhalb von neun Monaten nach Abgabe der vorläufigen Schrift einzureichen ist, hat gem. Art. 4 Abs. 2 PDA 1911 die Art der Erfindung genau zu beschreiben und die Art der Ausführung zu benennen. Darüber hinaus stellt es gem. Abschnitt 26 PDA 1911 einen Widerrufsgrund dar, wenn nicht die beste Ausführungsmethode offenbart wird. Bereits durch die vorläufige Anmeldung kann ein Prioritätsrecht begründet werden.[760]

4. *Rechte aus dem Patent*

Nach Abschnitt 12 Abs. 1 PDA 1911 hat der Patentinhaber das ausschließliche Recht, die Erfindung herzustellen, sie zu verkaufen oder sie zu nutzen. Er hat ebenfalls das Recht, andere dazu zu autorisieren. In Art. 28 Abs. 1 TRIPS wird lediglich bestimmt, andere von der Nutzung ausschließen zu können. Diese Möglichkeit wird in Abschnitt 29 Abs. 1 PDA 1911 vorgesehen, wonach gegen einen Dritten vorgegangen

---

Erlass konnten die Auswirkungen beobachtet werden: Während 2007 noch 296 Patente erteilt wurden, waren es 2008 nur noch 37. Mittlerweile ist aber wieder ein Anstieg der Patenterteilungen zu beobachten. 2015 befanden sich 74 Patente in der sog. „*Mailbox*" und warten darauf, nach dem Ablauf der Frist 2016 erteilt zu werden; vgl. *DPDT*, Status of Patent Applications for Bangladesh (1972 to 2015), abrufbar unter: *dpdt.portal.gov.bd/sites/default/files/files/dpdt.portal.gov.bd/page/32948563_925f_4e88_9eb9_175ae3e90507/Patent%20statistics%202015.pdf* (zuletzt 10.03.2017); *Azam/Richardson*, Bond. L. Rev. 22 (2011) 2, 1 (10).

756 WTO Doc. WT/L/971 v. 02.12.2015.

757 WTO Doc. IP/C/73 v. 06.11.2015.

758 WTO Doc. IP/C/64 v. 11.06.2013.

759 Vgl. dazu auch Abschnitt 3 des britischen Patentgesetzes von 1949. Eine vorgeschlagene Übersetzung lautet: „vorläufige" oder „endgültige" Anmeldung, die aber nicht ganz treffend sei. In den unterschiedlichen Formen der Anmeldung wird zudem die „wohl bekannteste Besonderheit des britischen Patentrechts" gesehen; vgl. *Lustig/Witte*, Das britische Patent, S. 28.

760 In Bezug auf das britische Patentgesetz von 1949 vgl. *Lustig/Witte*, Das britische Patent, S. 28 u. 32.

werden kann, der ohne die Erlaubnis des Patentinhabers dessen Erfindung herstellt, verkauft, ausübt oder nachahmt. Nicht erfasst wird das ausschließliche Recht des Patentinhabers, die patentierte Erfindung auch zum Verkauf anzubieten und sie zu importieren. Der Schutz des Patentinhabers ist durch das Patentgesetz in Bangladesch nicht in dem Maße gewährleistet, wie es durch das TRIPS-Übereinkommen gefordert wird.

Das Patentgesetz enthält nur eingeschränkte Ausnahmen von den ausschließlichen Rechten des Patentinhabers. Die deutlichste Regelung ist in Abschnitt 42 Abs. 1 PDA 1911 zu finden, wonach die Ausübung der Erfindung zum Betrieb eines ausländischen Schiffs, das sich innerhalb des Staatsgebiets Bangladeschs befindet, oder der Gebrauch an Bord des Schiffs keine Verletzung darstellt. Etwas anderes gilt nur dann, wenn die Erfindung zum Zweck des Verkaufs in Bangladesch genutzt wird. Diese Ausnahmeregelung ist nach Art. 2 Abs. 1 TRIPS i.V.m. Art. 5*ter* PVÜ zulässig. Weitere Ausnahmeregelungen, wie etwa die internationale Erschöpfung, durch die Parallelimporte ermöglicht werden könnten, Regelungen zum *Reverse-Engineering* oder Ausnahmen zu Forschungszwecken fehlen.[761]

Zudem ist in Abschnitt 21 Abs. 3 PDA 1911 vorgesehen, dass die Regierung die Erfindung zu Regierungszwecken herstellen, gebrauchen oder ausüben darf, wenn die Erfindung vor Patenterteilung von der Regierung dokumentiert oder getestet wurde. Dabei muss dem Patentinhaber keine Vergütung gezahlt werden. Darin kann ein Vorbenutzungsrecht gesehen werden. Ein solches wird regelmäßig von Art. 30 TRIPS erfasst[762] und von vielen Staaten als zulässige Ausnahme betrachtet.[763]

5. *Benutzung ohne die Zustimmung des Patentinhabers*

a. Regierungsgebrauch

Nach Abschnitt 21 Abs. 2 PDA 1911 ist es der Regierung oder einer von ihr autorisierte Person gestattet, zu jeder Zeit das Patent für Regierungszwecke zu nutzen, nachdem der Patentinhaber darüber informiert wurde und unter den Voraussetzungen, die mit ihm entweder vor oder nach der Nutzung vereinbart wurden. Verhandlungen mit dem Patentinhaber über die Erteilung einer freiwilligen Lizenz müssen nach dem bengalischen Patentgesetz nicht geführt werden. Es kann aber eine öffentliche nicht gewerbliche Nutzung angenommen werden, was das Erfordernis vorheriger

---

761 WTO Doc. IP/C/W/546 v. 23.03.2010, Annex 1; in Bezug auf das Fehlen einer Regelung zu Parallelimporten vgl. *Azam*, Chi.-Kent J. Intell. Prop. 13 (2014) 2, 402 (426).

762 *Correa*, in: ders./Yusuf (Hrsg.), IP and International Trade, S. 226 (244 f.); *ders.*, TRIPS, S. 303.

763 *v. Saint-André/Taşdelen*, in: Busche/Stoll/Wiebe (Hrsg.), TRIPs, Art. 30, Rn. 3 u. 33. In 85 Staaten wird eine entsprechende Ausnahme vorgesehen; vgl. *Bently*, in: WIPO (Hrsg.), Standing Committee on the Law of Patents, 15th Session, WIPO Doc. SCP/15/3 v. 02.09.2010, Annex I, Exclusions from Patentability and Exceptions and Limitations to Patentee's Rights, S. 7 (29 f.).

Verhandlungen gem. Art. 31 lit. b) S. 2 TRIPS entfallen ließe. Nach Abschnitt 21 Abs. 5 PDA 1911 kann ein Produkt, das zum Regierungsgebrauch hergestellt, aber nicht mehr gebraucht wird, verkauft werden. Primär soll nach Abschnitt 21 Abs. 2 PDA 1911 das Patent im öffentlichen und somit nicht gewerblichen Interesse genutzt werden. Erst nach Beendigung des Zwecks soll der Verkauf erlaubt sein. Erfasst werden daher keine gewerblichen Nutzungen. Vorherige Verhandlungen sind daher entbehrlich. Der Umfang und die Dauer der Nutzung können begrenzt werden, da vorgesehen wird, dass die Bedingungen der Benutzung mit dem Patentinhaber vereinbart werden. In dieser Vereinbarung kann also eine Begrenzung geregelt werden. Auch besteht für den Patentinhaber weiterhin die Möglichkeit, Lizenzen zu vergeben. Die Nutzung durch die Regierung ist daher auch nicht ausschließlich. Nicht geregelt wird in Abschnitt 21 PDA 1911, ob die Nutzungserlaubnis übertragen werden darf. Dies soll nach Art. 31 lit. e) TRIPS gerade nicht möglich sein. Da die Vorschrift nur die Nutzung durch die Regierung oder durch eine durch sie autorisierte Person vorsieht, wird kein Handel mit der Nutzungserlaubnis stattfinden können, der durch die Vorgabe des Art. 31 lit. e) TRIPS verhindert werden soll.[764] Das Fehlen eines entsprechenden Verbots läuft dem Zweck des Art. 31 lit. e) TRIPS daher nicht zuwider. Es fehlen ausdrückliche Vorgaben darüber, dem Patentinhaber eine Vergütung zu zahlen. Eine entsprechende Verpflichtung wird, anders als in Abschnitt 21 Abs. 3 PDA 1911, aber nicht ausgeschlossen. Im Umkehrschluss könnte daher angenommen werden, dem Patentinhaber sei eine Vergütung zu zahlen. Zudem heißt es in Art. 21 Abs. 4 PDA 1911, bei der Überprüfung der Entscheidung sei die Höhe der Vergütung, die der Patentinhaber erhalten hat, miteinzubeziehen. Daraus wird ersichtlich, dass der Patentinhaber die Zahlung einer Vergütung verlangen kann. Mit der Regelung in Abschnitt 21 Abs. 4 PDA 1911 wird gleichzeitig die Möglichkeit einer unabhängigen gerichtlichen Überprüfung der Entscheidung sowie der Höhe der Vergütung vorgesehen. Die Voraussetzungen des Art. 31 TRIPS werden daher durch die Regelung in Abschnitt 21 Abs. 2 PDA 1911 gewahrt.

b. Zwangslizenz

In Abschnitt 22 Abs. 1 PDA 1911 wird jedem das Recht zugestanden, eine Zwangslizenz oder den Widerruf des Patents zu beantragen, mit der Begründung, die Nachfrage werde nicht gedeckt.[765] Die Nichtausübung oder nur unzureichende Ausübung wird bereits in der PVÜ als Beispiel eines Missbrauchs des Patents und somit als möglicher Grund für die Erteilung einer Zwangslizenz genannt. In Abschnitt 23 PDA 1911 wird bestimmt, dass eine Zwangslizenz auch erteilt werden kann, wenn die Erfindung hauptsächlich außerhalb Bangladeschs hergestellt oder ausgeübt wird. Da nicht auf Grund des Ortes der Erfindung diskriminiert werden darf, liegt hierin ein

764 *Taşdelen*, in: Busche/Stoll/Wiebe (Hrsg.), Art. 31, Rn. 27.
765 So auch *Abdullah*, in: Kim (Hrsg.), Legal Action against Intellectual Property Infringement in Asia, S. 54 (58).

Verstoß gegen das TRIPS-Übereinkommen.[766] Weitere Gründe, insbesondere solche, die das öffentliche Interesse betreffen, werden nicht berücksichtigt.[767]

Nach Abschnitt 22 Abs. 2 PDA 1911 kann entweder die Regierung über die Erteilung entscheiden oder sie kann den *High Court* mit der Entscheidung betrauen, vorausgesetzt, es konnte keine Einigung zwischen Antragsteller und Patentinhaber gefunden werden. In dieser Regelung wird deutlich, dass es einer Entscheidung im Einzelfall bedarf, ob eine Zwangslizenz erteilt wird oder nicht. Auch wird zunächst verlangt, mit dem Patentinhaber über die Erteilung einer Lizenz zu verhandeln. Konkretisiert wird dabei nicht, ob die Erteilung einer Zwangslizenz trotz angemessener Bedingungen abgelehnt wurde, wie es in Art. 31 lit. b) TRIPS verlangt wird. Kommt es zu keiner Einigung zwischen Antragssteller und Patentinhaber, erteilt die Regierung oder das Gericht eine Zwangslizenz, wenn sie ebenfalls der Auffassung sind, die Nachfrage werde nicht gedeckt. Gehen die Regierung oder das Gericht davon aus, die Nachfrage könne durch die Erteilung einer Zwangslizenz nicht gedeckt werden, kann das Patent widerrufen werden. Voraussetzung für einen Widerruf ist dabei, dass seit Erteilung des Patents vier Jahre vergangen sind und der Patentinhaber keine Gründe für die Unterversorgung geliefert hat.

Die Regelung ist in Hinblick auf den Zusatz bedenklich, ein Patent könne auch widerrufen werden, wenn die Regierung oder der *High Court* der Meinung sind, eine Zwangslizenz reiche nicht aus, um die Versorgung zu gewährleisten. Nach Art. 2 Abs. 1 TRIPS i.V.m. Art. 5A Abs. 3 PVÜ heißt es, der Verfall eines Patents könne nur vorgesehen werden, wenn eine Zwangslizenz nicht geeignet scheint, den Missbrauch zu verhüten.[768] Das Patentgesetz Bangladeschs sieht vor, dass das Patent nur widerrufen werden kann, wenn angenommen wird, eine Zwangslizenz könne ihren Zweck nicht erfüllen und würde somit den Anforderungen des Art. 5A Abs. 3 S. 1 PVÜ entsprechen. Allerdings wird in Art. 5A Abs. 3 S. 2 PVÜ verlangt, dass erst zwei Jahre nach Erteilung einer Zwangslizenz ein Verfahren über den Verfall eines Patents eingeleitet werden darf. In Abschnitt 22 PDA 1911 wird lediglich eine vierjährige Frist ab Erteilung des Patents vorgesehen. Die Regelung über den Widerruf wegen ungenügender Ausübung widerspricht daher dem Schutzniveau, das durch das TRIPS-Übereinkommen gefordert wird.

Über die Bedingungen der Zwangslizenz entscheidet entweder die Regierung oder der *High Court*. Gefordert wird in dem Patentgesetz damit nicht, dass Umfang und Dauer der Zwangslizenz auf den Zweck, für den sie erteilt wurde, zu begrenzen sind. Zudem wird nicht geregelt, dass die Zwangslizenz nicht ausschließlich und nicht übertragbar sein darf. Es fehlt zudem eine Regelung über die Vergütungspflicht

---

766 *Bender/Michaelis*, in: Hilf/Oeter (Hrsg.), WTO-Recht, § 22 Rn. 71; *Gervais*, TRIPS, Art. 27 Rn. 2.368; *UNCTAD-ICTSD*, Resource Book on TRIPS and Development, S. 480.

767 *Azam*, Chi.-Kent J. Intell. Prop. 13 (2014) 2, 402 (430).

768 So auch *Straus*, GRUR Int. 1996, 179 (201).

des Patentinhabers.[769] Die Regelung über den Erhalt einer Zwangslizenz ist in weiten Teilen lückenhaft und entspricht daher nicht den Anforderungen des Art. 31 TRIPS.[770]

6. Beendigung des Schutzes

a. Ablauf des Patents

Das Patent läuft gem. Abschnitt 14 Abs. 1 PDA 1911 16 Jahre. Diese Frist kann gem. Abschnitt 15 Abs. 1 und Abs. 6 PDA 1911 um höchstens weitere 10 Jahre verlängert werden, wenn besondere Umstände die Verlängerung rechtfertigen. Bestenfalls kann in Bangladesch also 26 Jahre Schutz für eine Erfindung erlangt werden. Allerdings kann diese Dauer nur unter besonderen Umständen erreicht werden. Die in Art. 33 TRIPS vorgesehene Frist ist eine Mindestfrist.[771] Es genügt den Anforderungen daher nicht, durch die Kombination von Schutzfristen die geforderte Laufzeit erreichen zu können. Bereits bei der Anmeldung muss der Patentanmelder erkennen können, dass er 20 Jahre lang ein ausschließliches Nutzungsrecht erhalten kann.[772] Die Schutzfrist ist daher nicht mit den Vorgaben des TRIPS-Übereinkommens vereinbar.[773]

Darüber hinaus gilt für Zusatzpatente, dass diese nur so lange laufen wie das Hauptpatent. Ein solcher zusätzlicher Schutz dient dazu, auch nach Patenterteilung die Forschung voranzutreiben.[774] Die Besonderheit von Zusatzpatenten besteht meist darin, dass sie gegenüber der ursprünglichen Erfindung keine erfinderische Tätigkeit aufweisen und daher als eigenständiges Patent nicht erteilt werden

---

769 So auch *Azam*, Chi.-Kent J. Intell. Prop. 13 (2014) 2, 402 (430).

770 Kritisiert wird daneben zum Teil, dass die Entscheidung über die Implementierung von § 6 der Doha-Erklärung (WTO Doc. WT/L/540 v. 02.09.2003) nicht in das Gesetz inkorporiert wurde und der Export von Arzneimitteln in andere LDC nicht erfasst wird, da lediglich die Unterversorgung des heimischen Marktes als Erteilungsgrund in Frage kommt; vgl. *Gehl Sampath*, in: Shadlen/Guennif/Guzmán/Lalitha (Hrsg.), IP, Pharmaceuticals and Public Health, S. 310 (314); *Azam*, Chi.-Kent J. Intell. Prop. 13 (2014) 2, 402 (430); WTO Doc. IP/C/W/546 v. 23.03.2010, Rn. 25. Die Bedeutung von Zwangslizenzen ist freilich gering. Bislang wurde noch keine Zwangslizenz erteilt; vgl. *Azam*, Chi.-Kent J. Intell. Prop. 13 (2014) 2, 402 (431); *World Bank*, Bangladesh Development Series, Paper No. 23, March 2008, S. 18; WTO Doc. IP/C/W/546 v. 23.03.2010, Rn. 25.

771 *UNCTAD-ICTSD*, Resource Book on TRIPS and Development, S. 424.

772 *Canada – Term of Patent Protection*, Report of the Appellate Body, WTO Doc. WT/DS170/AB/R v. 18.09.2000, Rn. 92; *UNCTAD-ICTSD*, Resource Book on TRIPS and Development, S. 426.

773 So auch WTO Doc. IP/C/W/546 v. 23.03.2010, Annex 1; siehe auch *Islam*, TRIPS Agreement of the WTO, S. 16.

774 *Beier/Moufang*, IIC 1990, 593 (594).

könnten.[775] Häufig wird die Laufzeit daher an die des Hauptpatents gekoppelt.[776] Da ein eigenständiges Patent mangels Vorliegen der Schutzvoraussetzungen nicht erteilt werden könnte, ist es unschädlich, die Schutzdauer von der Laufzeit des Hauptpatents abhängig zu machen.

b. Widerruf

Neben der Regelung in Abschnitt 22 PDA 1911 finden sich in den folgenden Abschnitten weitere Widerrufsmöglichkeiten. In Abschnitt 23 PDA 1911 ist neben der Möglichkeit, eine Zwangslizenz für die Nichtausübung wegen Imports zu erteilen, auch die Möglichkeit gegeben, ein Patent zu widerrufen, wenn es hauptsächlich außerhalb Bangladeschs ausgeübt wird. In Art. 5A Abs. 1 PVÜ heißt es, der Import dürfe nicht zum Verfall eines Patents führen. Daher ist die Regelung mit den Vorgaben des TRIPS-Übereinkommen wegen Art. 2 Abs. 1 TRIPS nicht vereinbar. Es ist aber Abschnitt 23 Abs. 3 PDA 1911 zu beachten. Dort heißt es, das Patent könne nicht widerrufen werden, wenn der Widerruf einem Vertrag oder Abkommen mit einem anderen Staat zuwiderlaufen würde. Mithin wäre der Widerruf wegen dem Widerspruch mit Art. 2 Abs. 1 i.V.m Art. 5 A Abs. 1 PVÜ nicht möglich.

Abschnitt 26 PDA 1911 enthält weitere Widerrufsgründe. Danach kann ein Patent widerrufen werden, wenn die Erfindung bereits durch ein früheres Patent geschützt war, der Patentinhaber nicht der wahre Erfinder ist, das Patent erschlichen wurde, die Erfindung bei Erteilung des Patents weder eine neue Herstellungsart oder eine Verbesserung dargestellt hat, die Erfindung keine erfinderische Tätigkeit aufweist, sie nicht nützlich ist, die Spezifikation nicht ausreichend die Art der Erfindung und die Art der Ausübung beschreibt, die Spezifikation nicht den Umfang der Erfindung beschreibt, das Patent auf Grund falscher Darstellung erteilt wurde, die Ausübung im Widerspruch mit den Gesetzen steht, der Patentinhaber sich nicht an die Vereinbarungen hält, die im Patent festgelegt sind, die Spezifikation nicht die beste Art der Ausübung enthält, die Erfindung heimlich bereits vor Erteilung des Patents kommerziell ausgeübt wurde und dadurch Profite erzielt wurden, die über dem liegen, was der *High Court* als angemessen betrachtet oder die in der vollständigen Spezifikation genannte Erfindung eine andere ist, als die in der vorläufigen.

Die Widerrufsgründe sind weitestgehend unproblematisch, da sie Umstände bezeichnen, in denen bereits die Erteilung wegen Nichtvorliegen der Schutzvoraussetzungen oder wegen mangelnder Offenbarung den TRIPS-Vorgaben entsprechend hätte verweigert werden können. Allerdings wird auch vorgesehen, dass ein Patent widerrufen werden kann, wenn seine Ausübung gegen die Gesetze verstößt. In

---

775 *Ladas*, Patents, Trademarks, and Related Rights, S. 377 f.; in Bezug auf das dt. Recht *Grabinski*, in: Benkard (Hrsg.), Patentgesetz, § 16 Rn. 7 mit Verweis auf die Vorauflage (dort Rn. 8).

776 Vgl. dazu auch die Regelung im deutschen Patentgesetz in dessen § 16. Vgl. in Bezug auf das britische Patentgesetz von 1949 *Lustig/Witte*, das britische Patent, S. 93.

Art. 27 Abs. 2 TRIPS heißt es, der Gesetzesverstoß allein dürfe noch nicht zur Verweigerung der Patenterteilung führen. Hierin liegt daher ein Verstoß gegen die TRIPS-Vorgaben.

Daneben wird in Abschnitt 25 PDA 1911 vorgesehen, dass ein Patent als widerrufen gilt, wenn die Regierung das Patent oder die Art, in der es ausgeübt wird, für schädlich gegenüber dem Staat oder der Öffentlichkeit erklärt. Da gem. Art. 27 Abs. 2 TRIPS die Möglichkeit besteht, die Erteilung eines Patents zu versagen, wenn seine gewerbliche Verwertung im Widerspruch mit öffentlichen Interessen steht, muss auch der Widerruf aus diesem Grund möglich sein.

Soll durch den Widerruf ein Missbrauch unterbunden werden, ist Art. 5A Abs. 3 PVÜ zu beachten, nach dem zunächst eine Zwangslizenz zu erteilen ist. Ist ein Patent schädlich für den Staat oder die Öffentlichkeit, ist darin nicht von vornherein ein Missbrauch zu betrachten, weshalb die Zulässigkeit des Widerrufsgrunds nicht an Art. 5A Abs. 3 PVÜ zu messen ist.

Die übrigen Widerrufsgründe sind daher mit den TRIPS-Vorgaben vereinbar.

c. Verfall

Schließlich wird in Abschnitt 14 Abs. 2 PDA 1911 der Verfall eines Patents vorgesehen, wenn der Patentinhaber nicht mehr in der Lage ist, die Gebühr zu zahlen und er weder drei Wochen vor Zahlungsfälligkeit noch innerhalb von drei Wochen nach Fälligkeit eine Fristverlängerung beantragt hat. Grundsätzlich stellt es einen zulässigen Verfallsgrund dar, wenn die Gebühr nicht gezahlt wird. In Art. 5*bis* PVÜ wird aber vorgesehen, dass dem Patentinhaber sechs Monate Zeit zu geben ist, seiner Zahlungsverpflichtung nachzukommen.[777] Die Regelung des Patentgesetzes widerspricht daher wegen Art. 2 Abs. 1 TRIPS den Vorgaben des TRIPS-Übereinkommens.

7. *Zwischenergebnis*

Das Patentgesetz Bangladeschs ist in vielen Teilen nicht mit den Vorgaben des TRIPS-Übereinkommens vereinbar.[778]

<u>Defizite:</u>

- Die Rechte aus dem Patent werden nicht in dem vom TRIPS-Übereinkommen geforderten Umfang gewährt.
- Die Anforderungen an die Erteilung einer Zwangslizenz entsprechen nicht den Vorgaben von Art. 31 TRIPS.

---

777 Die Vorgabe des Art. 5A Abs. 3 PVÜ gilt in einem solchen Falle nicht, da kein Missbrauch vorliegt; vgl. *Rott*, Patentrecht und Sozialpolitik, S. 296.

778 So auch *World Bank*, Bangladesh Development Series, Paper No. 23, March 2008, S. 18; *DCCI/CIPE*, Economic Policy Paper on Copyright, Trademark and Patent Protection, S. 7.

- Ein Patent wird für lediglich 16 Jahre gewährt.
- Die Rücknahmegründe gehen über das hinaus, was vom TRIPS-Übereinkommen erlaubt wird.

Ein Recht auf namentliche Erwähnung des Erfinders im Patent gem. Art. 4*ter* PVÜ fehlt ebenfalls. Ein neues Patentgesetz, wie es seit Jahren geplant wird, ist daher notwendig, um nach dem Ablauf der Übergangsfrist den internationalen Anforderungen zu entsprechen.[779] Immer wieder wird das Argument vorgetragen, durch den mangelnden Patentschutz würden weder Anreize zur Innovativen Tätigkeit gesetzt noch ausländische Investoren angelockt.[780] Allerdings hat der mangelnde Patentschutz dazu geführt, dass sich die bengalische Industrie auf die Herstellung von Generika spezialisieren konnte.[781] Unter den am wenigsten entwickelten Ländern ist Bangladesch als einziger Staat in der Lage, Arzneimittel in großen Mengen zu produzieren.[782] Nach dem Auslaufen der Übergangsfrist für Entwicklungsstaaten wie Brasilien, Indien und China, die die führenden Generikahersteller waren, eröffnet sich für Bangladesch die Möglichkeit, diese Stellung einzunehmen und somit Firmen, die Generika herstellen, einen Standort zu bieten.[783] Zudem wurde 1982 der Verkauf importierter Medikamente strikten Regelungen unterworfen und somit die einheimische Industrie gestärkt.[784]

---

779 *Azam*, IP, WTO and Bangladesh, S. 179.

780 *UNCTAD*, LDC Report 2007, S. 125; *Islam*, TRIPS Agreement of the WTO, S. 11.

781 *van Duzer*, CPD Occasional Paper Series No. 24, 2003, S. 5; *Correa*, UNCTAD LDC Report 2007, Background Paper No. 4, S. 6; *Jindal*, in: Ashiya (Hrsg.), TRIPS and Pharmaceutical Industry, S. 161 (163).

782 *Azam/Richardson*, Bond. L. Rev. 22 (2011) 2, 1 (5 f.); *Jindal*, in: Ashiya (Hrsg.), TRIPS and Pharmaceutical Industry, S. 161. Damit kann Bangladesch nicht nur den eigenen Markt mit den notwendigen Medikamenten versorgen, sondern darüber hinaus in andere Staaten, insbesondere in andere LDC, in denen kein Patentschutz besteht oder in Staaten, die eine Zwangslizenz erteilt haben, Generika exportieren; vgl. *World Bank*, Bangladesh Development Series, Paper No. 23, March 2008, S. 17; *Jindal*, in: Ashiya (Hrsg.), TRIPS and Pharmaceutical Industry, S. 161 (162). 95 Prozent des Bedarfs an Arzneimitteln kann durch die lokale Produktion gedeckt werden; vgl. *Jindal*, in: Ashiya (Hrsg.), TRIPS and Pharmaceutical Industry, S. 161 (163). Darüber hinaus exportiert Bangladesch in rund 70 Staaten; vgl. *Azam/Richardson*, Bond. L. Rev. 22 (2011) 2, 1 (5 f.); *World Bank*, Bangladesh Development Series, Paper No. 23, March 2008, S. 17.

783 *World Bank*, Bangladesh Development Series, Paper No. 23, March 2008, S. 18; *Azam*, Chi.-Kent J. Intell. Prop. 13 (2014) 2, 402 (406). Bangladesch ist aber noch nicht in der Lage, Arzneimittel selbstständig weiterzuentwickeln, vgl. *van Duzer*, CPD Occasionen Paper Series No. 24, 2003, S. 5.

784 *Gehl Sampath*, in: Shadlen/Guennif/Guzmán/Lalitha (Hrsg.), IP, Pharmaceuticals and Public Health, S. 310 (311). Darin könnte ein Verstoß gegen das allgemeine Gebot der Inländerbehandlung gesehen werden. Allerdings kann die Maßnahme durch den sog. „*Escape Clause*" gem. Art. XIX Abs. 1 lit. a) GATT gerechtfertigt werden. Danach können Maßnahmen zum Schutz der heimischen Wirtschaft

Derzeit kann die Durchsetzung der Rechte und die strafrechtliche Verfolgung von Verletzungen aber noch nicht gewährleistet werden.[785]

III. Burundi: Gesetz zum Schutz des gewerblichen Eigentums von 2009

Die Republik Burundi, als ehemalige Kolonie Deutschlands und später Belgiens, die 1962 ihre Unabhängigkeit erreichte,[786] wurde 1995 Mitglied der WTO.[787] Neben Einflüssen des französischen Zivilrechts basiert das Rechtssystem zum Teil auch auf dem britischen Common Law und dem Gewohnheitsrecht.[788] Das Gesetz zum Schutz des gewerblichen Eigentums in Burundi (*Law No. 1/13 of July 28, 2009 Relating to Industrial Property in Burundi* – Gesetz No. 1/13) wurde 2009 erlassen und ist seither in Kraft.[789] Auch wenn die Umsetzungsverordnungen bisher noch nicht erlassen wurden, werden die Vorgaben des Gesetzes bereits angewandt.[790]

1. Inländerbehandlung und Meistbegünstigung

Mangels konkreter Bestimmungen ist davon auszugehen, dass jeder Erfinder, egal ob er Staatsangehöriger Burundis ist oder einem anderen Staat angehört, Patentschutz erlangen kann. Das Patentgesetz schweigt darüber hinaus auch über das Prinzip der Meistbegünstigung.

2. Patentfähige Gegenstände

Patente werden gem. Art. 2 Gesetz Nr. 1/13 zum Schutz von Erfindungen erteilt. Als Erfindung wird jede Idee eines Erfinders definiert, die in der Praxis die Lösung eines technischen Problems ermöglicht. Dabei werden sowohl Erzeugnisse als auch Verfahren umfasst.

---

ergriffen werden, solange diese allgemein und nicht nur selektiv gegenüber einzelnen Exportländern gelten; vgl. *Dolzer/Kreuter-Kirchhof*, in: Vitzthum/Proelß (Hrsg.), Völkerrecht, S. 455 (497 f.).

785 WTO Doc. IP/C/W/546 v. 23.03.2010, Rn. 18; *Abdullah*, in: Kim (Hrsg.), Legal Action against Intellectual Property Infringement in Asia, S. 54 (66).

786 *Brennan*, Burundi, S. 21 u. 24; *Blaustein/Sigler/Beede*, Independence Documents of the World, S. 101.

787 Siehe dazu die Liste der WTO-Mitgliedstaaten, abrufbar unter: *www.wto.org/english/thewto_e/whatis_e/tif_e/org6_e.htm* (zuletzt 10.03.2017).

788 *Ntampaka*, Introduction aux systèmes juridiques africains, S. 7.

789 So auch *Merso*, ICTSD Policy Brief No. 16, June 2013, S. 2 und *Adams & Adams*, Practical Guide to IP in Africa, S. 73. In der Studie von *Saana Consulting* heißt es hingegen, aus *WIPO Lex* ergebe sich, dass seit 2000 keine Gesetzgebung erfolgt und daher das Patentgesetz von 1964 maßgeblich sei; vgl. *Saana Consulting*, Factual overview on technical & financial cooperation for LDCs, S. 18, Fn. 52.

790 *Adams & Adams*, Practical Guide to IP in Africa, S. 73 u. 78.

a. Schutzvoraussetzungen

Nach Art. 3 des Patentgesetzes ist eine Erfindung patentfähig, wenn sie neu ist, auf einer erfinderischen Tätigkeit beruht und gewerblich anwendbar ist.[791] Auch werden nach Art. 18 des Patentgesetzes Verfahren, die teilweise oder vollständig von einem Computer ausgeführt werden, der von einem Computerprogramm gesteuert wird, als patentfähig erklärt. Ebenfalls sind solche Produkte patentfähig, die aus Elementen einer Erfindung bestehen, die durch einen Computer entstanden sind.[792] Wird ein Patent für ein Computerprogramm beantragt, verzichtet der Anmelder zugleich auf den Urheberrechtsschutz. Im TRIPS-Übereinkommen wird nicht verlangt, Computerprogramme oder computerimplementierte Erfindungen durch Patente zu schützen. Die Mitgliedstaaten können daher selbst entscheiden, ob sie Patentschutz für Software gewähren wollen.[793] Allerdings sieht Art. 10 TRIPS vor, dass Computerprogramme als Werke urheberrechtlich zu schützen sind.[794] Der Ausschluss des Urheberrechtsschutzes im Falle der Patentanmeldung könnte daher gegen Art. 10 TRIPS verstoßen. Teilweise wird angenommen, das Patentrecht sei für den Schutz von Computerprogrammen wegen ihres technischen Charakters besser geeignet, als der Urheberrechtsschutz.[795] Andere fordern, Software sowohl durch das Urheberrecht als auch durch das Patentrecht zu schützen, da Computerprogramme sowohl geistige als auch technische Elemente enthalten.[796] Aus der Entstehungsgeschichte kann allerdings der Schluss gezogen werden, dass der Urheberrechtsschutz als die am besten geeignete Maßnahme betrachtet wurde. Angenommen wird, im sog. *Anell*-Entwurf sei noch offen gelassen worden, in welcher Form und in welchem Umfang Computerprogramme geschützt werden sollten.[797] Die allgemeine Vorschrift wurde jedoch konkretisiert und es wurde entschieden, der Urheberrechtsschutz sei das passende Instrument. Der Ausschluss des Urheberrechtsschutzes

---

791 Vgl. auch *Adams & Adams*, Practical Guide to IP in Africa, S. 78.

792 Vgl. auch *Adams & Adams*, Practical Guide to IP in Africa, S. 79.

793 *Reichman*, Hastings Comm. & Ent. L.J. 17 (1994–1995) 4, 763 (767); *ders.*, in: Correa/Yusuf (Hrsg.), IP and International Trade, S. 23 (40); *Neef*, in: Busche/Stoll/Wiebe (Hrsg.), TRIPs, Art. 27, Rn. 33; *Straus*, GRUR Int. 1996, 179 (191); *Sherman*, in: WIPO (Hrsg.), Standing Committee on the Law of Patents (Hrsg.), 15th Session, WIPO Doc. SCP/15/3 v. 02.09.2010, Annex II, Exclusions from Patentability and Exceptions and Limitations to Patentee's Rights, S. 1 (36); *Correa*, in: ders./Yusuf (Hrsg.), IP and International Trade, S. 226 (237).

794 So auch *Reichman*, in: Correa/Yusuf (Hrsg.), IP and International Trade, S. 23 (39).

795 *de Carvalho*, The Trips Regime of Patents and Test Data, Rn. 27.64.

796 *Sherman*, in: WIPO (Hrsg.), Standing Committee on the Law of Patents (Hrsg.), 15th Session, WIPO Doc. SCP/15/3 v. 02.09.2010, Annex II, Exclusions from Patentability and Exceptions and Limitations to Patentee's Rights, S. 1 (6).

797 GATT Doc. MTN.GNG/NG11/W/76 v. 23.07.1990; *Malbon/Lawson/Davison*, TRIPS, Rn. 10.01. Allerdings wird dort bereits in dem Kapitel über den Urheberrechtsschutz der Schutz von Computerprogrammen geregelt; vgl. Abschnitt 1 § 2 des Entwurfs.

für Computerprogramme als solche stellt damit eine Verletzung des Art. 10 Abs. 1 TRIPS dar.

b. Keine patentfähigen Gegenstände

Nach Art. 17 Gesetz Nr. 1/13 werden neben bloßen Entdeckungen, wissenschaftlichen Theorien und mathematischen Methoden auch Pläne, Prinzipien und Methoden im Bereich von wirtschaftlichen Aktivitäten ausgeschlossen sowie die Ausübung rein intellektueller Tätigkeiten und das Spielen.[798] Im burundischen Patentgesetz müssen – den Vorgaben des Art. 27 Abs. 2 TRIPS entsprechend – Erfindungen, deren Verwertung gegen die öffentliche Ordnung oder die guten Sitten verstößt, nicht patentiert werden, wobei der Ausschluss nicht bloß deswegen erfolgen darf, weil die Verwertung durch ein Gesetz verboten ist.[799] Darüber hinaus werden Methoden zur chirurgischen oder therapeutischen Behandlung sowie diagnostische Methoden ausgeschlossen.[800] Auch der Ausschluss von Tierrassen und Pflanzensorten im burundischen Patentgesetz ist nach Art. 27 Abs. 3 lit. b) TRIPS zulässig.[801] Allerdings muss der Schutz von Pflanzensorten nach den Vorgaben des TRIPS-Übereinkommens durch ein *sui-generis* System gewährleistet werden. Ein solcher Schutz *sui-generis* wird in Burundi nicht gewährt. Der Ausschluss von Pflanzensorten stellt daher einen Verstoß gegen Art. 27 Abs. 3 lit. b) TRIPS dar.

Auch natürliche Substanzen sind nicht patentierbar, selbst wenn sie aufbereitet, künstlich hergestellt oder auf eine sonstige Weise isoliert wurden.[802] Einzig die Verfahren zur Isolation können patentiert werden. Natürliche Substanzen sind bereits vorhanden und daher jedem zugänglich. Die Substanz selbst ist nicht neu und würde daher schon gar keinen Anspruch auf Patenterteilung begründen.[803] Ein Verfahren zur Isolation kann nach dem Patentgesetz weiterhin patentfähig sein. Kein Bezug wird aber auf das Verfahren der Aufbereitung oder der künstlichen Herstellung genommen. Da das TRIPS-Übereinkommen verlangt, neben den Erzeugnissen grundsätzlich auch die Herstellungsverfahren zu schützen, müssten sowohl das

---

798 Vgl. auch *Adams & Adams*, Practical Guide to IP in Africa, S. 78.

799 Vgl. auch *Adams & Adams*, Practical Guide to IP in Africa, S. 79.

800 Vgl. auch *Adams & Adams*, Practical Guide to IP in Africa, S. 78.

801 Vgl. auch *Adams & Adams*, Practical Guide to IP in Africa, S. 79. Durch die allgemeine Formulierung in Art. 27 Abs. 3 lit. b) TRIPS werden auch Tierrassen und Pflanzensorten davon erfasst; vgl. *v. Saint-André/Taşdelen*, in: Busche/Stoll/Wiebe (Hrsg.), TRIPs, Art. 27, Rn. 88; *Correa*, E.I.P.R. 16 (1994) 8, 327 (328); *Rott*, Patentrecht und Sozialpolitik, S. 215.

802 Vgl. zur Auflistung dieser Ausnahmemöglichkeit auch *Adams & Adams*, Practical Guide to IP in Africa, S. 78.

803 In einigen Staaten, bspw. in der EU, ist es dennoch möglich, natürliche Substanzen zu patentieren, wenn sie zuvor der Öffentlichkeit nicht zugänglich waren. In den USA kann eine natürliche Substanz patentiert werden, wenn sie isoliert oder aufbereitet wurde; vgl. *Correa*, in: ders./Yusuf (Hrsg.), IP and International Trade, S. 226 (235).

Verfahren zur Aufbereitung als auch das zur künstlichen Herstellung patentierbar sein, wenn es sich dabei um ein neuartiges Verfahren handelt.[804]

Ebenfalls ausgeschlossen werden bekannte Substanzen, für die eine neue Gebrauchsweise entdeckt wurde.[805] Auch hier würde die Patentierung bereits an dem Neuheitserfordernis scheitern. Da die Mitgliedstaaten entscheiden dürfen, wann eine Erfindung als neu zu betrachten ist, können sie definieren, dass die Gebrauchsweise einer bereits bekannten Substanz nicht neu ist.[806]

Weiterhin werden auch Pflanzen und Tiere sowie ihre Bestandteile und im Wesentlichen biologische Verfahren zur Züchtung von Pflanzen und Tieren sowie ihrer Bestandteile ausgeschlossen. Ausgenommen davon und somit weiterhin patentfähig sind Mikroorganismen sowie nicht-biologische und mikrobiologische Verfahren.[807] Die Vorschrift ist fast deckungsgleich mit Art. 27 Abs. 3 lit. b) TRIPS. Allerdings wird im burundischen Patentgesetz der Zusatz gemacht, dass auch die Bestandteile von Pflanzen und Tieren nicht patentiert werden sollen. Damit erfolgt auch der Ausschluss von Genen, da diese wesentliche Bestandteile von Pflanzen und Tieren sind. Ob ein solcher Ausschluss vom TRIPS-Übereinkommen zugelassen wird, ist unklar.[808] Im TRIPS-Übereinkommen heißt es lediglich, Mikroorganismen dürften nicht ausgeschlossen werden. Mikroorganismen wie Pilze und Bakterien sind selbstständige Lebensformen und stellen daher keine Bestandteile von Pflanzen oder Tieren dar.[809] Teilweise wird daher angenommen, auch Bestandteile von Pflanzen und Tieren würden von der Ausnahme erfasst. Nur der Vorgang der Isolation könne daher ein patentfähiges Verfahren darstellen.[810] Andere sind der Auffassung, der Ausschluss erstrecke sich nicht auf Bestandteile wie Gene oder Körperteile.[811] Da die Mitgliedstaaten selbst entscheiden dürfen, was sie unter einer Erfindung verstehen, muss es möglich sein, Bestandteile von Lebewesen auszuschließen. Sie sind bereits vorhanden und können demnach nicht mehr als neu betrachtet werden.[812]

Schließlich wurden Arzneimittel bis zum 1. Januar 2016 entsprechend der in der Entscheidung zum TRIPS und zur öffentlichen Gesundheit gesetzten Frist ausgeschlossen.[813] Nicht vorgesehen wird die Möglichkeit, Patentanmeldungen in

---

804 Vgl. dazu auch *Neef*, in: Busche/Stoll/Wiebe (Hrsg.), TRIPs, Art. 27, Rn. 22.

805 Vgl. auch *Adams & Adams*, Practical Guide to IP in Africa, S. 78.

806 *Lamping*, IIC 2014, 679 (684 Rn. 10).

807 Vgl. auch *Adams & Adams*, Practical Guide to IP in Africa, S. 79.

808 *Watal*, IPR in the WTO, S. 133; *Gervais*, TRIPS, Art. 27, Rn. 2.

809 *UNCTAD-ICTSD*, Resource Book on TRIPS and Development, S. 393.

810 *Gervais*, TRIPS, Art. 27, Rn. 2.370.

811 *Stoll/Raible*, in Prieß/Berrisch (Hrsg.), WTO-Handbuch, S. 591, Rn. 79; *v. Saint-André/Taşdelen*, in: Busche/Stoll/Wiebe (Hrsg.), TRIPs, Art. 27, Rn. 88.

812 *Correa*, in: ders./Yusuf (Hrsg.), IP and International Trade, S. 226 (235); *de Carvalho*, The Trips Regime of Patents and Test Data, Rn. 27.32.

813 Vgl. auch *Adams & Adams*, Practical Guide to IP in Africa, S. 79.

Bezug auf Arzneimittel bis zum Ablauf der Frist zu hinterlegen,[814] was seit der Befreiung von der Verpflichtung aus Art. 70 Abs. 8 TRIPS keine Verletzung des TRIPS-Übereinkommens darstellt.

3. Anmeldebedingungen

Nach Art. 9 Gesetz Nr. 1/13 gilt das Erstanmeldeprinzip. Zudem kann ein Prioritätsrecht gem. Art. 31 des Gesetzes geltend gemacht werden.[815] Die Erfindung muss in der Beschreibung, die nach Art. 19 Gesetz Nr. 1/13 der Anmeldung beizufügen ist, nach Art. 20 des Gesetzes derart klar und verständlich offenbaren, dass ein Fachmann mit durchschnittlichen Kenntnissen und Fähigkeiten in der Lage ist, sie auszuführen. Dabei muss zumindest eine Art der Ausführung genannt werden. Die Vorgaben des Art. 29 Abs. 1 TRIPS wurden damit erfüllt, auch wenn Burundi nicht von der Möglichkeit Gebrauch gemacht hat, die beste Art der Ausführung offenbart zu verlangen.

Zudem muss die Beschreibung gem. Art. 21 Gesetz Nr. 1/13 Herkunftsangaben über genetische oder biologische Ressourcen enthalten, die aus Burundi stammen und die direkt oder indirekt für die Herstellung der Erfindung genutzt wurden. Auch Elemente traditionellen Wissens, die genutzt wurden, müssen angegeben werden. Mit dieser Forderung geht Burundi über das hinaus, was im TRIPS-Übereinkommen gefordert wird.[816] Vielmehr ist in der Bestimmung die Umsetzung der *Convention on Biological Diversity* (CBD) zu sehen.[817] Die Anmeldung könnte durch das zusätzliche Erfordernis in unzulässiger Weise erschwert werden und daher gegen das TRIPS-Übereinkommen verstoßen. Argumentiert wird, es handle sich bei der Offenbarungspflicht um eine materiell-rechtliche Voraussetzung. Als eine solche

---

814 So hat es Burundi selbst der WTO notifiziert; vgl. WTO Doc. IP/N/1/BDI/1 v. 18.06.2001.

815 Vgl. auch *Adams & Adams*, Practical Guide to IP in Africa, S. 78 u. 80.

816 In vielen Staaten wird eine derartige Verpflichtung vorgesehen; vgl. *Barber/Johnston/Tobin*, User Measures, S. 29.

817 *v. Saint-André/Taşdelen*, in: Busche/Stoll/Wiebe (Hrsg.), TRIPs, Art. 29, Rn. 13. Der Text ist auch abgedruckt bei *de Carvalho*, The Trips Regime of Patents and Test Data, Rn. 29.14 Fn. 847. Von den Entwicklungsländern und den LDC wird seit Jahren eine Änderung des TRIPS-Übereinkommens gefordert, dahingehend in einem Art. 29*bis* TRIPS die Offenlegung der Herkunft biologischer Ressourcen *verpflichtend* für alle Mitgliedstaaten vorzusehen; vgl. WTO Docs. TN/C/W/59 v. 19.04.2011 und WT/GC/W/564/Rev.2, TN/C/W/41/Rev.2, IP/C/W/474 v. 05.07.2006; *de Carvalho*, The Trips Regime of Patents and Test Data, Rn. 29.15. Auf der Doha-Ministerkonferenz wurde beschlossen, das Verhältnis zwischen der CBD und dem TRIPS-Übereinkommen zu klären; vgl. WTO Doc. WT/MIN(01)/DEC/1 v. 20.11.2001, Rn. 19. Eine Einigung auf eine solche Änderung ist auf Grund des Widerstands der Industrienationen nicht absehbar; vgl. WTO Docs. IP/C/W/469 v. 13.03.2006 und IP/C/W/383 v. 17.10.2002; *Gervais*, TRIPS, Rn. 1.86 f.

sei sie mit dem TRIPS-Übereinkommen unvereinbar.[818] Allerdings handelt es sich bei der Voraussetzung um eine formelle Anforderung, die an die Form der Anmeldung gestellt wird.[819] Die Mitgliedstaaten sind gem. Art. 62 Abs. 1 TRIPS dazu befugt, angemessene Verfahren und Förmlichkeiten für den Erwerb von Rechten des geistigen Eigentums vorzusehen, wenn diese mit den übrigen Voraussetzungen des Übereinkommens vereinbar sind. Entscheidend ist daher, ob die Maßnahme angemessen ist.[820] Da die Herkunftsangabe über biologische Ressourcen die Ermittlung des Erfinders vereinfacht, ist in dem Erfordernis ein angemessenes Verfahren zu sehen.[821] Auch ist im TRIPS-Übereinkommen kein Verbot zu finden, biologische Ressourcen offenbart zu verlangen.[822] Schließlich ist nicht davon auszugehen, dass durch die Offenlegungspflicht der Erwerb eines Patents unnötig verkompliziert oder kostspielig wird, weshalb die Maßnahme auch nicht gegen Art. 62 Abs. 4 i.V.m. Art. 41 Abs. 2 S. 2 TRIPS verstößt.[823] Mithin ist die Anforderung an die Anmeldung mit dem TRIPS-Übereinkommen vereinbar.[824]

Nach Art. 22 Gesetz Nr. 1/13 kann zudem verlangt werden, Beschreibungen, die in ausländischen Anmeldungen enthalten sind, dem gewöhnlichen Verständnis der Bürger Burundis anzupassen, um die Verbreitung von Technologien zu fördern. Da in Art. 29 Abs. 1 TRIPS durch die Möglichkeit, die beste Art der Offenbarung zu verlangen, deutlich wird, dass qualifizierte Anforderungen an die Anmeldung gestellt werden können, muss es auch möglich sein, zu verlangen, das Verständnis der Bürger zu berücksichtigen. Auch hierin ist keine unnötige komplizierte Anforderung an die Anmeldung zu sehen. Darüber hinaus soll der Technologietransfer durch das TRIPS-Übereinkommen gefördert werden. Die burundische Regelung soll gerade zur Verbreitung von Technologien beitragen, weshalb es mit dem Ziel

---

818 WIPO Doc. WIPO/GRTKF/IC/3/17 v. 21.06.2002, Rn. 71; *de Carvalho*, in: McManis (Hrsg.), Biodiversity & the Law, S. 241 (253 Fn. 60); *Gervais*, TRIPS, Rn. 1.79.

819 *de Carvalho*, in: McManis (Hrsg.), Biodiversity & the Law, S. 241 (250).

820 *de Carvalho*, The Trips Regime of Patents and Test Data, Rn. 29.16; *ders.*, in: McManis (Hrsg.), Biodiversity & the Law, S. 241 (252).

821 *de Carvalho*, in: McManis (Hrsg.), Biodiversity & the Law, S. 241 (253).

822 *v. Saint-André/Taşdelen*, in: Busche/Stoll/Wiebe (Hrsg.), TRIPs, Art. 29, Rn. 31.

823 *v. Saint-André/Taşdelen*, in: Busche/Stoll/Wiebe (Hrsg.), TRIPs, Art. 29, Rn. 31.

824 So auch Sri Lanka in: WIPO Doc. WIPO/GRTKF/IC/3/17 v. 21.06.2002, Rn. 75; *de Carvalho*, in: McManis (Hrsg.), Biodiversity & the Law, S. 241 (253). Mittlerweile argumentiert *de Carvalho*, es handle sich nicht um eine angemessene Maßnahme, da eine solche Regelung der Umsetzung der CBD Verpflichtung diene. Die CBD stünde aber außerhalb des WTO-Gefüges und sei daher nicht im Rahmen des TRIPS-Übereinkommens umzusetzen; vgl. *de Carvalho*, The Trips Regime of Patents and Test Data, Rn. 29.16. Dieser Ansicht kann aber nicht gefolgt werden, da damit lediglich einer möglichen Änderung des TRIPS-Übereinkommens widersprochen wird. Zur Ermittlung des Erfinders trägt das Erfordernis weiterhin bei, weswegen nicht ersichtlich ist, wieso die Maßnahme nicht weiterhin als angemessen zu betrachten ist.

und Zweck des TRIPS-Übereinkommens vereinbar ist, eine solche Anforderung an die Anmeldung zu stellen.

Schließlich müssen nach Art. 35 Gesetz Nr. 1/13 Dokumente über ausländische Patentanmeldungen eingereicht werden, was gem. Art. 29 Abs. 2 TRIPS zulässig ist.

4. Rechte aus dem Patent

Das Patent gewährt dem Inhaber – den Vorgaben des Art. 28 Abs. 1 TRIPS entsprechend – nach Art. 53 Gesetz Nr. 1/13 das ausschließliche Recht, die Erfindung auszuüben sowie anderen die Ausübung zu untersagen. In Art. 54 des Gesetzes wird die Ausübung ebenfalls den TRIPS-Vorgaben entsprechend definiert. Insbesondere wird die Lagerung durch unbefugte Dritte ausdrücklich untersagt.[825]

Nach Art. 10 und Art. 55 Gesetz Nr. 1/13 kann das Recht an dem Patent rechtsgeschäftlich übertragen oder vererbt werden. Auch ist es möglich, Lizenzverträge abzuschließen.[826] Allerdings wird der Abschluss von Lizenzverträgen in den Art. 69 ff. Gesetz Nr. 1/13 Regeln unterworfen: zum einen darf die Lizenz nicht über die Laufzeit des Patents hinausgehen. Zum anderen muss der Vertrag in ein dafür vorgesehenes Register eingetragen werden, um gegenüber Dritten Wirkung zu entfalten. Teilweise wird angenommen, die Verpflichtung zur Registrierung stelle eine Einschränkung des Rechts auf den Abschluss von Lizenzverträgen dar und sei daher nicht mit Art. 28 Abs. 2 TRIPS vereinbar.[827] Eine Einschränkung wird aber nur dann angenommen, wenn die Registrierung nur nach Prüfung durch eine staatliche Stelle erfolgen kann. Handelt es sich um eine bloße Formalität, wird der Patentinhaber nicht in der Ausübung seiner Rechte gehindert.[828] Das Erfordernis der Registrierung steht der Vereinbarkeit mit den TRIPS-Vorgaben daher nicht entgegen.

5. Ausnahmen von den Rechten aus dem Patent

a. Erschöpfung

Grundsätzlich gilt in Burundi gem. Art. 57 des burundischen Gesetzes das Prinzip der internationalen Erschöpfung. Dadurch wird der Import von Erzeugnissen ermöglicht, die in einem anderen Staat rechtmäßig auf den Markt gebracht wurden. Ohne die Regelung der internationalen Erschöpfung, die gem. Art. 6 TRIPS – auf den in der Fußnote zu Art. 28 Abs. 1 TRIPS verwiesen wird – nicht in einem

---

825 Die kanadische Regelung, die die Lagerung für zulässig erachtete, wurde in einem Streitbeilegungsverfahren für unvereinbar mit dem TRIPS-Übereinkommen erklärt; vgl. *Canada – Pharmaceutical Products*, Report of the Panel, WTO Doc. WT/DS114/R v. 17.03.2000, Rn. 7.38; *Gervais*, TRIPS, Art. 27, Rn. 2.365; *Hoekman/Kostecki*, The Political Economy of the World Trading System, S. 384.

826 Vgl. auch *Adams & Adams*, Practical Guide to IP in Africa, S. 81.

827 *v. Saint-André/Taşdelen*, in: Busche/Stoll/Wiebe (Hrsg.), TRIPs, Art. 28, Rn. 6.

828 *de Carvalho*, The Trips Regime of Patents and Test Data, Rn. 28.13; *UNCTAD-ICTSD*, Resource Book on TRIPS and Development, S. 422.

Streitbeilegungsverfahren angegriffen werden darf, würde ein solcher sog. Parallelimport eine Verletzung des ausschließlichen Rechts des Patentinhabers zur Einfuhr darstellen.[829]

Zudem kann gem. Art. 59 Gesetz Nr. 1/13 der Handelsminister erklären, dass ein Patentrecht erschöpft ist und somit eine dritte Partei dazu ermächtigen, das Produkt zu importieren, wenn es in Burundi nicht oder nur unzureichend vorhanden ist oder nur zu Preisen, die der Minister als missbräuchlich einstuft. Ein weiterer Grund kann sein, dass ein anderer öffentlicher Belang betroffen ist, etwa bei Vorliegen einer wettbewerbswidrigen Handlung. Eine solche „kontrollierte Erschöpfung" wird als sinnvolles Mittel betrachtet, um sowohl die Nachteile einer internationalen als auch die einer nationalen Erschöpfungsregel auszuräumen.[830] Da in der Regelung auch eine Gestattung durch die Regierung zu sehen ist, könnte überlegt werden, sie an dem Maßstab des Art. 31 TRIPS zu messen. Allerdings wurde der Patentinhaber durch den Verkauf im Exportstaat bereits entlohnt. Es erscheint daher unbillig, die Regelung wie eine Zwangslizenz oder eine sonstige in Art. 31 TRIPS erfasste Nutzungserlaubnis zu behandeln und dadurch dem Patentinhaber eine zusätzliche Vergütung zu garantieren.[831] Zudem wird durch die Erklärung der Erschöpfung allgemein die Nutzung des patentierten Produkts zugelassen – die Erlaubnis wird nicht einem Einzelnen gestattet.[832] Prüfungsmaßstab ist daher Art. 30 TRIPS. Die Mitgliedstaaten können selbst darüber entscheiden, wann sie eine Ausnahme von den ausschließlichen Nutzungsrechten des Patentinhabers zulassen. Allerdings muss die Ausnahmeregelung den Anforderungen des Art. 30 TRIPS genügen.[833] Zur Überprüfung kann der sog. Drei-Stufen-Test herangezogen werden.[834] Danach ist eine Ausnahme zulässig, wenn sie begrenzt ist, nicht im unangemessenen Widerspruch zur normalen Verwertung steht und die Interessen des Patentinhabers nicht verletzt werden, wobei die Interessen Dritter zu berücksichtigen sind.[835] Die „kontrollierte Erschöpfung" ermöglicht

829 *UNCTAD-ICTSD*, Resource Book on TRIPS and Development, S. 439.

830 *de Carvalho*, The Trips Regime of Patents and Test Data, Rn. 6.42 f., der als Nachteil der internationalen Erschöpfung das Fernbleiben von ausländischen Investoren nennt und als Nachteil der nationalen Erschöpfung die Kontrollmöglichkeit des Patentinhabers über die Versorgung mit seinem Produkt.

831 *de Carvalho*, The Trips Regime of Patents and Test Data, Rn. 6.45.

832 *UNCTAD-ICTSD*, Resource Book on TRIPS and Development, S. 462.

833 *Malbon/Lawson/Davison*, TRIPS, Rn. 30.01.

834 *Kur/Grosse Ruse-Khan*, in: Kur/Levin (Hrsg.), IPR in a Fair World Trade System, S. 359 (367).

835 *Canada – Pharmaceutical Products*, Report of the Panel, WTO Doc. WT/DS114/R v. 17.03.2000, Rn. 7.20; *Kur*, in: dies./Levin (Hrsg.), IPR in a Fair World Trade System, S. 208 (220 ff.); *Bently*, in: WIPO (Hrsg.), Standing Committee on the Law of Patents, 15th Session, WIPO Doc. SCP/15/3 v. 02.09.2010, Annex I, Exclusions from Patentability and Exceptions and Limitations to Patentee's Rights, S. 7 (36); *Correa*, in: ders./Yusuf (Hrsg.), IP and International Trade, S. 226 (244); *ders.*,

allenfalls den Import des patentierten Produkts. Weitere Rechte werden nicht eingeschränkt. Zudem wird die internationale Erschöpfung nur in den genannten Fällen ermöglicht. Die Ausnahme ist daher begrenzt. Durch die Erklärung der internationalen Erschöpfung wird die Einfuhr des patentierten Gegenstands ermöglicht. Der Import stellt eine gewöhnliche Verwertungsmöglichkeit des Patents dar. Auch wurde der Patentinhaber in dem Staat, aus dem der Gegenstand eingeführt werden kann, für das entsprechende Produkt bereits entlohnt, weshalb seine Interessen gewahrt werden. Mithin stellt die „kontrollierte Erschöpfung" eine zulässige Ausnahme gem. Art. 30 TRIPS dar. Darüber hinaus wird argumentiert, als Erschöpfungsregelung dürfe auch die „kontrollierte Erschöpfung" nicht vor dem Streitbeilegungsmechanismus angegriffen werden.[836] Somit ist die Regelung zwar nicht zu beanstanden. Nicht deutlich wird allerdings, wann eine entsprechende Maßnahme erforderlich werden soll, da in Burundi die internationale Erschöpfung bereits durch Art. 57 Nr. 1 Gesetz Nr. 1/13 vorgesehen wird. Die Zwischenlösung der „kontrollierten Erschöpfung" in Art. 59 Gesetz Nr. 1/13 erscheint daher überflüssig.

b. Weitere Ausnahmen

Eine weitere zulässige Ausnahme liegt dann vor, wenn Produkte an Bord eines ausländischen Flugzeugs, Fahrzeugs oder Schiffs genutzt werden, das sich nur vorrübergehend oder zufällig in Burundi befindet.

Die Rechte des Patentinhabers erstrecken sich gem. Art. 57 Nr. 3 Gesetz Nr. 1/13 nicht auf die bloße experimentelle Nutzung oder die wissenschaftliche und technische Recherche. Die Forschungsausnahme wird immer wieder als Beispiel für eine zulässige Ausnahme von den Rechten des Patentinhabers genannt, die in vielen nationalen Patentgesetzen vorgesehen wird.[837] Auch wurde überlegt, einen Ausnahmekatalog in Art. 30 TRIPS aufzunehmen, in dem auch die Forschungsausnahme

TRIPS, S. 303. Die Prüfung ist in der vorgegebenen Reihenfolge vorzunehmen. Nur wenn alle drei Voraussetzungen erfüllt wurden, ist die Ausnahme zulässig; vgl. *Canada – Pharmaceutical Products*, Report of the Panel, WTO Doc. WT/DS114/R v. 17.03.2000, Rn. 7.21; *Kur*, in: dies./Levin (Hrsg.), IPR in a Fair World Trade System, S. 208 (224); *Correa*, TRIPS, S. 305 f.; *UNCTAD-ICTSD*, Resource Book on TRIPS and Development, S. 433.

836 *de Carvalho*, The Trips Regime of Patent Rights, 3. Auflage, Rn. 6.45.

837 *Correa*, in: ders./Yusuf (Hrsg.), IP and International Trade, S. 226 (244 f.); *ders.*, TRIPS, S. 303; *v. Saint-André/Taşdelen*, in: Busche/Stoll/Wiebe (Hrsg.), TRIPs, Art. 30, Rn. 3 u. 29; *UNCTAD-ICTSD*, Resource Book on TRIPS and Development, S. 437; *Lamping*, IIC 2014, 679 (686 f. Rn. 20). In 86 Staaten findet sich eine solche Ausnahme; vgl. *Bently*, in: WIPO (Hrsg.), Standing Committee on the Law of Patents, 15th Session, WIPO Doc. SCP/15/3 v. 02.09.2010, Annex I, Exclusions from Patentability and Exceptions and Limitations to Patentee's Rights, S. 7 (29 f.).

zu finden gewesen wäre.[838] Auch das Vorbenutzungsrecht als zulässige Ausnahme wird vorgesehen.[839]

Im burundischen Patentgesetz wird darüber hinaus auch eine Ausnahme von den ausschließlichen Rechten zugelassen, wenn ein Dritter die Erfindung zu dem Zweck herstellt, nutzt oder verkauft, um Informationen zu erhalten, die er nach einem burundischen Gesetz oder den Gesetzen eines anderen Staates zur Herstellung, zum Gebrauch oder zum Verkauf benötigt. Hierunter ist eine dem kanadischen Patentgesetz entsprechende sog. *Regulatory Review* Regelung zu sehen, deren Zulässigkeit bereits Thema eines Streitbeilegungsverfahrens war.[840] Durch die Regelung kann ein Dritter die Erfindung nutzen, um die Zulassung für die Vermarktung des Produkts bereits vor Ablauf der Schutzfrist zu erhalten. Ohne eine solche Regelung würde der Patentinhaber über die Laufzeit des Patents hinaus von seiner Monopolstellung profitieren, da andere Hersteller sich erst ab dem Zeitpunkt der Freigabe des Patents um die Zulassung bemühen könnten.[841] Das Panel entschied, eine solche Ausnahme sei ausreichend begrenzt und somit mit Art. 30 TRIPS vereinbar.[842]

6. *Zwangslizenzen*

In Burundi werden drei Formen von Zwangslizenzen in den Art. 78 ff. Gesetz Nr. 1/13 vorgesehen: Zwangslizenzen wegen Nichtausübung des Patents, Zwangslizenzen für abhängige Patente und durch den Handelsminister erteilte Zwangslizenzen.

a. Zwangslizenz aus Gründen der Nichtausübung

Nach Art. 78 Gesetz Nr. 1/13 kann nach Ablauf von vier Jahren, gerechnet ab Anmeldung oder drei Jahren nach Erteilung des Patents, eine Zwangslizenz beantragt werden. Für die Erteilung muss entweder das öffentliche Interesse, insbesondere die nationale Sicherheit, die Ernährung, die Gesundheit oder die Entwicklung eines wichtigen Wirtschaftssektors betroffen sein oder ein Verwaltungskörper muss entschieden haben, die Art der Ausübung durch den Patentinhaber sei missbräuchlich oder wettbewerbswidrig oder durch die Ausübungsweise werde die Nachfrage nach

---

838 GATT Doc. MTN.GNG/NG11/W/76 v. 23.07.1990, Abschnitt 5 § 1.4.2; *UNCTAD-ICTSD*, Resource Book on TRIPS and Development, S. 432.

839 Dazu *Correa*, in: ders./Yusuf (Hrsg.), IP and International Trade, S. 226 (244 f.); *ders.*, TRIPS, S. 303.

840 *Canada – Pharmaceutical Products*, Report of the Panel, WTO Doc. WT/DS114/R v. 17.03.2000, Rn. 7.39 ff. Der Wortlaut der in dem Verfahren behandelte Norm ähnelt Art. 57 Nr. 5 des burundischen Gesetzes, sodass es möglich ist, die Entscheidung des Panels auf die burundische Norm zu übertragen.

841 *Gervais*, TRIPS, Art. 27, Rn. 2.364.

842 *Canada – Pharmaceutical Products*, Report of the Panel, WTO Doc. WT/DS114/R v. 17.03.2000, Rn. 7.50; *Gervais*, TRIPS, Art. 27, Rn. 2.365; *Hoekman/Kostecki*, The Political Economy of the World Trading System, S. 384; *Bender/Michaelis*, in: Hilf/Oeter (Hrsg.), WTO-Recht, § 22 Rn. 73.

dem Produkt nicht gedeckt. Als weiterer Grund für die Erteilung einer Zwangslizenz wird die Weigerung des Patentinhabers, eine freiwillige Lizenz zu erteilen, genannt. Schließlich kann eine Zwangslizenz auch dann erteilt werden, wenn der Aufbau oder die Entwicklung der Industrie oder der Wirtschaft nachhaltig und unangemessen beeinträchtigt wird. In all diesen Fällen ist die Erteilung einer Zwangslizenz aber ausgeschlossen, wenn der Patentinhaber legitime Gründe für die Nichtausübung darlegen kann.

Grundsätzlich steht es den Mitgliedstaaten frei, über die Gründe der Erteilung einer Zwangslizenz zu entscheiden.[843] Im burundischen Patentgesetz heißt es, das Fehlen der Zustimmung des Patentinhabers allein genüge bereits, um eine Zwangslizenz zu beantragen. Dieser Grund allein wäre nach Art. 31 TRIPS unzulässig, da dies ansonsten einem Lizensierungszwang des Patentinhabers gleichkäme.[844] Allerdings bezieht sich die Regelung auf Zwangslizenzen, die erteilt werden, wenn das Patent nur unzureichend durch den Patentinhaber ausgeübt wird. Das macht zum einen die Überschrift des Abschnitts deutlich und zum anderen heißt es im zweiten Absatz, eine Zwangslizenz könne nicht erteilt werden, wenn der Patentinhaber Gründe für die Nichtausübung liefert. Auch wird den Vorgaben des Art. 5A Abs. 4 PVÜ entsprechend der Ablauf der Frist verlangt, die nur in Bezug auf Zwangslizenzen wegen der Nichtausübung einzuhalten ist.[845] Neben der fehlenden Zustimmung des Patentinhabers ist es daher eine weitere Voraussetzung, dass das Patent nur unzureichend ausgeübt wurde.

Die übrigen Vorgaben, die an die Erteilung einer Zwangslizenz geknüpft werden, entsprechen den Vorgaben des Art. 31 TRIPS. Jedoch fehlt eine Art. 31 lit. f) TRIPS entsprechenden Begrenzung auf die Versorgung des Binnenmarkts. Entbehrlich ist eine solche Begrenzung nur in Bezug auf den Export von Arzneimitteln.[846]

Auch die Verpflichtung in Art. 99 Abs. 2 Gesetz Nr. 1/13, wonach in Lizenzverträgen, die der Patentinhaber mit anderen als dem Zwangslizenznehmer vereinbart hat, keine Regelungen vorgesehen werden dürfen, die günstiger sind, als die in der Zwangslizenz getroffenen, widerspricht nicht den TRIPS-Vorgaben. Zwar könnte der Patentinhaber in seinem Recht aus Art. 28 Abs. 2 TRIPS unzulässig eingeschränkt sein. Allerdings wurde ihm die Möglichkeit gegeben, demjenigen, der eine Zwangslizenz erhalten hat, eine freiwillige Lizenz zu erteilen. In der Regel wird der Patentinhaber strengere Konditionen an eine freiwillige Lizenz stellen. Das

843 *Correa*, in: ders./Yusuf (Hrsg.), IP and International Trade, S. 226 (246 f.); *ders.*, in: Drahos/Mayne (Hrsg.), Global Intellectual Property Rights, S. 40 (48 f.); *Staehelin*, TRIPs, S. 151; *Blakeney*, TRIPS, Rn. 8.22; *Lamping*, IIC 2014, 679 (688 Rn. 27).

844 *Taşdelen*, in: Busche/Stoll/Wiebe (Hrsg.), Art. 31, Rn. 21. A.A. *Reichman*, in: Correa/Yusuf (Hrsg.), IP and International Trade, S. 23 (34); *Richter*, Wis. Int'l L.J. 30 (2012) 1, 229 (240).

845 *Pfanner*, GRUR Int. 1985, 357 (366); *Pohl*, Die Voraussetzungen der patentrechtlichen Zwangslizenz, S. 145; *Rott*, Patentrecht und Sozialpolitik, S. 283.

846 Vgl. WTO Doc. WT/L/540 v. 02.09.2003.

Verbot, günstigere Voraussetzungen vorzusehen, wird ihn daher nicht in seinem Recht beeinträchtigen.

b. Zwangslizenz aus Gründen eines abhängigen Patents

Wenn ein Patent nicht ausgeübt werden kann, ohne die Rechte aus einem zuvor erteilten Patent zu verletzten, ist nach Art. 79 Gesetz Nr. 1/13 ebenfalls die Erteilung einer Zwangslizenz möglich. Die Voraussetzungen, die an die Erteilung gestellt werden, stimmen fast wortgleich mit den Vorgaben des Art. 31 lit. l) TRIPS überein.

c. Durch den Handelsminister erteilte Zwangslizenz

Schließlich kann der Handelsminister gem. Art. 80 Gesetz Nr. 1/13 auch ohne die Zustimmung des Patentinhabers einen Dritten zur Ausübung des Patents ermächtigen. Die Kompetenz des Ministers wird dabei auf keinen bestimmten Zweck begrenzt. Es wird aber in Art. 87 Gesetz Nr. 1/13 die Möglichkeit erwähnt, eine Zwangslizenz im Falle eines Notstands oder einer anderen Situation äußerster Dringlichkeit zu erteilen. Auch die öffentliche nicht gewerbliche Nutzung wird erfasst sowie die Nutzung, um einen Missbrauch des Patents zu unterbinden. Die Aufzählung ist dabei aber nicht abschließend. Da die Mitgliedstaaten selbst entscheiden dürfen, in welchen Fällen sie Zwangslizenzen zulassen, ist es nicht schädlich, keine weiteren Gründe aufzuführen. Die Voraussetzungen, die an die Erteilung einer Zwangslizenz durch den Handelsminister gestellt werden, decken sich fast wortgleich mit den Anforderungen des Art. 31 TRIPS. Zudem wird in Art. 81 Gesetz Nr. 1/13 verlangt, dass in Bezug auf Entscheidungen, in denen die Vergütung für eine Zwangslizenz zur Nutzung eines Arzneimittelpatents geregelt wird, die Voraussetzungen der Erklärung zum TRIPS und zur öffentlichen Gesundheit beachtet werden. Durch den Verweis auf die Erklärung von 2003 wird der Lizenznehmer von der Pflicht befreit, eine Vergütung zu zahlen, wenn in dem Exportstaat bereits eine entsprechende Zahlung geleistet wurde. Die Ausnahme gilt allerdings nicht, wenn ein anderes Verfahren zu Herstellung desselben Produkts bekannt oder verfügbar ist. Wenn die Zwangslizenz für ein Arzneimittelpatent erteilt wird, das exportiert werden soll, wird von der grundsätzlich bestehenden Beschränkung auf die Versorgung des Binnenmarkts abgesehen.

7. Ablauf des Patents

Die Laufzeit eines Patents beträgt gem. Art. 62 des burundischen Patentgesetzes 20 Jahre gerechnet ab der Anmeldung.[847] Wenn die Erteilung später als vier Jahre nach der Anmeldung erfolgt, verlängert sich die Frist automatisch um die gesamte Zeitspanne gerechnet ab der Anmeldung. Eine derartige Verlängerung der Schutzfrist bei der Verzögerung der Erteilung verlangt das TRIPS-Übereinkommen nicht.[848] Welche

847 Vgl. auch *Adams & Adams*, Practical Guide to IP in Africa, S. 80.
848 Vgl. auch *Correa*, TRIPS, S. 343.

Zeitspanne für das Bestehen eines Patents angemessen ist, war bereits während der Verhandlungen über das Übereinkommen umstritten.[849] Dem Wortlaut des Art. 33 TRIPS kann aber entnommen werden, dass es sich bei der Bestimmung um eine bloße Mindestanforderung handelt. Die Mitgliedstaaten können daher auch eine längere Frist vorsehen, um etwaige Verzögerungen bei der Anmeldung auszugleichen.[850]

Das Gesetz verlangt zudem die Zahlung einer Gebühr. Solange aber keine Umsetzungsverordnung erlassen wurde, steht die Höhe der Gebührt nicht fest, weshalb derzeit praktisch keine Gebühr gezahlt werden kann.[851]

8. *Zwischenergebnis*

Ausführungen über den Verfall oder den Widerruf eines Patents fehlen. Allerdings verlangt Art. 32 TRIPS lediglich, dass Verfahren zur Überprüfung der Rechtmäßigkeit vorzusehen sind. Die Vorgaben des TRIPS-Übereinkommens über den Erhalt und den Umfang von Patenten wurden durch den Erlass des Patentgesetzes von 2009 in weiten Teilen erfüllt.[852] Ein *sui-generis* Schutzsystem für Pflanzensorten wurde allerdings bisher nicht geschaffen, obwohl Pflanzensorten der Patentschutz versagt wird, worin ein Verstoß gegen Art. 27 Abs. 3 lit. b) TRIPS liegt.

IV. Demokratische Republik Kongo: Gesetz zum Schutz des gewerblichen Eigentums von 1982

1960 erlangte die Demokratische Republik Kongo (DRK), damals noch Zaire, ihre Unabhängigkeit von Belgien.[853] Das Rechtssystem der DRK ist durch Einflüsse des französischen Zivilrechts, des britischen Common Law und des Gewohnheitsrechts geprägt.[854] 1997 wurde die DRK Mitglied der WTO.[855] Die DRK ist weder Mitglied

---

849 *Spranger*, in: Cottier/Véron (Hrsg.), Concise International and European IP Law, Art. 33 TRIPS, S. 109; *Gervais*, TRIPS, Art. 33, Rn. 2.434.

850 *Gervais*, TRIPS, Art. 33, Rn. 2.434; *Malbon/Lawson/Davison*, TRIPS, Rn. 33.06; *Spranger*, in: Cottier/Véron (Hrsg.), Concise International and European IP Law, Art. 33 TRIPS, S. 109 f.; *Correa*, TRIPS, S. 343. A.A. *de Carvalho*, The Trips Regime of Patents and Test Data, Rn. 62.9. Danach stellt eine Verlängerung zur Kompensation von Anmeldeverzögerungen eine Verletzung des Art. 62 Abs. 2 TRIPS dar. In diesem wird verlangt, innerhalb einer angemessenen Frist die Rechte erwerben zu können. Auch werde durch eine längere Schutzfrist der Zugang der Allgemeinheit zu der Erfindung verzögert; vgl. *de Carvalho*, The Trips Regime of Patents and Test Data, Rn. 33.11 u. 33.14.

851 *Adams & Adams*, Practical Guide to IP in Africa, S. 80.

852 Vgl. auch *Merso*, ICTSD Policy Brief No. 16, June 2013, S. 2, der zumindest sagt, die Regelungen würden weitestgehend den TRIPS-Anforderungen entsprechen.

853 *Blaustein/Sigler/Beede*, Independence Documents of the World, S. 791.

854 *Ntampaka*, Introduction aux systèmes juridiques africains, S. 7.

855 Siehe dazu die Liste der WTO-Mitgliedstaaten, abrufbar unter: *www.wto.org/english/thewto_e/whatis_e/tif_e/org6_e.htm* (zuletzt 10.03.2017).

der ARIPO noch der OAPI.[856] Das Patentrecht wird durch das Patentgesetz von 1982 (*Industrial Property Law No. 82–001 of January 7, 1982* – IPL) geregelt.[857] Derzeit wird daran gearbeitet, das Gesetz zum Schutz des gewerblichen Eigentums an die Vorgaben der WTO und der WIPO anzupassen.[858]

1. Inländerbehandlung und Meistbegünstigung

In Art. 3 IPL heißt es, Angehörige von Staaten, die keine Mitglieder der PVÜ sind, dürfen sich nur auf die Rechte des kongolesischen Gesetzes berufen, wenn diese Staaten kongolesischen Staatsangehörigen ebenfalls Schutz nach den Vorgaben der PVÜ gewähren. Es ist davon auszugehen, dass nicht alle WTO-Mitglieder auch Mitglied der PVÜ sind. Ihren Angehörigen käme dann in der DRK kein Schutz zu. Das stellt einen Widerspruch zu dem Prinzip sowohl der Inländerbehandlung als auch dem der Meistbegünstigung dar.

2. Patentfähige Gegenstände

Das kongolesische Patentrecht kennt drei Patentformen, die in Art. 5 IPL aufgezählt werden: Erfindungspatente, Importpatente und Verbesserungspatente.[859] Erfindungspatente werden für Erfindungen erteilt, für die bisher kein Patent besteht. Importpatente werden erteilt, wenn der Anmelder in einem anderen Staat bereits ein Patent für die Erfindung erhalten hat. Verbesserungspatente werden für die Verbesserung einer bereits patentierten Erfindung erteilt.[860]

a. Schutzvoraussetzungen

Jede Erfindung, die neu ist, auf einer erfinderischen Tätigkeit beruht und in einem Gewerbe ausgeübt werden kann, ist nach Art. 6 IPL patentfähig.[861] Das Neuheitskriterium ist in der DRK sehr ausdifferenziert. In Art. 11 finden sich besondere Bestimmungen in Bezug auf Arzneimittel. Diese sollen nur dann patentiert werden können, wenn es sich dabei um ein Produkt, eine Substanz oder eine

---

856 *Adams & Adams*, Practical Guide to IP in Africa, S. 118.

857 Vgl. auch *Merso*, ICTSD Policy Brief No. 16, June 2013, S. 2; WTO Doc. WT/TPR/S/240 v. 20.10.2010, Rn. 119; *Kisusa-Kaimba/Shangalume/Intudi*, in: Campbell (Hrsg.), Legal Aspects of Doing Business in Africa, S. DRC-1 (DRC-17). Umgesetzt wurde das Gesetz durch die *Industrial Property Regulations* von 1989; vgl. *Adams & Adams*, Practical Guide to IP in Africa, S. 118. Verkündete Gesetze werden durch Verordnungen der Ministerien umgesetzt; vgl. *Kisusa-Kaimba/Shangalume/Intudi*, in: Campbell (Hrsg.), Legal Aspects of Doing Business in Africa, S. DRC-1 (DRC-12).

858 WTO Doc. WT/TPR/S/240 v. 20.10.2010, Rn. 119.

859 Vgl. auch WTO Doc. WT/TPR/S/240 v. 20.10.2010, Rn. 120; *Adams & Adams*, Practical Guide to IP in Africa, S. 118.

860 Vgl. auch WTO Doc. WT/TPR/S/240 v. 20.10.2010, Rn. 120.

861 Vgl. auch WTO Doc. WT/TPR/S/240 v. 20.10.2010, Rn. 122; *Adams & Adams*, Practical Guide to IP in Africa, S. 119.

Komposition handelt, die erstmals in Form eines Medikaments vorgestellt wird.[862] Da das TRIPS-Übereinkommen selbst keine Angaben über die Reichweite des Neuheitskriteriums macht, bleiben die Definition und die Festlegung des Umfangs den Mitgliedstaaten überlassen.[863]

b. Keine patentfähigen Gegenstände

Nicht patentiert werden gem. Art. 12 IPL theoretische oder rein wissenschaftliche Prinzipien oder Ideen sowie rein dekorative Kreationen, Finanz- und Buchhaltungsmethoden,[864] Spielregeln und alle anderen abstrakten Systeme, insbesondere Programme und Serien über den Gebrauch von Rechenmaschinen.[865] In diesen Fällen kann bereits der Erfindungscharakter abgesprochen werden, da keine Lösung eines technischen Problems bezweckt wird.[866] Darüber hinaus wird einer Erfindung die Fähigkeit, patentiert werden zu können, abgesprochen, wenn ihre Veröffentlichung oder ihre Verwertung im Widerspruch zur öffentlichen Ordnung, zur öffentlichen Sicherheit oder den guten Sitten steht.[867] Da Art. 27 Abs. 2 TRIPS den Ausschluss nur in den Fällen erlaubt, in denen die Verwertung einer Erfindung einen Widerspruch zur öffentlichen Ordnung oder den guten Sitten darstellt, ist der Ausschluss in Hinblick auf die Veröffentlichung einer Erfindung nicht mit Art. 27 Abs. 2 TRIPS vereinbar.[868]

Eine weitere Ausnahme ist in Art. 40 IPL zu finden. Danach darf ein Patent nicht erteilt werden, wenn die Erfindung für geheimhaltungspflichtig erklärt wurde, da ein nationales Interesse, insbesondere die nationale Verteidigung oder Sicherheit, betroffen ist. Zunächst geht daraus hervor, dass die Veröffentlichung einer Erfindung untersagt werden kann. Nach Art. 73 lit. a) TRIPS soll das TRIPS-Übereinkommen

---

862 *Adams & Adams*, Practical Guide to IP in Africa, S. 119.

863 *Neef*, in: Busche/Stoll/Wiebe (Hrsg.), TRIPs, Art. 27, Rn. 39.

864 Vgl. auch *Kisusa-Kaimba/Shangalume/Intudi*, in: Campbell (Hrsg.), Legal Aspects of Doing Business in Africa, S. DRC-1 (DRC-18).

865 Vgl. auch *Adams & Adams*, Practical Guide to IP in Africa, S. 119. Computerprogramme sind daher in der DRK patentfähig; vgl. ebd.,

866 Zwar wird in der DRK nicht definiert, was unter einer Erfindung zu verstehen ist. Allgemein wird aber unter einer Erfindung eine technische Lehre verstanden; vgl. in Bezug auf das europäische Recht *Moufang*, in: Schulte (Hrsg.), Patentgesetz, § 1 PatG/Art. 52 EPÜ, Rn. 15.

867 Vgl. auch *Adams & Adams*, Practical Guide to IP in Africa, S. 119.

868 Das deutsche Patentgesetz von 1981 enthielt ebenfalls eine Regelung, wonach die Patentierung untersagt wurde, wenn die Veröffentlichung gegen die öffentliche Ordnung verstoßen würde. Diese wurde als nicht TRIPS-konform betrachtet; vgl. *Straus*, GRUR Int. 1996, 179 (188 f.). Auch Art. 53 lit. a) EPÜ enthielt die Regelung, der Ausschluss könne auch bei einem Verstoß durch die Veröffentlichung erfolgen, was ebenfalls für unvereinbar mit Art. 27 Abs. 2 TRIPS gewertet wurde; vgl. *Moufang*, in: van Overwalle (Hrsg.), Octrooirecht, Ethiek en Biotechnologie, S. 65 (72); *Straus*, in: Beier/Schricker (Hrsg.), From GATT to TRIPs, S. 160 (181).

nicht dahingehend ausgelegt werden, dass ein Mitgliedstaat verpflichtet wird, Informationen preiszugeben, die seinen Sicherheitsinteressen zuwiderlaufen würden. Eine Erfindung muss daher nicht veröffentlicht werden, wenn dies den Verteidigungsinteressen dient. Da es den Mitgliedstaaten überlassen bleibt, zu bestimmen, wann ihre wesentlichen Sicherheitsinteressen berührt sind, können die nationale Verteidigung oder Staatssicherheit wesentliche Sicherheitsinteressen darstellen.[869] Es darf daher unter Berücksichtigung der Auslegungsregel des Art. 73 lit. a) TRIPS nicht beanstandet werden, wenn die Veröffentlichung untersagt wird.

Darüber hinaus kann die Patenterteilung einer geheimhaltungspflichtigen Erfindung verweigert werden. Die Auslegungsregel des Art. 73 lit. b) TRIPS kann keine Abhilfe schaffen, da die Regelung der DRK allgemein gehalten ist und sich nicht auf einen der dort aufgezählten Fälle erstreckt. Der Ausschluss könnte gem. Art. 27 Abs. 2 TRIPS dem Schutz der öffentlichen Ordnung und dem Schutz des Lebens und der Gesundheit dienen. Der Begriff der öffentlichen Ordnung umfasst die sozialen Strukturen, die eine Gesellschaft zusammen halten.[870] Auch hier bleibt es den Mitgliedstaaten überlassen, darüber zu entscheiden, wann die öffentliche Sicherheit gefährdet ist.[871] Die Verteidigung des Staates ist ein wesentliches Sicherheitsinteresse, da durch einen Angriff die gesellschaftlichen Strukturen destabilisiert und das Leben und die Gesundheit der Bevölkerung gefährdet werden. Nach Art. 27 Abs. 2 TRIPS darf die Patenterteilung aber nur ausgeschlossen werden, wenn die Gefahr von der Verwertung der Erfindung ausgeht und nicht von der Erfindung als solche.[872] Zwischen der Verwertung und der Gefährdung muss ein kausaler Zusammenhang bestehen, der den Ausschluss notwendig macht.[873] Die Geheimhaltungspflicht und die daraus resultierende Nichterteilung eines Patents ergibt sich aus der Erfindung selbst, weshalb der Ausschluss unzulässig ist. Allerdings verlangt Art. 7 TRIPS, einen Ausgleich zwischen den Interessen des Erfinders und der Allgemeinheit zu schaffen.

---

869 *Lüers*, in: Busche/Stoll/Wiebe (Hrsg.), TRIPs, Art. 73, Rn. 3.

870 *UNCTAD-ICTSD*, Resource Book on TRIPS and Development, S. 375; *Gervais*, TRIPS, Art. 27, Rn. 2.360. Der im TRIPS-Übereinkommen gewählte Begriff entstammt dem französischen "*ordre public*", der weiter zu verstehen ist, als seine englische Übersetzung „*public order*". Die in der deutschen Fassung gewählte Übersetzung der öffentlichen Sicherheit ist daher ebenfalls nicht deckungsgleich; vgl. *UNCTAD-ICTSD*, Resource Book on TRIPS and Development, S. 375. Unter „ordre public" seien grundlegende Regelungen und insb. die Verfassungsprinzipien zu verstehen; vgl. *Moufang*, in: van Overwalle (Hrsg.), Octrooirecht, Ethiek en Biotechnologie, S. 65 (71 m.w.N.).

871 *Correa*, in: ders./Yusuf (Hrsg.), IP and International Trade, S. 226 (230); *v. Saint-André/Taşdelen*, in: Busche/Stoll/Wiebe (Hrsg.), TRIPs, Art. 27, Rn. 64.

872 *Straus*, in: Beier/Schricker (Hrsg.), From GATT to TRIPs, S. 160 (181); *Correa*, in: ders./Yusuf (Hrsg.), IP and International Trade, S. 226 (231); *ders.*, E.I.P.R. 16 (1994) 8, 327 (328); *Gervais*, TRIPS, Art. 27, Rn. 2.359; *UNCTAD-ICTSD*, Resource Book on TRIPS and Development, S. 376 f.

873 *de Carvalho*, The Trips Regime of Patents and Test Data, Rn. 27.113; *v. Saint-André/Taşdelen*, in: Busche/Stoll/Wiebe (Hrsg.), TRIPs, Art. 27, Rn. 68.

Ein Patent soll als Gegenleistung für die Offenbarung gewährt werden. Im Falle der Geheimhaltung wird die Information nicht preisgegeben und der durch die Offenbarung erhoffte Fortschritt kann nicht eintreten. Durch die mangelnde Offenlegung des Wissens ist es daher nicht erforderlich, ein ausschließliches Nutzungsrecht zuzusichern.

Weiterhin darf gem. Art. 40 IPL eine entsprechende Anmeldung im Ausland untersagt werden. Durch das Verbot, ein Patent im Ausland anzumelden, würden extraterritoriale Herrschaftsbefugnisse ausgeübt werden, worin zum einen ein Widerspruch zu Art. 2 Abs. 1 TRIPS i.V.m. Art. 4*bis* PVÜ gesehen werden kann, in dem es heißt, nationale Patente seien unabhängig von Patenten, die in anderen Ländern erteilt werden. Zum anderen kann in einer solchen Bestimmung ein Widerspruch zum Territorialitätsgrundsatz gesehen werden, wonach ein Patent jeweils nur für den Staat erteilt werden darf, in dem es angemeldet wurde.[874] Wird für eine Erfindung, die sicherheitsrelevante Informationen enthält, in einem anderen Staat ein Patent angemeldet, besteht jedoch die Gefahr, dass die Informationen veröffentlicht werden. Mithilfe der Auslegungsregel des Art. 73 lit. a) TRIPS kann daher zu dem Ergebnis gelangt werden, dass es keinen Verstoß gegen das TRIPS-Übereinkommen darstellt, die Anmeldung im Ausland zu untersagen.

3. Anmeldebedingungen

Ein Patent wird nach Art. 47 IPL demjenigen erteilt, der es zuerst anmeldet. Auch steht dem Anmelder ein Prioritätsrecht zu, wenn er innerhalb von 12 Monaten nach der Anmeldung in einem anderen PVÜ-Mitgliedstaat die Anmeldung vornimmt.[875] Dem Offenbarungserfordernis des Art. 29 Abs. 1 TRIPS wird durch das Erfordernis gem. Art. 16 Nr. 2 IPL, eine klare und vollständige Beschreibung der Erfindung beizufügen, Rechnung getragen. Auch sind gem. Art. 16 Nr. 5 des Patentgesetzes Informationen über ausländische Patentanmeldungen beizufügen. Nicht erforderlich ist nach dem kongolesischen Patentgesetz die Offenbarung der besten Art der Ausführung, welche aber auch nach den TRIPS-Vorgaben lediglich optional ist.

4. Rechte aus dem Patent

Der Patentinhaber hat gem. Art. 48 IPL das Recht, Dritten zu verbieten, Handlungen vorzunehmen, die durch das Patent gedeckt werden.[876] Die Voraussetzungen des Art. 28 Abs. 1 lit. a) TRIPS werden erfüllt. Nicht ausdrücklich geschützt werden aber Handlungen in Bezug auf Erzeugnisse, die einem patentierten Verfahren entstammen, wie es in Art. 28 Abs. 1 lit. b) TRIPS gefordert wird.

Die Übertragung wird in Art. 50 des Patentgesetzes in Übereinstimmung mit Art. 28 Abs. 2 TRIPS geregelt und ist danach zwischen Lebenden als auch

874 *Osterrieth*, Patentrecht, Rn. 126.
875 *Adams & Adams*, Practical Guide to IP in Africa, S. 121.
876 Vgl. auch *Adams & Adams*, Practical Guide to IP in Africa, S. 122.

im Todesfall, im Ganzen oder in Teilen übertragbar.[877] In Art. 65 IPL finden sich Bestimmungen über die Erteilung von freiwilligen Lizenzen.[878] Verlangt wird die Registrierung des Vertrags. Eine Genehmigung ist nicht erforderlich und die Registrierung daher nach den TRIPS-Vorgaben zulässig.[879]

Nach Art. 49 IPL werden nur Handlungen geschützt, die gewerblich oder kommerziell vorgenommen werden und nicht solche, die nur zur wissenschaftlichen Forschung oder Vorbereitung von Laborlehrtätigkeiten vorgenommen werden. Auch das TRIPS-Übereinkommen verlangt lediglich, die kommerzielle und gewerbliche Freiheit des Patentinhabers zu schützen. Mit der Ausnahmeregelung in Art. 30 TRIPS sollen gerade nicht-kommerzielle Handlungen von den ausschließlichen Rechten ausgenommen werden. Regelmäßig fallen Forschungsausnahmen und Ausnahmen zum Zwecke der Lehre darunter.[880]

5. *Benutzung ohne Zustimmung des Patentinhabers*

a. Regierungsgebrauch

Als Grund für die Gestattung der Regierung oder einen durch die Regierung ermächtigten Dritten wird in Art. 79 IPL vorgesehen, dass die Ausübung des Patents hinderlich für die wirtschaftliche Entwicklung ist oder sie dem öffentlichen Interesse entgegensteht. Es wird nicht vorgesehen, zuvor Verhandlungen mit dem Patentinhaber über die Erteilung einer freiwilligen Lizenz zu führen. Hier soll die Genehmigung im öffentlichen, nicht gewerblichen Interesse erfolgen, weshalb der Patentinhaber lediglich über die Genehmigung zu informieren ist. Nach Art. 82 IPL ist der Patentinhaber darüber zu informieren, dass seine Ausübung ungenügend ist, und ihm wird eine Frist gesetzt werden, innerhalb derer er mit der Ausübung beginnen kann. Der Umfang der Rechte sowie die Dauer der Nutzungserlaubnis sind in der Entscheidung zu benennen. Wenn zwischen den Parteien keine Einigung gefunden werden kann, ist die Höhe der Vergütung von dem zuständigen Gericht festzusetzen. Optional wird die ausschließliche Nutzung für fünf Jahre oder die nicht ausschließliche Nutzung erlaubt. Nach Art. 31 lit. d) TRIPS darf die Nutzung aber nur nicht ausschließlich gestattet werden, unabhängig davon, ob sie begrenzt wird oder nicht. Die Regelung erfüllt daher nicht alle Vorgaben des Art. 31 TRIPS.

---

877 Vgl. auch *Adams & Adams*, Practical Guide to IP in Africa, S. 122.

878 Vgl. auch *Adams & Adams*, Practical Guide to IP in Africa, S. 122.

879 *de Carvalho*, The Trips Regime of Patents and Test Data, Rn. 28.13; *Gervais*, TRIPS, Art. 28, Rn. 2.381; *UNCTAD-ICTSD*, Resource Book on TRIPS and Development, S. 422.

880 *Blakeney*, TRIPS, Rn. 8.14; *Correa*, in: ders./Yusuf (Hrsg.), IP and International Trade, S. 226 (244 f.); *ders.*, TRIPS, S. 303; *v. Saint-André/Taşdelen*, in: Busche/Stoll/Wiebe (Hrsg.), TRIPs, Art. 30, Rn. 3.

b. Zwangslizenzen

Nach Art. 70 IPL kann eine Zwangslizenz beantragt werden, wenn die patentierte Erfindung nicht oder nur unzureichend innerhalb von fünf Jahren nach der Anmeldung oder drei Jahre nach der Erteilung des Patents ausgeübt wird.[881] Zur Nichtausübung wird nach Art. 55 IPL auch der Import der patentierten Erfindung gezählt. Da gem. Art. 27 Abs. 1 TRIPS nicht auf Grund des Ortes der Erfindung diskriminiert werden darf und das Diskriminierungsverbot im Rahmen des Art. 31 TRIPS zu beachten ist, widerspricht die Regelung den TRIPS-Vorgaben. Nicht ausdrücklich wird gefordert, auch die Dauer der Zwangslizenz zu begrenzen. Da aber der Umfang und die Bedingungen zu begrenzen sind, ist die Begrenzung der Dauer ebenfalls möglich. Es fehlt eine Regelung darüber, ob die Lizenz nur zur Versorgung des Binnenmarkts erteilt werden darf oder auch zu Exportzwecken. Die übrigen Voraussetzungen des Art. 31 TRIPS werden zwar erfüllt. Da die Regelung aber Lücken aufweist und der Import nicht als Ausübung klassifiziert wird, ist sie nicht mit dem TRIPS-Übereinkommen vereinbar.

6. Beendigung des Schutzes

a. Ablauf des Patents

Die Laufzeit für ein Erfindungspatent beträgt gem. Art. 36 des Patentgesetzes 20 Jahre ab dem Zeitpunkt der Anmeldung. Für Patente auf Arzneimittel läuft lediglich eine Frist von 15 Jahren.[882] Hier wird in Hinblick auf die Art der Erfindung unterschieden, was eine unzulässige Diskriminierung darstellt. Die Regelung verstößt daher gegen Art. 33 und Art. 27 Abs. 1 TRIPS.

Import- und Verbesserungspatente laufen gem. Art. 37 IPL nur so lange, wie das Hauptpatent.[883] Sowohl Import- als auch Verbesserungspatente werden bereits in Art. 1 Abs. 4 PVÜ als Patentformen anerkannt.[884] Die Registrierung eines ausländischen Patents wird in der Fußnote zu Art. 33 TRIPS gestattet. Danach wird die Frist ab dem Zeitpunkt der Anmeldung bei der ausländischen Stelle gerechnet.[885] Die Besonderheit solcher Patente ist, dass sie im Zeitpunkt der Anmeldung nicht mehr neu sind und daher kein selbstständiges Patent hätte erteilt werden können.[886] Zulässig ist es daher, das Importpatent an die Laufzeit des ursprünglichen Patents

---

881 Vgl. auch *Adams & Adams*, Practical Guide to IP in Africa, S. 122.

882 Vgl. auch WTO Doc. WT/TPR/S/240 v. 20.10.2010, Rn. 121; *Kisusa-Kaimba/Shangalume/Intudi*, in: Campbell (Hrsg.), Legal Aspects of Doing Business in Africa, S. DRC-1 (DRC-18); *Adams & Adams*, Practical Guide to IP in Africa, S. 121.

883 Vgl. auch WTO Doc. WT/TPR/S/240 v. 20.10.2010, Rn. 121; *Adams & Adams*, Practical Guide to IP in Africa, S. 121.

884 A.A. *de Carvalho*, The Trips Regime of Patents and Test Data, Rn. 33.16 Fn. 1134, der meint, Importpatente würden vom TRIPS-Übereinkommen nicht erfasst werden.

885 *de Carvalho*, The Trips Regime of Patents and Test Data, Rn. 33.16.

886 Vgl. bereits in Bezug auf die PVÜ *Bodenhausen*, 4*bis* PVÜ, S. 51.

zu knüpfen.[887] Auch bei Verbesserungspatenten ist es üblich, ihre Laufzeit an die des ursprünglichen Patents zu knüpfen,[888] da auch diese gegenüber der ursprünglichen Erfindung entweder nicht als neu zu bewerten sind oder sie keine erfinderische Tätigkeit aufweisen.[889]

b. Nichtigkeit und Verfall

Schließlich kann ein Patent durch seine Aufhebung beendet werden. Für eine solche Beendigung werden in Art. 38 des Patentgesetzes keinerlei Gründe vorgeschrieben. Die grundlose Rücknahme eines Patents kann als erheblicher Eingriff in die Rechte des Patentinhabers nicht als zulässig erachtet werden.

Der Verfall wird nicht ausdrücklich vorgesehen. Es kann sich aber aus Art. 54 IPL ergeben, dass der Verfall angeordnet wird, wenn ein Patent nicht ausgeübt wird.[890] Unter Beachtung des Art. 2 Abs. 1 TRIPS i.V.m. Art. 5A Abs. 3 PVÜ müsste zunächst eine Zwangslizenz erteilt werden, um den Missbrauch des Patents durch die Nichtausübung zu verhindern. Zudem wird in Art. 55 des Patentgesetzes der Import mit der Nichtausübung gleichgesetzt, was ebenfalls den TRIPS-Vorgaben widerspricht.

7. Zwischenergebnis

Das kongolesische Patentgesetz wurde noch nicht an die Vorgaben des TRIPS-Übereinkommens angepasst. Das Gesetz aus den frühen 1980er Jahren kann den Anforderungen des TRIPS-Übereinkommens nicht gerecht werden.

<u>Defizite:</u>

- Sowohl das Prinzip der Inländerbehandlung als auch das der Meistbegünstigung werden nicht gewahrt.
- Die Ausnahmen vom Patentschutz gehen über das hinaus, was nach den TRIPS-Vorgaben noch zulässig wäre.
- Die Rechte aus dem Patent werden nicht in dem vom TRIPS-Übereinkommen geforderten Umfang gewährt.
- Die Regelungen über den Regierungsgebrauch und die Erteilung einer Zwangslizenz erfüllen nicht die Anforderungen von Art. 31 TRIPS.
- Für Arzneimittel wird ein Patent für lediglich 15 Jahre erteilt.
- Die Rücknahmegründe gehen weiter, als das, was nach den TRIPS-Vorgaben noch zulässig wäre.

---

887 *Bodenhausen*, Art. 4*bis* PVÜ, S. 52.
888 Vgl. dazu auch die Regelung im deutschen Patentgesetz in § 16.
889 Vgl dazu *Ladas*, Patents, Trademarks, and Related Rights, S. 374 ff.
890 Die englische Fassung ist nicht eindeutig, da von „*disqualification*" gesprochen wird. In der französischen Fassungen wird der Begriff „*déchéance*" verwendet, der sich mit „Verfall" übersetzen lässt.

V. Dschibuti: Gesetz zum Schutz des gewerblichen Eigentums von 2009

Die Republik Dschibuti erlangte 1977 als letzte französische Kolonie ihre Unabhängigkeit.[891] Ursprünglich begehrte Dschibuti die Mitgliedschaft in der OAPI,[892] zog ihren Antrag aber wieder zurück, da die OAPI ein Zusammenschluss westafrikanischer Staaten sei und daher den Bedürfnissen Dschibutis nicht gerecht würde.[893] Seit 1995 ist die Republik Mitglied der WTO.[894] Das Gesetz zum Schutz des gewerblichen Eigentums (*Law No. 50/AN/09/6 L on the Protection of Industrial Property* – LPIP) wurde 2009 verabschiedet[895] und dient der Umsetzung des TRIPS-Übereinkommens.[896] Im Mai 2011 wurde es veröffentlicht und ist im November 2011 in Kraft getreten.[897]

1. Inländerbehandlung und Meistbegünstigung

Den Angehörigen der Mitgliedstaaten der PVÜ stehen nach Art. 3 LPIP die Rechte nach dem Gesetz zu. Derselbe Schutz wird Angehörigen von Mitgliedstaaten anderer Verträge zum Schutz des gewerblichen Eigentums gewährt, in denen verlangt wird, Angehörige anderer Staaten nicht schlechter zu behandeln, als die eigenen Staatsangehörigen. Das TRIPS-Übereinkommen als ein Übereinkommen zum Schutz von Immaterialgüterrechten verlangt die Inländerbehandlung. Den Angehörigen der TRIPS-Mitglieder ist daher derselbe Schutz zu gewähren, wie den Angehörigen Dschibutis.

2. Patentfähige Gegenstände

Sowohl Produkte als auch Verfahren sowie die neue Anwendung oder die neue Kombination bekannter Methoden können Erfindungen gem. Art. 21 des Gesetzes sein. Patentierbar sind Erfindungen nach Art. 22 LPIP, wenn sie neu sind, auf einer erfinderischen Tätigkeit beruhen und gewerblich anwendbar sind.

---

891 *Cloatre*, Pills for the Poorest, S. 5 f.

892 So noch in IIC 1996, 422.

893 *Adams*, Information Sources in Patents, S. 153; *Cloatre*, Pills for the Poorest, S. 48 mit Verweis auf ein ehemaliges Mitglied des Handelsministeriums; ebenfalls WTO Doc. WT/TPR/S/305 v. 17.09.2014, Rn. 3.106. Dort heißt es, bis 2001 wäre Dschibuti Mitglied der OAPI gewesen.

894 Siehe dazu die Liste der WTO-Mitgliedstaaten, abrufbar unter: *www.wto.org/english/thewto_e/whatis_e/tif_e/org6_e.htm* (zuletzt 10.03.2017).

895 Abrufbar unter: *www.wipo.int/wipolex/en/* (zuletzt 10.03.2017). Das Gesetz wird ebenfalls von *Cloatre*, Pills for the Poorest, S. 50 unter Verweis auf *WIPO Lex* genannt. Auch bei *Merso*, ICTSD Policy Brief No. 16, June 2013, S. 2 wird das Gesetz herangezogen; ebenfalls in WTO Doc. WT/TPR/S/305 v. 17.09.2014, Rn. 3.108 und *Adams & Adams*, Practical Guide to IP in Africa, S. 132.

896 *Cloatre*, Pills for the Poorest, S. 50. Die Umsetzung war dabei umstritten und stellte sich als kompliziert heraus; vgl. ebd., S. 177.

897 Vgl. Art. 219 des Gesetzes zum Schutz des gewerblichen Eigentums. Bisher wurde kein Umsetzungsakt erlassen; vgl. *Adams & Adams*, Practical Guide to IP in Africa, S. 128 u. 132.

a. Ausschluss der Erfindungseigenschaft

Bloße Entdeckungen, die in der Natur existieren, Substanzen, Materialien oder Organismen sowie ihre Bestandteile werden gem. Art. 26 LPIP nicht als Erfindungen betrachtet. Auch wissenschaftliche Theorien und mathematische Methoden gelten danach nicht als Erfindungen. Der menschliche Körper und die Substanzen, aus denen der menschliche Körper besteht, sowie seiner Elemente, Gensequenzen oder Bestandteile werden ebenfalls nicht als Erfindungen betrachtet und sind daher nicht patentfähig. Durch das Fehlen einer einheitlichen Interpretation einer Erfindung im TRIPS-Übereinkommen, ist es möglich, den Erfindungsbegriff so auszulegen, dass der menschliche Körper sowie seine Bestandteile und insbesondere Gensequenzen nicht unter den Begriff der Erfindung fallen.[898]

Ebenfalls den Erfindungscharakter abgesprochen bekommen im Wesentlichen biologischen Verfahren zur Züchtung von Pflanzen und Tieren. Aus Art. 27 Abs. 3 lit. b) TRIPS ergibt sich, dass diese zwar als Erfindungen zu verstehen sind, auf sie aber keine Patente erteilt werden müssen. Im Ergebnis kann es daher dahin stehen, ob sie als Erfindungen einzustufen sind oder nicht, da nicht verlangt wird, sie zu patentieren.

Weiterhin werden literarische oder künstlerische Arbeiten oder andere ästhetische Kreationen nicht als Erfindungen eingestuft. Ebenso wenig stellen Schemata, Regeln und Methoden, um rein gedankliche Tätigkeiten auszuüben, das Spielen oder die Geschäftstätigkeit Erfindungen dar. Keine Erfindungen sind zudem Computerprogramme sowie die Präsentation von Informationen. Ob das TRIPS-Übereinkommen verlangt, auch Software durch Patente zu schützen, wird unterschiedlich bewertet.[899] Es findet sich weder eine Regelung darüber, Computerprogrammen Patentschutz zu gewähren noch die ausdrückliche Erlaubnis, sie auszuschließen. Teilweise wird daher angenommen, Computerprogramme müssten ebenfalls patentiert werden können, da das TRIPS-Übereinkommen verlangt, alle Bereiche der Technik zu schützen.[900] Liegen die übrigen Schutzvoraussetzungen vor, müssten daher auch

---

898 *Correa*, in: ders./Yusuf (Hrsg.), IP and International Trade, S. 226 (235); *Lamping*, IIC 2014, 679 (684 Rn. 10).

899 Allgemein zur unterschiedlichen Bewertung der Patentierung von Software; vgl. *Samuelson/Davis/Kapor/Reichman*, Colum. L. Rev. 94 (1994) 8, 2308 (2361 ff.); allgemein in Bezug auf Europa vgl. *Hanneman*, in: Meijboom/Prins (Hrsg.), The Law of Information Technology in Europe 1992, S. 69 (insb. 85); *Reichman*, in: Correa/Yusuf (Hrsg.), IP and International Trade, S. 23 (39 f.).

900 *Schiuma*, GRUR Int. 1998, 852 (852 ff.); *Staehelin*, TRIPs, S. 143 f.; *Reichman*, Hastings Comm. & Ent. L.J. 17 (1994–1995) 4, 763 (769); *Bakels/Hugenholtz*, European Parliament, Legal Affairs Series, Working Paper, April 2003, Manusskripts. 12 f.; *Sherman*, in: WIPO (Hrsg.), Standing Committee on the Law of Patents (Hrsg.), 15th Session, WIPO Doc. SCP/15/3 v. 02.09.2010, Annex II, Exclusions from Patentability and Exceptions and Limitations to Patentee's Rights, S. 1 (36).

Patente auf sie erteilt werden können.[901] Fraglich erscheint aber, ob Software als Technik im Sinne des Art. 27 Abs. 1 TRIPS zu verstehen ist.[902] Der Technikcharakter und somit die Fähigkeit, patentiert werden zu können, wird Software als solcher zum Teil abgesprochen.[903] Vielmehr sei sie als bloße mathematische Methode zu betrachten, die nach den TRIPS-Vorgaben nicht patentiert werden muss.[904] Angenommen wird, erst durch das Zusammenspiel mit einem Computer könne von Technik gesprochen werden.[905] Als weiteres Argument gegen den Technikcharakter von Software wird aufgeführt, dass in Art. 10 TRIPS ausdrücklich der Urheberrechtsschutz für Software verlangt wird.[906] Schließlich wird angenommen, es bliebe den Mitgliedstaaten überlassen, über die Patentierung von Computerprogrammen zu entscheiden, da im TRIPS-Übereinkommen der Technikbegriff nicht definiert wird. Wann es sich um eine Erfindung handelt, ist daher von den Mitgliedstaaten selbst zu bestimmen.[907]

b. Keine patentfähigen Gegenstände trotz Erfindungseigenschaft

Das Patentgesetz sieht weiterhin die Möglichkeit vor, bestimmte Erfindungen von der Patentierung auszuschließen. In Art. 27 LPIP heißt es, dass Pflanzen und Tiere, mit der Ausnahme von Mikroorganismen, nicht patentfähig sind, was nach Art. 27 Abs. 3 lit. b) TRIPS zulässig ist. Allerdings fallen nach dem TRIPS-Übereinkommen auch Pflanzensorten unter den Begriff „Pflanze".[908] Der Ausschluss von Pflanzensorten ist zwar ebenfalls zulässig. Es muss aber ein *sui-generis* Schutz eingeführt

---

901 *Reichman*, Hastings Comm. & Ent. L.J. 17 (1994–1995) 4, 763 (769); *ders.*, in: Correa/Yusuf (Hrsg.), IP and International Trade, S. 23 (40).

902 *Neef*, in: Busche/Stoll/Wiebe (Hrsg.), TRIPs, Art. 27, Rn. 33.

903 *Sherman*, in: WIPO (Hrsg.), Standing Committee on the Law of Patents (Hrsg.), 15th Session, WIPO Doc. SCP/15/3 v. 02.09.2010, Annex II, Exclusions from Patentability and Exceptions and Limitations to Patentee's Rights, S. 1 (4); *Hoekman/Kostecki*, The Political Economy of the World Trading System, S. 383.

904 *Sherman*, in: WIPO (Hrsg.), Standing Committee on the Law of Patents (Hrsg.), 15th Session, WIPO Doc. SCP/15/3 v. 02.09.2010, Annex II, Exclusions from Patentability and Exceptions and Limitations to Patentee's Rights, S. 1 (4 f.); *Adelman/Ghosh/Landers/Takenaka*, Global Issues in Patent Law, S. 52 f.

905 *Adelman/Ghosh/Landers/Takenaka*, Global Issues in Patent Law, S. 52, die sich auf Art 52 Abs. 2 EPÜ beziehen.

906 *Reichman*, in: Correa/Yusuf (Hrsg.), IP and International Trade, S. 23 (39); *de Carvalho*, The Trips Regime of Patents and Test Data, Rn. 27.65.

907 *Lamping*, IIC 2014, 679 (684 Rn. 10); *Nwauche*, GRUR Int. 2000, 829 (832); *Reichman*, Hastings Comm. & Ent. L.J. 17 (1994–1995) 4, 763 (767); *Straus*, GRUR Int. 1996, 179 (191); *Bakels/Hugenholtz*, European Parliament, Legal Affairs Series, Working Paper, April 2003, Manusskripts. 13; *Sherman*, in: WIPO (Hrsg.), Standing Committee on the Law of Patents (Hrsg.), 15th Session, WIPO Doc. SCP/15/3 v. 02.09.2010, Annex II, Exclusions from Patentability and Exceptions and Limitations to Patentee's Rights, S. 1 (36).

908 *v. Saint-André/Taşdelen*, in: Busche/Stoll/Wiebe (Hrsg.), TRIPs, Art. 27, Rn. 88.

werden. Ein solches Schutzsystem wird in Dschibuti nicht vorgesehen, weshalb der Ausschluss von Pflanzen gegen die TRIPS-Vorgaben verstößt.

Für diagnostische und chirurgische Methoden sowie therapeutische Behandlungen des menschlichen oder tierischen Körpers werden ebenfalls keine Patente erteilt, was nach Art. 27 Abs. 3 lit. a) TRIPS zulässig ist. Nach Art. 28 LPIP sind Produkte patentierbar, die für die Verfahren verwendet werden. Schließlich ist der Patentschutz solchen Erfindungen zu versagen, deren kommerzielle Ausübung gegen die öffentliche Ordnung oder die guten Sitten verstößt oder die Gesundheit oder das Leben von Menschen, Tieren, Pflanzen oder der Umwelt beeinträchtigen würde. Auch ein solcher Ausschluss ist nach Art. 27 Abs. 2 TRIPS zulässig.

3. *Anmeldebedingungen*

Bei mehreren unabhängigen Anmeldungen wird gem. Art. 16 LPIP demjenigen das Patent erteilt, der nachweisen kann, dass er es als erstes angemeldet hat oder demjenigen, der ein Prioritätsrecht geltend machen kann. Der Anmeldung ist eine Beschreibung beizufügen, in der die Erfindung klar und vollständig offenbart wird, sodass ein Fachmann in der Lage ist, sie auszuführen. Auch sind die genetischen oder biologischen Ressourcen sowie die Art und Weise, auf die sie erlangt wurden, und der Gebrauch von traditionellem Wissen offenzulegen.[909] In Art. 32 des Gesetzes wird geregelt, dass der Antragsteller Informationen über ausländische Patentanmeldungen ebenfalls einzureichen hat. Von der Möglichkeit, die beste Art der Ausführung offenbart zu verlangen, wurde kein Gebrauch gemacht.

4. *Rechte aus dem Patent*

Der Patentinhaber hat nach Art. 51 LPIP das den Vorgaben des Art. 28 Abs. 1 TRIPS entsprechende ausschließliche Recht zur Ausübung des Patents, wobei sich der Schutz eines Verfahrenspatents gem. Art. 52 des Gesetzes auch auf die Produkte erstreckt, die unter Anwendung des Verfahrens gewonnen wurden.

Nach Art. 56 LPIP können die Rechte aus dem Patent entweder vollständig oder teilweise übertragen werden. Es können Lizenzen vergeben werden, die entweder ausschließlich oder nicht ausschließlich sind. Sie müssen schriftlich erteilt werden, was aber keine Einschränkung des Rechteinhabers darstellt.[910]

---

909 Zur Zulässigkeit des Erfordernisses vgl. die Ausführungen zu Burundi unter § 8 B III 5.

910 *de Carvalho*, The Trips Regime of Patents and Test Data, Rn. 28.13; *Gervais*, TRIPS, Art. 28, Rn. 2.381; *UNCTAD-ICTSD*, Resource Book on TRIPS and Development, S. 422.

In Art. 55 LPIP wird die internationale Erschöpfung als Ausnahme vorgesehen. Die Mitgliedstaaten können auf Grund von Art. 6 TRIPS selbst entscheiden, wie sie die Erschöpfung regeln.[911]

5. *Benutzung ohne Zustimmung des Patentinhabers*

a. Regierungsgebrauch aus Gründen der Gesundheitsversorgung

Patente, die auf Medikamente oder auf Verfahren zur Herstellung von Medikamenten erteilt wurden oder auf Produkte, die zur Herstellung der Medikamente benötigt werden oder Verfahren zur Herstellung dieser Produkte, können gem. Art. 67 LPIP von Amts wegen ausgeübt werden, wenn das öffentliche Interesse betroffen ist und die Medikamente der Öffentlichkeit nur in unzureichender Menge oder zu unverhältnismäßig hohen Preisen zur Verfügung stehen. In Situationen, in denen die nationale Sicherheit oder die öffentliche Gesundheit zu schützen sind, soll die Regierung eine ausreichende Menge der Medikamente zu bezahlbaren Preisen importieren, wenn sie nicht in der Lage ist, selbst Generika herzustellen.

Da es den Mitgliedstaaten selbst überlassen bleibt, über die Gründe der Erteilung einer Nutzung ohne Zustimmung des Patentinhabers zu entscheiden und insbesondere Fälle die Nutzung durch die Regierung rechtfertigen, in denen die Gesundheit der Bevölkerung betroffen ist, liegt ein zulässiger Grund vor.[912] Insbesondere kann bei dem Vorliegen von Umständen, die von äußerster Dringlichkeit sind, der Versuch unterbleiben, eine freiwillige Lizenz von dem Patentinhaber zu erhalten. Der Gebrauch von Amts wegen ist in einer Regierungserklärung bekannt zu geben. Über die Erklärung ist der Patentinhaber gem. Art. 68 des Gesetzes zu informieren. Nachdem der Erlass bekannt gegeben wird, kann gem. Art. 69 des Gesetzes jede qualifizierte Person eine Lizenz beantragen. Die Voraussetzungen einer solchen Lizenz sind in einer Verordnung festzulegen. Es sollen besondere Voraussetzungen vereinbart werden, insbesondere in Bezug auf Dauer und Umfang. Auch ist eine Vergütung zwischen den Parteien zu vereinbaren. Fehlt eine solche Einigung, ist sie vom Gericht festzulegen. Die Lizenz darf nicht ausschließlich erteilt werden und sie darf nur mit dem Teil des Unternehmens übertragen werden, in dem sie genutzt wird. Eine Gebühr muss nicht gezahlt werden, wenn die *ex officio* Lizenz für ein Arzneimittel erteilt wurde, das aus einem anderen Staat unter dem System des Art. 31*bis* TRIPS importiert und eine angemessene Vergütung gem. Art. 31 lit. h) TRIPS im Exportstaat bereits gezahlt wurde.

Darüber hinaus wird in Art. 71 des Gesetzes die Möglichkeit vorgesehen, andere Patentinhaber, als die in Art. 67 genannten, zur Ausübung aufzufordern, um die Bedürfnisse der nationalen Wirtschaft zu decken oder wettbewerbswidrige Maßnahmen zu unterbinden. Die Entscheidung muss begründet sein

911 Vgl. z. B. *Pacón*, GRUR Int. 1995, 875 (878).
912 Bestätigt durch WTO Doc. WT/MIN(01)/DEC/2 v. 20.11.2001, Rn. 5.

und der Patentinhaber ist über sie zu informieren. Kommen die Adressaten innerhalb eines Jahres nach Bekanntwerden der Aufforderung nicht nach, wird das Patent von Amts wegen ausgeübt, vgl. Art. 73 des Gesetzes. In einem solchen Fall sind wiederum die Voraussetzungen der Art. 68 bis 70 LPIP zu beachten. Auch bei der Aufforderung Dritter, die Erfindung auszuüben, handelt es sich um eine sonstige Nutzung im Sinne von Art. 31 TRIPS. Neben der nach Art. 31 lit. k) TRIPS ausreichenden Unterrichtung des Patentinhabers im Falle der Unterbindung einer wettbewerbswidrigen Handlung, müsste sich in Bezug auf die Deckung der wirtschaftlichen Bedürfnisse zunächst um sein Einverständnis bemüht werden. Die Regelung entspricht daher nicht vollständig den TRIPS-Voraussetzungen.

b. Regierungsgebrauch aus Gründen der Staatssicherheit

Ein weiterer Fall des Regierungsgebrauchs wird in Art. 75 LPIP vorgesehen. Danach kann ein Präsidialerlass über eine *ex officio* Lizenz erfolgen. In dem Erlass sollen die Voraussetzungen für die Lizenz geregelt werden. Die Lizenz soll in Kraft treten, sobald sie beantragt wird. Fehlt es an einer Einigung zwischen dem Patentinhaber und dem Verteidigungsminister über die Höhe der Vergütung, ist diese von der Zivil- und Handelskammer des erstinstanzlichen Gerichts festzusetzen. Es wird keine Begrenzung der Nutzungserlaubnis vorgesehen, weshalb auch diese Regelung nicht die Voraussetzungen des Art. 31 TRIPS erfüllt.

c. Zwangslizenz

Eine Zwangslizenz kann gem. Art. 60 LPIP drei Jahre nach Patenterteilung oder vier Jahre nach Anmeldung[913] unter den Voraussetzungen der Art. 61 und 62 des Gesetzes beantragt werden.[914] Die Voraussetzungen entsprechen dabei den Anforderungen des Art. 31 TRIPS.[915] Insbesondere wurde das sog. *„Par. 6-System"* integriert, wonach die Beschränkung auf die Versorgung des Binnenmarkts nicht für Arzneimittel besteht, auf die im Importstaat ebenfalls eine Zwangslizenz erteilt wurde.

Zudem wird in Art. 65 des Gesetzes der Fall einer Zwangslizenz in Bezug auf abhängige Patente geregelt. Hier werden die Voraussetzungen des Art. 31 lit. l) TRIPS nicht erfüllt, da dieser verlangt, dass die zweite Erfindung einen wichtigen technischen Fortschritt aufweist, der von wirtschaftlicher Bedeutung ist.

---

913 So auch WTO Doc. WT/TPR/S/305 v. 17.09.2014, Rn. 3.110.

914 Das Gesetz ist an dieser Stelle unvollständig, sowohl in der engl. als auch in der frz. Fassung. Es macht den Eindruck, dass noch weitere Voraussetzungen, auf die der Patentinhaber Einfluss nehmen kann, vorliegen müssten. Diese fehlen aber.

915 Obwohl die Möglichkeit besteht, Zwangslizenzen zu beantragen, wurde bislang keine Zwangslizenz in Dschibuti erteilt; vgl. WTO Doc. WT/TPR/S/305 v. 17.09.2014, Rn. 3.110.

6. Beendigung des Schutzes

a. Ablauf des Patents

Die Schutzdauer beträgt gem. Art. 17 LPIP 20 Jahre gerechnet ab der Anmeldung. Schutzzertifikate, die für Veränderungen oder Verbesserungen der Erfindung gem. Art. 29 des Gesetzes erteilt wurden und dieselbe Wirkung haben, wie das Ursprungspatent, enden mit Ablauf des ursprünglichen Patents.

b. Entzug

In Art. 76 LPIP heißt es, das Patent könne entzogen werden.[916] Der Entzug wird durch einen Erlass des Präsidenten nach der *Decision of March 11, 1969 on Protective Measures* angeordnet. Gründe für den Entzug werden nicht vorgesehen. Die Entscheidung, auf die in Art. 76 des Gesetzes Bezug genommen wird, liegt nicht vor. Auch im TRIPS-Übereinkommen finden sich keine Vorgaben. Lediglich die gerichtliche Überprüfung des Verfalls und des Widerrufs sind vorzusehen. Ein grundloser Entzug wird aber durch das TRIPS-Übereinkommen nicht gedeckt sein. Mangels näherer Angaben über das Vorliegen von Rücknahmegründen kann hier keine abschließende Bewertung vorgenommen werden.

7. Zwischenergebnis

Weitestgehend wurden die Anforderungen des TRIPS-Übereinkommens erfüllt.[917] Allerdings fehlt ein *sui-generis* System zum Schutz von Pflanzensorten. Dschibuti hat auch nicht den Gestaltungsspielraum, den das TRIPS-Übereinkommen offen lässt, vollständig ausgenutzt.[918] Marginale Abweichungen bestehen hinsichtlich der Vereinbarkeit mit den Vorgaben von Art. 31 TRIPS. Beachtet wurde bei der Ausarbeitung aber das sog. „*Par. 6-System*", wonach bei dem Import unter einer Zwangslizenz keine doppelte Vergütung geleistet werden muss. Nicht ersichtlich ist allerdings, ob das Patentgesetz von 2009 bereits Anwendung findet.[919]

---

916 Unklar ist, ob sich die Regelung auf die Nutzung von Amts wegen bezieht, die in Art. 75 des Gesetzes vorgesehen ist, da beide Artikel in dem gemeinsamen Abschnitt über den Regierungsgebrauch stehen. Gegen diese Annahme spricht der Wortlaut der Regelung. Während in Art. 75 des Gesetzes ausdrücklich von *ex officio* Lizenzen gesprochen wird, findet sich in Art. 76 des Gesetzes kein ausdrücklicher Bezug auf eine Lizenz.

917 So auch *Merso*, ICTSD Policy Brief No. 16, June 2013, S. 2.

918 Als Grund dafür wird genannt, dass das Gesetz von nur einer Person ausgearbeitet wurde und zuvor kein Rechtsschutz für das gewerbliche Eigentum bestand; vgl. *Cloatre*, Pills for the Poorest, S. 49/50; *dies.*, Social & Legal Studies 17 (2008) 2, 263 (268).

919 *Adams & Adams*, Practical Guide to IP in Africa, S. 132. 2013 wurden 3 Patente beantragt, von denen keines erteilt wurde; vgl. WIPO IP Statistics Data Center, abrufbar unter: *ipstats.wipo.int/ipstatv2/editIpsSearchForm.htm?tab=patent* (zuletzt 10.03.2017).

VI. Gambia: Gesetz zum gewerblichen Eigentum von 1989

Als ehemalige britische Kolonie, die 1965 ihre Unabhängigkeit erlangte,[920] folgt die Republik Gambia der Common Law Tradition.[921] Gambia ist Mitglied der ARIPO und seit 1996 Mitglied der WTO.[922]

Der *Industrial Property Code 1989* (IPC 1989)[923] wurde 1989 erlassen und trat am 2. April 2007 in Kraft.[924] Durch den Erlass des Gesetzes wurden die noch aus der Kolonialzeit stammenden Gesetze zur Registrierung von Patenten, Designs und Marken des Vereinigten Königreichs aufgehoben.[925] 2010 wurden die *Industrial Property Regulations* (IPR 2010) erlassen, die am 1. Januar 2011 in Kraft getreten sind.[926]

1. Inländerbehandlung und Meistbegünstigung

An ausdrücklichen Regelungen über die Rechtsstellung von Ausländern fehlt es. Allerdings muss sich ein Patentanmelder, der keinen Wohn- oder Geschäftssitz in Gambia hat, durch einen Rechtsbeistand vertreten lassen. In der Regel sind es ausländische Patentanmelder, die nicht in Gambia residieren. Sie werden mit der Regelung gegenüber Inländern benachteiligt. In dem Erfordernis ist daher ein Verstoß gegen das Prinzip der Inländerbehandlung zu sehen.[927]

2. Patentfähige Gegenstände

Patente werden gem. Art. 3 Abs. 1 IPC 1989 zum Schutz von Erfindungen erteilt. Erfindungen werden definiert als Ideen eines Erfinders, die die praktische Lösung zu einem bestimmten Problem im Bereich der Technik darstellen. Dabei kann es sich sowohl um ein Erzeugnis als auch um ein Verfahren handeln. Patentfähig ist eine Erfindung nach Art. 4 IPC 1989, wenn sie neu ist, auf einer erfinderischen Tätigkeit beruht und gewerblich anwendbar ist.[928]

---

920 *Blaustein/Sigler/Beede*, Independence Documents of the World, S. 237 f.

921 *Ntampaka*, Introduction aux systèmes juridiques africains, S. 7.

922 Siehe dazu die Liste der WTO-Mitgliedstaaten, abrufbar unter: *www.wto.org/english/thewto_e/whatis_e/tif_e/org6_e.htm* (zuletzt 10.03.2017); vgl. auch *Adams & Adams*, Practical Guide to IP in Africa, S. 186.

923 Das Gesetz weist große Ähnlichkeit zu dem Gesetz von Lesotho auf.

924 Vgl. WTO Doc. WT/TPR/S/233 v. 10.08.2010, Rn. 90. Dort wird ein Gesetz von 1999 und 2005 genannt, das aber auch am 2. April 2007 in Kraft getreten sein soll. Das Gesetz von 1989 wird ebenfalls genannt bei *Mgbeoji*, in: Gervais (Hrsg.), IP, Trade and Development, S. 180 (196).

925 WTO Doc. WT/TPR/S/233 v. 10.08.2010, Rn. 90 f.; *Zikonda*, Lesotho L. J. 4 (1988) 1, 1 (2 f.).

926 Sowohl das Gesetz als auch die Umsetzungsverordnung werden auch bei *Adams & Adams*, Practical Guide to IP in Africa, S. 186 genannt.

927 *Lüers*, in: Busche/Stoll/Wiebe (Hrsg.), TRIPs, Art. 3, Rn. 13; *Rott*, Patentrecht und Sozialpolitik, S. 182.

928 Vgl. auch *Adams & Adams*, Practical Guide to IP in Africa, S. 187.

In Art. 3 Abs. 3 IPC 1989 werden Entdeckungen ausgeschlossen sowie wissenschaftliche Theorien und mathematische Methoden, Pflanzensorten und Tierarten sowie im Wesentlichen biologische Verfahren zur Pflanzen- oder Tierzucht, mit der Ausnahme von mikrobiologischen Verfahren und daraus entstehenden Produkten. Schemata, Geschäftsregeln und -methoden, die Ausübung rein gedanklicher Tätigkeit und das Spielen werden ebenfalls nicht patentiert. Ebenso wenig können Methoden zur Behandlung des menschlichen oder tierischen Körpers durch Operationen oder Therapien sowie diagnostische Methoden, die an Menschen oder Tieren vorgenommen werden, mit der Ausnahme von Produkten, die dabei gebraucht werden, patentiert werden.[929] Ein Schutz *sui-generis* für Pflanzensorten existiert nicht. Es liegt somit ein Widerspruch zu Art. 27 Abs. 3 lit. b) TRIPS vor.

Weiterhin können keine Erfindungen patentiert werden, die gegen die öffentliche Ordnung und die guten Sitten verstoßen. Auch hierin liegt ein Verstoß gegen die TRIPS-Vorgaben, da in Art. 27 Abs. 2 TRIPS nur erlaubt wird, die Schutzfähigkeit auszuschließen, wenn die gewerbliche Verwertung einen Verstoß gegen die öffentliche Ordnung oder guten Sitten darstellt.

3. Anmeldebedingungen

Bei mehreren identischen Anmeldungen, wird gem. Art. 5 Abs. 3 IPC 1989 demjenigen das Patent erteilt, der es zuerst angemeldet hat. Auch wird ein in Art. 8 IPC 1989 geregeltes Prioritätsrecht anerkannt.[930] In der Anmeldung ist die Erfindung so klar und vollständig zu offenbaren, dass ein Fachmann sie ausführen kann. Zumindest eine Art der Ausführung ist zu benennen, wobei nicht die beste Art gefordert wird. In Art. 10 IPR 2010 werden die Anforderungen an die Beschreibung konkretisiert. Nach Art. 9 IPC 1989 und Art. 15 IPR 2010 hat der Anmelder auf Nachfrage das Datum und die Anzahl von Patentanmeldungen, die er im Ausland gemacht hat, innerhalb von drei Monaten mitzuteilen.

4. Rechte aus dem Patent

Die Ausübung durch einen anderen als den Patentinhaber bedarf gem. Art. 12 IPC 1989 der Erlaubnis des Patentinhabers und entspricht den Vorgaben des Art. 28 Abs. 1 TRIPS. Für ein von der ARIPO erteiltes Patent gelten gem. Art. 12 Abs. 5 des Gesetzes dieselben Rechte.

a. Übertragung

Die Rechte aus dem Patent können gem. Art. 5 Abs. 4 des Gesetzes rechtsgeschäftlich oder durch Rechtsnachfolge übertragen werden. Jede Änderung der Inhaberschaft muss gem. Art. 37 Abs. 1 des Gesetzes schriftlich erfolgen und es kann die

929 Vgl. auch *Adams & Adams*, Practical Guide to IP in Africa, S. 187.
930 Vgl. auch *Adams & Adams*, Practical Guide to IP in Africa, S. 188.

Hinterlegung in einem Register gefordert werden.[931] Der Übertragung der Inhaberschaft muss der Minister gem. Art. 37 Abs. 2 IPC 1989 zuvor zustimmen. Durch das Zustimmungserfordernis könnte der Patentinhaber in seinen Rechten aus Art. 28 Abs. 2 TRIPS unzulässig eingeschränkt werden.[932] Bloße Schriftform- oder Registrierungserfordernisse stellen grundsätzlich keine Einschränkung des Patentinhabers dar.[933] Wird die Übertragung allerdings von der Zustimmung einer Behörde abhängig gemacht, wird darin bereits eine Beeinträchtigung gesehen.[934] Nur wenn durch die Überprüfung ein Missbrauch unterbunden werden soll, kann sie zulässig sein.[935] Im Patentgesetz Gambias wird offen gelassen, unter welchen Voraussetzungen die Zustimmung erteilt oder versagt werden kann. Darin ist eine unzulässige Einschränkung des Patentinhabers zu sehen. Die Vorschrift verstößt daher gegen Art. 28 Abs. 2 TRIPS.

Handelt es sich bei der Übertragung um einen Lizenzvertrag, ist dieser gem. Art. 37 Abs. 5 des Gesetzes zu registrieren und kann ebenfalls durch den Minister überprüft werden. Ist der Minister der Auffassung, der Vertrag enthalte unangemessene Klauseln, die dem wirtschaftlichen Interesse Gambias entgegenstehen, kann er die Vertragsparteien zur Änderung auffordern.[936] Sollten die Parteien der Aufforderung nicht nachkommen, ist der Vertrag für nichtig zu erklären. Auch darin könnte eine Einschränkung des Patentinhabers gesehen werden, da die Möglichkeit, sein Recht zu übertragen, von der Bedingung abhängig gemacht wird, dass sie einer Kontrolle standhält.[937] Dieser Annahme kann aber entgegen gehalten werden, dass eine Kontrolle zulässig sein muss, um den Missbrauch von ausschließlichen Nutzungsrechten zu gewährleisten.[938] Nur wenn der Patentinhaber unzulässig in seinen Rechten eingeschränkt wird, verstößt die Regelung gegen Art. 28 Abs. 2

931 Vgl. auch *Adams & Adams*, Practical Guide to IP in Africa, S. 189.

932 *v. Saint-André/Taşdelen*, in: Busche/Stoll/Wiebe (Hrsg.), TRIPs, Art. 28, Rn. 6; *de Carvalho*, The Trips Regime of Patents and Test Data, Rn. 28.13; *Gervais*, TRIPS, Art. 28, Rn. 2.381. Diese beziehen sich zwar auf Lizenzverträge. Allerdings muss dasselbe auch in Hinblick auf die Übertragung gelten, da auch diese nach dem TRIPS-Übereinkommen allein Sache des Patentinhabers ist.

933 *UNCTAD-ICTSD*, Resource Book on TRIPS and Development, S. 422.

934 *de Carvalho*, The Trips Regime of Patents and Test Data, Rn. 28.13; *v. Saint-André/Taşdelen*, in: Busche/Stoll/Wiebe (Hrsg.), TRIPs, Art. 28, Rn. 6.

935 *de Carvalho*, The Trips Regime of Patents and Test Data, Rn. 28.13; *v. Saint-André/Taşdelen*, in: Busche/Stoll/Wiebe (Hrsg.), TRIPs, Art. 28, Rn. 6; *Correa*, TRIPS, S. 300.

936 Eine exemplarische Auflistung von solchen unangemessenen Klauseln enthält Art. 37 Abs. 7 IPC 1989.

937 *v. Saint-André/Taşdelen*, in: Busche/Stoll/Wiebe (Hrsg.), TRIPs, Art. 28, Rn. 6; *de Carvalho*, The Trips Regime of Patents and Test Data, Rn. 28.13; *Gervais*, TRIPS, Art. 28, Rn. 2.381.

938 *de Carvalho*, The Trips Regime of Patents and Test Data, Rn. 28.13; *v. Saint-André/Taşdelen*, in: Busche/Stoll/Wiebe (Hrsg.), TRIPs, Art. 28, Rn. 6; *Correa*, TRIPS, S. 300.

TRIPS.[939] Stellt der Patentinhaber Vertragsbedingungen, mit denen die wirtschaftlichen Interessen Gambias gefährdet werden, missbraucht der Patentinhaber seine Rechtsposition. Eine Überprüfung hinsichtlich derartiger Vertragsklauseln stellt daher keine Einschränkung des Patentinhabers dar.

b. Ausnahmen von den Rechten aus dem Patent

Es gilt gem. Art. 12 Abs. 4 IPC 1989 das Prinzip der nationalen Erschöpfung. Auch erstrecken sich die Rechte des Patentinhabers nicht auf Handlungen in Bezug auf Produkte, die an Bord eines ausländischen Flugzeugs, Landfahrzeugs oder Schiffs genutzt werden, und die sich nur vorrübergehend oder zufällig im Staatsgebiet Gambias befinden.

5. Benutzung ohne Zustimmung des Patentinhabers

Nach Art. 12 Abs. 6 IPC 1989 ist der Regierungsgebrauch zulässig. Danach kann der Minister entscheiden, dass die Erfindung durch die Regierung oder einen durch sie ermächtigten Dritten ausgeübt werden kann, wenn das öffentliche Interesse dies erfordert, insbesondere in Fällen, in denen die nationalen Sicherheit, die Ernährung, die Gesundheit oder die Entwicklung eines lebensnotwendigen Wirtschaftssektors betroffen ist.[940] Dabei ist dem Patentinhaber eine angemessene Vergütung zu zahlen. Zwar wird dem Patentinhaber in Art. 22 Abs. 1 IPR die Möglichkeit zur Stellungnahme gegeben. Die übrigen Voraussetzungen des Art. 31 TRIPS werden aber nicht erfüllt.

Weiterhin kann gem. Art. 14 Abs. 1 IPC vier Jahre nach Anmeldung oder drei Jahre nach Erteilung des Patents eine Zwangslizenz beantragt werden. Eine Zwangslizenz wird erteilt, wenn die Erfindung nicht oder nur unzureichend in Gambia ausgeübt wird und der Patentinhaber keine Gründe nennen kann, die seine Nichtausübung rechtfertigen.[941] Die Regelung über die Erteilung von Zwangslizenzen entspricht nicht den Anforderungen des Art. 31 TRIPS. Eine bloße Unterrichtung des Patentinhabers ist in den Fällen, in denen eine Zwangslizenz wegen unzureichender Ausübung erteilt wird, nicht ausreichend. Vielmehr müsste sich der Antragsteller zunächst um den Erhalt einer freiwilligen Lizenz bemühen. Es fehlt zudem eine Regelung darüber, Dauer und Umfang der Lizenz zu begrenzen.

6. Beendigung des Schutzes

a. Ablauf des Patents

Ein Patent wird nach Art. 13 Abs. 1 IPC 1989 für 15 Jahre erteilt und kann gem. Art. 13 Abs. 2 des Gesetzes um weitere fünf Jahre verlängert werden.[942] Insgesamt

---

939 *Gervais*, TRIPS, Art. 28, Rn. 2.381.
940 Vgl. auch *Adams & Adams*, Practical Guide to IP in Africa, S. 190.
941 Vgl. auch *Adams & Adams*, Practical Guide to IP in Africa, S. 189.
942 Vgl. auch *Adams & Adams*, Practical Guide to IP in Africa, S. 189.

ist es daher möglich, einen zwanzigjährigen Schutz zu erhalten. Art. 33 TRIPS beinhaltet aber eine Mindestfrist.[943] Der Patentanmelder muss bereits bei der Anmeldung davon ausgehen können, eine zwanzigjährige Schutzfrist zu erhalten.[944] Die Regelung steht daher im Widerspruch zu Art. 33 TRIPS.

b. Nichtigkeit

Jedermann kann beantragen, ein Patent für nichtig erklären zu lassen. Ein Patent wird dann für nichtig erklärt, wenn die Erfindung nicht hätte patentiert werden können, die Anmeldung unvollständig war oder der Anmelder nicht der Inhaber der Erfindung ist.[945] In den genannten Fällen wäre bereits die Patenterteilung ausgeschlossen, weshalb auch die Rücknahme des Patents möglich ist.

7. Zwischenergebnis

Der IPC 1989 erfüllt nur in Teilen die Anforderungen des TRIPS-Übereinkommens.[946]

Defizite:

- Das Prinzip der Inländerbehandlung wird nicht gewahrt.
- Die Ausnahmen vom Patentschutz gehen über das hinaus, was nach den TRIPS-Vorgaben noch zulässig ist.
- An die Übertragung eines Patents werden unzulässige Anforderungen gestellt.
- Die Anforderungen von Art. 31 TRIPS werden nicht erfüllt.
- Ein Patent wird für nur 15 Jahre erteilt.

VII. Haiti: Patentgesetz von 1922

Haiti erlangte bereits 1804 ihre Unabhängigkeit von Frankreich.[947] Die Republik ist bereits 1950 dem GATT beigetreten[948] und ist seit 1996 Mitglied der WTO.[949] Das

---

943 *UNCTAD-ICTSD*, Resource Book on TRIPS and Development, S. 424.

944 *Canada – Term of Patent Protection*, Report of the Appellate Body, WTO Doc. WT/DS170/AB/R v. 18.09.2000, Rn. 92; *UNCTAD-ICTSD*, Resource Book on TRIPS and Development, S. 426.

945 Vgl. auch *Adams & Adams*, Practical Guide to IP in Africa, S. 189.

946 Angenommen wird teilweise auch, in weiten Teilen sei das Gesetz mit den TRIPS-Vorgaben vereinbar; vgl. *Mgbeoji*, in: Gervais (Hrsg.), IP, Trade and Development, S. 180 (197) und *Merso*, ICTSD Policy Brief No. 16, June 2013, S. 2. Kritisiert wird, die Übergangsfrist werde nicht genutzt, da bspw. Patente auf Arzneimittel erhältlich sind; vgl. *Adusei*, Patenting of Pharmaceuticals and Development in Sub-Saharan Africa, S. 92.

947 *Blaustein/Sigler/Beede*, Independence Documents of the World, S. 317 f.; *Nesbitt*, in: Polyné (Hrsg.), The Idea of Haiti, S. 3.

948 *Hawthorne*, LDC and the WTO, S. 70.

949 Siehe dazu die Liste der WTO-Mitgliedstaaten, abrufbar unter: *www.wto.org/english/thewto_e/whatis_e/tif_e/org6_e.htm* (zuletzt 10.03.2017).

Patentrecht Haitis wird geregelt durch das *Loi des brevets d'invention, brevets de dessins et modèles industriels du 14 décembre 1922.*[950] Neben dem nationalen Patentgesetz gelten für Haiti als Mitglied der Karibischen Gemeinschaft (CARICOM) aber auch Investitionsschutzverträge, die die CARICOM mit anderen Staaten abgeschlossen hat. 1998 wurde ein Abkommen mit der Dominikanischen Republik geschlossen, das unter anderem den Schutz des geistigen Eigentums regelt.[951] Darin verpflichten sich die Vertragsparteien, ein Abkommen zum Schutz des geistigen Eigentums auszuarbeiten. Bis zur Annahme eines solchen Abkommens sollen die Regelungen des TRIPS-Übereinkommens zwischen den CARICOM-Mitgliedstaaten und der Dominikanischen Republik Anwendung finden. Solange die Übergangsfrist läuft, ist Haiti daher auch nicht gegenüber der Dominikanischen Republik verpflichtet, einen dem TRIPS-Übereinkommen entsprechenden Schutz zu gewährleisten. Auch ist nicht ersichtlich, dass bereits ein Abkommen zum Schutz des geistigen Eigentums ausgearbeitet wurde.

Eine entsprechende Regelung findet sich auch in dem 2000 abgeschlossenen Abkommen zwischen der CARICOM und Kuba.[952] Zu diesem wurde bereits ein erstes Änderungsprotokoll verfasst, in dem es heißt, die Vertragsparteien hätten sich auf ein Abkommen zum Schutz des geistigen Eigentums geeinigt. Im Anhang des Protokolls ist ein solches Abkommen nicht zu finden, weshalb davon auszugehen ist, dass ein solches noch nicht in Kraft getreten ist.

Umfassendere Regelungen zum Schutz des geistigen Eigentums finden sich aber in dem 2008 abgeschlossenen Abkommen zwischen der CARIFORUM[953] und der EU.[954] Darin verpflichten sich die Vertragsstaaten dazu, effektiven Schutz des geistigen Eigentums zu gewährleisten, wobei Art. 8 TRIPS zu berücksichtigen und ein Ausgleich zwischen den Rechten des Rechteinhabers und den Interessen der Öffentlichkeit zu schaffen ist. In Art. 147 des Abkommens verpflichten sich die Vertragsparteien, weiteren Patentübereinkommen beizutreten. Auch verpflichten sich

---

950 Vgl. auch *Richard/Latortue*, A Statement of the Laws of Haiti, S. 72; WTO Doc. IP/N/1/HTI/1 v. 12.11.1999. Das Patentrecht kann in Teilen mit dem französischen Patentgesetz von 1844 verglichen werden, wobei letzteres weitreichendere Regelungen enthielt.

951 *Agreement Establishing the Free Trade Area between the Caribbean Community and the Dominican Republic.*

952 *Trade and Economic Co-operation Agreement between the Caribbean Community and the Government of Cuba*; vgl. WTO Doc. WT/TPR/S/99/Rev.1 v. 07.10.2003, Rn. 51.

953 *The Caribbean Forum of African, Caribbean and Pacific (ACP) States.* Der Zusammenschluss umfasst die karibischen AKP-Staaten, dessen einziger WTO-Mitgliedstaat, der zu der Gruppe der LDC zählt, Haiti ist.

954 So auch *Peukert*, in: Dann/Kadelbach/Kaltenborn (Hrsg.), Entwicklung und Recht, S. 189 (206); *Drexl*, in: MünchKomm BGB, Internationales Immaterialgüterrecht, Rn. 119. Beide verweisen darauf, dass insbesondere die Durchsetzungsregelungen über das vom TRIPS-Übereinkommen geforderte Mindestmaß hinausgehen.

die Parteien, das Änderungsprotokoll zum TRIPS-Übereinkommen anzunehmen. Die Verpflichtungen aus dem Abkommen waren gem. Art. 139 Abs. 4 des Abkommens bis zum 1. Januar 2014 umzusetzen, wobei es den Vertragsstaaten offenstand, in welcher Form sie die Implementierung vornehmen. Eine Ausnahme von der Verpflichtung ist in Art. 140 des Abkommens in Bezug auf die LDC geregelt. Darin heißt es, dass die TRIPS-Vorgaben nur in der durch die Entscheidungen des TRIPS-Rats und des Allgemeinen Rates der WTO vorgegeben Zeit umzusetzen sind. Auch wird klargestellt, dass die Verpflichtung, weiteren Patentübereinkommen beizutreten, nicht vor dem 1. Januar 2021 besteht. Haiti wird daher nicht verpflichtet, bereits vor Ablauf der Übergangsfrist die TRIPS-Vorgaben umzusetzen und weiteren Abkommen beizutreten.

1. *Inländerbehandlung und Meistbegünstigung*

Sowohl Haitianer als auch Ausländer können Patente nach den Vorgaben des haitianischen Patentgesetzes erhalten.[955] Dem Grundsatz der Inländerbehandlung wird dadurch genügt.[956]

2. *Patentfähige Gegenstände*

Der Erfinder einer neuen Entdeckung oder einer Erfindung auf einem industriellen Gebiet hat gem. Art. 1 des Patentgesetzes das ausschließliche Recht zur Ausübung, das durch ein Patent gesichert wird.[957] Unter einen Erfindung ist nach Art. 2 des Gesetzes ein neues System zur Herstellung eines neuen industriellen Produkts, eine neue Maschine oder ein mechanisches oder manuell zu bedienendes Gerät, das der Herstellung des Produkts dient, die Entdeckung eines neuen industriellen Produkts, die Anwendung bekannter Mittel, um bessere Ergebnisse erzielen zu können sowie alle neuen, ursprünglichen und schmückende Designs eines industriellen Produkts zu verstehen.[958] Verfahren zur Herstellung neuer Produkte werden als Erfindungen geschützt. Auch die Entdeckung neuer Erzeugnisse kann durch ein Patent geschützt werden. Nicht als schützenswert betrachtet wird aber ein durch ein Verfahren geschaffenes Erzeugnis.

a. Schutzvoraussetzungen

Wann es sich um ein neues Produkt handelt, kann Art. 3 des Patentgesetzes entnommen werden.[959] Der Schutz erstreckt sich nur auf die Herstellung oder die Entdeckung von industriellen Produkten. Hierin kann zumindest das Erfordernis der

955 So auch *Richard/Latortue*, A Statement of the Laws of Haiti, S. 72.
956 Vgl. WTO Doc. IP/N/1/HTI/1 v. 12.11.1999.
957 Vgl. auch *Richard/Latortue*, A Statement of the Laws of Haiti, S. 72.
958 Vgl. auch *Richard/Latortue*, A Statement of the Laws of Haiti, S. 72; WTO Doc. WT/TPR/S/99/Rev.1 v. 07.10.2003, Rn. 90.
959 So auch WTO Doc. WT/TPR/S/99/Rev.1 v. 07.10.2003, Rn. 91.

gewerblichen Anwendbarkeit gesehen werden. Allerdings fehlt eine Bestimmung darüber, dass die Erfindung auch auf einer erfinderischen Tätigkeit beruhen muss.[960] Insbesondere bei der bloßen Entdeckung eines neuen Erzeugnisses ist es schwierig, das Vorliegen einer erfinderischen Tätigkeit zu verlangen, da der Begriff der Entdeckung gerade nicht eine bestimmte geistige Hürde voraussetzt. Fraglich ist, ob nach Art. 27 Abs. 1 TRIPS Patente nur erteilt werden dürfen, wenn alle dort genannten Voraussetzungen erfüllt werden. Dieser Annahme kann entgegen gehalten werden, das TRIPS-Übereinkommen setze nur Mindeststandards. Die Mitgliedstaaten sind demnach nur verpflichtet, Patente für Erfindungen zu erteilen. Ob sie Patente auch für Entdeckungen erteilen, dürfen sie selbst entscheiden.[961] Allerdings darf gem. Art. 1 Abs. 1 S. 2 TRIPS kein Widerspruch zu den übrigen TRIPS-Vorgaben dadurch entstehen, dass die Mitgliedstaaten einen höheren Schutz regeln, als vom TRIPS-Übereinkommen verlangt wird.[962] Es könnte hierin aber ein Widerspruch zu den Zielen des TRIPS-Übereinkommens liegen, die technische Innovation zu fördern. Wird ein innovatives Tätigwerden nicht gefordert, wird einerseits kein Anreiz zur Innovation geschaffen, andererseits aber durch die Erteilung eines ausschließlichen Nutzungsrechts das Interesse der Allgemeinheit auf Nutzung des Wissens eingeschränkt. Teilweise wird daher sogar ein erheblicher technischer Fortschritt gefordert, um die Erteilung eines ausschließlichen Nutzungsrechts rechtfertigen zu können.[963] Da ein Patent die Gegenleistung für die Offenbarung neuer Technologien darstellen soll, kann es daher nicht gerechtfertigt werden, ein Patent auf eine bloße Entdeckung zu erteilen.[964] In vielen Jurisdiktionen werden Gebrauchsmuster als sog. „kleine Patente“[965] anerkannt, an deren Erhalt niedrigere Hürden gesetzt werden.[966] Entscheidend ist aber, dass für solche Patente, die nicht für eine neue Erfindung, die auf einer erfinderischen Tätigkeit beruht und gewerblich anwendbar ist, die übrigen TRIPS-Voraussetzungen keine Anwendung finden, da sie außerhalb dessen liegen, was von Art. 27 Abs. 1 TRIPS verlangt wird.[967]

---

960 Auch im französischen Patentgesetz von 1844 war die erfinderische Tätigkeit keine Patentierungsvoraussetzung; vgl. dazu *Mousseron*, GRUR Int. 1975, 415 (418); *Czekay*, Der Schutzbereich des Patents, S. 148.

961 *Neef*, in: Busche/Stoll/Wiebe (Hrsg.), TRIPs, Art. 27, Rn. 14.

962 *de Carvalho*, The Trips Regime of Patents and Test Data, Rn. 8.72; *Neef*, in: Busche/Stoll/Wiebe (Hrsg.), TRIPs, Art. 27, Rn. 3.

963 Ebenfalls *Neef*, in: Busche/Stoll/Wiebe (Hrsg.), TRIPs, Art. 27, Rn. 43.

964 Zu den Patentrechtstheorien bspw. *Schneider*, Das Europäische Patentsystem, S. 111.

965 Vgl. *Pahlow*, WRP 2007, 739.

966 Dabei gibt es keinen internationalen Standard. In einigen Staaten genügt es bereits, dass die Erfindung neu ist; vgl. *Gómez Segade*, IIC 2008, 135.

967 *de Carvalho*, The Trips Regime of Patents and Test Data, Rn. 27.83. Im TRIPS-Übereinkommen finden sich keine Regelungen zu Gebrauchsmustern. Diese sind aber in Art. 1 Abs. 2 PVÜ als Gegenstand des gewerblichen Eigentums anerkannt; vgl. dazu auch *Grosse Ruse-Khan*, MPI Intellectual Property and Competition Law

Nicht ausgeschlossen wird es aber, Patente auf solche Erfindungen zu erteilen, die ebenfalls die Voraussetzung der erfinderischen Tätigkeit erfüllen. In Bezug auf diese müssen die TRIPS-Vorgaben weiterhin beachtet werden.

b. Keine patentfähigen Gegenstände

Ausgeschlossen werden nach Art. 3 des Patentgesetzes Erfindungen, die im Widerspruch zu einem Gesetz oder den guten Sitten stehen.[968] Hierin liegt ein Verstoß gegen die Vorgabe des Art. 27 Abs. 2 TRIPS.[969]

3. *Anmeldebedingungen*

Dem Antrag auf Patenterteilung sind eine Beschreibung der Entdeckung oder Erfindung in französischer Sprache, Zeichnungen, Pläne sowie Muster oder Modelle beizufügen. Die beste Art der Ausführung muss dabei nicht offenbart werden. Ein Prioritätsrecht wird nicht vorgesehen, obwohl Haiti seit 1958 Mitglied der PVÜ ist.

4. *Rechte aus dem Patent*

Der Patentinhaber hat gem. Art. 9 Patentgesetz während der Laufzeit des Patents das Recht, Änderungen, Verbesserungen und Ergänzungen vorzunehmen. Auch hat er das ausschließliche Recht, das Produkt herzustellen oder die Mittel zu gebrauchen, die der Herstellung des Produkts dienen. Die Vornahme dieser Handlung durch einen unberechtigten Dritten stellt gem. Art. 23 und Art. 25 des Gesetzes eine mit Geld- oder Freiheitsstrafe zu ahndende Gefährdung dar. Auch der Verkauf oder das Angebot zum Verkauf eines solchen gefälschten Produkts verletzt die Rechte des Patentinhabers.[970] Vom TRIPS-Übereinkommen wird gefordert, dass der Patentinhaber Dritte von der Nutzung ausschließen darf. Ein solches Recht wird in dem haitianischen Patentgesetz nicht deutlich, da lediglich von einer Strafe gesprochen wird, die nicht von dem Patentinhaber zu verhängen ist. Dennoch ist dem Patentinhaber damit die Möglichkeit gegeben, eine von ihm nicht autorisierte Nutzung anzuzeigen und dadurch Dritte an der Verwertung zu hindern.

Art. 28 Abs. 1 TRIPS verlangt darüber hinaus, dass der Patentinhaber Dritte von der Einfuhr der patentierten Erfindung ausschließen kann. Dieses Recht wird vom haitianischen Patentgesetz nicht vorgesehen.

Research Paper No. 12–10, 2012, S. 2. Bspw. kann daher die Schutzdauer von der in Art. 33 TRIPS geforderten abweichen; vgl. § 23 dt. GebrMG, wonach lediglich 10 Jahre Schutz gewährt wird.

968 So auch WTO Doc. WT/TPR/S/99/Rev.1 v. 07.10.2003, Rn. 91; *Richard/Latortue*, A Statement of the Laws of Haiti, S. 72.

969 Vgl. *UNCTAD-ICTSD*, Resource Book on TRIPS and Development, S. 377.

970 So auch WTO Doc. WT/TPR/S/99/Rev.1 v. 07.10.2003, Rn. 91.

Nach Art. 10 Patentgesetz kann jeder Patentinhaber sein komplettes Eigentum an dem Patent oder Teile davon übertragen. Dabei muss sowohl die unentgeltliche als auch die entgeltliche Übertragung notariell beurkundet werden. Als reine formelle Anforderung, die keine Prüfung der Übertragung darstellt, stellt das Erfordernis keine Verletzung des Art. 28 Abs. 2 TRIPS dar.[971]

5. Beendigung des Schutzes

a. Ablauf des Patents

Die Laufzeit eines Patents beträgt gem. Art. 4 Patentgesetz entweder 5, 10 oder 20 Jahre, gerechnet ab dem Zeitpunkt der Erteilung.[972] Eine zwanzigjährige Schutzfrist kann durch die Zahlung der höchsten Anmeldegebühr in Höhe von 100 Dollar beantragt werden.[973] Die Möglichkeit, ein zwanzigjähriges Patent zu erhalten, ist daher gegeben und bei der entsprechenden Zahlungsbereitschaft kann der Patentanmelder bereits bei der Anmeldung erkennen, dass er einen zwanzigjährigen Schutz genießt. Zudem wird der Schutz ab dem Zeitpunkt der Patenterteilung gerechnet und nicht bereits ab dem Zeitpunkt der Anmeldung.

b. Nichtigkeit

Nach Art. 16 Patentgesetz ist ein Patent nichtig, wenn zum einen die Entdeckung oder die Erfindung oder ihre Anwendung in Haiti nicht neu ist. Oder zum anderen die Entdeckung, Erfindung oder ihre Anwendung nach den Voraussetzungen des Art. 3 Patentgesetz nicht geeignet ist, patentiert zu werden. Zudem ist das Patent nichtig, wenn in der Anmeldung ein anderes Objekt genannt wurde, als die eigentliche Erfindung oder wenn die beigefügte Erklärung nicht geeignet ist, die Erfindung zu beschreiben oder wenn sie nicht in vollständiger und redlicher Weise die Mittel des Erfinders aufzeigt. Zweiffelos kann zumindest dann, wenn ein Patent gar nicht erst hätte erteilt werden dürfen, das Patent zurückgenommen werden. Darüber hinaus kann nach dem haitianischen Gesetz das Patent für nichtig erklärt werden, wenn die Entdeckung, die Erfindung oder ihre Anwendung im Widerspruch zur öffentlichen Sicherheit, den Gesetzen oder den guten Sitten steht. Ein solcher Widerspruch kann nicht zu einem Ausschluss führen, weshalb er keinen Nichtigkeitsgrund darstellen kann.[974] Die Anforderung des Art. 5A Abs. 3 PVÜ, den

---

971 *de Carvalho*, The Trips Regime of Patents and Test Data, Rn. 28.13; *Gervais*, TRIPS, Art. 28, Rn. 2.381.

972 Vgl. auch *Richard/Latortue*, A Statement of the Laws of Haiti, S. 72; WTO Doc. WT/TPR/S/99/Rev.1 v. 07.10.2003, Rn. 91.

973 Vgl. auch *Richard/Latortue*, A Statement of the Laws of Haiti, S. 72.

974 So sehen es bspw. die USA unterstützt von weiteren Industriestaaten; vgl. WTO Docs. IP/C/W/32 v. 06.08.1996 und IP/C/M/8 v. 14.08.1996, Rn. 73; *Höhne*, in: Busche/Stoll/Wiebe (Hrsg.), TRIPs, Art. 32, Rn. 10; *Malbon/Lawson/Davison*, TRIPS, Rn. 32.09; *de Carvalho*, The Trips Regime of Patents and Test Data, Rn. 32.6.

Verfall eines Patents im Falle des Missbrauchs erst nach Ablauf von zwei Jahren nach Erteilung einer Zwangslizenz anzuordnen, ist hier unerheblich, da kein Fall des Missbrauchs, etwa durch die Nichtausübung, erfasst wird.

6. *Zwischenergebnis*

Im Patentgesetz sind keine Ausnahmen von den ausschließlichen Rechten des Patentinhabers vorgesehen. Auch gibt es keine Möglichkeiten, Zwangslizenzen zu erhalten. Ein Ausgleich zwischen den Rechten des Erzeugers der Technologie und der Nutzer wird durch das haitianische Patentrecht nicht geschaffen. Ein solcher Ausgleich soll durch das TRIPS-Übereinkommen aber erreicht werden, wie in Art. 7 TRIPS zum Ausdruck kommt.

Defizite:

- Es wird nicht allen in Art. 27 Abs. 1 TRIPS genannten Gegenständen ein Patent erteilt.
- Die Ausnahmen vom Patentschutz gehen über das hinaus, was nach den TRIPS-Vorgaben noch zulässig ist.
- Es wird kein Prioritätsrecht anerkannt.
- Die Rechte aus dem Patent werden nicht in dem von Art. 28 TRIPS vorgesehenen Umfang gewährt.
- Die Nichtigkeitsgründe gehen über das hinaus, was nach den TRIPS-Vorgaben noch zulässig ist.

VIII. Jemen: Patentgesetz von 2011

Seit 2014 ist die Republik Jemen[975] Mitglied der WTO.[976] Zur Umsetzung des TRIPS-Übereinkommens wurde 2011 der *Act No. 2 of the Year A.D. 2011 relating to Patents, Utility Models, Integrated Circuit Layouts and Undisclosed Information* erlassen.[977]

1. *Inländerbehandlung und Meistbegünstigung*

Art. 42 des jemenitischen Patentgesetzes regelt, dass jede natürliche oder juristische Person, sei sie jemenitischer Staatsbürger oder Ausländer, der seine Aktivitäten im Jemen ausübt oder in einem Staat, der durch ein internationales Abkommen mit dem

---

975 Die Republik Jemen existiert in der heutigen Form erst seit dem Jahre 1990. Zuvor war das Gebiet nach Nord und Süd aufgeteilt; vgl. *Dresch*, A History of Modern Yemen, S. 1.

976 WTO Doc. WT/MIN(13)/24, WT/L/905 v. 05.12.2013.

977 Vgl. auch WTO Doc. WT/ACC/YEM/42 v. 04.10.2013, Rn. 236. Das Gesetz ersetzt das 1994 verabschiedete Gesetz zum Schutz des geistigen Eigentums; vgl. ebd., Rn. 200. Das Gesetz von 1994 wurde als nicht vereinbar mit den TRIPS-Vorgaben betrachtet, weshalb der Vertreter Jemens bei den Beitrittsverhandlungen ankündigte, das neue Gesetz an die Vorgaben anzupassen; vgl. ebd., Rn. 206 u. 232.

Jemen in Verbindung steht, das Recht hat, ein Patent zu beantragen. Die Forderung nach einer Aktivität im Jemen könnte wegen Art. 2 Abs. 2 PVÜ gegen den Grundsatz der Inländerbehandlung verstoßen. Danach darf die Möglichkeit, Patentschutz zu erhalten, nicht davon abhängig gemacht werden, ob der Antragsteller seinen Wohnsitz oder eine Niederlassung in dem jeweiligen Mitgliedstaat hat. Derart weit kann die Regelung des jemenitischen Patentgesetzes aber nicht ausgelegt werden. Erforderlich ist lediglich, dass derjenige, der ein Patent anmeldet, im Jemen oder einem Staat, mit dem der Jemen durch ein Abkommen in Verbindung steht, selbst aktiv ist. Auch in Art. 3 TRIPS wird lediglich verlangt, den Angehörigen anderer Mitgliedstaaten denselben Schutz wie den eigenen Staatsangehörigen zu gewähren. Auch jemenitischen Staatsangehörigen wird abverlangt, Aktivitäten im Jemen auszuüben. Ein Konflikt mit dem Prinzip der Meistbegünstigung liegt ebenfalls nicht vor.[978]

2. Patentfähige Gegenstände

Neben der Möglichkeit, ein Patent für eine Erfindung zu erhalten, besteht nach Art. 14 Patentgesetz auch die Option, ein Zusatzpatent für Verbesserungen oder Änderungen der Erfindung zu erlangen.

a. Schutzvoraussetzungen

Art. 4 des Patentgesetzes stellt klar, dass Erfindungen, die neu sind, auf einer erfinderischen Tätigkeit beruhen und gewerblich anwendbar sind, patentiert werden können, was sowohl für Produkt- als auch für Verfahrenserfindungen gilt.[979]

b. Keine patentfähigen Gegenstände

Nach Art. 6 Abs. 1 Patentgesetz ist die Patenterteilung ausgeschlossen, wenn der Gebrauch der Erfindung gegen das Recht der Scharia, die öffentliche Ordnung, Moralvorstellungen oder die nationale Sicherheit verstößt. Auch Erfindungen, die schädlich für die Umwelt oder das Leben und die Gesundheit von Menschen, Tieren und Pflanzen sind, werden danach nicht patentiert. Da nicht an die Erfindung selbst angeknüpft werden darf, verstößt der Ausschluss gegen Art. 27 Abs. 2 TRIPS. Auch heißt es in Art. 27 Abs. 2 a.E. TRIPS, dass die Patenterteilung nicht allein deswegen ausgeschlossen werden kann, weil die Verwertung durch ein Gesetz verboten ist. Das Patentgesetz regelt aber, dass ein Verstoß gegen

---

978 Mit der EU wurde 1997 ein Partnerschaftsabkommen abgeschlossen, in dessen Art. 3 sich Jemen zum Schutz des geistigen Eigentums und zum Beitritt zu Übereinkommen verpflichtet, die den Schutz des geistigen Eigentums vorsehen. Über die TRIPS-Vorgaben hinausgehende Rechte werden in dem Partnerschaftsabkommen nicht geregelt.

979 Bereits im alten Patentgesetz wurden diese Anforderungen gestellt; vgl. *Al-Ahmar*, IIC 2003, 373 (383).

das Recht der Scharia die Patenterteilung ausschließen kann, ohne dass es eines weiteren Verstoßes bedarf. Nach Art. 1 der Verfassung ist die Republik Jemen ein islamischer Staat und die Scharia stellt gem. Art. 3 der Verfassung den Ursprung der Gesetzgebung dar. Sie steht daher über den einfachen Gesetzen. Auch kann angenommen werden, dass selbst die Verfassung ihren Ursprung in der Scharia hat. Die Scharia kann daher vielmehr als Teil der öffentlichen Ordnung und der Moralvorstellung verstanden werden.[980] Verstößt die Verwertung daher gegen das Recht der Scharia, ist es mit Art. 27 Abs. 2 TRIPS vereinbar, die Patentierung zu versagen.[981]

Ebenfalls ausgeschlossen sind gem. Art. 6 Abs. 2 Patentgesetz mathematische Entdeckungen, Theorien und Prozesse, kommerzielle Regelungen, Regulationen und Prozesse, rein gedankliche Tätigkeiten und das Spielen. Diagnostische und chirurgische Methoden sowie Heilmethoden für Menschen und Tiere werden ebenfalls ausgeschlossen, wie es durch Art. 27 Abs. 3 lit. a) TRIPS auch gestattet ist. Ausgeschlossen werden in Übereinstimmung mit Art. 27 Abs. 3 lit. b) TRIPS auch Pflanzen und Tiere sowie Methoden, die zur Züchtung von Pflanzen und Tieren genutzt werden, mit der Ausnahme von Mikroorganismen, nicht-biologischen Methoden oder mikrobiologischen Verfahren. Ein *sui generis* Schutzsystem existiert in dem Gesetz Nr. 20/1998 über landwirtschaftliches Saatgut und Düngemittel.[982]

Darüber hinaus werden lebende Organe, Gewebe oder Zellen, natürliches biologisches Material, DNA, Blut, Hormone und Gene ebenfalls ausgeschlossen. Bereits in dem Entwurf zu dem Patentgesetz wurde ein solcher Ausschluss mangels Erfindungseigenschaft vorgesehen. Von anderen WTO-Mitgliedern wurde der Ausschluss während der Beitrittsverhandlungen als TRIPS-widrig eingestuft. Der Vertreter Jemens führte dagegen an, bei den genannten Ausnahmen handle es sich nicht um menschliche Erfindungen und die Anforderungen an die Neuheit, die erfinderische Tätigkeit und gewerbliche Anwendbarkeit würden nicht erfüllt.[983] Alle genannten Ausnahmen beziehen sich auf Bestandteile von Pflanzen, Tieren oder Menschen. Der Ausschluss von Pflanzen und Tieren ist ausdrücklich erlaubt. Vertreten werden kann, dass es sich bei den Bestandteilen nicht um Erfindungen

---

980 Vgl. etwa *Bently*, in: WIPO (Hrsg.), Standing Committee on the Law of Patents, 15th Session, WIPO Doc. SCP/15/3 v. 02.09.2010, Annex I, Exclusions from Patentability and Exceptions and Limitations to Patentee's Rights, S. 7 (18), der als Beispiel den *Cooperation Council for the Arab States of the Gulf* (GCC) nennt – Jemen ist kein Mitglied (ebd., S. 27).

981 Während der Beitrittsverhandlungen vertrat der Repräsentant des Jemen ebenfalls die Ansicht, der Ausschluss einer Erfindung, die gegen die Scharia verstößt, sei TRIPS-konform; vgl. WTO Doc. WT/ACC/YEM/42 v. 04.10.2013, Rn. 231. Allerdings wurde dort noch auf die Erfindung als solche abgestellt, was nicht mit den TRIPS-Vorgaben vereinbar gewesen wäre.

982 WTO Doc. WT/ACC/YEM/42 v. 04.10.2013, Rn. 237.

983 WTO Doc. WT/ACC/YEM/42 v. 04.10.2013, Rn. 233.

handelt[984] oder sie nicht als neu zu bewerten sind, weil sie bereits in der Natur vorhanden sind.[985] Auch kann in der Verwertung von patentierten Genen und Organen ein Sittenverstoß gesehen werden.[986] Ob die Bestandteile ausgeschlossen werden können, ist daher den Mitgliedstaaten selbst überlassen. In dem jemenitischen Patentgesetz werden daher weitestgehend mit den Vorgaben des TRIPS-Übereinkommens entsprechende Ausnahmen zugelassen.[987]

3. Anmeldebedingungen

Es gilt das Erstanmeldeprinzip gem. Art. 7 lit. c) Patentgesetz. Zudem wird in Art. 10 Patentgesetz ein Prioritätsrecht eingeräumt. Die Erfindung ist in der Anmeldung so deutlich und vollständig zu beschreiben, dass ein Fachmann sie ausführen kann. Zudem muss der Anmelder beweisen, dass er biologisches Material, Pflanzen und Tiere oder traditionelles Wissen rechtmäßig erworben hat.

4. Rechte aus dem Patent

Nach Art. 17 Abs. 1 Patentgesetz hat der Patentinhaber das Recht, andere von der Herstellung eines durch das Patent geschützten Produkts sowie von seiner Ausübung, von seinem Gebrauch, von seinem Angebot, von seinem Verkauf und von seinem Import auszuschließen. Auch mit dem TRIPS-Übereinkommen vereinbar ist die Regelung des Art. 17 Abs. 2 Patentgesetz, der in Übereinstimmung mit Art. 28 Abs. 1 lit. b) TRIPS vorsieht, dass der Patentinhaber andere von dem Gebrauch eines geschützten Verfahrens sowie dem Gebrauch von Produkten, die mithilfe des Verfahrens hergestellt wurden, sowie von dessen Angebot, Verkauf oder Import ausschließen darf.

Ein Patent kann durch Erbe oder Abtretung gem. Art. 7 lit. a) und Art. 17 Abs. 3 Patentgesetz übertragen werden. Auch hat der Patentinhaber gem. Art. 17 Abs. 4 Patentgesetz das Recht, eine Lizenz zu erteilen. Die Registrierung und die Veröffentlichung der Lizenz werden vorgesehen, wobei das Verfahren durch die Ausführungsverordnung zu regeln sein wird. Solange die Registrierung keine Prüfung durch eine Behörde darstellt und eine bloße Formvorschrift ist, stellt sie keinen Eingriff in die Rechte des Patentinhabers dar und ist mit Art. 28 Abs. 2 TRIPS vereinbar.[988]

---

984 *Lamping*, IIC 2014, 679 (684 Rn. 10).

985 *Gervais*, TRIPS, Art. 27, Rn. 2.358.

986 *Neef*, in: Busche/Stoll/Wiebe (Hrsg.), TRIPs, Art. 27, Rn. 35.

987 Anders noch im Patentgesetz von 1994, in dem Arzneimittel ausgeschlossen wurden; vgl. *Al-Ahmar*, IIC 2003, 373 (384).

988 *de Carvalho*, The Trips Regime of Patents and Test Data, Rn. 28.13; *UNCTAD-ICTSD*, Resource Book on TRIPS and Development, S. 422.

5. Ausnahmen von den Rechten aus dem Patent

Handlungen, die der Forschung dienen, stellen gem. Art. 41 Patentgesetz keine Verletzung dar. Auch Handlungen, die bereits vor Anmeldung des Patents gutgläubig vorgenommen wurden, stellen keine Verletzung dar. Die Forschungsausnahme sowie die sog. *prior-use* Regelung werden von Art. 30 TRIPS umfasst und sind daher zulässige Ausnahmen von den Rechten aus dem Patent.[989]

Auch ist es keine Verletzung, wenn indirekt ein Verfahren genutzt wird, das die Erfindung enthält, um ein anderes Produkt herzustellen. Nach Art. 28 Abs. 1 lit. b) TRIPS erstreckt sich der Schutz zumindest auf Produkte, die unmittelbar durch ein patentiertes Verfahren erlangt wurden. Ein Produkt, das nur mittelbar aus der Anwendung des Verfahrens erlangt wird, muss daher nicht geschützt werden. Der Gebrauch eines patentierten Verfahrens kann aber gem. Art. 28 Abs. 2 TRIPS untersagt werden. Nicht unterschieden wird dabei zwischen dem unmittelbaren und dem mittelbaren Gebrauch. Eine Ausnahme nach Art. 30 TRIPS kommt hierbei nicht in Betracht, da sie nicht eingeschränkt wäre. Das ausschließliche Recht des Patentinhabers bezieht sich lediglich auf den Gebrauch eines Verfahrens. Diesen zuzulassen käme einem vollständigen Entzug der Rechte des Patentinhabers gleich. Zudem wird für den Fall, dass ein Patent nicht ausgeübt werden kann, ohne dass ein anderes Patent verletzt wird, die Möglichkeit vorgesehen, eine Zwangslizenz zu erhalten. Ist daher der (indirekte) Gebrauch eines Verfahrens notwendig, um ein Produkt herzustellen, kann dem Sinn und Zweck von Art. 31 TRIPS entnommen werden, dass die Erteilung einer Lizenz notwendig ist. Durch die in Art. 31 lit. l) TRIPS geregelte Möglichkeit wird daher zugleich deutlich, dass keine Ausnahme nach Art. 30 TRIPS vorgesehen werden kann. Die Vorschrift verletzt daher Art. 28 Abs. 1 TRIPS.

Keine Verletzung der Rechte stellt der Gebrauch der Erfindung in einem Transportmittel eines anderen Staates dar, der Mitglied eines internationalen Abkommens ist, dem auch Jemen angehört, sei es auf dem Land, auf dem Meer oder in der Luft, wenn sich der Transport nur vorrübergehend oder zufällig in der Republik Jemen ereignet.

Auch ist es keine Verletzung, wenn die Erfindung während des Laufens der Schutzfrist hergestellt, vorbereitet, gebraucht oder verkauft wird, um eine Vermarktungslizenz erhalten zu können, vorausgesetzt die Vermarktung findet erst nach dem Ablauf der Schutzfrist statt. Eine solche Ausnahmeregelung war bereits

---

989 *Blakeney*, TRIPS, Rn. 8.14; *Correa*, in: ders./Yusuf (Hrsg.), IP and International Trade, S. 226 (244 f.); *ders.*, TRIPS, S. 303; *v. Saint-André/Taşdelen*, in: Busche/Stoll/Wiebe (Hrsg.), TRIPs, Art. 30, Rn. 3. A.A. *Al-Ahmar*, IIC 2003, 373 (385); *de Carvalho*, The Trips Regime of Patents and Test Data, Rn. 30.15.

Gegenstand eines Streitbeilegungsverfahrens und wurde vom Panel als zulässige Ausnahme betrachtet.[990]

Darüber hinaus stellen Handlungen, die nicht unangemessen im Widerspruch zur normalen Verwertung des Patents stehen und nicht unangemessen die berechtigten Interessen des Patentinhabers beeinträchtigen, keine Verletzung dar, wobei die berechtigten Interessen Dritter ebenfalls zu berücksichtigen sind. Dies entspricht fast wortgetreu den Anforderungen des Art. 30 TRIPS.

Schließlich heißt es in Art. 18 Patentgesetz, das Recht, andere an dem Import, dem Gebrauch, dem Verkauf oder der Verbreitung zu hindern, ende, wenn der Inhaber die Produkte in einem anderen Staat vermarktet oder andere dazu ermächtigt. Hierin könnte eine Regelung über die internationale Erschöpfung gesehen werden. Allerdings bezieht sich die Erschöpfung auf ein patentiertes Produkt, das bereits verkauft wurde. Wird der Gegenstand lediglich vermarktet, kann noch keine Erschöpfung eintreten. Da der Patentinhaber regelmäßig in mehreren Staaten seine Produkte vermarkten wird, käme er nicht in den Genuss des Patentschutzes im Jemen. Die Ausnahme ist daher zu weitreichend, als mit Art. 30 TRIPS vereinbar sein zu können.

6. Zwangslizenzen

Zwangslizenzen können gem. Art. 33 Patentgesetz erteilt werden, wenn das Patent nicht oder nur unzureichend ausgeübt wird oder wenn eine wettbewerbswidrige Handlung festgestellt wurde. Auch das Vorliegen eines abhängigen Patents kann die Erteilung rechtfertigen. Die Vorgaben des Art. 31 TRIPS und die des Art. 5A PVÜ über die Erteilung von Zwangslizenzen finden sich in Art. 33 und 35 Patentgesetz fast wortgetreu wieder, wobei das sog. *„Par. 6-System"* nicht integriert wurde.[991] Teilweise wird in dem Fehlen der Umsetzung des sog. *„Par. 6-Systems"* eine Verletzung des TRIPS-Übereinkommens gesehen.[992] Bisher ist die Änderung des Art. 31*bis* TRIPS noch nicht in Kraft getreten. Die Erklärung von 2003 dient lediglich der Auslegung des Art. 31 TRIPS.[993] Es liegt daher kein Widerspruch zu Art. 31 TRIPS vor.

990 *Canada – Pharmaceutical Products*, Report of the Panel, WTO Doc. WT/DS114/R v. 17.03.2000, Rn. 8.1; *Gervais*, TRIPS, Art. 27, Rn. 2.365; *Hoekman/Kostecki*, The Political Economy of the World Trading System, S. 384; *Correa*, TRIPS, S. 305.

991 Der Entwurf des Gesetzes von 2003 erfüllte noch nicht die Anforderungen des Art. 33 TRIPS; vgl. *Al-Ahmar*, IIC 2003, 373 (386).

992 *Adusei*, Patenting of Pharmaceuticals and Development in Sub-Saharan Africa, S. 183.

993 Die Annahme wird damit begründet, die Entscheidung sei im "Lichte der Erklärung des Vorsitzenden des Allgemeinen Rats" getroffen worden, die wiederum der Auslegung diene; vgl. *Gervais*, TRIPS, Rn. 1.66; *Taşdelen*, in: Busche/Stoll/Wiebe (Hrsg.), Art. 31*bis*, Rn. 7; *Quirin*, in: Stoll/Busche/Arend (Hrsg.), Art. 31*bis*, Rn. 18. A.A. *Hestermeyer*, Human Rights and the WTO, S. 285 f., der einen *waiver* in der Entscheidung selbst sieht.

7. Beendigung des Schutzes

a. Ablauf des Patents

Das Patent wird gem. Art. 13 Patentgesetz für eine Laufzeit von 20 Jahre gerechnet ab der Anmeldung erteilt.[994] Das Zusatzpatent läuft gem. Art. 14 des Gesetzes nur solange, wie das Ursprungspatent, was wegen des unselbstständigen Charakters des Zusatzpatents nicht im Widerspruch zu Art. 33 TRIPS steht.

b. Verfall

Das Patent verfällt gem. Art. 19 Patentgesetz entweder durch den Ablauf der Schutzfrist, durch die Nichtzahlung der jährlichen Gebühr oder durch gerichtliche Entscheidung, dass die Anmeldung ungültig ist oder abgelehnt wurde.[995] Hinsichtlich der Vereinbarkeit mit den TRIPS-Vorgaben ist die Regelung nicht zu beanstanden.

8. Zwischenergebnis

Das Patentgesetz von 2011 ist fast vollständig mit den TRIPS-Vorgaben vereinbar. Noch während der Beitrittsverhandlungen wurde die fehlende Konformität bemängelt.[996] Allerdings liegt ein Verstoß gegen Art. 27 Abs. 2 TRIPS vor und die Ausnahmeregelungen sind nicht mit Art. 30 TRIPS vereinbar. Auch fehlt ein ausdrückliches Recht auf Namensnennung.

IX. Kambodscha: Patentgesetz von 2003

Das Königreich Kambodscha beantragte bereits 1994 Mitglied der WTO zu werden. Auf Grund nationaler Unruhen verzögerten sich die Beitrittsverhandlungen. Erst im September 2003 wurde die Mitgliedschaft während der Ministerkonferenz in Cancún beschlossen.[997] Obwohl Kambodscha trotz seines Beitritts zur WTO nicht verpflichtet ist, bis 2021 seine Gesetze den TRIPS-Vorgaben anzupassen,[998]

---

994 Nicht geregelt wird, was nach Ablauf des Patents passiert. Nach dem Gesetz von 1994 sollte das Patent nach Ablauf der Frist dem Staat gehören. Kritisiert wurde, dass es nicht gemeinfrei werden sollte; vgl. *Al-Ahmar*, IIC 2003, 373 (385).

995 Das wurde bereits in dem Entwurf zu dem Gesetz so vorgesehen; vgl. WTO Doc. WT/ACC/YEM/42 v. 04.10.2013, Rn. 234.

996 Mit technischer Unterstützung sollte bis spätestens 2016 die Anpassung erfolgen; vgl. WTO Doc. WT/ACC/YEM/42 v. 04.10.2013, Rn. 201 f.

997 Das Parlament Kambodschas stimmte erst im darauffolgenden Jahr dem Beitritt zu, sodass Kambodscha erst nach Nepal und somit nicht als erstes LDC der WTO beitrat; vgl. dazu insgesamt *Chea/Sok*, in: Gallagher/Low/Stoler (Hrsg.), Managing the Challenges of WTO Participation, S. 120 ff.

998 *Watanabe*, Ritsumeikan International Affairs 10 (2011), 95 (108), der noch 2016 als maßgebliches Ende der Frist nennt. Andere gehen davon aus, Kambodscha sei verpflichtet gewesen bis 2007 seine Gesetze an die TRIPS-Vorgaben anzupassen;

trat 2003 ein neues Patentgesetz (*Law on the Patents, Utility Model Certificates and Industrial Designs*[999]) in Kraft,[1000] das der Umsetzung des TRIPS-Übereinkommens dient.[1001] Zwar ist Kambodscha Mitglied der ASEAN und damit Mitglied des Rahmenabkommens zum Schutz des geistigen Eigentums von 1999.[1002] Es existieren aber bislang keine substantiellen Regelungen im Bereich des geistigen Eigentums. Auch ist Kambodscha Mitglied weiterer Handelsabkommen, die zum Teil auch den Schutz des geistigen Eigentums regeln.[1003] Aus diesen ergeben sich jedoch keine über das TRIPS-Übereinkommen hinausgehenden Verpflichtungen.

1. Inländerbehandlung und Meistbegünstigung

Es existiert keine Regelung, durch die ausländische Patentanmelder diskriminiert werden.[1004]

---

vgl. WTO Docs. WT/ACC/KHM/21 v. 15.08.2003, Rn. 131 und WT/ACC/NPL/16 v. 28.08.2003; *Correa*, UNCTAD LDC Report 2007, Background Paper No. 4, S. 18; *Pandey/Adhikari/Waglé*, CDP Background Paper No. 23, Nov. 2014, S. 26. In dem Report erklärt Kambodscha, es werde nicht später als 2007 seine Gesetze an die TRIPS-Vorgaben angepasst haben. Allerdings wurde in dem Beitrittsprotokoll festgehalten, für Kambodscha würden die Fristen gelten, die ab dem Inkrafttreten des TRIPS laufen; vgl. WTO Doc. WT/MIN(03)/18 v. 11.09.2003, Rn. 3. Es ist daher nicht ersichtlich, wieso Kambodscha als LDC nicht auch in den Genuss der Fristverlängerungen kommen sollte.

999 Bei *WIPO Lex* existiert nur eine inoffizielle Übersetzung des Patentgesetzes, die Grundlage dieser Untersuchung ist. So auch *ASEAN IPR SME Helpdesk*, IP Country Factsheet: Cambodia, S. 1. Auf das Gesetz nehmen ebenfalls Bezug: *Saana Consulting*, Factual overview on technical & financial cooperation for LDCs, S. 18, Table 4; *Sherman*, in: WIPO (Hrsg.), Standing Committee on the Law of Patents (Hrsg.), 15th Session, WIPO Doc. SCP/15/3 v. 02.09.2010, Annex II, Exclusions from Patentability and Exceptions and Limitations to Patentee's Rights, S. 1 (62) und WTO Doc. WT/TPR/S/253 v. 27.09.2011, Rn. 115.

1000 Das Patentgesetz wurde 2002 von der Nationalversammlung angenommen und vom Senat ratifiziert und 2003 von dem König verkündet; vgl. WTO Doc. WT/ACC/KHM/7/Rev.2 v. 03.03.2003, S. 2. Siehe zu dem Annahmeverfahren auch *CCHR*, Rule of Law Series, Special Ed. Vol. 9, Jan 2014.

1001 Zur Orientierung wurden sowohl das Modellgesetz der WIPO als auch Patentgesetze aus anderen Staaten, insbesondere Frankreich, Japan, Thailand und Vietnam herangezogen; vgl. *Watanabe*, Ritsumeikan International Affairs 10 (2011), 95 (108).

1002 WTO Doc. WT/TPR/S/253 v. 27.09.2011, Rn. 117.

1003 Übereinkommen bestehen mit der EU und mit Japan. Als Mitglied der ASEAN ist Kambodscha auch Teil der Freihandelszone der ASEAN mit Australien und Neuseeland.

1004 So auch WTO Docs. WT/ACC/KHM/7 v. 11.12.2001, S. 2 u. 5 und WT/TPR/S/253 v. 27.09.2011, Rn. 115.

2. *Patentfähige Gegenstände*

Nach Art. 5 Patentgesetz sind Erfindungen patentfähig. Eine Erfindung ist nach Art. 3 des Gesetzes die Lösung eines bestimmten Problems im Bereich der Technik, wobei kein Bereich ausgeschlossen wird.[1005] Sie kann sowohl ein Erzeugnis als auch ein Verfahren sein, wie es in Art. 27 Abs. 1 TRIPS verlangt wird.[1006]

a. Schutzvoraussetzungen

Darüber hinaus verlangt Art. 5 Patentgesetz, dass die Erfindung neu ist, auf einer erfinderischen Tätigkeit beruht und gewerblich anwendbar ist, wobei in den folgenden Artikeln die Kriterien näher ausgestaltet werden.

b. Keine patentfähigen Gegenstände

Nach Art. 4 Patentgesetz werden Entdeckungen, wissenschaftliche Theorien und mathematische Methoden, Schemata, Regeln oder Methoden für den Geschäftsbetrieb, das Ausüben rein geistiger Tätigkeiten, Spiele, Methoden zur Behandlung von Menschen und Tieren durch Operation oder Therapie sowie diagnostische Methoden, die an Menschen oder Tieren vorgenommen werden, mit der Ausnahme von Produkten, die dazu verwendet werden, ausgeschlossen. Auch Pflanzen und Tiere, ausgenommen Mikroorganismen, sowie im Wesentlichen biologische Verfahren zur Züchtung von Pflanzen oder Tieren, sind nicht patentfähig.[1007] Pflanzensorten werden ebenfalls ausgeschlossen. Es ist nicht ersichtlich, dass in Kambodscha Pflanzensorten durch ein *sui-generis* System geschützt werden. Auch ist das Königreich nicht Mitglied der UPOV. Es liegt in dem Ausschluss daher ein Verstoß gegen Art. 27 Abs. 3 lit. b) TRIPS vor.

Kambodscha hat zudem von der Möglichkeit Gebrauch gemacht, Arzneimitteln gem. Art. 136 Patentgesetz die Schutzfähigkeit zu versagen. Der Ausschluss galt nur bis zum Januar 2016. Da inzwischen aber die Frist bis 2033 verlängert wurde, kann Kambodscha auch über 2016 hinaus den Ausschluss zulassen.[1008]

Schließlich werden nach Art. 9 Patengesetz Erfindungen ausgenommen, deren Verwertung gegen die öffentliche Ordnung oder die guten Sitten verstoßen würde. Auch Erfindungen, die nicht das Leben, die Gesundheit von Menschen, Tieren oder Pflanzen schützen, die ernsthaft die Umwelt schädigen oder die durch Gesetz

---

1005 In Bezug auf den Entwurf des Gesetzes vgl. WTO Doc. WT/ACC/KHM/7 v. 11.12.2001, S. 2.

1006 So auch *Sherman*, in: WIPO Standing Committee on the Law of Patents (Hrsg.), 15th Session, WIPO Doc. SCP/15/3 v. 02.09.2010, Annex II, Exclusions from Patentability and Exceptions and Limitations to Patentee's Rights, S. 1 (62 f.).

1007 Vgl. zu den Ausnahmen auch *Sherman*, in: WIPO (Hrsg.), Standing Committee on the Law of Patents (Hrsg.), 15th Session, WIPO Doc. SCP/15/3 v. 02.09.2010, Annex II, Exclusions from Patentability and Exceptions and Limitations to Patentee's Rights, S. 1 (63).

1008 Eine derartige Gesetzesänderung ist nicht ersichtlich.

verboten sind, werden nicht patentiert. Art. 27 Abs. 2 TRIPS erlaubt einen Ausschluss lediglich, wenn durch die Verwertung das Leben oder die Gesundheit von Menschen, Tieren oder Pflanzen gefährdet wird. Ausreichend kann es daher nicht sein, die Schutzfähigkeit bereits dann zu versagen, wenn mit ihr nicht der Schutz bezweckt wird. Allerdings kann es sich hier auch um bloße Übersetzungsfehler handeln.[1009] Darüber hinaus soll es nach dem Patentgesetz Kambodschas aber genügen, dass die Verwertung durch ein Gesetz verboten ist. Ein solcher Ausschluss ist ebenfalls nach Art. 27 Abs. 2 TRIPS unzulässig.

3. *Anmeldebedingungen*

Bei mehreren unabhängigen Patentanmeldungen steht gem. Art. 12 Patentgesetz demjenigen das Patent zu, der es zuerst angemeldet hat oder ein Prioritätsrecht besitzt.[1010] Der Anmeldung ist nach Art. 16 des Gesetzes eine Beschreibung der Erfindung beizufügen. Dabei ist die Erfindung derart klar und vollständig zu offenbaren, dass ein Fachmann in der Lage ist, sie auszuführen. Auch ist die beste Art der Ausführung, die dem Anmelder zu dem Zeitpunkt der Anmeldung bekannt ist, zu nennen. Schließlich hat der Anmelder gem. Art. 30 und 31 Patentgesetz auf Nachfrage Informationen über ausländische Patentanmeldungen anzugeben.

4. *Rechte aus dem Patent*

Dem Patentinhaber wird ein ausschließliches Nutzungsrecht zugestanden.[1011] Ein anderer darf daher gem. Art. 41 Patentgesetz nur mit der Zustimmung des Patentinhabers die Erfindung – in den Vorgaben des TRIPS-Übereinkommens entsprechender Weise – nutzen.[1012] Das Recht an dem Patent kann gem. Art. 13 Patentgesetz vertraglich oder durch Rechtsachfolge übertragen werden. Nach Art. 114 bedarf jeder Inhaberwechsel der Unterzeichnung und muss registriert werden.[1013] Da die Registrierung nicht von einer externen Zustimmung abhängt, liegt darin ein zulässiges Formerfordernis.[1014]

1009 Grammatikalisch ist die Norm fehlerhaft, was den Schluss einer ungenauen Übersetzung nahelegt.

1010 Das Prioritätsrecht ist in Art. 27 ff. Patentgesetz verankert; vgl. bereits den Entwurf des Gesetzes; vgl. WTO Doc. WT/ACC/KHM/7 v. 11.12.2001, S. 2.

1011 WTO Doc. WT/TPR/S/253 v. 27.09.2011, Rn. 127.

1012 So war es auch bereits in dem Entwurf des Gesetzes vorgesehen; vgl. WTO Doc. WT/ACC/KHM/7 v. 11.12.2001, S. 10.

1013 Vgl. dazu bereits in Bezug auf den Entwurf des Gesetzes WTO Doc. WT/ACC/KHM/7 v. 11.12.2001, S. 10.

1014 *de Carvalho*, The Trips Regime of Patents and Test Data, Rn. 28.13; *UNCTAD-ICTSD*, Resource Book on TRIPS and Development, S. 422.

Das Recht aus dem Patent erstreckt sich nach Art. 44 Patentgesetz nicht auf Erfindungen, die in Kambodscha oder an einem anderen Ort mit der Zustimmung des Patentinhabers auf den Markt gebracht wurden. Eine solche internationale Erschöpfung stellt eine zulässige Ausnahme von dem Recht auf Einfuhr aus Art. 28 Abs. 1 TRIPS dar.

Auch der Gebrauch der Erfindung an Bord eines Flugzeugs, eines Fahrzeugs oder eines Schiffs aus einem anderen Land, das sich nur vorübergehend oder zufällig in Kambodscha befindet, stellt – den Vorgaben der PVÜ entsprechend – keine Verletzung der ausschließlichen Rechte dar.[1015]

Darüber hinaus stellen solche Handlungen, die aus rein experimentellen Zwecken vorgenommen werden, oder die gutgläubige Nutzung, die vor der Anmeldung des Patents vorgenommen wurde, keine Verletzung dar. Sowohl die Forschungsausnahme als auch die gutgläubige Nutzung werden als zulässige Ausnahmen von den ausschließlichen Nutzungsrechten des Patentinhabers betrachtet.[1016]

5. *Benutzung ohne Zustimmung des Patentinhabers*

a. Regierungsgebrauch

Ist ein Belang des öffentlichen Interesses betroffen, insbesondere die nationale Sicherheit, Ernährung, Gesundheit oder die Entwicklung eines anderen wichtigen Wirtschaftssektors, kann der zuständige Minister gem. Art. 47 Patentgesetz ohne Einverständnis des Patentinhabers einen Dritter dazu ermächtigen, die Erfindung auszuüben.[1017] Eine weitere Voraussetzung kann sein, dass durch Gerichtsentscheid die Art der Ausübung für wettbewerbswidrig erklärt wurde. Die Voraussetzungen, die vorliegen müssen, um den Regierungsgebrauch zu ermöglichen, entsprechen vollständig den Vorgaben des Art. 31 TRIPS. Allerdings hat Kambodscha keinen Gebrauch von dem sog. „*Par. 6-System*" gemacht, was aber nicht überrascht, da das Gesetz vor der Verabschiedung der Erklärung zum TRIPS und der öffentlichen Gesundheit erlassen wurde und auch die Änderung des TRIPS-Übereinkommens noch nicht beschlossen war.

b. Zwangslizenzen

Eine Zwangslizenz[1018] kann gem. Art. 56 Patentgesetz erteilt werden, wenn seit der Anmeldung vier Jahre oder seit der Erteilung drei Jahre vergangen sind und der

---

1015 So wurde es bereits in dem Entwurf zu dem Patentgesetz vorgesehen; vgl. WTO Doc. WT/ACC/KHM/7 v. 11.12.2001, S. 3.

1016 *Blakeney*, TRIPS, Rn. 8.14; *Correa*, in: ders./Yusuf (Hrsg.), IP and International Trade, S. 226 (244 f.); *ders.*, TRIPS, S. 303; *v. Saint-André/Taşdelen*, in: Busche/Stoll/Wiebe (Hrsg.), TRIPs, Art. 30, Rn. 29 u. 33.

1017 Vgl. auch WTO Doc. WT/TPR/S/253 v. 27.09.2011, Rn. 127.

1018 Auch in dem Entwurf zu dem Patentgesetz wurden bereits Zwangslizenzen vorgesehen; vgl. WTO Doc. WT/ACC/KHM/7 v. 11.12.2001, S. 10.

Minister überzeugt ist, dass die Erfindung nicht oder nicht ausreichend in Kambodscha ausgeübt wird.[1019] In der Lizenz sind gem. Art. 57 des Gesetzes ihr Umfang, der Zeitraum, in dem mit der Ausübung begonnen werden soll, sowie die Höhe der Vergütung zu regeln. In Art. 59 Patentgesetz wird zudem der Fall eines abhängigen Patents vorgesehen. Die Regelungen über die Erteilung von Zwangslizenzen genügen den TRIPS-Anforderungen allerdings nicht. Zwar wird die Anforderung des Art. 5A Abs. 4 PVÜ erfüllt. Darüber hinaus verlangt das TRIPS-Übereinkommen aber zunächst das Bemühen um den Erhalt einer freiwilligen Lizenz. Von dieser Vorgabe kann nur in den vom TRIPS-Übereinkommen bestimmten Fällen abgewichen werden, die in dem Patentgesetz Kambodschas aber nicht erfasst werden. Nicht geregelt wird zudem, dass die Lizenz nicht ausschließlich erteilt werden darf. Auch mangelt es an einer Bestimmung darüber, ob sie nur der Versorgung des Binnenmarkts dienen darf.[1020]

6. Beendigung des Schutzes

Die Laufzeit eines Patents beträgt gem. Art. 45 Patentgesetz 20 Jahre, was auch in dem Entwurf zu dem Patentgesetz, das Bestandteil der Beitrittsverhandlungen war, vorgesehen wurde.[1021] Zum Erhalt des Patents ist eine Gebühr zu zahlen, wobei dem Patentinhaber eine Frist von sechs Monaten zu gewähren ist, um eine fällige Gebühr zu begleichen.

Es kann gem. Art. 65 Patentgesetz beantragt werden, ein Patent für nichtig zu erklären, wenn die Voraussetzungen zur Patenterteilung nicht vorgelegen haben oder der Patentinhaber nicht der Erfinder oder sein Nachfolger ist. Nach Art. 67 des Gesetzes ist das Patent als von Anfang an nichtig zu betrachten.[1022]

7. Zwischenergebnis

Auch wenn durch den Erlass des Patentgesetzes 2003 Fortschritte bei der Umsetzung im Bereich des geistigen Eigentums gemacht wurden[1023] und das Patentgesetz in großen Teilen den Vorgaben des TRIPS-Übereinkommens entspricht, ist es noch nicht vollständig mit den Vorgaben vereinbar.[1024] Letztlich mangelt es auch an der Durchsetzung der Rechte des geistigen Eigentums.[1025]

1019 Vgl. auch WTO Doc. WT/TPR/S/253 v. 27.09.2011, Rn. 127.

1020 Es heißt, die Regierung denke über die Regelung einer Zwangslizenz für Arzneimittelpatente nach; vgl. WTO Doc. WT/TPR/S/253 v. 27.09.2011, Rn. 127.

1021 WTO Doc. WT/ACC/KHM/7 v. 11.12.2001, S. 10.

1022 WTO Doc. WT/TPR/S/253 v. 27.09.2011, Rn. 127. Regelung über die Nichtigkeit eines Patents waren auch bereits in dem Entwurf über das Patentgesetz vorgesehen; vgl. WTO Doc. WT/ACC/KHM/7 v. 11.12.2001, S. 10.

1023 *Saana Consulting*, Factual overview on technical & financial cooperation for LDCs, S. 18, Table 4.

1024 *ASEAN IPR SME Helpdesk*, IP Country Factsheet: Cambodia, S. 1.

1025 *Watanabe*, Ritsumeikan International Affairs 10 (2011), 95 (111).

Defizite:

- Die Ausnahmen vom Patentschutz gehen über das hinaus, was nach den TRIPS-Vorgaben noch erlaubt ist.
- Die Anforderungen von Art. 31 TRIPS werden in Bezug auf die Erteilung von Zwangslizenzen nicht erfüllt.

X. Laos: Gesetz über das geistige Eigentum von 2011

Die Demokratische Volksrepublik Laos erlangte 1953 ihre Unabhängigkeit.[1026] Seit 1998 ist Laos Mitglied der PVÜ,[1027] trat aber erst im Jahre 2013 der WTO bei.[1028] Das Gesetz über das geistige Eigentum von 2011 (IP Gesetz) ist seit 2012 in Kraft und orientiert sich am Modellgesetz der WIPO.[1029] Durchgesetzt werden können die Rechte allerdings erst nach Verabschiedung sog. *guiding decrees* durch den Premierminister, die der Umsetzung und der Interpretation des Gesetzes dienen.[1030] Wie Kambodscha auch ist Laos Mitglied der ASEAN. Zudem hat Laos auch mit der EU und mit Japan Abkommen geschlossen, die jeweils dieselben Bestimmungen beinhalten, wie die Abkommen, die Kambodscha abgeschlossen hat.

1. Inländerbehandlung und Meistbegünstigung

Das Prinzip der Inländerbehandlung wird durch die Regelung in Art. 6 des IP Gesetzes gewahrt, in dem es heißt, das Gesetz gelte sowohl für Staatsangehörige als auch für ausländische private und juristische Personen. In Art. 26 des Gesetzes wird konkretisiert, wer in der Lage ist, Schutz zu erlangen.[1031] Zwar findet das Prinzip der Meistbegünstigung keine ausdrückliche Erwähnung, entgegenstehende Regelungen existieren aber nicht.[1032]

1026 *Blaustein/Sigler/Beede*, Independence Documents of the World, *S. 405 ff.; Hartmann*, in: Nohlen/Grotz/Hartmann (Hrsg.), Elections in Asia and the Pacific, S. 129 (130).

1027 WTO Doc. WT/ACC/LAO/7/Rev.3 v. 28.08.2012, S. 2.

1028 WTO Doc. WT/L/865 v. 29.10.2012.

1029 *ASEAN IPR SME Helpdesk*, IP Country Factsheet: Laos, S. 1. Auch ein Gesetzesentwurf von 2004 orientierte sich am WIPO-Modellgesetz; vgl. *Simoungkhot*, in: Kim (Hrsg.), Legal Action against Intellectual Property Infringement in Asia, S. 258 (260). Bereits 2007 wurde ein Gesetz zum Schutz des geistigen Eigentums ausgearbeitet, das aber auf Grund von Zweifeln anderer WTO-Mitglieder überarbeitet wurde; vgl. WTO Doc. WT/ACC/LAO/45 v. 01.10.2012, Rn. 177. Das überarbeitete Gesetz von 2011 wurde auch während der Verhandlungen zum Beitritt zur WTO bereits besprochen und auf seine Vereinbarkeit mit den TRIPS-Anforderungen hin überprüft; vgl. dazu WTO Doc. WT/ACC/LAO/7/Rev.3 v. 28.08.2012.

1030 *ASEAN IPR SME Helpdesk*, IP Country Factsheet: Laos, S. 1.

1031 So auch WTO Doc. WT/ACC/LAO/7/Rev.3 v. 28.08.2012, S. 5.

1032 Angenommen wurde während der Beitrittsverhandlungen, das Prinzip der Meistbegünstigung ginge ebenfalls aus Art. 6 IP Gesetz hervor; vgl. WTO Docs. WT/ACC/LAO/45 v. 01.10.2012, Rn. 183 und WT/ACC/LAO/7/Rev.3 v. 28.08.2012, S. 5.

2. *Patentfähige Gegenstände*

Patente können gem. Art. 3 Abs. 4 und 13 IP Gesetz auf alle Erfindungen erteilt werden, wenn sie neu sind, auf einer erfinderischen Tätigkeit beruhen und gewerblich anwendbar sind.[1033] Dabei werden sowohl Verfahren als auch Erzeugnisse umfasst.[1034] Einschränkungen auf das Gebiet der Technik gibt es nicht. Auch Erfindungen im Bereich der Landwirtschaft – wie in Art. 1 Abs. 3 PVÜ vorgesehen – werden geschützt.[1035]

Als bloße Entdeckungen werden lebende Organismen oder ihre Bestandteile, die in der Natur vorkommen, gem. Art. 21 IP Gesetz ausgeschlossen.[1036] Auch wissenschaftliche Prinzipien oder Theorien, mathematische Algorithmen, Geschäftsmodelle oder das Spielen stellen keine Erfindungen dar, da sie nicht der Lösung eines technischen Problems dienen. Sie sind somit ebenfalls nicht patentfähig. Auch diagnostische, therapeutische oder chirurgische Methoden zur Behandlung von Menschen und Tieren sind nicht patentfähig.[1037] Ausgeschlossen werden zudem Pflanzen und Tiere, mit der Ausnahme von Mikroorganismen, sowie im Wesentlichen biologische Verfahren zur Züchtung von Pflanzen und Tieren, wobei diese Verfahren Teil einer Erfindung sein können.[1038] Der Schutz von Pflanzensorten wird in Art. 67 ff. des Gesetzes gewährleistet.[1039]

Nach Art. 4 Abs. 3 des Gesetzes wird nur solches geistiges Eigentum geschützt, das nicht gegen ein Gesetz, die Kultur oder Traditionen, die nationale Verteidigung, die öffentliche Sicherheit, die Gesundheit oder die Umwelt verstößt. Ein Ausschluss wegen des bloßen Verstoßes gegen ein Gesetz wird vom TRIPS-Übereinkommen nicht zugelassen. Auch darf der Ausschluss nur erfolgen, wenn die Gefahren von der Verwertung des Patents ausgehen und nicht von der Erfindung selbst.[1040]

1033 So auch WTO Docs. WT/ACC/LAO/45 v. 01.10.2012, Rn. 203 und WT/ACC/LAO/7/Rev.3 v. 28.08.2012, S. 9.

1034 Das wird zwar nicht ausdrücklich geregelt, geht aber aus den Beitrittsdokumenten hervor; vgl. WTO Doc. WT/ACC/LAO/7/Rev.3 v. 28.08.2012, S. 9.

1035 WTO Doc. WT/ACC/LAO/7/Rev.3 v. 28.08.2012, S. 2.

1036 Da das TRIPS-Übereinkommen selbst nicht definiert, was eine Erfindung ist, können Organismen als Entdeckungen definiert und somit ausgeschlossen werden; vgl. bspw. *Lamping*, IIC 2014, 679 (684 Rn. 10); *Correa*, in: ders./Yusuf (Hrsg.), IP and International Trade, S. 226 (235).

1037 Vgl. auch WTO Doc. WT/ACC/LAO/45 v. 01.10.2012, Rn. 203.

1038 Vgl. auch WTO Doc. WT/ACC/LAO/7/Rev.3 v. 28.08.2012, S. 9.

1039 Vgl. auch WTO Doc. WT/ACC/LAO/45 v. 01.10.2012, Rn. 207. In dem Report machte der Vertreter von Laos deutlich, Laos habe nicht vor, der UPOV beizutreten und sei dazu auch nicht verpflichtet; vgl. ebd., Rn. 208.

1040 *UNCTAD-ICTSD*, Resource Book on TRIPS and Development, S. 376 *Straus*, in: Beier/Schricker (Hrsg.), From GATT to TRIPs, S. 160 (181); *Moufang*, in: van Overwalle (Hrsg.), Octrooirecht, Ethiek en Biotechnologie, S. 65 (70); *Correa*, E.I.P.R. 16 (1994) 8, 327 (328); *Gervais*, TRIPS, Art. 27, Rn. 2.359.

3. *Anmeldebedingungen*

Es gilt gem. Art. 28 IP Gesetz das sog. Erstanmeldeprinzip. Das Patent wird also demjenigen erteilt, der es zuerst angemeldet oder der ein Prioritätsrecht gem. Art. 29 des Gesetzes innehat.[1041] Die Anmeldung soll gem. Art. 31 des Gesetzes eine Beschreibung enthalten, in der die Erfindung so klar und vollständig offenbart wird, dass ein Fachmann sie verstehen und ausführen kann. Dabei soll die beste Art der Ausführung angegeben werden. Auch ist gem. Art. 36 IP Gesetz anzugeben, ob bereits ausländische Anmeldungen erfolgt sind. Auf Antrag des Ministeriums sind Kopien der relevanten Dokumente zur Verfügung zu stellen.[1042]

4. *Rechte aus dem Patent*

Darüber hinaus hat der Patentinhaber gem. Art. 55 des Gesetzes das Recht, andere davon auszuschließen, das patentierten Erzeugnisses – den Vorgaben des Art. 28 Abs. 1 TRIPS entsprechend – auszuüben. Neben der Möglichkeit, andere von einer der genannten Handlungen auszuschließen, kann der Patentinhaber aber auch Dritte ermächtigen, eine der Handlungen vorzunehmen.

Dem Patentinhaber wird in Art. 47 IP Gesetz das Recht zugestanden, die Vorzüge des Patents zu genießen. Auch ist er befugt, die Rechte zu übertragen.[1043] Auch kann er das Recht vererben und gerichtliche Schritte zum Schutz seiner Rechte vornehmen.

Keine Verletzung der ausschließlichen Rechte des Patentinhabers stellt gem. Art. 117 IP Gesetz der Gebrauch einer Erfindung an Bord ausländischer Schiffe, Flugzeuge oder Kraftfahrzeuge dar, die sich nur vorrübergehend oder zufällig in Laos befinden.[1044]

5. *Nutzung ohne Zustimmung des Patentinhabers*

Ohne die Zustimmung des Patentinhabers kann der zuständige Minister auf Anordnung des Premierministers einen Dritten gem. Art. 63 IP Gesetz ermächtigen, eine patentierte Erfindung herzustellen, zu gebrauchen oder zu importieren.[1045] Eine solche Erlaubnis darf gem. Art. 63 Abs. 1 des Gesetzes allerdings nur dann erteilt werden, wenn ein nationaler Notstand oder sonstige Umstände äußerster Dringlichkeit – wie Katastrophen, Epidemien oder Krieg – vorliegen. Auch darf sie erteilt werden für die nicht gewerbliche Nutzung durch die Regierung zum Nutzen der

---

1041 So auch WTO Doc. WT/ACC/LAO/7/Rev.3 v. 28.08.2012, S. 2.

1042 Nur zum Teil stimmen die Ausführungen in den Beitrittsdokumenten mit dem Gesetzestext überein. Dort werden die Art. 13 und 32 als maßgeblich benannt; vgl. WTO Doc. WT/ACC/LAO/7/Rev.3 v. 28.08.2012, S. 9.

1043 Vgl. auch WTO Doc. WT/ACC/LAO/7/Rev.3 v. 28.08.2012, S. 9.

1044 In den Beitrittsdokumenten wird Art. 55 Abs. 5 genannt. Weder in der Fassung von 2011 noch in der von 2007 ist die Regelung dort zu finden; vgl. WTO Doc. WT/ACC/LAO/7/Rev.3 v. 28.08.2012, S. 3.

1045 Vgl. auch WTO Docs. WT/ACC/LAO/7/Rev.3 v. 28.08.2012, S. 10 und WT/ACC/LAO/45 v. 01.10.2012, Rn. 205.

Öffentlichkeit, insbesondere wenn die nationale Verteidigung oder die Ernährung, Gesundheit oder andere dringende Bedürfnisse betroffen sind. Als weiterer Grund kommt in Frage, wettbewerbswidriges Handeln zu unterbinden. Schließlich kann auch die Nichtausübung oder nur ungenügende Ausübung Grundlage für die Erteilung einer Zwangslizenz sein. Die Voraussetzungen, die Art. 31 TRIPS an die Erteilung einer Zwangslizenz knüpft, werden dabei ausnahmslos erfüllt.[1046]

6. Beendigung des Schutzes

In Art. 48 wird geregelt, dass ein Patent 20 Jahre gerechnet ab der Anmeldung läuft.[1047]

Ein Patent verfällt gem. Art. 45 IP Gesetz, wenn entweder die Schutzfrist abgelaufen ist, die Erneuerung nicht beantragt oder die Gebühren nicht gezahlt wurden. Auch verfällt es, wenn festgestellt wird, dass die Schutzvoraussetzungen nicht vorgelegen haben oder das Patent nicht kommerziell ausgeübt wird. Um den Anforderungen des Art. 5A Abs. 3 PVÜ zu entsprechen, darf der Verfall eines Patents wegen der Nichtausübung aber erst angeordnet werden, wenn die Erteilung einer Zwangslizenz keinen Erfolg verspricht. In den Beitrittsdokumenten heißt es jedoch, aus Art. 21, 55 und 63 des Gesetze ergebe sich, dass der Verfall nicht angeordnet wird, wenn der Missbrauch durch eine Zwangslizenz unterbunden werden kann.[1048] Die von Art. 32 TRIPS geforderte Möglichkeit zur gerichtlichen Überprüfung wird in der Zivilprozessordnung vorgesehen.[1049]

7. Zwischenergebnis

In weiten Teilen entspricht das Gesetz zum Schutz des geistigen Eigentums von 2011 den Anforderungen des TRIPS-Übereinkommens. Vollständige TRIPS-Konformität soll bis spätestens Ende 2016 erreicht werden.[1050]

XI. Lesotho: Gesetz zum gewerblichen Eigentum von 1989

Das Königreich Lesotho erlangte 1966 seine Unabhängigkeit von Großbritannien.[1051] Während der Kolonialzeit wurde das Common Law eingeführt.[1052] Wie in Südafrika

---

1046 Siehe zur Aufzählung der Voraussetzungen auch WTO Docs. WT/ACC/LAO/7/Rev.3 v. 28.08.2012, S. 3 und WT/ACC/LAO/45 v. 01.10.2012, Rn. 205.

1047 So auch WTO Doc. WT/ACC/LAO/7/Rev.3 v. 28.08.2012, S. 10.

1048 vgl. WTO Doc. WT/ACC/LAO/7/Rev.3 v. 28.08.2012, S. 3.

1049 WTO Doc. WT/ACC/LAO/45 v. 01.10.2012, Rn. 206.

1050 WTO Doc. WT/ACC/LAO/45 v. 01.10.2012, Rn. 176.

1051 *Blaustein/Sigler/Beede*, Independence Documents of the World, S. 421 ff.; *Maqutu*, in: Redden (Hrsg.), Modern Legal Systems Cyclopedia, S. 295 (299); *Lubbe*, in: Faure/du Plessis (Hrsg.), The Balancing of Interests in Environmental Law in Africa, S. 197 (197 f.).

1052 *Ntampaka*, Introduction aux systèmes juridiques africains, S. 7.

auch, hat das niederländische römische Recht ebenfalls Einfluss auf die Rechtstradition.[1053] Auch das Gewohnheitsrecht findet Beachtung.[1054] Mitglied der WTO ist Lesotho seit 1995.[1055] Die *Industrial Property Order 1989*,[1056] die im selben Jahr in Kraft getreten[1057] und durch die Verabschiedung der *Industrial Property Regulations 1989* auch durchsetzbar ist,[1058] regelt das Patentrecht in Lesotho.[1059] Die Regelungen, die für die Überprüfung der Vereinbarkeit mit dem TRIPS-Übereinkommen relevant sind, stimmen mit den Regelungen des Patentgesetzes Gambias überein. Zwar kann

1053 *Maqutu*, in: Redden (Hrsg.), Modern Legal Systems Cyclopedia, S. 295 (302 u. 310). Auf Grund seiner geografischen Lage ist Lesotho von Südafrika abhängig und steht in engen wirtschaftlichen Beziehungen mit dem Staat, von dem es gänzlich umschlossen wird; vgl. *Maqutu*, in: Redden (Hrsg.), Modern Legal Systems Cyclopedia, S. 295 (299 f.); *Kumar, U.*, An Introduction to the African Industrial Property System, S. 24 f.; *Mgbeoji*, in: Gervais (Hrsg.), IP, Trade and Development, S. 180 (204).

1054 *Lawal-Arowolo*, Losing their Status, Manusskripts. 23.

1055 Siehe dazu die Liste der WTO-Mitgliedstaaten, abrufbar unter: *www.wto.org/english/thewto_e/whatis_e/tif_e/org6_e.htm* (zuletzt 10.03.2017); vgl. auch *Adams & Adams*, Practical Guide to IP in Africa, S. 246.

1056 Bei der Gesetzgebung im Bereich des geistigen Eigentums war Lesotho auf die Unterstützung der ARIPO und der WIPO angewiesen; vgl. *Wekundah*, African Technology Policy Studies Network Research Paper No. 19, 2012, S. 67.

1057 Auf *WIPO Lex* wird der 14.04.1989 als Zeitpunkt des Inkrafttretens genannt. *Kumar, U.*, An Introduction to the African Industrial Property System, S. 26 nennt als Zeitpunkt den 22.05.1989. Wiederum wird als maßgeblicher Zeitpunkt erst das Jahr 1990 genannt; vgl. *Wekundah*, African Technology Policy Studies Network Research Paper No. 19, 2012, S. 65.

1058 *Wekundah*, African Technology Policy Studies Network Research Paper No. 19, 2012, S. 65.

1059 Vgl. auch *Merso*, ICTSD Policy Brief No. 16, June 2013, S. 2; *Saana Consulting*, Factual overview on technical & financial cooperation for LDCs, S. 18/19, Table 4. Durch das Gesetz von 1989 wird gem. Art. 47 das Patentgesetz von 1984 aufgehoben. Zu dem Gesetz von 1984 siehe *Zikonda*, Lesotho L. J. 4 (1988) 1, 1 (3). Mit dem Erlass des Gesetzes 1984 wurde erstmals ein eigenes Patentrecht in Lesotho eingeführt; vgl. *Kumar, U.*, Lesotho L.J. 4 (1988) 1, 181 (184). Nach den Vorgaben der *Industrial Property Order* von 1984 wurden die sog. *Proclamations* von 1919 aufgehoben, womit die Abhängigkeit der Patente von zuvor im Vereinigten Königreich oder Südafrika erteilten Patenten überwunden werden sollte. Den *Proclamations* von 1919 wurden mit der Verabschiedung des Gesetzes von 1989 wieder Wirkung verliehen und innerhalb von 12 Monaten nach Erlass des Gesetzes sollte es möglich sein, Patente zu erhalten, wenn bereits in Südafrika oder dem Vereinigten Königreich ein Patent erteilt wurde. Durch den Beitritt zur PVÜ im selben Jahr war Lesotho verpflichtet, das System der abhängigen Patente abzuschaffen. Mit der Regelung sollte daher eine Übergangslösung geschaffen werden; vgl. *Kumar, U.*, An Introduction to the African Industrial Property System, S. 27 ff.

kein geografischer Bezug hergestellt werden, beide Patentgesetze stammen aber aus dem Jahre 1989 und orientieren sich am Modellgesetz der WIPO.[1060] In Hinblick auf die Vereinbarkeit mit dem TRIPS-Übereinkommen kann daher auf die Ausführungen zum *Industrial Property Code* Gambias verwiesen werden. Im Gegensatz zu Gambia wird in Lesotho jedoch ein Forschungsprivileg anerkannt, was mit dem TRIPS-Übereinkommen vereinbar ist und daher nicht zu einem anderen Ergebnis führt.

XII. Madagaskar: Gesetz zum Schutz des gewerblichen Eigentums von 1989

Die im indischen Ozean gelegene Republik Madagaskar erlangte 1960 ihre Unabhängigkeit von Frankreich.[1061] Das Rechtsystem basiert daher auf dem französischen Zivilrecht mit Einflüssen des Gewohnheitsrechts.[1062] Madagaskar war bereits Mitglied des GATT und wurde 1995 WTO-Mitglied.[1063] Das Patentrecht wird durch die *Ordinance No. 89–019 Establishing Arrangements for the Protection of Industrial Property in Madagascar* (OPIP) aus dem Jahre 1989 geregelt.[1064] Umgesetzt werden die Regelungen durch die Durchsetzungsverordnung Nr. 92–993 aus dem Jahre 1992, die zuletzt 1995 geändert wurde.[1065]

1. Inländerbehandlung und Meistbegünstigung

Es wird nicht zwischen ausländischen und inländischen Patentanmeldungen unterschieden. Auch das Prinzip der Meistbegünstigung wird nicht gefährdet.

2. Patentfähige Gegenstände

Patentfähig ist gem. Art. 4 Abs. 1 OPIP eine neue Erfindung in allen gewerblichen Bereichen, die auf einer erfinderischen Tätigkeit beruht und gewerblich anwendbar ist.[1066] Auch sind Verbesserungen patentfähig, wenn sie die übrigen

---

1060 Davon wurde bereits vor dem Erlass des neuen Patentgesetzes in Lesotho ausgegangen; vgl. *Kumar, U.*, Lesotho L.J. 4 (1988) 1, 181 (184).

1061 *Blaustein/Sigler/Beede*, Independence Documents of the World, S. 441 f.; *Rajaonah*, in: Shillington (Hrsg.), Encyclopedia of African History, Vol. 2, S. 881 (882).

1062 *Ntampaka*, Introduction aux systèmes juridiques africains, S. 7.

1063 Siehe dazu die Liste der WTO-Mitgliedstaaten, abrufbar unter: *www.wto.org/english/thewto_e/whatis_e/tif_e/org6_e.htm* (zuletzt 10.03.2017); *Adams & Adams*, Practical Guide to IP in Africa, S. 292.

1064 Abrufbar unter: *www.wipo.int/wipolex/en/* (zuletzt 10.03.2017). *Adams & Adams*, Practical Guide to IP in Africa, S. 292; *Merso*, ICTSD Policy Brief No. 16, June 2013, S. 2 spricht zumindest von einem Gesetz aus den 1980er Jahren; vgl. auch WTO Doc. IP/N/1/MDG/I/1 v. 17.02.2011.

1065 *Adams & Adams*, Practical Guide to IP in Africa, S. 292.

1066 Vgl. auch *Adams & Adams*, Practical Guide to IP in Africa, S. 292.

Schutzvoraussetzungen erfüllen. Für sie kann entweder ein eigenständiges Patent oder ein ergänzendes Schutzzertifikat beantragt werden.

3. *Keine patentfähigen Gegenstände*

Kein Patent wird gem. Art. 8 OPIP für Erfindungen erteilt, die gegen die öffentliche Ordnung oder die guten Sitten verstoßen.[1067] Nach Art. 27 Abs. 2 TRIPS ist ein solcher Ausschluss unzulässig.[1068] Auch Pflanzensorten und Tierrassen sowie im Wesentlichen biologische Verfahren zur Züchtung von Pflanzen und Tieren sind nicht patentfähig.[1069] Ein *sui-generis* Schutz für Pflanzensorten existiert nicht, weshalb auch dieser Ausschluss unzulässig ist. Weiterhin wird Software ausgenommen.[1070] Da das TRIPS-Übereinkommen lediglich den Urheberrechtsschutz verpflichtend für Computerprogramme vorsieht, ist der Ausschluss mit den TRIPS-Vorgaben vereinbar.[1071] Darüber hinaus werden Methoden, Systeme, Schemata, Entdeckungen und wissenschaftliche Theorien, die kein wesentliches Problem lösen oder keine bestimmte technische Lösung beinhalten, ausgeschlossen.[1072] Ihre praktische Anwendung, bei der die Methoden oder Systeme integriert werden, und welche die Voraussetzungen an die Patenterteilung erfüllen, ist dabei nicht ausgeschlossen und somit weiterhin patentierbar.

Der Ausschluss von Arzneimitteln, Tiermedizin, Kosmetika und Nahrungsmitteln ist nicht mit den Vorgaben des Art. 27 Abs. 1 TRIPS vereinbar, da nicht nach dem Bereich der Technologie diskriminiert werden darf.[1073] Auch fallen diese nicht unter die möglichen Ausnahmen in den Absätzen 2 und 3. Gerade der Schutz von Arzneimitteln sollte durch das TRIPS-Übereinkommen erreicht werden.[1074]

Schließlich besteht gem. Art. 9 OPIP die Möglichkeit, dass der Präsident bestimmten Arten von Erfindungen die Fähigkeit, patentiert werden zu können, vorübergehend oder dauerhaft versagen kann, wenn wesentliche Interessen – wie die Ausbildung, die Gesundheit, die Wirtschaft oder die nationale Sicherheit – betroffen sind.[1075] Zum Schutz der Gesundheit darf die Patenterteilung nach Art. 27 Abs. 2 TRIPS versagt werden. Missstände der Ausbildung oder Wirtschaft oder der nationalen Sicherheit könnten unter Umständen die öffentliche Ordnung betreffen.

1067 Vgl. auch *Adams & Adams*, Practical Guide to IP in Africa, S. 292.
1068 *Gervais*, TRIPS, Art. 27, Rn. 2.359.
1069 Vgl. auch *Adams & Adams*, Practical Guide to IP in Africa, S. 292.
1070 Vgl. auch *Adams & Adams*, Practical Guide to IP in Africa, S. 293.
1071 Vgl. dazu die Ausführungen zum Patentgesetz Dschibutis unter § 8 B V 2 a.
1072 Vgl. auch *Adams & Adams*, Practical Guide to IP in Africa, S. 293.
1073 *de Carvalho*, The Trips Regime of Patents and Test Data, Rn. 27.1.
1074 *Bently*, in: WIPO (Hrsg.), Standing Committee on the Law of Patents, 15th Session, WIPO Doc. SCP/15/3 v. 02.09.2010, Annex I, Exclusions from Patentability and Exceptions and Limitations to Patentee's Rights, S. 7 (23); *de Carvalho*, The Trips Regime of Patents and Test Data, Rn. 27.1 u. 27.4 (mit Verweis auf Stellungnahmen der EG, Japans und den USA in GATT Doc. MTN.GNG/NG11/W/7 v. 29.05.1987).
1075 Vgl. auch *Adams & Adams*, Practical Guide to IP in Africa, S. 293.

Allerdings lässt die Regelung offen, ob die Gefahr von der Erfindung ausgeht oder von ihrer gewerblichen Verwertung. Da der Ausschluss derart unklar ist, kann nicht angenommen werden, dass die Vorschrift mit dem TRIPS-Übereinkommen vereinbar ist.

4. Anmeldebedingungen

Es gilt gem. Art. 12 Abs. 2 OPIP das sog. Erstanmeldeprinzip. Maßgeblicher Zeitpunkt ist der Zeitpunkt der Anmeldung oder bei Vorliegen eines Prioritätsrechts, das in Art. 22 OPIP geregelt wird,[1076] der Zeitpunkt der ausländischen Anmeldung. Der Anmeldung ist gem. Art. 17 Abs. 2 lit. i) OPIP eine Beschreibung beizufügen, in der die Erfindung ausreichend klar und vollständig offenbart werden soll, sodass ein Fachmann in der Lage ist, sie auszuführen, ohne dass er selbst erfinderisch tätig werden muss. Dabei soll die beste Art der Ausführung genannt werden, die dem Anmelder bekannt ist.

5. Rechte aus dem Patent

Der Patentinhaber hat nach Art. 27 OPIP das Recht, Dritte von der Ausübung auszuschließen, wobei die Ausübung dem TRIPS-Übereinkommen entsprechend ausgestaltet wird. Sowohl die Anmeldung des Patents als auch das Patent selbst sind gem. Art. 34 OPIP zwischen Lebenden und Toten übertragbar. Allerdings wird das Recht durch das allgemein gehaltene Erfordernis der Überprüfung durch die zuständige Behörde in Art. 34 Abs. 4 OPIP beeinträchtigt und ist daher nicht mit Art. 28 Abs. 2 TRIPS vereinbar.[1077]

Der Patentinhaber hat zudem gem. Art. 35 Abs. 1 OPIP das Recht, Lizenzen zur Ausübung der Erfindung zu erteilen. Wenn die Nachfrage nur unzureichend gedeckt wird und der Patentinhaber mehrere Lizenzverträge abschließt, sind diese ebenfalls von der zuständigen Behörde zu überprüfen. In Hinblick auf die Unterversorgung des Marktes kann von einem Missbrauch ausgegangen werden, insbesondere da die unzureichende Ausübung als Fall des Missbrauchs in Art. 5A Abs. 2 PVÜ genannt wird. Die Überprüfung hinsichtlich der ungenügenden Ausübung kann daher als mit Art. 28 Abs. 2 TRIPS vereinbar bewertet werden.[1078] Der Abschluss mehrerer Lizenzverträge stellt hingegen keinen Missbrauch des ausschließlichen Nutzungsrechts dar. Die Überprüfung ist daher eine unzulässige Beeinträchtigung und widerspricht Art. 28 Abs. 2 TRIPS.[1079]

1076 Vgl. *Adams & Adams*, Practical Guide to IP in Africa, S. 294.

1077 *Gervais*, TRIPS, Art. 28, Rn. 2.381; *de Carvalho*, The Trips Regime of Patents and Test Data, Rn. 28.13.

1078 *de Carvalho*, The Trips Regime of Patents and Test Data, Rn. 28.13; *v. Saint-André/Taşdelen*, in: Busche/Stoll/Wiebe (Hrsg.), TRIPs, Art. 28, Rn. 6; *Correa*, TRIPS, S. 300.

1079 *Gervais*, TRIPS, Art. 28, Rn. 2.381; *de Carvalho*, The Trips Regime of Patents and Test Data, Rn. 28.13.

Die Rechte aus dem Patent erstrecken sich gem. Art. 30 Abs. 1 OPIP nur auf gewerbliche oder kommerzielle Handlungen. Sie erschöpfen sich zudem dann, wenn ein Produkt rechtmäßig auf den madagassischen Markt gebracht wurde. Handlungen, die an Bord ausländischer Schiffe, Raumschiffe, Flugzeuge oder Fahrzeuge gebraucht werden, die sich nur vorrübergehend oder zufällig in dem Staatsgebiet befinden, bleiben ebenfalls unberührt.

Schließlich darf gem. Art. 31 OPIP derjenige, der gutgläubig vor der Anmeldung das Produkt hergestellt oder gebraucht hat, weiterhin die Handlungen vornehmen, ohne von dem Patentinhaber davon ausgeschlossen zu werden.[1080]

6. Benutzung ohne Zustimmung des Patentinhabers

Nach Art. 37 Abs. 2 OPIP kann der Staat zu jederzeit von Amts wegen eine Lizenz erhalten, wenn das öffentliche Interesse betroffen ist. Dabei ist eine Gebühr zwischen dem Staat und dem Patentinhaber zu vereinbaren oder im Falle des Fehlens einer solchen Vereinbarung vom Gericht festzusetzen. Die weiteren Anforderungen des Art. 31 TRIPS werden jedoch nicht erfüllt.

Nach Ablauf von vier Jahren nach Anmeldung oder drei Jahren nach Erteilung des Patents kann gem. Art. 36 OPIP die Erteilung einer Zwangslizenz gegen die Zahlung einer angemessenen Vergütung beantragt werden, wenn die Erfindung nicht oder nur unzureichend in Madagaskar ausgeübt wird und der Patentinhaber die unzureichende Ausübung nicht rechtfertigen kann oder der Patentinhaber sich weigert eine Lizenz zu angemessenen Bedingungen zu erteilen.[1081] Ein weiterer Grund für die Erteilung kann vorliegen, wenn die Nachfrage nach dem Produkt nicht gedeckt wird. Die Zwangslizenz darf dabei nicht ausschließlich sein und sie darf nur zusammen mit der Einrichtung des Begünstigten oder mit dem Teil der Einrichtung, in dem die Erfindung ausgeführt wird, übertragen werden. Die Verweigerung der Erteilung einer freiwilligen Lizenz kann für sich genommen nicht Grund für die Erteilung einer Zwangslizenz sein.[1082] Vielmehr ist sie eine Voraussetzung, die in den übrigen Fällen vorliegen müsste. Auch fehlen Bestimmungen darüber, dass Umfang und Dauer zu begrenzen sind. Es kann zwar die Zwangslizenz nur durch einen Gerichtsentscheid zurück genommen werden. Ob dabei aber auch die Vergütung überprüft werden kann, wird von Art. 36 OPIP offen gelassen. Die Regelung über die Erteilung von Zwangslizenzen ist daher unzureichend und wird den Anforderungen des Art. 31 TRIPS nicht gerecht.

1080 Eine solche *prior use* Ausnahme wird von Art. 30 TRIPS gedeckt; vgl. *Correa*, in: ders./Yusuf (Hrsg.), IP and International Trade, S. 226 (244 f.); *ders.*, TRIPS, S. 303; *v. Saint-André/Taşdelen*, in: Busche/Stoll/Wiebe (Hrsg.), TRIPs, Art. 30, Rn. 3 u. 33. A.A. *de Carvalho*, The Trips Regime of Patents and Test Data, Rn. 30.15.

1081 Vgl. auch *Adams & Adams*, Practical Guide to IP in Africa, S. 295 f.

1082 *Taşdelen*, in: Busche/Stoll/Wiebe (Hrsg.), Art. 31, Rn. 21. A.A. *Reichman*, in: Correa/Yusuf (Hrsg.), IP and International Trade, S. 23 (34); *Richter*, Wis. Int'l L.J. 30 (2012) 1, 229 (240).

7. Beendigung des Schutzes

Der Patentschutz läuft gem. Art. 10 OPIP 15 Jahre, kann aber bei Vorliegen weiterer Voraussetzungen um weitere fünf Jahre verlängert werden.[1083] Die bloße Möglichkeit zur Verlängerung genügt den Anforderungen des Art. 33 TRIPS jedoch nicht.[1084]

Ein Patent verfällt gem. Art. 32 Abs. 3 OPIP, wenn die Gebühr nicht innerhalb von sechs Monaten nach der Fälligkeit gezahlt wird.

8. Zwischenergebnis

Zwar ist das Patentgesetz nicht vollständig mit den TRIPS-Vorgaben vereinbar,[1085] dennoch heißt es, es bestünde ein effektives System zum Schutz des geistigen Eigentums.[1086] Anmeldungen, sowohl von Einheimischen als auch ausländische, werden in dem bestehenden Patentbüro bearbeitet und Patente werden erteilt.[1087] Allerdings sind Kenntnisse und das Wissen über das Bestehen eines Patentrechts in der Bevölkerung kaum verbreitet.[1088] Madagaskar hat zwar das Potential, lokal Arzneimittel herzustellen. Allerdings ist die Herstellung auf Grund hoher Steuern kostspielig und damit nicht konkurrenzfähig.[1089]

Defizite:

- Es wird nicht im verlangten Umfang Patentschutz gewährt.
- Die Ausnahmen vom Patentschutz gehen über das hinaus, was nach den TRIPS-Vorgaben noch zulässig wäre.
- Die Anforderungen an die Rechteübertragung und Lizenzerteilung gehen über das zulässige Maß hinaus.
- Die Anforderungen des Art. 31 TRIPS werden nicht erfüllt.
- Ein Patent wird lediglich für 15 Jahre erteilt.

1083 *Adams & Adams*, Practical Guide to IP in Africa, S. 294.

1084 *Canada – Term of Patent Protection*, Report of the Appellate Body, WTO Doc. WT/DS170/AB/R v. 18.09.2000, Rn. 92; *UNCTAD-ICTSD*, Resource Book on TRIPS and Development, S. 426.

1085 Angenommen wird aber teilweise, das Gesetz wäre an die TRIPS-Vorgaben angepasst worden; vgl. WTO Doc. IP/C/W/584 v. 22.02.2013, Rn. 2.4; *Saana Consulting*, Factual overview on technical & financial cooperation for LDCs, S. 24, Table 5.

1086 *Mgbeoji*, in: Gervais (Hrsg.), IP, Trade and Development, S. 180 (200).

1087 *Mgbeoji*, in: Gervais (Hrsg.), IP, Trade and Development, S. 180 (200). Im Jahre 2013 wurden allerdings nur vier Patente von Einheimischen angemeldet (wovon keines erteilt wurde). Insgesamt wurden 51 Patente angemeldet, von denen 40 an ausländische Anmelder erteilt wurden; vgl. WIPO IP Statistics Database, abrufbar unter: *ipstats.wipo.int/ipstatv2/editIpsSearchForm.htm?tab=patent* (zuletzt 10.03.2017).

1088 WTO Doc. IP/C/W/584 v. 22.02.2013, Rn. 4.1.

1089 WTO Doc. IP/C/W/584 v. 22.02.2013, Rn. 5.2.

XIII. *Malawi und Sambia: Patentgesetze von 1958*

Auf Grund ihrer gemeinsamen historischen Verknüpfungen, aus denen sich die Grundlage des Patentrechts ergibt, werden die Gesetze Malawis und Sambias zusammen dargestellt.[1090] Mit Simbabwe bildeten sie bis zu ihrer Unabhängigkeit 1964[1091] eine britische Kolonie,[1092] weshalb auch heute das Rechtssystem auf dem Common Law mit Einflüssen des Gewohnheitsrechts beruht.[1093] Das Patentrecht wird hauptsächlich durch niedergeschriebenes Recht geregelt.[1094] Viele Gesetze – und insbesondere die Gesetze zum Schutz des geistigen Eigentums – entstanden, als Malawi und Sambia die Föderation von Rhodesien und Njassaland bildeten.[1095] Mitglied der WTO wurden beide Staaten 1995.[1096] Das Patentrecht beruht auf dem gemeinsamen Patentgesetz von 1958,[1097] das einigen wenigen Änderungen unterzogen wurde. In Malawi findet das Patentgesetz in seiner geänderten Fassung von 1986 Anwendung.[1098] Mit der Änderung wurde das Harare-Protokoll in das Gesetz integriert.[1099] In Sambia findet die Fassung von 1965 Anwendung, die 1980 und 1987 geändert wurde.[1100] Angenommen wird, dass als Vorbild das Modellgesetz der WIPO galt.[1101]

1090 Eine gemeinsame Darstellung des Patentrechts in Malawi und Sambia erfolgt auch bei *Kumar, U.*, An Introduction to the African Industrial Property System, S. 85 ff. Auf etwaige Abweichungen der Gesetzesnormen wird hingewiesen.

1091 *Meinhardt*, in: Baumann/Brehme/Ebert (Hrsg.), Die Verfassungen der anglophonen Staaten des subsaharischen Afrikas, S. 283 (286 f.); *Wegemund*, in: Baumann/Brehme/Ebert (Hrsg.), Die Verfassungen der anglophonen Staaten des subsaharischen Afrikas, S. 575 (579); *Blaustein/Sigler/Beede*, Independence Documents of the World, S. 443 f. (in Bezug auf Malawi) u. 799 f. (in Bezug auf Sambia).

1092 *Kumar, U.*, An Introduction to the African Industrial Property System, S. 85.

1093 *Ntampaka*, Introduction aux systèmes juridiques africains, S. 7; für Malawi siehe auch *Kapeta*, in: Campbell (Hrsg.), Legal Aspects of Doing Business in Africa, S. MLW-1 (MLW-2); für Sambia auch *Sitwala*, in: Campbell (Hrsg.), Legal Aspects of Doing Business in Africa, 2006, S. 601.

1094 Zumindest in Bezug auf Malawi, vgl. *Wanda*, Lesotho L.J. 4 (1988) 1, 197.

1095 *Kumar, U.*, An Introduction to the African Industrial Property System, S. 85; *Sitwala*, in: Campbell (Hrsg.), Legal Aspects of Doing Business in Africa, 2006, S. 601.

1096 Siehe dazu die Liste der WTO-Mitgliedstaaten, abrufbar unter: *www.wto.org/english/thewto_e/whatis_e/tif_e/org6_e.htm* (zuletzt 10.03.2017).

1097 *Wanda*, Lesotho L.J. 4 (1988) 1, 197 (198). Dort wird als Zeitpunkt allerdings 1957 genannt.

1098 Vgl. auch *Wekundah*, African Technology Policy Studies Network Research Paper No. 19, 2012, S. 56; *Adams & Adams*, Practical Guide to IP in Africa, S. 307. Umgesetzt wurde das Gesetz 1992; vgl. *Adams & Adams*, Practical Guide to IP in Africa, S. 307.

1099 *Kumar, U.*, An Introduction to the African Industrial Property System, S. 88.

1100 So auch in *Saana Consulting*, Factual overview on technical & financial cooperation for LDCs, Annex E, S. 100; vgl. auch *Adams & Adams*, Practical Guide to IP in Africa, S. 646 (dort wird allerdings 1957 genannt).

1101 Zumindest in Bezug auf Sambia vgl. *Seyoum*, IIC 1985, 437 (441).

1. *Inländerbehandlung und Meistbegünstigung*

Einen Anspruch auf Patenterteilung haben gem. Abschnitt 11 beider Patentgesetze der Erfinder einer Erfindung oder ein durch ihn zur Anmeldung Ermächtigter sowie Angehörige eines Vertragsstaats der PVÜ und der gesetzliche Vertreter des Erfinders.[1102] Der Regelung könnte entnommen werden, nur Angehörige Malawis bzw. Sambias sowie Angehörige der PVÜ könnten Patente beantragen. Ausgenommen wären dann Angehörige anderer WTO-Mitgliedstaaten. Vertreten wird aber, dass jeder Erfinder unabhängig seiner Nationalität ein Patent beantragen kann.[1103] Allerdings wird darüber hinaus in Abschnitt 12 Abs. 1 lit. c) der Gesetze verlangt, dass der Anmelder seinen Sitz in Malawi/Sambia angibt. Ausländische Patentanmelder könnten dadurch beeinträchtigt werden.[1104] Ein Verstoß gegen das Prinzip der Inländerbehandlung liegt aber zumindest in Bezug auf die Anmeldeerfordernisse vor. In Malawi und Sambia besteht für die eigenen Staatsangehörigen die Möglichkeit, zunächst eine vorläufige Spezifikation einzureichen. Angehörige eines Konventionsstaats müssen gem. Abschnitt 13 Abs. 1 der Patentgesetze eine vollständige Spezifikation abgeben.[1105] Damit werden sie schlechter gestellt, als die eigenen Staatsangehörigen.

2. *Patentfähige Gegenstände*

Patente werden gem. Abschnitt 2 beider Patentgesetze für Erfindungen erteilt. Erfindungen sollen eine praktische Lösung für technische Probleme enthalten, unabhängig davon, ob es sich um Erzeugnisse oder Verfahren handelt.[1106] Für eine Verbesserung kann gem. Abschnitt 31 der Patentgesetze ein Zusatzpatent erteilt werden, dessen Laufzeit von der des Hauptpatents abhängt und nur mit diesem übertragen werden kann.[1107] Als weitere Patentform kennen das Patentrecht Malawis und Sambias das ARIPO-Patent, das gem. Abschnitt 10A Abs. 2 des Patentgesetzes in Sambia und gem. Abschnitt 10a Abs. 1 des Patentgesetzes in Malawi dieselbe Wirkung hat, wie ein nationales Patent.[1108]

1102 So auch *Kumar, U.*, An Introduction to the African Industrial Property System, S. 97.

1103 Zumindest in Bezug auf Malawi vgl. *Wanda*, Lesotho L.J. 4 (1988) 1, 197 (202).

1104 Vertreten wird, dass bereits diskriminierende formelle Anforderungen gegen das Prinzip der Inländerbehandlung verstoßen; vgl. *de Carvalho*, The Trips Regime of Patents and Test Data, Rn. 3.27. Eine solche Diskriminierung kann bereits dann vorliegen, wenn der Schutz unter erschwerten Bedingungen erreicht werden kann; vgl. *Lüers*, in: Busche/Stoll/Wiebe (Hrsg.), TRIPs, Art. 3, Rn. 12.

1105 Vgl. in Bezug auf Malawi *Wanda*, Lesotho L.J. 4 (1988) 1, 197 (203).

1106 *Kumar, U.*, An Introduction to the African Industrial Property System, S. 92 u. 96.

1107 Vgl. *Kumar, U.*, An Introduction to the African Industrial Property System, S. 102; *Wanda*, Lesotho L.J. 4 (1988) 1, 197 (211).

1108 So auch *Kumar, U.*, An Introduction to the African Industrial Property System, S. 98. Es bestehen dabei Abweichungen des Wortlauts.

a. Schutzvoraussetzungen

Sowohl in Malawi als auch in Sambia wird ein Patent gem. Abschnitt 25 Abs. 1 der Patentgesetze erteilt, wenn die in dem Gesetz genannten Voraussetzungen erfüllt werden und kein Widerspruch gegen seine Erteilung eingelegt wird. Es muss sich daher um eine Erfindung handeln, die in Abschnitt 2 der Gesetze als jede neue Form der Kunst, eines Verfahrens, einer Maschine, eines Erzeugnisses oder einer Komposition verstanden wird, die nicht offensichtlich ist und in einem Gewerbe angewandt werden kann.[1109] Zudem wird in Abschnitt 22 Abs. 1 beider Patentgesetze vorgesehen, unter welchen Voraussetzungen gegen die Erteilung eines Patents widersprochen werden kann (sog. *pre-grant*-Opposition).[1110] Demnach kann Widerspruch unter anderem eingelegt werden, wenn die Erfindung nicht industriell anwendbar ist, sie nicht auf einer erfinderischen Tätigkeit beruht oder sie nicht neu ist. Der Anspruch auf ein Patent besteht daher, wenn die Erfindung neu ist, auf einer erfinderischen Tätigkeit beruht und gewerblich anwendbar ist.[1111]

b. Keine patentfähigen Gegenstände

Von der Fähigkeit, patentiert werden zu können, sind gem. Abschnitt 18 Abs. 1 beider Patentgesetze Erfindungen ausgeschlossen, die offensichtlich gegen begründete Naturgesetze[1112] verstoßen.[1113] Mit dem Verweis auf die Naturgesetze kann angenommen werden, Erfindungen, die physikalisch nicht ausführbar sind, seien nicht patentfähig. Ein solcher Ausschluss ist nach Art. 27 Abs. 1 TRIPS möglich, da bereits das Kriterium der (gewerblichen) Anwendbarkeit entfallen würde und daher kein Patentschutz gewährleistet werden muss. Die Patenterteilung kann zudem versagt werden, wenn der Gebrauch der Erfindung gegen das Gesetz oder gegen die guten Sitten verstoßen würde.[1114] Während der Sittenverstoß einen berechtigten Ausschlussgrund gem. Art. 27 Abs. 2 TRIPS darstellt, kann die Erteilung nicht allein

---

1109 So auch *Kumar, U.*, An Introduction to the African Industrial Property System, S. 92; *Adams & Adams*, Practical Guide to IP in Africa, S. 308 (in Bezug auf Malawi) u. 646 (in Bezug auf Sambia).

1110 So auch *Kumar, U.*, An Introduction to the African Industrial Property System, S. 101.

1111 I.E. so auch *Wekundah*, African Technology Policy Studies Network Research Paper No. 19, 2012, S. 56; *Kumar, U.*, An Introduction to the African Industrial Property System, S. 93. In Bezug auf Sambia *Mwenda*, in: ders./Ailola (Hrsg.), Frontiers of Legal Knowledge, S. 61 (71 f.).

1112 Engl. „*well established natural laws*"; Übersetzung nach: *Szendy*, Wörterbuch des Patentwesens in fünf Sprachen, S. 232 f.

1113 So auch *Kumar, U.*, An Introduction to the African Industrial Property System, S. 92.

1114 So auch *Wekundah*, African Technology Policy Studies Network Research Paper No. 19, 2012, S. 56; *Kumar, U.*, An Introduction to the African Industrial Property System, S. 92; *Wanda*, Lesotho L.J. 4 (1988) 1, 197 (207); in Bezug auf Malawi vgl. auch *Adams & Adams*, Practical Guide to IP in Africa, S. 308.

deswegen ausgeschlossen werden, weil ein Gesetz den Gebrauch verbietet.[1115] Da das Patent ein negatives Recht darstellt, das den Ausschluss anderer von der Ausübung regelt, ist es unerheblich, ob die Ausübung gesetzeswidrig ist.[1116] Nur wenn der Gesetzesverstoß zugleich auch einen Verstoß gegen die guten Sitten darstellt, ist der Ausschluss mit den TRIPS-Vorgaben vereinbar.[1117] Allerdings kann in der Spezifikation erklärt werden, dass die Erfindung nicht in einer solchen Art genutzt werden wird. In dem Fall kann ein Patent erteilt werden. Zwar hat hier der Patentanmelder die Möglichkeit, dennoch ein Patent zu erhalten, ihm wird aber eine Hürde gesetzt. Die Regelung ist also nicht mit Art. 27 Abs. 2 TRIPS vereinbar.

Kein Patent wird erteilt für Erfindungen, die aus Substanzen bestehen, die zur Nahrung oder als Medikament genutzt werden können und aus bereits bekannten Inhalten bestehen. Auch Verfahren, mithilfe derer diese Substanzen durch bloßes Mischen hergestellt werden, werden nicht patentiert.[1118] Der Ausschluss der Patentierung bereits bekannter Inhalte ist nach den TRIPS-Vorgaben möglich, da die Erfindung nicht die Voraussetzung der Neuheit erfüllen würde.

Schließlich wird in Abschnitt 24 Abs. 2 beider Patentgesetze vorgesehen, dass eine Erfindung, die aus Gründen der Verteidigung geheim gehalten werden soll, ebenfalls nicht patentiert werden darf.[1119] Unter Abwägung der Interessen nach Art. 7 TRIPS kann zu dem Ergebnis gelangt werden, eine Gegenleistung durch ein ausschließliches Nutzungsrecht sei entbehrlich, da keine Offenbarung des Wissens erfolgt.[1120] Zudem gelten die Regelungen über den Regierungsgebrauch entsprechend und dem Anmelder ist der Schaden angemessen zu ersetzen.[1121]

Sambia erklärte darüber hinaus gegenüber der WTO, Patente würden für Arzneimittel erteilt werden. Lediglich Behandlungsmethoden seien ausgeschlossen.[1122]

1115 *UNCTAD-ICTSD*, Resource Book on TRIPS and Development, S. 377; Bereits nach Art. 4*quarter* PVÜ ist ein solcher Ausschluss unzulässig; vgl. auch *Bodenhausen*, Art. 4*quarter* PVÜ, S. 54 f.; *de Carvalho*, The Trips Regime of Patents and Test Data, Rn. 27.119.

1116 *Moufang*, in: van Overwalle (Hrsg.), Octrooirecht, Ethiek en Biotechnologie, S. 65 (70); *UNCTAD-ICTSD*, Resource Book on TRIPS and Development, S. 380 u. 382.

1117 Vgl. auch *Gervais*, TRIPS, Art. 27, Rn. 2.361, der sagt, neben dem gesetzlichen Verbot müssten auch weitere in Art. 27 Abs. 2 TRIPS genannte Gründe vorliegen.

1118 So auch *Kumar, U.*, An Introduction to the African Industrial Property System, S. 92; *Wanda*, Lesotho L.J. 4 (1988) 1, 197 (207); in Bezug auf Malawi vgl. auch *Adams & Adams*, Practical Guide to IP in Africa, S. 308.

1119 So auch *Kumar, U.*, An Introduction to the African Industrial Property System, S. 93.

1120 Siehe dazu die Ausführungen in Bezug auf das Patentgesetz der DRK unter § 8 B IV 3.

1121 Die Regelung kann mit § 13 des deutschen Patentgesetzes verglichen werden, wonach sich die Wirkung eines Patents nicht auf die Benutzung einer Erfindung erstreckt, die im Interesse der Sicherheit des Bundes angeordnet wird und für Vereinbar mit Art. 31 TRIPS gehalten wird; vgl. *Mes*, PatG, § 13 Rn. 1.

1122 WTO Doc. IP/N/1/ZMB/2 v. 17.09.1998.

3. Anmeldebedingungen

Gewahrt wird das Erfordernis, ein Prioritätsrecht einzuräumen.[1123] Ein solches wird in Art. 8 beider Patentgesetze vorgesehen. In den übrigen Fällen gilt das sog. Erstanmeldeprinzip.[1124] Der Anmeldung ist nach Art. 13 Abs. 1 beider Patentgesetze entweder eine vollständige oder eine vorläufige Spezifikation beizufügen. Ausgenommen von der Möglichkeit, zunächst eine vorläufige Spezifikation einzureichen, sind Anmeldungen eines anderen PVÜ Mitglieds: dieser ist eine vollständige Spezifikation beizufügen.[1125] Die Anmeldung muss sich gem. Art. 14 Abs. 4 beider Gesetze auf eine einzelne Erfindung beziehen und klar und bündig sein. Die vollständige Spezifikation muss die Erfindung vollständig beschreiben und benennen, wie sie auszuführen ist. Nach Art. 14 Abs. 3 lit. b) beider Patentgesetze ist dabei die beste Methode der Ausführung zu beschreiben.[1126] Ist die Offenbarung unvollständig, kann der Erteilung des Patents gem. Art. 22 Abs. 1 lit f.) der Gesetze widersprochen werden.[1127]

4. Rechte aus dem Patent

Ein Patent verleiht gem. Art. 28 Abs. 4 beider Patentgesetze seinem Inhaber das alleinige Recht, die patentierten Erfindung herzustellen, zu gebrauchen, sie auszuüben oder zu verkaufen.[1128] Dabei handelt es sich – wie auch im TRIPS-Übereinkommen vorgesehen[1129] – um ein negatives Recht, das den Patentinhaber nicht verpflichtet, die Erfindung tatsächlich auszuüben.[1130] Nicht vorgesehen wird allerdings, dass der Patentinhaber andere von der Einfuhr ausschließen kann. Die Regelung erfüllt daher nicht die Vorgaben des Art. 28 Abs. 1 TRIPS.

Die Übertragung wird nicht ausdrücklich geregelt.[1131] Allerdings werden in Art. 49 beider Patentgesetze Vorgaben über den Inhalt eines Vertrages gemacht, der zum Verkauf, zum Verleih oder zur Lizensierung geschlossen wird. Mithin sieht das Patentrecht vor, dass die Rechte aus dem Patent übertragen oder lizensiert werden

---

1123 So auch *Wanda*, Lesotho L.J. 4 (1988) 1, 197 (200); *Kumar, U.*, An Introduction to the African Industrial Property System, S. 98; *Adams & Adams*, Practical Guide to IP in Africa, S. 309 (Malawi) u. 648 (Sambia).

1124 *Kumar, U.*, An Introduction to the African Industrial Property System, S. 98.

1125 So auch *Kumar, U.*, An Introduction to the African Industrial Property System, S. 96. Zur Verletzung des Prinzips der Inländerbehandlung vgl. oben § 8 B XIII 1.

1126 So auch *Kumar, U.*, An Introduction to the African Industrial Property System, S. 96.

1127 *Kumar, U.*, An Introduction to the African Industrial Property System, S. 97.

1128 So auch *Wanda*, Lesotho L.J. 4 (1988) 1, 197 (210); *Kumar, U.*, An Introduction to the African Industrial Property System, S. 103.

1129 *UNCTAD-ICTSD*, Resource Book on TRIPS and Development, S. 370.

1130 *Kumar, U.*, An Introduction to the African Industrial Property System, S. 104.

1131 Die Möglichkeit zur Übertragung und Lizensierung wird aber genannt bei *Adams & Adams*, Practical Guide to IP in Africa, S. 311 (Malawi) u. 649 (Sambia).

können.[1132] Art. 49 der Patentgesetze enthält Einschränkungen über den Abschluss solcher Verträge. So darf dem Käufer oder Lizenznehmer die Nutzung eines Gegenstandes nicht untersagt werden, wenn der Gegenstand einem anderen als dem Patentinhaber gehört. Auch darf der Käufer oder Lizenznehmer nicht dazu verpflichtet werden, einen anderen Artikel des Patentinhabers zu erwerben. Vereinbarungen, die diesen Vorgaben widersprechen, sind nichtig. Etwas anderes gilt dann, wenn der Patentinhaber beweisen kann, dass der Käufer oder Lizenznehmer den Vertrag auch zu angemessen Konditionen hätte abschließen können.[1133] Bedingungen, die an den Abschluss von Lizenzverträgen gestellt werden und der Überprüfung einer Behörde unterliegen, widersprechen Art. 28 Abs. 2 TRIPS, es sei denn, es handelt sich um eine bloße Formalität.[1134] Allerdings hängt die Wirksamkeit der Übertragung oder der Lizenz nicht von einer solchen Überprüfung ab. Nichtig werden nur die in Art. 49 Patentgesetz genannten Bedingungen. Daher kann die Vorschrift nicht als Einschränkung des Patentinhabers verstanden werden.

Wenn eine patentierte Erfindung an Bord eines Schiffs genutzt wird, das einem anderen Konventionsmitglied gehört und das sich nur vorübergehend oder zufällig in dem Gebiet Malawis oder Sambias befindet, stellt dies gem. Art. 9 beider Patentgesetze keine Rechtsverletzung dar. Dasselbe gilt für den Gebrauch von Erfindungen an Bord eines Flug- oder Landfahrzeugs.[1135]

Auch stellt es nach Art. 40 Abs. 2 der Patentgesetze Malawis und Sambias keine Verletzung dar, wenn die Erfindung vor dem Einreichen der vollständigen Spezifikation zu Regierungszwecken erfasst oder ausprobiert wurde und die Kenntnisse nicht durch den Patentinhaber vermittelt wurden. In diesem Falle ist keine Entschädigung an den Patentinhaber zu zahlen.

5. *Benutzung ohne Zustimmung des Patentinhabers*

a. Regierungsgebrauch

Die Regierung darf gem. Art. 40 Abs. 1 beider Patentgesetze die Erfindung für Staatszwecke nutzen, sie herstellen oder ausüben.[1136] Der Gebrauch hat gem. Art. 40 Abs. 3 der Gesetze zu den Bedingungen zu erfolgen, die entweder vor oder nach

---

1132 Vgl. auch *Kumar, U.*, An Introduction to the African Industrial Property System, S. 110.

1133 So auch *Kumar, U.*, An Introduction to the African Industrial Property System, S. 110.

1134 *de Carvalho*, The Trips Regime of Patents and Test Data, Rn. 28.13; *Gervais*, TRIPS, Art. 28, Rn. 2.381.

1135 So auch *Kumar, U.*, An Introduction to the African Industrial Property System, S. 103.

1136 So auch *Kumar, U.*, An Introduction to the African Industrial Property System, S. 109; *Avafia/Berger/Hartzenberg*, The ability of select sub-Saharan African countries to utilise TRIPs Flexibilities, Rn. 4.3. Zumindest in Bezug auf Malawi *Wanda*, Lesotho L.J. 4 (1988) 1, 197 (216).

dem Gebrauch zwischen dem Minister und dem Patentinhaber vereinbart wurden. Fehlt es an einer solchen Vereinbarung, sind die Bedingungen vom Patentgericht in Malawi oder vom *High Court* in Sambia festzulegen. Zwar wird damit nicht ausdrücklich geregelt, dass vor dem Regierungsgebrauch zunächst der Versuch zu unternehmen ist, eine freiwillige Lizenz zu erhalten. Allerdings wird dem Patentinhaber die Möglichkeit gegeben, selbst die Bedingungen festzulegen. Nur wenn keine Einigung erzielt wird, sind die Bedingungen durch das jeweilige Gericht zu bestimmen. Damit kann zumindest dann, wenn die Bedingungen vor dem Gebrauch festgelegt wurden, dem Erfordernis in Art. 31 lit. b) TRIPS Rechnung getragen werden. Zudem entfällt die Notwendigkeit vorheriger erfolgloser Verhandlungen, wenn die Erfindung nicht gewerblich und im öffentlichen Nutzen erfolgt. Mit dem Regierungsgebrauch soll gewährleistet werden, dass eine Erfindung zu Regierungszwecken genutzt wird. Hierbei handelt es sich um eine öffentliche nicht gewerbliche Nutzung. Art. 31 lit. b) a.E. TRIPS verlangt dabei lediglich, dass der Patentinhaber über die Nutzung informiert wird. Diesem Erfordernis wird in Art. 40 Abs. 5 der Patentgesetze Rechnung getragen. Allerdings kann der Minister von der Unterrichtung des Patentinhabers absehen, wenn dies dem öffentlichen Interesse entgegenstehen würde. Es wird nicht konkretisiert, wann das öffentliche Interesse betroffen sein könnte. Die Informationspflicht in Art. 31 lit. b) TRIPS stellt bereits die Ausnahme zu dem Erfordernis vorheriger Verhandlungen dar. Eine weitere Ausnahme hiervon ist nicht vorgesehen. Die Erteilung einer Nutzungserlaubnis gegen den Willen des Patentinhabers stellt eine Beeinträchtigung seiner Rechte dar. Zumindest das Recht, über eine solche Nutzung informiert zu werden, sollte ihm daher zugestanden werden.

Nach Art. 41 beider Patentgesetze kann der Regierungsgebrauch auch gestattet werden, wenn es sich um einen erklärten Notstand handelt.[1137] Während der Notstandslage kann die Regierung die patentierte Erfindung herstellen, gebrauchen, ausüben und auch verkaufen, wenn dies dem Minister angemessen erscheint. Auch in einem solchen Fall ist es nicht notwendig, sich zuvor um die Erteilung einer freiwilligen Lizenz zu bemühen. Gründe dafür, wann ein solcher Gebrauch notwendig sein könnte, werden in Art. 41 Abs. 2 der Gesetze aufgelistet. Den Mitgliedstaaten steht es frei, selbst zu entscheiden, wann sie von einem nationalen Notstand ausgehen.[1138]

Auch unter den Regierungsgebrauch fällt es, wenn einer fremden Regierung, die mit Malawi oder Sambia ein Abkommen geschlossen hat, der patentierte Gegenstand zu Verteidigungszwecken bereitgestellt wird. In einem solchen Fall ist auch

1137 So auch *Avafia/Berger/Hartzenberg*, The ability of select sub-Saharan African countries to utilise TRIPs Flexibilities, Rn. 4.4.

1138 WTO Doc. WT/MIN(01)/DEC/2 v. 20.11.2001, Rn. 5; *Taşdelen*, in: Busche/Stoll/Wiebe (Hrsg.), Art. 31, Rn. 18; *Rott*, Patentrecht und Sozialpolitik, S. 289; *Malbon/Lawson/Davison*, TRIPS, Overview Patents, Rn. O.03; *Gervais*, TRIPS, Art. 31, Rn. 2.409.

der Verkauf des patentierten Gegenstands möglich. Da Art. 31 lit. f) TRIPS nur die Versorgung des Binnenmarkts erlaubt, steht die Vorschrift im Widerspruch zu den Vorgaben des TRIPS-Übereinkommens. Auch das sog. „*Par. 6*"-System greift hier nicht, da dieses sich auf die Versorgung mit Arzneimitteln beschränkt.

Die Nutzungserlaubnis der Regierung unterliegt gem. Art. 42 beider Patentgesetze der gerichtlichen Überprüfung. Auch die Höhe der Vergütung kann Bestandteil der Überprüfung sein.

Neben den teilweise bereits unzulässigen Regelungen über den Regierungsgebrauch, ist die Vorschrift lückenhaft und entspricht nicht den Anforderungen des TRIPS-Übereinkommens. Weder sind nach den Patentgesetzen Umfang und Dauer der Erlaubnis zu beschränken noch wird ausdrücklich verlangt, dass der Patentinhaber zu vergüten ist. Allenfalls die Möglichkeit, die Höhe der Kompensation gerichtlich überprüfen zu lassen, kann auf eine Vergütungspflicht schließen lassen. Aussagen darüber, ob der Regierungsgebrauch den Patentinhaber von der Ausübung und der Möglichkeit, weitere Lizenzen zu erteilen, ausschließt, werden nicht getroffen. Auch die Übertragung der Nutzungserlaubnis wird nicht geregelt.

b. Zwangslizenzen

Nach Art. 37 Abs. 1 beider Patentgesetze kann jede Person, die erfolglos versucht hat, zu angemessenen Konditionen eine Lizenz von dem Patentinhaber zu erhalten, nach dem Ablauf von drei Jahren nach Patenterteilung oder vier Jahre nach Anmeldung des Patents eine Zwangslizenz beantragen, mit der Begründung, dass die Bedürfnisse der Öffentlichkeit nicht erfüllt wurden und auch in Zukunft nicht erfüllt werden.[1139] Wann die Bedürfnisse der Öffentlichkeit nicht erfüllt werden, wird in Abs. 6 konkretisiert. Danach kann eine Zwangslizenz erteilt werden, wenn die Erfindung nicht ausgeübt wird. Ausdrücklich wird geregelt, dass der Import keine Ausübung darstellt und somit bei der bloßen Einfuhr des patentierten Artikels eine Zwangslizenz beantragt werden kann. Die Regelung verstößt gegen das Diskriminierungsverbot des Art. 27 Abs. 1 TRIPS.

Ein weiterer Erteilungsgrund liegt vor, wenn die Nachfrage nicht gedeckt wird oder der Handel, die Industrie oder der Aufbau eines Industriezweigs durch die Verweigerung der Lizenzerteilung beeinträchtigt wird und die Erteilung einer solchen Lizenz im öffentlichen Interesse liegt oder wenn der Patentinhaber unfaire Bedingungen an die Lizenz knüpft, wodurch der Handel oder die Industrie beeinträchtigt werden. Auch die Aufnahme einer Vertragsklausel, die gem. Art. 49 beider Patentgesetze nichtig ist, kann zur Erteilung einer Zwangslizenz führen, wenn sie

---

1139 So auch *Kumar, U.*, An Introduction to the African Industrial Property System, S. 104; *Avafia/Berger/Hartzenberg*, The ability of select sub-Saharan African countries to utilise TRIPs Flexibilities, Rn. 4.2. Zumindest in Bezug auf Malawi *Wanda*, Lesotho L.J. 4 (1988) 1, 197 (213); sehr allgemein *Adams & Adams*, Practical Guide to IP in Africa, S. 311 (Malawi) u. S. 649 (Sambia).

den Handel hemmt oder gegen die öffentliche Ordnung verstößt.[1140] Dabei soll zur Feststellung, ob ein Missbrauch des Monopolrechts vorliegt, berücksichtigt werden, dass Patente nicht nur erteilt werden, um Erfindungen zu fördern, sondern auch, dass Erfindungen so weit wie möglich kommerziell ausgeübt werden. Ein weiterer Grund für die Erteilung einer Zwangslizenz findet sich zudem in Art. 38 Abs. 1 beider Patentgesetze. Danach kann eine Zwangslizenz erteilt werden, wenn das Patent für eine Substanz erteilt wurde, die als Nahrungsmittel oder Medikament verwendet werden kann, ein Verfahren zur Herstellung eines solchen Produkts darstellt oder sie eine Erfindung ist, die sich als Operations- oder Heilungsinstrument eignet.[1141] Durch die Erteilung einer Zwangslizenz soll sichergestellt werden, dass Nahrung, Arzneimittel sowie Operations- und Heilmittel der Öffentlichkeit zum niedrigsten Preis zur Verfügung stehen.[1142] Der Zwangslizenznehmer hat das Recht, die Erfindung herzustellen, zu gebrauchen, auszuüben oder zu verkaufen. Unterlizenzen darf er nicht erteilen. Ob in der Regelung ein zulässiger Grund für die Erteilung einer Zwangslizenz gesehen werden kann, ist nicht eindeutig. Nach Art. 27 Abs. 1 TRIPS darf neben dem Ort der Erfindung auch nicht nach der Art der Erfindung unterschieden werden. Dasselbe muss daher auch im Rahmen des Art. 31 TRIPS gelten.[1143] Allerdings steht es den Mitgliedstaaten frei, über die Gründe der Erteilung zu entscheiden. Insbesondere heißt es in Art. 8 Abs. 1 TRIPS, dass die Mitglieder Maßnahmen ergreifen dürfen, die dem Schutz der öffentlichen Gesundheit und der Ernährung dienen. Bestätigt wurde dies auch durch die Doha-Ministererklärung zum TRIPS und zur öffentlichen Gesundheit.[1144]

Ob eine Zwangslizenz erteilt wird, ist gem. Art. 37 Abs. 2 beider Patentgesetze nach den Umständen des Einzelfalls zu entscheiden. Über die Erteilung einer Zwangslizenz und ihren Umfang entscheidet in Malawi das Patentgericht und in Sambia der *High Court*. Der Patentinhaber hat die Möglichkeit, der Erteilung zu widersprechen. Eine ausschließliche Lizenz wird gewährt, wenn die Erfindung nur durch Verwendung von Kapital ausgeübt und das Kapital nur durch ein ausschließliches Recht erwirtschaftet werden kann. Konkretisiert wird die Regelung in Abs. 11. Danach werden dem Patentinhaber alle Rechte in Bezug auf das Patent entzogen und bestehende Lizenzen widerrufen. Im Ausgleich ist dem Patentinhaber eine

---

1140 So auch zumindest in Bezug auf Malawi *Wanda*, Lesotho L.J. 4 (1988) 1, 197 (213).

1141 So auch *Kumar, U.*, An Introduction to the African Industrial Property System, S. 107 und zumindest in Bezug auf Malawi *Wanda*, Lesotho L.J. 4 (1988) 1, 197 (216).

1142 So auch *Kumar, U.*, An Introduction to the African Industrial Property System, S. 107.

1143 *Canada – Pharmaceutical Products*, Report of the Panel, WTO Doc. WT/DS114/R v. 17.03.2000, Rn. 7.91; *Gervais*, TRIPS, Art. 31, Rn. 2.409.

1144 *Watal*, in: Bermann/Mavroidis (Hrsg.), WTO Law and Developing Countries, S. 129 (134).

Entschädigung zu zahlen.[1145] Nicht ausschließlich ist die Zwangslizenz nach Art. 37 Abs. 13 beider Patentgesetze aber dann, wenn sie nur wegen der Nichtausübung erteilt wird. In Art. 31 lit. d) TRIPS wird verlangt, dass eine Zwangslizenz nicht ausschließlich erteilt werden darf. Dem Patentinhaber soll damit die Möglichkeit gegeben werden, selbst dafür zu sorgen, dass der Grund für die Erteilung einer Zwangslizenz – etwa im Fall der unzureichenden Ausübung – entfällt.[1146] Die Regelung in den Patentgesetzen Malawis und Sambias erlaubt die Erteilung einer ausschließlichen Nutzung nur, wenn der Patentinhaber nicht in der Lage ist, selbst das notwendige Kapital, das zur Ausübung erforderlich ist, aufzubringen. In Art. 31 lit. d) TRIPS werden aber keine Ausnahmen oder Einschränkungen zugelassen. Die Regelung des malawischen und sambischen Patentgesetzes verstößt daher gegen die TRIPS-Vorgaben.

Nach Art. 37 Abs. 13 der Patentgesetze darf eine nicht exklusive Zwangslizenz nur zusammen mit dem Geschäftsbetrieb, in dem sie ausgeübt wird, übertragen werden.

Die weiteren Voraussetzungen des Art. 31 TRIPS werden nicht erfüllt. Zwar wird in Art. 37 Abs. 9 beider Patentgesetze geregelt, in welcher Form der Patentinhaber zu entschädigen ist. Allerdings beschränkt sich der Absatz nur auf die Erteilung einer ausschließlichen Lizenz, die bereits unzulässig ist. Eine Regelung über die Vergütungspflicht in Bezug auf nicht exklusive Lizenzen fehlt. Auch wird nicht geregelt, dass die Zwangslizenz entzogen werden kann.

6. Beendigung des Schutzes

a. Ablauf des Patents

Patente werden sowohl in Malawi als auch in Sambia nach Art. 29 beider Patentgesetze für 16 Jahre – gerechnet ab dem Zeitpunkt der Einreichung der vollständigen Spezifikation – erteilt.[1147] Da die vollständige Spezifikation spätestens nach 12 Monaten einzureichen ist, kann der Schutz höchstens 17 Jahre gerechnet ab der Patentanmeldung betragen. Die Regelung ist daher nicht mit den TRIPS-Vorgaben vereinbar.

1145 So auch *Kumar, U.*, An Introduction to the African Industrial Property System, S. 105 und in Bezug auf Malawi *Wanda*, Lesotho L.J. 4 (1988) 1, 197 (215).

1146 *Taşdelen*, in: Busche/Stoll/Wiebe (Hrsg.), Art. 31, Rn. 25.

1147 So auch *Kumar, U.*, An Introduction to the African Industrial Property System, S. 111; *Avafia/Berger/Hartzenberg*, The ability of select sub-Saharan African countries to utilise TRIPs Flexibilities, Rn. 4.1; zumindest in Bezug auf Malawi auch *Wanda*, Lesotho L.J. 4 (1988) 1, 197 (210); *Sitwala*, in: Campbell (Hrsg.), Legal Aspects of Doing Business in Africa, 2006, S. 601 (619); *Adams & Adams*, Practical Guide to IP in Africa, S. 310 u. 648 (in Bezug auf Sambia).

Zur Aufrechterhaltung des Schutzes ist eine jährliche Gebühr zu zahlen.[1148] Wird die Frist versäumt, wird dem Patentinhaber eine weitere Frist von sechs Monaten gewährt, um seiner Zahlungspflicht nachzukommen.[1149]

b. Widerruf und Verfall

Wurde das Patent bereits erteilt, besteht nach Art. 50 Abs. 1 beider Patentgesetze die Möglichkeit, es widerrufen zu lassen, wenn einer der Gründe vorliegt, die einen Widerspruch der Patenterteilung begründet hätten.[1150] Insbesondere kann daher ein Patent widerrufen werden, wenn die Voraussetzungen zur Patenterteilung nicht erfüllt wurden oder die Erfindung nicht ausreichend offenbart wurde.[1151]

Der Widerruf eines Patents ist gem. Art. 50 Abs. 2 der Gesetze auch möglich, wenn der unzureichenden Ausübung nicht mit Hilfe einer Zwangslizenz entgegengewirkt werden konnte. Voraussetzung ist dann, dass zwei Jahre seit Erteilung der Zwangslizenz verstrichen sind.[1152] Für den Widerruf des Patents ist das Patentgericht bzw. der *High Court* zuständig. Alle Entscheidungen, die von dem Patentgericht oder dem *High Court* in Bezug auf ein Patent getroffen werden, unterstehen gem. Art. 78 Abs. 1 beider Gesetze der gerichtlichen Überprüfung. Auch die Entscheidung über die Rücknahme eines Patents kann daher vor Gericht angegriffen werden.[1153]

Der Verfall eines Patents kann gem. Art. 32 beider Patentgesetze angeordnet werden, wenn die Gebühr nicht gezahlt wurde. Dabei ist nach Art. 33 der Gesetze die Wiederherstellung möglich. Gegen die Entscheidung über den Verfall kann gem. Art. 33 Abs. 5 Beschwerde eingelegt werden.

7. Zwischenergebnis

Die mittlerweile über 50 Jahre alten Gesetze Malawis und Sambias, die seit ihrem Inkrafttreten kaum einer Änderung unterzogen wurden,[1154] weisen Lücken in Hinblick auf die Vereinbarkeit mit den TRIPS-Vorgaben auf.

1148 Da es nur möglich sein muss, 20 Jahre Schutz zu erhalten, kann die Laufzeit von der Zahlung einer Gebühr abhängig gemacht werden; vgl. *Canada – Term of Patent Protection*, Report of the Panel, WTO Doc. WT/DS170/R v. 05.05.2000, Rn. 6.110; *UNCTAD-ICTSD*, Resource Book on TRIPS and Development, S. 424.

1149 *Kumar, U.*, An Introduction to the African Industrial Property System, S. 111.

1150 So auch *Kumar, U.*, An Introduction to the African Industrial Property System, S. 102 u. 116.

1151 Vgl. auch *Kumar, U.*, An Introduction to the African Industrial Property System, S. 97.

1152 So auch *Kumar, U.*, An Introduction to the African Industrial Property System, S. 107.

1153 Vgl. auch *Kumar, U.*, An Introduction to the African Industrial Property System, S. 102.

1154 *Wanda*, Lesotho L.J. 4 (1988) 1, 197 (227).

Defizite:

- Das Prinzip der Inländerbehandlung wird nicht gewahrt.
- Die Ausnahmen vom Patentschutz gehen über das hinaus, was nach den TRIPS-Vorgaben noch erlaubt ist.
- Die Rechte aus dem Patent entsprechen nicht den TRIPS-Anforderungen.
- Die Anforderungen des Art. 31 TRIPS werden nicht erfüllt.
- Patente werden für nur 16 Jahre erteilt.

Wie in den meisten LDC werden kaum Patente von den eigenen Staatsangehörigen angemeldet.[1155] In der Patentanmeldung ist der Erfinder zu benennen. Darüber hinaus findet sich aber keine Regelung, wonach der Erfinder auch in dem Patent genannt werden soll, wie es aber Art. 4*ter* PVÜ verlangt.[1156] Angenommen wird, dass sowohl in Malawi als auch in Sambia an der Änderung der Gesetze zum Schutz des geistigen Eigentums gearbeitet wird.[1157]

XIV. Mosambik: Gesetz zum gewerblichen Eigentum von 2016

Als ehemalige portugiesische Kolonie, die 1975 ihre Unabhängigkeit erlangte,[1158] beruht das Rechtssystem in Mosambik auch heute noch auf dem portugiesischen Recht.[1159] Während der Kolonialzeit wurde das Patentrecht in Mosambik eingeführt, wonach es allerdings nur möglich war, Patentschutz in Portugal zu erlangen.[1160] Mitglied der WTO ist Mosambik seit 1995.[1161] Bereits 1998 wurde ein Gesetz zum Schutz des gewerblichen Eigentums erlassen.[1162] 2006 wurde der *Industrial Property*

1155 *Wekundah*, African Technology Policy Studies Network Research Paper No. 19, 2012, S. 56. In Sambia stammten im Jahre 2013 nur ein Drittel der Patentanmeldungen von den eigenen Staatsangehörigen. Nur ein Bruchteil wurde an sie erteilt (19 Patente wurden an Ausländer erteilt, 2 an Inländer. Insgesamt gab es nur 39 Patentanmeldungen); vgl. WIPO IP Statistics Data Center, abrufbar unter: *ipstats.wipo.int/ipstatv2/editIpsSearchForm.htm?tab=patent* (zuletzt 10.03.2017).

1156 *Kumar, U.*, An Introduction to the African Industrial Property System, S. 103.

1157 In Bezug auf Malawi vgl. *Wekundah*, African Technology Policy Studies Network Research Paper No. 19, 2012, S. 58. In Bezug auf Sambia vgl. *Saana Consulting*, Factual overview on technical & financial cooperation for LDCs, S. 21, Table 4.

1158 *Blaustein/Sigler/Beede*, Independence Documents of the World, S. 489 ff.

1159 *Ntampaka*, Introduction aux systèmes juridiques africains, S. 7.

1160 *Wekundah*, African Technology Policy Studies Network Research Paper No. 19, 2012, S. 62.

1161 Siehe dazu die Liste der WTO-Mitgliedstaaten, abrufbar unter: *www.wto.org/english/thewto_e/whatis_e/tif_e/org6_e.htm* (zuletzt 10.03.2017); vgl. auch *Adams & Adams*, Practical Guide to IP in Africa, S. 361.

1162 *Wekundah*, African Technology Policy Studies Network Research Paper No. 19, 2012, S. 62.

Code 2006 erlassen.[1163] Am 31. März 2016 ist ein neues Patentgesetz in Kraft getreten (*Industrial Property Code 2016* – IPC 2016). Die Änderungen gegenüber dem Gesetz von 2006 beziehen sich dabei im Wesentlichen auf Verfahrensvorschriften. Hinsichtlich der materiell-rechtlichen Vorschriften des Patentrechts wurden keine merklichen Veränderungen vorgenommen.[1164]

Mit einigen Industriestaaten hat Mosambik bilaterale Investitionsschutzabkommen abgeschlossen. Lediglich im Abkommen mit Japan findet sich ein eigener Artikel zum Schutz des geistigen Eigentums, in dem sich die Vertragsparteien aber lediglich zum Schutz des geistigen Eigentums allgemein und zur Einhaltung der von ihnen abgeschlossenen völkerrechtlichen Verträge zum Schutz des geistigen Eigentums verpflichten.

1. *Inländerbehandlung und Meistbegünstigung*

Nach Art. 4 IPC 2016 können Angehörige anderer WTO-Mitgliedstaaten, unabhängig von ihrem Wohn- oder Geschäftssitz, Patentschutz in Mosambik erlangen.

2. *Patentfähige Gegenstände*

Die Fähigkeit, patentiert werden zu können, erstreckt sich gem. Art. 3 IPC 2016 auf den Handel, Dienstleistungen und die Industrie, wobei die Landwirtschaft, die Fischerei und die Försterei ebenfalls umfasst werden, ebenso wie Nahrungsmittel, Konstruktionen und Rohstoffe. Auch alle natürlichen und künstlich hergestellten Stoffe sind patentfähig. Als Mitglied der ARIPO gelten gem. Art. 79 IPC 2016 dieselben Rechte für Patente, die von der ARIPO erteilt wurden. Erfindungen können gem. Art. 32 IPC 2016 patentiert werden, wenn sie neu sind, auf einer erfinderischen Tätigkeit beruhen und gewerblich anwendbar sind.[1165]

3. *Keine patentfähigen Gegenstände*

Ausgeschlossen werden in Art. 38 IPC 2016 wissenschaftliche Theorien und mathematische Methoden, Entdeckungen, die dazu dienen etwas bekannt zu machen, das in der Natur bereits vorhanden ist, auch wenn es der Menschheit bisher unbekannt war, Systeme, Pläne, Regelungen und Methoden zur Ausübung rein geistiger

---

1163 Vgl. auch *Saana Consulting*, Factual overview on technical & financial cooperation for LDCs, S. 19, Table 4 sowie *Adams & Adams*, Practical Guide to IP in Africa, S. 361.

1164 So kann es zumindest diversen Anmerkungen zum neuen Patentgesetz entnommen werden; vgl. dazu bspw.: *Spoor & Fisher*, Commentary on New Industrial Property Code in Mozambique, 26.02.2016, abufbar unter: *www.spoor.com/en/News/new-industrial-property-code-in-mozambique/* (zuletzt 10.03.2017); *Wojtowitz*, Update on New IP Code (Decree 47 of 2015) in Mozambique, 30.03.2016, abrufbar unter: *www.lexology.com/library/detail.aspx?g=842a3ff9-5466-4819-b2fd-37af9d30b1e5* (zuletzt 10.03.2017).

1165 Vgl. auch *Adams & Adams*, Practical Guide to IP in Africa, S. 361.

Tätigkeiten, Methoden für Spiele und wirtschaftliche Tätigkeiten, Projekte und Computerprogramme.[1166] Computerprogramme sind nach dem TRIPS-Übereinkommen durch das Urheberrecht zu schützen. Es wird nicht verlangt, dass Patentschutz für sie gewährt wird. Weiterhin werden ästhetische Kreationen und artistische und literarische Werke sowie die Präsentation von Information ausgenommen. Auch chirurgische, therapeutische oder diagnostische Methoden zur Behandlung von Menschen und Tieren werden ausgeschlossen, wobei die Produkte, die zur Behandlung verwendet werden, nicht umfasst sind.[1167]

Ebenfalls ausgeschlossen werden gem. Art. 38 Nr. 2 IPC 2016 Substanzen, Materialien, Mixturen, Elemente oder Produkte, die aus nuklearer Transformation entstanden sind, sowie die Modifikation ihrer physikalischen oder chemischen Eigenschaften und das Verfahren, um sie zu herzustellen oder zu ändern.[1168] Nach Art. 73 lit. b) i) TRIPS dürfen die Mitgliedstaaten nicht davon abgehalten werden, Maßnahmen in Bezug auf spaltbares Material oder Material, aus dem dieses gewonnen wird, zum Schutz ihrer wesentlichen Sicherheitsinteressen zu treffen. Daher kann die Patenterteilung ausgeschlossen werden, wenn es sich um Produkte handelt, die durch nukleare Transformation entstanden sind.

In Art. 38 Nr. 2 IPC 2016 werden Erfindungen ausgeschlossen, die gegen die Moral, die guten Sitten oder die öffentliche Sicherheit und Ordnung verstoßen oder gesundheitsschädlich sind. Die Formulierung des Gesetzes ist ungenau. Es wird lediglich davon gesprochen, dass das, was einen solchen Verstoß darstellt, ausgeschlossen wird.[1169] Nach Art. 27 Abs. 2 TRIPS darf ein Ausschluss nur erfolgen, wenn die Verwertung der Erfindung gegen die guten Sitten oder die öffentliche Sicherheit verstößt. Aus der Formulierung des IPC 2016 geht nicht hervor, dass die Verletzung aus der Verwertung resultieren muss. Sie verstößt daher gegen das TRIPS-Übereinkommen.

1166 Vgl. auch *Adams & Adams*, Practical Guide to IP in Africa, S. 362.

1167 Aufzählung auch bei *WIPO*, Standing Committee on the Law of Patents, 12th Session, WIPO Doc. SCP/12/3 Rev. 2, Annex II, S. 64 ff. und *Adams & Adams*, Practical Guide to IP in Africa, S. 362.

1168 Vgl. auch *Adams & Adams*, Practical Guide to IP in Africa, S. 361; *Sherman*, in: WIPO (Hrsg.), Standing Committee on the Law of Patents (Hrsg.), 15th Session, WIPO Doc. SCP/15/3 v. 02.09.2010, Annex II, Exclusions from Patentability and Exceptions and Limitations to Patentee's Rights, S. 1 (94). Aufzählung auch bei *WIPO*, Standing Committee on the Law of Patents, 12th Session, WIPO Doc. SCP/12/3 Rev. 2, Annex II, 64 ff. *Bently*, in: WIPO (Hrsg.), Standing Committee on the Law of Patents, 15th Session, WIPO Doc. SCP/15/3 v. 02.09.2010, Annex I, Exclusions from Patentability and Exceptions and Limitations to Patentee's Rights, S. 7 (25) nennt auch den Ausschluss von nuklearen Materialien in Mosambik. Auch in Albanien, Brasilien, China, Indien und Portugal finde sich ein solcher Ausschluss.

1169 Auch aus der portugiesischen Fassung geht nicht hervor, ob auf die Erfindung oder deren Verwertung abgestellt wird.

Schließlich werden alle Bestandteile von Lebewesen ausgeschlossen, wobei mikrobiologische Verfahren und daraus resultierende Produkte weiterhin patentiert werden können. Art. 27 Abs. 3 lit. b) TRIPS erlaubt es, Pflanzen und Tiere auszuschließen. Über ihre einzelnen Bestandteile – worunter auch Gene fallen – wird keine Regelung getroffen. Angenommen wird aber, auch die Bestandteile von Lebewesen müssten nicht patentiert werden.[1170]

4. *Anmeldebedingungen*

Es gilt nach Art. 42 IPC 2016 das Erstanmeldeprinzip. Eine Ausnahme davon wird gemacht, wenn bereits in einem anderen Mitgliedstaat der PVÜ dieselbe Erfindung angemeldet wurde. Dann genießt der Anmelder gem. Art. 58 IPC 2016 ein Prioritätsrecht.[1171] Mit der Anmeldung ist gem. Art. 54 IPC 2016 eine Beschreibung einzureichen, in der die Erfindung ausreichend klar und vollständig beschrieben wird, sodass ein Fachmann in der Lage ist, sie auszuführen. Dabei muss zumindest eine Art der Ausführung genannt werden.[1172] Darüber hinaus sind gem. Art. 58 Abs. 2 IPC 2016 die genetischen und biologischen Ressourcen, die aus Mosambik stammen, offenzulegen.[1173] Das Patentamt ist zudem gem. Art. 60 IPC 2016 über die Anzahl und den Zeitpunkt von ausländischen Patentanmeldungen, die in Bezug auf dieselbe Erfindung gemacht wurden, zu informieren.

5. *Rechte aus dem Patent*

Der Patentinhaber hat gem. Art. 74 Nr. 1 IPC 2016 das Recht, die Erfindung auszuüben, das Patent zu gewähren oder darüber zu verfügen, Lizenzverträge abzuschließen sowie seinem missbräuchlichen Gebrauch zu widersprechen. Die Ausübung wird dabei den Vorgaben des Art. 28 Abs. 1 TRIPS entsprechend definiert.[1174]

Die Rechte aus dem Patent können gem. Art. 21 Nr. 1 IPC 2016 zwischen Lebenden oder von Todes wegen übertragen werden.[1175] Auch ist es gem. Art. 91 IPC 2016 möglich, Lizenzverträge über die Ausübung eines Patents abzuschließen. Ein solcher Vertrag wird gem. Art. 91 Nr. 2 IPC 2016 allerdings erst wirksam, wenn er

1170 *de Carvalho*, The Trips Regime of Patents and Test Data, Rn. 27.131; *Gervais*, TRIPS, Art. 27, Rn. 2.370, der argumentiert, Gene seien Bestandteile von Lebewesen und daher gerade nicht schutzfähig. Teilweise wird eine Konkretisierung der Ausnahmeregelung in Art. 27 Abs. 3 lit. b) TRIPS gefordert, um klarzustellen, dass auch Bestandteile von Lebewesen ausgeschlossen werden können; vgl. *Watal*, IPR in the WTO, S. 132 f.; *Gervais*, TRIPS, Art. 27 Rn. 2.370.

1171 Vgl. auch *Adams & Adams*, Practical Guide to IP in Africa, S. 363.

1172 So auch *WIPO*, Standing Committee on the Law of Patents, 12th Session, WIPO Doc. SCP/12/3 Rev. 2, Annex II, S. 54 ff.

1173 Hinsichtlich der Zulässigkeit der Anforderung vgl. die Ausführungen zum burundischen Patentgesetz unter §8 B III 3.

1174 Vgl. auch *Adams & Adams*, Practical Guide to IP in Africa, S. 365.

1175 Vgl. auch *Adams & Adams*, Practical Guide to IP in Africa, S. 365.

beim Patentamt registriert wurde. Solange es sich bei der Registrierung um ein bloßes Formerfordernis handelt, wird der Patentinhaber nicht in seinem Recht aus Art. 28 Abs. 2 TRIPS verletzt.[1176]

Nach Art. 75 IPC 2016 stellen Handlungen, die zu reinen Forschungszwecken vorgenommen werden, keine Verletzung dar.[1177] Auch Handlungen, die sich auf Produkte beziehen, die mit der Zustimmung des Patentinhabers auf den Markt in Mosambik gebracht wurden, verletzen nicht die Rechte des Patentinhabers.[1178] Der Gebrauch von Produkten an Bord ausländischer Flugzeuge, Fahrzeuge oder Schiffe, die nur vorrübergehend oder zufällig das Staatsgebiet von Mosambik durchqueren, ist ebenfalls zulässig. Private Handlungen werden ebenfalls ausdrücklich für zulässig erklärt. Da nur kommerzielle Handlungen durch die TRIPS-Vorgaben geschützt werden sollen, stellen private Handlungen bereits keine Rechtsverletzung dar.[1179] Darüber hinaus wird die Zubereitung von Medikamenten für einen Einzelnen erlaubt. In vielen Mitgliedstaaten wird eine entsprechende Ausnahme anerkannt.[1180] Es wird daher angenommen sie sei mit Art. 30 TRIPS vereinbar.[1181] Das gilt aber nur soweit, als dass die Medikamente nur in einer begrenzten Anzahl hergestellt werden, um das Kriterium der Begrenztheit zu erfüllen.[1182] Handelt es sich also beispielweise um ein Medikament, das nur frisch zubereitet eingenommen werden kann und daher nicht lagerungsfähig ist, stellt die Zubereitung eine zulässige Ausnahme dar.[1183]

Schließlich wird in Art. 76 IPC 2016 geregelt, dass der gutgläubige Gebrauch, der bei Anmeldung oder im Zeitpunkt der Priorität vorgenommen wird, keine Verletzung darstellt.[1184]

1176 *de Carvalho*, The Trips Regime of Patents and Test Data, Rn. 28.13; *Gervais*, TRIPS, Art. 28, Rn. 2.381; *UNCTAD-ICTSD*, Resource Book on TRIPS and Development, S. 422.

1177 Vgl. auch *Adams & Adams*, Practical Guide to IP in Africa, S. 366. Diese Ausnahme ist eine anerkannte Ausnahmevorschrift und mit Art. 30 TRIPS vereinbar; vgl. *Blakeney*, TRIPS, Rn. 8.14; *Lamping*, IIC 2014, 679 (686 f. Rn. 20); *Correa*, in: ders./Yusuf (Hrsg.), IP and International Trade, S. 226 (244 f.).

1178 Vgl. auch *Adams & Adams*, Practical Guide to IP in Africa, S. 366.

1179 *Blakeney*, TRIPS, Rn. 8.15.

1180 *de Carvalho*, The Trips Regime of Patents and Test Data, Rn. 30.14; *v. Saint-André/Taşdelen*, in: Busche/Stoll/Wiebe (Hrsg.), TRIPs, Art. 30, Rn. 32.

1181 *Correa*, TRIPS, S. 303; *ders.*, E.I.P.R. 16 (1994) 8, 327 (330); *Rott*, Patentrecht und Sozialpolitik, S. 268.

1182 *de Carvalho*, The Trips Regime of Patents and Test Data, Rn. 30.14.

1183 *Rott*, Patentrecht und Sozialpolitik, S. 268.

1184 Auch hier handelt es sich um eine allgemein anerkannte Ausnahme, die mit Art. 30 TRIPS vereinbar ist; vgl. *Blakeney*, TRIPS, Rn. 8.14; *Correa*, in: ders./Yusuf (Hrsg.), IP and International Trade, S. 226 (244 f.). Aufzählung auch so auch bei *WIPO*, Standing Committee on the Law of Patents, 12th Session, WIPO Doc. SCP/12/3 Rev. 2, Annex II, S. 97 ff.

6. Benutzung ohne Zustimmung des Patentinhabers

In Art. 90 IPC 2016 wird der Patentinhaber verpflichtet, die Erfindung auszuüben.[1185] Als Konsequenz für die Nichtausübung der Erfindung wird in Art. 90 Nr. 3 IPC 2016 die Folge geknüpft, eine Zwangslizenz zu erteilen.[1186] Voraussetzung dafür ist, dass der Patentinhaber innerhalb von drei Jahren gerechnet ab der Patenterteilung oder vier Jahre nach der Anmeldung nicht mit der Ausübung begonnen hat. Auch kann der Patentinhaber gem. Art. 90 Nr. 4 IPC 2016 verpflichtet werden, eine Lizenz zu erteilen, wenn ein anderes Patent nur unter Verwendung seines Patents ausgeübt werden kann. Bis auf das Erfordernis, sich zuvor erfolglos um die Erteilung einer freiwilligen Lizenz bemüht zu haben, werden keine weiteren Anforderungen an die Erteilung der Zwangslizenz gestellt. Die Regelung ist daher nicht mit den Vorgaben von Art. 31 TRIPS vereinbar.

Neben der Möglichkeit, den Patentinhaber zu verpflichten, eine Lizenz zu erteilen, wird in Art. 92 IPC 2016 vorgesehen, dass in Fällen, in denen das öffentliche Interesse betroffen ist, die Regierung die Ausübung gestatten darf. Den Anforderungen des Art. 31 TRIPS wird dabei weitestgehend entsprochen.[1187] Das sog. „*Par. 6-System*" wurde nicht integriert. Nach Art. 95 IPC 2016 kann eine Zwangslizenz auch für die Nutzung eines Patents erteilt werden, wenn ein späteres Patent nicht ausgeübt werden kann, ohne das erste Patent zu verletzen. Dabei werden keine weiteren Voraussetzungen an die Erteilung einer solchen Lizenz geknüpft, weshalb die Regelung nicht mit den Vorgaben des Art. 31 TRIPS vereinbar ist.

7. Beendigung des Schutzes

Ab dem Anmeldedatum läuft das Patent gem. Art. 73 Abs. 1 IPC 2016 20 Jahre[1188] und die Regelung ist somit mit Art. 33 TRIPS vereinbar.

Art. 22 IPC 2016 zählt die Aufgabe des Patents durch den Patentinhaber, die Annullierung, die Nichtigkeit und den Verfall auf. Annulliert werden kann ein Patent gem. Art. 24 IPC 2016 nur durch das zuständige Gericht auf Antrag desjenigen, dem das Recht auf das Patent zusteht oder wenn er ein Prioritätsrecht besitzt. Nach Art. 25 IPC 2016 kann die Nichtigkeit eines Patents beantragt werden, wenn die Erfindung nicht patentfähig ist, die formellen Anforderungen für die Patenterteilung nicht vorlagen, die Regeln der öffentlichen Ordnung und Sicherheit oder zum Schutz der Gesundheit nicht eingehalten wurden oder die Moral oder die guten

1185 Teilweise wurde eine solche Ausübungspflicht auch explizit gefordert, um den Transfer von Technologie zu garantieren; vgl. *Kunz-Hallstein*, GRUR Int. 1981, 347 (350); Vorschläge zur Revision der Pariser Verbandsübereinkunft, GRUR Int. 1979, 561; *Greif*, GRUR Int. 1981, 731 (735); *ders.*, GRUR Int. 1980, 451 (452).

1186 Vgl. auch *Adams & Adams*, Practical Guide to IP in Africa, S. 365.

1187 Es wurde bisher eine Zwangslizenz für ein Arzneimittel erteilt; vgl. *Avafia/Berger/Hartzenberg*, The ability of select sub-Saharan African countries to utilise TRIPs Flexibilities, Rn. 4; *Wilson*, A Manufactured Solution, S. 59.

1188 Vgl. auch *Adams & Adams*, Practical Guide to IP in Africa, S. 364.

Sitten verletzt werden.[1189] Unstrittig ist, dass die Rücknahme eines Patents möglich sein soll, wenn das Patent nicht hätte erteilt werden dürfen.[1190] Weitere Gründe dürfen dabei aus Gründen der Rechtssicherheit nicht vorgesehen werden.[1191] Da die Patenterteilung nicht allein deswegen versagt werden darf, weil die Erfindung gegen die öffentliche Ordnung oder die guten Sitten verstößt, kann es daher auch nicht möglich sein, ein Patent zu entziehen, wenn ein solcher Verstoß vorliegt. Die Regelung lässt sich daher nicht mit den TRIPS-Vorgaben vereinbaren.

Ein Patent verfällt gem. Art. 26 IPC 2016, wenn die Schutzfrist abgelaufen ist oder die Gebühr nicht gezahlt wurde. Die Schranke des Art. 5A Abs. 3 PVÜ ist in diesem Fall nicht zu beachten, da sie sich nur auf die Fälle bezieht, in denen der Verfall wegen Missbrauchs angeordnet wird.[1192] Allerdings verlangt Art. 5*bis* PVÜ, dass dem Patentinhaber eine Schonfrist von sechs Monaten zu gewähren ist, um seiner Zahlungsverpflichtung nachzukommen. Auch ist die Möglichkeit vorzusehen, das Patent wieder herstellen lassen zu können.[1193] Zwar wird in Art. 27 IPC 2016 die Möglichkeit der Wiederherstellung vorgesehen, allerdings fehlt es an einer Regelung über eine Frist, innerhalb der der Patentinhaber seiner Zahlungspflicht nachkommen kann.

8. Zwischenergebnis

Das Patentrecht Mosambiks ist nicht vollständig mit den Vorgaben des TRIPS-Übereinkommens vereinbar, obwohl es bereits nach dessen Abschluss erlassen wurde. Die Unvereinbarkeit ergibt sich dabei teilweise aus ungenauen Regelungen.

<u>Defizite:</u>

- Die Ausnahmen vom Patentschutz gehen über das hinaus, was nach den TRIPS-Vorgaben noch zulässig ist.
- Die Vorgaben von Art. 31 TRIPS werden nicht erfüllt.
- Die Rücknamegründe gehen über das hinaus, was nach dem TRIPS-Übereinkommen noch erlaubt ist.

1189 Vgl. auch *Adams & Adams*, Practical Guide to IP in Africa, S. 364 f.

1190 So vertreten es insb. die USA; vgl. WTO Docs. IP/C/W/32 v. 06.08.1996 und IP/C/M/8 v. 14.08.1996, Rn. 73; *Höhne*, in: Busche/Stoll/Wiebe (Hrsg.), TRIPs, Art. 32, Rn. 10; *Malbon/Lawson/Davison*, TRIPS, Rn. 32.09; *de Carvalho*, The Trips Regime of Patents and Test Data, Rn. 32.6.

1191 WTO Docs. IP/C/W/32 v. 06.08.1996 und IP/C/M/8 v. 14.08.1996, Rn. 73; *Höhne*, in: Busche/Stoll/Wiebe (Hrsg.), TRIPs, Art. 32, Rn. 10; *Malbon/Lawson/Davison*, TRIPS, Rn. 32.09; *de Carvalho*, The Trips Regime of Patents and Test Data, Rn. 32.6.

1192 *Rott*, Patentrecht und Sozialpolitik, S. 296. In den meisten Staaten wird der Verfall erklärt, wenn die Gebühr nicht entrichtet wurde; vgl. *UNCTAD-ICTSD*, Resource Book on TRIPS and Development, S. 423.

1193 *UNCTAD-ICTSD*, Resource Book on TRIPS and Development, S. 423.

XV. Myanmar

Myanmar war bis 1948 britische Kolonie[1194] und folgt daher der Common Law Tradition. Erst mit der Kolonialisierung wurden Gesetze zum Schutz des geistigen Eigentums eingeführt.[1195] Zwar ist Myanmar Mitglied der WTO und der WIPO, allerdings wurde die PVÜ noch nicht ratifiziert.[1196] Zudem ist Myanmar Mitglied der ASEAN. Es existiert der *Burma Patents and Designs (Emergency Provisions) Act von 1946*. Das Gesetz enthält jedoch keine Regelungen über das Patentrecht, sondern regelt lediglich, dass bis zum Zeitpunkt der Anwendung des *Patent and Design Act 1945* das Indische Patentgesetz von 1911 weiter gelten solle. Der *Patent and Design Act 1945* ist nicht länger in Kraft.[1197] Es könnte daher angenommen werden, das indische Patentgesetz von 1911 finde Anwendung. Die Meinungen darüber gehen auseinander: Einerseits heißt es, der *Burma Patents and Designs (Emergency Provisions) Act* von 1946 sei ebenfalls ungültig.[1198] Andererseits wird angenommen, das Gesetz von 1946 sei noch in Kraft und das indische Patentgesetz finde daher Anwendung.[1199] Allerdings ist nach dem Erlass der *Emergency Provisions* das Gesetz von 1945 zwischenzeitlich in Kraft getreten.[1200] Das indische Patentgesetz sollte nur bis zum Inkrafttreten des Gesetzes von 1945 Bestand haben. Zwar wurde auch dieses Gesetz inzwischen zurück genommen,[1201] allerdings ergibt sich daraus nicht, dass das indische Patentgesetz dadurch erneut Wirksamkeit erlangt. Es wird daher angenommen, dass in Myanmar kein Patentrecht existiert.[1202]

1194 *Blaustein/Sigler/Beede*, Independence Documents of the World, S. 97 ff.; *Myanmar Trademark & Patent Law Firm*, in: Kim (Hrsg.), Legal Action against Intellectual Property Infringement in Asia, S. 301 (303).

1195 *Myanmar Trademark & Patent Law Firm*, in: Kim (Hrsg.), Legal Action against Intellectual Property Infringement in Asia, S. 301 (303).

1196 *OECD*, Investment Policy Review: Myanmar 2014, S. 108.

1197 WTO Doc. WT/TPR/S/293 v. 21.01.2014, Rn. 3.100; *OECD*, Investment Policy Review: Myanmar 2014, S. 108.

1198 WTO Doc. WT/TPR/S/293 v. 21.01.2014, Rn. 3.100.

1199 *Myanmar Trademark & Patent Law Firm*, in: Kim (Hrsg.), Legal Action against Intellectual Property Infringement in Asia, S. 301 (333 f.).

1200 *Myanmar Trademark & Patent Law Firm*, in: Kim (Hrsg.), Legal Action against Intellectual Property Infringement in Asia, S. 301 (333).

1201 *Myanmar Trademark & Patent Law Firm*, in: Kim (Hrsg.), Legal Action against Intellectual Property Infringement in Asia, S. 301 (333).

1202 WTO Doc. WT/TPR/S/293 v. 21.01.2014, Rn. 3.100; *OECD*, Investment Policy Review: Myanmar 2014, S. 108. Ein angeblich TRIPS-konformer Gesetzesentwurf wurde bereits 2006 mit der Unterstützung der Industrie, von NGOs und der WIPO ausgearbeitet und liegt dem Parlament zur Zustimmung vor; vgl. WTO Doc. WT/TPR/S/293 v. 21.01.2014, Rn. 3.98; *OECD*, Investment Policy Review: Myanmar 2014, S. 109; *Myanmar Trademark & Patent Law Firm*, in: Kim (Hrsg.), Legal Action against Intellectual Property Infringement in Asia, S. 301 (335).

XVI. Nepal: Patent-, Design- und Markengesetz von 1965

Nepal ist als erstes LDC der WTO nach ihrer Gründung 2004 beigetreten.[1203] Die Beitrittsverhandlungen dauerten insgesamt fünf Jahre[1204] und die Annahme des Beitrittsprotokolls verzögerte sich in Nepal auf Grund des Regierungswechsels 2002, bei dem das Parlament aufgelöst wurde, das dem Protokoll nach dem *Treaty Act 1990* hätte zustimmen müssen.[1205] Eine den Vorgaben von Art. 66 Abs. 1 TRIPS entsprechende Übergangsfrist wurde Nepal nicht gewährt.[1206] Ausgehandelt wurde eine Frist von nicht einmal 3 Jahren.[1207] Nepal musste daher bis 2007 seine Gesetze an die Vorgaben der WTO anpassen.[1208] Nepal erklärte sich zudem bereit, während der Übergangsfrist keine Änderungen an den Gesetzen vorzunehmen, die zu einer geringeren Vereinbarkeit mit den WTO-Vorgaben führen würden.[1209]

Bereits seit 1937 existiert in Nepal ein Patentgesetz.[1210] Derzeit wird das Patentrecht durch den bereits vor Beitritt zur WTO erlassenen[1211] *Patent, Design and Trademarks Act, 2022 (1965)* (PDTA) geregelt, der zuletzt 2006 geändert wurde.[1212] Im Zuge der Beitrittsverhandlungen kündigte der Vertreter Nepals an, die Gesetze bis 2005

1203 *Karky*, Ann. Surv. Int'l & Comp. L. 17 (2011) 1, 209; *Rajkarnikar*, in: Gallagher/Low/Stoler (Hrsg.), Managing the Challenges of WTO Participation, S. 420 (427).

1204 Von 1998 bis 2003; vgl. *Pandey/Adhikari/Waglé*, CDP Background Paper No. 23, Nov. 2014, S. 5 u. 20.

1205 Da nicht absehbar war, wann ein neues Parlament gegründet werden würden, wurde der *Treaty Act 1990* abgeändert, sodass eine Zustimmung des Parlaments nicht weiter nötig war; vgl. *Karky*, Ann. Surv. Int'l & Comp. L. 17 (2011) 1, 209 (218 f.); vgl. auch *Rajkarnikar*, in: Gallagher/Low/Stoler (Hrsg.), Managing the Challenges of WTO Participation, S. 420 (422). Erst 2006 wurde ein neues Parlament gebildet; vgl. *Pandey/Adhikari/Waglé*, CDP Background Paper No. 23, Nov. 2014, S. 23.

1206 Auch wurde es nicht als selbstverständlich betrachtet, dass Nepal automatisch eine Übergangsfrist gewährt bekommt. Nepal musste daher begründen, wieso es überhaupt eine solche brauche; vgl. *Pandey/Adhikari/Waglé*, CDP Background Paper No. 23, Nov. 2014, S. 16.

1207 *Pandey/Adhikari/Waglé*, CDP Background Paper No. 23, Nov. 2014, S. 16 u. 26.

1208 WTO Docs. WT/ACC/KHM/21 v. 15.08.2003 und WT/ACC/NPL/16 v. 28.08.2003; *Correa*, UNCTAD LDC Report 2007, Background Paper No. 4, S. 18; *Ghimire/Dahal*, Nepal in the WTO, S. 42.

1209 *Pandey/Adhikari/Waglé*, CDP Background Paper No. 23, Nov. 2014, S. 26.

1210 *Ghimire/Dahal*, Nepal in the WTO, S. 42.

1211 *Pandey/Adhikari/Waglé*, CDP Background Paper No. 23, Nov. 2014, S. 16.

1212 Teilweise heißt es, das Gesetz stamme aus dem Jahre 2006; vgl. *Saana Consulting*, Factual overview on technical & financial cooperation for LDCs, S. 19, Table 4. Dort wird allerdings auch auf *WIPO Lex* verwiesen. Auf der Website der nepalesischen Regierung ist ebenfalls nur das Gesetz von 1965 zu finden; vgl. *www.moc.gov.np/index.php?lang=en&obj=pages&id=48* (zuletzt 10.03.2017).

an die Vorgaben der WTO anzupassen.[1213] Für die Umsetzung des TRIPS-Übereinkommens wurde ausdrücklich technische Unterstützung gefordert.[1214]

1. Inländerbehandlung und Meistbegünstigung

Während der Beitrittsverhandlungen wurde kritisiert, dass Ausländer schlechter behandelt würden als Inländer, da sie eine höhere Anmeldegebühr zahlen müssten.[1215] Eine solche Diskriminierung ist in dem inzwischen geänderten Art. 23 PDTA nicht mehr zu finden. Auch existieren keine anderen diskriminierenden Regelungen.[1216] Das Prinzip der Meistbegünstigung wird gewahrt.[1217]

2. Patentfähige Gegenstände

Patente können gem. Art. 2 lit. a) PDTA sowohl für Verfahren als auch für Produkte in allen Bereichen der Technik erlangt werden.[1218] Ein Patent wird nur erteilt, wenn es sich um eine neue Erfindung handelt, die nützlich[1219] für die Öffentlichkeit ist. Die Hürde der erfinderischen Tätigkeit muss nicht erreicht werden. Das Erfordernis der erfinderischen Tätigkeit ist aber wesentlich, um die Erteilung eines ausschließlichen Nutzungsrechts rechtfertigen zu können.[1220] Auch hier gilt, dass die Anforderungen des TRIPS-Übereinkommens nur an solche Patente gestellt werden, die auf solche Erfindungen erteilt werden, die neu sind, auf einer erfinderischen Tätigkeit beruhen und sich zur gewerblichen Anwendung eignen.

Kein Patent wird gem. Art. 6 PDTA erteilt, wenn bereits einem anderen dasselbe Patent erteilt wurde, der Patentanmelder nicht der Erfinder ist oder wenn das Patent schädlich für die öffentliche Gesundheit, das öffentliche Verhalten, die guten Sitten oder das nationale Interesse wäre. Nach Art. 27 Abs. 2 TRIPS muss die Verwertung des Patents einen solchen Verstoß darstellen. Im nepalesischen Patentgesetz wird

---

1213 WTO Docs. WT/ACC/NPL/10/Rev.1 v.05.05.2003, S. 5 und WT/ACC/NPL/16 v. 28.08.2003, Rn. 120.

1214 Vgl. WTO Doc. WT/ACC/NPL/14 v. 05.05.2003, S. 2 ff. Auch wurde technische Unterstützung nach Art. 67 TRIPS gefordert; vgl. *Ghimire/Dahal*, Nepal in the WTO, S. 43.

1215 WTO Docs. WT/ACC/NPL/7 v. 12.04.2000, S. 2 und WT/ACC/NPL/16 v. 28.08.2003, Rn. 124.

1216 WTO Docs. WT/ACC/NPL/7 v. 12.04.2000, S. 2 u. 5 und WT/ACC/NPL/16 v. 28.08.2003, Rn. 123.

1217 WTO Docs. WT/ACC/NPL/7 v. 12.04.2000, S. 5 und WT/ACC/NPL/16 v. 28.08.2003, Rn. 123.

1218 WTO Docs. WT/TPR/S/257 v. 21.12.2011, Rn. 123 und WT/ACC/NPL/16 v. 28.08.2003, Rn. 129.

1219 Der Begriff ist gleichzusetzen mit „gewerblich anwendbar"; vgl. die Fußnote zu Art. 27 Abs. 1 TRIPS.

1220 *Neef*, in: Busche/Stoll/Wiebe (Hrsg.), TRIPs, Art. 27, Rn. 43. Vgl. dazu die Ausführungen zum Patentgesetz Haitis unter § 8 B VII 2 a.

auf das Patent abgestellt, also auf die ausschließliche Nutzungserlaubnis. Damit geht regelmäßig die Verwertung einher, weshalb der Ausschluss Art. 27 Abs. 2 TRIPS entspricht.

3. *Anmeldebedingungen*

Bei der Anmeldung sind gem. Art. 4 PDTA das Verfahren der Herstellung und der Nutzung des Patents anzugeben. Auch ist die Theorie oder die Formel, auf der das Patent beruht, zu nennen. Nach Art. 7 A PDTA muss die Erfindung veröffentlicht werden, es sei denn, nationale Interessen stehen einer Veröffentlichung entgegen.[1221] Stehen nationale Sicherheitsinteressen einer Veröffentlichung entgegen, kann der Mitgliedstaat nach Art. 73 lit. a) TRIPS nicht dazu verpflichtet werden, die Erfindung offenzulegen. In der nepalesischen Regelung wird allgemein nur auf die nationalen Interessen abgestellt. Darunter fallen zwar unter anderem auch Sicherheitsinteressen, der Ausschluss kann aber darüber hinausgehen. Da dem Offenbarungsinteresse dann nicht ausreichend entsprochen würde, ist die Regelung nicht mit dem TRIPS-Übereinkommen vereinbar.

Ein den Vorgaben der PVÜ entsprechendes Prioritätsrecht wird in dem Patentgesetz nicht vorgesehen.[1222] Allerdings wird in Art. 21 C PDTA – der die Erteilung von Patenten auf ausländische Erfindungen regelt – auf die Vorschriften der PVÜ verwiesen. Daraus könnte sich ergeben, dass eine Anmeldung, die in einem anderen PVÜ-Mitgliedstaat getätigt wurde, Vorrang in Nepal genießt.

4. *Rechte aus dem Patent*

Anderen als dem Patentinhaber wird es in Art. 3 PDTA untersagt, die Erfindung nachzuahmen, sie zu nutzen oder ihren Gebrauch zu veranlassen.[1223] Die Regelung ist lückenhaft, da die übrigen in Art. 28 Abs. 1 TRIPS genannten Handlungen nicht aufgelistet werden. Eine Rechtfertigung für einen solchen Ausschluss ist nicht ersichtlich. Sonstige Ausnahmen von dem ausschließlichen Nutzungsrecht des Patentinhabers werden nicht vorgesehen.[1224] Das Patent kann gem. Art. 21 Abs. 1 PDTA übertragen oder die Nutzung der Erfindung gestattet werden.[1225]

1221 Vgl. WTO Doc. WT/ACC/NPL/7 v. 12.04.2000, S. 11.

1222 Eine solche sollte aber eingefügt werden; vgl. WTO Doc. WT/ACC/NPL/7 v. 12.04.2000, S. 2.

1223 Vgl. auch WTO Docs. WT/ACC/NPL/7 v. 12.04.2000, S. 11 und WT/ACC/NPL/16 v. 28.08.2003, Rn. 129.

1224 In den Beitrittsdokumenten heißt es, Ausnahmen würde in Art. 3 Patentgesetz geregelt werden; vgl. WTO Doc. WT/ACC/NPL/7 v. 12.04.2000, S. 11.

1225 Vgl. auch WTO Docs. WT/TPR/S/257 v. 21.12.2011, Rn. 123 und WT/ACC/NPL/16 v. 28.08.2003, Rn. 129.

5. Ablauf des Patents

Die Laufzeit eines Patents beträgt gem. Art. 8 PDTA sieben Jahre gerechnet ab dem Zeitpunkt der Registrierung.[1226] Nach Art. 23 Abs. 3 des Gesetzes kann das Patent nicht häufiger als zwei Mal für jeweils sieben Jahre erneuert werden.[1227] Insgesamt ist es daher möglich, 21 Jahre Schutz zu erlangen. Dennoch steht die Regelung im Widerspruch zu dem Erfordernis des Art. 33 TRIPS, da der Anmelder bei der Anmeldung erkennen können muss, dass er 20 Jahre lang ein ausschließliches Nutzungsrecht erhält.[1228]

6. Zwischenergebnis

Das Recht des Erfinders in der Patentschrift genannt zu werden, kann sich aus den Art. 3 Abs. 1 und Art. 4 Abs. 1 PDTA ergeben.[1229] Dort heißt es, das Patent werde in dem Namen des Anmeldenden registriert. Da gem. Art. 6 PDTA nur der Erfinder befugt ist, das Patent anzumelden, wird das Patent demnach im Namen des Erfinders registriert. Zwar kann gem. Art. 6 Abs. 1 lit. b) PDTA auch ein anderer das Patent anmelden. Allerdings muss er dafür von dem Erfinder ermächtigt sein. Dem Erfinder wird daher nicht das Recht genommen, als solcher genannt zu werden.

Das Patentgesetz Nepals erfüllt insgesamt nicht die Anforderungen des TRIPS-Übereinkommens.[1230]

<u>Defizite:</u>

- Es fehlen sowohl das Offenbarungserfordernis als auch eine Regelung über das Prioritätsrecht.
- Die Rechte aus dem Patent werden nicht in dem geforderten Umfang gewehrt.
- Ein Patent wird lediglich für eine Laufzeit von 7 Jahren erteilt.

Darüber hinaus wurden weder Ausnahmen von den ausschließlichen Nutzungsrechten vorgesehen noch besteht die Möglichkeit, eine Zwangslizenz zu erhalten.[1231] Die im TRIPS-Übereinkommen gebotenen Umsetzungsspielräume wurden von Nepal

---

1226 Vgl. auch WTO Docs. WT/TPR/S/257 v. 21.12.2011, Rn. 123 und WT/ACC/NPL/16 v. 28.08.2003, Rn. 129.

1227 Vgl. auch WTO Docs. WT/TPR/S/257 v. 21.12.2011, Rn. 123 und WT/ACC/NPL/16 v. 28.08.2003, Rn. 129.

1228 *Canada – Term of Patent Protection*, Report of the Appellate Body, WTO Doc. WT/DS170/AB/R v. 18.09.2000, Rn. 92; *UNCTAD-ICTSD*, Resource Book on TRIPS and Development, S. 426.

1229 Vgl. WTO Doc. WT/ACC/NPL/7 v. 12.04.2000, S. 2.

1230 *Ghimire/Dahal*, Nepal in the WTO, S. 42. Nepal ist daher seiner Umsetzungsverpflichtung nicht nachgekommen; vgl. *Pandey/Adhikari/Waglé*, CDP Background Paper No. 23, Nov. 2014, S. 22.

1231 Bzgl. der fehlenden Regelung über Zwangslizenzen vgl. auch WTO Docs. WT/ACC/NPL/7 v. 12.04.2000, S. 3 u. 11 und WT/TPR/S/257 v. 21.12.2011, Rn. 113 u. 124.

nicht genutzt.[1232] Allerdings ist das Patentrecht in Nepal wenig relevant: 2013 wurden insgesamt 30 Patente angemeldet, von denen nur ein einziges erteilt wurde.[1233]

XVII. Ruanda: Gesetz zum Schutz des geistigen Eigentums von 2009

Das Rechtssystem Ruandas beruht auf zivilrechtlichen Strukturen mit Einflüssen des Gewohnheitsrechts und auch des Common Laws.[1234] Nach Erlangen der Unabhängigkeit von Belgien 1961[1235] fand das eingeführte Kolonialrecht weiterhin Anwendung.[1236] Mitglied der WTO ist Ruanda seit 1996.[1237] Ruanda ist zudem Mitglied der ARIPO. Die Prüfung von Patentanmeldungen erfolgt daher ausschließlich über das Sekretariat der ARIPO.[1238] Geregelt wird das Patentrecht in dem Gesetz Nr. 31/2009, das im Oktober 2009 in Kraft getreten ist.[1239]

1. Inländerbehandlung und Meistbegünstigung

Nach Art. 7 Gesetz Nr. 31/2009 gelten die gewerblichen Schutzrechte sowohl für Staatsbürger Ruandas als auch für Angehörige der Staaten, die Mitglieder der PVÜ oder der WTO sind. Dasselbe gilt für Angehörige von Nichtmitgliedstaaten, die ihren Wohnsitz in einem Mitgliedstaat haben oder ihren Geschäftsbetrieb dort ausüben. Auch das Prinzip der Meistbegünstigung wird gewahrt.

1232 Gefordert wird, dass diese genutzt werden sollten; vgl. *Ghimire/Dahal*, Nepal in the WTO, S. 43. Bspw. hätten Regelungen über Parallelimporte oder die gutgläubige Nutzung getroffen werden können.

1233 *WIPO IP Statistics Data Center*, abrufbar unter: *ipstats.wipo.int/ipstatv2/editIps SearchForm.htm?tab=patent* (zuletzt 10.03.2017).

1234 *Ntampaka*, Introduction aux systèmes juridiques africains, S. 7.

1235 *Blaustein/Sigler/Beede*, Independence Documents of the World, S. 593 ff.

1236 *Ntampaka*, Introduction aux systèmes juridiques africains, S. 7. In dieser Zeit wurden auch Gesetze zum Schutz des geistigen Eigentums eingeführt; vgl. WTO Doc. IP/C/W/548 v. 07.06.2010, Annex 1, S. 25 Nr. 43.

1237 Siehe dazu die Liste der WTO-Mitgliedstaaten, abrufbar unter: *www.wto.org/english/thewto_e/whatis_e/tif_e/org6_e.htm* (zuletzt 10.03.2017); vgl. auch *Adams & Adams*, Practical Guide to IP in Africa, S. 439.

1238 *Saana Consulting*, Factual overview on technical & financial cooperation for LDCs, S. 25, Table 5; WTO Doc. IP/C/W/548 v. 07.06.2010, Annex 1, S. 29, Nr. 64 (wobei es dort noch heißt, dass Ruanda die Mitgliedschaft in der ARIPO anstrebt).

1239 Vgl. auch WTO Doc. WT/TPR/S/271/RWA v. 07.10.2012, Rn. 188. Das Gesetz bietet umfassenden Schutz für alle Bereiche des geistigen Eigentums; vgl. *Saana Consulting*, Factual overview on technical & financial cooperation for LDCs, S. 19, Table 4; vgl. auch *Adams & Adams*, Practical Guide to IP in Africa, S. 439. Neben dem Gesetz wurde im darauffolgenden Jahr entschieden, die Gesetze zum Schutz des geistigen Eigentums dazu zu nutzen, eine technologische Grundlage aufzubauen. Die Gesetze sollen daher nicht nur der Umsetzung der TRIPS-Vorgaben dienen, sondern auch die Umsetzungsspielräume nutzen; vgl. WTO Doc. IP/C/W/548 v. 07.06.2010, S. 2 Nr. 5 und Nr. 6.

2. *Patentfähige Gegenstände*

In den Begriffserläuterungen in Art. 5 Gesetz Nr. 31/2009 wird klargestellt, dass sich eine Erfindung sowohl auf ein Produkt als auch auf ein Verfahren beziehen kann. Ausdrücklich werden in Art. 18 Abs. 2 des Gesetzes Verfahren, die ganz oder teilweise aus Schritten bestehen, die von einem Computer ausgeführt werden oder durch ein Computerprogramm gesteuert werden, geschützt sowie Erzeugnisse, die aus Elementen computerimplementierter Erfindungen bestehen, insbesondere maschinell lesbare Computerprogrammcodes, die auf einem Speicher gespeichert sind und Universalcomputer, deren Neuheit gegenüber dem Stand der Technik hauptsächlich durch die Kombination mit einem speziellen Computerprogramm erreicht wurde. Wird ein Patent auf eine derartige Erfindung angemeldet, verwirkt der Anmelder gem. Art. 18 Abs. 3 Gesetz Nr. 31/2009 sein Recht darauf, ein Urheberrecht zu erhalten. Im TRIPS-Übereinkommen wird nicht verlangt, Computerprogramme oder computerimplementierte Erfindungen durch Patente zu schützen. Den Mitgliedstaaten steht es aber frei, Schutz für sie zu gewähren. Allerdings wurde entschieden, dass der Urheberrechtsschutz das passendere Instrument für den Schutz für Computerprogramme darstellt. Der Ausschluss des Urheberrechtsschutzes für Software widerspricht daher Art. 10 TRIPS, der ausdrücklich Software in den Schutzbereich aufnimmt.[1240]

a. Schutzvoraussetzungen

Erfindungen können gem. Art. 14 Gesetz Nr. 31/2009 patentiert werden, wenn sie neu sind, auf einer erfinderischen Tätigkeit beruhen und gewerblich anwendbar sind.[1241]

b. Keine patentfähigen Gegenstände

In Art. 18 Gesetz Nr. 31/2009 wird aufgelistet, in welchen Fällen kein Patent erteilt wird. Zur Zulässigkeit der Ausschlüsse kann auf die Ausführungen zu Art. 17 des burundischen Patentgesetzes verwiesen werden, in dem dieselben Ausnahmen vorgesehen werden.[1242]

Der Schutz von Pflanzen, genetischen Ressourcen und traditionellem Wissen soll gem. Art. 289 Gesetz Nr. 31/2009 in einem separaten Gesetz geregelt werden. Dieses Gesetz wird derzeit noch ausgearbeitet.[1243] Eine zeitliche Begrenzung des Ausschlusses von Arzneimitteln wird nicht vorgesehen. Allerdings wird auf internationale Konventionen verwiesen.

1240 Siehe zu der Diskussion die Ausführungen zu Burundi unter § 8 B III 2.

1241 Vgl. auch WTO Doc. WT/TPR/S/271/RWA v. 07.10.2012, Rn. 193 und *Adams & Adams*, Practical Guide to IP in Africa, S. 440.

1242 Siehe dazu § 8 B III 3.

1243 WTO Doc. WT/TPR/S/271/RWA v. 07.10.2012, Rn. 189.

3. *Anmeldebedingungen*

Es gilt gem. Art. 20 Gesetz Nr. 31/2009 das sog. Erstanmeldeprinzip.[1244] Nach Art. 30 Gesetz Nr. 31/2009 hat der Anmelder zudem die Möglichkeit, sein Prioritätsrecht geltend zu machen.[1245] In der Anmeldung ist gem. Art. 25 Gesetz Nr. 31/2009 die Erfindung in einer ausreichend deutlichen, vollständigen und verständlichen Art zu erklären und zu offenbaren, sodass ein Fachmann sie ohne weitere Experimente ausführen kann. Zudem muss der Anmelder das Datum und die Anzahl seiner ausländischen Patentanmeldungen mitteilen.[1246]

4. *Rechte aus dem Patent*

Art. 38 Gesetz Nr. 31/2009 erlaubt dem Patentinhaber – den Vorgaben des Art. 28 Abs. 1 TRIPS entsprechend – das Patent auszuüben.[1247] Die Rechte aus dem Patent können gem. Art. 19 Gesetz Nr. 31/2009 rechtsgeschäftlich oder im Wege der Rechtsnachfolge übertragen werden.[1248] Der Vertrag über die Übertragung muss gem. Art. 43 Gesetz Nr. 31/2009 in Textform geschlossen und unterschrieben werden. Die Behörde kann die Übertragung verweigern, wenn sie der Auffassung ist, dass sie missbräuchlich und wettbewerbsschädlich ist. Gegen die Entscheidung der Behörde kann Widerspruch eingelegt werden. Eine ähnliche Befugnis wird der Behörde für den Abschluss von Lizenzverträgen in Art. 44 und 45 Gesetz Nr. 31/2009 erteilt. Auch hier darf sie überprüfen, ob der Vertrag wettbewerbswidrig ist und die Registrierung verweigern. Hier darf die Behörde nur die Zustimmung verweigern, wenn ein missbräuchliches Verhalten vorliegt. Dem Patentinhaber wird darüber hinaus die Möglichkeit gegeben, gegen die Entscheidung Widerspruch einzulegen. Wettbewerbswidriges Verhalten soll durch das TRIPS-Übereinkommen nicht geschützt werden. In anderen Fällen kann die Genehmigung nicht verweigert werden. Die Rechte des Patentinhabers werden daher gewahrt.

Grundsätzlich gilt die nationale Erschöpfung: die Rechte aus dem Patent erstrecken sich gem. Art. 40 Abs. 1 Gesetz Nr. 31/2009 nicht auf patentierte Produkte, die in Ruanda von dem Patentinhaber auf den Markt gebracht wurden. Parallelimporte sind danach jedoch nicht möglich. Allerdings besteht darüber hinaus – wie in Burundi auch – die Möglichkeit, dass der Minister nach Art. 40 Abs. 2 Gesetz Nr. 31/2009 die Erschöpfung eines Patents durch das Inverkehrbringen im Ausland

---

1244 Vgl. auch WTO Doc. WT/TPR/S/271/RWA v. 07.10.2012, Rn. 192.

1245 Vgl. zum Prioritätsrecht auch *Adams & Adams*, Practical Guide to IP in Africa, S. 442.

1246 Auch heißt es, ein ausländischer Patentanmelder könne nur mit einem in Ruanda zugelassenen Agenten seine Anmeldung tätigen; vgl. WTO Doc. WT/TPR/S/271/ RWA v. 07.10.2012, Rn. 192. Eine derartige Regelung würde gegen das Prinzip der Inländerbehandlung verstoßen, da Ausländern höhere Anforderungen an die Anmeldung gestellt würden.

1247 Vgl. auch *Adams & Adams*, Practical Guide to IP in Africa, S. 443.

1248 Vgl. auch *Adams & Adams*, Practical Guide to IP in Africa, S. 442.

erklärt und somit den Import des patentierten Produkts aus einem anderen Staat ermöglicht.[1249] Auch hier kann daher von einer „kontrollierten Erschöpfung"[1250] gesprochen werden, die als Alternative zur nationalen oder internationalen Erschöpfung vorgeschlagen wird.[1251] Diese ist mit den Vorgaben des Art. 30 TRIPS vereinbar.[1252] Im Unterschied zu Burundi erlaubt Ruanda grundsätzlich nur die nationale Erschöpfung, weshalb die Regelung hier sinnvoll sein kann.

Weitere Ausnahmen werden in Art. 41 Gesetz Nr. 31/2009 vorgesehen, die den Ausnahmen im burundischen Patentgesetz entsprechen, weshalb auf die Ausführungen zum burundischen Gesetz verwiesen wird.[1253]

5. *Benutzung ohne Zustimmung des Patentinhabers*

Nach Art. 52 Gesetz Nr. 31/2009 kann die Regierung über die Nutzung entscheiden, wenn Gründe des öffentlichen Interesses – insbesondere die nationale Sicherheit, Gesundheit oder die Umwelt – betroffen sind oder von einem Gericht entschieden wurde, dass die Nutzung des Patents durch den Inhaber oder den Lizenznehmer wettbewerbswidrig ist.[1254] Die Voraussetzungen, die Art. 31 TRIPS an den Regierungsgebrauch stellt, werden ausnahmslos erfüllt.

Eine Zwangslizenz kann gem. Art. 47 Nr. 1 Gesetz Nr. 31/2009 erteilt werden, wenn die Erfindung in Ruanda nicht oder nur unzureichend genutzt wird.[1255] Um eine Zwangslizenz wegen ungenügender Ausübung erhalten zu können, verlangt Art. 48 Gesetz Nr. 31/2009 – in Übereinstimmung mit Art. 5A Abs. 4 PVÜ –, dass seit der Erteilung des Patents drei Jahre oder seit der Anmeldung vier Jahre verstrichen sind. Ein weiterer Erteilungsgrund liegt gem. Art. 47 Nr. 2 Gesetz Nr. 31/2009 vor, wenn das Patent missbräuchlich ausgeübt wird.[1256] Auch ist es gem. Art. 47 Nr. 3 Gesetz Nr. 31/2009 möglich, eine Zwangslizenz zu beantragen, wenn eine Erfindung nicht ausgeübt werden kann, ohne ein früheres Patent zu verletzen.[1257] Den Voraussetzungen des Art. 31 lit. l) TRIPS wird bei der Ausgestaltung entsprochen.

1249 Vgl. auch *Adams & Adams*, Practical Guide to IP in Africa, S. 443.

1250 *de Carvalho*, The Trips Regime of Patents and Test Data, Rn. 6.44.

1251 *de Carvalho*, The Trips Regime of Patents and Test Data, Rn. 6.42 f.

1252 Vgl. dazu die Ausführungen in Bezug auf die vergleichbare burundische Regelung unter § 8 B III 4 a.

1253 Vgl. § 8 B III 4 b.

1254 WTO Doc. WT/TPR/S/271/RWA v. 07.10.2012, Rn. 191 und *Adams & Adams*, Practical Guide to IP in Africa, S. 443. Ob eine solche Lizenz jemals erteilt wurde, ist fraglich; vgl. WTO Doc. WT/TPR/S/271/RWA v. 07.10.2012, Rn. 191.

1255 Vgl. auch WTO Doc. WT/TPR/S/271/RWA v. 07.10.2012, Rn. 191 und *Adams & Adams*, Practical Guide to IP in Africa, S. 443.

1256 Vgl. auch *Adams & Adams*, Practical Guide to IP in Africa, S. 443.

1257 Vgl. auch *Adams & Adams*, Practical Guide to IP in Africa, S. 443.

Eine Regelung darüber, dass die Lizenz nicht ausschließlich erteilt werden darf, fehlt hingegen. Auch über die Umstände der Beendigung werden keine Angaben gemacht.

Das sog. „*Par. 6-System*“ wurde zwar nicht ausdrücklich in das Gesetz aufgenommen, allerdings wurde von diesem Gebrauch gemacht: Ruanda erklärte als erster Staat gegenüber dem TRIPS-Rat, es wolle das System nutzen und unter einer Zwangslizenz hergestellte antiretrovirale Medikamente aus Kanada importieren.[1258] Auch erklärte Ruanda gegenüber dem TRIPS-Rat, es werde keine Patente durchsetzen, die in Ruanda erteilt wurden.[1259] Kanada notifizierte den TRIPS-Rat ebenfalls über die Erteilung einer entsprechenden Zwangslizenz unter Angabe der Menge der auszuführenden Produkte.[1260] 2007 wurde daher einer kanadischen Firma eine Zwangslizenz für den Export von Medikamenten nach Ruanda erteilt.[1261]

6. Beendigung des Schutzes

Nach Art. 42 Gesetz Nr. 31/2009 beträgt die Laufzeit eines Patents 20 Jahre.[1262] Um das Patent aufrecht zu erhalten, muss der Patentinhaber eine jährliche Gebühr zahlen. Das Patent verfällt, wenn die Gebühr nicht gezahlt wurde.[1263] Für nichtig kann ein Patent gem. Art. 36 Gesetz Nr. 31/2009 erklärt werden, wenn die Voraussetzungen für die Erteilung eines Patents nicht vorgelegen haben oder der Inhaber nicht der Erfinder ist.[1264]

1258 WTO Doc. WT/TPR/S/271/RWA v. 07.10.2012, Rn. 187. Eine solche Erklärung wäre wegen des Status Ruandas als LDC nicht notwendig gewesen.

1259 WTO Docs. IP/N/9/RWA/1 v. 19.07.2007 und WT/TPR/S/271/RWA v. 07.10.2012, Rn. 187; *UNCTAD*, Using IPR to Stimulate Pharmaceutical Production, S. 39; *Malbon/Lawson/Davison*, TRIPS, Rn. 66.09.

1260 WTO Doc. IP/N/10/CAN/1 v. 08.10.2007.

1261 *WTO/WIPO/WHO*, Promoting Access to Medical Technologies and Innovation, S. 178; Überblick über den Ablauf in WTO Doc. IP/C/M/64 v. 17.02.2011, Rn. 74 ff.; *Hoekman/Kostecki*, The Political Economy of the World Trading System, S. 395; *Peukert*, in: Dann/Kadelbach/Kaltenborn (Hrsg.), Entwicklung und Recht, S. 189 (203).

1262 Vgl. auch WTO Doc. WT/TPR/S/271/RWA v. 07.10.2012, Rn. 193 und *Adams & Adams*, Practical Guide to IP in Africa, S. 442.

1263 In vielen Staaten wird der Verfall vorgesehen, wenn die Gebühr nicht gezahlt wird; vgl. *UNCTAD-ICTSD*, Resource Book on TRIPS and Development, S. 423. Auch in Art. 5*bis* PVÜ kommt zum Ausdruck, dass der Verfall für die Nichtentrichtung der Gebühr vorgesehen werden kann.

1264 Vgl. WTO Doc. WT/TPR/S/271/RWA v. 07.10.2012, Rn. 193 und *Adams & Adams*, Practical Guide to IP in Africa, S. 442.

7. *Zwischenergebnis*

In weiten Teilen entspricht das Gesetz Nr. 31/2009 den Anforderungen des TRIPS-Übereinkommens.[1265] Die Regelungen über die Erteilung von Zwangslizenzen sind jedoch lückenhaft.

XVIII. Salomonen

1978 erlangten die Salomonen ihre Selbstständigkeit. Zuvor waren sie britisches Protektorat.[1266] Während dieser Zeit wurden die Gesetze von der britischen Regierung erlassen.[1267] In den Salomonen existiert kein eigenes Patentgesetz. Patente, die in dem Vereinigten Königreich erteilt wurden, können über den *Registration of United Kingdom Patents Act* erteilt werden, der noch aus der Zeit stammt, in der die Salomonen Teil des Vereinigten Königreichs waren.[1268] Der Fußnote zu Art. 33 TRIPS kann entnommen werden, dass auch die Anmeldung eines im Ausland bereits erteilten Patents möglich sein kann. Die Mitgliedstaaten sind daher nicht verpflichtet, selbst die Prüfung der Patentierfähigkeit vorzunehmen. Allerdings muss vorgesehen werden, ein derart erteiltes Patent zumindest im Nachhinein auf seine Vereinbarkeit mit den TRIPS-Vorgaben überprüfen zu können.[1269] Im Jahre 1999 wurde angekündigt, bis 2002 ein den Vorgaben des TRIPS-Übereinkommen entsprechendes Gesetz zu erlassen. Bisher ist nicht bekannt, dass ein solches Gesetz erlassen wurde.[1270]

XIX. Sierra Leone: Patent- und Designgesetz von 2012

Sierra Leone erlangte seine Unabhängigkeit 1961.[1271] Während der Kolonialzeit wurde das Common Law eingeführt.[1272] Die Republik ist seit 1995 WTO-Mitglied und gehört zudem der ARIPO und der WIPO an.[1273] 2012 wurde der *Patents and*

1265 I.E. auch *Merso*, ICTSD Policy Brief No. 16, June 2013, S. 2. Im Jahre 2007 wurde noch nicht von einer Vereinbarkeit mit den TRIPS-Vorgaben gesprochen, was auf Grund der politischen Umstände und der Nachwehen des Völkermords aber nicht überraschen konnte; vgl. *Mgbeoji*, in: Gervais (Hrsg.), IP, Trade and Development, S. 180 (200). Mittlerweile heißt es, das ruandische Patentgesetz sei eines der ausführlichsten geregelten Gesetze; vgl. *Ondhowe/Owens/Osterwalder/Karachalios*, Patents and clean energy technologies in Africa, S. 30.

1266 *Corrin/Paterson*, Introduction to South Pacific Law, S. 15.

1267 *Corrin/Paterson*, Introduction to South Pacific Law, S. 14.

1268 WTO Doc. WT/TPR/S/215 v. 01.04.2009, Rn. 134. Die ursprüngliche Fassung stammt aus dem Jahr 1924. Das Gesetz ist in der Fassung von 1996 in Kraft; vgl. auch *Janke*, Study prepared by SPC and WIPO, 2009, S. 23.

1269 *de Carvalho*, The Trips Regime of Patents and Test Data, Rn. 33.15.

1270 WTO Doc. WT/TPR/S/215 v. 01.04.2009, Rn. 136.

1271 *Blaustein/Sigler/Beede*, Independence Documents of the World, S. 617 f.

1272 *Ntampaka*, Introduction aux systèmes juridiques africains, S. 7.

1273 WTO Doc. WT/TPR/S/143 v. 07.01.2005, Rn. 85 f.; vgl. auch *Adams & Adams*, Practical Guide to IP in Africa, S. 484.

Industrial Design Act 2012 (PIDA) verabschiedet.[1274] Zuvor war es nur möglich, nach dem 1925 eingeführten Patentgesetz Patente zu registrieren, die bereits im Vereinigten Königreich erteilt wurden.[1275]

1. *Inländerbehandlung und Meistbegünstigung*

Sowohl das Prinzip der Inländerbehandlung und als auch das der Meistbegünstigung werden gewahrt.

2. *Patentfähige Gegenstände*

Eine Erfindung ist gem. Art. 2 PIDA patentfähig, wenn sie neu ist, auf einer erfinderischen Tätigkeit beruht und gewerblich anwendbar ist.

Nach Art. 6 PIDA sind Entdeckungen, wissenschaftliche Theorien und mathematische Methoden nicht patentfähig, ebenso wenig wie Schemata, Geschäftsregeln oder -methoden, die Vornahme rein geistiger Handlungen oder das Spielen.[1276] Nicht patentiert werden zudem chirurgische oder therapeutische Behandlungsmethoden für Menschen und Tiere sowie diagnostische Methoden, die an Tieren und Menschen vorgenommen werden. Dabei bezieht sich der Ausschluss nicht auf Produkte, die zu der Vornahme dieser Handlungen genutzt werden. Auch Erfindungen, deren gewerbliche Verwertung gegen die öffentliche Ordnung, die Moral, die öffentliche Gesundheit und Sicherheit, Prinzipien der Humanität und den Erhalt der Umwelt verstoßen, werden nicht patentiert. Eine Ausnahme auf Grund eines Verstoßes gegen die Prinzipien der Humanität wird in Art. 27 Abs. 2 TRIPS zwar nicht ausdrücklich zugelassen. Allerdings kommen darin Moralvorstellungen zum Ausdruck, weshalb die Ausnahme ebenfalls möglich ist.

Pflanzen und Tiere, mit der Ausnahme von Mikroorganismen, werden ebenfalls nicht patentiert. Auch der biologische Prozess zur Herstellung[1277] von Pflanzen und Tieren ist nicht patentfähig, es sei denn, es handelt sich um ein nicht-biologisches oder mikrobiologisches Verfahren. Schließlich werden Pflanzensorten ausgenommen,

---

1274 Die Ausarbeitung des Patentrechts hatte in Sierra Leone lange keine Priorität auf Grund der politischen Lage und des 10 Jahre herrschenden Bürgerkriegs; vgl. *Mgbeoji*, in: Gervais (Hrsg.), IP, Trade and Development, S. 180 (199).

1275 *Patent Act No. 21, Chapter 247 of the Laws of Sierra Leone 1960, as amended by the Laws (Adaptation) Act No. 29 of 1972; Zikonda*, Lesotho L. J. 4 (1988) 1,1 (2 f.); WTO Doc. WT/TPR/S/143 v. 07.01.2005, Rn. 93.

1276 Diese Ausnahmen werden auch in dem WIPO-Modellgesetz vorgesehen.

1277 In dem Patentgesetz wird von "*protection*" gesprochen, was keinen Sinn ergeben würde. Es ist daher davon auszugehen, dass „*production*" gemeint ist. Eine andere Sprachfassung kann nicht zur Überprüfung des Ergebnisses herangezogen werden. Da die Formulierung im Übrigen aber der TRIPS-Regelung entspricht, kann angenommen werden, dass mit der Regelung die TRIPS-Vorgabe umgesetzt werden sollte.

auch wenn kein *sui-generis* Schutz für diese besteht. Hierin ist daher ein Verstoß gegen Art. 27 Abs. 3 lit. b) TRIPS zu sehen.[1278]

3. Anmeldebedingungen

Es gilt gem. Art. 7 Abs. 3 PIDA das Erstanmeldeprinzip. In der Anmeldung ist die Erfindung gem. Art. 11 Abs. 7 PIDA ausreichend klar und vollständig zu offenbaren, damit ein Fachmann in der Lage ist, sie auszuführen. Dabei ist zumindest eine Art der Ausführung zu nennen. Zudem ist gem. Art. 17 Abs. 1 PIDA das Datum und die Anzahl ausländischer Patentanmeldungen anzugeben.

4. Rechte aus dem Patent

Nach Art. 22 Abs. 1 PIDA stehen dem Patentinhaber dieselben Rechte zu, die in Art. 28 Abs. 1 TRIPS verlangt werden. Das Patent kann gem. Art. 7 Abs. 4 PIDA durch Rechtsgeschäft oder durch Rechtsnachfolge übertragen werden. Basiert die geschützte Erfindung auf einer Erfindung eines anderen, ist der Patentinhaber gem. Art. 8 PIDA verpflichtet, das Patent dem wahren Erfinder zu übertragen.

Nach Art. 23 PIDA gilt das Prinzip der internationalen Erschöpfung. Auch auf Produkte, die in Flugzeugen, Landfahrzeugen oder Schiffen genutzt werden, die sich nur vorrübergehend oder zufällig im Luftraum, im Staatsgebiet oder in den Gewässern Sierra Leones befinden, erstrecken sich die ausschließlichen Rechte nicht. Keine Rechtsverletzung liegt vor, wenn die Handlung eines Dritten aus experimentellen Gründen oder im guten Glauben bei Anmeldung oder im Zeitpunkt der Priorität vorgenommen oder vorbereitet wurde.[1279]

5. Benutzung ohne Zustimmung des Patentinhabers

Die Verwertung des Patents kann gem. Art. 26 Abs. 1 PIDA einer Regierungsbehörde oder einem durch sie ermächtigten Dritten gestattet werden. Voraussetzung dafür ist zunächst, dass das öffentliche Interesse betroffen ist, insbesondere die nationale Sicherheit, Ernährung, Gesundheit oder die Entwicklung eines wesentlichen Sektors der nationalen Wirtschaft. Auch wenn die Verwertung durch den Patentinhaber

---

1278 Auch ist Sierra Leone bisher nicht der UPOV beigetreten; vgl. *UPOV*, Members of the Union for the Protection of New Varieties of Plants, April 2016, abrufbar unter: *www.upov.int/export/sites/upov/members/en/pdf/pub423.pdf* (zuletzt 10.03.2017); WTO Doc. WT/TPR/S/143 v. 07.01.2005, Rn. 94.

1279 Beide Ausnahmen werden in den meisten Mitgliedstaaten anerkannt und es wurde bei der Ausarbeitung des TRIPS-Übereinkommens überlegt, sie in einen Ausnahmekatalog aufzunehmen; vgl. GATT Doc. MTN.GNG/NG11/W/76 v. 23.07.1990, Sec. 5 § 1.4.2, auch abgedruckt in *UNCTAD-ICTSD*, Resource Book on TRIPS and Development, S. 432.

wettbewerbswidrig ist, kann die Nutzung ohne sein Einverständnis gestattet werden. Den Anforderungen des Art. 31 TRIPS wird entsprochen.[1280]

Nach Art. 27 Abs. 1 PIDA kann nach Ablauf von vier Jahren nach Patentanmeldung oder drei Jahre nach Patenterteilung eine Zwangslizenz erteilt werden, wenn die Erfindung nicht oder nicht ausreichend ausgeübt wird. Auch für sog. abhängige Patente können gem. Art. 27 Abs. 5 bis 8 PIDA Zwangslizenzen beantragt werden.[1281] Die Bestimmungen, die für den Regierungsgebrauch gelten, finden gem. Art. 27 Abs. 10 PIDA auch auf die Erteilung von Zwangslizenzen Anwendung. Die Vorgaben über die Erteilung einer Zwangslizenz entsprechen daher im selben Umfang den TRIPS-Regelungen, wie die Vorgaben über den Regierungsgebrauch.

6. *Ablauf des Patents*

Die Laufzeit eines Patents beträgt gem. Art. 24 PIDA gerechnet ab der Anmeldung 20 Jahre. Wird die Patentgebühr nicht innerhalb der sechsmonatigen Nachfrist beglichen, kann der Verfall des Patents angeordnet werden.[1282] Wird die Wiederherstellung verweigert, kann die Entscheidung von einem Gericht überprüft werden.

7. *Zwischenergebnis*

Sierra Leone ist seiner Umsetzungsverpflichtung mit dem Erlass des Patentgesetzes von 2012 weitgehend nachgekommen.[1283] Allerdings wurden Pflanzensorten vom Patentschutz ausgeschlossen, ohne dass ein *sui-generis* Schutz geschaffen wurde.

1280 Im Anschluss an die Regelungen über den Regierungsgebrauch und die Erteilung von Zwangslizenzen finden sich erneut Regelungen über die Voraussetzungen. Es wird dabei auf die Gestattung durch den Minister abgestellt, womit der Bezug eigentlich nur für den Regierungsgebrauch gelten kann. Allerdings wiederholen sich hier die Regelungen, die bereits in Art. 26 PIDA 2012 getroffen wurden. Mehr Sinn würde es daher ergeben, wenn sich die Vorgaben auf die Erteilung von Zwangslizenzen beziehen. Doch auch dann käme es zu Wiederholungen, da gem. Art. 27 Abs. 10 PIDA 2012 die Vorgaben des Art. 26 Abs. 4 bis 12 PIDA 2012 ebenfalls Anwendung finden.

1281 Die Anforderungen des Art. 31 lit. l) TRIPS werden dabei gewahrt.

1282 Der Verfall als Folge der Nichtzahlung ist eine übliche Folge; vgl. *Rott*, Patentrecht und Sozialpolitik, S. 294. Auch aus Art. 5*bis* PVÜ lässt sich die Folge herleiten.

1283 Die Zweckmäßigkeit des Patentrechts in Sierra Leone ist gering, da es an einer technologischen Grundlage fehlt; vgl. WTO Doc. IP/C/W/499 v. 03.10.2007, S. 1 Nr. 3 u. S. 2 Nr. 7. Auch kam es bisher kaum zu gerichtlichen Auseinandersetzungen über Patentstreitigkeiten; vgl. WTO Doc. WT/TPR/S/143 v. 07.01.2005, Rn. 91.

XX. *Tansania und Sansibar: Patentgesetze von 1995 und 2008*

Als ehemalige britische Kolonie folgt die Vereinigte Republik Tansania der Common Law Tradition, die durch das Gewohnheitsrecht beeinflusst wird.[1284] Auch das Recht zum Schutz des geistigen Eigentums wurde während der Kolonialzeit eingeführt.[1285] Im Dezember 1961 erlangte *Tanganjika* seine Unabhängigkeit.[1286] 1964 gründete es zusammen mit Sansibar die Vereinigte Republik Tansania.[1287] Zwar sind Festland Tansania und Sansibar als ein Staat zu verstehen,[1288] in einigen Bereichen behalten beide aber die alleinige Gesetzgebungskompetenz. Einer dieser Bereiche ist das Recht zum Schutz des geistigen Eigentums.[1289] Es existieren daher unterschiedliche Gesetze auf dem Festland Tansania und Sansibar.[1290] Uneinigkeit besteht darüber, ob für die Beurteilung der Vereinbarkeit mit den TRIPS-Vorgaben lediglich das Recht auf dem Festland oder beide Gesetze maßgeblich sind. Vertreten wird, für die Beurteilung seien allein die Gesetze auf dem Festland relevant, da diese Gesetze von dem gemeinsamen Parlament ausgearbeitet wurden. Zudem heißt es, Sansibar sei nicht Mitglied der WTO und müsse daher nicht das TRIPS-Übereinkommen umsetzen.[1291] Andere sind der Auffassung, beide Gesetze müssten bei der Frage nach der Vereinbarkeit der Gesetze mit den TRIPS-Vorgaben beachtet werden.[1292] WTO-Mitglied ist die Vereinigte Republik

---

1284 *Ntampaka*, Introduction aux systèmes juridiques africains, S. 7; *Dindi*, in: Campbell (Hrsg.), Legal Aspects of Doing Business in Africa, S. TAN-1 (TAN-2).

1285 *Peter*, IIC 1990, 57 (58); *Mwalimu*, Economic & Social Research Foundation, Globalisation & East Africa, Working Paper Series No. 4, 2003, S. 12.

1286 *Blaustein/Sigler/Beede*, Independence Documents of the World, S. 683 ff.; *Castilla*, in: Redden (Hrsg.), Modern Legal Systems Cyclopedia, S. 733 (740). Nach der Unabhängigkeit änderte sich der Name in Tansania; vgl. *Johansein*, IPR in Tanzania, S. 1.

1287 *Mapunda*, in: Campbell (Hrsg.), Legal Aspects of Doing Business in Africa, 2006, S. 573; *Castilla*, in: Redden (Hrsg.), Modern Legal Systems Cyclopedia, S. 733 (735); *Blaustein/Sigler/Beede*, Independence Documents of the World, S. 683.

1288 Vgl. Art. 1 und Art. 2 der Verfassung.

1289 Vgl. Art. 4 Abs. 3 und Art. 64 der Verfassung, wonach das geistige Eigentum nicht unter die Unionsgesetzgebungskompetenz fällt. Vgl. auch *Castilla*, in: Redden (Hrsg.), Modern Legal Systems Cyclopedia, S. 733 (748a); *Mahingila*, WIPO Workshop on Intellectual Property for Business for Small and Medium-Sized Enterprises (SMEs), 2005, Rn. 15; *Dindi*, in: Campbell (Hrsg.), Legal Aspects of Doing Business in Africa, S. TAN-1 (TAN-1 f.); WTO Doc. WT/TPR/S/271/TZA v. 17.10.2012, Rn. 65.

1290 *Mahingila*, WIPO Workshop on Intellectual Property for Business for Small and Medium-Sized Enterprises (SMEs), 2005, Rn. 15; WTO Doc. WT/TPR/S/271/TZA v. 17.10.2012, Rn. 65; *Adams & Adams*, Practical Guide to IP in Africa, S. 567 f.; *Saana Consulting*, Factual overview on technical & financial cooperation for LDCs, S. 20, Table 4.

1291 *Jaconiah*, IP Law in Tanzania, S. 18 f.

1292 *Mkono/Kameja/Mrema*, Managing Intell. Prop. 193 (Okt. 2009), 96.

Tansania, die sowohl das Festland Tansania umfasst als auch die Insel Sansibar.[1293] Sansibar ist daher ebenfalls an die Vorgaben des TRIPS-Übereinkommen gebunden.[1294] Neben der WTO ist die Vereinigte Republik Tansania auch Mitglied der WIPO und der ARIPO.[1295]

Auf dem Festland ist das Patentgesetz von 1995 (PA 1995) maßgeblich,[1296] das den 1991 geänderten *Patents Act 1987* (PA 1987) integriert.[1297] In Sansibar wird das Patentrecht durch den *Zanzibar Industrial Property Act No. 4* von 2008 (ZIPA 2008) geregelt.[1298] Zwar hat die Vereinigte Republik Tansania eine Vielzahl von bilateralen Übereinkommen abgeschlossen.[1299] Regelungen über den Schutz des geistigen Eigentums finden sich in diesen allerdings nicht.[1300]

1293 Vgl. WTO Doc. WT/TPR/S/271/TZA/Rev.1 v. 31.05.2013, Rn. 177.

1294 Vgl. auch *Adams & Adams*, Practical Guide to IP in Africa, S. 590.

1295 *Adams & Adams*, Practical Guide to IP in Africa, S. 575.

1296 Chapter 217 Patents (Registrations) Act. Vertreten wird, das Gesetz sei damit an die Vorgaben des TRIPS-Übereinkommens angepasst worden; vgl. *Mgbeoji*, in: Gervais (Hrsg.), IP, Trade and Development, S. 180 (200) und *Wekundah*, African Technology Policy Studies Network Research Paper No. 19, 2012, S. 51 u. 56, der aber auf ein Gesetz von 2002 verweist. Auch heißt es, das Patentgesetz sei zuletzt 2002 geändert worden; vgl. *Saana Consulting*, Factual overview on technical & financial cooperation for LDCs, S. 20, Table 4. Nach eigenen Angaben Tansanias entspricht das Patentrecht aber noch nicht den TRIPS-Vorgaben; vgl. WTO Doc. IP/C/W/552 v. 21.10.2010, Rn. 3.2.3 u. 4.2.2. Es heißt aber, derzeit werde ein Gesetz ausgearbeitet, um die TRIPS-Vorgaben zu erfüllen; vgl. WTO Docs. IP/C/W/552 v. 21.10.2010, Rn. 65 und WT/TPR/S/271/TZA/Rev.1 v. 31.05.2013, Rn. 178.

1297 *Adams & Adams*, Practical Guide to IP in Africa, S. 575. Implementiert wurde das Gesetz von 1987 mit den *Patent Regulations 1994*; vgl. *Jaconiah*, IP Law in Tanzania, S. 70; WTO Doc. IP/C/W/552 v. 21.10.2010, Rn. 3.2.5 u. 4.2.2. Zuvor war es nach dem Gesetz von 1931 nur möglich, Patente registrieren zu lassen, die im Vereinigten Königreich erteilt wurden; vgl. *Zikonda*, Lesotho L. J. 4 (1988) 1, 1 (2 f.); *Peter*, IIC 1990, 57 (58 ff.); *Mwalimu*, Economic & Social Research Foundation, Globalisation & East Africa, Working Paper Series No. 4, 2003, S. 12. Mit dem Patentgesetz von 1987 wurde zugleich ein Patentamt gegründet; vgl. *Peter*, IIC 1990, 57 (59).

1298 Vgl. auch *Adams & Adams*, Practical Guide to IP in Africa, S. 590; *Saana Consulting*, Factual overview on technical & financial cooperation for LDCs, S. 20, Table 4.

1299 WTO Doc. IP/C/W/552 v. 21.10.2010, Rn. 3.2.7.

1300 Im Abkommen mit Kanada findet sich eine Regelung, wonach auf das Meistbegünstigungsprinzip verzichtet werden darf. Allerdings nur, wenn dies im Einklang mit den Vorschriften der WTO passiert; vgl. Art. 16 Abs. 6 *Agreement between the Government of Canada and the Government of the United Republic of Tanzania for the Promotion and Reciprocal Protection of Investments* (2013).

1. Inländerbehandlung und Meistbegünstigung

Das Prinzip der Inländerbehandlung wird durch Art. 18 Abs. 2 PA 1995 verletzt. Danach benötigt ein ausländischer Patentanmelder einen Vertreter,[1301] wodurch die Patentanmeldung eines Ausländers gegenüber einem Inländer erschwert wird.[1302]

2. Patentfähige Gegenstände

Durch Patente werden Erfindungen geschützt, die in Art. 7 PA 1995 als Lösung eines technischen Problems definiert werden und sich sowohl auf ein Produkt als auch ein Verfahren beziehen können.[1303]

Das Patentgesetz Sansibars kennt darüber hinaus noch die Möglichkeit eines Geheimpatents. In Art. 4 Abs. 5 ZIPA 2008 darf die Veröffentlichung der Erfindung für drei Monate untersagt werden, wenn die darin enthaltene Information dem öffentlichen Interesse widerspricht. Von dem Offenbarungserfordernis in Art. 29 Abs. 1 TRIPS wird im TRIPS-Übereinkommen selbst keine Ausnahme geregelt. In Art. 73 lit. a) TRIPS heißt es aber, dass ein Mitgliedstaat keine Informationen zur Verfügung stellen muss, die seine wesentlichen Sicherheitsinteressen betreffen können.

In Sansibar sollen auch Verfahren patentiert werden können, wenn sie von einem Computer ausgeführt oder durch ein Computerprogramm gesteuert werden. Auch können Produkte patentiert werden, die aus Elementen einer computerimplementierten Erfindung bestehen. Auch Universalcomputer, die durch die Kombination mit einem besonderen Computerprogramm nicht dem Stand der Technik entsprechen, können patentiert werden. Wird ein Patent auf eine dieser Erfindungen angemeldet, wird das Recht auf Urheberschutz verwirkt. Den Anforderungen des TRIPS-Übereinkommens läuft es zwar nicht zuwider, Patente auch für Computerprogramme zu erteilen. Allerdings wird der Urheberschutz für Computerprogramme in Art. 10 TRIPS ausdrücklich verlangt, weshalb dessen Verwirkung gegen das TRIPS-Übereinkommen verstößt.

a. Schutzvoraussetzungen

Sowohl auf dem Festland als auch in Sansibar wird ein Patent erteilt, wenn die Erfindung neu ist, auf einer erfinderischen Tätigkeit beruht und gewerblich anwendbar ist.[1304]

1301 Vgl. *Peter*, IIC 1990, 57 (64).

1302 *de Carvalho*, The Trips Regime of Patents and Test Data, Rn. 3.27; *Rott*, Patentrecht und Sozialpolitik, S. 182, der als Beispiel die Verpflichtung nennt, einen Anwalt heranzuziehen; *Lüers*, in: Busche/Stoll/Wiebe (Hrsg.), TRIPs, Art. 3, Rn. 12; *Rott*, Patentrecht und Sozialpolitik, S. 182.

1303 Vgl. auch *Peter*, IIC 1990, 57 (61) und *Jaconiah*, IP Law in Tanzania, S. 70 f.

1304 Art. 8 PA 1995 u. Art. 4 ZIPA 2008; vgl. in Bezug auf Festland Tansania *Adams & Adams*, Practical Guide to IP in Africa, S. 575 u. 590; *Peter*, IIC 1990, 57 (61); *Jaconiah*, IP Law in Tanzania, S. 71; *Wekundah*, African Technology Policy Studies Network Research Paper No. 19, 2012, S. 51.

b. Keine patentfähigen Gegenstände

Entdeckungen sowie wissenschaftliche und mathematische Theorien sind weder gem. Art. 7 Abs. 2 PA 1995 noch gem. Art. 3 Abs. 1 ZIPA 2008 patentfähig.[1305] Ausgeschlossen sind auch Pflanzen- und Tierarten sowie im Wesentlichen biologische Verfahren zur Herstellung von Pflanzen und Tieren, mit der Ausnahme von mikrobiologischen Verfahren und die Produkte solcher Verfahren.[1306] Sortenschutz wird allerdings weder auf dem Festland noch in Sansibar vorgesehen, weshalb der Ausschluss von Pflanzensorten gegen Art. 27 Abs. 3 lit. b) TRIPS verstößt. Weiterhin werden Schemata, Geschäftsregeln oder -methoden, reine gedankliche Tätigkeiten oder das Spielen ausgenommen.[1307] Behandlungsmethoden für Menschen und Tiere durch Operationen oder Therapie sowie Diagnosen werden ebenfalls in beiden Gesetzen ausgeschlossen, mit der Ausnahme von Produkten, die hierzu verwendet werden.[1308] Schließlich wird die bloße Präsentation von Information nicht patentiert.[1309] Verstößt die Ausübung der Erfindung gegen die öffentliche Ordnung oder die guten Sitten, kann gem. Art. 12 PA 1995 und Art. 3 ZIPA 2008 ebenfalls die Patentierung verweigert werden. Statuiert wird ebenfalls, dass es nicht genügt, die Ausübung durch ein Gesetz zu verbieten.[1310]

Auf dem Festland Tansania ist es zudem gem. Art. 13 PA 1995 möglich, die Patentierung für bestimmte Produkte oder Verfahren vorübergehend auszuschließen.[1311] Dabei darf der Ausschluss nicht länger als 10 Jahre dauern. Eine solche Ausnahme wird im TRIPS-Übereinkommen nicht vorgesehen. Da das TRIPS-Übereinkommen grundsätzlich für alle Bereiche der Technik Patentschutz verlangt, kann es nicht im Sinne des TRIPS-Übereinkommens sein, die Schutzfähigkeit eines

---

1305 Vgl. auch *Adams & Adams*, Practical Guide to IP in Africa, S. 575 u. 590; nur in Bezug auf Festland Tansania *Jaconiah*, IP Law in Tanzania, S. 70; *Wekundah*, African Technology Policy Studies Network Research Paper No. 19, 2012, S. 51.

1306 Vgl. auch *Adams & Adams*, Practical Guide to IP in Africa, S. 575; *Jaconiah*, IP Law in Tanzania, S. 70; *Wekundah*, African Technology Policy Studies Network Research Paper No. 19, 2012, S. 51. Im Patentgesetz Sansibars werden Pflanzen und Tiere mitsamt ihrer Bestandteile, also ihrer DNA, Zellen und Samen, ausgeschlossen; vgl. auch *Adams & Adams*, Practical Guide to IP in Africa, S. 591.

1307 Vgl. auch *Adams & Adams*, Practical Guide to IP in Africa, S. 575 u. 590; in Bezug auf Festland Tansania *Jaconiah*, IP Law in Tanzania, S. 70; *Wekundah*, African Technology Policy Studies Network Research Paper No. 19, 2012, S. 51.

1308 Vgl. auch *Adams & Adams*, Practical Guide to IP in Africa, S. 576 u. 590; in Bezug auf Festland Tansania *Jaconiah*, IP Law in Tanzania, S. 70; *Wekundah*, African Technology Policy Studies Network Research Paper No. 19, 2012, S. 51.

1309 Vgl. auch *Adams & Adams*, Practical Guide to IP in Africa, S. 576; *Jaconiah*, IP Law in Tanzania, S. 70.

1310 Vgl. in Bezug auf Sansibar auch *Adams & Adams*, Practical Guide to IP in Africa, S. 591. In Bezug auf Festland Tansania vgl. *Peter*, IIC 1990, 57 (62); *Jaconiah*, IP Law in Tanzania, S. 72.

1311 Vgl. auch *Jaconiah*, IP Law in Tanzania, S. 73.

Produkts vorrübergehend auszuschließen, ohne dass es weiterer Umstände bedarf, die einen Ausschluss rechtfertigen könnten. Die Regelung verstößt mithin gegen die Vorgaben des Art. 27 TRIPS.[1312]

In Sansibar erfolgen einige weitere Ausschlüsse, die in Tansania nicht vorgesehen werden. Zum einen ist die Patentierung natürlicher Substanzen nicht möglich, auch wenn sie aufbereitet, künstlich hergestellt oder in einer sonstigen Weise isoliert wurden. Nur das Verfahren zur Isolierung ist patentfähig.[1313] Um den Anforderungen des TRIPS-Übereinkommens zu entsprechen, müssten auch die Verfahren zur Aufbereitung und Herstellung patentfähig sein.[1314] Zum anderen können neue Nutzungsweisen bereits bekannter Produkte oder Verfahren in Sansibar nicht patentiert werden.[1315] Der menschliche Körper ist in Sansibar weder im Ganzen patentierbar noch können seine Bestandteile patentiert werden.[1316] Schließlich werden auch Arzneimittel und Verfahren zu ihrer Herstellung bis zum 1. Januar 2016 oder bis zu dem Ende einer späteren Frist, die durch den TRIPS-Rat gewährt wird, ausgeschlossen.[1317] Da die Frist mittlerweile bis 2033 verlängert wurde und in dem Gesetz ausdrücklich auf die Möglichkeit der Verlängerung hingewiesen wird, ist davon auszugehen, dass Arzneimittel bis 2033 nicht patentiert werden können. In Art. 10 Abs. 8 ZIPA 2008 wird zudem die Möglichkeit vorgesehen, Arzneimittel anzumelden, damit diese nach Ablauf der Frist patentiert werden können. Bis 2033 sind die LDC ebenfalls nicht verpflichtet, eine solche *„Mailbox“* vorzusehen.[1318]

3. *Anmeldebedingungen*

Sowohl auf dem Festland als auch in Sansibar gilt das Erstanmeldeprinzip. Ein Prioritätsrecht wird anerkannt.[1319] Auch wird in beiden Patentgesetzen vorgesehen, dass die Erfindung klar und vollständig zu offenbaren ist, sodass ein Fachmann sie ausführen kann. Darüber hinaus wird jeweils die Offenlegung der besten Ausführungsmethode verlangt.[1320] Informationen über ausländische Patentanmeldungen müssen nach beiden Gesetzen zur Verfügung gestellt werden.[1321] Wie oben

---

1312 Eine ähnliche Regelung fand sich auch im Patentgesetz Ugandas, die aber mit der Ausarbeitung des neuen *Industrial Property Codes 2014* – mit dem die Umsetzung des TRIPS-Übereinkommens erreicht werden sollte – gestrichen wurde.

1313 Vgl. auch *Adams & Adams*, Practical Guide to IP in Africa, S. 590.

1314 *Neef*, in: Busche/Stoll/Wiebe (Hrsg.), TRIPs, Art. 27, Rn. 22.

1315 Vgl. auch *Adams & Adams*, Practical Guide to IP in Africa, S. 591.

1316 Vgl. auch *Adams & Adams*, Practical Guide to IP in Africa, S. 591.

1317 Vgl. auch *Adams & Adams*, Practical Guide to IP in Africa, S. 591.

1318 WTO Doc. WT/L/971 v. 02.12.2015.

1319 *Adams & Adams*, Practical Guide to IP in Africa, S. 577 u. 592. Für Festland Tansania vgl. *Jaconiah*, IP Law in Tanzania, S. 75.

1320 Art. 18 Abs. 6 PA 1995 und Art. 6 Abs. 4 lit. a) ZIPA 2008. Vgl. für Festland Tansania *Peter*, IIC 1990, 57 (67) und *Jaconiah*, IP Law in Tanzania, S. 74.

1321 Art. 22 PA 1995 und Art. 9 Abs. 1 ZIPA 2008.

festgestellt, wird durch das Erfordernis, sich durch einen Agenten vertreten zu lassen, das Prinzip der Inländerbehandlung verletzt.

4. Rechte aus dem Patent

Der Patentinhaber hat gem. Art. 35 Abs. 1 lit. b) PA 1995 und Art. 12 Abs. 1 ZIPA 2008 das Recht, andere von der Nutzung der Erfindung auszuschließen.[1322] Dabei werden die in Art. 28 Abs. 1 TRIPS genannten Handlungen umfasst.[1323] Die Rechte aus dem Patent können sowohl auf dem Festland als auch in Sansibar rechtsgeschäftlich oder im Wege der Rechtsnachfolge übertragen werden.[1324] Auf dem Festland bedarf die Übertragung der Schriftform und muss registriert werden.[1325]

Auch können gem. Art. 43 ff. PA 1995 Lizenzverträge abgeschlossen werden, die ebenfalls schriftlich geschlossen und registriert werden müssen.[1326] In Art. 49 PA 1995 werden eine Reihe von Ausschlusstatbeständen aufgezählt, bei deren Vorliegen die Registrierung verweigert werden kann.[1327] Die Verbotstatbestände zielen auf wettbewerbswidrige Handlungen ab.[1328] Gegen die Verweigerung der Registrierung kann gem. Art. 52 PA 1995 Beschwerde eingelegt werden. Da der Patentinhaber nicht schutzwürdig ist, wenn er den Wettbewerb verzerrt und er die Möglichkeit hat, gegen die Verweigerung vorzugehen, ist sein Recht auf Abschluss eines Lizenzvertrags nicht in unzulässiger Weise eingeschränkt.[1329]

Die Rechte aus dem Patent erstrecken sich gem. Art. 38 Abs. 1 PA 1995 und Art. 12 Abs. 4 ZIPA 2008 nur auf den gewerblichen und kommerziellen Gebrauch. Handlungen, die zu Forschungszwecken vorgenommen werden, stellen keine Rechtsverletzung dar.[1330] Auf dem Festland tritt gem. Art. 38 Abs. 2 PA 1995 Erschöpfung ein, wenn das Produkt in Tansania auf den Markt gebracht wurde.[1331] In Sansibar gilt gem. Art. 12 Abs. 4 ZIPA 2008 das Prinzip der internationalen Erschöpfung.[1332] Der Schutz erstreckt sich nicht auf Produkte, die an Bord von Flug- oder Fahrzeugen oder Schiffen gebraucht werden, die sich nur vorrübergehend oder zufällig in Tansania oder

---

1322 Vgl. auch *Adams & Adams*, Practical Guide to IP in Africa, S. 579.

1323 Vgl. auch *Adams & Adams*, Practical Guide to IP in Africa, S. 579 u. 594. In Bezug auf Festland Tansania *Peter*, IIC 1990, 57 (65) und *Jaconiah*, IP Law in Tanzania, S. 93.

1324 Vgl. auch *Adams & Adams*, Practical Guide to IP in Africa, S. 578 u. 593. In Bezug auf Festland Tansania *Peter*, IIC 1990, 57 (68) und *Jaconiah*, IP Law in Tanzania, S. 92.

1325 Vgl. *Peter*, IIC 1990, 57 (68).

1326 Vgl. auch *Jaconiah*, IP Law in Tanzania, S. 95.

1327 Vgl. auch *Peter*, IIC 1990, 57 (66 f.).

1328 *Peter*, IIC 1990, 57 (67).

1329 Vgl. dazu die Ausführungen zum Patentgesetz Ruandas unter § 8 B XVII 4.

1330 In Bezug auf Festland Tansania vgl. auch *Peter*, IIC 1990, 57 (68) und *Jaconiah*, IP Law in Tanzania, S. 98.

1331 Vgl. auch *Jaconiah*, IP Law in Tanzania, S. 99.

1332 Vgl. auch *Peter*, IIC 1990, 57 (68). Dort wird allerdings von der nationalen Erschöpfung gesprochen.

Sansibar befinden.[1333] In Sansibar stellen zudem Handlungen, die im guten Glauben vor der Anmeldungen oder vor dem Zeitpunkt der Priorität vorgenommen wurden, keine Rechtsverletzung dar. Auch stellt es nach dem Patentgesetz Sansibars keine Rechtsverletzung dar, wenn das patentierte Produkt ausschließlich genutzt wird, um Informationen, die nach den Gesetzen Sansibars verlangt werden, zu erhalten.

5. Benutzung ohne Zustimmung des Patentinhabers

a. Regierungsgebrauch

In Art. 14 Abs. 11 ZIPA 2008 wird geregelt, dass die Regierung aus Gründen des öffentlichen Interesses die Erfindung herstellen, nutzen, ausüben, importieren oder verkaufen darf. Auf dem Festland werden in Art. 62 PA 1995 ebenfalls Vorgaben über den Regierungsgebrauch gemacht. Danach kann der Minister eine Behörde oder einen von ihm bestimmten Dritten ermächtigen, die patentierte Erfindung auszuüben, ohne dass es der Zustimmung des Patentinhabers bedarf. Voraussetzung für eine solche Nutzungserlaubnis ist, dass ein wichtiges öffentliches Interesse, insbesondere die nationale Sicherheit, die Gesundheit oder die Entwicklung eines wichtigen öffentlichen Wirtschaftssektors, betroffen ist und dem Patentinhaber eine angemessenen Vergütung gezahlt wird.[1334] Gegen die festgesetzte Höhe der Vergütung kann gem. Art. 62 Abs. 4 PA 1995 Beschwerde eingelegt werden. Die Möglichkeit gegen die Entscheidung der Regierung als solche vorzugehen, wird ausdrücklich ausgeschlossen, worin ein Verstoß gegen Art. 31 lit. i) TRIPS zu sehen ist. Weitere Voraussetzungen werden weder in Sansibar noch auf dem Festland an die Nutzungserlaubnis gestellt. Beide Regelungen sind daher nicht mit den Vorgaben des TRIPS-Übereinkommens vereinbar.

b. Zwangslizenz

Zwangslizenzen können sowohl auf dem Festland als auch in Sansibar vier Jahren ab Anmeldung oder drei Jahre nach Erteilung des Patents beantragt werden, wenn die Erfindung nicht ausgeübt wird.[1335] Auf dem Festland heißt es, der Import werde nicht als Ausübung gewertet und er könne einen Anspruch auf Erteilung einer Zwangslizenz begründen.[1336] Dies stellt einen Verstoß gegen das Diskriminierungsverbot des Art. 27 Abs. 1 TRIPS dar, das auch im Rahmen von Art. 31 TRIPS zu beachten ist.[1337]

1333 Vgl. in Bezug auf Festland Tansania *Jaconiah*, IP Law in Tanzania, S. 99 und *Peter*, IIC 1990, 57 (68).

1334 Vgl. auch *Peter*, IIC 1990, 57 (68) und *Jaconiah*, IP Law in Tanzania, S. 104.

1335 Für das Festland vgl. auch *Jaconiah*, IP Law in Tanzania, S. 99 f.; für Sansibar vgl. auch *Adams & Adams*, Practical Guide to IP in Africa, S. 594.

1336 Vgl. auch *Adams & Adams*, Practical Guide to IP in Africa, S. 578.

1337 *Canada – Pharmaceutical Products*, Report of the Panel, WTO Doc. WT/DS114/R v 17.03.2000, Rn. 7.91; *UNCTAD-ICTSD*, Resource Book on TRIPS and Development, S. 372 u. 442; *Gervais*, TRIPS, Art. 27, Rn. 2.366.

Auch sehen beide Patentgesetze die Möglichkeit vor, Zwangslizenzen zu erteilen, wenn ein späteres Patent nicht ausgeübt werden kann, ohne ein früheres Patent zu verletzen.[1338] Dabei muss die zweite Erfindung einen wichtigen technischen Fortschritt von erheblicher wirtschaftlicher Bedeutung gegenüber der ersten Erfindung aufweisen.[1339] Auf dem Festland muss mit dem zweiten Patent ein anderer gewerblicher Zweck verfolgt werden, als mit dem ersten. Wird derselbe Zweck verfolgt, wird dem Patentinhaber das Recht zur Gegenlizenz eingeräumt. Eine solche Regelung kennt das TRIPS-Übereinkommen nicht. Da im TRIPS-Übereinkommen keine Unterscheidung getroffen wird, ob derselbe oder ein anderer Zweck verfolgt wird, könnte es TRIPS-widrig sein, keine Gegenlizenz zuzulassen, wenn unterschiedliche Interessen verfolgt werden. Allerdings wird der Patentinhaber des ersten Patents kein Interesse an der Erteilung einer Zwangslizenz haben, wenn er ein anderes Interesse verfolgt. Er wird daher mit der Regelung nicht unzulässig in seinen Rechten beschränkt. Das Patentgesetz Sansibars trifft keine solche Unterscheidung, sondern gewährt in Art. 14 Abs. 9 lit. a ZIPA 2008 dem Inhaber des ersten Patents das Recht auf eine Gegenlizenz. Zudem darf die Lizenz in Bezug auf das erste Patent gem. Art. 14 Abs. 9 lit. b ZIPA 2008 nur zusammen mit dem zweiten Patent übertragen werden.

Auch wenn die Nachfrage nicht befriedigt werden kann, ist die Erteilung einer Zwangslizenz auf dem Festland möglich.[1340] In Sansibar findet sich eine entsprechende Regelung.[1341] Als weiterer Grund kommt auf dem Festland in Betracht, dass der Aufbau oder die Weiterentwicklung gewerblicher oder kommerzieller Aktivitäten oder die Möglichkeit zum Export verhindert wird.[1342] Schließlich liegt auf dem Festland gem. Art. 55 PA 1995 ein Grund für die Erteilung vor, wenn eine Erfindung durch die Regierung als wesentlich für die Verteidigung, die Wirtschaft oder die Gesundheit erklärt wurde.[1343]

In Sansibar wird darüber hinaus die Erteilung einer Zwangslizenz vorgesehen, wenn es ein öffentliches Interesse an der Erfindung gibt, insbesondere in den Fällen, in denen die nationale Sicherheit betroffen ist, ein nationaler Notstand vorliegt oder die Ernährung und die Gesundheit oder die Entwicklung anderer wichtiger Wirtschaftssektoren beeinträchtigt werden.[1344] Auch wenn die Ausübung wettbewerbswidrig ist und die Erteilung einer Zwangslizenz Abhilfe schaffen kann, ist die Erteilung einer Zwangslizenz möglich.[1345] Zudem wird die Erteilung vorgesehen, wenn der Patentinhaber sein exklusives Recht missbraucht. Hat der Antragsteller innerhalb von 90 Tagen keine freiwillige Lizenz erhalten können, kann er ohne weitere

---

1338 Vgl. in Bezug auf Festland Tansania *Jaconiah*, IP Law in Tanzania, S. 101 und in Bezug auf Sansibar vgl. *Adams & Adams*, Practical Guide to IP in Africa, S. 594.
1339 Vgl. auch *Adams & Adams*, Practical Guide to IP in Africa, S. 594.
1340 Vgl. auch *Adams & Adams*, Practical Guide to IP in Africa, S. 578.
1341 Vgl. auch *Adams & Adams*, Practical Guide to IP in Africa, S. 594.
1342 Vgl. auch *Adams & Adams*, Practical Guide to IP in Africa, S. 578.
1343 Vgl. auch *Jaconiah*, IP Law in Tanzania, S. 101 f.
1344 Vgl. auch *Adams & Adams*, Practical Guide to IP in Africa, S. 593.
1345 Vgl. auch *Adams & Adams*, Practical Guide to IP in Africa, S. 593.

Voraussetzungen erfüllen zu müssen, ebenfalls eine Zwangslizenz beantragen.[1346] Zwar ist es grundsätzlich erforderlich, sich zunächst um das Einverständnis des Patentinhabers zu bemühen. Die Weigerung zur freiwilligen Lizensierung allein kann aber nicht Grund für die Erteilung einer Zwangslizenz sein.[1347]

Eine eindeutige Regelung über die Begrenzung des Umfangs der Zwangslizenz fehlt zwar im Patentgesetz Tansanias, durch die detaillierte Darstellung, welche Handlungen erfasst werden, ergibt sich aber, dass die Handlungsfreiheit des Lizenznehmers beschränkt wird. Sowohl auf dem Festland als auch in Sansibar ist dem Patentinhaber eine angemessene Vergütung zu zahlen. In Sansibar kann die Summe reduziert werden oder die Verpflichtung gänzlich entfallen, wenn die Zwangslizenz zur Verhütung einer wettbewerbswidrigen Handlung erteilt wird. Bei der Ermittlung der Höhe der Vergütung verlangt das TRIPS-Übereinkommen, einen Ausgleich zwischen dem Patentinhaber und dem Interesse der Öffentlichkeit herzustellen.[1348] Ein Patentinhaber, der sich wettbewerbswidrig verhält, soll nicht durch die Zahlung einer marktüblichen Vergütung für sein Handeln belohnt werden.[1349] Eine Reduzierung der Vergütung erscheint daher in Hinblick auf das öffentliche Interesse angemessen. Hat sich der Patentinhaber durch die wettbewerbswidrige Maßnahme zuvor bereichert, kann es auch angemessen sein, die Vergütung auszusetzen. Zudem entfällt die Zahlungsverpflichtung, wenn durch die Zwangslizenz der Import nach der Erklärung zum TRIPS und zur öffentlichen Gesundheit erfolgen soll und im Exportstaat bereits eine entsprechende Vergütung gezahlt wurde.

In Sansibar muss die Zwangslizenz nicht entzogen werden, wenn sie auf Grund von wettbewerbswidrigem Verhalten erteilt wurde. Zwar wird eine solche Regelung nicht in Art. 31 TRIPS vorgesehen. Allerdings besteht in einem solchen Fall die Gefahr, dass sich der Patentinhaber erneut wettbewerbswidrig verhalten wird. Es ist daher gerade nicht wahrscheinlich, dass die Umstände, die zur Erteilung der Zwangslizenz geführt haben, nicht erneut eintreten werden.

Nach Art. 14 Abs. 5 ZIPA 2008 darf die Zwangslizenz zudem nicht ausschließlich erteilt werden. Eine entsprechende Regelung, mit der die Vorgabe des Art. 31 lit. d) TRIPS erfüllt wird, fehlt im Patentgesetz des Festlands. Auch wird auf dem Festland keine Regelung darüber getroffen, ob mit der Zwangslizenz die Versorgung des Binnenmarkts garantiert werden soll. In Sansibar gilt gem. Art. 17 Abs. 7 ZIPA 2008, dass die Zwangslizenz zwar hauptsächlich der Versorgung des Binnenmarktes dienen soll. Dies gilt allerdings nicht, wenn entweder eine wettbewerbswidrige Maßnahme verhütet werden soll oder wenn die Zwangslizenz zum Export unter den Voraussetzungen der Entscheidung zum TRIPS und zur öffentlichen Gesundheit oder denen

1346 Vgl. auch *Adams & Adams*, Practical Guide to IP in Africa, S. 594.

1347 Vgl. auch *Taşdelen*, in: Busche/Stoll/Wiebe (Hrsg.), Art. 31, Rn. 21. A.A. *Reichman*, in: Correa/Yusuf (Hrsg.), IP and International Trade, S. 23 (34); *Richter*, Wis. Int'l L.J. 30 (2012) 1, 229 (240).

1348 *Rott*, Patentrecht und Sozialpolitik, S. 287.

1349 *Correa*, in: ders./Yusuf (Hrsg.), IP and International Trade, S. 226 (247); *Rott*, Patentrecht und Sozialpolitik, S. 290.

des Art. 31*bis* TRIPS erteilt wurde, sobald dieser in Kraft getreten ist. Schließlich wird im Patentgesetz Sansibars klargestellt, dass Zwangslizenzen im Fall der Halbleitertechnik nur für den nicht gewerblichen Gebrauch erteilt werden dürfen.

Sansibar erfüllt weitestgehend die Vorgaben des Art. 31 TRIPS. Auch wurde die Entscheidung zum TRIPS und zur öffentlichen Gesundheit integriert. Die Regelungen auf dem Festland sind unvollständig. Insgesamt wird den Anforderungen des Art. 31 TRIPS daher nicht entsprochen.

6. Beendigung des Schutzes

a. Ablauf des Patents

Die Laufzeit eines Patents beträgt auf dem Festland gem. Art. 39 Abs. 1 PA 1995 10 Jahre.[1350] Die Frist kann unter besonderen Umständen insgesamt zweimal um weitere 5 Jahre verlängert werden.[1351] Die bloße Möglichkeit auf eine Verlängerung genügt der Anforderung des Art. 33 TRIPS nicht.[1352] In Sansibar beträgt die Laufzeit gem. Art. 13 Abs. 1 lit. a) ZIPA 2008 20 Jahre.[1353] Für den Erhalt des Patents ist eine sich jährlich erhöhende Gebühr zu entrichten.[1354] Wird die Gebühr nicht gezahlt, verfällt das Patent. Innerhalb eines Jahres kann das Patent wiederhergestellt werden, wenn die Nichtzahlung gerechtfertigt war.[1355]

b. Nichtigkeit

Ein Patent kann gem. Art. 64 PA 1995 und Art. 16 ZIPA 2008 zurück genommen werden, wenn der Patentinhaber das Patent nicht hätte anmelden können, die Erfindung nicht hätte patentiert werden dürfen oder die Anmeldevoraussetzungen nicht erfüllt wurden.[1356] Aus Art. 64 Abs. 4 PA 1995 geht zudem hervor, dass die Möglichkeit zur

---

1350 Vgl. auch *Adams & Adams*, Practical Guide to IP in Africa, S. 577; *Peter*, IIC 1990, 57 (68); *Jaconiah*, IP Law in Tanzania, S. 105.

1351 Vgl. auch *Peter*, IIC 1990, 57 (68).

1352 *Canada – Term of Patent Protection*, Report of the Appellate Body, WTO Doc. WT/DS170/AB/R v. 18.09.2000, Rn. 92; *UNCTAD-ICTSD*, Resource Book on TRIPS and Development, S. 426.

1353 Vgl. auch *Adams & Adams*, Practical Guide to IP in Africa, S. 593.

1354 Die Erhebung einer Gebühr zur Aufrechterhaltung ist zulässig, da lediglich die Möglichkeit geboten werden muss, zwanzigjährigen Schutz zu erhalten; vgl. *Canada – Term of Patent Protection*, Report of the Panel, WTO Doc. WT/DS170/R v. 05.05.2000, Rn. 6.110; *UNCTAD-ICTSD*, Resource Book on TRIPS and Development, S. 424.

1355 Der Verfall bei Nichtzahlung der Gebühr ist zulässig; vgl. *UNCTAD-ICTSD*, Resource Book on TRIPS and Development, S. 423. Auch ergibt sich dies bereits aus Art. 5*bis* PVÜ, in dem eine Schonfrist verlangt wird.

1356 Vgl. *Adams & Adams*, Practical Guide to IP in Africa, S. 578 u. 593; In Bezug auf Festland Tansania vgl. auch *Peter*, IIC 1990, 57 (69) und *Jaconiah*, IP Law in Tanzania, S. 107 f. Diese Gründe werden allgemein als Nichtigkeitsgründe anerkannt; vgl. WTO Docs. IP/C/W/32 v. 06.08.1996 und IP/C/M/8 v. 14.08.1996, Rn. 73; *Höhne*,

gerichtlichen Überprüfung besteht.[1357] Die Möglichkeit zur gerichtlichen Überprüfung in Sansibar kann Art. 16 Abs. 6 ZIPA 2008 entnommen werden, in dem von der endgültigen Entscheidung des Gerichts gesprochen wird.

7. Zwischenergebnis

Die Regelungen Sansibars entsprechen weitestgehend den Vorgaben des TRIPS-Übereinkommens. Nicht vollständig mit den TRIPS-Vorgaben vereinbar sind hingegen die Regelungen des Patentgesetzes Tansanias.[1358] Mittlerweile gibt es eine eigene Arzneimittelindustrie, die sich auf die Herstellung von Generika spezialisiert hat.[1359]

Defizite:

- Das Prinzip der Inländerbehandlung wird verletzt.
- Sowohl auf dem Festland als auch in Sansibar werden die Anforderungen von Art. 27 TRIPS nicht erfüllt.
- In Sansibar werden die Anforderungen des Art. 31 TRIPS weitestgehend erfüllt, nicht hingegen auf dem Festland.
- Auf dem Festland wird ein Patent lediglich für 10 Jahre erteilt.

XXI. Uganda: Gesetz zum gewerblichen Eigentum von 2014

Die Republik Uganda erlangte 1962 ihre Unabhängigkeit vom Vereinigten Königreich.[1360] Als ehemalige britische Kolonie folgt Uganda der Common Law Tradition.[1361] Auch das Patentrecht wurde während der Kolonialherrschaft eingeführt.[1362]

---

in: Busche/Stoll/Wiebe (Hrsg.), TRIPs, Art. 32, Rn. 10; *Malbon/Lawson/Davison*, TRIPS, Rn. 32.09; *de Carvalho*, The Trips Regime of Patents and Test Data, Rn 32.6.

1357 *Jaconiah*, IP Law in Tanzania, S. 108.

1358 Vgl. i.E. auch WTO Doc. IP/C/W/552 v. 21.10.2010, Rn. 3.2.1. Der mangelnde Patentschutz sei für die Industrie Tansanias unerheblich; vgl. *Mahingila*, WIPO Workshop on Intellectual Property for Business for Small and Medium-Sized Enterprises (SMEs), 2005, Rn. 18; WTO Doc. IP/C/W/552 v. 21.10.2010, Rn. 3.2.2. Sie wird maßgeblich von dem Export von Mineralien, Metall, Tee und Tabak beeinflusst; vgl WTO Doc. IP/C/W/552 v. 21.10.2010, Rn. 2.2.1.

1359 *Mwalimu*, Economic & Social Research Foundation, Globalisation & East Africa, Working Paper Series No. 4, 2003, S. 20.

1360 *Blaustein/Sigler/Beede*, Independence Documents of the World, S. 719 f.; *Onoria*, in: Shelton (Hrsg.), International Law and Domestic Legal Systems, S. 594; *Muyanja/Chomi*, in: Campbell (Hrsg.), Legal Aspects of Doing Business in Africa, S. UGA-1.

1361 *Ntampaka*, Introduction aux systèmes juridiques africains, S. 7; *Muyanja/Chomi*, in: Campbell (Hrsg.), Legal Aspects of Doing Business in Africa, S. UGA-1; *Sikoyo/Nyukuri/Wakhungu*, ACTS Ecopolicy Series No. 16, 2006, S. 20; *Onoria*, in: Shelton (Hrsg.), International Law and Domestic Legal Systems, S. 594.

1362 *Sikoyo/Nyukuri/Wakhungu*, ACTS Ecopolicy Series No. 16, 2006, S. 21; *Tabaro*, J.W.I.P. 12 (2009) 6, 571 (575); *Zikonda*, Lesotho L. J. 4 (1988) 1, 1 (2). Danach war es allerdings nur möglich, Patente anzumelden, die bereits im Vereinigten Königreich

Uganda ist Gründungsmitglied der WTO.[1363] Die Mitgliedschaft sowohl in der PVÜ[1364] als auch in der ARIPO[1365] beeinflusste bereits vor Verabschiedung des TRIPS-Übereinkommens die Gesetzgebung Ugandas. Anfang der 1990er Jahre wurde ein Patentgesetz erlassen, mit dem den internationalen Vorgaben Rechnung getragen wurde.[1366] Es wurde angenommen, bereits dieses Gesetz sei kompatibel mit den TRIPS-Vorgaben.[1367] 2014 wurde ein neues Gesetz zum Schutz des gewerblichen Eigentums (IPA 2014) erlassen.[1368] Uganda hat zudem bilaterale und regionale Abkommen zum Schutz des geistigen Eigentums, beispielsweise das Cotonou-Abkommen,[1369] abgeschlossen.

1. Inländerbehandlung und Meistbegünstigung

Ausländische Patentanmelder werden in Uganda verpflichtet, ihre Patentanmeldung durch einen beim *High Court* zugelassenen Anwalt vornehmen zu lassen, was im Konflikt mit dem Prinzip der Inländerbehandlung steht.[1370] Das Meistbegünstigungsprinzip wird gewahrt.

---

erteilt wurden; vgl. *Mgbeoji*, in: Gervais (Hrsg.), IP, Trade and Development, S. 180 (200); *Zikonda*, Lesotho L. J. 4 (1988) 1, 1 (3); *Tabaro*, J.W.I.P. 12 (2009) 6, 571 (579), der allerding auf ein Gesetz von 1964 abstellt – also nach Erlangen der Unabhängigkeit.

1363 *Rudaheranwa/Atingi-Ego*, in: Gallagher/Low/Stoler (Hrsg.), Managing the Challenges of WTO Participation, S. 566; vgl. auch *Adams & Adams*, Practical Guide to IP in Africa, S. 628.

1364 Uganda trat nach dem Erlangen der Unabhängigkeit der PVÜ bei; vgl. *Sikoyo/Nyukuri/Wakhungu*, ACTS Ecopolicy Series No. 16, 2006, S. 21; vgl. auch *Adams & Adams*, Practical Guide to IP in Africa, S. 628.

1365 Uganda ist seit 1978 Mitglied der (ES)ARIPO; vgl. *Tabaro*, J.W.I.P. 12 (2009) 6, 571 (579).

1366 *Tabaro*, J.W.I.P. 12 (2009) 6, 571 (582); WTO Doc. IP/N/1/UGA/1 v. 12.11.1996.

1367 Diese Annahme wurde damit begründet, das TRIPS-Übereinkommen integriere vornehmlich die Vorgaben der PVÜ; vgl. *Richter*, Wis. Int'l L.J. 30 (2012) 1, 229 (231 f. u. 246).

1368 Bereits 2012 lag das Gesetz dem Parlament vor; vgl. *Saana Consulting*, Factual overview on technical & financial cooperation for LDCs, S. 20, Table 4. Kritisiert wurde an der Änderung des Patentrechts, nationale Interessen – insbesondere der Schutz der Gesundheit – seien kaum berücksichtigt worden. Vielmehr hätten bei der Ausarbeitung die Interessen von (ausländischen) Unternehmen im Vordergrund gestanden; vgl. *Foreman*, Patents, pills and public health, S. 44. So auch bereits zum Entwurf 2007; vgl. *Tabaro*, J.W.I.P. 12 (2009) 6, 571 (589), der die bereits vor Auslauf der Übergangsfrist erfolgte Umsetzung dem Druck (ausländischer) Investoren zuschreibt, die ein eigenes Interesse an einem starken Patentschutz hätten.

1369 Vgl. auch *Rudaheranwa/Atingi-Ego*, in: Gallagher/Low/Stoler (Hrsg.), Managing the Challenges of WTO Participation, S. 566.

1370 *Lüers*, in: Busche/Stoll/Wiebe (Hrsg.), TRIPs, Art. 3, Rn. 12; *Rott*, Patentrecht und Sozialpolitik, S. 182.

2. *Patentfähige Gegenstände*

Sowohl nationale als auch von der ARIPO erteilte Patente werden geschützt.[1371] Ein Patent wird in Uganda auf alle Erfindungen erteilt, die gem. Art. 9 IPA 2014 neu sind, auf einer erfinderischen Tätigkeit beruhen und gewerblich angewandt werden können.[1372] Unter einer Erfindung ist gem. Art. 8 IPA 2014 die Lösung eines technologischen Problems zu verstehen, die sich sowohl auf ein Produkt als auch auf ein Verfahren beziehen kann.[1373]

3. *Keine patentfähigen Gegenstände*

Entdeckungen sowie wissenschaftliche und mathematische Theorien stellen nach Art. 8 Abs. 3 IPA 2014 keine Erfindungen dar und sind daher nicht patentfähig.[1374] Auch Schemata, Geschäftsregeln oder -methoden, reine Gedankentätigkeit und das Spielen werden nicht als Erfindungen betrachtet.[1375] Ebenso wenig stellen diagnostische, therapeutische oder chirurgische Behandlungsmethoden von Menschen und Tieren Erfindungen dar, weshalb sie ebenfalls nicht patentiert werden können. Die bloße Präsentation von Informationen ist ebenfalls keine Erfindung.[1376] Auch Pflanzen und Tiere, mit der Ausnahme von Mikroorganismen, sowie im Wesentlichen biologische Verfahren zur Züchtung von Pflanzen und Tieren, mit Ausnahme von nicht-biologischen und mikrobiologischen Verfahren, können mangels Erfindungseigenschaft nicht patentiert werden. Bis zum 1. Januar 2016 oder dem Ablauf einer erneut gewährten Frist durch den TRIPS-Rat wird Arzneimitteln die Erfindungseigenschaft abgesprochen und somit die Möglichkeit auf Patentschutz versagt. Anmeldungen für Patente auf Arzneimittel können gem. Art. 28 Abs. 13 und 14 IPA 2014 dennoch eingereicht werden, damit nach Ablauf der Frist die Patenterteilung möglich wird.

Natürliche Substanzen sollen ebenfalls nicht als Erfindungen betrachtet werden, auch wenn sie aufbereitet, synthetisiert oder auf sonstige Weise isoliert wurden.

1371 ARIPO-Patente haben gem. Art. 45 IPA 2014 dieselbe Wirkung wie nationale Patente.

1372 So auch bereits im *Patents Act 1993*; vgl. dazu *Muyanja/Chomi*, in: Campbell (Hrsg.), Legal Aspects of Doing Business in Africa, S. UGA-1 (UGA-12); *Adams & Adams*, Practical Guide to IP in Africa, S. 629; *Tabaro*, J.W.I.P. 12 (2009) 6, 571 (583).

1373 So auch bereits in dem *Patents Act 1993*; vgl. dazu *Richter*, Wis. Int'l L.J. 30 (2012) 1, 229 (246 f.); *Tabaro*, J.W.I.P. 12 (2009) 6, 571 (582); *Muyanja/Chomi*, in: Campbell (Hrsg.), Legal Aspects of Doing Business in Africa, S. UGA-1 (UGA-12).

1374 So auch bereits in Art. 7 Abs. 2 *Patents Act 1993*; vgl. dazu *Adams & Adams*, Practical Guide to IP in Africa, S. 629; *Richter*, Wis. Int'l L.J. 30 (2012) 1, 229 (247); *Tabaro*, J.W.I.P. 12 (2009) 6, 571 (582).

1375 So auch bereits in Art. 7 Abs. 2 *Patents Act 1993*; vgl. dazu *Adams & Adams*, Practical Guide to IP in Africa, S. 629; in Bezug auf Geschäftsmethoden auch *Richter*, Wis. Int'l L.J. 30 (2012) 1, 229 (247).

1376 So auch bereits in Art. 7 Abs. 2 *Patents Act 1993*; vgl. dazu *Adams & Adams*, Practical Guide to IP in Africa, S. 629.

Das Verfahren zur Isolation wird von dem Ausschluss nicht erfasst. Auch wird dem menschlichen Körper sowie seinen Bestandteilen die Erfindungseigenschaft versagt. Da es den Mitgliedstaaten frei steht, darüber zu entscheiden, was als Erfindung bezeichnet wird, können sie erklären, dass natürliche Substanzen und der menschliche Körper keine Erfindungen darstellen und somit nicht patentierbar sind.[1377] Verfahren zur Herstellung oder Aufbereitung natürlicher Substanzen werden nicht ausdrücklich geschützt, was nach Art. 27 Abs. 1 TRIPS aber gewährleistet werden müsste.

Auch Pflanzensorten können nicht patentiert werden, ohne dass ihnen die Erfindungseigenschaft genommen wird. Sie sollen aber gem. Art. 13 IPA 2014 durch ein Gesetz zum Schutz von Pflanzensorten geschützt werden. Ebenfalls ausgeschlossen werden Erfindungen, die gegen die öffentliche Ordnung, die guten Sitten, die öffentliche Gesundheit oder Sicherheit sowie Prinzipien der Humanität verstoßen oder umweltschädlich sind. Obwohl anzunehmen ist, dass mit der Verabschiedung des IPA 2014 die Vorgaben des TRIPS-Übereinkommens umgesetzt werden sollten, liegt in dieser Regelung ein Verstoß gegen Art. 27 Abs. 2 TRIPS. Nach diesem soll es gerade nicht erlaubt sein, die Patenterteilung zu versagen, wenn der Verstoß von der Erfindung als solcher ausgeht. Sie kann demnach nur untersagt werden, wenn die gewerbliche Verwertung unterbunden werden soll.[1378] Hierin könnte aber nicht nur ein Verstoß gegen Art. 27 Abs. 2 TRIPS gesehen werden. In dem Gesetz von 1993 war ein solcher Ausschluss noch nicht vorgesehen. Die Ausnahme war daher bereits mit den TRIPS-Vorgaben vereinbar. In der Entscheidung des TRIPS-Rats über die erneute Fristverlängerung von 2013 heißt es, das bereits erreichte Schutzniveau müsse beibehalten werden. Es könnte daher eine Verletzung der *no-rollback*-Verpflichtung vorliegen. Da der TRIPS-Rat aber nicht die Kompetenz hatte, eine derartige Bedingung an die Fristverlängerung zu knüpfen, ist die Bedingung unbeachtlich.[1379] Uganda durfte daher auch von der bereits erreichten TRIPS-Konformität nachträglich wieder abweichen.

Schließlich kann gem. Art. 14 IPA 2014 die Patenterteilung aufgeschoben werden, wenn aus Gründen der Staatssicherheit oder des öffentlichen Interesses die Geheimhaltung der Anmeldung erklärt wurde.[1380] Ein Ausschluss wird damit nicht vorgesehen. Für einen Aufschub der Erteilung sieht das TRIPS-Übereinkommen

---

1377 *Lamping*, IIC 2014, 679 (684 Rn. 10); *Correa*, in: ders./Yusuf (Hrsg.), IP and International Trade, S. 226 (235).

1378 *Moufang*, in: van Overwalle (Hrsg.), Octrooirecht, Ethiek en Biotechnologie, S. 65 (70); *UNCTAD-ICTSD*, Resource Book on TRIPS and Development, S. 377 ff. Auch das deutsche Patentgesetz musste dementsprechend angepasst werden; vgl. *Straus*, GRUR Int. 1996, 179 (188 f.).

1379 Vgl. dazu die Ausführungen unter § 3 C II 2 b.

1380 Die Regelung entspricht fast wortgetreu Art. 22 des britischen Patentgesetzes von 1977. Auch im US-amerikanischen Patentrecht ist in 35 U.S.C. § 181 eine ähnliche Regelung zu finden. Vgl. zu einer solchen *secrecy order* im britischen Recht auch *Lustig/Witte*, Das britische Patent, S. 96; *Cornish/Llewelyn/Aplin*, Intellectual Property, S. 163.

keine Regelung vor. Durch den Aufschub wird vermieden, dass empfindliche Informationen der Öffentlichkeit bekannt gegeben werden. Nach Art. 73 lit. a) TRIPS werden Mitgliedstaaten nicht verpflichtet, Informationen zur Verfügung zu stellen, die ihren wesentlichen Sicherheitsinteressen zuwiderlaufen könnten. In dem Aufschub der Patenterteilung kann daher keine Verletzung der Vorgaben des TRIPS-Übereinkommens gesehen werden.

4. *Anmeldebedingungen*

Es gilt gem. Art. 17 Abs. 3 IPA 2014 das Erstanmeldeprinzip. Wurde das Patent bereits in einem anderen PVÜ-Mitgliedstaat angemeldet, genießt der Anmelder ein Prioritätsrecht nach Art. 24 IPA 2014.[1381] Ein ausländischer Patentanmelder muss gem. Art. 21 Abs. 2 IPA 2014 von einem beim *High Court* zugelassenen Anwalt vertreten werden.[1382] Darin ist eine Verletzung des Prinzips der Inländerbehandlung zu sehen.[1383]

Die Erfindung ist gem. Art. 21 Abs. 5 IPA 2014 in der Anmeldung vollständig, klar, prägnant und genau zu offenbaren, sodass ein Fachmann sie ausführen kann, wobei die beste Art der Ausführung zu benennen ist.

Schließlich wird in Art. 15 IPA 2014 geregelt, dass eine Patentanmeldung im Ausland durch einen Einwohner Ugandas nur mit Genehmigung des Registrators erfolgen darf. Insbesondere darf sie nicht erfolgen, wenn die Anmeldung der Geheimhaltung unterliegt.[1384] Auf die Vereinbarkeit mit dem TRIPS-Übereinkommen kommt es hierbei nicht an, da die Verpflichtung nur für Einheimische gilt. Nach Art. 1 Abs. 3 TRIPS besteht nur die Verpflichtung, den Angehörigen anderer Mitgliedstaaten die nach dem TRIPS-Übereinkommen vorgegebenen Rechte zu gewähren. Wurde das Patent in einem anderen Staat von einem nicht in Uganda ansässigen Patentanmelder vorgenommen, gilt die Beschränkung nicht.

5. *Rechte aus dem Patent*

Das Recht, ein Patent erteilt zu bekommen, steht gem. Art. 17 Abs. 1 IPA 2014 dem Erfinder zu. In Art. 38 IPA 2014 werden die Rechte des Patentinhabers genannt, die den Vorgaben des Art. 28 Abs. 1 TRIPS entsprechen.[1385]

1381 Bereits in dem *Patents Act 1993* existierte das Prioritätsrecht; vgl. *Adams & Adams*, Practical Guide to IP in Africa, S. 630.

1382 Die Verpflichtung galt bereits zuvor; vgl. dazu *Muyanja/Chomi*, in: Campbell (Hrsg.), Legal Aspects of Doing Business in Africa, S. UGA-1 (UGA-12).

1383 *Lüers*, in: Busche/Stoll/Wiebe (Hrsg.), TRIPs, Art. 3, Rn. 12; *Rott*, Patentrecht und Sozialpolitik, S. 182.

1384 Auch diese Regelung findet sich fast wortgetreu im britischen Patentgesetz von 1977.

1385 *Richter*, Wis. Int'l L.J. 30 (2012) 1, 229 (247).

a. Übertragung

Nach Art. 17 Abs. 4 IPA 2014 und Art. 38 Abs. 3 IPA 2014 kann das Recht auf das Patent rechtsgeschäftlich oder durch Rechtsnachfolge übertragen oder es können Lizenzverträge abgeschlossen werden. Wenn der Anmelder wesentliche Bestandteile der Erfindung durch einen anderen erhalten hat, ist er nach Art. 18 IPA 2014 verpflichtet, das Recht auf Patenterteilung oder das Patent selbst an denjenigen zu übertragen. Nach Art. 48 IPA 2014 muss die Übertragung des Patents schriftlich erfolgen und sie muss registriert werden. Auch der Lizenzvertrag ist gem. Art. 53 IPA 2014 schriftlich abzufassen und muss gem. Art. 54 IPA 2014 registriert werden. Die Registrierung wird verweigert, wenn gem. Art. 55 Abs. 1 IPA 2014 dem Lizenznehmer ungerechtfertigte Beschränkungen auferlegt werden, mit der Folge, dass der Vertrag im Ganzen den wirtschaftlichen Interessen Ugandas schadet. Die Überprüfung missbräuchlicher Vertragsklauseln – etwa solche, die den Lizenznehmer beeinträchtigen oder die wirtschaftlichen Interessen Ugandas gefährden – stellt keine Einschränkung des Art. 28 Abs. 2 TRIPS dar.[1386]

b. Ausnahmen von den Rechten aus dem Patent

Die ausschließlichen Rechte erstrecken sich gem. Art. 41 IPA 2014 nicht auf die gutgläubige Nutzung der Erfindung vor der Patentanmeldung oder vor dem Zeitpunkt der Priorität.[1387] Auch gilt gem. Art. 43 Abs. 2 IPA 2014 die internationale Erschöpfung.[1388] Wenn der patentierte Gegenstand an Bord ausländischer Flugzeuge, Fahrzeuge oder Schiffe genutzt wird, die sich nur vorrübergehend oder zufällig in Uganda befinden, liegt gem. Art. 43 Abs. 3 IPA 2014 ebenfalls keine Verletzung vor.[1389]

Da sich die Rechte des Patentinhabers gem. Art. 43 Abs. 1 IPA 2014 auf die gewerbliche und kommerzielle Nutzung beschränken, stellt die Nutzung zu Forschungszwecken gem. Art. 44 IPA 2014 ebenfalls keine Verletzung dar.[1390] Auch die Nutzung für den Unterricht verletzt nicht die Rechte des Patentinhabers. Das Ausprobieren, Gebrauchen, Herstellen oder Verkaufen zum alleinigen Zweck, notwendige Informationen nach den Gesetzen Ugandas für die Zulassung zu erhalten, stellt ebenfalls keine Verletzung dar. Auch die individuelle Zubereitung durch einen Apotheker oder Arzt, verletzt nicht die Rechte des Patentinhabers.[1391] Des Weiteren ist in der Herstellung oder dem Export von Arzneimitteln keine Verletzung zu sehen, vorausgesetzt, die Erfindung ist in dem Empfängerstaat nicht patentiert oder die

---

1386 *de Carvalho*, The Trips Regime of Patents and Test Data, Rn. 28.13; *v. Saint-André/Taşdelen*, in: Busche/Stoll/Wiebe (Hrsg.), TRIPs, Art. 28, Rn. 6; *Correa*, TRIPS, S. 300.

1387 So auch bereits im Entwurf 2007; vgl. *Tabaro*, J.W.I.P. 12 (2009) 6, 571 (583).

1388 Zuvor galt das Prinzip der nationalen Erschöpfung; vgl. dazu *Adusei*, Patenting of Pharmaceuticals and Development in Sub-Saharan Africa, S. 186.

1389 So auch bereits im Entwurf 2007; vgl. *Tabaro*, J.W.I.P. 12 (2009) 6, 571 (583).

1390 So auch bereits im Entwurf 2007; vgl. *Tabaro*, J.W.I.P. 12 (2009) 6, 571 (583).

1391 Vgl. dazu die Ausführungen zum Patentgesetz in Mosambik unter § 8 B XIV 5.

Regierung des Empfängerstaates hat die Nutzung gestattet. Die Regelung erinnert an die Vorgaben, die in der Erklärung zur Umsetzung der Doha-Ministererklärung zu finden sind, wonach eine Zwangslizenz auch für die Versorgung mit Arzneimitteln eines anderen Staates erlaubt wird. Bei den Verhandlungen über die zulässige Maßnahme zur Versorgung mit Arzneimitteln wurde darüber nachgedacht, eine Ausnahme nach Art. 30 TRIPS zuzulassen.[1392] Die USA waren dagegen, das Problem über die Anwendung des Art. 30 TRIPS zu lösen und setzten sich schließlich mit ihrem Lösungsansatz durch, die Versorgung über die Erteilung von Zwangslizenzen zu gewährleisten.[1393] Bislang ist die Änderung des TRIPS-Übereinkommens, durch die der Art. 31*bis* eingefügt wird, zwar noch nicht in Kraft getreten. Bis zu ihrem Inkrafttreten findet der mit der Entscheidung von 2003 erteilte *waiver* von Art. 31 TRIPS weiterhin Anwendung.[1394] Zwar sind deren rechtlicher Status und daher ihre Bindungswirkung umstritten.[1395] Allerdings ist ihr unmissverständlich zu entnehmen, dass für den Export zur Versorgung mit Arzneimitteln eine Zwangslizenz zu erteilen und keine Ausnahme gem. Art. 30 TRIPS darin zu sehen ist.[1396] Die von Uganda gewählte Regelung widerspricht daher dem TRIPS-Übereinkommen.[1397]

6. Benutzung ohne Zustimmung des Patentinhabers

Ist das öffentliche Interesse betroffen, insbesondere die nationale Sicherheit, die Ernährung, die Gesundheit, die Umwelt, die Entwicklung eines wesentlichen Sektors der Wirtschaft oder handelt es sich um einen nationalen Notstand, kann der

1392 Für eine solche Regelung sprachen sich die EU und die Entwicklungsländer aus; vgl. WTO Docs. IP/C/W/355 v. 24.06.2002 und IP/C/W/339 v. 04.03.2002, Rn. 23 ff.; *de Carvalho*, The Trips Regime of Patents and Test Data, Rn. 30.17; *Taşdelen*, in: Busche/Stoll/Wiebe (Hrsg.), TRIPs, Art. 31*bis*, Rn. 4.

1393 WTO Doc. IP/C/W/340 v. 14.03.2002, S. 4; *de Carvalho*, The Trips Regime of Patents and Test Data, Rn. 30.17; *Taşdelen*, in: Busche/Stoll/Wiebe (Hrsg.), TRIPs, Art. 31*bis*, Rn. 4.

1394 *Watal*, in: Bermann/Mavroidis (Hrsg.), WTO Law and Developing Countries, S. 129 (138); *WTO/WIPO/WHO*, Promoting Access to Medical Technologies and Innovation, S. 177; *Gervais*, TRIPS, Art. 31, Rn. 2.412; *Peukert*, in: Dann/Kadelbach/Kaltenborn (Hrsg.), Entwicklung und Recht, S. 189 (203).

1395 *Hestermeyer*, Human Rights and the WTO, S. 282 ff.; *Quirin*, in Stoll/Busche/Arend (Hrsg.), Art. 31*bis*, Rn. 18; *Taşdelen*, in: Busche/Stoll/Wiebe (Hrsg.), Art. 31*bis*, Rn. 6 f.; *Watal*, in: Bermann/Mavroidis (Hrsg.), WTO Law and Developing Countries, S. 129 (137 f.).

1396 Vgl. WTO Doc. WT/MIN(01)/DEC/2 v. 20.11.2001, Rn. 2, wonach das Vorliegen einer Zwangslizenzen sowohl im Import- als auch im Exportstaat verlangt wird. A.A. *Abbott/Reichman*, JIEL 10 (2007) 4, 921 (958), wonach auch die Ausnahmeregelung des Art. 30 TRIPS greifen könne.

1397 In WTO Doc. IP/C/W/500 v. 09.10.2007, S. 2 heißt es, die Vorgaben der Doha-Ministererklärung sowie der Erklärung von 2003 sollten Berücksichtigung finden bei der Ausgestaltung des neuen Patentgesetzes.

Minister gem. Art. 66 IPA 2014 die Nutzung durch die Regierung oder einen durch ihn ermächtigten Dritten gestatten. Der Regierungsgebrauch ist auch möglich, wenn der Registrator eine wettbewerbswidrige Handlung festgestellt hat. Die Regelung erfüllt die Vorgaben des Art. 31 TRIPS.

Nach Art. 58 Abs. 1 IPA 2014 kann eine Zwangslizenz vier Jahre nach der Anmeldung oder drei Jahre nach Erteilung des Patents beantragt werden, wenn der Markt in Uganda nicht oder nur zu unverhältnismäßigen Bedingungen versorgt wird. Ein weiterer Erteilungsgrund liegt gem. Art. 59 IPA 2014 vor, wenn die Erfindung nicht ausgeübt werden kann, ohne ein früheres Patent zu verletzen. Die Bedingungen, die an die Erteilung einer Zwangslizenz gestellt werden, entsprechen ebenfalls den Anforderungen von Art. 31 TRIPS.

7. Beendigung des Schutzes

Nach Art. 46 IPA 2014 läuft ein Patent 20 Jahre.[1398] Um die Laufzeit aufrecht zu erhalten, muss eine Gebühr gezahlt werden. Sollte die Zahlung versäumt werden, hat der Patentinhaber sechs Monate Zeit, seiner Zahlungsverpflichtung nachzukommen.

Ein Patent kann gem. Art. 90 IPA 2014 für nichtig erklärt werden, wenn das Patent nicht hätte erteilt werden dürfen. Liegen die Schutzvoraussetzungen oder die formalen Anforderungen für die Patenterteilung nicht vor, können Patente entzogen werden. Schließlich wird demjenigen, der durch die Rücknahme des Patents beeinträchtigt wird, nach Art. 90 Abs. 11 IPA 2014 die Möglichkeit zugesprochen, Beschwerde bei Gericht gegen die Rücknahme einzulegen.

8. Zwischenergebnis

Es wurde von der Möglichkeit Gebrauch gemacht, die Erteilung von Patenten auf Arzneimittel vorübergehend auszuschließen. Die Bedingung des Art. 70 Abs. 8 TRIPS wurde ebenfalls erfüllt, auch wenn keine derartige Verpflichtung mehr besteht. Die vollständige Anpassung an die Vorgaben des TRIPS-Übereinkommens ist dennoch nicht erfolgt.[1399]

1398 Hiermit ist die Anpassung an das TRIPS-Übereinkommen erfüllt, da zuvor lediglich eine Schutzfrist von 15 Jahren galt; vgl. *Muyanja/Chomi*, in: Campbell (Hrsg.), Legal Aspects of Doing Business in Africa, S. UGA-1 (UGA-13) und *Adams & Adams*, Practical Guide to IP in Africa, S. 631. Diese Frist konnte zwar verlängert werden, weshalb teilweise angenommen wurde, die Vorgabe des Art. 33 TRIPS würde erfüllt; vgl. *Richter*, Wis. Int'l L.J. 30 (2012) 1, 229 (247). Allerdings ist es nicht ausreichend, nur durch die Kombination von Verlängerungen die erforderlichen 20 Jahre erreichen zu können; vgl. *Canada – Term of Patent Protection*, Report of the Appellate Body, WTO Doc. WT/DS170/AB/R v. 18.09.2000, Rn. 92; *UNCTAD-ICTSD*, Resource Book on TRIPS and Development, S. 426.

1399 Von der Anpassung des nationalen Rechts an die TRIPS-Vorgaben ausgehend: *Mgbeoji*, in: Gervais (Hrsg.), IP, Trade and Development, S. 180 (200) und *Merso*, ICTSD Policy Brief No. 16, June 2013, S. 2. Aus den Ausführungen geht nicht

Defizite:

- Das Prinzip der Inländerbehandlung wird nicht gewahrt.
- Patentschutz wird nicht in dem geforderten Umfang gewährt.
- Die Ausnahmen von der Patenterteilung gehen über das zulässige Maß hinaus.
- Auch die Ausnahmen von den Rechten aus dem Patent sind nicht mit den Vorgaben des TRIPS-Übereinkommens vereinbar.

Teilweise wird angenommen, die Einführung hoher Patentrechtstandards habe zu einem Zuwachs an Forschung und Entwicklung geführt.[1400] Andere vertreten die Ansicht, Patente seien in Uganda – wie in den meisten afrikanischen Staaten – irrelevant.[1401]

XXII. Vanuatu: Patentgesetz von 2003

Die Republik Vanuatu ist nach langwierigen Verhandlungen 2012 der WTO beigetreten. Bereits 1995 wurde der Beitrittsprozess in Gang gesetzt, und Vanuatu hätte das erste der am wenigsten entwickelten Länder sein können, das der WTO nach ihrer Gründung beitritt.[1402] Auf Grund von politischen und administrativen Komplikationen wurde das Verfahren 2001 ausgesetzt.[1403] Vanuatu erklärte sich bei den Beitrittsverhandlungen bereit, spätestens bis 2012 seine Gesetze an die Vorgaben des

---

hervor, welches Patentgesetz jeweils herangezogen wurde. Uganda machte gegenüber der WTO vor Erlass des Gesetzes noch deutlich, von Art. 66 Abs. 1 TRIPS Gebrauch machen zu wollen; vgl. WTO Doc. IP/N/1/UGA/2 v. 27.11.2000.

1400 Vgl. *Richter*, Wis. Int'l L.J. 30 (2012) 1, 229 (251). Die der Annahme zugrunde liegenden Daten stammen dabei aus der Zeit, in welcher der *Patents Act 1993* Anwendung fand. Für eine Überprüfung des Anstiegs wäre ein Vergleich der Forschungs- und Entwicklungstätigkeit vor Einführen des Patentschutzes mit der Lage nach dem Erlass des *Patents Act 1993* hilfreich gewesen.

1401 *Tabaro*, J.W.I.P. 12 (2009) 6, 571. Die Annahme wird damit begründet, dass Uganda noch immer größtenteils von der landwirtschaftlichen Produktion abhängt. Auch die Summe von Patenterteilungen belege die Annahme, das Patentrecht habe wenig Einfluss auf die wirtschaftliche Situation Ugandas; vgl. *Wekundah*, African Technology Policy Studies Network Research Paper No. 19, 2012, S. 59. 2013 gab es lediglich 14 Patentanmeldungen und nur drei Patente wurden erteilt. Immerhin stammten 10 Anmeldungen von Einheimischen; vgl. WIPO IP Statistics Data Center, abrufbar unter: *ipstats.wipo.int/ipstatv2/editIpsSearchForm.htm?tab=patent* (zuletzt 10.03.2017).

1402 *Gay*, in: Gallagher/Low/Stoler (Hrsg.), Managing the Challenges of WTO Participation, S. 590.

1403 WTO Doc. WT/ACC/VUT/14 v. 03.11.2010; *Gay*, in: Gallagher/Low/Stoler (Hrsg.), Managing the Challenges of WTO Participation, S. 590 (591 ff.), wonach als offizieller Grund technische Schwierigkeiten genannt wurden; vgl. dazu auch *Hawthorne*, HJD 4 (2009) 1, 7 (28).

TRIPS-Übereinkommens anzupassen.[1404] Auch versicherte Vanuatu, nicht von der bereits erreichten TRIPS-Konformität abzuweichen.[1405] Vanuatu wurde geraten, der UPOV beizutreten, obwohl diese Verpflichtung sich nicht aus dem TRIPS-Übereinkommen ergibt.[1406] 2013 wurde entschieden, dass Vanuatu bis 2017 aus dem Status eines am wenigsten entwickelten Staates graduieren soll.[1407] Auf Grund der verheerenden Auswirkungen des Wirbelsturms im Frühjahr 2015 wurde die Graduation auf 2020 verschoben.[1408]

Vanuatu wurde bis 1980[1409] sowohl vom Vereinigten Königreich als auch von Frankreich kolonialisiert.[1410] Während der Kolonialzeit fand daher das französische Recht, das britische Common Law, gemeinsames Recht der Kolonialmächte (sog. „*condominium-law*") sowie das Gewohnheitsrecht Anwendung.[1411] Auch heute wird das Rechtssystem durch dieses Zusammenspiel beeinflusst.[1412] Das Patentrecht wird durch den 2003 erlassenen und 2011 in Kraft getretenen *Patents Act No. 2 of 2003* (PA 2003) geregelt.[1413] Vanuatu ist ebenfalls Mitglied des Cotonou-Abkommens.

1. Inländerbehandlung und Meistbegünstigung

Sowohl Inländer als auch Ausländer können nach Art. 10 Abs. 2 PA 2003 Patentschutz erhalten.

1404 WTO Doc. WT/ACC/VUT/17 v. 11.05.2011, Rn. 120. Auch von der Übergangsfrist des TRIMS hat Vanuatu keinen Gebrauch gemacht; vgl. WTO Doc. WT/ACC/VUT/17 v. 11.05.2011, Rn. 102; *Sauvé*, Asia-Pac. Trade and Investment Rev. 1 (2005) 1, 27 (38); *Hawthorne*, LDC and the WTO, S. 83; Insbesondere die USA wollten Vanuatu keine Übergangsfrist zugestehen; vgl. *Grynberg/Joy*, J. World Trade 34 (2000) 6, 159 (167); *Hawthorne*, HJD 4 (2009) 1, 7 (28).

1405 WTO Doc. WT/ACC/VUT/17 v. 11.05.2011, Rn. 120.

1406 WTO Doc. WT/ACC/VUT/17 v. 11.05.2011, Rn. 119; *Grynberg/Joy*, J. World Trade 34 (2000) 6, 159 (173).

1407 UN Doc. A/RES/68/18 v. 09.12.2013, Rn. 4.

1408 UN Doc. A/RES/70/78 v. 17.12.2015.

1409 *Powles/Pulea*, Pacific Courts and Legal Systems, S. 357; *Forsyth*, Victoria U. Wellington L. Rev. 35 (2004) 2, 427 (431).

1410 *Forsyth*, Victoria U. Wellington L. Rev. 35 (2004) 2, 427 (429); *Weisbrot*, Pacific Studies 13 (1989) 1, 65.

1411 *Weisbrot*, Pacific Studies 13 (1989) 1, 65 (66). Die Gesetzgebungskompetenz bezog sich dabei auf die jeweilige Nationalität; vgl. *Corrin/Paterson*, Introduction to South Pacific Law, S. 15.

1412 *Powles/Pulea*, Pacific Courts and Legal Systems, S. 357; zumindest in Bezug auf die Fortgeltung des Common Laws vgl. *Corrin/Paterson*, Introduction to South Pacific Law, S. 29.

1413 Vgl. auch WTO Doc. WT/ACC/VUT/17 v. 11.05.2011, Rn. 118; *Saana Consulting*, Factual overview on technical & financial cooperation for LDCs, S. 21, Table 4. Zuvor galt der *United Kingdom Registration Act*, wonach Patente, die bereits im Vereinigten Königreich erteilt wurden, auch in Vanuatu registriert werden konnten; vgl. WTO Doc. WT/ACC/VUT/17 v. 11.05.2011, Rn. 115.

2. *Patentfähige Gegenstände*

Erfindungen sind gem. Art. 2 Abs. 1 PA 2003 patentfähig, wenn sie neu sind, auf einer erfinderischen Tätigkeit beruhen und gewerblich anwendbar sind. Sowohl Produkte als auch Verfahren auf allen Gebieten der Technik können patentiert werden.

3. *Keine patentfähigen Gegenstände*

Nicht patentfähig sind nach Art. 3 Abs. 1 PA 2003 Erfindungen, wenn erwartet werden kann, dass ihre Veröffentlichung oder Ausübung aggressives, unmoralisches oder unsoziales Verhalten hervorrufen wird. Nach Art. 3 Abs. 2 PA 2003 ist ein solches Verhalten nicht bereits dann anzunehmen, wenn es gegen das Gesetz verstößt. In Art. 27 Abs. 2 TRIPS ist die Rede davon, dass ein Ausschluss möglich sein soll, wenn die öffentliche Ordnung oder die guten Sitten, das Leben oder die Gesundheit von Menschen, Tieren oder Pflanzen oder die Umwelt geschützt werden sollen. Indem unmoralischem und unsozialem Verhalten vorgebeugt werden soll, werden die öffentliche Ordnung und die guten Sitten geschützt. Die Vorbeugung gegenüber aggressivem Verhalten dient dem Schutz von Leben und Gesundheit. Auch wird in Art. 3 Abs. 2 PA 2003 klargestellt, dass der Ausschluss nicht nur aufgrund eines Gesetzesverstoßes vorgesehen werden kann. Allerdings ist der Ausschluss bereits dann möglich, wenn die Veröffentlichung einen solchen Verstoß darstellt. Nach Art. 27 Abs. 2 TRIPS muss der Verstoß von der Verwertung der Erfindung ausgehen.[1414] Die Ausnahmeregelung steht daher teilweise im Widerspruch zur Vorgabe des Art. 27 Abs. 2 TRIPS.

Darüber hinaus werden gem. Art. 3 Abs. 3 PA 2003 Pflanzen und Tiere ausgeschlossen – mit der Ausnahme von Mikroorganismen. Auch biologische Verfahren zur Züchtung von Pflanzen und Tieren werden ausgeschlossen, es sei denn es handelt sich um nicht-biologische oder mikrobiologische Verfahren. Allerdings wird kein *sui-generis* Schutz für Pflanzensorten vorgesehen, weshalb der Ausschluss gegen Art. 27 Abs. 3 lit. b) TRIPS verstößt. Diagnostische, therapeutische und chirurgische Verfahren für die Behandlung von Menschen und Tieren werden ebenfalls ausgeschlossen. Davon ausgenommen sind gem. Art. 3 Abs. 4 PA 2003 solche Produkte, die aus einer Substanz bestehen, die für die Behandlungsmethode erfunden wurde. Weiterhin werden Entdeckungen, wissenschaftliche Theorien sowie mathematische Methoden ausgeschlossen. Computerprogramme sind ebenfalls nicht patentfähig. Erfindungen, die durch traditionelles Wissen erlangt wurden oder Elemente traditionellen Wissens enthalten, dürfen gem. Art. 47 PA 2003 nicht patentiert werden, es sei denn die Inhaber des Wissens haben ihre Zustimmung zur Patenterteilung gegeben oder der Anmelder und die Inhaber haben eine Übereinkunft über die Gewinnbeteiligung geschlossen. Können die Inhaber des traditionellen Wissens nicht ausfindig gemacht werden oder besteht Uneinigkeit über die Inhaberschaft, kann

1414 *UNCTAD-ICTSD*, Resource Book on TRIPS and Development, S. 376.

ein Patent auch erteilt werden, ohne dass eine Übereinkunft geschlossen wurde. Wurde innerhalb von 12 Monaten nach der Patentanmeldung keine Übereinkunft zwischen dem Anmelder und dem Inhaber getroffen, kann ein Patent ebenfalls erteilt werden. Dabei ist die Höhe der Vergütung an die Inhaber des traditionellen Wissens festzulegen. Hierin kann die Umsetzung der Verpflichtung des Art. 15 Abs. 4 CBD gesehen werden. Das Verhältnis zwischen dem TRIPS-Übereinkommen und der CBD ist nach wie vor umstritten. Insbesondere die Industriestaaten lehnen die Möglichkeit ab, die Patenterteilung von der Zustimmung des Inhabers traditionellen Wissens abhängig zu machen.[1415] Im Patentgesetz Vanuatus wird jedoch kein abschließender Ausschluss geregelt. Unter Umständen ist die Patenterteilung weiterhin möglich. Nach Art. 27 Abs. 1 TRIPS muss es lediglich möglich sein, Patente zu erhalten. In vielen Gesetzen wird die Regelung getroffen, nur der Erfinder selbst könne die Erfindung zum Patent anmelden oder dass er zumindest seine Zustimmung gegeben haben muss. Kein anderer Fall wird hier geregelt: liegt das Einverständnis des Inhabers des traditionellen Wissens vor, ist es möglich, Patentschutz zu erhalten. Die Regelung steht daher nicht im Widerspruch zum TRIPS-Übereinkommen.

4. Anmeldebedingungen

Die Anmeldung muss gem. Art. 12 PA 2003 eine Spezifikation enthalten, die unter anderem eine Beschreibung der Erfindung enthält, die so vollständig und deutlich ist, dass ein Fachmann sie ausführen kann. Zudem muss die beste Art der Ausführung benannt werden. Die Veröffentlichung der Anmeldung kann untersagt werden, wenn sie Informationen enthält, die die Verteidigung Vanuatus oder die öffentliche Sicherheit beeinträchtigen könnten. Ein Mitgliedstaat kann gem. Art. 73 lit. a) TRIPS nicht verpflichtet werden, Informationen zu offenbaren, die seinen Sicherheitsinteressen zuwiderlaufen. Die Zurückbehaltung der Anmeldeinformationen ist daher TRIPS-konform.

Es wird nicht geregelt, welche Anmeldung im Falle mehrerer Anmeldungen Vorrang genießt. Allerdings wird in Art. 8 PA 2003 ein Prioritätsrecht für denjenigen anerkannt, der in einem anderen PVÜ-Mitgliedstaat bereits ein Patent auf dieselbe Erfindung angemeldet hat.

5. Rechte aus dem Patent

Der Patentinhaber hat gem. Art. 27 Abs. 1 PA 2003 das ausschließliche Recht, die Erfindung auszuüben oder anderen die Ausübung zu gestatten. Im TRIPS-Übereinkommen wird dabei lediglich verlangt, anderen die Ausübung untersagen zu können. Nach Art. 27 Abs. 2 des Gesetzes hat der Patentinhaber zudem das Recht, das Patent durch Rechtsnachfolge oder durch Rechtsgeschäft zu übertragen sowie Lizenzverträge abzuschließen.

1415 *Gervais*, TRIPS, Rn. 1.79, wonach die EU allenfalls bereit ist, die Offenbarung verpflichtend zu regeln.

In Art. 28 PA 2003 wird zunächst festgelegt, dass sich die Rechte des Patentinhabers nur auf gewerbliche und kommerzielle Zwecke beziehen. Seine Rechte erstrecken sich daher nicht auf Handlungen, die zu Forschungszwecken oder durch ein zuvor erlangtes Gebrauchsrecht vorgenommen wurden. Auch erstrecken sie sich nicht auf den Gebrauch von Produkten an Bord eines ausländischen Schiffs, Flugzeugs, Raumschiffs oder Fahrzeugs, das sich nur vorrübergehend oder zufällig im See- Luft- oder Staatsgebiet Vanuatus befindet.

Keine Verletzung stellt es gem. Art. 41 Patentgesetz dar, wenn die Handlung nur zum privaten nicht kommerziellen Gebrauch oder zu Forschungszwecken vorgenommen wurde. Auch die Herstellung und der Verkauf von Medikamenten, die im Einzelfall auf Rezept hergestellt werden, ist keine Verletzungshandlung.

6. Benutzung ohne Zustimmung des Patentinhabers

Nach Art. 35 PA 2003 hat die Regierung das Recht, die patentierte Erfindung herzustellen, zu gebrauchen, auszuüben oder zu verkaufen. Besondere Gründe, wann eine solche Nutzung in Frage kommt, werden nicht vorgesehen. Der Patentinhaber ist gem. Art. 36 Patentgesetz über die Nutzung zu informieren. Nach Art. 37 Patentgesetz muss die Regierung dem Patentinhaber eine zwischen ihnen vereinbarte Summe zahlen. In dem TRIPS-Übereinkommen ist eine Informationspflicht in solchen Fällen erforderlich, in denen sich der Anmelder nicht hätte um die Zustimmung bemühen müssen. Dies betrifft allerdings nur Fälle des nationalen Notstands oder wenn sonstige Umstände von äußerster Dringlichkeit vorliegen. Eine solche Einschränkung sehen die Art. 35 bis 37 PA 2003 nicht vor. Auch im Falle des Regierungsgebrauchs müsste daher zunächst versucht werden, die Zustimmung des Patentinhabers zu erlangen. Zudem fehlt es an den übrigen Voraussetzungen des Art. 31 TRIPS. Mithin sind die Regelungen über den Regierungsgebrauch nicht mit den TRIPS-Vorgaben vereinbar.

Sind seit der Patenterteilung drei Jahre oder seit der Anmeldung vier Jahre vergangen und es findet keine ausreichende Versorgung statt, kann gem. Art. 34 Abs. 1 PA 2003 eine Zwangslizenz beantragt werden. Diese darf gem. Art. 34 Abs. 4 des Gesetzes nicht ausschließlich sein. Sie darf nur zusammen mit dem Teil des Unternehmens übertragen werden, in dem die Erfindung genutzt wird und die Nutzung muss auf die Versorgung des Binnenmarkts in Vanuatu beschränkt sein. Die Gestattung der Nutzung ist zu beenden, wenn die Gründe, die zur Erteilung der Zwangslizenz geführt haben, nicht länger vorliegen. Weitere Vorgaben werden nicht getroffen. Art. 31 TRIPS verlangt aber, dass die Erteilung der Lizenz vom jeweiligen Einzelfall abhängig gemacht wird. Auch ist gem. Art. 31 lit. b) TRIPS vor Erteilung einer Zwangslizenz der Versuch zu unternehmen, die Zustimmung des Patentinhabers zu erhalten. Zwar kann dieses Erfordernis in Ausnahmefällen entfallen, allerdings werden solche Ausnahmen im Patentgesetz Vanuatus nicht vorgesehen. Darüber hinaus ist dem Patentinhaber gem. Art. 31 lit. h) TRIPS eine angemessene Vergütung zu zahlen. Art. 34 Patentgesetz ist daher ebenfalls nicht mit den Vorgaben des Art. 31 TRIPS vereinbar.

7. Beendigung des Schutzes

Die Laufzeit eines Patents beträgt gem. Art. 25 Abs. 1 des Gesetzes 20 Jahre ab dem Anmeldedatum. Das Patent verfällt, wenn der Inhaber nicht die jährlich Patentgebühr zahlt.[1416] Ob eine Art. 5*bis* PVÜ entsprechende Nachfrist gewährt wird, kann dem Gesetz nicht entnommen werden.

Ein Patent kann gem. Art. 39 PA 2003 zurückgenommen werden, wenn die Erfindung nicht hätte patentiert werden können, der Patentinhaber nicht berechtigt war, ein Patent zu erhalten, die Erfindung nicht ausreichend offenbart oder die Nutzung nachträglich erweitert wurde, obwohl dies unzulässig war. Unstrittig ist, dass die Rücknahme zumindest dann möglich sein soll, wenn das Patent erst gar nicht hätte erteilt werden dürfen.

8. Zwischenergebnis

In großen Teilen erfüllt das Patentgesetz Vanuatus die Anforderungen des TRIPS-Übereinkommens. Die Regelungen über die Erteilung von Zwangslizenzen und dem Regierungsgebrauch weisen allerdings Lücken auf und erfüllen nicht alle Vorgaben des Art. 31 TRIPS.[1417]

C. TRIPS-Vereinbarkeit der Gesetze der neu beigetretenen LDC Mitgliedstaaten

Nachdem auf der zehnten Ministerkonferenz im Dezember 2015 in Nairobi der Beitritt Liberias und Afghanistans beschlossen wurde,[1418] ist Liberia am 14. Juli 2016 der WTO beigetreten[1419] und Afghanistan am 29. Juli 2016.[1420]

I. Afghanistan: Patentgesetz von 2009

Der Beitritt Afghanistans wird mit dem Wunsch begründet, besser in den Welthandel integriert zu werden und dadurch die wirtschaftliche Entwicklung voranzutreiben.[1421] Insbesondere wurde die wirtschaftliche Lage in Folge des Bürgerkriegs

1416 In vielen Staaten wird eine entsprechende Regelung getroffen; vgl. *UNCTAD-ICTSD*, Resource Book on TRIPS and Development, S. 423; *Rott*, Patentrecht und Sozialpolitik, S. 294.

1417 Während der Beitrittsverhandlungen wurde bereits gerügt, das Gesetz sei noch nicht vollständig mit den TRIPS-Vorgaben vereinbar; vgl. WTO Doc. WT/ACC/VUT/17 v. 11.05.2011, Rn. 119. Der Vertreter Vanuatus gab allerdings an, das Gesetz erfülle die Anforderungen; vgl. ebd., Rn. 122.

1418 In Bezug auf Liberia: WTO Doc. WT/MIN(15)/38, WT/L/973 v. 21.12.2015. In Bezug auf Afghanistan: WTO Doc. WT/MIN(15)/39, WT/L/974 v. 21.12.2015.

1419 WTO Doc. WT/Let/1171 v. 28.06.2016.

1420 WTO Doc. WT/Let/1176 v. 04.07.2016.

1421 *Mobariz*, UN ESCAP, ARTNet Working Paper Series No. 147/2015, S. 1.

in den vergangen Jahren geschwächt.[1422] Auch die Verzögerung der Beitrittsverhandlungen kann unter anderem auf den Konflikt zurückgeführt werden.[1423] Aber auch die Unvereinbarkeit der Gesetze mit den WTO-Vorgaben verzögerte den Beitrittsprozess.[1424] Es existiert ein Patentgesetz von 2009.[1425] Mit dem Gesetz soll die wissenschaftliche Forschung unterstützt und vorangetrieben werden, vgl. Art. 2 des Gesetzes.

1. Inländerbehandlung und Meistbegünstigung

Wird festgestellt, dass eine Patentanmeldung fehlerhaft oder unvollständig ist, haben afghanische Staatsangehörige gem. Art. 10 Abs. 3 Patentgesetz zwei Monate Zeit, über eine Berichtigung zu entscheiden. Ausländern wird eine Frist von sechs Monaten zur Verfügung gestellt. In Art. 3 Abs. 1 TRIPS heißt es jedoch lediglich, dass Angehörige anderer Mitgliedstaaten nicht weniger günstig behandelt werden dürfen, als die eigenen Staatsangehörigen. Hier wird ausländischen Anmeldern eine längere Frist eingeräumt. Damit werden sie gegenüber den Inländern bevorzugt. Eine bessere Behandlung ist mit Art. 3 TRIPS vereinbar.[1426] Allerdings wird in Art. 30 Patentgesetz gefordert, dass Anmelder aus dem Ausland entweder einen Wohnsitz in Afghanistan haben oder sich durch einen Einwohner Afghanistans vertreten lassen. Mit der Regelungen wird es ihnen gegenüber Staatsangehörigen Afghanistans erschwert, ein Patent zu erhalten. Die Regelung ist daher nicht mit dem Prinzip der Inländerbehandlung vereinbar.[1427]

1422 *Mobariz*, UN ESCAP, ARTNet Working Paper Series No. 147/2015, S. 2.

1423 2004 wurde die Mitgliedschaft beantragt; vgl. *Mobariz*, UN ESCAP, ARTNet Working Paper Series No. 147/2015, S. 10. Allgemein *Hawthorne*, HJD 4 (2009) 1, 7 (25), die Afghanistan als Beispiel nennt.

1424 *Mobariz*, UN ESCAP, ARTNet Working Paper Series No. 147/2015, S. 33; *Hawthorne*, HJD 4 (2009) 1, 7 (25).

1425 Das Gesetz ist nicht bei *WIPO Lex* verfügbar. In den Beitrittsdokumenten Afghanistans wird der 31.04.2009 als Datum des Gesetzes genannt, vgl. WTO Doc. WT/ACC/AFG/30/Rev.3 v. 19.10.2015, S. 3. Ebenso wird bei *Mobariz*, UN ESCAP, ARTNet Working Paper Series No. 147/2015, S. 34 2009 als Datum genannt. Dieser Arbeit wurde eine inoffzielle Übersetzung des Patentgesetzes zu Grunde gelegt, die der Verfasserin durch Herrn *Wali Mohammad Naseh* von der Fakultät für Rechts- und Politikwissenschaften an der Universität Kabul zur Verfügung gestellt wurde.

1426 *Gervais*, TRIPS, Rn. 2.58; *Lüers*, in: Busche/Stoll/Wiebe (Hrsg.), TRIPs, Art. 3, Rn. 12; *Malbon/Lawson/Davison*, TRIPS, Rn. 3.06. In Art. 2 PVÜ wurde noch dieselbe Behandlung gefordert; vgl. *Gervais*, TRIPS, Rn. 2.58; *de Carvalho*, The Trips Regime of Patents and Test Data, Rn. 3.3; *Malbon/Lawson/Davison*, TRIPS, Rn. 3.06.

1427 *de Carvalho*, The Trips Regime of Patents and Test Data, Rn. 3.27.

2. *Patentfähige Gegenstände*

Patente werden gem. Art. 3 Abs. 3 Patentgesetz sowohl einem Erfinder als auch einem Entdecker erteilt. Unter einer Erfindung ist gem. Art. 3 Abs. 1 Patentgesetz eine neue Erscheinung zu verstehen, die durch Anwendung bekannter Mittel durch ein neues Verfahren gewonnen wurde, das zum Ziel hat, ein Ergebnis oder ein gewerblich, landwirtschaftlich oder im Dienstleistungsbereich anwendbares Erzeugnis zu erhalten. Nicht das Verfahren selbst ist damit als Erfindung zu sehen, sondern lediglich das, was aus seiner Anwendung resultiert. Danach wären nur Erzeugnisse patentierbar. In Art. 27 Abs. 1 S. 1 TRIPS wird gefordert, sowohl auf Erzeugnisse als auch auf Verfahren Patente zu erteilen. Allerdings wird in Art. 33 Abs. 2 UA 2 Patentgesetz in Bezug auf die ausschließlichen Rechte des Patentinhabers auch auf patentierte Verfahren abgestellt. Es kann daher angenommen werden, dass auch Verfahren patentiert werden können.

Entdeckungen, die in Art. 3 Abs. 2 Patentgesetz als die Offenlegung von etwas, das bereits existiert aber bisher unbekannt oder unzugänglich war, definiert werden, müssen nach den TRIPS-Vorgaben nicht patentiert werden. Im TRIPS-Übereinkommen wird lediglich gefordert, Erfindungen zu schützen, die neu sind, auf einer erfinderischen Tätigkeit beruhen und gewerblich anwendbar sind. Sehen die Mitgliedstaaten Schutz auch für Gegenstände vor, die nach Art. 27 Abs. 1 TRIPS nicht patentiert werden müssen, liegt der Schutz außerhalb des TRIPS-Gefüges.[1428]

In dem Patentgesetz werden keine Schutzvoraussetzungen genannt. Auch heißt es, es erfolge keine Prüfung, ob die Voraussetzungen für die Patenterteilung vorliegen, vgl. Art. 32 Patentgesetz. Nach Art. 10 Patentgesetz wird nur die Vollständigkeit der Anmeldedokumente geprüft, insbesondere ob die Erfindung offenbart wurde. Darüber hinaus wird in Art. 46 die Möglichkeit zur Annullierung eines Patents vorgesehen. Danach kann ein Patent unter anderem aufgehoben werden, wenn die Erfindung oder Entdeckung nicht neu war oder wenn es sich bei der Erfindung oder Entdeckung hauptsächlich um Forschung handelt und sie keine praktische Anwendung in der Industrie findet. Darin kann das Erfordernis der gewerblichen Anwendbarkeit gesehen werden.[1429] Die fehlende Neuheit und auch die fehlende gewerbliche Anwendbarkeit können demnach im Nachhinein beanstandet werden und zu einem Entzug des Patents führen. Aus Art. 32 TRIPS lässt sich ableiten, es genüge, durch ein Wider- oder Einspruchsverfahren festzustellen zu lassen, ob die Voraussetzungen tatsächlich vorliegen.[1430]

In Art. 7 Patentgesetz sind lediglich Erfindungen und Entdeckungen aufgelistet, die nicht patentiert werden können. Danach werden zum einen Zahlungsaufstellungen nicht patentiert. Solche stellen regelmäßig keine Erfindung dar und müssen daher nicht patentiert werden, um den Anforderungen des Art. 27 Abs. 1 TRIPS zu entsprechen. Zum anderen sollen solche Erfindungen oder Entdeckungen, deren

---

1428 Siehe dazu bereits die Ausführungen zu Haiti unter § 8 B VII 2 a.

1429 Auch in Art. 3 Abs. 5 Patentgesetz wird die gewerbliche Anwendbarkeit definiert.

1430 So *de Carvalho*, The Trips Regime of Patents and Test Data, Rn. 27.77.

gewerbliche Verwertung eine Gefahr für die öffentliche Ordnung oder Moral darstellen würden oder eine Gefahr für das Leben und die Gesundheit von Menschen, Tieren oder Pflanzen oder eine Gefahr für die Umwelt sind, nicht patentiert werden. Die Ausnahme hält sich somit im Rahmen des Art. 27 Abs. 2 TRIPS, wonach der Ausschluss nur erfolgen darf, wenn die Gefährdung von der Verwertung des Patents ausgeht.[1431]

Schließlich werden keine Patente auf medizinische Formeln erteilt. Ob unter dem Ausschluss auch Arzneimittel zu verstehen sind, ist unklar.

3. *Anmeldebedingungen*

Nach Art. 24 Patentgesetz ist die Art der Ausführung zu nennen und die Erfindung derart zu beschreiben, dass ein Fachmann die Neuheit[1432] durch das Durchlesen erkennen kann. Nicht erforderlich ist es aber, dass der Fachmann durch die Beschreibung in die Lage versetzt wird, die Erfindung auszuführen. Das afghanische Patentgesetz bleibt damit hinter den Anforderungen des Art. 29 Abs. 1 TRIPS zurück.

4. *Rechte aus dem Patent*

Nach Art. 13 Abs. 2 Patentgesetz hat der Erfinder oder der Entdecker das ausschließliche Recht, seine Erfindung oder Entdeckung zu gebrauchen, herzustellen oder zu verkaufen. Der Patentinhaber hat nach Art. 33 Abs. 2 UA 1 Patentgesetz das ausschließliche Recht, Dritten zu verbieten, das patentierte Produkt zu gebrauchen, vorzubereiten, zu verkaufen oder zu importieren. Auch hat er gem. Art. 22 Abs. 2 UA 2 des Gesetzes das Recht, einem Dritten zu verbieten das Verfahren zu gebrauchen, vorzubereiten, zu verkaufen oder zu importieren. In Art. 28 Abs. 1 lit. a) TRIPS wird zudem das Verkaufsangebot genannt, das im afghanischen Patentgesetz nicht zu den ausschließlichen Rechten gezählt wird. Darüber hinaus verlangt Art. 28 Abs. 1 lit. b) TRIPS, dass sich die ausschließlichen Rechte auch auf die Produkte erstrecken, die unmittelbar aus einem patentierten Verfahren erlangt werden. Die Regelung entspricht daher nicht den TRIPS-Vorgaben.

Neben dem ausschließlichen Recht hat der Patentinhaber zudem gem. Art. 17 Patentgesetz das Recht, sein Patent zu übertragen oder zu vererben.[1433] Ein vererbtes Patent erlangt gem. Art. 17 Abs. 2 Patentgesetz allerdings erst Wirksamkeit, wenn es registriert wurde. Auch die Übertragung eines Patents, muss gem. Art. 20 Patentgesetz registriert werden. Da es sich hierbei um eine bloße Formalität handelt und

---

1431 Da das Patent keine Erlaubnis zur Ausübung bietet, sondern nur ein Ausschlussrecht begründet, wird nicht auf den Verbot der Erfindung als solcher abgestellt; vgl. *Moufang*, in: van Overwalle (Hrsg.), Octrooirecht, Ethiek en Biotechnologie, S. 65 (70); *UNCTAD-ICTSD*, Resource Book on TRIPS and Development, S. 380 u. 382.

1432 Es wird in der inoffiziellen Übersetzung die Formulierung *freshness* verwendet. Sinn ergibt die Vorschrift nur, wenn damit die Neuheit gemeint ist.

1433 Vgl. auch WTO Doc. WT/ACC/AFG/8 v. 28.10.2011, S. 10.

die Registrierung nicht von einer Überprüfung abhängt, ist die Anforderung mit Art. 28 Abs. 2 TRIPS vereinbar.[1434] Die ausschließlichen Rechte des Patentinhabers erstrecken sich gem. Art. 33 Abs. 3 Patentgesetz nicht auf Teile von Flugzeugen, Kraftfahrzeugen oder Schiffen anderer Staaten, die sich nur vorrübergehend oder zufällig im Staatsgebiet Afghanistans befinden. Damit wird dem Erfordernis des Art. 5*ter* PVÜ Rechnung getragen.[1435]

5. *Zwangslizenz*

In Art. 35 Abs. 1 Patentgesetz wird die Möglichkeit vorgesehen, Zwangslizenzen zu erteilen. Danach kann eine Zwangslizenz erteilt werden, wenn vier Jahren nach der Anmeldung oder drei Jahre nach der Erteilung des Patents nicht mit der Ausübung begonnen wurde. Unter die Ausübung soll dabei ausdrücklich auch der Import fallen. Kann der Patentinhaber die Nichtausübung rechtfertigen, ist keine Zwangslizenz zu erteilen. Im afghanischen Patentgesetz wird darüber hinaus verlangt, dass der Umfang und die Dauer der Zwangslizenz zu begrenzen sind und dem Patentinhaber eine Kompensation zu zahlen ist. Art. 31 lit. h) TRIPS verlangt, dass bei der Berechnung der Kompensation der wirtschaftliche Wert der Erfindung zu beachten ist. Der Anforderung des Art. 31 lit. h) TRIPS kann entnommen werden, im Einzelfall sei über die Höhe der Kompensation zu entscheiden.[1436] Hiergegen könnte die Regelung in Art. 48 Patentgesetz verstoßen, wonach die Höhe der Kompensation durch eine Verordnung festgelegt werden soll. Weitere Voraussetzungen werden nicht genannt. Mithin werden die übrigen Voraussetzungen, die Art. 31 TRIPS an die Erteilung einer Zwangslizenz knüpft, nicht erfüllt.

6. *Beendigung des Schutzes*

Nach Art. 13 und 34 Patentgesetz beträgt die Laufzeit des Patents 20 Jahre.[1437] Ein ausländischer Erfinder hat zudem gem. Art. 29 des Gesetzes die Möglichkeit, seine Erfindung, die er bereits im Ausland angemeldet hat, für die restliche Zeit des Patents auch in Afghanistan anzumelden, wenn das Patent in dem Ursprungsland noch nicht abgelaufen ist. Eine solche Möglichkeit wird in der Fußnote zu Art. 33 TRIPS für den Fall vorgesehen, dass in dem Staat kein eigenes Erteilungssystem besteht. Im afghanischen Patentgesetz wird die Erteilung aber geregelt. Fraglich ist daher, ob dennoch die Erteilung an ein ausländisches Patent geknüpft werden darf. Darin könnte eine Verletzung des Art. 4*bis* Abs. 1 PVÜ liegen, wonach Patente in den Verbandsstaaten unabhängig voneinander bestehen. Angenommen wird aber,

1434 *de Carvalho*, The Trips Regime of Patents and Test Data, Rn. 28.13; *UNCTAD-ICTSD*, Resource Book on TRIPS and Development, S. 422.
1435 Überraschend dabei ist, dass Afghanistan nicht Mitglied der PVÜ ist.
1436 *Taşdelen*, in: Busche/Stoll/Wiebe (Hrsg.), Art. 31, Rn. 34.
1437 Vgl. auch WTO Doc. WT/ACC/AFG/8 v. 28.10.2011, S. 10.

das Nebeneinanderbestehen nationaler und ausländischer Patente begründe keinen Verstoß gegen das Unabhängigkeitsprinzip.[1438]

Darüber hinaus wird in Art. 46 Patentgesetz die Möglichkeit zur Annullierung eines Patents vorgesehen. Danach kann ein Patent aufgehoben werden, wenn die Erfindung oder Entdeckung nicht neu war oder wenn es sich um eine Erfindung handelt, die gem. Art. 7 nicht patentiert werden durfte, es sich bei der Erfindung oder Entdeckung hauptsächlich um Forschung handelt und sie keine praktische Anwendung in der Industrie findet oder wenn die Erfindung seit fünf Jahren nicht ausgeübt wurde. Nach Art. 5A Abs. 2 PVÜ kann ein Patent wegen der Nichtausübung erst zurückgenommen werden, wenn zuvor versucht wurde, der Nichtausübung durch die Erteilung einer Zwangslizenz vorzubeugen und mindestens zwei Jahre seit Erteilung der ersten Zwangslizenz vergangen sind. Im afghanischen Patentgesetz wird nicht vorgesehen, zunächst eine Zwangslizenz zu erteilen.[1439] Die Annullierung wegen fehlender Ausübung ist daher nicht mit Art. 5A Abs. 2 PVÜ vereinbar und verstößt wegen der Integration über Art. 2 Abs. 1 TRIPS gegen die Mindestanforderungen des TRIPS-Übereinkommens.

7. Zwischenergebnis

Das Patentgesetz Afghanistans weist große Lücken hinsichtlich der Vereinbarkeit mit den TRIPS-Vorgaben auf.

Defizite:

- Das Prinzip der Inländerbehandlung wird nicht gewahrt.
- Es werden nicht die Rechte gewährt, die nach Art. 28 TRIPS dem Patentinhaber gewährt werden sollen.
- Die Anmeldebedingen widersprechen den TRIPS-Anforderungen.
- Die Vorgaben von Art. 31 TRIPS werden nicht erfüllt.
- Die Rücknahmemöglichkeiten gehen über das hinaus, was nach den TRIPS-Vorgaben noch zulässig ist.

Auch wurden die Umsetzungsspielräume nicht ausgeschöpft. Es ist jedoch eine Reform des Patentrechts geplant.[1440] Bei den Beitrittsverhandlungen kündigte Afghanistan an, spätestens bis 2019 seine Gesetze an die TRIPS-Vorgaben anpassen zu wollen.[1441]

1438 *de Carvalho*, The Trips Regime of Patents and Test Data, Rn. 33.16.

1439 Eine Anpassung an die TRIPS-Vorgaben ist geplant; vgl. WTO Doc. WT/ACC/AFG/8 v. 28.10.2011, S. 3.

1440 *Mobariz*, UN ESCAP, ARTNet Working Paper Series No. 147/2015, S. 36. Vgl. zu den Reformvorschlägen WTO Doc. WT/ACC/AFG/8 v. 28.10.2011.

1441 *WTO*, Overview of Afghanistan's Commitments, abrufbar unter: *www.wto.org/english/news_e/news15_e/afgancommitmentsmc10_e.pdf* (zuletzt 10.03.2017).

II. Liberia: Gesetz zum Gewerblichen Eigentum 2003

Bereits 2003 wurde der *Industrial Property Act of Liberia* (IPA 2003) verabschiedet, der zum Ziel hat, Mindeststandards für den Schutz des gewerblichen Eigentums zu setzen. Durch die Mitgliedschaft der WTO verspricht sich Liberia, die Armut bekämpfen zu können und die – zusätzlich durch den Ausbruch der Ebola Epidemie geschwächte[1442] – Wirtschaft aufzubauen.[1443]

1. Inländerbehandlung und Meistbegünstigung

Ausländische Patentanmelder müssen sich gem. Art. 50 IPA 2003 von einem liberianischen Agenten vertreten lassen. Sie werden damit gegenüber den Staatsangehörigen Liberias benachteiligt, weshalb in der Regelung eine Verletzung des Prinzips der Inländerbehandlung zu sehen ist.

2. Patentfähige Gegenstände

Patente werden gem. Art. 8 Abs. 1 IPA 2003 für Erfindungen erteilt. Eine Erfindung ist gem. Art. 8 Abs. 2 lit. a) des Gesetzes die Idee eines Erfinders, die in der Praxis die Lösung eines technischen Problems erlaubt. Nach Art. 8 Abs. 2 lit. b) IPA 2003 können sowohl Verfahren als auch Erzeugnisse geschützt werden. Erfindungen, die neu sind, auf einer erfinderischen Tätigkeit beruhen und gewerblich anwendbar sind, sollen gem. Art. 9 Abs. 1 IPA 2003 patentiert werden können.

Keine Patente werden gem. Art. 8 Abs. 3 IPA 2003 für Entdeckungen, wissenschaftliche Theorien und mathematische Methoden erteilt.[1444] Auch Schemata, Geschäftsregeln und -methoden, die Ausübung reiner Gedankentätigkeit sowie das Spielen sollen ebenfalls nicht patentiert werden können. Darüber hinaus werden Behandlungsmethoden für Menschen und Tiere ausgeschlossen. Produkte, die zur Behandlung genutzt werden, sind weiterhin patentierbar. Schließlich wird in Art. 9 Abs. 5 IPA 2003 vorgesehen, dass auf Erfindungen, deren gewerbliche Verwertung im Widerspruch zur öffentlichen Ordnung oder der Moral steht, keine Patente erteilt werden können. Die Ausnahmen stehen im Einklang mit den TRIPS-Vorgaben.

1442 *ICTSD*, Liberia concludes ist WTO accession process v. 12.10.2015, abrufbar unter: *www.ictsd.org/bridges-news/bridges-africa/news/liberia-concludes-its-wto-accession-process* (zuletzt 10.03.2017).

1443 So vom Handelsministervorgetragen vor der Arbeitsgruppe; vgl. *Addy*, zitiert bei WTO News v. 06.10.2015, abrufbar unter: *www.wto.org/english/news_e/news15_e/acc_lbr_06oct15_e.htm* (zuletzt 10.03.2017).

1444 Überlegt wurde, einen entsprechenden Ausnahmekatalog in das TRIPS-Übereinkommen zu integrieren; vgl. GATT Doc. MTN.GNG/NG11/W/76 v. 23.07.1990, Sec. 5 § 1.4.2; *Straus*, GRUR Int. 1996, 179 (191).

3. Anmeldebedingungen

Es gilt gem. Art. 10 Abs. 3 IPA 2003 das sog. Erstanmeldeprinzip. Zudem wird in Art. 13 des Gesetzes ein Prioritätsrecht unter ausdrücklicher Bezugnahme auf die PVÜ anerkannt.

Nach Art. 11 Abs. 3 IPA 2003 ist in der Beschreibung, die der Anmeldung gem. Art. 11 Abs. 1 des Gesetzes beizufügen ist, die Erfindung derart klar und vollständig zu offenbaren, dass ein Fachmann in der Lage ist, sie auszuführen. Dabei soll zumindest eine Art der Ausführung benannt werden. Informationen über ausländische Patentanmeldungen sind gem. Art. 14 Abs. 1 IPA 2003 auf Nachfrage ebenfalls bereitzustellen.

4. Rechte aus dem Patent

Die in Art. 17 Abs. 2 des Gesetzes den Vorgaben des Art. 28 Abs. 1 TRIPS entsprechend geregelte Ausübung einer patentierten Erfindung durch einen Dritten bedarf gem. Art. 17 Abs. 1 der Zustimmung des Patentinhabers.

Die Übertragung wird nicht ausdrücklich geregelt. Allerdings wird sowohl an die Übertragung als auch an die Lizensierung in Art. 49 IPA 2003 die Bedingung geknüpft, sie registrieren zu lassen. Daraus geht hervor, dass der Inhaber das Recht zur Übertragung und zur Lizensierung hat. Zudem handelt es sich bei der Registrierung um eine bloße Formvorschrift, durch die Art. 28 Abs. 2 TRIPS nicht verletzt wird.

Es wird in Art. 17 Abs. 4 lit. a) IPA 2003 die nationale Erschöpfung anerkannt. Zudem wird geregelt, dass sich die ausschließlichen Rechte nicht auf den Gebrauch von ausländischen Flugzeugen, Kraftfahrzeugen oder Schiffe erstrecken, die sich nur vorrübergehend oder zufällig im Staatsgebiet Liberias befinden. Handlungen, die aus reinen Forschungszwecken vorgenommen werden, stellen ebenfalls keine Verletzung der ausschließlichen Rechte dar, ebenso wenig wie Handlungen, die im guten Glauben vor der Anmeldung oder dem Zeitpunkt der Priorität vorgenommen wurden.[1445]

5. Benutzung ohne Zustimmung des Patentinhabers

Es werden sowohl der Regierungsgebrauch (Art. 19 IPA 2003) als auch Zwangslizenzen (Art. 20 IPA 2003) in den Vorgaben des Art. 31 TRIPS entsprechender Weise geregelt. Das sog. „*Par. 6-System*“ wurde dabei nicht in das Gesetz integriert.

6. Beendigung des Schutzes

Nach Ablauf von 20 Jahren, gerechnet ab der Anmeldung des Patents, endet gem. Art. 18 IPA 2003 das Patent. Ein Patent wird gem. Art. 21 Abs. 2 des Gesetzes annulliert, wenn keine Erfindung vorliegt, die Schutzfähigkeit ausgeschlossen wurde,

---

1445 Beide Ausnahmen werden als mit Art. 30 TRIPS vereinbar betrachtet; vgl. *Correa*, in: ders./Yusuf (Hrsg.), IP and International Trade, S. 226 (244 f.).

die Schutzvoraussetzungen nicht vorlagen oder die Anmeldebedingungen nicht eingehalten wurden.

7. Zwischenergebnis

Das Patentgesetz erfüllt in weiten Teilen die Mindestanforderungen des TRIPS-Übereinkommens. Allerdings wird das Prinzip der Inländerbehandlung verletzt, das bereits vor Ablauf der Übergangsfrist gewahrt werden muss.

D. Ergebnis

Die Untersuchung hat gezeigt, dass in fast allen LDC Mitgliedstaaten bereits Patengesetze existieren. Nur Myanmar und die Salomonen haben kein eigenes Patentrecht, wobei auf den Salomonen zumindest die Registrierung von Patenten, die bereits im Vereinigten Königreich erteilt wurden, möglich ist.

Abgesehen von den Mitgliedstaaten der OAPI, deren Bangui-Abkommen sogar über die TRIPS-Anforderungen hinausgeht, konnte in keinem LDC Mitgliedstaat vollständige TRIPS-Konformität erreicht werden. Allerdings weisen die Gesetze unterschiedliche Abweichungsgrade auf. Auffällig ist insbesondere, dass die Gesetze, die vor Verabschiedung des TRIPS-Übereinkommens erlassen wurden, in vielerlei Hinsicht von den Mindestanforderungen abweichen, wohingegen die Gesetze, die nach Verabschiedung des TRIPS-Übereinkommens erlassen wurden, nur in geringem Maße abweichen. Die Regelungen über die Anmeldebedingungen weisen dabei den geringsten Abweichungsgrad auf. Nur in Afghanistan, Haiti und Nepal wurden nicht alle Anforderungen des Art. 29 Abs. 1 TRIPS und des Art. 2 Abs. 1 i.V.m. Art. 4 PVÜ erfüllt.

Die Umsetzungsspielräume, die den Mitgliedstaaten offen stehen, wurden von den LDC jedoch nicht umfassend genutzt.[1446] Weitestgehend wurden zwar Gegenstände genannt, für die keine Patente erteilt werden. Ausnahmen von den Rechten aus dem Patent wurden aber von vielen der LDC nicht in dem möglichen Umfang gewährt.[1447]

1446 In Bezug auf die afrikanischen LDC vgl. auch *Merso*, ICTSD Policy Brief No. 16, June 2013, S. 4.

1447 I.E. auch *de Carvalho*, The Trips Regime of Patent Rights, 3. Auflage, Rn. 27.57.

Teil 3: Schlussbetrachtungen

§ 9 Bewertung der Ausschlussfrist in Hinblick auf den bestehenden Patentschutz in den LDC

Bis auf zwei der am wenigsten entwickelten WTO-Mitgliedstaaten wurden in allen Staaten bereits Patentgesetze erlassen. Die These, es bestünden in den meisten der LDC keine Patentgesetze und es würde nicht auf die Umsetzung hingearbeitet, kann demnach nicht gestützt werden. Allerdings sind die Gesetze zum größten Teil noch nicht mit den Vorgaben des TRIPS-Übereinkommens vereinbar,[1448] auch wenn das Maß an Übereinstimmung in den jeweiligen Staaten voneinander abweicht. Auch wird vielfach argumentiert, es mangle insbesondere an der effektiven Durchsetzung des Patentrechts.[1449] Zur vollständigen Umsetzung der TRIPS-Verpflichtungen benötigen die LDC daher weiterhin Zeit, wie sie ihnen durch die Verlängerungen der Frist in Art. 66 Abs. 1 TRIPS gewährt wird.

Darüber hinaus ist aber fraglich, ob der Zweck, den Art. 66 Abs. 1 TRIPS verfolgt, gewahrt wird. Art. 66 Abs. 1 TRIPS dient nicht dazu, den LDC Zeit zur Umsetzung zu verschaffen, sondern soll den Aufbau einer technologischen Grundlage durch den Ausschluss von der Verpflichtung, Patente zu erteilen, ermöglichen. Angenommen wird daher, die Übergangsfrist erfülle nicht ihren Zweck, wenn die Innovationstätigkeit während ihrer Dauer nicht gefördert wird.[1450] Da in den am wenigsten entwickelten Ländern bereits Patentgesetze existieren, könnte der Aufbau einer solchen Grundlage zusätzlich erschwert werden.

In Bangladesch kann das Gegenteil beobachtet werden: es besteht ein Patentgesetz, allerdings wurde die Patenterteilung von Arzneimitteln ausgeschlossen. Infolgedessen konnte sich eine Industrie aufbauen, die sich auf die Produktion von Generika spezialisiert hat.[1451] Gerade durch den Ausschluss konnte sich daher ein Industriezweig entwickeln.[1452] Am Beispiel Bangladeschs kann mithin der Erfolg des Art. 66 Abs. 1 TRIPS und der Ausschlussfrist in Folge der Doha-Erklärung zum TRIPS und zur öffentlichen Gesundheit beobachtet werden. Zu beachten ist dabei jedoch, dass Bangladesch auf Grund seiner Größe eine besondere Stellung innerhalb der Gruppe der LDC einnimmt. Gerade durch die Marktgröße ist es einfacher für Bangladesch, eine eigene Industrie aufzubauen und potentielle Investoren

1448 I.E. auch *Merso*, ICTSD Policy Brief No. 16, June 2013, S. 6.
1449 *Merso*, ICTSD Policy Brief No. 16, June 2013, S. 4 ff.; *Nwauche*, GRUR Int. 2000, 829 (849).
1450 *Azam*, Chi.-Kent J. Intell. Prop. 13 (2014) 2, 402 (481).
1451 *Azam*, Chi.-Kent J. Intell. Prop. 13 (2014) 2, 402 (448 f.).
1452 *Gehl Sampath*, in: Shadlen/Guennif/Guzmán/Lalitha (Hrsg.), IP, Pharmaceuticals and Public Health, S. 310. In Bezug auf Indien und Brasilien vgl. *Hold/Mercurio*, NCCR Working Paper No. 2012/37, S. 7.

anzulocken.[1453] Inzwischen werden auch in anderen LDC-Mitgliedstaaten Schritte unternommen, um die Herstellung von Generika zu ermöglichen.[1454]

Vorgetragen wird, erst durch die Erteilung von Schutzrechten würde der Marktzutritt ermöglicht.[1455] Umgekehrt könnte es daher ein Handelshemmnis darstellen, keinen Patentschutz zu gewährleisten. Doch könnten die LDC wiederum einen Wettbewerbsvorteil daraus ziehen, keinen Patentschutz gewährleisten zu müssen, da Generikahersteller begünstigt werden. Durch die besonderen Regelungen zugunsten der weniger entwickelten Staaten sollen gerade Wettbewerbsvorteile geschaffen werden, um ihnen die Teilnahme am Welthandel zu erleichtern.[1456] Auch protektionistische Maßnahmen durch strengere Auflagen an den Verkauf importierter Ware, wie sie ebenfalls in Bangladesch vorgenommen werden, sind durch den *Infant-Industry*-Schutz des Art. XVIII Abs. 2 GATT 1947 gerechtfertigt. Auch wird in Art. XIX Abs. 1 lit. a) GATT eine Ausnahme vorgesehen, wenn durch die Einfuhr von Waren den nationalen Herstellern ein ernsthafter Schaden droht.

In den anderen LDC-Mitgliedstaaten konnte bislang allerdings nicht beobachtet werden, dass von der Frist des Art. 66 Abs. 1 TRIPS Gebrauch gemacht wurde.[1457] Viele Gesetze wurden erlassen oder angepasst, mit dem Wunsch, die TRIPS-Vorgaben umzusetzen. Mittlerweile kann aber zumindest ein Umdenken der LDC erkannt werden, die Frist nicht bloß zur Umsetzung zu nutzen, sondern auch, um eine tragfähige technologische Grundlage aufzubauen.

Anzunehmen ist, dass die Frist des Art. 66 Abs. 1 TRIPS fortwährend verlängert wird.[1458] Zum einen besteht ein Interesse der LDC an dem Ausschluss der Verpflichtung fort, solange sie in dem Status eines am wenigsten entwickelten Landes verbleiben. Der Aufbau einer tragfähigen technologischen Grundlage wird ein wesentliches Anliegen der Ländergruppe bleiben, weshalb nach dem Wortlaut der Vorschrift keine andere Möglichkeit besteht, als die Frist auf Antrag zu verlängern. Variieren kann lediglich die Dauer der Verlängerung, wie bereits die vergangenen Verlängerungen gezeigt haben. Weder sind die Mitgliedstaaten aber berechtigt, die Verlängerung zu verweigern noch dürfen sie Bedingungen an die Verlängerung knüpfen. Umgekehrt ist es aber auch nicht möglich, eine unbefristete Verlängerung auszusprechen, da dies bedeuten würde, die LDC von ihrer Verpflichtung aus Art. 1

1453 In Betracht kommt bspw. dass Generikahersteller aus Indien ihren Standort nach Bangladesch verlagern; vgl. *Wilson*, A Manufactured Solution, S. 150.

1454 *Wilson*, A Manufactured Solution, S. 46 f., die Tansania und Uganda als Beispiele nennt. Angemerkt wird aber zudem, es könne lediglich die Zusammensetzung fertiger Bestandteile erfolgen. An eigener Innovationstätigkeit fehle es aber; vgl. ebd., S. 48 m.w.N.

1455 *Lamping*, in: Hilty/Jaeger/Lamping (Hrsg.), Herausforderung Innovation, S. 119 (127).

1456 *Dolzer/Kreuter-Kirchhof*, in: Vitzthum/Proelß (Hrsg.), Völkerrecht, S. 455 (470); *Jessen*, WTO-Recht und Entwicklungsländer, S. 233.

1457 So auch *Islam*, TRIPS Agreement of the WTO, S. 167.

1458 *de Vylder*, The LDC and World Trade, S. 162; *Staehelin*, TRIPs, S. 216.

Abs. 1 TRIPS zu befreien. Einen solchen Ausschluss sieht Art. 66 Abs. 1 TRIPS nicht vor. Als Alternative wird die Einrichtung eines Moratoriums vorgeschlagen, mit der Begründung, dadurch würde nicht die Hoffnung erweckt, die LDC kämen ihrer Umsetzungsverpflichtung zu irgendeinem Zeitpunkt nach.[1459] Doch auch ein Moratorium ist von vorrübergehender Natur, weshalb die Unsicherheit über die Umsetzungsverpflichtung aufrecht erhalten bliebe. Auch wird der Vorschlag unterbreitet, an die Fristverlängerung könnte die Bedingung geknüpft werden, die Umsetzung der TRIPS-Verpflichtungen zur Priorität zu machen.[1460] Da Bedingungen in Art. 66 Abs. 1 TRIPS nicht vorgesehen werden, würde der TRIPS-Rat seine Kompetenzen überschreiten. Zudem soll durch Art. 66 Abs. 1 TRIPS gerade nicht die Umsetzung vorangetrieben werden. Schließlich wird vorgeschlagen, unterschiedliche Anforderungen an die Umsetzung zu knüpfen.[1461] Inwiefern dies sich von dem jetzigen Stand unterscheidet, die Verpflichtung aufzuschieben, wird dabei nicht hervorgehoben. Auch sollte durch den Abschluss des TRIPS-Übereinkommens gerade ein universelles Mindestniveau erreicht werden. Die Aufnahme weiterer besonderer Regelungen zugunsten der LDC würde eine Änderung des TRIPS-Übereinkommens bedeuten. Der Erfolg einer solchen Änderung ist in Anbetracht dessen, dass das Protokoll zur Änderung des TRIPS von 2005 noch immer nicht angenommen wurde, unwahrscheinlich. Die LDC könnten überlegen, sich anstelle einer Fristverlängerung vielmehr um die Erteilung eines *waiver* von der Umsetzungsverpflichtung aus Art. 1 Abs. 1 TRIPS zu bemühen.[1462]

Schließlich könnte sich aus Art. XI Abs. 2 WTO-Übereinkommen herleiten lassen, die LDC seien grundsätzlich nicht zur Umsetzung verpflichtet. Dort heißt es, die LDC müssten nur solche Verpflichtungen übernehmen, die ihrem Entwicklungsstand entsprechen. Dem wird entgegengehalten, es widerspreche dem Wortlaut des Art. 66 Abs. 1 TRIPS, da dieser keine Befreiung der Umsetzungsverpflichtung erlaube.[1463]

Sollte die Frist auslaufen, ist bei der Auslegung der Verpflichtungen die wirtschaftliche Situation der am wenigsten entwickelten Länder weiterhin zu berücksichtigen.[1464] Es liegt auch nicht im Interesse der übrigen WTO-Mitgliedstaaten, die LDC zu verpflichten, ihrer Umsetzungsverpflichtung nachzukommen. Zum einen ist das Gros der LDC nicht in der Lage, Produkte zu imitieren.[1465] Zum

---

1459 *Hold/Mercurio*, NCCR Working Paper No. 2012/37, S. 4 u. 23.

1460 *Hold/Mercurio*, NCCR Working Paper No. 2012/37, S. 4 u. 24.

1461 *Hold/Mercurio*, NCCR Working Paper No. 2012/37, S. 4 u. 25.

1462 *Rott*, GRUR Int. 2003, 103 (109); *ders.*, Patentrecht und Sozialpolitik, S. 139; *Kennedy*, Int'l Law. 40 (2006) 3, 683 (699).

1463 *Kennedy*, Int'l Law. 40 (2006) 3, 683 (685 f.).

1464 *Uruguay Round Agreement*, Beschlusses der Minister über Maßnahmen zu Gunsten der am wenigsten entwickelten Länder, Rn. 2 lit. iii), abrufbar unter: *www.wto.org/english/docs_e/legal_e/31-dlldc.pdf* (zuletzt 10.03.2017); *Rott*, Patentrecht und Sozialpolitik, S. 137 f; *Stoll*, ZaöRV 54 (1994) 241 (254).

1465 *Wilson*, A Manufactured Solution, S. 47, am Beispiel der Arzneimittelproduktion.

anderen tragen andere Faktoren wie die Marktgröße und die Infrastruktur maßgeblich zu Investitionsentscheidungen bei. Schließlich haben die Industriestaaten bislang ihre Verpflichtungen aus Art. 66 Abs. 2 und Art. 67 TRIPS nicht eingehalten. Es sei daher rechtsmissbräuchlich, würden die Industriestaaten einen Verstoß der LDC anprangern.[1466] Wären die LDC verpflichtet, die Mindestanforderungen des TRIPS-Übereinkommens anzuwenden, sähen sie sich der Gefahr ausgesetzt, vor dem Streitbeilegungsmechanismus belangt zu werden. Ob ein anderer Mitgliedstaat bereit wäre, ein solches Verfahren einzuleiten, kann auf Grund des Verlustes des öffentlichen Ansehens hinterfragt werden.[1467] Würde auf ein Verfahren trotz offenkundigen Verstoßes hingegen verzichtet werden, würde damit zum Ausdruck kommen, die Nichtbefolgung zöge keine negativen Konsequenzen mit sich. Die Glaubwürdigkeit der WTO könnte dadurch in Frage gestellt werden, was wiederum zu einer Destabilisierung des WTO-Systems führen könnte. Um das globale Wirtschaftssystem funktionstüchtig zu gestalten, müssen die Bedürfnisse der Ländergruppen berücksichtigt werden. Daher sind Ausnahmen und Erleichterungen vorzusehen, um die Integration in den Welthandel zu gewährleisten.

Zwar kann nicht verleugnet werden, dass die Übergangsfrist – wie die übrigen Bestimmungen über die besondere Behandlung der weniger entwickelten Länder – nicht in dem bezweckten Maße erfüllt wird. Als überflüssig kann sie dennoch nicht bezeichnet werden. Nach der Theorie des *„Norm Life Cycle"*[1468] muss eine Norm stets verteidigt werden, um an Akzeptanz zu gewinnen.[1469] Die Herausbildung der besonderen Behandlung hat mit der Entwicklung stets an Akzeptanz gewonnen und somit die Rolle der LDC im Welthandelssystem gestärkt.[1470]

Die Verlängerung der Übergangsfrist von 2015 ist damit nicht das Ende der besonderen Behandlung der am wenigsten entwickelten Länder sowohl im TRIPS-Übereinkommen als auch auf WTO-Ebene und im Völkerrecht allgemein.

§ 10 Zusammenfassung in Thesen

1. Auf Grund ihrer wirtschaftlichen Lage ist es notwendig, den LDC eine besondere Behandlung zukommen zu lassen, die sich von der Behandlung der übrigen Entwicklungsländer abhebt.

1466 *Rott*, Patentrecht und Sozialpolitik, S. 139. A.A. *Kennedy*, Int'l Law. 40 (2006) 3, 683 (686), der argumentiert, dass durch die Verlängerung der Umsetzungsfrist das Versagen der Industriestaaten deutlich wird.

1467 *Hold/Mercurio*, NCCR Working Paper No. 2012/37, S. 4 u. 22.

1468 *Finnemore/Sikkink*, International Organization 52 (1998) 4, 887 (895 ff.); *Hawthorne*, LDC and the WTO, S. 11.

1469 *Hawthorne*, LDC and the WTO, S. 11 ff.

1470 *Hawthorne*, LDC and the WTO, S. 9; *dies.*, HJD 4 (2009) 1, 7 (34).

2. Die Übergangsfrist des Art. 66 Abs. 1 TRIPS ist Teil des sog. *special and differential treatment*, das bereits im GATT 1947 entwickelt wurde und seither eines der Grundprinzipien des Welthandelsrechts darstellt.
3. Zwar kann nicht bestritten werden, durch das TRIPS werde ein hohes Schutzniveau angestrebt. Allerdings soll gleichzeitig der Technologietransfer – insbesondere in die am wenigsten entwickelten Länder – gefördert werden.
4. Art. 66 Abs. 1 TRIPS dient nicht allein dazu, den LDC mehr Zeit zu verschaffen, ihre Gesetze an die TRIPS-Vorgaben anzupassen. Vielmehr soll durch das Aussetzen der Verpflichtung, Immaterialgüterschutz zu gewähren, die Möglichkeit eröffnet werden, eine tragfähige technologische Grundlage zu schaffen.
5. Die *no-roll-back*-Verpflichtung, die der TRIPS-Rat in den Verlängerung von 2005 eingeführt und mit der Entscheidung von 2013 konkretisiert hat, ist unwirksam.
6. Grundsätzlich können die Regelungen des TRIPS-Übereinkommens unmittelbar angewandt werden. Auf Grund der besonderen Regelung des Art. 66 Abs. 1 TRIPS wird die unmittelbare Anwendbarkeit in Bezug auf die LDC jedoch ausgeschlossen.
7. In den OAPI-Mitgliedstaaten besteht ein über die TRIPS-Vorgaben hinausgehendes Schutzniveau, das auch für die LDC-Mitglieder gilt.
8. Bis auf die Salomonen und Myanmar existieren in allen LDC-Mitgliedstaaten Patentgesetze. Keines der Gesetze entspricht dabei aber vollständig den Mindestanforderungen des TRIPS-Übereinkommens.

§ 11 Tabellarische Übersicht über die Vereinbarkeit der nationalen Gesetze mit den TRIPS-Vorgaben

	Afghanistan	**Angola**	**Bangladesch**	**Burundi**	**DRK**
Gesetz von:	2009	1992	1911	2009	1982
Art. 3 und 4 TRIPS	-	+	+	+	-
Art. 27 Abs. 1 TRIPS	+	+	+	-	+
Art. 27 Abs. 2 TRIPS	+	+	/	+	-
Art. 27 Abs. 3 TRIPS	/	-	/	-	/
Art. 29 TRIPS	-	+	+	+	+
Art. 28 Abs. 1 TRIPS	-	/	-	+	-
Art. 28 Abs. 2 TRIPS	+	+	+	+	+
Art. 30 TRIPS/Art. 5ter PVÜ	+	/	+	+	+
Art. 31 TRIPS	-	-	-	+	-
Art. 33 TRIPS	+	-	-	+	-
Art. 32 TRIPS*	/	/	/	/	/

* An dieser Stelle wird lediglich beurteilt, ob ein Verfahren zur Überprüfung vorliegt.

	Dschibuti	Gambia	Haiti	Jemen	Kambodscha
Gesetz von:	2009	1989	1922	2011	2003
Art. 3 und 4 TRIPS	+	-	+	+	+
Art. 27 Abs. 1 TRIPS	+	+	-	+	+
Art. 27 Abs. 2 TRIPS	+	-	-	-	-
Art. 27 Abs. 3 TRIPS	-	-	/	+	-
Art. 29 TRIPS	+	+	-	+	+
Art. 28 Abs. 1 TRIPS	+	+	-	+	+
Art. 28 Abs. 2 TRIPS	+	-	+	+	+
Art. 30 TRIPS/Art. 5ter PVÜ	+	+	/	-	+
Art. 31 TRIPS	-	-	/	+	-
Art. 33 TRIPS	+	-	+	+	+
Art. 32 TRIPS*	/	/	/	/	/

* An dieser Stelle wird lediglich beurteilt, ob ein Verfahren zur Überprüfung vorliegt.

	Laos	Lesotho	Liberia	Madagaskar	Malawi
Gesetz von:	2011	1989	2003	1989	1986
Art. 3 und 4 TRIPS	+	-	-	+	-
Art. 27 Abs. 1 TRIPS	+	+	+	-	+
Art. 27 Abs. 2 TRIPS	-	-	+	-	-
Art. 27 Abs. 3 TRIPS	+	-	+	-	/
Art. 29 TRIPS	+	+	+	+	+
Art. 28 Abs. 1 TRIPS	+	+	+	+	-
Art. 28 Abs. 2 TRIPS	+	-	+	-	+
Art. 30 TRIPS/Art. 5ter PVÜ	+	+	+	+	+
Art. 31 TRIPS	+	-	+	-	-
Art. 33 TRIPS	+	-	+	-	-
Art. 32 TRIPS*	+	/	/	/	+

* An dieser Stelle wird lediglich beurteilt, ob ein Verfahren zur Überprüfung vorliegt.

	Mosambik	Myanmar	Nepal	Ruanda	Sambia
Gesetz von:	2016	/	1965	2009	1965
Art. 3 und 4 TRIPS	+	/	+	+	-
Art. 27 Abs. 1 TRIPS	+	/	+	+	+
Art. 27 Abs. 2 TRIPS	-	/	+	+	-
Art. 27 Abs. 3 TRIPS	+	/	/	-	/
Art. 29 TRIPS	+	/	-	+	+
Art. 28 Abs. 1 TRIPS	+	/	-	+	-
Art. 28 Abs. 2 TRIPS	+		+	+	+
Art. 30 TRIPS/Art. 5ter PVÜ	+	/	/	+	+
Art. 31 TRIPS	-	/	/	-	-
Art. 33 TRIPS	+	/	-	+	-
Art. 32 TRIPS*	/	/	/	/	+

* An dieser Stelle wird lediglich beurteilt, ob ein Verfahren zur Überprüfung vorliegt.

	Salomonen	Sierra Leone	Tansania	Uganda	Vanuatu
Gesetz von:	/	2012	1987 (2008)	2014	2003
Art. 3 und 4 TRIPS	/	+	-	-	+
Art. 27 Abs. 1 TRIPS	/	+	-	-	+
Art. 27 Abs. 2 TRIPS	/	+	+	-	-
Art. 27 Abs. 3 TRIPS	/	-	-	+	-
Art. 29 TRIPS	/	+	+	+	+
Art. 28 Abs. 1 TRIPS	/	+	+	+	+
Art. 28 Abs. 2 TRIPS	/	+	+	+	+
Art. 30 TRIPS/Art. 5ter PVÜ	/	+	+	-	+
Art. 31 TRIPS	/	+	-	+	-
Art. 33 TRIPS	/	+	-	+	+
Art. 32 TRIPS*	/	+	+	+	/

* An dieser Stelle wird lediglich beurteilt, ob ein Verfahren zur Überprüfung vorliegt.

Literaturverzeichnis

Abbott, Frederick M., Regional Integration Mechanisms in the Law of the United States: Starting Over, Ind. J. Global Legal Stud. 1 (1993) 1, 155 ff.

Abbott, Frederick M., Technical Note: The LDC TRIPS Transition Extension and the Question of Rollback, ICTSD Policy Brief No. 15, May 2013, abrufbar unter: *www.ictsd.org/downloads/2013/05/the-ldc-trips-transition-extension-and-the-question-of-rollback.pdf* (zuletzt 10.03.2017).

Abbott, Frederick M./ Reichman, Jerome H., The Doha Round's Public Health Legacy: Strategies for the Production and Diffusion of Patented Medicines under the amended TRIPS Provisions, JIEL 10 (2007) 4, 921 ff.

Abdullah, Salahuddin, Legal Action against IP Infringement in Bangladesh, in: Kim, Myung-Shin (Hrsg.), Legal Action against Intellectual Property Infringement in Asia, 2004, S. 54 ff.

Abi-Saab, Georges, in: Fitzmaurice, Malgosia/ Olufemi, Elias/ Merkouris, Panos (Hrsg.), Treaty Interpretation and the Vienna Convention on the Law of Treaties, 2010, S. 99 ff. (ebenfalls abgedruckt in: Sacerdoti, Giorgio/ Yanovich, Alan/ Bohanes, Jan (Hrsg.), The Appellate Body and Treaty Interpretation, The WTO at Ten, The Contribution of the Dispute Settlement System, 2006, S. 453 ff.).

Adams & Adams, Practical Guide to Intellectual Property in Africa, 2012.

Adams, Stephen, Information Sources in Patens, 3. Auflage 2012.

Adelman, Martin J./ Rader, Randall R./ Klancnik, Gordon P., Patent Law in a nutshell, 2. Auflage 2013.

Adelman, Martin/ Ghosh, Shubha/ Landers, Amy/ Takenaka, Toshiko, Global Issues in Patent Law, 2011.

Adewopo, Adebambo, The Global Intellectual Property System and Sub-Saharan Africa. A Prognostic Reflection, U. Tol. L. Rev. 33 (2002) 4, 749 ff.

Adusei, Poku, Patenting of Pharmaceuticals and Development in Sub-Saharan Africa, Laws, Institutions, Practices, and Politics, 2013.

Al-Ahmar, Kanaan, Intellectual Property Rights in Yemen: Proposals for Reforming the Legal Statutes and Enforcement of Procedures, IIC 2003, 373 ff.

Antons, Christoph, Harmonisation and Selective Adaption as Intellectual Property Policies in Asia, in: ders./ Blakeney, Michael/ Heath, Christopher (Hrsg.), Intellectual Property Harmonisation within ASEAN and APEC, 2004, S. 109 ff.

ASEAN IPR SME Helpdesk, IP Country Factsheet: Cambodia, abrufbar unter: *www.southeastasia-iprhelpdesk.eu/sites/default/files/publications/cambodia_factsheet.pdf* (zuletzt 10.03.2017).

ASEAN IPR SME Helpdesk, IP Country Factsheet: Laos, abrufbar unter: *www.southeastasia-iprhelpdesk.eu/sites/default/files/publications/Laos_factsheet.pdf* (zuletzt 10.03.2017).

Avafia, Tenu/ Berger, Jonathan/Hartzenberg, Trudi, The ability of select sub-Saharan African countries to utilise TRIPs Flexibilities and Competition Law, TRALAC-ICTSD Project on Intellectual Property Rights, Innovation and Sustainable Development in Eastern and Southern Africa, 2006, abrufbar unter: *apps.who.int/medicinedocs/documents/s18249en/s18249en.pdf* (zuletzt 10.03.2017).

Azam, Mohammad Monirul, Intellectual Property, WTO and Bangladesh, 2. Auflage 2012.

–, Globalizing Standard of Patent Protection in WTO Law and Policy Options for the LDCs, Chi. -Kent J. Intell. Prop. 13 (2014) 2, 402 ff.

–/ *Richardson, Kristy*, Pharmaceutical Patent Protection and Trips Challenges for Bangladesh, Bond L. Rev. 22 (2011) 2, 1 ff.

Bakels, Reinier/ Hugenholtz, P. Bernt, The patentability of computer programmes, Discussion of European-level legislation in the field of patents for software, European Parliament, Legal Affairs Series, Working Paper, April 2003, abrufbar unter: *www.europarl.europa.eu/meetdocs/committees/juri/20020619/SoftwarePatent.pub.pdf* (zuletzt 10.03.2017).

Barber, Charles Victor/ Johnston, Sam/ Tobin, Brendan, User Measures, Options for Developing Measures in User Countries to Implement the Access and Benefit-Sharing Provisions of the Convention on Biological Diversity, UNU-IAS Report, 2. Auflage March 2003, abrufbar unter: *collections.unu.edu/eserv/UNU:3106/UNUIAS_UserMeasures_2ndEd.pdf* (zuletzt 10.03.2017).

Barbosa, Denis Borges, Minimum Standards vs. harmonization in the TRIPS context: the nature of obligations under TRIPS and modes of implementation at the national level in monist and dualist systems, in: Correa, Carlos M. (Hrsg.), Research Handbook on the Protection of Intellectual Property under WTO Rules, Intellectual Property in the WTO Vol. I, 2010, S. 52 ff.

Beier, Friedrich-Karl, Die Bedeutung des Patentsystems für den technischen, wirtschaftlichen und sozialen Fortschritt, GRUR Int. 1979, 227 ff.

–/ *Moufang, Rainer*, Convention Priority for Improvement Inventions and Patents of Addition, IIC 1990, 593 ff.

Benkard, Georg, Patentgesetz, Gebrauchsmustergesetz, 11. Auflage 2015 (zit.: *Verfasser*, in: Benkard [Hrsg.]).

Bently, Lionel, Introduction, in: WIPO (Hrsg.), Standing Committee on the Law of Patents, 15th Session, WIPO Doc. SCP/15/3 v. 02.09.2010, Annex I, Exclusions from Patentability and Exceptions and Limitations to Patentee's Rights, S. 7 ff.

v. Bernsdorff, Jochen, Procedures of Decision-Making and the Role of Law in International Organizations, in: v. Bogdandy, Armin/ Wolfrum, Rüdiger/ v. Bernsdorff,

Jochen/ Dann, Philipp/ Goldmann, Matthias (Hrsg.), The Exercise of Public Authority by International Institutions, Advancing International Institutional Law, 2010, S. 777 ff.

Bessen, James/ Maskin, Eric, Sequential innovation, patents, and imitation, RAND J. Econ. 40 (2009) 4, 611 ff.

Bessen, James/ Meurer, Michael, Patent Failure, How Judges, Bureaucrats, And Lawyers put Innovators at Risk, 2008.

Blaine, Russel V., Angola, in: ders. (Hrsg.), Trade Barriers in Africa and the Middle East, 2007, S. 1 ff.

Blakeney, Michael, Trade Related Aspects of Intellectual Property Rights: A Concise Guide to the TRIPS Agreement, 1996.

—/ Mengistie, Getachew, Intellectual Property and Economic Development in Sub-Saharan Africa, J.W.I.P. 14 (2011) 3/4, 238 ff.

Blaustein, Albert P./ Sigler, Jay A./ Beede, Benjamin R., Independence Documents of the World, 1977.

Bodenhausen, Georg Hendrik Christiaan, Pariser Verbandsübereinkunft zum Schutz des gewerblichen Eigentums, 1971.

v. Bogdandy, Armin, Rechtsgleichheit, Rechtssicherheit und Subsidiarität im transnationalen Wirtschaftsrecht, Zur unmittelbaren Anwendbarkeit von Art. 81 III EG und des WTO-Rechts, EuZW 2001, 357 ff.

—/Makatsch, Tilman, Kollision, Koexistenz oder Kooperation? Zum Verhältnis von WTO-Recht und europäischen Außenwirtschaftsrechts in neueren Entscheidungen, EuZW 2000, 261 ff.

Böhmert, Victor, Die Erfindungspatente nach volkswirthschaftlichen Grundsätzen und industriellen Erfahrungen mit besonderer Rücksicht auf England und die Schweiz, 1869.

Boldrin, Michele/ Levine, David K., Against Intellectual Monopoly, 2008.

Borrmann, Axel/ Koopmann, Georg, Anpassung der Trade Policy Reviews der WTO an die Bedürfnisse von Entwicklungsländern, 2002.

Branstetter, Lee/ Foley, Fritz C./ Saggi, Kamal, Has the Shift to Stronger Intellectual Property Rights Promoted Technology Transfer, FDI, and Industrial Development? W.I.P.O.J. 2 (2010) 1, 93 ff.

Brennan, Kristine, Burundi, 2005.

Buchs, Gaby, Die unmittelbare Anwendbarkeit völkerrechtlicher Vertragsbestimmungen, Am Beispiel der Rechtsprechung der Gerichte Deutschlands, Österreichs, der Schweiz und der Vereinigten Staaten von Amerika, 1993.

Buck, Petra, Geistiges Eigentum und Völkerrecht, Beiträge des Völkerrechts zur Fortentwicklung des Schutzes von geistigem Eigentum, 1994.

Busche, Jan/ Stoll, Peter-Tobias/ Wiebe, Andreas, TRIPs, Internationales und europäisches Recht des geistigen Eigentums, 2. Auflage 2013 (zit.: *Verfasser*, in: Busche/ Stoll/Wiebe [Hrsg.]).

Cameron, James/ Gray, Kevin R., Principles of International Law in the WTO Dispute Settlement Body, Int'l & Comp. L.Q. 50 (2001) 2, 248 ff.

Castilla, Hilliard V., The Legal System of Tanzania, in: Redden, Kenneth Robert (Hrsg.), Modern Legal Systems, Cyclopedia, Vol. 6, 1985.

CCHR (Cambodian Center for Human Rights), Fact Sheet, Rule of Law Series, Special Edition, Vol. 9, Applicability of International Law, Jan. 2014, abrufbar unter: *www.cchrcambodia.org/index_old.php?url=media/media.php&p=factsheet_detail.php&fsid=59&id=5* (zuletzt 10.03.2017).

CDP/UNDESA, Handbook on the Least Developed Country Category: Inclusion, Graduation and Special Support Measures, 2. Auflage 2015.

Charnovitz, Steve, The Legal Status of the Doha Declaration, JIEL 5 (2002) 1, 207 ff.

Chea, Samnang/Sok, Hach, Cambodia's accession to the WTO: 'fast track' accession by a least developed country, in: Gallagher, Peter/ Low, Patrick/ Stoler, Andrew L. (Hrsg.), Managing the Challenges of WTO Participation, 2005, S. 120 ff.

Cloatre, Emilie, TRIPS and Pharmaceutical Patents in Djibouti: An ANT Analysis of Socio-Legal Objects, Social & Legal Studies 17 (2008) 2, 263 ff.

—, Pills for the Poorest, An Exploration of TRIPS and Access to Medication in Sub-Saharan Africa, 2013.

Commission on Intellectual Property Rights, Integrating Intellectual Property Rights and Development Policy, Report 2002, abrufbar unter: *www.iprcommission.org/papers/pdfs/final_report/ciprfullfinal.pdf* (zuletzt 10.03.2017).

Conforti, Benedetto, International Law and the Role of Domestic Legal Systems, 1993.

Cornish, William/ Llewelyn, David/ Aplin, Tanya, Intellectual Property: Patents, Copyright, Trade Marks and Allied Rights, 8. Auflage 2013.

Correa, Carlos M., The GATT Agreement on Trade-Related Aspects of Intellectual Property Rights: new standards for patent protection, E.I.P.R. 16 (1994) 8, 327 ff.

—, Pro-competitive Measures under TRIPS to Promote Technology Diffusion in Developing Countries, in: Drahos, Peter/ Mayne, Ruth (Hrsg.), Global Intellectual Property Rights: knowledge, access and development, 2002, S. 40 ff.

—, Can the TRIPS Agreement foster technology transfer to developing countries? in: Maskus, Keith E./ Reichman, Jerome (Hrsg.), International Public Goods and Transfer of Technology, Under a Globalized Intellectual Property Regime, 2005, S. 227 ff.

—, Guidelines for the examination of pharmaceutical patents: Developing a public health perspective, WHO-ICTSD-UNCTAD Working Paper, January 2007, abrufbar unter: *www.ictsd.org/sites/default/files/research/2008/06/correa_patentability20guidelines.pdf* (zuletzt 10.03.2017).

–, Intellectual Property in LDCs: Strategies for Enhancing Technology Transfer and Dissemination, Background Paper No. 4, UNCTAD The Least Developed Countries Report 2007, abrufbar unter: *unctad.org/Sections/ldc_dir/docs/ldcr2007_Correa_en.pdf* (zuletzt 10.03.2017).

–, Trade Related Aspects of Intellectual Property Rights, A Commentary on the TRIPS Agreement, 2007.

–, Patent Rights, in: ders./ Yusuf, Abdulqawi, A. (Hrsg.), Intellectual Property and International Trade: The TRIPS Agreement, 2. Auflage 2008, S. 227 ff.

Corrin, Jennifer/ Paterson, Don, Introduction to South Pacific Law, 2. Auflage 2007.

Cottier, Thomas, From Progressive Liberalization to Progressive Regulation in WTO Law, JIEL 9 (2006) 4, 779 ff.

–/ *Nadakavukaren Schefer, Krista*, The Relationship between World Trade Organization Law, National and Regional Law, J. Int'l Econ. L. 1 (1998) 1, 83 ff.

–/ *Véron, Pierre*, Concise International and European IP Law, 3. Auflage 2015 (zit.: *Verfasser*, in: Cottier/Véron [Hrsg.]).

Croome, John, Reshaping the World Trading System, A history of the Uruguay Round, 2. Auflage 1999.

Czekay, Hans-Friedrich, Der Schutzbereich des Patents nach deutschem und französischem Recht, 1986.

Dann, Philipp, Ideengeschichte von Recht und Entwicklung, in: ders./ Kadelbach, Stefan/ Kaltenborn, Markus (Hrsg.), Entwicklung und Recht, Eine systematische Einführung, 2014, S. 19 ff.

DCCI (Dhaka Chamber of Commerce and Industry)/CIPE, Economic Policy Paper on Copyright, Trademark and Patent Protection, 2000, S. 5, abrufbar unter: *www.dhakachamber.com/economic_policy/Copyright_Laws-Final.pdf* (zuletzt 10.03.2017).

de Beer, Jeremy/ Oguamanam, Chidi/ Schonwetter, Tobias, Innovation, Intellectual Property and Development Narratives in Africa, in: dies. (Hrsg.), Innovation & Intellectual Property, Collaborative Dynamics in Africa, 2014, S. 1 ff.

de Carvalho, Nuno Pires, From the Shaman's Hut to the Patent Office: A Road Under Construction, in: McManis, Charles (Hrsg.), Biodiversity & the Law, Intellectual Property, Biotechnology & Traditional Knowledge, 2007, S. 241 ff.

–, The Trips Regime of Patent Rights, 3. Auflage 2010.

–, The Trips Regime of Patents and Test Data, 4. Auflage 2014.

–, The Trips Regime of Trademarks and Designs, 3. Auflage 2014.

de Vylder, Stefan, The Least Developed Countries and World Trade, 2. Auflage 2007.

Deere, Carolyn, The Implementation Game, The TRIPS Agreement and the Global Politics of Intellectual Property Reform in Developing Countries, 2009 (Nachdruck 2011).

Dindi, Ngassa M., Tanzania, in: Campbell, Dennis (Hrsg.), Legal Aspects of Doing Business in Africa, Vol. 1, 2. Auflage 2011, S. TAN-1 ff.

Dinwoodie, Graeme B./ Dreyfuss, Rochelle, TRIPs and the Dynamics of Intellectual Property Lawmaking, Case W. Res. J. Int'l L. 36 (2004) 1, 95 ff.

–, A Neofederalist Vision of TRIPS: The Resilience of the International Intellectual Property Regime, 2012.

Dolzer, Rudolf/ Kreuter-Kirchhof, Charlotte, Wirtschaft und Kultur, in: Vitzthum, Wolfgang Graf/ Proelß, Alexander (Hrsg.), Völkerrecht, 7. Auflage 2016.

Drahos, Peter/ Braithwaite, John, Information Feudalism, Who ownes the Knowledge Economy? 2002.

Dreier, Thomas, TRIPS und die Durchsetzung von Rechten des geistigen Eigentums, GRUR Int. 1996, 205 ff.

Dresch, Paul, A History of Modern Yemen, 2000.

Drexl, Josef, Entwicklungsmöglichkeiten des Urheberrechts im Rahmen des GATT, Inländerbehandlung, Meistbegünstigung, Maximalschutz – eine prinzipienorientierte Betrachtung im Lichte bestehender Konventionen –, 1990.

–, Nach "GATT und WIPO": Das TRIPs-Abkommen und seine Anwendung in der Europäischen Gemeinschaft, GRUR Int. 1994, 777 ff.

Dreyfuss, Rochelle, Intellectual Property Lawmaking, Global Governance, and Emerging Economies, in: Okediji, Ruth L./ Bagley, Margo A. (Hrsg.), Patent Law in Global Perspective, 2014, S. 53 ff.

Dutfield, Graham/ Suthersanen, Uma, Global Intellectual Property Law, 2008.

Eeckhout, Piet, The Domestic Legal Status of the WTO Agreement: Interconnecting Legal Systems, C.M.L.Rev. 34 (1997) 1, 11 ff.

Eisenfeld, Jamie/ Serres, Francois, African Legal Developments in the United States and Sub-Saharan Africa, Int'l Law. 35 (2001) 3, 869 ff.

Endeshaw, Assafa, Harmonization of Intellectual Property Laws in ASEAN, Issues and Prospects, J.W.I.P. 2 (1999) 1, 3 ff.

–, The Momentum of Review of TRIPs and Harmonisation of Intellectual Property in ASEAN, in: Antons, Christoph/ Blakeney, Michael/ Heath, Christopher (Hrsg.), Intellectual Property Harmonisation within ASEAN and APEC, 2004, S. 139 ff.

Engelberger, Lukas, Die unmittelbare Anwendbarkeit des WTO-Rechts in der Schweiz, Grundlagen und Perspektiven im Kontext internationaler Rechtsentwicklungen, 2004.

Evans, Gail E., A Preliminary Excursion into TRIPS and Non-Violation Complaints, J.W.I.P. 3 (2000) 6, 867 ff.

Feichtner, Isabel, The Law and Politics of WTO Waivers, Stability and Flexibility in Public International Law, 2012.

Fikentscher, Wolfgang, Was bedeutet „self-executing"? Überlegungen zur Rechtsnatur des GATT im Blick auf einen GATT-Immaterialgüterschutz, in: Baur, Jürgen F./ Hopt, Klaus J./ Mailänder, K. Peter (Hrsg.), FS Steindorff, 1990, S. 1175 ff.

Filippetti, Andrea/ Archibugi, Daniele, The Globalization of Intellectual Property Rights, in: dies. (Hrsg.), The Handbook of Global Science, Technology, and Innovation, 2015, S. 421 ff.

Finger, Michael J./ Schuler, Philip, Implementation of Uruguay Round Commitments: Development Challenge, The World Economy 23 (2000) 4, 511 ff.

Fink, Carsten/ Maskus, Keith E., Why we study Intellectual Property Rights and what we have learned, in: dies. (Hrsg.), Intellectual Property and Development, Lessons from Recent Economic Research, 2005, S. 1 ff.

Finnemore, Martha/ Sikkink, Kathryn, International Norm Dynamics and Political Change, International Organization 53 (1998) 4, 887 ff.

Flemisch, Christiane A., Umfang der Berechtigungen und Verpflichtungen aus völkerrechtlichen Verträgen, Die Frage der unmittelbaren Anwendbarkeit, dargestellt am Beispiel des WTO-Übereinkommens, 2002.

Foreman, Martin, Patents, pills and public health, can TRIPS deliver? 2002.

Forsyth, Miranda, Beyond Case Law: Kastom and Courts in Vanuatu, Victoria U. Wellington L. Rev. 35 (2004) 2, 427 ff.

Frankel, Susy, Challenging TRIPS-Plus Agreements: The Potential Utility of Non-Violation Disputes, J. Int'l Econ. L. 12 (2009) 4, 1023 ff.

Gardiner, Richard, Treaty Interpretation, 2. Auflage 2015.

Gay, Daniel, Vanuatu's suspended accession bid: second thoughts? in: Gallagher, Peter/ Low, Patrick/ Stoler, Andrew L. (Hrsg.), Managing the Challenges of WTO Participation, 2005, S. 590 ff.

Gazaro, Wéré Régine, Plant variety protection: Which system of protection in the member states of OAPI? World Patent Information 28 (2006) 2, 127 ff.

Gehl Sampath, Padmashree, The TRIPS Agreement and health innovation in Bangladesh, in: Shadlen, Kenneth C./ Guennif, Samira/ Guzmán, Alenka/ Lalitha, N. (Hrsg.), Intellectual Property, Pharmaceuticals and Public Health, Access to Drugs in Developing Countries, 2011, S. 310 ff.

Gervais, Daniel, TRIPS 3.0, Policy Calibration and Innovation Displacement, in: Netanel, Neil Weinstock (Hrsg.) The Development Agenda, Global Intellectual Property and Developing Countries, 2009, S. 51 ff.

–, The TRIPS Agreement, Drafting History and Analysis, 4. Auflage 2012.

Ghidini, Gustavo, On TRIPS' impact on 'least developed countries': The effects of a 'double standards' approach, in: ders./ Peritz, Rudolph J.R./ Ricolfi, Marco (Hrsg.), TRIPS and Developing Countries, Towards a New IP World Order? 2014, S. 132 ff.

Ghimire, Hiramani/ Dahal, Navin, Nepal in the WTO, Livelihood and Food Security Perspectives, 2004.

Gibbons, Llewellyn Joseph, Fake It till You Make It: A Justification for Intellectual Property „Piracy“, Indiana L. Rev. 48 (2014) 1, 65 ff.

Gómez Segade, Jose Antonia, Utility Models – Lost in Translation, IIC 2008, 135 ff.

Greif, Siegfried, Volkswirtschaftliche Aspekte eines verschärften Ausübungszwangs für Patente in Entwicklungsländern, GRUR Int. 1980, 451 ff.

—, Ausübungszwang für Patente – Ökonomische Möglichkeiten und Grenzen unter besonderer Berücksichtigung der Entwicklungsländer, GRUR Int. 1981, 731 ff.

Grosse Ruse-Khan, Henning, The International Legal Framework for the Protection of Utility Models, Max Planck Institute for Intellectual Property and Competition Law Research Paper No. 12–10, 2012, abrufbar unter: *papers.ssrn.com/sol3/papers.cfm?abstract_id=2160229* (zuletzt 10.03.2017).

Grynberg, Roman/ Joy, Roy Mickey, The Accession of Vanuatu to the WTO, Lessons for the Multilateral Trading System, J. World Trade 34 (2000) 6, 159 ff.

Haas, Franz-Werner, Das TRIPS-Abkommen: Geistiges Eigentum als Gegenstand des Welthandelsrechts, Das TRIPS-Abkommen und seine Auswirkungen unter Berücksichtigung der Rechtsordnung der Europäischen Gemeinschaft, 2004.

Häberli, Christian, Das GATT und Entwicklungsländer, in: Cottier, Thomas (Hrsg.), GATT-Uruguay Round, 1995.

Haedicke, Maximilian, Patentrecht, 3. Auflage 2015.

Hanneman, Henri W., Patentability of Computer Programs in Europe, in: Meijboom, A.P./ Prins, C. (Hrsg.), The Law of Information Technology in Europe 1992, 1991, S. 69 ff.

Hartmann, Christof, Laos, in: Nohlen, Dieter/ Grotz, Florian/ Hartmann, Christof (Hrsg.), Elections in Asia and the Pacific: A Data Handbook: Vol. II: South East Asia, East Asia, and the South Pacific, 2001, S. 129 ff.

Haugen, Hans Morten, Inappropriate Processes and Unbalanced Outcomes: Plant Variety Protection in Africa Goes Beyond UPOV 1991 Requirements, J.W.I.P. 18 (2015) 5, 196 ff.

Hausmann, Marc Thorsten, Das Cotonou-Handelsregime und das Recht der WTO, 2006.

Hawthorne, Helen, Acceeding to the Norm: The Accession of LDCs to the WTO, HJD 4 (2009) 1, 7 ff.

—, Least Developed Countries and the WTO, Special Treatment in Trade, 2013.

Heald, Paul J., Moving the Playing Field: Addressing Information Distortion and Asymmetry in the TRIPS Game, Minn. L. Rev. 88 (2003–2004) 2, 249 ff.

Heath, Christopher, Bedeutet TRIPS wirklich eine Schlechterstellung von Entwicklungsländern? GRUR Int. 1996, 1169 ff.

–, Federal Appeal Court: BRAZIL, IIC 2010, 601 ff.

Helfer, Laurence R., Adjudicating Copyright Claims Under the TRIPS Agreement: The Case for a European Human Rights Analogy, Harv. Int'l L. J. 39 (1998) 2, 357 ff.

–/Austin, Graeme W., Human Rights and Intellectual Property, 2011.

Hemmer, Hans-Rimbert, Wirtschaftsprobleme der Entwicklungsländer, 3. Auflage 2002.

Herdegen, Matthias, Internationales Wirtschaftsrecht, 10. Auflage 2014.

Hermann, Christoph, TRIPS, Patentschutz für Medikamente und Staatliche Gesundheitspolitik: Hinreichende Flexibilität? EuZW 2002, 37 ff.

Hermes, Christoph Julius, TRIPS im Gemeinschaftsrecht: zu den innergemeinschaftlichen Wirkungen von WTO-Übereinkünften, 2002.

Hestermeyer, Holger, Human Rights and the WTO, The Case of Patents and Access to Medicines, 2007.

Hilf, Meinhard/ Oeter, Stefan, WTO-Recht: Rechtsordnung des Welthandels, 2. Auflage 2010.

Hilpert, Hanns Günther, TRIPS und das Interesse der Entwicklungsländer am Schutz von Immaterialgüterrechten in ökonomischer Sicht, GRUR Int. 1998, 91 ff.

Hoekman, Bernard/ Kostecki, Michel, The Political Economy of the World Trading System, 3. Auflage 2009.

Hoekman, Bernard/ Maskus, Keith E./ Saggi, Kamal, Transfer of Technology to Developing Countries: Unilateral and Multilateral Policy Options, World Bank Policy Research Working Paper 3332, June 2004, abrufbar unter: *elibrary.worldbank.org/doi/abs/10.1596/1813-9450-3332* (zuletzt 10.03.2017).

't Hoen, Ellen F. M., The Global Politics of Pharmaceutical Monopoly Power, Drug patents, access, innovation and the application of the WTO Doha Declaration on TRIPS and Public Health, 2009.

Hold, Arno/ Mercurio, Bryan Christopher, Transitioning to Intellectual Property: How can the WTO integrate Least-Developed Countries into TRIPS? NCCR Working Paper No. 2012/37, Oktober 2012, abrufbar unter: *papers.ssrn.com/sol3/papers.cfm?abstract_id=2169352* (zuletzt 10.03.2017).

Homere, Jean Raymond, Intellectual Property Rights Can Help Stimulate the Economic Development of Least Developed Countries, Colum. J. L. & Arts 27 (2003–2004) 2, 277 ff.

Hudec, Robert E., Developing Countries in the GATT Legal System, With a New Introduction by J. Michael Finger, 2011.

Hummer, Waldemar/ Weiss, Friedl, Vom GATT '47 zur WTO '94, 1997.

(IIPI) International Intellectual Property Institute, Patent Protection and Access to HIV/Aids Pharmaceuticals in Sub-Saharan Africa, A Report Prepared for the

World Intellectual Property Organization (WIPO), 2000, abrufbar unter: *www.wipo.int/export/sites/www/about-ip/en/studies/pdf/iipi_hiv.pdf* (zuletzt 10.03.2017).

IMF/OECD/UN/World Bank, A Better World for All, 2000, abrufbar unter: *www.imf.org/external/pubs/ft/jointpub/world/2000/eng/bwae.pdf* (zuletzt 10.03.2017).

Ipsen, Knut, Völkerrecht, 6. Auflage 2014 (zit.: *Verfasser*, in: Ipsen [Hrsg.]).

Islam, Mohammad Towhidul, TRIPS Agreement and Economic Development: Implications and Challenges for Least Developed Countries like Bangladesh, NJCL 2 (2010), 1 ff.

–, TRIPS Agreement of the WTO: Implications and Challenges for Bangladesh, 2013.

Jackson, John H., Status of Treaties in Domestic Legal Systems: A Policy Analysis, Am. J. Int'l L. 86 (1992) 2, 310 ff.

Jaconiah, Jacob, Intellectual Property Law in Tanzania, 2013.

Janke, Terri, Intellectual Property Issues and Arts Festivals: Preparing for the 11th Festival of Pacific Arts, Solomon Islands 2012, Study prepared by Secretariat of the Pacific Community (SPC) and the WIPO, 2009, abrufbar unter: *www.wipo.int/edocs/pubdocs/en/tk/tk_fpa/tk_fpa_2012.pdf* (zuletzt 10.03.2017).

Jansen, Bernhard, Die neue Welthandelsorganisation (World Trade Organization – WTO), EuZW 1994, 333 ff.

Jessen, Henning, WTO-Recht und "Entwicklungsländer", "Special and Differential Treatment for Developing Countries" im multidimensionalen Wandel des Wirtschaftsvölkerrechts, 2006.

Jindal, Anu, Bangladesh Pharmaceutical Industry, Expanding its Horizon, in: Ashiya, Manish (Hrsg.), TRIPS and Pharmaceutical Industry, 2007, S. 161 ff.

Johansein, L. Rutaihwa, Intellectual Property Right in Tanzania, Nov. 2010, abrufbar unter: *www.wipo.int/edocs/lexdocs/laws/en/tz/tz009en.pdf* (zuletzt 10.03.2017).

Jourdain, Rosine, Intellectual Property Rights and Public Health in the Revised Bangui Agreement, in: Bellmann, Christophe/ Dutfield, Graham/ Meléndez-Ortiz, Ricardo (Hrsg.), Trading in Knowledge, Development Perspectives on TRIPS, Trade and Sustainability, 2003, S. 143 ff.

Kadelbach, Stefan, Entwicklung als normatives Konzept, in: Dann, Philipp/ Kadelbach, Stefan/ Kaltenborn, Markus (Hrsg.), Entwicklung und Recht, Eine systematische Einführung, 2014, S. 49 ff.

Kapeta, Khuze, Malawi, in: Campbell, Dennis (Hrsg.), Legal Aspects of Doing Business in Africa, Vol. 1, 2. Auflage 2011, S. MLW-1 ff.

Karim, Bianca/ Theunissen, Tirza, Bangladesh, in: Shelton, Dinah (Hrsg.), International Law and Domestic Legal Systems, Incorporation, Transformation, and Persuasion, 2011, S. 98 ff.

Karky, Ramesh, An Issue of Invocability of Provisions of WTO Covered Agreements Before Domestic Courts, Ann. Surv. Int'l & Comp. L. 17 (2011) 1, 209 ff.

Kawamura, Hiroshi, The likelihood of 24 Least Developed Countries graduating from the LDC category by 2020: an achievable goal? CDP Background Paper No. 20, ST/ESA/2014/CDP/20, July 2014, abrufbar unter: *www.un.org/en/development/desa/policy/cdp/cdp_background_papers/bp2014_20.pdf* (zuletzt 10.03.2017).

Kennedy, Kevin C., The 2005 TRIPS Extension for the Least-Developed Countries: A Failure of the Single Undertaking Approach? Int'l Law. 40 (2006) 3, 683 ff.

Kessie, Edwini, The Legal Status of Special and Differential Treatment Provisions under the WTO Agreements, in: Bermann, George A./ Mavroidis, Petros C. (Hrsg.), WTO Law and Developing Countries, 2007, S. 12 ff.

Khoman, Thanat ASEAN Conception and Evolution, in: Sandhu, K.S./ Siddique, Sharon/ Jeshurun, Chandran/ Rajah, Ananda/ Tan, Joseph L.H./ Thambipillai, Pushpa (Hrsg.), The ASEAN Reader, 1994, S. xvii ff. (erneut abgedruckt in: Beng, Ooi Kee/Das, Sanchita Basu/Chong, Terence/Cook, Malcolm/Lee, Cassey/Yeo, Michael (Hrsg.), The 3rd ASEAN Reader, 2015, S. xiii ff.)

Khor, Martin, Rethinking Intellectual Property Rights and TRIPS, in: Drahos, Peter/ Mayne, Ruth (Hrsg.), Global Intellectual Property Rights: knowledge, access and development, 2002, S. 201 ff.

Kisusa-Kaimba, Ndomelo/ Shangalume, Murhondezi/ Intudi, Kienge Kienge, The Democratic Republic of Congo, in: Campbell, Dennis (Hrsg.), Legal Aspects of Doing Business in Africa, Vol. 1, 2. Auflage 2011, S. DRC-1 ff.

Klabbers, Jan, An Introduction to International Institutional Law, 2. Auflage, 2009.

Köck, Heribert Franz, Vertragsinterpretation und Vertragsrechtskonvention, Zur Bedeutung der Art. 31 und 32 der Wiener Vertragsrechtskonvention 1969, 1976.

Kohler, Josef, Deutsches Patentrecht, 1878, nachgedruckt 1984.

Koller, Arnold, Die unmittelbare Anwendbarkeit völkerrechtlicher Verträge und des EWG-Vertrages im innerstaatlichen Bereich, 1971.

Kongolo, Tschimanga, The African Intellectual Property Organizations, The Necessity of Adopting One Uniform System for All Africa, J.W.I.P. 3 (2000) 2, 265 ff.

–, The New OAPI Agreement as Revised in February 1999, Complying with TRIPS, J.W.I.P. 3 (2000) 5, 717 ff.

–, Historical Developments of Industrial Property Laws in Africa, W.I.P.O.J. 5 (2013) 1, 105 ff.

Krajewski, Markus, Wirtschaftsvölkerrecht, 3. Auflage 2012.

–, Handel und Entwicklung, in: Dann, Philipp/Kadelbach, Stefan/Kaltenborn, Markus (Hrsg.), Entwicklung und Recht, Eine systematische Einführung, 2014, S. 247 ff.

Kuijper, Pieter J., The Conclusion and the Implementation of the Uruguay Results, Eur. J. Int'l L. 6 (1995) 1, 222 ff.

Kumar, Nagesh, Intellectual Property Rights, Technology and Economic Development: Experiences of Asian Countries, Economic and Political Weekly, 38 (Jan. 18–24, 2003) 3, 209 ff.

Kumar, Umesh, The Southern African Customs Union and Lesotho's Industrial Property Regime, Lesotho L.J., Special Issue on the Laws of Intellectual Property, 4 (1988) 1, 181 ff.

–, An Introduction to the African Industrial Property System, 1993.

Kunisawa, Viviane Yumi Mitsuuchi, Brasilien – Gericht verneint direkte Anwendbarkeit des TRIPS, GRUR Int. 2009, 630.

Kunz-Hallstein, Hans Peter, Verschärfter Ausübungszwang für Patente? Überlegungen zur geplanten Revision des Art. 5 A PVÜ, GRUR Int. 1981, 347 ff.

Kur, Annette, Limitations and exceptions under the three-step-test – how much room to walk the middle ground? in: dies./ Levin, Marianne (Hrsg.), Intellectual Property Rights in a Fair World Trade System, Proposals for Reform of TRIPS, 2011, S. 208 ff.

–/ *Grosse Ruse-Khan, Henning,* Enough is enough – the notion of binding ceilings in international intellectual property protection, in: Kur, Annette/ Levin, Marianne (Hrsg.), Intellectual Property Rights in a Fair World Trade System, Proposals for Reform of TRIPS, 2011, S. 359 ff.

La Croix, Sumner/ Liu, Ming, Patents and Access to Essential Medicines, in: Maskus, Keith E. (Hrsg.), Intellectual Property, Growth and Trade, 2008, S. 423 ff.

Ladas, Stephen P., Patents, Trademarks, and Related Rights, National and International Protection, Vol. I, 1975.

Lall, Sanjaya, Indicators of the Relative Importance of IPRs in Developing Countries, UNCTAD-ICTSD Project on IPRs and Sustainable Development, ICTSD-UNCTAD Issue Paper No. 3, June 2003; abrufbar unter: *www.iprsonline.org/resources/docs/Lall%20-%20Indicators%20of%20relative%20importance%20of%20IPRs%20in%20DC%20-%20Blue%203.pdf* (zuletzt 10.03.2017).

Lamping, Matthias, Innovationsförderung nach TRIPS, Zwischen progressiver Liberalisierung und regulativem Fundamentalismus, in: Hilty, Reto/ Jaeger, Thomas/ Lamping, Matthias (Hrsg.), Herausforderung Innovation, Eine interdisziplinäre Debatte, 2012, S. 119 ff.

–, Declaration on Patent Protection – Regulatory Sovereignty under TRIPS, IIC 2014, 679 ff.

Landes, William/ Posner, Richard A., The Economic Structure of Intellectual Property Law, 2003.

Latif, Ahmed Abdel, LDC Needs Assessment under TRIPS: The ICTSD experience (2007–2011), ICTSD Information Note Number 19, April 2011, abrufbar unter: *www.ictsd.org/sites/default/files/research/2011/05/ldc-needs-assessment.pdf* (zuletzt 10.03.2017).

Lawal- Arowolo, Ayoyemi, Losing their Status: Traditional Peoples in Africa, their Intellectual property and Laws, 2015, abrufbar unter: *papers.ssrn.com/sol3/papers.cfm?abstract_id=2694904* (zuletzt 10.03.2017).

Lee, Jeong-Yeon/ Mansfield, Edwin, Intellectual Property Protection and U.S. Foreign Direct Investment, Rev. Econ. Stat. 24 (1996) 2, 181 ff.

Lidgard, Hans Henrik, Assessing Reporting Obligations under TRIPS Article 66.2, in: ders./ Atik, Jeffrey/ Ngyuen, Tu Than (Hrsg.), Sustainable Technology Transfer, A Guide to Global Aid and Trade Development, 2012, S. 43 ff.

Löser, Annett, Die Zusammenarbeit und Koordination internationaler Organisationen auf dem Gebiet von Handel und Entwicklung am Beispiel der „Least Developed Countries", 2006.

Love, James, Access to Medicine and Compliance with the WTO TRIPS Accord: Models for State Practice in Developing Countries, in: Drahos, Peter/ Mayne, Ruth (Hrsg.), Global Intellectual Property Rights: knowledge, access and development, 2002, S. 74 ff.

Lowé Gnintedem, Patrick Juvet, L'obtention des brevets pharmaceutiques en Afrique, Le cas des pays de l'Organisation Africaine de la Propriété Intellectuelle (OAPI), 2013.

Lubbe, Neil, Lesotho's environmental framework law and the balancing of interests, in: Faure, Michael/ du Plessis, Willemien (Hrsg.), The balancing of interests in environmental law in Africa, 2011.

Lustig, E./ Witte, J., Das britische Patent, Leitfaden für den Auslandsanmelder, 1971.

Machlup, Fritz, Die wirtschaftlichen Grundlagen des Patentrechts, 1962.

—/Penrose, Edith, J. Econ. Hist. X (1950) 1, 1 ff.

Mahingila, Esteriano, WIPO Workshop on Intellectual Property for Business for Small and Medium-Sized Enterprises (SMEs), 20.-11.05.2005, WIPO/SMES/DAR/05/2 v. 02.05.2005, abrufbar unter: *www.wipo.int/edocs/mdocs/sme/en/wipo_ip_dar_05/wipo_ip_dar_05_www_78437.pdf* (zuletzt 10.03.2017).

Malbon, Justin/ Lawson, Charles/ Davison, Mark, The WTO Agreement on Trade-Related Aspects of Intellectual Property Rights, A Commentary, 2014.

Mangeni, Francis, Implementing the TRIPS Agreement in Africa, in: Bellmann, Christophe/ Dutfield, Graham/ Meléndez-Ortiz, Ricardo (Hrsg), Trading in Knowledge, Development Perspectives on TRIPS, Trade and Sustainability, 2003, S. 219 ff.

Mapunda, AM, Tanzania in: Campbell, Dennis (Hrsg.), Legal Aspects of Doing Business in Africa, Vol. 1, 2006, S. 573 ff.

Maqutu, W.C.M., The Legal System of Lesotho, in: Redden, Kenneth Robert (Hrsg.), Modern Legal Systems Cyclopedia, Vol. 6, 1985, S. 295 ff.

Maskus, Keith E., The Role of Intellectual Property Rights in Encouraging Foreign Direct Investment and Technology Transfer, Duke J. Comp. & Int'l L. 9 (1998) 1, 109 ff.

–, Encouraging International Technology Transfer, UNCTAD-ICTSD Project on IPRs and Sustainable Development, ICTSD-UNCTAD Issue Paper No. 7, May 2004, abrufbar unter: *www.iprsonline.org/resources/docs/Maskus%20-%20Encouraging%20International%20ToT-%20Blue%207.pdf* (zuletzt 10.03.2017).

–, Incorporating a Globalized Intellectual Property Rights Regime into an Economic Development Strategy, in: ders. (Hrsg.), Intellectual Property, Growth and Trade, 2008, S. 497 ff.

–, Private Rights and Public Problems, The Global Economics of Intellectual Property in the 21st Century, 2012.

–/*Penubarti, Mohan*, How trade-related are intellectual property rights? J. Int. Econ. 39 (1995), 227 ff.

Matthews, Duncan, Globalising Intellectual Property Rights, The TRIPs Agreement, 2002.

May, Christopher, The Global Political Economy of Intellectual Property Rights, The new enclosures, 2. Auflage 2010.

McRae, Donald, Treaty Interpretation and the development of international trade law by the WTO Appellate Body, in: Sacerdoti, Giorgio/ Yanovich, Alan/ Bohanes, Jan (Hrsg.), The WTO at Ten, The Contribution of the Dispute Settlement System, 2006, S. 360 ff.

Meinhardt, Heiko, Malawi, in: Baumann, Herbert/ Brehme, Gerhard/ Ebert, Matthias (Hrsg.), Die Verfassungen der anglophonen Staaten des subsaharischen Afrikas, 2002, S. 283 ff.

Menzel, Ulrich, Das Ende der Dritten Welt und das Scheitern der großen Theorien, 1992.

Merso, Fikremarkos, IP Trends in African LDCs and the LDC TRIPS Transition Extension, ICTSD Policy Brief No. 16, June 2013, abrufbar unter: *www.ictsd.org/sites/default/files/research/2013/06/ip-trends-in-african-ldcs-and-the-ldc-trips-transition-extension.pdf* (zuletzt am 10.03.2017).

Mes, Peter, Patentgesetz, Gebrauchsmustergesetz, Kommentar, 4. Auflage 2015.

Mgbeoji, Ikechi, Global Biopiracy, Patents, Plants and Indigenous Knowledge, 2006.

–, Patens, in: Iriye, Akira/Saunier, Pierre Yves (Hrgs.), The Palgrave Dictionary of Transnational History, 2009, S. 812 ff.

–, The Comprador Complex: Africa's IPRs Elite, Neo-colonialism and the Enduring Control of African IPRs Agenda by External Interests, Osgoode Legal Studies Research Paper 32, 2014, abrufbar unter: *papers.ssrn.com/sol3/papers.cfm?abstract_id=2441932* (zuletzt 10.03.2017).

–, TRIPS and TRIPS-Plus Impacts in Africa, in: Gervais, Daniel (Hrsg.), Intellectual Property, Trade and Development, Strategies to Optimize Economic Development in a TRIPS-Plus Era, 2. Auflage 2014, S. 180 ff.

Mkono, Nimrod E./ Kameja, Audax K./ Mrema, August N., Tanzania's IP changes are good for business, Managing Intell. Prop. 193 (Okt. 2009), 96 ff.

Mobariz, Ahmad Shah, Afghanistan's WTO Accession: Costs, Benefits and Post-accession Challenges, UN ESCAP, ARTNet Working Paper Series No. 147/2015, abrufbar unter: *www.unescap.org/sites/default/files/AWP%20No.%20147.pdf* (zuletzt 10.03.2017).

Moon, Suerie, Does TRIPS Art. 66.2 Encourage Technology Transfer to LDCs? An Analysis of Country Submissions to the TRIPS Council (1999–2007), UNCTAD – ICTSD Project on IPRs and Sustainable Development, ICTSD Policy Brief Number 2, Dec. 2008, abrufbar unter: *unctad.org/en/Docs/iprs_pb20092_en.pdf* (zuletzt 10.03.2017).

Moufang, Rainer, The Concept of «Ordre Public» and Morality in Patent Law, in: van Overwalle, Geertrui (Hrsg.), Octrooirecht, Ethiek en Biotechnologie, Patent Law, Ethics and Biotechnology, Droit des Brevets, Éthique et Biotechnologie, 1998, S. 65 ff.

Mousseron, Jean-Marc, Die Anpassung des französischen Rechts an das europäische Patentsystem, GRUR Int. 1975, 415 ff.

Mukherjee, Santanu, The Journey of Indian Patent Law Towards TRIPS Compliance, IIC 2004, 125 ff.

MünchKomm BGB, Säcker, Jürgen/ Rixecker, Roland/ Oetker, Hartmut/ Limperg, Bettina, Münchener Kommentar zum Bürgerlichen Gesetzbuch, Bd. 11, Internationales Privatrecht II, Internationales Wirtschaftsrecht, Einführungsgesetz zum Bürgerlichen Gesetzbuche (Art. 25–248), 6. Auflage 2015 (zit.: *Verfasser*, in: MüKo/ BGB).

Musungu, Sisule F., A Conceptual Framework for Priority Identification and Delivery of IP Technical Assistance for LDCs during the Extended Transition Period under the TRIPS Agreement, Quaker United Nations Office, June 2007, abrufbar unter: *www.quno.org/sites/default/files/resources/Priority-ID%2BLDCs%2BQUNO%2B2007.pdf* (zuletzt 10.03.2017).

Muyanja, Jimmy/ Chomi, Stephen, Uganda, in: Campbell, Dennis (Hrsg.), Legal Aspects of Doing Business in Africa, Vol. 1, 2. Auflage 2011, S. UGA-1 ff.

Mwalimu, Ummy Ally, The Implications of WTO Agreement on Trade Related Aspects of Intellectual Property Rights (TRIPS) in Tanzania: A focus on pharmaceuticals, Economic & Social Research Foundation, Globalisation & East Africa, Working Paper Series No. 4, July 2003.

Mwenda, Kenneth K., Principles of Intellectual Property Law in Zambia, in: ders./ Ailola, David (Hrsg.), Frontiers of Legal Knowledge, 2003.

Myanmar Trademark & Patent Law Firm, Legal Action against IP Infringement in Myanmar, in: Kim, Myung-Shin (Hrsg.), Legal Action against Intellectual Property Infringement in Asia, 2004, S. 301 ff.

Ncube, Caroline B./ Laltaika, Eliamani, A new intellectual property organization for Africa? JIPLP 8 (2013) 2, 114 ff.

Nesbitt, Nick, Haiti, the Monstrous Anomaly, in: Polyné, Millery (Hrsg.), The Idea of Haiti, Rethinking Crisis and Development, 2013, S. 3 ff.

Neumair, Simon Martin, Entwicklung versus Unterentwicklung: Ursachen und Konsequenzen, in: Haas, Hans-Dieter/ Neumair, Simon-Martin (Hrsg.), Internationale Wirtschaft, Rahmenbedingungen, Akteure, räumliche Prozesse, 2006, S. 103 ff.

Ngombé, Laurier Yvon, Audiovisual Work in the Member States of the African Intellectual Property Organization (OAPI), J.W.I.P. 9 (2006) 4, 445 ff.

—, Trente ans de droit d'auteur dans l'espace OAPI (Organisation africaine de la propriété intellectuelle), Revue juridique Thémis 41 (2007) 3, 759 ff.

Nguyen, Tu Thanh, Competition Law, Technology Transfer and the TRIPS Agreement, Implications for Developing Countries, 2010.

Nohlen, Dieter/ Nuscheler, Franz, Was heißt Entwicklung? in: dies. (Hrsg.), Handbuch der Dritten Welt, Bd. 1, Grundprobleme, Theorien, Strategien, 3. Auflage 1993, S. 55 ff.

Ntampaka, Charles, Introduction aux systèmes juridiques africains, 2005.

Nwauche, E. S., Die Reform des Gewerblichen Rechtsschutzes in Nigeria und die Perspektive Afrikas südlich der Sahara, GRUR Int. 2000, 829 ff.

Oddi, A. Samuel, TRIPS – Natural Rights and a „Polite Form of Economic Imperialism", Vand. J. Transnat'l L. 29 (1996) 3, 415 ff.

OECD, Investment Policy Review: Myanmar, 2014, abrufbar unter: *www.oecd.org/daf/inv/investment-policy/Myanmar-IPR-2014.pdf* (zuletzt 10.03.2017).

Ohly, Ansgar, Geistiges Eigentum? JZ 11/2003, 545 ff.

Okediji, Ruth, The International Relations of Intellectual Property: Narratives of Developing Country Participation in the Global Intellectual Property System, Singapore J. Int'l & Comp. L. 7 (2003) 2, 315 ff.

Ondhowe, Robert/ Owens, Gerard/ Osterwalder, Rainer/ Karachalios, Konstantinos, Patents and clean technologies in Africa, UNEP/EPO Report, 2013, abrufbar unter: *documents.epo.org/projects/babylon/eponet.nsf/0/f87537c7cbb85344c1257b24005e7119/$FILE/patents_clean_energy_technologies_in_Africa_en.pdf* (zuletzt 10.03.2017).

Onoria, Henry, Uganda, in: Shelton, Dinah (Hrsg.), International Law and Domestic Legal Systems, 2011, S. 594 ff.

Oppermann, Julia, Konsequenzen des TRIPS-Übereinkommens für die Arzneimittelversorgung von Entwicklungsländern, Eine theoretisch-empirische Analyse unter besonderer Berücksichtigung von Infektionskrankheiten, 2010.

Osterrieth, Christian, Patentrecht, 5. Auflage 2015.

Otten, Adrian/ Wager, Hannu, Compliance with TRIPS: The Emerging World View, Vand. J. Transnat'l L. 29 (1996) 3, 391 ff.

Pacón, Ana Maria, Was bringt TRIPS den Entwicklungsländern? GRUR Int. 1995, 875 ff.

Pahlow, Louis, „Intellectual Property", „propriété intellectuelle" und kein „Geistiges Eigentum"? Historisch-kritische Anmerkungen zu einem umstrittenen Rechtsbegriff, UFITA 2006, 705 ff.

—, Wie klein darf die „kleine Münze" sein? WRP 2007, 739 ff.

Palmeter, David/ Mavroidis, Petros, Dispute Settlement in the World Trade Organization, Practice and Procedure, 2. Auflage 2004.

Pandey, Posh Raj/ Adhikari, Ratnakar/ Waglé, Swarnim, Nepal's Accession to the World Trade Organization: Case Study of Issues Relevant to Least Developed Countries, CDP Background Paper No. 23, ST/ESA/2014/CDP/23, Nov. 2014, abrufbar unter: *www.un.org/en/development/desa/policy/cdp/cdp_background_papers/bp2014_23.pdf* (zuletzt 10.03.2017).

Pauwelyn, Joost, The Role of Public International Law in the WTO: How far can we go? Am. J. Int'l L. 95 (2001) 3, 535 ff.

Penrose, Edith Tilton, The Economics of the International Patent System, 1951.

Peter, Chris Maina, The New Patent Act of Tanzania, IIC 1990, 57 ff.

Petersmann, Ernst-Ulrich, The GATT/WTO Dispute Settlement System, International Law, International Organizations and Dispute Settlement, 1997.

Peukert, Alexander, Geistiges Eigentum (allgemein), in: Basedow, Jürgen/ Hopt, Klaus J./ Zimmermann, Reinhard (Hrsg.), Handwörterbuch des Europäischen Privatrechts, Bd. I, Abschlussprüfer – Kartellverfahrensrecht, 2011, S. 648 ff.

—, Immaterialgüterrecht und Entwicklung, in: Dann, Philipp/ Kadelbach, Stefan/ Kaltenborn, Markus (Hrsg.), Entwicklung und Recht, Eine systematische Einführung, 2014, S. 189 ff.

—, Intellectual Property: The Global Spread of a Legal Concept, in: Drahos, Peter/ Ghidini, Gustavo/ Ullrich, Hanns (Hrsg.), Kritika – Essays on Intellectual Property, Vol. 1, 2015, S. 114 ff.

—, The colonial legacy of the international copyright system, in: Röschenthaler, Ute/ Diawara, Mamadou (Hrsg.), Copyright Africa, How intellectual property, media and markets transform immaterial cultural goods, 2016, S. 37 ff.

Pfanner, Klaus, Die Zwangslizenzierung von Patenten: Überblick und neuere Entwicklungen, GRUR Int. 1985, 357 ff.

Pohl, Christian, Die Voraussetzungen der patentrechtlichen Zwangslizenz, Eine Untersuchung unter besonderer Berücksichtigung ihrer europarechtlichen Vorgaben, der Pariser Verbandsübereinkunft und des TRIPS-Abkommens, 2000.

Powles, Guy/ Pulea, Mere, Pacific Courts and Legal Systems, 1988.

Pretorius, Willem, TRIPS and Developing Countries: How Level is the Playing Field? in: Drahos, Peter/ Mayne, Ruth (Hrsg.), Global Intellectual Property Rights: knowledge, access and development, 2002, S. 183 ff.

Prieß, Hans-Joachim/ Berrisch, Georg M., WTO-Handbuch, 2003 (zit.: *Verfasser,* in: Prieß/Berrisch [Hrsg.]).

Primo Braga, Carlos Alberto, The Economics of Intellectual Property Rights and the GATT: A View from the South, Vand. J. Transnat'l L. 22 (1989) 1, 243 ff.

—/ Fink, Carsten, The Relationship between Intellectual Property Rights and Foreign Direct Investment, Duke J. Comp. & Int'l L. 9 (1998) 1, 163 ff.

Priyadarshi, Shishir/ Rahman, Taufiqur, Least-Developed Countries in the WTO: Growing Voice, in: Daunton, Martin/ Narlikar, Amrita/ Stern, Robert M. (Hrsg.), The Oxford Handbook on the World Trade Organization, 2012, S. 275 ff.

Qureshi, Asif H., Interpreting WTO Agreements, Problems and Perspectives, 2. Auflage 2015.

Rahmatian, Andreas, Neo-Colonial Aspects of Global Intellectual Property Protection, J.W.I.P 12 (2009) 1, 40 ff.

Rajaonah, Faranirina, Madagascar: Reconcilitaition, Reform, and Independence, 1948–1960, in: Shillington, Kevin (Hrsg.), Encyclopedia of African History, Vol. 2, 2005, S. 881 ff.

Rajkarnikar, P.R., Nepal: The Role of an NGO in Support of Accession, in: Gallagher, Peter/ Low, Patrick/ Stoler, Andrew L. (Hrsg.), Managing the Challenges of WTO Participation, 2005, S. 420 ff.

Rapp, Richard T./ Rozek, Richard, Benefits and Costs of Intellectual Property Protection in Developing Countries, J. World Trade 24 (1990) 5, 75 ff.

Rawls, John, The Law of Peoples, 1999.

Reichman, Jerome H., The Know-How Gap in the TRIPS Agreement, Hastings Comm. & Ent. L.J. 17 (1994–1995) 4, 763 ff.

—, Compliance with the TRIPS Agreement, Introduction to a Scholary Debate, Vand. J. Transnat'l L. 29 (1996) 3, 363 ff.

—, Universal Minimum Standards of Intellectual Property Protection under the TRIPS Component of the WTO Agreement, in: Correa, Carlos/Yusuf, Abdulqawi A. (Hrsg.), Intellectual Property and International Trade: The TRIPS Agreement, 2. Auflage 2008, S. 23 ff.

Richard, Théophile J. B./ Latortue, François, A Statement of the Laws of Haiti in Matters Affecting Business, 3. Auflage 1974.

Richter, Matt, Spurring Innovation in Uganda: Strategies to Assist Developing Countries in Drafting TRIPS-Compliant Patent Legislation that fosters University Research and Innovation, Wis. Int'l L.J. 30 (2012) 1, 229 ff.

Ricupero, Rubens, Integration of Developing Countries into the Multilateral Trading System, in: Bhagwati, Jagdish/ Hirsch, Mathias (Hrsg.), The Uruguay Round and Beyond, 1998, S. 9 ff.

Ringo, Frederick S., The Trade-Related Aspects of Intellectual Property Rights Agreement in the GATT and Legal Implications for Sub-Saharan Africa, Prospective Policy Issues for the World Trade Organization, J. World Trade 28 (1994) 6, 121 ff.

Rodrigues, Edson Beas (Jr.), The General Exception Clauses of the TRIPS Agreement, 2012.

Rott, Peter, Patentrecht und Sozialpolitik unter dem TRIPS-Abkommen, 2002.

–, TRIPS-Abkommen, Menschenrechte, Sozialpolitik, Entwicklungsländer, GRUR Int. 2003, 103 ff.

Rudaheranwa, Nichodemus/ Atingi-Ego, Vernetta Barungi, Uganda's participation in WTO negotiations: institutional challenges, in: Gallagher, Peter/ Low, Patrick/ Stoler, Andrew L. (Hrsg.), Managing the Challenges of WTO Participation, 2005, S. 566 ff.

Saana Consulting, Factual overview on technical & financial cooperation for LDCs related to the TRIPS Agreement, Identifying and responding to individual priority needs of LDCs, Swedish International Development Cooperation Agency Supplementary Contribution to the WTO Global Trust Fund, Final Report May 2013, abrufbar unter: *www.wto.org/english/tratop_e/trips_e/ldc_overview_08.05.2013_full.pdf* (zuletzt 10.03.2017).

Sagar, Rajesh, Identifying models of best practices in the provision of technical assistance to facilitate the implementation of the TRIPS Agreement, IPDEV Work Programme 4: Report, Oct. 2006, abrufbar unter: *ecologic.eu/sites/files/download/projekte/1800-1849/1802/wp4_final_report.pdf* (zuletzt 10.03.2017).

Saith, Ashwani, From Universal Values to Millennium Development Goals: Lost in Translation, Development & Change 37 (2006) 6, 1167 ff.

Samuelson, Pamela/ Davis, Randall/ Kapor, Mitchell D./ Reichman, Jerome H., A Manifesto concerning the Legal Protection of Computer Programs, Colum. L. Rev. 94 (1994) 8, 2308 ff.

Sauvé, Pierre, Economic Impact and Social Adjustment Costs of Accession to the World Trade Organization: Cambodia and Nepal, Asia-Pac. Trade & Investment Rev. 1 (2005) 1, 27 ff.

Schäfers, Alfons, Normsetzung zum geistigen Eigentum in internationalen Organisationen: WIPO und WTO – ein Vergleich, GRUR Int. 1996, 763 ff.

Schill, Stephan W., Investition und Entwicklung, in: Dann, Philipp/ Kadelbach, Stefan/ Kaltenborn, Markus (Hrsg.), Entwicklung und Recht, Eine systematische Einführung, 2014, S. 341 ff.

Schiuma, Daniele, TRIPS und das Patentierungsverbot von Software "als solcher", GRUR Int. 1998, 852 ff.

Schneider, Ingrid, Das Europäische Patentsystem, Wandel von Governance durch Parlamente und Zivilgesellschaft, 2010.

Schulte, Rainer, Patentgesetz mit Europäischem Patentübereinkommen, 9. Auflage 2014 (zit.: *Verfasser,* in: Schulte [Hrsg.]).

Schwartmann, Rolf, Private im Wirtschaftsvölkerrecht, 2005.

Sell, Susan K., Private Power, Public Law, The Globalization of Intellectual Property Rights, 2003.

Sen, Amartya, Commodities and Capabilites, 1985.

—, Development as Freedom, 1999.

Seyoum, Belayneh, A New Patent System for English-Speaking Africa, IIC 1985, 437 ff.

Shaver, Lea, The Right to Science and Culture, Wis. L. Rev. (2010) 1, 121 ff.

Sherman, Brad, Computer Programs As Excluded Patentable Subject Matter, in: WIPO (Hrsg.), Standing Committee on the Law of Patents (Hrsg.), 15th Session, WIPO Doc. SCP/15/3 v. 02.09.2010, Annex II, Exclusions from Patentability and Exceptions and Limitations to Patentee's Rights, S. 1 ff.

Sherwood, Robert M., The TRIPS Agreement: Implications for Developing Countries, IDEA 37 (1996–1997) 3, 491 ff.

Sikoyo, George M./ Nyukuri, Elvin/ Wakhungu, Judi W., Intellectual Property Protection in Africa, Status of Laws, Research and Policy Analysis in Ghana, Kenya, Nigeria, South Africa and Uganda, African Centre for Technology Studies (ACTS), Ecopolicy Series No. 16, 2006, abrufbar unter: *dspace.africaportal.org/jspui/bitstream/123456789/34805/1/ecopolicy16%20%281%29.pdf?1* (zuletzt 10.03.2017).

Simoungkhot, Mouane, Legal Action against IP Infringement in Laos, in: Kim, Myung-Shin (Hrsg.), Legal Action against Intellectual Property Infringement in Asia, 2004, S. 258 ff.

Singer, Margarete/ Stauder, Dieter, Europäisches Patentübereinkommen, 7. Auflage 2016 (zit.: *Verfasser,* in: Singer/Stauder [Hrsg.]).

Sitwala, Sachika, Zambia, in: Campbell, Dennis (Hrsg.), Legal Aspects of Doing Business in Africa, Vol. 1, 2006, S. 601 ff.

South Centre/ CIEL, Extension of the Transition Period for LDC: Flexibility to Create a Viable Technological Base or Simply (a little) More Time? IP Quart. Update, First Quarter 2006, abrufbar unter: *www.ciel.org/Publications/IP_Update_1Q06.pdf* (zuletzt 10.03.2017).

Stack, Alexander, International Patent Law, Cooperation, Harmonization and an Institutional Analysis of WIPO and the WTO, 2011.

Staehelin, Alesch, Das TRIPs-Abkommen, Immaterialgüterrechte im Licht der globalisierten Handelspolitik, 2. Auflage 1999.

Stoll, Peter-Tobias, Die WTO: Neue Welthandelsorganisation, neue Welthandelsordnung, Ergebnisse der Uruguay-Runde des GATT, ZaöRV 54 (1994), 241 ff.

—/ *Busche, Jan/ Arend, Katrin,* WTO – Trade Related Aspects of Intellectual Property Rights, 2009 (zit.: *Verfasser,* in: Stoll/Busche/Arend [Hrsg.]).

—/ *Schorkopf, Frank,* WTO – Welthandelsordnung und Welthandelsrecht, 2002.

Straus, Joseph, Bedeutung des TRIPS für das Patentrecht, GRUR Int. 1996, 179 ff.

—, Implications of the TRIPs Agreement in the Field of Patent Law, in: Beier, Friedrich-Karl/ Schricker, Gerhard (Hrsg.), From GATT to TRIPs – The Agreement on Trade-Related Aspects of Intellectual Property Rights, 1996, S. 160 ff.

—, A Marriage of Convenience: World Economy and Intellectual Property from 1990 to 2012, AIPLA Q J 40 (2012) 4, 633 ff.

—/ *Klunker, Nina Sophie,* Harmonisierung des internationalen Patentrechts, GRUR Int. 2007, 91 ff.

Szendy, György L., Wörterbuch des Patentwesens in fünf Sprachen, 2. Auflage 1985.

Tabaro, Edgar, Patent Law Reform in Uganda: Addressing Priorities and Strategies, J.W.I.P. 12 (2009) 6, 571 ff.

Thiel, Reinold E., Zur Neubewertung der Entwicklungstheorie – Einleitung, in: ders. (Hrsg.), Neue Ansätze zur Entwicklungstheorie, 1999.

Thorpe, Phil, Study on the Implementation of the TRIPS Agreement by Developing Countries, Commission on Intellectual Property Rights, Study Paper 7, 2001, abrufbar unter: *www.cipr.org.uk/papers/pdfs/study_papers/sp7_thorpe_study.pdf* (zuletzt 10.03.2017).

UNCTAD, Trade and Development Report, 1989, Part Two, The Least Developed Countries, 1989, abrufbar unter: *unctad.org/en/PublicationsLibrary/tdr9_en.pdf* (zuletzt 10.03.2017).

—, Compendium of International Arrangements on Transfer of Technology: Selected Instruments, Relevant provisions in selected international arrangements pertaining of transfer of technology, UNCTAD/ITE/IPC/Misc.5, 2001, abrufbar unter: *unctad.org/en/docs/psiteipcm5.en.pdf* (zuletzt 10.03.2017).

—, The Least Developed Countries Report 2007, abrufbar unter: *unctad.org/en/docs/ldc2007_en.pdf* (zuletzt 10.03.2017).

—, Using Intellectual Property Rights to Stimulate Pharmaceutical Production in Developing Countries: A Reference Guide, 2011, abrufbar unter: *unctad.org/en/Docs/diaepcb2009d19_en.pdf* (zuletzt 10.03.2017).

—, Training and capacity building workshop on sustainable graduation: Policies and strategies for structural transformation, productive capacity building and inclusive growth in Angola, Concept Note 2013, abrufbar unter: *unctad.org/meetings/en/SessionalDocuments/aldc2013_02_ConceptNote_en.pdf* (zuletzt 10.03.2017).

—, The Least Developed Countries Report 2014, abrufbar unter: *unctad.org/en/PublicationsLibrary/ldc2014_en.pdf* (zuletzt 10.03.2017).

—, The Least Developed Countries Report 2015, abrufbar unter: *unctad.org/en/PublicationsLibrary/ldc2015_en.pdf* (zuletzt 10.03.2017).

UNCTAD-ICTSD, Resource Book on TRIPS and Development, 2005.

UNDESA/United Nations Economic Commission for Africa, International cooperation in the development, transfer and diffusion in Africa and least developed countries, Background Note 2013, abrufbar unter: *www.un.org/en/ecosoc/julyhls/pdf13/africa_and_ldcs_panel_ecosoc_panel_bkgrd_note.pdf* (zuletzt 10.03.2017).

UN, Yearbook of the International Law Commission, Vol. II, 1966.

—, Proceedings of the United Nations Conference on Trade and Development, First Session, Vol. I, Final Act and Report, 1964, abrufbar unter: *unctad.org/en/Docs/econf46d141vol1_en.pdf* (zuletzt 10.03.2017).

—, Proceedings of the United Nations Conference on Trade and Development, Second Session, Vol. I, Report and Annexes, 1968, abrufbar unter: *unctad.org/en/Docs/td97vol1_en.pdf* (zuletzt 10.03.2017).

—, Report of the International Conference on Financing for Development, Monterrey v. 18.-22.03.2002, UN Doc. A/CONF.198/11, abrufbar unter: *www.ipu.org/splz-e/ffd08/monterrey.pdf* (zuletzt 10.03.2017).

—, The Millennium Development Goals Report 2015, abrufbar unter: *www.un.org/millenniumgoals/2015_MDG_Report/pdf/MDG%202015%20rev%20%28July%201%29.pdf* (zuletzt 10.03.2017).

van Damme, Isabelle, Treaty Interpretation by the WTO Appellate Body, 2009.

van den Bossche, Peter, The Law and Policy of the World Trade Organization, Text, Cases and Materials, 2. Auflage 2008.

van den Bossche, Peter/ Zdouc, Werner, The Law and Policy of the World Trade Organization, 3. Auflage 2013.

Van Duzer, Tony, TRIPS and the Pharmaceutical Industry in Bangladesh: Towards a National Strategy, CPD Occasional Paper Series No. 24, April 2003, abrufbar unter: *www.cpd.org.bd/pub_attach/op24.pdf* (zuletzt 10.03.2017).

Vázquez, Carlos Manuel, The Four Doctrines of Self-Exectuing Treaties, AJIL 89 (1995) 4, 695 ff.

Verdross, Alfred/ Simma, Bruno, Universelles Völkerrecht, Theorie und Praxis, 3. Auflage 1984.

Wagner, N./ Kaiser, M., Ökonomie der Entwicklungsländer, Eine Einführung, 3. Auflage 1995.

Wanda, B.P., Patent Law, Practice and Procedure in Malawi, Lesotho L.J., Special Issue on the Laws of Intellectual Property, 4 (1988) 1, 197 ff.

Watal, Jayashree, Intellectual Property Rights in the WTO and Developing Countries, 2001.

–, Developing Countries and the Protection of Intellectual Property Rights, in: Bermann, George A./Mavroidis, Petros C. (Hrsg.), WTO Law and Developing Countries, 2007, S. 129 ff.

–, Patents: An Indian Perspective, in: dies./Taubman, Antony, The Making of the TRIPS Agreement, Personal Insights from the Uruguay Round Negotiations, 2015.

Watanabe, Shuo, Trends in Development and Issues Related to IP Systems in Three GMS Countries: Cambodia, Lao PDR and Thailand, Ritsumeikan International Affairs 10 (2011), 95 ff.

Weeraworawit, Weerawit, The Harmonisation of Intellectual Property Rights in ASEAN, in: Antons, Christoph/ Blakeney, Michael/ Heath, Christopher (Hrsg.), Intellectual Property Harmonisation within ASEAN and APEC, 2004, S. 205 ff.

Wegemund, Regina, Sambia, in: Baumann, Herbert/ Brehme, Gerhard/ Ebert, Matthias (Hrsg.), Die Verfassungen der anglophonen Staaten des subsaharischen Afrikas, 2002, S. 575 ff.

Weisbrot, David, Custom, Pluralism, and Realism in Vanuatu: Legal Development and the Role of Customary Law, Pacific Studies 13 (1989) 1, 65 ff.

Weissbrodt, David/ Schoff, Kell, Human Rights Approach to Intellectual Property Protection: The Genisis and Application of Sub-Commission Resolution 2000/7, Minn. Intell. Prop. Rev. 5 (2003) 1, 1 ff.

Wekundah, Joseph M., Intellectual Property, Traditional Knowledge, Access Benefit Sharing Policy Environment in Eight Countries in Eastern and Southern Africa: Swaziland, Kenya, Lesotho, Mozambique, Malawi, Tanzania, Uganda and Ethiopia, African Technology Policy Studies Network Research Paper No. 19, 2012, abrufbar unter: *www.atpsnet.org/Files/rps19.pdf* (zuletzt 10.03.2017).

Whalley, John, Special and Differential Treatment in the Millennium Round, The World Economy 22 (1999) 8, 1065 ff.

Williamson, John, What Should the World Bank Think about the Washington Consensus? The World Bank Research Observer 15 (2000) 2, 251 ff.

Wilson, Kinsley Rose, A Manufactured Solution? The Transfer of Technology to Developing Countries for the Local Production of Affordable Antiretrovirals: Case Studies from Tanzania and South Africa, 2009.

WIPO, Standing Committee on the Law of Patents, 12th Session, WIPO Doc. SCP/12/3 Rev. 2 v. 03.02.2009, Annex II.

Wolfrum, Rüdiger/ Stoll, Peter-Tobias/ Feinäugle, Clemens, WTO – Trade in Services, 2008.

Wolfrum, Rüdiger/ Stoll, Peter-Tobias/ Kaiser, Karen, WTO – Institutions and Dispute Settlement, 2006.

World Bank Group/ WTO, The Role of Trade in Ending Poverty, 2015, abrufbar unter: *www.wto.org/english/res_e/booksp_e/worldbankandwto15_e.pdf* (zuletzt 10.03.2017).

World Bank, Public and Private Sector Approaches to Improving Pharmaceutical Quality in Bangladesh, Bangladesh Development Series, Paper No. 23, March 2008, abrufbar unter: *www-wds.worldbank.org/external/default/WDSContentServer/WDSP/IB/2015/09/15/090224b0828afd18/1_0/Rendered/PDF/Public0and0pri0uality0in0Bangladesh.pdf* (zuletzt 10.03.2017).

WTO Secretariat, A Handbook on the WTO Dispute Settlement System, A WTO Secretariat Publication prepared for publication by the Legal Affairs Division and the Appellate Body, 2004.

WTO/ OECD, Aid for Trade at a Glance 2015, Reducing Trade Costs for inclusive sustainable growth, 2015.

WTO/ WIPO/ WHO, Promoting Access to Medical Technologies and Innovation, Intersections between public health, intellectual property and trade, 2012, abrufbar unter: *www.wto.org/english/res_e/booksp_e/pamtiwhowipowtoweb13_e.pdf* (zuletzt 10.03.2017).

Yu, Peter K., Four Common Misconceptions About Copyright Piracy, Loy. L.A. Int'l & Comp. L. Rev. 26 (2003) 1, 127 ff.

–, The objectives and principles of the TRIPS Agreement, in: Correa, Carlos M. (Hrsg.), Research Handbook on the Protection of Intellectual Property under WTO Rules, Intellectual Property in the WTO Vol. I, 2010, S. 146 ff.

–, The Comparative Economics of International Intellectual Property Agreements, in: Eisenberg, Theodore/ Ramello, Giovanni B. (Hrsg.), Comparative Law and Economics, 2016; abrufbar unter: *papers.ssrn.com/sol3/papers.cfm?abstract_id=2334107* (zuletzt 10.03.2017).

Yusuf, Abdulqawi A., Intellectual Property Protection in the countries of Africa, Int'l J. Technol. Manag. 10 (1995) 2/3, 269 ff.

–, TRIPS: Background, Principles and General Provisions, in: Correa, Carlos/ Yusuf, Abdulqawi A. (Hrsg.), Intellectual Property and International Trade: The TRIPS Agreement, 2. Auflage 2008, S. 3 ff.

Zhang, Xin, Implementation of the WTO Agreements: Framework and Reform, JILB 23 (2003) 2, 383 ff.

Zikonda, Anderson R., Survey of Industrial Property Laws of English Speaking Africa and Need for Harmonization, Lesotho L. J., Special Issue on the Law of IP, 4 (1988) 1, 1 ff.

Zoundjihekpon, Jeanne, The Revised Bangui Agreement and Plant Variety Protection in OAPI Countries, in: Bellmann, Christophe/ Dutfield, Graham/ Meléndez-Ortiz, Ricardo (Hrsg.), Trading in Knowledge, Development Perspectives on TRIPS, Trade and Sustainability, 2003, S. 109 ff.

Zuleeg, Manfred, Die innerstaatliche Anwendbarkeit völkerrechtlicher Verträge am Beispiel des GATT und der europäischen Sozialcharta, ZaöRV 1975, 341 ff.

Dokumentenverzeichnis

A. GATT-Dokumente

GATT Doc. MIN(73)1 v. 14.09.1973 (Declaration of Ministers approved at Tokyo on 12 September 1973)

GATT Doc. L/4903 v. 28.11.1979 (Differential and More Favourable Treatment, Reciprocity and Fuller Participation of Developing Countries – "Enabling Clause")

GATT Doc. COM.TD/W/305 v. 19.02.1980 (Committee on Trade and Development, Work Programme of the Committee on Trade and Development)

GATT Doc. COM.TD/104 v. 14.04.1980 (Committee on Trade and Development, Proceedings of 14th Session)

GATT Doc. MIN.DEC v. 20.09.1986 (Ministerial Declaration on the Uruguay Round)

GATT Doc. MTN.GNG/NG11/W/7 v. 29.05.1987 (Negotiating Group on Trade-Related Aspects of Intellectual Property Rights, including Trade in Counterfeit Goods, Submissions from Participants on Trade Problems Encountered in Connection with Intellectual Property Rights)

GATT Doc. MTN.GNG/NG11/W/14 v. 20.10.1987 (Negotiating Group on Trade-Related Aspects of Intellectual Property Rights, including Trade in Counterfeit Goods, Suggestion by the United States for Achieving the Negotating Objective)

GATT Doc. MTN.GNG/NG11/W/30 v. 31.10.1988 (Negotiating Group on Trade-Related Aspects of Intellectual Property Rights, including Trade in Counterfeit Goods, Submission from Brazil)

GATT Doc. MTN.GNG/NG11/10 v. 30.11.1988 (Negotiating Group on Trade-Related Aspects of Intellectual Property Rights, including Trade in Counterfeit Goods, Note by the Secretariat)

GATT Doc. MTN.TNC/11 v. 21.04.1989 (Mid-Term Meeting)

GATT Doc. MTN.GNG/NG11/14 v. 12.09.1989 (Meeting of Negotiating Group on Trade-Related Aspects of Intellectual Property Rights, including Trade in Counterfeit Goods)

GATT Doc. MTN.GNG/NG10/W/28 v. 13.11.1989 (Negotiation Group on Subsidies and Countervailing Duties, Proposals on behalf of the LDC, Communications from Bangladesh)

GATT Doc. MTN.GNG/NG11/W/49 v. 14.11.1989 (Trade-Related Aspects of Intellectual Property Rights, Submission from the European Communities)

GATT Doc. MTN.GNG/NG11/W/50 v. 16.11.1989 (Negotiating Group on Trade-Related Aspects of Intellectual Property Rights, including Trade in Counterfeit Goods, Proposals on Behalf of the Least-Developed Countries, Communication from Bangladesh)

GATT Doc. MTN.GNG/NG11/W/55 v. 08.12.1989 (Trade-Related Intellectual Property Rights, Submission by Austria)

GATT Doc. MTN.GNG/NG8/W/67 v. 24.01.1990 (Negotiating Group on MTN Agreements and Arrangements, Communication from Switzerland)

GATT Doc. MTN.GNG/NG11/W/71 v. 14.05.1990 (Negotiating Group on Trade-Related Aspects of Intellectual Property Rights, including Trade in Counterfeit Goods, Communication from Argentina, Brazil, Chile, China, Colombia, Cuba, Egypt, India, Nigeria, Peru, Tanzania and Uruguay)

GATT Doc. MTN.GNG/NG11/21 v. 22.07.1990 (Meeting of Negotiating Group on Trade-Related Aspects of Intellectual Property Rights, including Trade in Counterfeit Goods)

GATT Doc. MTN.GNG/NG11/W/76 v. 23.07.1990 (Negotiation Group on Trade-Related Aspects of Intellectual Property Rights, including Trade in Counterfeit Goods, Chairman's Report on Status of Work in Negotiation Group – sog. *Anell-Draft*)

GATT Doc. MTN.TNC/W/24 v. 30.07.1990 (Trade Negotiations Committee, Statement by Bangladesh on Behalf of the LDC)

GATT Doc. MTN.GNG/NG11/27 v. 14.11.1990 (Meeting of Negotiating Group on Trade-Related Aspects of Intellectual Property Rights, including Trade in Counterfeit Goods)

GATT Doc. MTN.TNC/W/35/Rev.1 v. 03.12.1990 (Revision of Draft Final Act Embodying the Results of the Uruguay Round of Multilateral Trade Negotiations)

GATT Doc. MTN.TNC/W/FA v. 20.12.1991 (Draft Final Act Embodying the Results of the Uruguay Round of Multilateral Trade Negotiations; sog. *Dunkel-Draft*)

B. UN-Dokumente

CDP Doc. Report on the 7th Session, 22.03.-01.04.1971, ECOSOC Official Records 1971, 51st Session, Supplement No. 7.

CDP Doc. Report on the 11th session, 7.-16.04.1975, ECOSOC Official Records 1975, 59th Session, Supplement No. 4, E/5671.

CDP Doc. Report on the 13th Session, 11-21.04.1977, ECOSOC Official Records 1977, Supplement No. 7, E/5939.

CDP Doc. Report on the 17th Session, 23.3.-01.04.1981, ECOSOC Official Records 1981, Supplement No. 7, E/1981/27.

CDP Doc. Report on the 18th Session, 19.-28.04.1982, ECOSOC Official Records 1982, Supplement No. 5, E/1982/15.

CDP Doc. Report on the 21st Session, 19.-21.11.1984/20.-23.4.1985, ECOSOC Official Records 1985, Supplement No. 9, E/1985/29.

CDP Doc. Report on the 22nd Session, 19.-22.03.1986, ECOSOC Official Records 1986, Supplement No. 6, E/1986/26.

CDP Doc. Report on the 23rd Session , 21-24.04.1987, ECOSOC Official Records 1987, Supplement No. 10, E/1987/23.

CDP Doc. Report on the 24th Session, 12-15.04.1988, ECOSOC Official Records 1988, Supplement No. 6, E/1988/16.

CDP Doc. Report on the 27th Session, 22.-26.04.1991, ECOSOC Official Records 1991, Supplement No. 11, E/1991/32.

CDP Doc. Report on the 17th Session, 23.-27.03.2015, ECOSOC Official Records 2015, Supplement No. 13, E/2015/33.

UN Doc. 1713 (XVI) v. 19.12.1961 (The role of patents in the transfer of technology to underdeveloped countries)

UN Doc. A/RES/49/133 v. 14.02.1995

UN Doc. E/CN.4/Sub.2/2000/NGO/14 v. 28.06.2000 (Commission on Human Rights, The Realization of Economic, Social and Cultural Rights)

UN Doc. E/CN.4/Sub.2/RES/2000/7 v. 17.08.2000 (Resolution on Intellectual Property Rights and Human Rights)

UN Doc. A/RES/59/210 v. 28.02.2005

UN Doc. A/RES/60/33 v. 17.03.2006

UN Doc. A/RES/62/97 v. 08.02.2008

UN Doc. A/RES/64/295 v. 13.10.2010

UN Doc. A/RES/68/18 v. 09.12.2013 (Resolution on Graduation of countries from the least developed country category)

UN Doc. A/70/279 v. 04.08.2015 (Report of the Special Rapporteur in the field of cultural rights)

UN Doc. A/RES/70/1 v. 21.10.2015

UN Doc. A/RES/70/78 v. 17.12.2015 (Resolution on Extension of the preparatory period preceding the graduation of the Republic of Vanuatu from the least developed country category)

C. WIPO-Dokumente

WIPO Doc. WIPO/GRTKF/IC/3/17 v. 21.06.2002 (Intergovernmental Committee on Intellectual Property and Genetic Resources, Traditional Knowledge and Folklore)

WIPO Doc. IIM/1/4 v. 06.04.2004 (Proposals to Establish a Development Agenda for the WIPO: An Elaboration of Issues Raised in Document WO/GA/31/11)

WIPO Doc. A/43/13 Rev. v. 17.09.2007 (Report of the Provisional Committee on Proposals Related to a WIPO Development Agenda)

D. WTO-Dokumente

WTO Doc. IP/C/W/22 v. 26.04.1996 (TRIPS-Council, Summary of the Information on Technical Cooperation Activities)

WTO Doc. WT/DS2/AB/R v. 29.04.1996 (US – Gasoline, Report of the Appellate Body)

WTO Doc. WT/L/160/Rev.1 v. 26.07.1996 (Procedures for the Circulation and Derestriction of WTO Documents, Decision by the General Council, Revision)

WTO Doc. IP/C/W/32 v. 06.08.1996 (TRIPS Council, Remarks on Revocation of Patents and the TRIPS Agreement by the USA)

WTO Doc. IP/C/M/8 v. 14.08.1996 (TRIPS Council, Minutes of Meeting)

WTO Doc. WT/DS8/AB/R, WT/DS10/AB/R, WT/DS11/AB/R v. 04.10.1996 (Japan – Alcoholic Beverages, Report of the Appellate Body)

WTO Doc. IP/N/1/UGA/1 v. 12.11.1996 (TRIPS Council, Notification of Laws and Regulations under Article 63.2 of the Agreement by Uganda)

WTO Doc. WT/MIN(96)/14 v. 07.01.1997 (Singapore-Ministerial Conference, Comprehensive and Integrated WTO Plan of Action for the LDC)

WTO Doc. IP/C/W/48/Rev.1 v. 21.02.1997 (TRIPS Council, Notifications of Laws and Regulations Relating to Articles 3, 4 and 5 of the TRIPS Agreement)

WTO Doc. WT/DS50/R v. 05.09.1997 (India – Patent Protection, Report of the Panel)

WTO Doc. WT/CTE/W/66 v. 29.09.1997 (Committee for Trade and Environment, The Relationship of the TRIPS Agreement and Development, Input from India)

WTO Doc. WT/DS50/AB/R v. 19.12.1997 (India – Patent Protection, Report of the Appellate Body)

WTO Doc. WT/DS54/R, WT/DS55/R, WT/DS59/R, WT/DS64/R, v. 02.07.1998 (Report of the Panel in Indonesia – Automobiles)

WTO Doc. IP/N/1/ZMB/2 v. 17.09.1998 (TRIPS Council, Notification under Art. 63.2 TRIPS communicated by Zambia)

WTO Doc. IP/C/W/124 v. 28.01.1999 (TRIPS-Council, Non-Violation Complaints and the TRIPS Agreement)

WTO Doc. WT/DS46/R v.14.04.1999 (Brazil – Aircraft, Report of the Panel)

WTO Doc. WT/L/304 v. 17.06.1999 (Preferential Tariff Treatment for LDC, Decision on Waiver)

WTO Doc. WT/DS90/AB/R v. 23.08.1999 (India – Quantitative Restrictions, Report of the Appellate Body)

WTO Doc. WT/DS103/AB/R, WT/DS113/AB/R v. 13.10.1999 (Canada – Dairy, Report of the Appellate Body)

WTO Doc. IP/N/1/HTI/1 v. 12.11.1999 (TRIPS-Council, Notification of Laws and Regulations under Article 63.2 of the Agreement)

WTO Doc. WT/ACC/9 v. 15.11.1999 (Technical Note on the Accession Process)

WTO Doc. WT/DS121/AB/R v. 14.12.1999 (*Argentina – Measures Affecting Imports*, Report of the Appellate Body)

WTO Doc. WT/DS98/AB/R v. 14.12.1999 (*Korea – Dairy*, Report of the Appellate Body)

WTO Doc. WT/DS152/R v. 22.12.1999 (US – Sections 301–310, Report of the Panel)

WTO Doc. WT/DS114/R v. 17.03.2000 (Canada – Pharmaceutical Products, Report of the Panel)

WTO Doc. WT/ACC/NPL/7 v. 12.04.2000 (Accession of the Kingdom of Nepal, Implementation of the TRIPS)

WTO Doc. WT/DS170/R v. 05.05.2000 (Canada – Term of Patent Protection, Report of the Panel)

WTO Doc. WT/DS170/AB/R v. 18.09.2000 (Canada –Term of Patent Protection, Report of the Appellate Body)

WTO Doc. IP/N/1/UGA/2 v. 27.11.2000 (TRIPS Council, Notification of Laws and Regulations under Article 63.2 of the Agreement by Uganda)

WTO Doc. WT/DS179/R v. 22.12.2000 (US – Anti-Dumping Measures, Report of the Panel)

WTO Doc. S/L/93 v. 29.03.2001 (Guidelines and Procedures for the Negotiations on Trade in Services)

WTO Doc. IP/N/1/BDI/1 v. 18.06.2001 (TRIPS Council, Notification of Laws and Regulations under Art. 63.2 TRIPS – Burundi)

WTO Doc. WT/COMTD/W/77/Rev.1 v. 21.09.2001 (Implementation of Special and Differential Treatment Provisions in WTO Agreements and Decisions)

WTO Doc. WT/MIN(01)/DEC/1 v. 20.11.2001 (Doha Ministerial Conference, Ministerial Declaration adopted on 14 November 2001)

WTO Doc. WT/MIN(01)/DEC/2 v. 20.11.2001 (Doha-Ministerial Conference, Declaration on the TRIPS Agreement and Public Health)

WTO Doc. WT/MIN(01)/17 v. 20.11.2001 (Doha-Ministerial Conference, Implementation-Related Issues and Concerns)

WTO Doc. WT/ACC/KHM/7 v. 11.12.2001 (Accession of the Kingdom of Cambodia, Checklist of TRIPS Requirements and Implementation of Cambodia)

WTO Doc. WT/COMTD/W/77/Rev.1/Add.4 v. 07.02.2002 (Information on the Utilisation of Special and Differential Treatment Provisions)

WTO Doc. IP/C/W/339 v. 04.03.2002 (TRIPS Council, Concept Paper Relating to Paragraph 6 of the Doha Declaration on the TRIPS Agreement and Public Health, Communication from the EC)

WTO Doc. IP/C/W/340 v. 14.03.2002 (TRIPS Council, Paragraph 6 of the Doha Declaration on the TRIPS Agreement and Public Health, Communication from the US)

WTO Doc. IP/C/W/355 v. 24.06.2002 (TRIPS Council, Paragraph 6 of the Ministerial Declaration on the TRIPS Agreement and Public Health, Communication from Brazil)

WTO Doc. TN/CTD/W/4/Add.1 v. 01.07.2002 (Joint Least-Developed Countries Proposal on Special and Differential Treatment Provisions)

WTO Doc. IP/C/25 v. 01.07.2002 (TRIPS-Council, Decision on Extension of the Transition Period under Article 66.1 of the TRIPS Agreement for Least-Developed Country Members for Certain Obligations with Respect to Pharmaceutical Products)

WTO Doc. WT/L/478 v. 12.07.2002 (Least Developed Country Members – Obligation under Article 70.9 of the TRIPS Agreement with Respect to Pharmaceutical Products)

WTO Doc. IP/C/W/383 v. 17.10.2002 (TRIPS Council, Communication from the EC)

WTO Doc. IP/C/W/385 v. 30.10.2002 (TRIPS Council, Non-Violation and Situatio Nullification or Impairment under the TRIPS Agreement)

WTO Doc. WT/L/508 v. 20.01.2003 (Accession of LDC, Decision of 10 December 2002)

WTO Doc. IP/C/28 v. 20.02.2003 (Decision of the TRIPS Council on Implementation of Article 6.2 of the TRIPS Agreement)

WTO Doc WT/ACC/KHM/7/Rev.2 v. 03.03.2003 (Accession of the Kingdom of Cambodia, Checklist of TRIPS Requirements and Implementation of Cambodia, Revision)

WTO Doc. WT/ACC/NPL/10/Rev.1 v. 05.05.2003 (Accession of the Kingdom of Nepal, Legislative Action Plan)

WTO Doc. WT/ACC/NPL/14 v. 05.05.2003 (Accession of the Kingdom of Nepal, Action Plan on the Implementation of the Agreement on Trade-Related Aspects of Intellectual Property Rights)

WTO Doc. TN/S/W/13 v. 07.05.2003 (Draft Modalities for the Special Treatment for LDC Members in the Negotiations on Trade in Services, Communication from the LDC Group)

WTO Doc. WT/ACC/KHM/21 v. 15.08.2003 (Report of the Working Party on the Accession of Cambodia)

WTO Doc. IP/C/M/40 v. 22.08.2003 (TRIPS-Council, Minutes of Meeting)

WTO Doc. WT/ACC/NPL/16 v. 28.08.2003 (Report of the Working Party on the Accession of the United Kingdom of Nepal to the WTO)

WTO Doc. WT/L/540 v. 02.09.2003 (Decision on Implementation of Paragraph 6 of the Doha Declaration on the TRIPS Agreement and Public Health)

WTO Doc. TN/S/13 v. 05.09.2003 (Modalities for the Special Treatment for LDC Members in the Negotiations on Trade in Services)

WTO Doc. WT/MIN(03)/18 v. 11.09.2003 (Protocol on the Accession of the Kingdom of Cambodia)

WTO Doc. WT/MIN(03)/19 v. 11.09.2003 (Ministerial Conference Decision on Accession of the Kingdom of Nepal)

WTO Doc. WT/TPR/S/99/Rev.1 v. 07.10.2003 (Trade Policy Review Report by the Secretariat – Haiti, Revision)

WTO Doc. WT/DS246/AB/R v. 07.04.2004 (EC – Tariff Preferences, Report of the Appelate Body)

WTO Doc. IP/C/W/425 v. 16.08.2004 (TRIPS-Council, Request from Maledives for an Extension of the Transition Period under Article 66.1 of the TRIPS Agreement)

WTO Doc. IP/C/W/349/Rev.1 v. 24.11.2004 (TRIPS-Council, Non-Violation and Situation Complaints)

WTO Doc. WT/TPR/S/143 v. 07.01.2005 (Trade Policy Review, Report by the Secretariat – Sierra Leone)

WTO Doc. WT/DS174/R v. 15.03.2005 (EC – Protection of Trademarks, Report of the Panel)

WTO Doc. IP/C/35 v. 17.06.2005 (TRIPS-Council, Maldives – Extension of the Transition Period under Article 66.1 of the TRIPS Agreement)

WTO Doc. IP/C/W/457 v. 21.10.2005 (TRIPS-Council, Request for an Extension of the Transitional Period under Article 66.1 of the TRIPS Agreement)

WTO Doc. IP/C/40 v. 30.11.2005 (TRIPS-Council, Extension of the Transition Period under Article 66.1 for Least-Developed Country Members)

WTO Doc. WT/L/641 v. 08.12.2005 (Amendment of the TRIPS Agreement/Attachment Protocol Amending the TRIPS Agreement)

WTO Doc. IP/C/W/452/Add.5 v. 12.12.2005 (TRIPS-Council, United States Report on the Implementation of Article 66.2 of the TRIPS Agreement)

WTO Doc. WT/MIN(05)/DEC, v. 22.12.2005 (Hong Kong-Ministerial Conference, Ministerial Declaration adopted on 18 December 2005)

WTO Doc. IP/C/M/49 v. 31.01.2006 (TRIPS Council, Minutes of Meeting)

WTO Doc. IP/C/W/469 v. 13.03.2006 (TRIPS Council, Article 27.3(B), Relationship between the TRIPS Agreement and the CBD, Communication from the US)

WTO Doc. WT/GC/W/564/Rev.2, TN/C/W/41/Rev.2, IP/C/W/474 v. 05.07.2006 (Doha Work Programme – The Outstanding Implementation Issue on the Relationship between the TRIPS Agreement and the Convention on Biological Diversity)

WTO Doc. IP/N/9/RWA/1 v. 19.07.2007 (TRIPS Council, Notification under Paragraph 2(A) of the Decision of 30 August 2003 on the Implementation of Paragraph 6 of the Doha Declaration on the TRIPS Agreement and Public Health by Rwanda)

WTO Doc. IP/C/W/499 v. 03.10.2007 (TRIPS-Council, Communication from Sierra Leone, Priority Needs for Technical and Financial Cooperation)

WTO Doc. IP/N/10/CAN/1 v. 08.10.2007 (TRIPS Council, Notification under Paragraph 2(C) of the Decision of 30 August 2003 on the Implementation of Paragraph 6 of the Doha Declaration on the TRIPS Agreement and Public Health by Canada)

WTO Doc. IP/C/W/500 v. 09.10.2007 (TRIPS-Council, Communication from Uganda, Priority Needs for Technical and Financial Cooperation)

WTO Doc. IP/C/W/497/Add.3 v. 03.12.2007 (TRIPS-Council, New Zealand Report on the Implementation of Article 66.2 of the TRIPS Agreement)

WTO Doc. WT/L/711 v. 21.12.2007 (General Council, Amendment of the TRIPS Agreement – Fifth Extension of the Period for the Acceptance by Members of the Protocol Amending the TRIPS Agreement)

WTO Doc. IP/C/W/510 v. 27.05.2008 (TRIPS-Council, Communication from Uganda, Priority Needs for Technical and Financial Cooperation)

WTO Doc. IP/C/W/523 v. 22.10.2008 (TRIPS-Council, Communication from Sierra Leone, Priority Needs for Technical and Financial Cooperation)

WTO Doc. WT/DS27/AB/RW2/ECU, WT/DS27/AB/RW/USA v. 26.11.2008 (*EC – Bananas*, Report of the Appellate Body)

WTO Doc. WT/DS362/R v. 26.01.2009 (China – Measures, Report of the Panel)

WTO Doc. WT/TPR/S/215 v. 01.04.2009 (Trade Policy Review, Report by the Secretariat – Solomon Islands)

WTO Doc. WT/L/759 v. 29.05.2009 (Preferential Tariff Treatment for LDC, Decision on Extension of Waiver)

WTO Doc. WT/L/783 v. 11.12.2009 (TRIPS Non-Violation and Situation Complaints, Ministerial Conference Decision of 2 December 2009)

WTO Doc. WT/L/785 v. 21.12.2009 (General Council, Amendment of the TRIPS Agreement – Fifth Extension of the Period for the Acceptance by Members of the Protocol Amending the TRIPS Agreement)

WTO Doc. IP/C/W/546 v. 23.03.2010 (TRIPS-Council, Communication from Bangladesh, Priority Needs for Technical and Financial Cooperation)

WTO Doc. IP/C/W/548 v. 07.06.2010 (TRIPS-Council, Communication from Rwanda, Priority Needs for Technical and Financial Cooperation)

WTO Doc. WT/TPR/S/233 v. 10.08.2010 (Trade Policy Review Report by the Secretariat – The Gambia)

WTO Doc. WT/TPR/S/240 v. 20.10.2010 (Trade Policy Review Report by the Secretariat – Democratic Republic of the Congo)

WTO Doc. IP/C/W/552 v. 21.10.2010 (TRIPS-Council, Communication from Tanzania, Priority Needs for Technical and Financial Cooperation)

WTO Doc. IP/C/W/548/Add.1 v. 21.10.2010 (TRIPS-Council, Communication from Rwanda, Priority Needs for Technical and Financial Cooperation, Addendum)

WTO Doc. WT/ACC/VUT/14 v. 03.11.2010 (Accession of Vanuatu, Communication from Vanuatu, Compendium of Legislation)

WTO Doc. IP/N/1/MDG/I/1 v. 17.02.2011 (TRIPS Council, Notification under Art. 63.2 TRIPS communicated by Madagascar)

WTO Doc. IP/C/M/64 v. 17.02.2011 (TRIPS Council, Minutes of Meeting)

WTO Doc. TN/C/W/59 v. 19.04.2011 (Draft Decision to Enhance Mutual Supportiveness between the TRIPS Agreement and the Convention on Biological Diversity)

WTO Doc. IP/C/M/65 v. 10.05.2011 (TRIPS-Council, Minutes of Meeting)

WTO Doc. WT/ACC/VUT/17 v. 11.05.2011 (Report of the Working Party on the Accession of Vanuatu to the World Trade Organization)

WTO Doc. IP/C/W/555 v. 27.06.2011 (TRIPS-Council, Communication from Senegal, Priority Needs for Technical and Financial Cooperation)

WTO Doc. PRESS/632 v. 15.07.2011 (WTO Press Release)

WTO Doc. WT/TPR/S/253 v. 27.09.2011 (Trade Policy Review Report by the Secretariat – Cambodia)

WTO Doc. WT/ACC/AFG/8 v. 28.10.2011 (Working Party on the Accession of the Islamic Republic of Afghanistan)

WTO Doc. WT/L/829 v. 30.11.2011 (General Council, Amendment of the TRIPS Agreement – Fifth Extension of the Period for the Acceptance by Members of the Protocol Amending the TRIPS Agreement)

WTO Doc. WT/L/842 v. 19.12.2011 (TRIPS Non-Violation and Situation Complaints, Ministerial Conference Decision of 17 December 2011)

WTO Doc. WT/L/847 v. 19.12.2011 (Preferential Treatment to Services and Service Suppliers of LDC)

WTO Doc. WT/TPR/S/257 v. 21.12.2011 (Trade Policy Review, Report by the Secretariat – Nepal)

WTO Doc. WT/L/508/Add.1 v. 30.06.2012 (Accession of LDC, Decision of 25 July 2012)

WTO Doc. WT/ACC/LAO/7/Rev.3 v. 28.08.2012 (Accession of Lao PDR, Implementation of the TRIPS)

WTO Doc. IP/C/W/575 v. 31.08.2012 (TRIPS-Council, Communication from Mali, Priority Needs for Technical and Financial Cooperation)

WTO Doc. WT/TPR/S/270 v. 10.09.2012 (Trade Policy Review Report by the Secretariat – Bangladesh)

WTO Doc. WT/ACC/LAO/45 v. 01.10.2012 (Report of the Working Party on the Accession of Lao PDR to the WTO)

WTO Doc. WT/TPR/S/271/RWA v. 07.10.2012 (Trade Policy Review, Report of the Secretariat – East African Community, Annex 3 Rwanda)

WTO Doc. WT/TPR/S/271/TZA v. 17.10.2012 (Trade Policy Review, Report by the Secretariat – East African Community, Annex 4 Tanzania)

WTO Doc. WT/L/865 v. 29.10.2012 (Accession of the Lao PDR)

WTO Doc. IP/C/W/583 v. 05.11.2012 (TRIPS-Council, Request for an Extension of the Transitional Period under Article 66.1 of the TRIPS Agreement, Communication from Haiti on behalf of the LDC Group)

WTO Doc. IP/C/W/584 v. 22.02.2013 (TRIPS-Council, Communication from Madagascar, Priority Needs for Technical and Financial Cooperation)

WTO Doc. WT/TPR/S/271/TZA/Rev.1 v. 31.05.2013 (Trade Policy Review, Report by the Secretariat – East African Community, Annex 4 Tanzania)

WTO Doc. IP/C/64 v. 12.06.2013 (TRIPS-Council, Decision on Extension of the Transition Period under Article 66.1 of the TRIPS Agreement for Least-Developed Country Members)

WTO Doc. WT/COMTD/W/196 v. 14.06.2013 (Special and Differential Treatment Provisions in WTO Agreements and Decisions)

WTO Doc. WT/ACC/YEM/42 v. 04.10.2013 (Report of the Working Group on the Accession of Yemen to the WTO)

WTO Doc. IP/C/W/597 v. 09.10.2013 (TRIPS-Council, Communication from Togo, Priority Needs for Technical and Financial Cooperation)

WTO Doc. WT/L/899 v. 27.11.2013 (General Council, Amendment of the TRIPS Agreement – Fifth Extension of the Period for the Acceptance by Members of the Protocol Amending the TRIPS Agreement)

WTO Doc. WT/MIN(13)/24, WT/L/905 v. 05.12.2013 (Accession of the Republic of Yemen)

WTO Doc. WT/MIN(13)/36 und WT/L/911 v. 07.12.2013 (Bali-Ministerial Conference, Agreement on Trade Facilitation)

WTO Doc. WT/MIN(13)/45 und WT/L/920 v. 11.12.2013 (Bali-Ministerial Conference, Monitoring Mechanism on Special and Differential Treatment)

WTO Doc. WT/TPR/S/293 v. 21.01.2014 (Trade Policy Review by the Secretariat – Myanmar)

WTO Doc. WT/TPR/S/305 v. 17.09.2014 (Trade Policy Review Report by the Secretariat – Djibouti)

WTO Doc. IP/C/W/602 v. 13.10.2014 (TRIPS-Council, Australia Report on the Implementation of Article 66.2 of the TRIPS Agreement)

WTO Doc. IP/C/W/602/Add.5 v. 21.10.2014 (TRIPS-Council, Norway Report on the Implementation of Article 66.2 of the TRIPS Agreement)

WTO Doc. IP/C/W/605 v. 23.02.2015 (TRIPS-Council, Request for an Extension of the Transitional Period under Article 66.1 of the TRIPS Agreement for Least Developed Country Members with Respect to Pharmaceutical Products and for Waivers from the Obligation of Articles 70.8 and 70.9 of the TRIPS Agreement)

WTO Doc. WT/TPR/S/321 v. 18.08.2015 (Trade Policy Review Report by the Secretariat – Angola)

WTO Doc. IP/C/M/79 v. 11.06.2015 (TRIPS-Council, Minutes of Meeting)

WTO Doc. WT/ACC/AFG/30/Rev.3 v. 19.10.2015 (Working Party on the Accession of the Islamic Republic of Afghanistan)

WTO Doc. IP/C/73 v. 06.11.2015 (TRIPS-Council, Decision on Extension of the Transition Period under Article 66.1 of the TRIPS Agreement for Least-Developed Country Members for Certain Obligations with Respect to Pharmaceutical Products)

WTO Doc. WT/L/965 v. 02.12.2015 (General Council, Amendment of the TRIPS Agreement – Fifth Extension of the Period for the Acceptance by Members of the Protocol Amending the TRIPS Agreement)

WTO Doc. WT/L/971 v. 02.12.2015 (General Council Decision on Least Developed Country Members – Obligations under Article 70.8 and Article 70.9 of the TRIPS Agreement with Respect to Pharmaceutical Products)

WTO Doc. WT/MIN(15)/38, WT/L/973 v. 21.12.2015 (Ministerial Decision on the Accession of the Repubic of Liberia)

WTO Doc. WT/MIN(15)/39, WT/L/974 v. 21.12.2015 (Ministerial Decision on the Accession of the Islamic Repubic of Afghanistan)

WTO Doc. WT/MIN(15)/41, WT/L/976 v. 21.12.2015 (Nairobi-Ministerial Decision on TRIPS Non-Violation and Situation Complaints)

WTO Doc. WT/Let/1171 v. 28.06.2016 (Protocol on the Accession of the Republic of Liberia)

WTO Doc. WT/Let/1176 v. 04.07.2016 (Protocol on the Accession of the Islamic Republic of Afghanistan)

www.ingramcontent.com/pod-product-compliance
Ingram Content Group UK Ltd.
Pitfield, Milton Keynes, MK11 3LW, UK
UKHW021819051026
15588UKWH00010B/118

9 783631 725498